Entscheidungsnetz Industriebetrieb

Grundlagen der Geschäftsprozesse in der lernfeldorientierten Wirtschaftslehre

Kompendium

von
Manfred Zindel
Wilfried Münscher

winklers verlag

Vorwort

„Entscheidungsnetz" ist mehr als nur ein Buchtitel. Der Begriff passt zum Inhalt. Es ist das Buch, das in seiner Konzeption nicht nur zum neuen Rahmenlehrplan für Industriekaufleute passt, sondern es ermöglicht auch ein handlungsorientiertes Erlernen von Entscheidungszusammenhängen innerhalb des komplexen Gefüges moderner Industrieunternehmen.

„Können bedeutet mehr als nur zu wissen, aber ohne Wissen gibt es kein Können." - Auf diesen Kernsatz lässt sich das Konzept dieser Buchreihe zurückführen. Gerade im Zeitalter moderner Medien kann das Schulbuch seinen großen Vorteil entfalten das notwendige Wissen nicht in unkontrollierter und unüberschaubarer Fülle darzustellen; vielmehr haben die Autoren die nötige Vorarbeit geleistet Wichtiges von weniger Wichtigem und Bedeutsames von Unbedeutsamem zu trennen.

Entscheidungsnetz Industriebetrieb bietet in seinen beiden Kompendien (BN 5591 für die Allgemeine und Spezielle Wirtschaftslehre, BN 5594 für das Rechnungswesen) in komprimierter Form den gesamten Lernstoff für die Ausbildung der Industriekaufleute an. Die beiden Bücher enthalten detaillierte Sachdarstellungen und veranschaulichende Grafiken. Der Text ist auf dem **aktuellen Wissensstand** und gut lesbar. **Schlüsselbegriffe** in den Randspalten erleichtern die Suche nach bestimmten Inhalten. Oft werden am Ende komplexe Inhalte strukturiert zusammengefasst und bieten so eine ideale **Lern- und Merkhilfe**. Lernfeldübergreifenden Ansätzen wird durch entsprechende **Querverweise** Rechnung getragen. Zusätzlich werden in Exkursen Themen vertieft oder ausgeweitet, die für die auszubildenden Industriekaufleute auch später im Beruf nützlich zu wissen sind. Auf weiterführende externe Informationsquellen und aktuelle Internetadressen wird hingewiesen.

Beide Kompendien orientieren sich an den Lernfeldern des Rahmenlehrplans der KMK (2002); in erster Linie sind sie jedoch thematisch gut durchstrukturierte „Lernbücher" des gesamten Unterrichtsstoffes der Industriebetriebslehre, Allgemeinen Wirtschaftslehre und des Rechnungswesens.

Struktur und Inhalt des **Arbeitsbuches** (BN 5590) richten sich exakt an den **12 Lernfeldern** des neuen Lehrplans aus. Es beinhaltet **komplexe Lernsituationen** aus einem realen Industriebetrieb, einem Produktionsbetrieb für Solaranlagen, **praktische Beispiele und problemorientierte Arbeitsaufgaben.** Komplexe, langfristige **Vorhaben** werden in **Teams** erarbeitet und beurteilt, **Problemlösungskonzepte** selbstständig entwickelt, die **Arbeitsergebnisse dokumentiert und präsentiert.** Dabei spielt der Erwerb von **Kommunikationskompetenz** eine große Rolle. Die inhaltliche Klammer zwischen den Fachgebieten ist die ElSola AG, an deren Beispiel sämtliche Vorgänge in einem Industriebetrieb durch alle Abteilungen hindurch in den Ausgangssituationen anschaulich gemacht werden.

Verzahnt sind die drei Bücher untereinander durch konsequente Kapitelverweise.

Auf Schritt und Tritt, Seite für Seite sieht man, dass Entscheidungsnetz Industriebetrieb eine Buchreihe ist, die aus der Praxis und für die Praxis geschrieben wurde.

Wir wünschen Ihnen viel Erfolg bei der Arbeit mit den Büchern aus dieser Reihe!

Ihr Autorenteam
Manfred Zindel/Wilfried Münscher

Frühjahr 2003

So finden Sie, was Sie suchen:

Die Lupe ist unser Symbol für Definitionen einzelner Begriffe oder auch Sachverhalte, die Ihnen in Ihrem Beruf immer wieder begegnen werden.

Im Text neben diesem Symbol, dem aufgeschlagenen Buch, wird auf andere, weiterführende Informationsquellen hingewiesen.

Geht es um Informationen aus dem Kompendium Wirtschaftslehre, ist der Hinweis durch blaue Balken markiert.

Wird auf Informationen im Kompendium Rechnungswesen hingewiesen, sind die Balken gelb.

Wenn auf eine Quelle außerhalb des Lehrwerksverbundes hingewiesen wird, eine aussagekräftige Internetadresse, einen Gesetzestext o. Ä., sind die Balken über und unter dem Hinweis grau.

Mit dem Knoten im Taschentuch sind alle Sachverhalte hervorgehoben, die für Ausbildung und Beruf besonders merkenswert sind:

- Merksätze, die in knapper Form wesentliche Lerninhalte, die in den Kompendien ausführlich erklärt werden, zusammenfassen;
- Formeln, die die Grundlage für Kalkulationen, kaufmännisches Rechnen usw. sind.

1. Auflage, 2003

im Westermann Schulbuchverlag GmbH,
Postfach 11 15 52, 64230 Darmstadt
Telefon: 06151 8768-0 Fax: 06151 8768-61
http://www.winklers.de
Lektorat: Marion Fichtner
Gesamtkonzeption: GrafiCom, Stolberg
Druck: westermann druck GmbH, Braunschweig
ISBN 3-8045-**5591**-8

Inhaltsverzeichnis

Lernfeld 1: In Ausbildung und Beruf orientieren

Lernfeld 2:
Marktorientierte Geschäftsprozesse eines Industriebetriebes erfassen

Lernfeld 5: Leistungserstellungsprozesse planen, steuern und kontrollieren

Lernfeld 6: Beschaffungsprozesse planen, steuern und kontrollieren

Lernfeld 11: Investitions- und Finanzierungsprozesse planen

Lernfeld 12: Unternehmensstrategien und -projekte umsetzen

1 Berufliche Tätigkeitsfelder und Perspektiven

1.1 Berufsbild Industriekauffrau/-mann

Das Berufsbild der Industriekauffrau bzw. des Industriekaufmanns ist vielschichtig. Der Beruf erfordert neben einem guten mittleren Bildungsabschluss insbesondere ein möglichst großes Interesse an wirtschaftlichen Zusammenhängen. Neben den fachlichen Qualifikationen sind mehr und mehr auch andere Kompetenzen gefragt, denen man früher entweder nicht den entsprechenden Stellenwert eingeräumt hat oder die man als selbstverständlich voraussetzte.

BiBb Berlin

Aus einer **Information des Bundesinstitutes für Berufsbildung** über die Anforderungen von Industriekaufleuten:

Geschäftsprozessorientiertes Handeln

Kundenorientierung

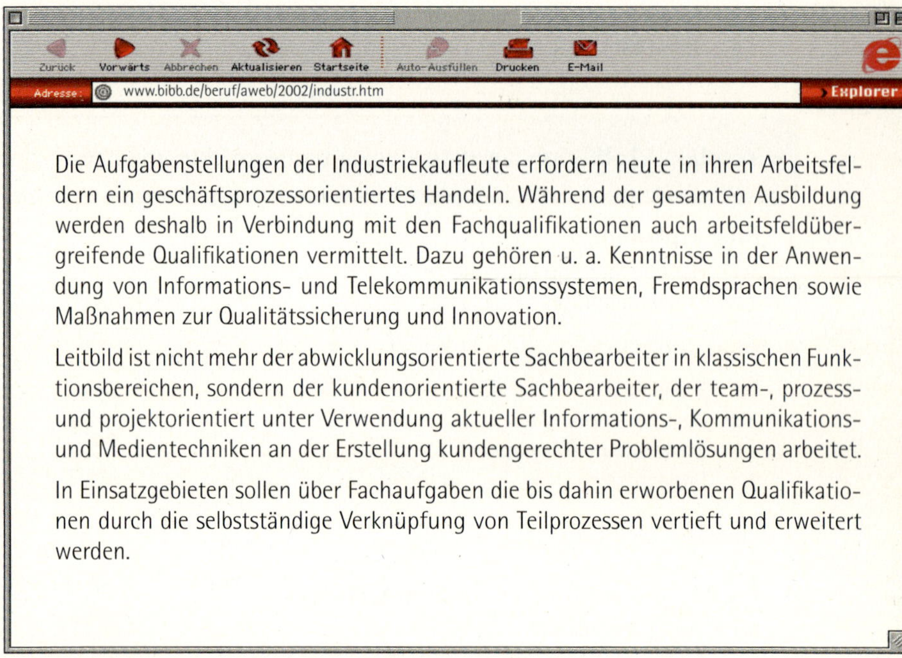

Die Aufgabenstellungen der Industriekaufleute erfordern heute in ihren Arbeitsfeldern ein geschäftsprozessorientiertes Handeln. Während der gesamten Ausbildung werden deshalb in Verbindung mit den Fachqualifikationen auch arbeitsfeldübergreifende Qualifikationen vermittelt. Dazu gehören u. a. Kenntnisse in der Anwendung von Informations- und Telekommunikationssystemen, Fremdsprachen sowie Maßnahmen zur Qualitätssicherung und Innovation.

Leitbild ist nicht mehr der abwicklungsorientierte Sachbearbeiter in klassischen Funktionsbereichen, sondern der kundenorientierte Sachbearbeiter, der team-, prozess- und projektorientiert unter Verwendung aktueller Informations-, Kommunikations- und Medientechniken an der Erstellung kundengerechter Problemlösungen arbeitet.

In Einsatzgebieten sollen über Fachaufgaben die bis dahin erworbenen Qualifikationen durch die selbstständige Verknüpfung von Teilprozessen vertieft und erweitert werden.

aus: www.bibb.de/beruf/aweb/2002/industr.htm

Industriekaufleute werden in unterschiedlichsten Betrieben und in nahezu allen Branchen ausgebildet. Außerdem sind die Einsatzgebiete sehr differenziert. Daher ist es für diesen anspruchsvollen Beruf schwer, allgemeine Anforderungen aufzustellen.

Unverkennbar ist, dass kaufmännische Berufe nicht nur auf fachliches Wissen ausgerichtet sind, sondern dass es hier auch um übergreifende **Schlüsselqualifikationen** geht. Das heißt, dass man sowohl bei Industriekaufleuten wie auch bei vielen anderen Berufen voraussetzt, dass ein entsprechender auch nach außen erkennbarer Einsatzwille und ein zur Ausübung des Berufes erforderliches inneres Interesse vorhanden sind. Gerade bei Kaufleuten kommen auch Qualifikationen im äußeren **Erscheinungsbild**, im **Auftreten** und in der Fähigkeit der **Kommunikation** mit anderen Menschen als wichtige Persönlichkeitsmerkmale hinzu.

Eine Auswahl von Informationen zufällig aus dem Internet ausgewählter Unternehmen zum Berufsbild Industriekaufmann/-frau:

Adresse: www.bwh.de/ausbildung/berufe/industriekauf.htm

Industriekaufleute können in allen Bereichen einer Industrieunternehmung, im Finanz- und Rechnungswesen, im Produktions- und Personalbereich sowie im Beschaffungs- und Absatzbereich eingesetzt werden.

Die Industriekauffrau/der Industriekaufmann soll betriebliche Zusammenhänge erkennen, Arbeitsabläufe überblicken und Auswirkungen der Tätigkeiten auf andere Funktionsbereiche beurteilen.

Für die Durchführung der Aufgaben ist ein umfassendes kaufmännisches Grundwissen und die Beherrschung moderner Informations- und Kommunikationstechniken notwendig.

Schlüsselqualifikationen

Dies erfordert betriebswirtschaftliches Denken und Kooperationsfähigkeit, Flexibilität, Konzentration, Genauigkeit und Verantwortungsbewusstsein sowie mitarbeiter- und kundenorientiertes Verhalten.

aus: www.bwh.de/ausbildung/berufe/industriekauf.htm

Adresse: www.atlas.de/sae/deutsch/jobs/Ausbildung2.htm

Industriekaufleute verhandeln und korrespondieren; sie übernehmen betriebswirtschaftliche Aufgaben und sind in allen kaufmännischen Bereichen des Unternehmens tätig. Die Fähigkeit zu selbstständiger Problemlösung, zu kooperativem Verhalten und sicherer Gesprächsführung sind wichtige Voraussetzungen einer erfolgreichen Berufsausübung.

aus: www.atlas.de/sae/deutsch/jobs/Ausbidung2.htm

Adresse: www.al-ko.de/jobs/ausbildung/industriekaufm.html

Die Industrie benötigt zur Produktion vielerlei Materialien, Rohstoffe, Maschinen und Arbeitskräfte. Die Produktionsmittel werden von Industriekauffrauen und -männern eingekauft, geordnet und verwaltet.

Einkauf, Verkauf, Rechnungswesen

Aber Industriegüter müssen nicht nur produziert, sondern auch verkauft werden. Deshalb kümmern sich die Industriekaufleute auch um die Werbung, den Verkauf und die Sicherung der Absatzmärkte. Hierzu gehören Planung und Steuerung der Fertigung, Umsetzen der Kundenaufträge, Kostenrechnung, Kalkulation, Finanzbuchhaltung, Rechnungs- und Mahnwesen, Vertrieb und Versand sowie die Betriebsabrechnung.

aus: www.al-ko.de/jobs/ausbildung/industriekaufm.html

www.basf.de/de/human/ausbildung_reg/kaufm/ind_ind_kaufm.htm

Kommunikation

Business as usual? No way! Industriekaufleute sind variabel: Marketing, Logistik, Personal- und Sozialwesen, Einkauf, Vertrieb, Rechnungswesen.

Wo sehen Sie sich? Sind Sie ein Zahlenmensch, ist es eher das Controlling, oder sind Sie ein Kommunikationstalent und besonders an der Lösung von Marketingaufgaben interessiert? Oder arbeiten Sie lieber in der Administration – Kundenaufträge serviceorientiert abwickeln?

Disposition

In der Disposition: Waren bestellen, Liefertermine überwachen. Im Einkauf: Zahlungsbedingungen prüfen, Vertragsbedingungen aushandeln. Oder, oder, oder?

Moderne Kommunikationstechnologie begleitet Sie auf Schritt und Tritt. PC, E-Mail, EDI, Internet ...

aus: www.basf.de/de/human/ausbildung_reg/kaufm/ind_ind_kaufm.htm

www.grunenthal.com/wwwgrt/template/ger/j

Planung und Kontrolle

Industriekaufleute sind für den Einkauf der Rohstoffe oder den Verkauf der Fertigprodukte weltweit verantwortlich. Sie werden an den Vorgängen des Marketings sowie an der Kostenrechnung beteiligt.

Unter Nutzung moderner Informations- und Kommunikationseinrichtungen werden Industriekaufleute für die Planung, Durchführung und Kontrolle der unterschiedlichen kaufmännischen Aufgaben eingesetzt. Fremdsprachenkenntnisse sind dabei für eine erfolgreiche Aufgabenerledigung in einem international tätigen Unternehmen eine unabdingbare Voraussetzung.

aus: www.grunenthal.com/www.grt/template/ger/jobs/jobs

Definition

Industriekaufleute sind **in Unternehmen unterschiedlicher Branchen und Größen tätig.** Ihr kaufmännisch-betriebswirtschaftliches Aufgabenfeld erstreckt sich über alle Funktionen eines Unternehmens. Sie **unterstützen sämtliche Unternehmensprozesse** aus betriebswirtschaftlicher Sicht von der Auftragsanbahnung bis zum Kundenservice nach Auftragsrealisierung.

Kernfunktionen

Industriekaufleute können dabei sowohl in den kaufmännischen Kernfunktionen

- Marketing und Absatz,
- Beschaffung und Vorratshaltung,
- Leistungsabrechnung und Personalwesen als auch in der
- Verbindung zu anderen Fachabteilungen, kommerziellen Bereichen und Projekten tätig sein.

Einsatzgebiete sind darüber hinaus z. B. Außendienst, Export, Logistik, Productmanagement, Investitionsplanung und -management, Controlling, E-Commerce, Supply-Chain-Management, Franchising, der IT-Bereich sowie Entwicklungs- und Organisationstätigkeiten.

Zurück Vorwärts Abbrechen Aktualisieren Startseite

Adresse: www.bibb.de/beruf/aweb/2002/industr.htm Explorer

Tätigkeitsfelder

Industriekaufleute

Marketing

- verkaufen die Produkte und Dienstleistungen eines Unternehmens.
- betreiben Marketingaktivitäten von der Analyse der Marktpotenziale bis zum Kundenservice.
- beraten und betreuen Kunden.
- ermitteln den Bedarf an Produkten und Dienstleistungen.

Einkauf

- kaufen Materialien, Produktionsmittel und Dienstleistungen ein und disponieren diese für die Leistungserstellung und/oder den Vertrieb.
- unterstützen den Prozess der Auftragsbearbeitung z. B. in der Leistungserstellung und der Logistik.

Buchhaltung

- bearbeiten Geschäftsvorgänge des Rechnungswesens.
- werten Kennzahlen und Statistiken für die Erfolgskontrolle und zur Steuerung betrieblicher Prozesse aus.

Personalbereich

- wenden Instrumente zur Personalbeschaffung und zur Personalauswahl an.
- planen den Personaleinsatz und bearbeiten Aufgaben der Personalverwaltung.
- planen und organisieren Arbeitsprozesse.
- nutzen fremdsprachliche Unterlagen.

Korrespondenz

- korrespondieren und kommunizieren in typischen Situationen mit Kunden auch in einer Fremdsprache.

Teamarbeit

- arbeiten team-, prozess- und projektorientiert unter Verwendung aktueller Informations-, Kommunikations- und Medientechniken und verfügen über Fähigkeiten zur Kommunikation, Kooperation, Moderation, Präsentation, Problemlösung und Entscheidung.

aus: www.bibb.de/beruf/aweb/2002/industr.htm

Einsatzgebiete der Industriekaufleute

Fakten kurz gefasst

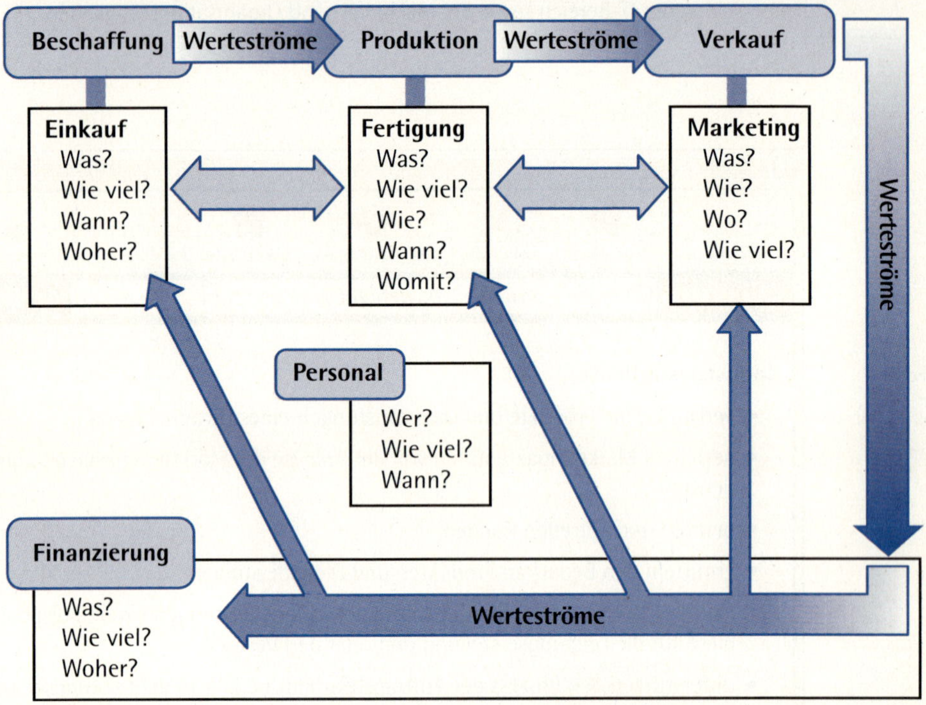

Drei wichtige Ws

Was ...

... verlangen die Kunden?
... kann auf dem Absatzmarkt verkauft werden?
... muss beschafft werden, um produzieren zu können?
...

Wo ...

... werden die Beschaffungsgüter gelagert?
... soll produziert werden?
... liegen die Absatzmärkte?
...

Wie ...

... findet man die besten Lieferer?
... muss die Fertigung organisiert werden, damit eine kostengünstige Produktion möglich ist?
... können die Produkte am besten vermarktet werden?
...

Wenn Sie mehr über die Erfassung und Dokumentation von Werteströmen wissen wollen, schlagen Sie im Kompendium Rechnungswesen, Lernfeld 3 nach.

1.2 Kommunikation als zentrales Element im Berufsalltag von Industriekaufleuten

Kommunikation bedeutet, dass man mit anderen Menschen in Verbindung tritt. Man kann dies in schriftlicher oder mündlicher Form tun. Kommunikation kann aber auch in anderer (nonverbaler) Form stattfinden.

Verbale Kommunikation

Gesprächsführung hat viel mit Psychologie zu tun. Jedes Gespräch ist eine zweiseitige Kommunikation, bei der beide Gesprächspartner aufeinander „einwirken". Auch ohne viel zu fragen, sollte man seinen Gesprächspartner einschätzen können: Was will er? Wie gut oder schlecht ist „er drauf"? Wie kann ich ihm am besten helfen? Was kann ich tun? Was muss ich tun? Was darf ich auf keinen Fall tun? ... Die Kette der Fragen lässt sich fast beliebig verlängern. Wenn die Situation es zulässt, dass Sie sich auf ein wichtiges Gespräch vorbereiten können, machen Sie sich Stichpunkte, was Sie wie zur Sprache bringen wollen (Formulierungen) und welchen Eindruck Sie von sich vermitteln möchten.

Sie können sicher sein, dass Ihr Verhalten bei einem persönlichen Gespräch genau beobachtet wird. Ob die Rückschlüsse, die Ihr Gegenüber daraus ableitet, immer richtig sind, sei dahingestellt. Wichtiger ist, dass Sie dies nicht beeinflussen können.

Nonverbale Kommunikation

Neben dem Sprechen sind auch Mimik und Gestik für die gegenseitige Einschätzung oft wichtiger als man glaubt. Nicht umsonst sagt man, dass ein Blick tausend Worte ersetzen kann. Oft genügen ein Augenaufschlag, ein Stirnrunzeln oder ein heruntergezogener Mundwinkel, um etwas mitzuteilen, was den anderen nicht erfreut. Dagegen kann ein freundliches Lächeln oder ein Kopfnicken als so genannte „nonverbale", also sprachlose Kommunikation wahre Wunder bewirken.

Nonverbale Kommunikation

Aus Ihrer Körperhaltung, Ihren Bewegungen und Ihrem Ausdrucksverhalten spricht oft unbewusst Ihre innere Einstellung. Manchmal wird Ihr Verhalten in einer Situation aber auch anders interpretiert, als Sie es vielleicht gemeint haben. Während eines Gespräches sollten Sie vermeiden:

- mit einem Ohr dem Chef, dem Ausbilder oder einem Mitarbeiter zuzuhören und gleichzeitig Ihre Aufmerksamkeit etwas anderem schenken zu wollen.
- sich während einer Unterhaltung mit anderen Aufgaben am PC zu beschäftigen, es sei denn, Sie geben die Informationen aus einem Gespräch direkt ein.
- eingehende Telefongespräche anzunehmen, ohne dem Gesprächspartner z. B. durch die Worte „einen Augenblick bitte" o. Ä. das sichere Gefühl zu geben, dass es sich nur um eine kurze Unterbrechung handelt (dies muss es dann aber auch sein!).

- die Augen zu verdrehen, denn damit signalisieren Sie Desinteresse oder Ablehnung,
- nervös mit den Fingern auf dem Schreibtisch zu spielen, denn das zeigt, dass Ihnen der Gesprächspartner lästig ist,
- den Gegenüber ständig mit versteinerter Miene anzuschauen; lächeln Sie ihn aber auch nicht ständig an, weil ihn auch dies verunsichern kann,
- den anderen durch Blicke „von oben nach unten" förmlich abzutasten.

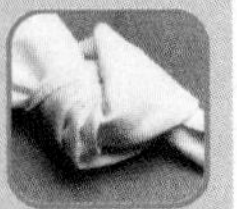

Mit Ihrer Körperhaltung und Ihrem Ausdrucksverhalten verraten Sie mehr über sich und Ihre Einstellung zur Arbeit und zum Kunden als Sie denken.

Äußeres Erscheinungsbild

Kleidungs- und Stilfragen – wichtiger als man denkt

Abgerundet wird das Bild der Mitarbeiter/-innen und Auszubildenden durch das **Auftreten** und die **Kleidung**. Sie sollten

Kleidung

- in jedem Falle **sauber, ordentlich und geschmackvoll gekleidet** sein. Jede/r Mitarbeiter/-in hat seinen/ihren eigenen Stil und sollte ihn auch nicht verbergen. Man kann nicht erwarten, dass die eigene Kleidung jedem gefällt, dies kann gar nicht sein. Aber obige Grundregeln sollte man schon beachten.

Schmuck

- **nicht zu auffällig geschminkt und „gestylt"** sein. Beides hinterlässt leicht einen unseriösen Eindruck, auch wenn dieses Urteil gar nicht gerechtfertigt sein mag. Manch persönlicher Schmuck kann zwar in der Freizeit durchaus reizvoll sein, aber am Arbeitsplatz wirkt er eher störend und kann unter Umständen sogar zum Sicherheitsrisiko werden. Dazu gehören z. B. lange Halsketten, breite Armreifen und Ähnliches. Aber auch individuelle Piercings oder auffällige Tattoos fallen in den Bereich, wo man sich mit den Gepflogenheiten in einem Betrieb arrangieren muss. Dies gilt besonders dann, wenn man direkten Kundenkontakt hat.

Frisur

- eine **Frisur tragen, die der Tätigkeit angemessen** ist. Eine Punkfrisur oder auffällig getönte Haare passen nicht immer zu dem, was sich Kunden unter einer/m „seriösen" Kauffrau/-mann vorstellen und was Mitarbeiter/-innen oder Chefs zu dulden bereit sind.

Kosmetika

- **keine allzu intensiv riechenden Kosmetika** verwenden. Hier sollte man eher auf dezente Duftnoten zurückgreifen, denn wie würden Sie es empfinden, wenn sich alle Menschen Ihrer Umgebung das Recht auf einen intensiven individuellen Geruch nehmen würden?

Tipps für die Ausbildung und Prüfung

Auch als Auszubildender muss man sich jeden Tag aufs Neue „gut verkaufen". Dabei spielt nicht nur das Wissen eine Rolle. Es gibt eine ganze Reihe anderer Eigenschaften, die mindestens genau so wichtig sind.

Sind die Kund/-innen oder Kolleg/-innen freundlich und aufgeschlossen, so haben auch Sie in der Regel kein Problem. Anders ist es, wenn sich schlechte Laune breit macht und man spürt, dass der andere genervt ist. Die Kunden bewerten Sie aber mit ihren eigenen Augen und Ohren und ein erster negativer Eindruck pflanzt sich häufig schnell fort. Aber es hat auch keinen Zweck, sich zu verstellen nach dem Motto: Ich muss freundlich sein, weil mein Chef es so will. Dies halten Sie nicht durch und Sie werden auch schnell durchschaut, weil alle anderen Verhaltensweisen nicht so recht zu der „unnatürlich gespielten Freundlichkeit" passen.

SMILE-Regel

Berücksichtigen Sie immer die SMILE-Regel:

S **icherheit im Auftreten:** Das heißt, dass der Gesprächspartner das Gefühl haben muss, dass Sie ihn, aber auch Ihre eigene Aufgabe verstehen. Freundlichkeit bedeutet, dass man in der Lage ist einen Kunden und einen Mitarbeiter zu sehen wie er ist und nicht wie man ihn gerne hätte.

M **ienenspiel**: Das heißt, vergessen Sie nicht, dass der Kunde und/oder Kollege Ihnen nicht nur zuhört, sondern, dass er Sie auch beobachtet. Eine gespielte Freundlichkeit sieht man Ihnen an ...

I **nnerlich überzeugend wirken:** Das heißt, dass Sie sich darüber im Klaren sein sollten, dass Freundlichkeit die angenehme Eigenschaft hat, dass Sie zu dem zurückkehrt, der sie aussendet.

L **ächeln kostet nichts:** Das heißt, dass Sie auch Stress oder Hektik am einfachsten mit einer positiven Ausstrahlung verringern können.

E **insichtigkeit**: Das heißt, dass es wenig Zweck hat, einem Kunden oder Mitarbeiter nicht Recht geben zu wollen, wenn er Recht hat.

2 Funktion von Ausbildern

Die Ausbildung wird zwar häufig unter Kostengesichtspunkten betrachtet, aber dies darf nicht der einzige Maßstab sein. Ausbildung ist ein Stück Zukunftssicherung für die gesamte Wirtschaft und auch für den eigenen Betrieb. Daher werden an die Ausbildung im Betrieb auch besondere Anforderungen gestellt. Nicht jeder, der es gerne möchte, darf ausbilden oder umgekehrt: Ausbilden darf nur, wer auch die Qualifikation dafür hat.

§ 6
Berufsbildungsgesetz

2.1 Pflichten des Ausbilders und Ausbildenden

Die Ausbildung wird von Ausbildern „begleitet", d. h., der oder die Auszubildende hat das Recht, während der Ausbildung von einem qualifizierten Mitarbeiter des ausbildenden Unternehmens „betreut" zu werden.

Ausbildende

(1) Der Ausbildende hat

- dafür zu sorgen, dass dem Auszubildenden die Fertigkeiten und Kenntnisse vermittelt werden, die zum Erreichen des Ausbildungszieles erforderlich sind; er hat die Berufsausbildung in einer durch ihren Zweck gebotenen Form planmäßig, zeitlich und sachlich gegliedert

Ausbildungsziel

so durchzuführen, dass das Ausbildungsziel in der vorgesehenen Ausbildungszeit erreicht werden kann;

- selbst auszubilden oder einen Ausbilder ausdrücklich damit zu beauftragen;
- dem Auszubildenden kostenlos die Ausbildungsmittel, insbesondere Werkzeuge und Werkstoffe zur Verfügung zu stellen, die zur Berufsausbildung und zum Ablegen von Zwischen- und Abschlussprüfungen erforderlich sind, auch wenn diese nach Beendigung des Berufsausbildungsverhältnisses stattfinden;
- den Auszubildenden zum Besuch der Berufsschule sowie zum Führen von Berichtsheften anzuhalten, soweit solche im Rahmen der Berufsausbildung verlangt werden und diese durchzusehen;
- dafür zu sorgen, dass der Auszubildende charakterlich gefördert sowie sittlich und körperlich nicht gefährdet wird.

(2) Dem Auszubildenden dürfen nur Verrichtungen übertragen werden, die dem Ausbildungszweck dienen und seinen körperlichen Kräften angemessen sind.

§ 6
Berufsbildungsgesetz

Freistellung

Der Ausbildende hat den Auszubildenden für die Teilnahme am Berufsschulunterricht und an Prüfungen freizustellen. Das Gleiche gilt, wenn Ausbildungsmaßnahmen außerhalb der Ausbildungsstätte durchzuführen sind.

§ 8
Berufsbildungsgesetz

Zeugnis

(1) Der Ausbildende hat dem Auszubildenden bei Beendigung des Berufsausbildungsverhältnisses ein Zeugnis auszustellen. Hat der Ausbildende die Berufsausbildung nicht selbst durchgeführt, so soll auch der Ausbilder das Zeugnis unterschreiben.

(2) Das Zeugnis muss Angaben enthalten über Art, Dauer und Ziel der Berufsausbildung sowie über die erworbenen Fertigkeiten und Kenntnisse des Auszubildenden. Auf Verlangen des Auszubildenden sind auch Angaben über Führung, Leistung und besondere fachliche Fähigkeiten aufzunehmen.

2.2 Berechtigung zum Einstellen und Ausbilden

Qualifikation der Ausbilder

Die **Ausbilderin/der Ausbilder** hat die Aufgabe, dem Auszubildenden mit Rat und Tat zur Seite zu stehen. Dabei handelt es sich um eine Arbeit, an die hohe Qualitätsansprüche zu stellen sind. Deshalb muss ein/e Ausbilder/-in auch vor der jeweiligen Kammer eine Prüfung ablegen, in der sie/er diese Befähigung nachweist.

Diese **Ausbildereignungsprüfung** umfasst sowohl fachliche Teile (Arbeitsrecht, Arbeitsschutzgesetze, Tarifrecht usw.) als auch einen pädagogischen Teil, in dem es darum geht, dass ein/e Ausbilder/-in nicht nur weiß, in welchen Tätigkeiten, sondern vor allem wie ein/e Auszubildende/r im Betrieb und am Arbeitsplatz zu unterweisen ist.

§ 20
Berufsbildungsgesetz

Persönliche und fachliche Eignung.

(1) Auszubildende darf nur einstellen, wer persönlich geeignet ist. Auszubildende darf nur ausbilden, wer persönlich und fachlich geeignet ist.

(2) Persönlich nicht geeignet ist insbesondere, wer Kinder und Jugendliche nicht beschäftigen darf oder wer wiederholt oder schwer gegen dieses Gesetz oder die aufgrund dieses Gesetzes erlassenen Vorschriften und Bestimmungen verstoßen hat.

(3) Fachlich nicht geeignet ist, wer
- die erforderlichen beruflichen Fertigkeiten und Kenntnisse oder
- die erforderlichen berufs- und arbeitspädagogischen Kenntnisse nicht besitzt.

Wer fachlich nicht geeignet ist oder wer nicht selbst ausbildet, darf Auszubildende nur dann einstellen, wenn er einen Ausbilder bestellt, der persönlich und fachlich für die Berufsausbildung geeignet ist.

In **Ausbildereignungsprüfungen** werden fachliche und pädagogische Fähigkeiten geprüft.

Eignung der Ausbildungsstätte

§ 22 *Berufsbildungsgesetz*

Auszubildende dürfen nur eingestellt werden, wenn
- die Ausbildungsstätte nach Art und Einrichtung für die Berufsausbildung geeignet ist;
- die Zahl der Auszubildenden in einem angemessenen Verhältnis zur Zahl der Ausbildungsplätze oder zur Zahl der beschäftigten Fachkräfte steht, es sei denn, dass andern falls die Berufsausbildung nicht gefährdet wird;

Eine Ausbildungsstätte, in der die erforderlichen Kenntnisse und Fertigkeiten nicht in vollem Umfang vermittelt werden können, gilt als geeignet, wenn dieser Mangel durch Ausbildungsmaßnahmen außerhalb der Ausbildungsstätte behoben wird.

Ausbildungsbetriebe müssen nicht alles selbst vermitteln. Neben der Berufsschule kann auch ein Teil der Inhalte von überbetrieblichen Ausbildungsstätten gelehrt werden.

Tipps für die Ausbildung und Prüfung

Wenn in der Ausbildung etwas „schief läuft" sollten Sie versuchen, dies in einem Gespräch mit dem Ausbilder zu klären.

- Denken Sie aber auch daran, dass es nicht immer angebracht, sich „nur" auf das Gesetz zu beziehen.
- Wichtig ist, dass Sie sich auf ein Gespräch gut vorbereiten. Legen Sie sich einen „Merkzettel" oder eine Karteikarte an, auf der Sie notieren, was Sie wissen wollen oder was Sie zu kritisieren haben.
- Beachten Sie auch , dass es nicht nur um das „Was", also um die Inhalte, sondern auch um das „Wie" also um die Art und Weise des Gespräches geht (siehe auch Kapitel 1.2, „Kommunikation").

3 Berufsbildungsgesetz

Das Berufsbildungsgesetz schafft eine gesetzliche Grundlage für die Ausbildung. Es enthält in vielen Bestimmungen alle rechtlichen Einzelheiten, die das Ausbildungsverhältnis begleiten, z. B. konkrete Vorschriften über den Ausbildungsvertrag und dessen inhaltliche Ausgestaltung. Daneben gibt es noch eine Reihe weiterer Bestimmungen zur Berufsausbildung (z. B. Ausbildungsordnungen) und andere Gesetze, die nicht nur für Auszubildende, sondern für alle Arbeitnehmer (z. B. Tarifgesetze) oder für alle Jugendlichen (z. B. Jugendarbeitsschutzgesetz) gelten.

3.1 Organisation der Berufsausbildung

Unter dem Begriff Berufsbildung versteht man „die Berufsausbildung, die berufliche Fortbildung und die berufliche Umschulung".

Ausbildung

- Die **Berufsausbildung** hat eine breit angelegte berufliche Grundausbildung und die für die Ausübung einer qualifizierten beruflichen Tätigkeit notwendigen fachlichen Fertigkeiten und Kenntnisse in einem geordneten Ausbildungsgang zu vermitteln.

Fortbildung

- Die **berufliche Fortbildung** soll es ermöglichen, die beruflichen Kenntnisse und Fertigkeiten zu erhalten, zu erweitern, der technischen Entwicklung anzupassen oder beruflich aufzusteigen.

Umschulung

- Die **berufliche Umschulung** soll zu einer anderen beruflichen Tätigkeit führen.

Berufsbildung wird durchgeführt in Betrieben der Wirtschaft, in Betrieben außerhalb der Wirtschaft, ... in Haushalten sowie in berufsbildenden Schulen und sonstigen Berufsbildungseinrichtungen außerhalb der schulischen und betrieblichen Berufsbildung.

3.2 Verhalten während der Berufsausbildung

Der Auszubildende hat sich zu bemühen, die Fertigkeiten und Kenntnisse zu erwerben, die erforderlich sind, um das Ausbildungsziel zu erreichen. Er ist insbesondere verpflichtet

Verhaltensregeln

1. die ihm im Rahmen seiner Berufsausbildung aufgetragenen Verrichtungen sorgfältig auszuführen;
2. an Ausbildungsmaßnahmen teilzunehmen, für die er nach § 7 freigestellt wird;
3. den Weisungen zu folgen, die ihm im Rahmen der Berufsausbildung vom Ausbildenden, vom Ausbilder oder von anderen weisungsberechtigten Personen erteilt werden;
4. die für die Ausbildungsstätte geltende Ordnung zu beachten,
5. Werkzeug, Maschinen und sonstige Einrichtungen pfleglich zu behandeln,
6. über Betriebs- und Geschäftsgeheimnisse Stillschweigen zu wahren.

Vergütung

Der Ausbildende hat dem Auszubildenden eine angemessene Vergütung zu gewähren. Sie ist nach dem Lebensalter des Auszubildenden so zu bemessen, dass sie mit fortschreitender Berufsausbildung, mindestens jährlich, ansteigt.

Mehrarbeit

Eine über die vereinbarte regelmäßige tägliche Ausbildungszeit hinausgehende Beschäftigung ist besonders zu vergüten. Die Vergütung für den laufenden Kalendermonat ist spätestens am letzten Arbeitstag des Monats zu zahlen.

Fakten kurz gefasst

Die wichtigsten Rechte und Pflichten während der Berufsausbildung

§§ 6, 9
Berufbildungsgesetz

RECHTE			PFLICHTEN
Vermittlung aller Fertigkeiten, die zum Erreichen des Ausbildungsziels notwendig sind.	**Ausbildung**	**Lernen**	Bemühen, aller Kenntnisse und Fertigkeiten, die zum Erreichen des Ausbildungsziels notwendig sind, zu erlernen.
Freistellung zum Besuch der Berufsschule und anderer Ausbildungsmaßnahmen.	**Berufsschulbesuch**	**Berichtsheft**	Nachweis der Ausbildungsinhalte durch Führen geeigneter Unterlagen.
Bereitstellung der Ausbildungsmittel durch den Ausbilder.	**Ausbildungsmittel**	**Sorgfaltspflicht**	Sorgfältiger Umgang mit den zur Verfügung gestellten Ausbildungsmitteln; Einhaltung der Betriebsordnung.
Zahlung einer angemessenen bzw. tariflich festgelegten Ausbildungsvergütung.	**Vergütung**	**Arbeitsleistung**	Ausführung der Anweisungen des Ausbilders.
Übertragung ausbildungsbezogener Arbeiten; keine charakterliche Gefährdung.	**Fürsorge**	**Stillschweigen**	Wahrung von Betriebsgeheimnissen.

Eine über die vereinbarte regelmäßige Ausbildungszeit hinausgehende Beschäftigung ist besonders zu vergüten oder durch entsprechende Freizeit auszugleichen.

3.3 Ihre Rolle in der Berufsschule

Die Berufsschule hat im **dualen System der Berufsausbildung** eine wichtige Aufgabe:

- Sie ist gleichwertiger Ausbildungspartner neben dem Ausbildungsbetrieb.
- Wenn ein Ausbildungsvertrag besteht, muss sie regelmäßig besucht werden.
- Sie trägt für einen großen Teil der theoretischen Ausbildung die Verantwortung.
- Unabhängig von allen sonstigen Ausbildungsabschnitten werden eigene Leistungsbewertungen vorgenommen.
- Es wird darauf geachtet, dass alle Auszubildenden gleich behandelt werden.

Fehlzeiten in der Berufsschule

Daher sind an Fehlzeiten strenge Maßstäbe anzulegen. Es besteht kein Recht darauf, aus persönlichen Gründen freigestellt zu werden. Der Klassenlehrer oder der Schulleiter können dieses in Ausnahmefällen tun, wenn die Leistungen und das gesamte Verhalten der Auszubildenden es zulassen und z. B. an dem Freistellungstag keine Klassenarbeit geschrieben wird. Wichtig ist, sich rechtzeitig vorher mit der Schule in Verbindung zu setzen, damit sich hier niemand übergangen fühlen muss.

Tipps für die Ausbildung und Prüfung

Wichtig für den schulischen Erfolg dürfte nicht nur die Frage sein, „was" man lernt, sondern vor allem „wie" man lernt. Was für den Betrieb gilt, ist auch auf die Schule und die Schüler/-innen bzw. Auszubildenden übertragbar: „Zeit ist Geld". Deshalb sollte man auch beim Lernen von neuem Stoff einige Grundregeln beherzigen:

„Ökonomie des Lernens"

Kleine Lernschritte

- **Große Lerneinheiten sollte man sinnvollerweise in kleine Lernschritte unterteilen.** Das heißt, dass es wenig Zweck hat, den neuen Stoff ständig vor sich herzuschieben (Motto: „Die nächste Klassenarbeit ist ja noch so lange hin ..."). Man sollte ständig das aufarbeiten, was in der Schule „dran" war. Tut man das nicht, kommt irgendwann der „Schneepflug- oder Lawineneffekt", das heißt, dass der Berg an neuem, aber noch nicht verarbeitetem Wissen immer größer wird und dass man schließlich darin stecken bleibt.

Gleichmäßiger Lernen

- **Die Lernperioden sollten zweckmäßig verteilt werden.** Man kann davon ausgehen, dass die über einen längeren Zeitraum verteilte Wiederholung eines Lernstoffes mehr Nutzen (geringerer Zeitaufwand, höhere Behaltensquoten) bringt, als zahlreiche unmittelbar aufeinander folgende Wiederholungen in einem kurzen Zeitraum.

Zweimal ist besser als keinmal

- **Stoffwiederholungen sollten gestaffelt erfolgen,** das heißt, dass eine Wiederholung nicht unmittelbar auf das erste Lernen, aber auch nicht zu weit von ihm entfernt stattfindet, weil sonst die Vergessenskurve zu weit abgesunken ist und es sich nicht mehr um eine Wiederholung, sondern um eine Neuerarbeitung des Stoffes handelt. Warten Sie also nicht bis kurz vor der Prüfung, um den Stoff der drei vorausgegangenen Jahre zu wiederholen, sondern legen Sie regelmäßig während der gesamten Ausbildungszeit auch unabhängig vom jeweiligen schulischen Stoff Wiederholungsphasen ein.

Nach dem Sinn forschen

- **Lernstoff behält man besser, wenn man seinen Sinnzusammenhang versteht.** Daher sollte man sich immer erst einen Überblick über ein Stoffgebiet und seine Gesamtzusammenhänge verschaffen. Das gilt für alle Bereiche, ganz besonders aber z. B. auch für die Buchführung. Bauen Sie sich „Haken", an denen Sie neue Lerninhalte befestigen können.

Gehirntraining

- **Überlisten Sie das Vergessen – üben Sie das Behalten.** Täglich nehmen Sie tausende neuer Eindrücke auf, aber Sie merken sich nur das, was Ihnen besonders wichtig erscheint. Das andere verschwindet aus dem Ultrakurzzeitgedächtnis bzw. gelangt erst gar nicht in das Kurzzeit- oder Langzeitgedächtnis. Wenn Sie Ihr persönliches Lernziel genau definieren und wissen, wofür Sie etwas lernen, wird es viel leichter sein, sich auch langfristig etwas zu merken. Denken Sie dabei auch daran, die richtigen Anknüpfungspunkte zu anderen Fächern zu suchen. Verbindungen helfen besser zu begreifen.

Neue Chancen mit neuen Fächern

- **Geben Sie den Fächern und Lehrern eine Chance.** Auch ungeliebte Fächer können ihre Reize haben. Sie können sich weder Ihre/n Ausbilder/-in noch Ihre Lehrer/-innen, noch die Fächer aussuchen, die mit Ihrem Beruf verbunden sind. Oft sind es auch Vorurteile oder mangelnde Kenntnisse über Inhalte einzelner Fächer und Unterrichtsstunden, mit denen Sie sich selbst das Schulleben schwer machen.

Pause einlegen

- **Trennen Sie Arbeits- und Erholphasen.** Die Freizeit ist nur die Hälfte wert, wenn sie von dem schlechten Gewissen begleitet wird, dass man ja eigentlich etwas Wichtigeres hätte tun müssen oder der Reue, dass man etwas nicht getan hat. Sie helfen sich selbst, wenn Sie durch eine intensive Arbeitsphase auch die Voraussetzungen für eine unbeschwerte Freizeit- und Erholphase schaffen.

Besser gleich als nie ...

- **Schieben Sie nichts auf die lange Bank.** Erledigen Sie Hausaufgaben möglichst gleich und nicht zehn Minuten vor Stundenbeginn. Natürlich kann man Hausaufgaben auch abschreiben, aber für einen selbst ist das nicht einmal die Zeit wert, die das Abschreiben kostet, denn lernen kann man dabei nichts.

Keine Ablenkungsmanöver

- **Mit Musik geht (nicht) alles besser?!** Mancher glaubt, nur dann richtig lernen zu können, wenn er auch die nötige Power hat. Unter 100 Watt läuft nichts ... Wie wäre es mit einem gleichzeitigen Telefongespräch und einem Videofilm? Lassen Sie sich nicht täuschen und lassen Sie sich nicht ablenken.

Selbsteinschätzung

- **Lernen Sie sich selbst richtig einzuschätzen.** Wer seine eigenen Stärken und Schwächen kennt, kann sich darauf ausrichten. Man sollte sich nur solche Ziele setzen, die man auch erreichen kann.

Organisation ist alles

- **Organisieren Sie das Lernen.** Es gibt den schönen Satz: „Wissen heißt, wissen, wo es steht". Findige Schüler meinen, dass man dies auch auf die „Spickzettel" beziehen könne. Möglicherweise ist das sogar richtig, entscheidend ist aber, dass Sie Ihren eigenen Lernprozess so organisieren, dass Sie das, was Sie suchen, auch finden. Dazu gehört nicht nur Ordnung auf dem Schreibtisch und in der Schultasche, sondern auch ein individuelles Lern- und Aufzeichnungssystem, z. B.:
  - Für jedes Lerngebiet wird ein **Heft geführt bzw. ein Ordner angelegt**, in dem Sie alles abheften, was dazugehört. Ein Ordner eignet sich auch, um eigene Informationen, Referate usw. beizuheften und so zusätzlich etwas für die mündliche Mitarbeit im Unterricht zu tun.
  - Sie legen eine **Lernkartei** oder eine **Lerndatei** an. Hier können Sie stichwortartig oder in Form von Merksätzen auf Kärtchen oder in Dateifeldern wichtige Sachverhalte zum Lernen, Wiederholen oder zur Vorbereitung auf Prüfungen ablegen.

Richten Sie sich nach Möglichkeit zu Hause einen **eigenen Arbeitsplatz** ein, an dem Sie alles so organisieren, dass Sie in Ruhe und stressfrei arbeiten können.

Eigenes Buch ist Goldes wert

- **„Turboschnell" arbeiten mit eigenen Büchern.** Vorweg bemerkt: Die Bücher, die Sie von der Schule bekommen haben, gehören oft nicht Ihnen, sondern dem Bundesland, das sie Ihnen zur Verfügung stellt (wenn Sie die Bücher nicht bezahlt haben, sind Sie nur „treuhänderischer" Besitzer, aber Eigentümer ist das Land). Hier fängt das Problem an, denn rationeller arbeiten kann man nur mit eigenen Büchern. Warum? Weil man z. B. wichtige Stellen markieren kann. Das erleichtert die Arbeit und macht das Lernen „turboschnell". Unterstreichungen oder Markierungen heben wichtige Stellen hervor und strukturieren den Text:
  - erst lesen, dann markieren oder unterstreichen;
  - sparsam mit Markierungen umgehen, denn je mehr markiert ist, desto mehr verliert die Hervorhebung an Bedeutung;
  - Markierungselemente (Farben, verschiedene Stricharten) durchgehend verwenden;
  - bestimmte Leitfragen und eigene Anmerkungen an den Rand schreiben.

Fakten kurz gefasst

Berufsbildungsgesetz

Pflicht zur ordnungsgemäßen Ausbildung
und zur
Erbringung der geforderten Leistung

Berufsschule | **Betrieb**

Qualitative Ziele

- Dauer der Ausbildung in der Regel 3 Jahre
- Vorzeitige Abschlussprüfung bei entsprechenden Leistungen möglich
- Zulassung zur Abschlussprüfung
  - Ausbildungszeit wurde durchlaufen oder sie endet nicht später als zwei Monate nach dem Prüfungstermin.
  - Teilnahme an den vorgeschriebenen Zwischenprüfungen ist erfolgt.
  - Berichtshefte wurden geführt.
  - Berufsausbildungsverhältnis ist in das Verzeichnis der Berufsausbildungsverhältnisse bei der zuständigen Kammer eingetragen.
- Wiederholung der Prüfung ist zweimal möglich, danach ist die Ausbildung beendet.

4 Ausbildungsordnung und Ausbildungsvertrag

Zwischen den Auszubildenden und dem Betrieb (Ausbildender) wird ein Vertrag geschlossen, der die Inhalte der Ausbildung festlegt. Gesetzliche Grundlage ist wiederum das Berufsbildungsgesetz, d. h., die allgemein geltende Vertragsfreiheit ist hier eingeschränkt.

Wenn Sie mehr über die Vertragsfreiheit oder Grundsätzliches über die rechtlichen Voraussetzungen verschiedener Vertragsabschlüssen wissen wollen, schlagen Sie im Lernfeld 6, Kapitel 6 nach.

§ 4
Berufsbildungsgesetz

4.1 Inhalte des Ausbildungsvertrages

In dem Ausbildungsvertrag, der

- **schriftlich** abgeschlossen werden muss,
- bei Minderjährigen von den Erziehungsberechtigten zu unterzeichnen ist,
- in ein Verzeichnis bei der zuständigen Kammer eingetragen wird, müssen nach § 4 des Berufsbildungsgesetzes folgende **Mindestinhalte** enthalten sein:
  1. Art, Gliederung und Ziel der Ausbildung
  2. Beginn und Dauer der Ausbildung
  3. Ausbildungsmaßnahmen außerhalb der Ausbildungsstätte
  4. Dauer der regelmäßigen täglichen Ausbildungszeit
  5. Dauer der Probezeit
  6. Zahlung und Höhe der Vergütung
  7. Dauer des Urlaubs
  8. Voraussetzungen, unter denen der Vertrag gekündigt werden kann.

Antrag auf Eintragung (Seite 1 v. 2)
in das Verzeichnis der
Berufsausbildungsverhältnisse
zum nachfolgenden
Berufsausbildungsvertrag
Bitte die hinterlegten Felder ausfüllen.

Eingangsstempel der IHK

Zwischen dem Ausbildenden (Ausbildungsbetrieb)

Firmenident-Nr.: Tel.-Nr.:

Anschrift des Ausbildungsbetriebes

Verantwortlicher Ausbilder:
Herrn/Frau/Frl. geb. am (TT.MM.JJ)

und der/dem Auszubildenden männlich ☐ weiblich ☐

Name, Vorname

Straße, Haus-Nr.

PLZ Ort

Geburtsdatum (TT.MM.JJ) Geburtsort

Staatsangehörigkeit Gesetzl. Vertreter[1] Eltern ☐ Vater ☐ Mutter ☐ Vormund ☐

Namen, Vornamen der gesetzlichen Vertreter

Straße, Hausnummer

PLZ Ort

C Die Ausbildung findet vorbehaltlich der Regelungen nach D (§ 3 Nr. 12) in

und den mit dem Betriebssitz für die Ausbildung üblicherweise zusammenhängenden Bau-, Montage- und sonstigen Arbeitsstellen statt.

D Ausbildungsmaßnahmen außerhalb der Ausbildungsstätte (§ 3 Nr. 12) mit Zeitraumangabe

E Der Ausbildende zahlt dem Auszubildenden eine angemessene Vergütung (§ 5); diese beträgt zurzeit monatlich brutto:

Euro				
im	ersten	zweiten	dritten	vierten

Ausbildungsjahr.

Soweit Vergütungen tariflich geregelt sind, gelten mindestens die tariflichen Sätze.

J Die Vereinbarungen auf Seite 2 sind Gegenstand dieses Vertrages und werden anerkannt.

Ort, Datum

Der Ausbildende:

Stempel und Unterschrift

Der Auszubildende:

Vor- und Familienname

Die gesetzlichen Vertreter des Auszubildenden:

Vater und Mutter/Vormund *Bitte Seite 2 beachten!*

Rechtliche Grundlagen

Quelle: **www.hannover.ihk.de** ▶ downloads ▶ Berufsausbildungsvertrag

4.2 Beginn und Beendigung des Berufsausbildungsverhältnisses

§ 13 *Berufsbildungsgesetz*

Probezeit

Die Probezeit, die am Beginn des Ausbildungsverhältnisses steht, muss mindestens einen, darf aber höchstens drei Monate betragen.

§ 14 *Berufsbildungsgesetz*

Beendigung

Das Berufsausbildungsverhältnis endet
- mit dem Ablauf der Ausbildungszeit;
- beim Bestehen der Abschlussprüfung vor Ablauf der Ausbildungszeit mit dem Tag des Ablegens der Prüfung.

§ 14 *Berufsbildungsgesetz*

Wiederholungsprüfung

Wird die Abschlussprüfung nicht bestanden, so verlängert sich das Ausbildungsverhältnis auf Verlangen des Auszubildenden bis zur nächstmöglichen Wiederholungsprüfung, höchstens aber um ein Jahr. Die Abschlussprüfung kann zweimal wiederholt werden.

§ 15 *Berufsbildungsgesetz*

Kündigung/Auflösung

- **Während der Probezeit** kann das Berufsausbildungsverhältnis jederzeit von beiden Seiten ohne Nennung eines Grundes und ohne Einhalten einer Frist gekündigt werden.
- **Nach der Probezeit** ist eine Kündigung nur möglich
  1. aus einem wichtigen Grund von beiden Seiten ohne Einhalten einer Frist.
  2. vom Auszubildenden mit einer Frist von vier Wochen, wenn die Ausbildung beendet werden soll oder wenn der Auszubildende den Ausbildungsberuf (nicht nur den Ausbildungsplatz!) wechseln will.

Für beide Fälle gilt: Die Kündigung muss schriftlich erfolgen. Eine Kündigung aus wichtigem Grund ist unwirksam, wenn die ihr zugrunde liegenden Tatsachen dem zur Kündigung Berechtigten länger als zwei Wochen bekannt sind.

Ist ein Güteverfahren eingeleitet, so wird bis zu dessen Beendigung der Lauf dieser Frist gehemmt.

- **Aufhebung des Vertrages in gegenseitigem Einvernehmen.** Solange keine Volljährigkeit vorliegt, ist der Auszubildende dabei an das Einverständnis der Erziehungsberechtigten gebunden.

Dies steht zwar in einem gewissen Gegensatz zu der Tatsache, dass nach § 113 BGB ein Jugendlicher, der von seinen Erziehungsberechtigten zur Aufnahme eines Arbeitsverhältnisses ermächtigt wurde, für alle Rechtsgeschäfte unbeschränkt geschäftsfähig ist, welche die Eingehung, aber auch die Aufhebung des „Dienst- und Arbeitsverhältnisses" betreffen. Andererseits steht aber bei einem Ausbildungsvertrag der erzieherische Gesichtspunkt im Vordergrund, sodass bei einer Aufhebung hier die Geschäftsfähigkeit von Minderjährigen eingeschränkt wird.

§ 16 *Berufsbildungsgesetz*

Schadensersatz

Wenn das Berufsausbildungsverhältnis vorzeitig gelöst wird, kann von dem Vertragspartner, der dies „zu vertreten hat" innerhalb von drei Monaten nach Beendigung Schadensersatz verlangt werden.

§ 25 Berufsbildungsgesetz

4.3 Ausbildungsordnungen

In den **Ausbildungsordnungen** sind die Inhalte für die betriebliche Ausbildung in allgemeiner Form festgeschrieben.

> Ausbildungsordnungen werden vom Bundeswirtschaftsministerium im Einvernehmen mit dem Bildungsministerium durch eine Rechtsverordnung festgelegt, die nicht der Zustimmung des Bundesrates bedarf. Die genannten Ministerien können Ausbildungsberufe staatlich anerkennen oder auch die Anerkennung aufheben.

In einer Ausbildungsordnung wird festgelegt:

- Bezeichnung des Ausbildungsberufes
- Ausbildungsdauer
- zu vermittelnde Fertigkeiten und Kenntnisse (Ausbildungsberufsbild)
- Anleitung zur sachlichen und zeitlichen Gliederung der Ausbildung (Ausbildungsrahmenplan)
- Prüfungsanforderungen

§ 27 Berufsbildungsgesetz

Die Ausbildungsordnung kann festlegen, dass die Berufsausbildung in geeigneten Einrichtungen außerhalb der Ausbildungsstätte durchgeführt wird, wenn und soweit es die Ausbildung erfordert.

In **„anderen als anerkannten Ausbildungsberufen"** (z. B. Physiotherapeutin, Logopäden) dürfen Jugendliche unter 18 Jahren nicht ausgebildet werden, soweit die Berufsausbildung nicht auf den Besuch weiterführender Bildungsgänge vorbereitet.

Fakten kurz gefasst

Ausbildungsvertrag

Vertragsabschluss

- nur Betriebe mit entsprechender Eignung
- anerkannte Ausbildungsberufe
- immer schriftlich
- an bestimmte Inhalte gebunden
- Unterschrift der Erziehungsberechtigten bei Minderjährigen
- Eintragung in das Ausbildungsplatzregister bei der jeweiligen Kammer

Vertragsauflösung

- immer schriftlich
- in der Probezeit ohne Begründung und ohne Frist
- nach der Probezeit mit Begründung fristlos in besonderen Fällen oder mit einer Frist von vier Wochen bei Auflösung durch den Auszubildenden

Tipps für die Ausbildung und Prüfung

Wenn es zu Problemen in der Ausbildung kommen sollte, ist es ratsam, zunächst eine gütliche Einigung zu versuchen. Dafür gibt es z. B. bei den Industrie- und Handelskammern die Ausbildungsberater. Reagieren Sie nicht voreilig, sondern überlegen Sie sich Ihre Vorgehensweise genau. Es ist niemandem zuzumuten, ein Ausbildungsverhältnis aufrechtzuerhalten, das untragbar ist. Aber eine einmal geschriebene Kündigung kann (so leicht) nicht rückgängig gemacht werden.

5 Jugendarbeitsschutz

Viele von Ihnen haben die Bilder von arbeitenden Kindern in der Dritten und Vierten Welt im Kopf: Mädchen, die den ganzen Tag bis zu 16 Stunden Teppiche knüpfen, Jungen, die in der Landwirtschaft oder in den Fabriken unter schlimmsten Bedingungen arbeiten, stellen Zustände dar, die es bei uns in dieser Form nicht gibt.

Mit dem **Jugendarbeitsschutz** soll verhindert werden, dass Kinder und Jugendliche durch übermäßige körperliche Anstrengung gesundheitlich gefährdet und ausgebeutet werden.

5.1 Beschäftigungsverbote

Beschäftigungsverbote sollen die Gesundheit von Kindern und Jugendlichen schützen.

Kinder

- **Als Kinder im Sinne des Jugendarbeitsschutzes** gelten alle Personen, die noch keine 15 Jahre alt sind.

Jugendliche

- Wer das 15. Lebensjahr erreicht, aber das 18. Lebensjahr noch nicht vollendet hat, ist **„Jugendlicher"**.
- Die **Beschäftigung von Kindern und Jugendlichen**, die noch der Vollzeitschulpflicht unterliegen, ist verboten. Dieses Verbot gilt aber nicht für Betriebspraktika. Außerdem können Jugendliche, die noch der Vollzeitschulpflicht unterliegen, für maximal vier Wochen pro Kalenderjahr einen Ferienjob annehmen.

Öffentliche Auftritte und Ferienjobs von Kindern

- Treten **Kinder im Fernsehen** auf, nehmen Filmrollen ein, wirken in Konzerten mit oder tragen Jugendliche Zeitungen aus, helfen in der Landwirtschaft, mähen Rasen, „spielen" Babysitter, helfen bei Vereinsfesten, übernehmen Handreichungen beim Sport, treten in einer Band auf oder erledigen Einkäufe für die Eltern oder Nachbarn um das Taschengeld aufzubessern, so sind das einige der zahlreichen Ausnahmen, die das Jugendarbeitsschutzgesetz vorsieht. Dabei müssen allerdings besondere Fälle (z. B. Filmaufnahmen, Fernsehauftritte usw.) ggf. vorher vom Gewerbeaufsichtsamt genehmigt werden.

5.2 Arbeits- und Berufsschulzeit

Arbeitszeit nicht länger als 8 Stunden pro Tag

Arbeitszeit

Jugendliche dürfen in der Regel täglich nicht länger als 8 Stunden und wöchentlich nicht mehr als 40 Stunden arbeiten. Für Jugendliche gilt generell die 5-Tage-Woche. In der Landwirtschaft gibt es Ausnahmen; dort dürfen Jugendliche über 16 Jahren während der Erntezeit bis zu 9 Stunden täglich und bis zu 85 Stunden in der Doppelwoche beschäftigt werden. In den übrigen Betrieben kann die tägliche Arbeitszeit auf 8,5 Std. verlängert werden (4 ½-Tage-Woche).

Als tägliche Arbeitszeit wird die Zeit vom Beginn bis Ende der täglichen Beschäftigung ohne die Ruhepausen gerechnet.

Beschäftigungszeit von 6 bis 20 Uhr

Beschäftigungszeit

Jugendliche dürfen nur in der Zeit von 6 bis 20 Uhr beschäftigt werden. In bestimmten Branchen gibt es für Jugendliche über 16 Jahren Sonderregelungen, wenn dies im Interesse der Ausbildung liegt. Sie dürfen im Gaststätten- und Schaustellergewerbe bis 22 Uhr, in Bäckereien und Konditoreien ab 5 Uhr (ab dem 17. Lebensjahr in Bäckereien ab 4 Uhr) arbeiten. Weitere Ausnahmen gelten für die Beschäftigung Jugendlicher über 16 Jahren, für mehrschichtige Betriebe (bis 23 Uhr) und in der Landwirtschaft (ab 5 Uhr oder bis 21 Uhr). Sonderbestimmungen gelten auch für Hitzebetriebe (ab 5 Uhr) und die Mitwirkung bei Veranstaltungen und Darbietungen (bis 23 Uhr).

Berufsschule

Berufsschulbesuch

Der Arbeitgeber ist verpflichtet den Jugendlichen für die Teilnahme am Berufsschulunterricht freizustellen. Außerdem darf der Jugendliche nicht vor einem vor 9 Uhr beginnenden Unterricht und auch nicht an Berufsschultagen mit mehr als 5 vollen Unterrichtsstunden (einmal pro Woche) beschäftigt werden. Wird an der Berufsschule ein planmäßiger Blockunterricht von mindestens 25 Stunden an mindestens fünf Tagen durchgeführt, darf der Jugendliche ebenfalls nicht zusätzlich im Betrieb beschäftigt werden. Die Zeit des Unterrichts wird voll auf die Arbeitszeit angerechnet. Der Jugendliche hat deshalb auch für diese Zeit Anspruch auf ein volles Arbeitsentgelt. Die Freistellungsregel bei mehr als fünf vollen Unterrichtsstunden gilt nicht für volljährige Auszubildende.

Urlaub

Urlaub in den Ferien

Jeder Jugendliche hat Anspruch auf einen jährlichen bezahlten Erholungsurlaub. Je nach Alter des Jugendlichen ist der Urlaub unterschiedlich lang: 30 Werktage für 15-Jährige, 27 Werktage für 16-Jährige und 25 Werktage für 17-Jährige. Jugendliche jeder Altersgruppe, die im Bergbau unter Tage beschäftigt werden, erhalten einen zusätzlichen Urlaub von jährlich drei Werktagen. Grundsätzlich soll Berufsschülern der Urlaub in der Zeit der Berufsschulferien gegeben werden.

Pausen- und Ruhezeiten

Jugendliche haben Anspruch auf feststehende Ruhepausen. Sie dürfen nicht länger als viereinhalb Stunden hintereinander ohne Ruhepausen beschäftigt werden, wobei die einzelne Ruhepause mindestens 15 Minuten dauern muss. Bei einer Arbeitszeit von mehr als sechs Stunden stehen den Jugendlichen insgesamt mindestens 60 Minuten Ruhepause zu. Bei einer Arbeitszeit von mehr als viereinhalb bis zu sechs Stunden müssen die Pausen mindestens 30 Minuten betragen.

Sonntagsruhe und Pausenregelung

An Samstagen, Sonn- und Feiertagen dürfen Jugendliche nicht beschäftigt werden. Für bestimmte Branchen und Einrichtungen gibt es jedoch Sonderbestimmungen. So ist die Beschäftigung z. B. in Krankenhäusern, in der Landwirtschaft und Tierpflege, bei Aufführungen und Veranstaltungen, im Gaststättengewerbe, beim Sport und im ärztlichen Notdienst zulässig, samstags auch in offenen Verkaufsstellen. Es muss jedoch sichergestellt sein, dass mindestens zwei Samstage und zwei Sonntage im Monat beschäftigungsfrei bleiben.

Prüfungen

Prüfungen

Ein Jugendlicher, der an Prüfungen und bestimmten außerbetrieblichen Ausbildungsmaßnahmen teilnimmt, muss dafür freigestellt werden. Das Gleiche gilt auch für den Arbeitstag vor der schriftlichen Abschlussprüfung. In allen Fällen läuft die Bezahlung weiter.

Fakten kurz gefasst

Jugendarbeitsschutz

Beschäftigungsverbot
- Kinderarbeit (unter 15 Jahren)
- Nacht-, Samstags-, Sonntags-, Akkord-, Fließband-, Schichtarbeit

Arbeitszeit
- Regelarbeitszeit maximal 8 Stunden pro Tag
- 5-Tage-Woche mit maximal 40 Stunden

Ruhezeit
- Nachtruhe von 20 bis 6 Uhr (Ausnahmen beachten)

Pause
- Bei mehr als 4,5 bis 6 Stunden muss die Pause mindestens 30 Minuten lang sein und bei mehr als 6 Stunden insgesamt mindestens 60 Minuten betragen.

Freizeit
- Mindestens 12 Stunden zwischen zwei Schichten

Urlaub

Alter zu Beginn des Kalenderjahres	Urlaubsanspruch
• 15 Jahre	30 Werktage
• 16 Jahre	27 Werktage
• 17 Jahre	25 Werktage

Tipps für die Ausbildung und Prüfung

Die Grenzen zwischen dem, was verboten und dem, was als Ausnahme bei der Beschäftigung Jugendlicher erlaubt ist, sind zum Teil fließend. Scheuen Sie sich nicht mit Ihren Eltern oder Ihren Lehrern zu sprechen, wenn es zu krassen Überschreitungen und Verletzungen der Bestimmungen des Jugendarbeitsschutzes in Ihrem Betrieb kommt.

6 Betriebsrat, Jugend- und Auszubildendenvertretung

Betriebsräte sollen die Interessen und Anliegen der Arbeitnehmer gewissermaßen „bündeln". Unabhängig davon, dass sich jede/r einzelne Arbeitnehmer/-in auch ohne Einschaltung eines Interessenorgans direkt an den Arbeitgeber wenden kann, hat es für beide Seiten durchaus Vorteile, wenn ein Betriebsrat oder eine Jugend- und Auszubildendenvertretung als Organ in betriebliche Prozesse einbezogen werden kann.

Wahlberechtigung, Wählbarkeit, Wahlperiode

Betriebsräte können in Unternehmen mit mindestens fünf ständig beschäftigten Arbeitnehmern gewählt werden. Wahlberechtigt sind alle volljährigen Arbeitnehmer/-innen. Gewählt werden können alle wahlberechtigten Personen, die dem Unternehmen mindestens 6 Monate angehören. Die Wahlen finden alle vier Jahre zwischen dem 1. März und dem 31. Mai statt.

Die Wahl eines Betriebsrates ist ein Recht der Arbeitnehmer, aber keine Pflicht.

6.1 Mitbestimmung des Betriebsrates

Aufgaben des Betriebsrats

Der Betriebsrat hat als das zentrale Vertretungsorgan der Arbeitnehmer/-innen

- über die **Einhaltung der zugunsten der Arbeitnehmer/-innen geltenden Gesetze, Verordnungen, Tarifverträge und Betriebsvereinbarungen** zu wachen;
- die im Betriebsverfassungsgesetz **festgelegten Mitwirkungs- und Mitbestimmungsrechte in sozialen, personellen und wirtschaftlichen Angelegenheiten gegenüber dem Arbeitgeber wahrzunehmen;**
- **Anregungen von einzelnen Arbeitnehmern und der Jugendvertretung entgegenzunehmen und,** falls sie berechtigt erscheinen, **gegenüber dem Arbeitgeber zu vertreten.**

Die Rechte des Betriebsrates sind abgestuft und reichen von der Unterrichtung über die Beratung bis hin zur umfassenden Mitbestimmung. Nach dem Umfang der Beteiligung des Betriebsrates unterscheidet man:

Mitwirkung

Stufe 1 Mitwirkung, d. h. Information, Anhörung, Beratung

Das Recht auf Mitwirkung ist ein vergleichsweise schwaches Beteiligungsrecht. Es umfasst die Rechte auf Information, Anhörung und Beratung.

Information
Dieses Recht beinhaltet die Pflicht des Arbeitgebers, den Betriebsrat rechtzeitig so umfassend über anstehende Entscheidungen zu informieren, dass er sich ein Bild über die geplanten Maßnahmen einschließlich deren Auswirkungen machen kann. Dabei ist der Betriebsrat nicht nur in einer „Warteposition", sondern er hat auch das Recht, von sich aus die nötigen Informationen vom Arbeitgeber anzufordern.

Anhörung
Zu bestimmten Maßnahmen muss der Betriebsrat gehört werden. Er ist gehalten, anhand der erlangten Informationen im Interesse der betroffenen Arbeitnehmer eigene Vorschläge für zukünftige Maßnahmen zu unterbreiten. Der Arbeitgeber ist nicht verpflichtet, diesen Vorschlägen zu folgen.

Beratung
Dieses Recht umfasst einerseits die Beratungs**pflicht** des Arbeitgebers, andererseits aber auch das Beratungs**recht** des Betriebsrates. Auf dieser Grundlage werden von der Arbeitgeberseite alle mit der geplanten Maßnahme verbundenen Auswirkungen mit dem Betriebsrat erörtert. Dies geht über eine reine Anhörung deutlich hinaus.

Der Betriebsrat kann zwar Entscheidungen nicht verhindern, aber er kann sie in der Erörterung versuchen zu beeinflussen. Beispiele dafür sind:

- Personalplanung (§ 92 BetrVG)
- Betriebsänderungen (§ 111 BetrVG)
- Gestaltung von Arbeitsplätzen (§ 90 BetrVG)
- Gestaltung der beruflichen Bildung (§ 96, 97 BetrVG)

> Eine Missachtung der Mitwirkungsrechte stellt eine Ordnungswidrigkeit dar und **kann gerichtlich mit einem Bußgeld geahndet werden (§ 121 BetrVG).**

Bei der **Planung betrieblicher Maßnahmen**, die z. B. die Ausstattung der Arbeitsplätze und Arbeitsräume betreffen, hat der Betriebsrat ein **Mitwirkungsrecht** (Information und Beratung). Damit soll verhindert werden, dass sich der Arbeitgeber nur vom Gewinnstreben leiten lässt. Zu diesen Maßnahmen gehören:

- bauliche Maßnahmen (Neubauten, Umbauten),
- Arbeitsplatzveränderungen (z. B. Einrichtung von PC-Arbeitsplätzen),
- Änderungen im Arbeitsablauf (z. B. Umstellung auf Fließfertigung),
- Veränderungen des Arbeitsumfeldes (z. B. andere Telefonanlage, Entfernen von Stellwänden im Großraumbüro).

Mitbestimmung

Während der Betriebsrat bei der Planung nur mitwirken kann, besitzt er bei der **Durchführung** dieser Maßnahmen ein **erzwingbares volles Mitbestimmungsrecht.** So kann er verlangen, dass der Arbeitgeber bei solchen Maßnahmen die neuesten arbeitsmedizinischen Erkenntnisse beachtet. Lehnt der Arbeitgeber die Erfüllung dieser Forderungen ab, kann die Einigungsstelle angerufen werden.

Stufe 2 Eingeschränkte Mitbestimmung

Die eingeschränkte Mitbestimmung geht über die Benachrichtigung und Erörterung hinaus. Hier benötigt der Arbeitgeber für seine beabsichtigten Maßnahmen die **Zustimmung** des Betriebsrats. Diese Regelung gilt aber nur in Betrieben mit mehr als 20 Beschäftigten. Der Betriebsrat darf die Zustimmung verweigern, jedoch nur bei den im BetrVG genannten Gründen. In diesen

Fällen kann der Arbeitgeber das Arbeitsgericht zur Klärung einschalten. Die eingeschränkte Mitbestimmung findet man insbesondere bei personellen Angelegenheiten wie z. B.

- Einstellungen,
- Versetzungen,
- Umgruppierungen,
- Eingruppierungen.

Stufe 3 Volle, gleichberechtigte Mitbestimmung

Soziale Angelegenheiten

Es gibt Bereiche, in denen ohne die Zustimmung des Betriebsrates „nichts geht". Das heißt, dass eine Entscheidung des Arbeitgebers nur dann rechtswirksam ist, wenn er sich vorab mit dem Betriebsrat geeinigt hat. Dieser Einigungszwang ist die schärfste Form der Mitbestimmung und ist typisch für die so genannten sozialen Angelegenheiten.

Initiativrecht

Hier besitzt der Betriebsrat sogar ein Initiativrecht, d. h., er kann selbst Anträge stellen, aufgrund derer die Unternehmensleitung mit ihm verhandeln und sich einigen muss. Dies gilt z. B. für die Erstellung von Auswahlrichtlinien bei Einstellungen, Versetzungen, Umgruppierungen und Kündigungen in Betrieben mit mehr als 1 000 Beschäftigten (§ 95 BetrVG).

Sozialplan

Während die **Planung** dieser Maßnahmen **voll mitbestimmungspflichtig** ist, handelt es sich bei der konkreten personenbezogenen **Umsetzung** dann nur noch um eine **eingeschränkte Mitbestimmungsmöglichkeit.** Ebenso betroffen ist die erzwingbare Aufstellung eines Sozialplans bei Massenentlassungen in Betrieben mit mehr als 20 Mitarbeitern (§ 112 BetrVG).

6.2 Wie sieht die Mitwirkung konkret aus?

Beispiel 1

Technische Anlagen zur Leistungs- und Verhaltensüberwachung der Arbeitnehmer/-innen

Zeiterfassungsgeräte

An die Stelle von Menschen treten verstärkt technische Geräte, die Leistung und Verhalten der Arbeitnehmer/-innen überwachen und diese Funktion oft umfassender vornehmen, als dies vorher durch Vorgesetzte geschah. Das Mitbestimmungsrecht des Betriebsrats findet seine Berechtigung darin, die Überwachungsfunktion auf das betrieblich notwendige Maß zu beschränken und einen unnötigen Eingriff in das Persönlichkeitsrecht des Mitarbeiters zu verhindern.

Der Betriebsrat hat dann ein Mitbestimmungsrecht, wenn Anlagen technisch in der Lage sind, einen einzelnen Arbeitnehmer zu kontrollieren. Hierzu gehören z. B. Zeiterfassungsgeräte wie Stempeluhren, Leistungserfassungsgeräte (Leistungsmenge), die automatische Erfassung von Teilnehmernummern und Sprechzeiten für Privatgespräche, die optische Überwachung von Arbeitsplätzen durch Kameras (z. B. zur Vermeidung von Diebstählen durch das Personal), aber auch der Einsatz von Computeranlagen, mit denen Fertigungsaufträge und die jeweiligen Auftragsbearbeitungen an den einzelnen Arbeitsplätzen erfasst und verarbeitet werden können.

Gegen die Installation betrieblich notwendiger und rechtmäßiger Geräte kann sich der Betriebsrat nicht mit Erfolg wehren.

Beispiel 2
Einstellung neuer Mitarbeiter/-innen

In Personalfragen muss der Betriebsrat zunächst umfassend informiert werden über

- die Unterlagen aller Bewerber/-innen,
- Auswirkungen auf andere Arbeitsplätze,
- die vorgesehene Tarifgruppe.

Neueinstellungen

Der Betriebsrat muss aber darüber hinaus auch zustimmen. Dies gilt formal als erfolgt, wenn er binnen einer Woche keinen Widerspruch einlegt. Ein Widerspruch muss aber ggf. begründet werden:

- Verstoß gegen Gesetze, Verordnungen, den Tarifvertrag oder eine Betriebsvereinbarung;
- Verletzung von Auswahlrichtlinien, die zwischen Betriebsrat und Geschäftsleitung vereinbart wurden;
- Unterlassung einer vom Betriebsrat verlangten innerbetrieblichen Stellenausschreibung;
- das Entstehen unzumutbarer Nachteile für andere Beschäftigte;
- nachweisbar entstehende Gefahr für den Betriebsfrieden bei Einstellung eines ausgewählten Bewerbers.

Die **fehlende Zustimmung** des Betriebsrates kann vom Arbeitsgericht ersetzt werden. Bis dahin ist in dringenden Fällen eine vorläufige Einstellung oder Versetzung möglich, die aber auf Betreiben des Betriebsrates ebenfalls vom Arbeitsgericht überprüft werden kann.

Beispiel 3
Kündigung

Kündigung

Auch jede Kündigungsabsicht ist dem Betriebsrat mitzuteilen. Die Mitteilung muss

- die Art der Kündigung (ordentlich oder fristlos),
- den Kündigungszeitpunkt und
- die Kündigungsgründe

enthalten. Außerdem muss dem Betriebsrat Gelegenheit zur Stellungnahme gegeben werden.

Wenn eine Information oder Anhörung nicht ordnungsgemäß erfolgt, ist die Kündigung unwirksam.

Nach Abschluss des Anhörungsverfahrens darf der Arbeitgeber ohne weiteres kündigen. Daran ändern auch schriftlich vorgetragene Bedenken des Betriebsrates nichts; allerdings kann er gegen eine ordentliche – nicht gegen die außerordentliche – Kündigung innerhalb einer Woche aus einem der folgenden Gründe Widerspruch erheben:

- falsche soziale Auswahl,
- Möglichkeit der Weiterbeschäftigung an einem anderen Arbeitsplatz,
- Möglichkeit der Weiterbeschäftigung nach Umschulung oder Fortbildung,
- neuer Arbeitsvertrag mit verringerten freiwilligen Leistungen wäre zumutbar.

Widerspruch

Der mögliche **Widerspruch des Betriebsrates** hat zwei wichtige Folgen:

- Der/m Gekündigten ist mit der Kündigung eine Abschrift der Betriebsratsstellungnahme auszuhändigen. Die darin enthaltenen Widersprüche dienen dem Gericht im Arbeitsgerichtsprozess nach dem Kündigungsschutzgesetz als Indiz.
- Die/der Gekündigte muss bis zum Abschluss des Rechtsstreits weiterbeschäftigt werden. Von dieser Pflicht entbindet das Arbeitsgericht nur ausnahmsweise, wenn der Widerspruch offensichtlich mutwillig oder unbegründet ist oder wenn er den Arbeitgeber wirtschaftlich überfordert.

Die Arbeit des Betriebsrats erfordert viel Zeit. Dies geht aus dem umfangreichen Tätigkeitsgebiet hervor:

- Betriebsratssitzungen,
- Sprechstunden,
- Tätigkeit des Betriebsausschusses,
- Besprechungen mit dem Arbeitgeber, dem Betriebsarzt und den Sicherheitsbeauftragten,
- Teilnahme an Sitzungen des Arbeitsschutzausschusses,
- Besuch der einzelnen Betriebsstätten,
- Teilnahme an Unfalluntersuchungen der Berufsgenossenschaft,
- Besprechungen mit Gewerkschaftsvertretern im Rahmen des BetrVG
- Teilnahme an den Betriebsräteversammlungen,
- Besprechungen mit dem Arbeitgeber,
- Teilnahme an Schulungen und Weiterbildungsveranstaltungen zur Aneignung des erforderlichen Fachwissens,
- Tätigkeit einzelner Betriebsratsmitglieder im Gesamtbetriebsrat und evtl. im Konzernbetriebsrat.

Freistellung von der Arbeit

Die Betriebsratsmitglieder werden zur Teilnahme an Betriebsratssitzungen von der Arbeit freigestellt. Bei mehr als 200 Arbeitnehmern ist der Vorsitzende des Betriebsrates überhaupt nicht mehr zur Arbeit an seinem ursprünglichen Arbeitsplatz verpflichtet. Dass Betriebsräte einem sehr hohen Kündigungsschutz unterliegen und der Arbeitgeber ihnen Räumlichkeiten und sonstige sächliche Ausstattungen zur Verfügung zu stellen hat, versteht sich von selbst.

Kündigungsschutz

6.3 Jugend- und Auszubildendenvertretung

Werden in einem Betrieb mindestens fünf jugendliche Arbeitnehmer oder Auszubildende beschäftigt, die das 25. Lebensjahr noch nicht vollendet haben, kann von ihnen eine eigene Vertretung mit einer Amtszeit von 2 Jahren gewählt werden. Die Wahlen finden in der Zeit vom 1. Oktober bis 30. November statt.

Stimmrecht

An allen Sitzungen des Betriebsrats kann ein Vertreter der JAV (ohne Stimmrecht) teilnehmen. Nur wenn Angelegenheiten behandelt werden, die insbesondere die jugendlichen Arbeitnehmer betreffen, haben alle Jugendvertreter volles Stimmrecht.

Die Jugend- und Auszubildendenvertretung ist im Gegensatz zum Betriebsrat kein unabhängiges Organ mit eigenständig durchsetzbaren Rechten. Sie ist auf die Mitarbeit des Betriebsrates angewiesen, wenn sie ihre Interessen durchsetzen will. Zu den Hauptaufgaben gehören

Aufgaben der JAV

- Missstände in der betrieblichen Ausbildung aufzudecken und Verbesserungsvorschläge zu unterbreiten;
- die Einhaltung der einschlägigen Vorschriften zur Beschäftigung Jugendlicher und Auszubildender zu überwachen (z. B. Berufsbildungsgesetz, Jugendarbeitsschutzgesetz, Betriebsvereinbarungen usw.).

> Die Jugend- und Auszubildendenvertretung soll sich der besonderen Probleme der jugendlichen Arbeitnehmer im Betrieb annehmen; allerdings kann sie nicht direkt mit der Unternehmensleitung, sondern nur über den Betriebsrat verhandeln.

Dem Betriebsrat gegenüber hat die Jugend- und Auszubildendenvertretung folgende Ansprüche:

Zusammenarbeit mit dem Betriebsrat

Bereitstellung von Unterlagen

- Betriebsrat muss der Jugend- und Auszubildendenvertretung alle Unterlagen, welche zur ordnungsgemäßen Ausübung der Tätigkeit erforderlich sind, zur Verfügung stellen.
- Alle betrieblichen Maßnahmen, die die Jugendlichen und/oder Auszubildenden betreffen, sind vom Betriebsrat mit der JAV zu erörtern. Bei entsprechenden Beschlüssen des Betriebsrates hat die gesamte Jugend- und Auszubildendenvertretung Teilnahme- und volles Mitbestimmungsrecht.

Beschwerderecht

- Beschwerden und Verbesserungsvorschläge der Jugend- und Auszubildendenvertretung sind auf der nächsten Betriebsratssitzung zu erörtern.

Sitzungsteilnahme

- An allen Sitzungen des Betriebsrates kann ein Mitglied der Jugend- und Auszubildendenvertretung teilnehmen.

Übernahme nach der Ausbildung

Jede/r Auszubildende, der Mitglied der JAV ist, kann in den letzten drei Monaten vor Beendigung seiner Ausbildung verlangen, in ein anschließendes Beschäftigungsverhältnis übernommen zu werden. Dieses Recht besteht auch, wenn die Ausbildung innerhalb eines Jahres nach der Mitgliedschaft in der Jugend- und Auszubildendenvertretung endet. Der Arbeitgeber kann dies nur verweigern, wenn er spätestens zwei Wochen nach dem Ende der Ausbildung beim Arbeitsgericht Klage mit dem Ziel einreicht, dass festgestellt wird, dass die Aufnahme in ein Beschäftigungsverhältnis unzumutbar ist.

6.4 Krisenmanagement: Was tun, wenn die Meinungen unterschiedlich sind?

Bevor das Arbeitsgericht bemüht wird, sollte eine gütliche Einigung versucht werden. Dafür gibt es die innerbetriebliche Einigungsstelle, die – sofern sie von beiden Seiten angerufen wurde – eine rechtlich bindende Entscheidung trifft.

Arbeitsgerichtsverfahren

Das sich evtl. anschließende Arbeitsgerichtsverfahren lässt sich vereinfacht wie folgt darstellen:

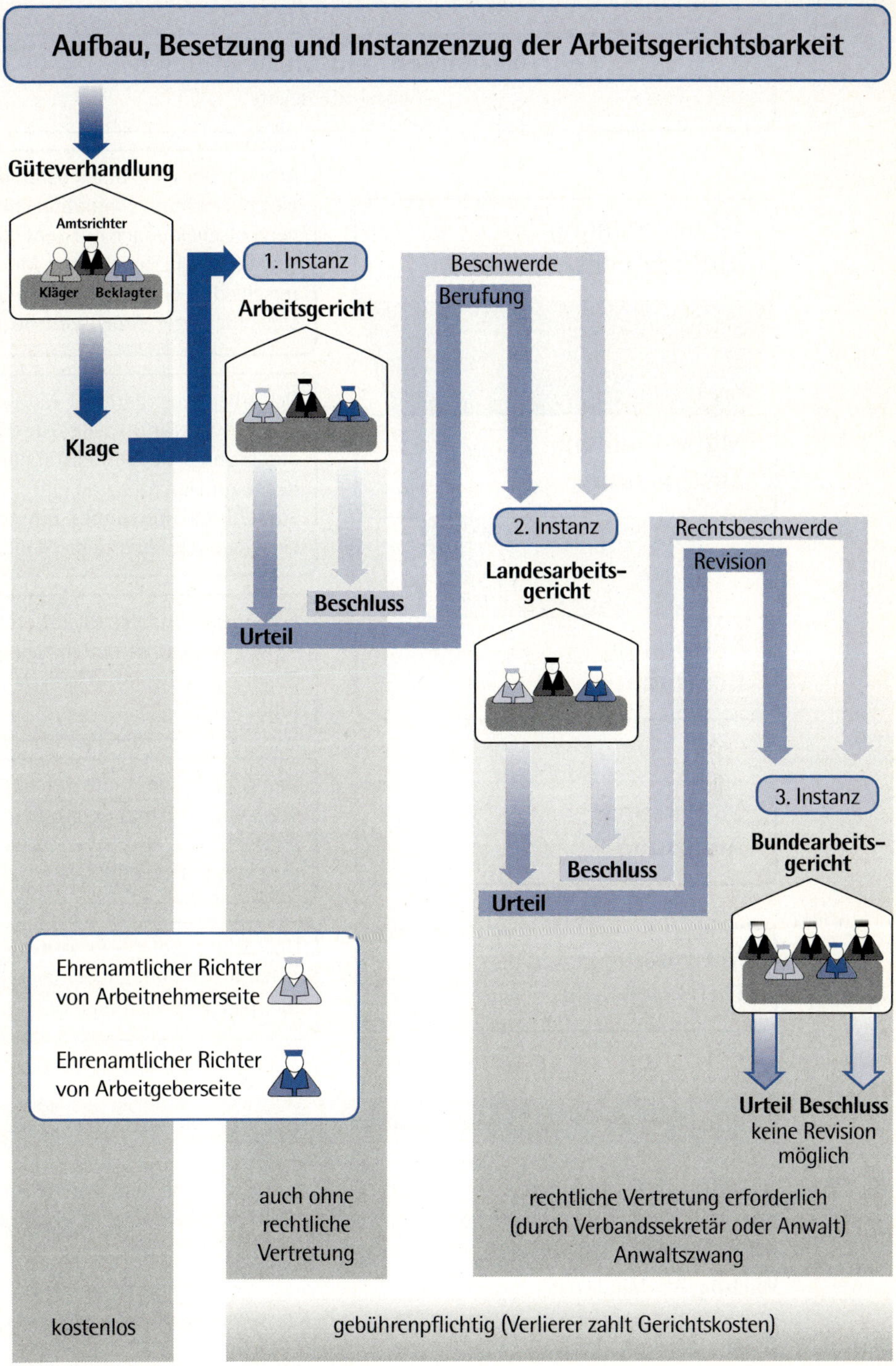

Fakten kurz gefasst

Mitwirken und Mitbestimmen
Abgestufte Rechte

Mitbestimmung **Initiativrecht**	Arbeitgeber und Betriebsrat haben ein gleichberechtigtes Initiativrecht. Sie können Entscheidungen nur gemeinsam treffen. Bei unüberbrückbaren Meinungsunterschieden entscheidet die Einigungsstelle (Beispiele: Arbeitszeit, Sozialplan).
Mitbestimmung **Zustimmung**	Der Arbeitgeber darf eine Maßnahme nur mit Einverständnis des Betriebsrates durchführen. Der Betriebsrat hat aber kein Recht zur Durchsetzung eines Alternativvorschlags (Beispiele: Einstellungen, Versetzungen, Umgruppierungen).
Mitwirkung **Beratung**	Arbeitgeber und Betriebsrat erörtern eine Angelegenheit in einem gemeinsamen Gespräch (Beispiel: Arbeitsplatzgestaltung).
Mitwirkung **Anhörung**	Der Arbeitgeber teilt dem Betriebsrat seine Absichten mit und fordert ihn unter Fristsetzung zur Stellungnahme auf (Beispiel: Entlassung).
Mitwirkung **Unterrichtung**	Der Arbeitgeber teilt dem Betriebsrat anhand von Unterlagen seine Pläne mit (Beispiel: Personalplanung).

Tipps für die Ausbildung und Prüfung

Jugend- und Auszubildendenvertreter/-in zu sein, ist nicht immer eine leichte Aufgabe. Aber man lernt in einer solchen Position auch, wie man mit Konflikten umgeht und man lernt den Betrieb von einer ganz anderen Seite kennen.

Wichtig: Als Mitglied der Jugend- und Auszubildendenvertretung kann man verlangen, in ein Beschäftigungsverhältnis übernommen zu werden, wenn keine besonderen betrieblichen Gründe dagegen sprechen.

6.5 Mitbestimmung auf Unternehmensebene

Bei dieser Mitbestimmung geht es um Entscheidungsprobleme auf der Management-Ebene (z. B. Verlagerung von Betriebsteilen in Tochterfirmen, Zusammenschlüsse mit anderen Unternehmen usw.).

Drittelparitätische Mitbestimmung

Drittelparitätische Mitbestimmung nach dem Betriebsverfassungsgesetz

Geltungsbereich: Kapitalgesellschaften bis 2 000 Arbeitnehmer

2 : 1

1 → Arbeitnehmer stellen ein Drittel der Mitglieder im Aufsichtsrat.

2 → Arbeitgeber/Aktionäre (bei einer AG) stellen zwei Drittel der Mitglieder im Aufsichtsrat.

- **Klare Mehrheitsverhältnisse zugunsten der Arbeitgeberseite**
- Arbeitnehmer haben einen direkten Einfluss nur bei Entscheidungen, die einer ¾-Merheit bedürfen.
- Nach dem „Konflikt-Modell" ist der Einfluss der Arbeitnehmer unerheblich, nach dem „Konsens-Modell" liegt der Schwerpunkt aber darin, dass man grundsätzlich die Möglichkeit hat Entscheidungen durch Diskussionen zu beeinflussen.

Paritätische Mitbestimmung

Paritätische Mitbestimmung nach dem Betriebsverfassungsgesetz

Geltungsbereich: Kapitalgesellschaften mit mehr als 2 000 Arbeitnehmern

Aufsichtsrat

10 Arbeitgebervertreter bzw. Aktionäre

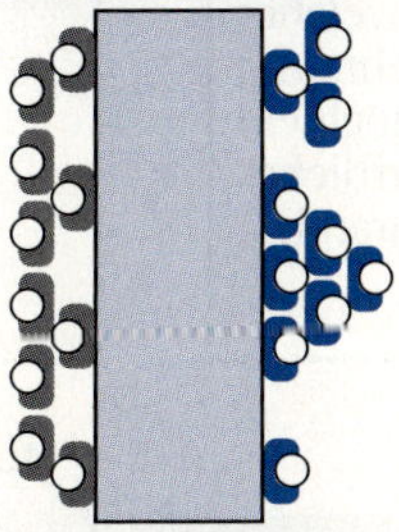

3 Gewerkschaftsvertreter

6 „normale" Arbeitnehmer des Betriebes und **1** leitender Angestellter

Vorstand

2 reguläre Vorstände

1 Arbeitsdirektor

- **Gleichgewichtung der Arbeitgeber- und Arbeitnehmerseite**, aber
- leitender Angestellter gehört formal zur Arbeitnehmerseite, ist aber von seinen Befugnissen eher der Arbeitgeberseite zuzurechnen,
- Vorsitzender des Aufsichtsrates wird von der Arbeitgeberseite gestellt und hat bei Patt-Situationen die entscheidende Doppelstimme.

Montanmitbestimmung

Geltungsbereich: Kapitalgesellschaften im Bergbau und der Eisen und Stahl erzeugenden Industrie. Das Montanmitbestimmungsgesetz galt bis zuletzt als das fortschrittlichste Gesetz im Bereich der Mitbestimmung auf Unternehmensebene. Das Gesetz gilt zwar weiter, aber seit dem Jahr 2002 gibt es kein Unternehmen mehr, welches direkt von der Montanmitbestimmung betroffen ist.

Hintergrund ist, dass das Montanmitbestimmungsgesetz von 1951 die Mitbestimmung in einem Konzernverbund ungeregelt gelassen hatte. Durch die Unternehmungsverflechtung und Konzentration der darauf folgenden Jahre drohte die Mitbestimmung unterlaufen zu werden. Im Laufe der Jahrzehnte (letztmals 1988) verabschiedete der Bundestag mehrere Sicherungs- und Fortgeltungsgesetze, um die Montanmitbestimmung auch auf Konzernebene zu sichern. Diese Klauseln beschäftigten das Bundesverfassungsgericht, und zwar für alle betroffenen Unternehmen: Mannesmann, Klöckner und Thyssen. Wenn die Konzernobergesellschaften einen „ausreichenden Montanbezug" aufweisen, gilt für sie das Montanmitbestimmungsgesetz. Diese so genannte Wertschöpfungsquote von 20 Prozent wird im Montanbereich aber von den ehemals betroffenen Unternehmen zurzeit nicht (mehr) erreicht.

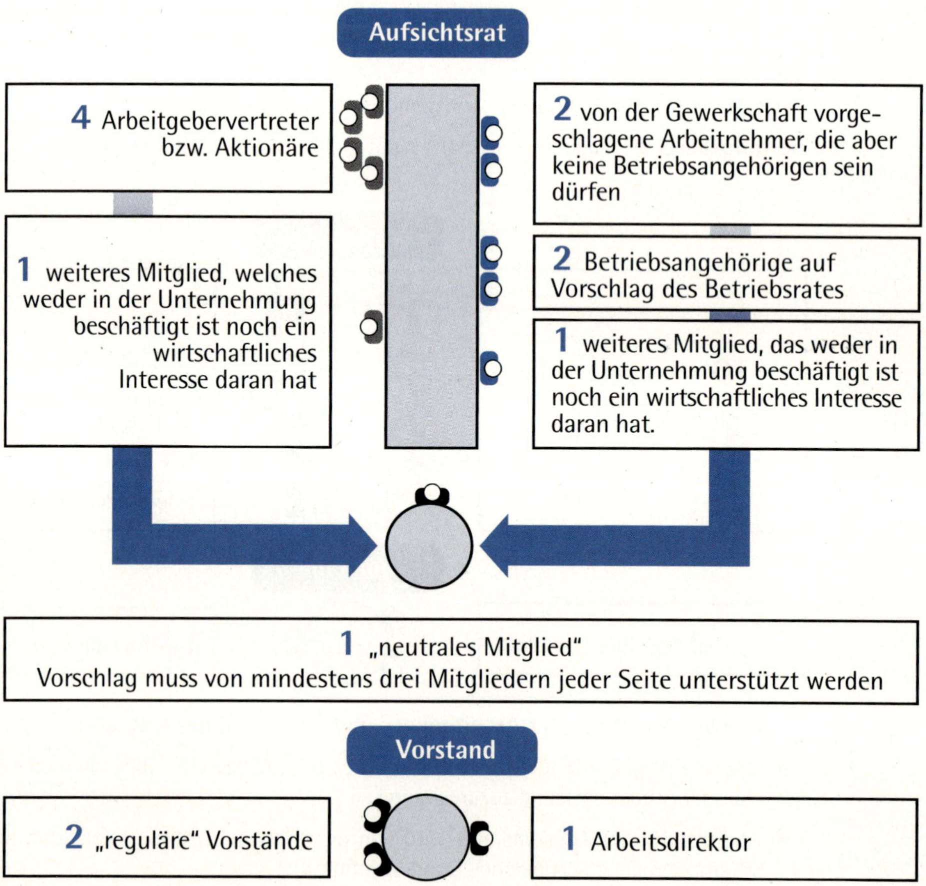

7 Haftung, Kapitalaufbringung, Geschäftsführung

7.1 Rechtliche Rahmenbedingungen der Unternehmensgründung

Handelsrecht

Während das BGB in erster Linie zivilrechtliche Fragen zwischen Privatpersonen zum Gegenstand hat, ist das Handelsrecht ein „Recht der Kaufleute". Diese Regelungen gelten für alle, die Kaufmann i. S. des HGB (Handelsgesetzbuches) sind. Unter den Kaufmannsbegriff in diesem Sinne fallen alle natürlichen und juristischen Personen, die ein (selbstständiges) Handelsgewerbe betreiben.

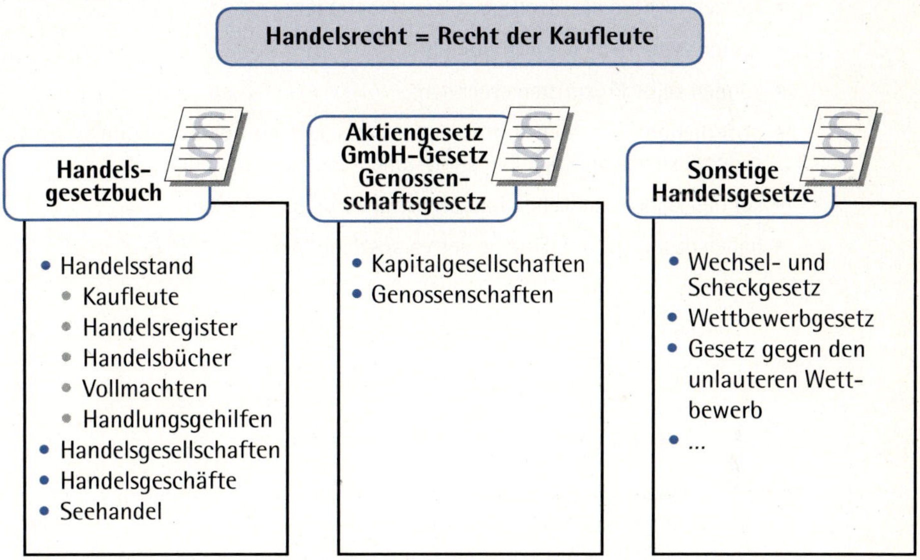

Handelsgewerbe

Handelsgewerbe

Handelsgewerbe ist jeder Gewerbebetrieb, es sei denn, dass das Handelsgewerbeunternehmen nach Art und Umfang einen in kaufmännischer Weise eingerichteten Geschäftsbetrieb nicht erfordert.

7.1.1 Die Kaufmannseigenschaft

Die Kaufmannseigenschaft ist im Handelsgesetzbuch (HGB) festgelegt.

Ist-Kaufmann

Ist-Kaufmann

Kaufmann/-frau ist jemand, der ein Handelsgewerbe betreibt. Auf diesen einfachen Nenner lässt sich das HGB in diesem Punkt bringen. Damit ist klar, dass hiermit nicht diejenigen gemeint sind, die das Wort „Kaufmann" als Berufsbezeichnung tragen (wie z. B. Bank-, Einzelhandels-, Industrie-, Großhandelskauffrau/-mann).

Kleingewerbe-treibende

Keine Kaufleute
im Sinne des Handelsgesetzbuches sind diejenigen, deren „Unternehmen nach Art und Umfang einen in kaufmännischer Weise eingerichteten Geschäftsbetrieb nicht erfordert". Diese „Kleingewerbetreibenden" sind nicht verpflichtet, haben allerdings das Recht, sich in das Handelsregister „nach den für die Eintragung kaufmännischer Firmen geltenden Vorschriften" eintragen zu lassen.

Freiwillige Eintragung

Im Unterschied zu einem „Ist-Kaufmann" kann ein Kaufmann, der sich hat freiwillig ins Handelsregister eintragen lassen, dies jederzeit rückgängig machen, d. h., er kann eine Löschung vornehmen lassen. Bevor aber das Registergericht einem solchen Antrag stattgibt, hat es zu prüfen, ob nicht die vorliegende Abmeldung zurückgewiesen werden muss, weil das Unternehmen zwischenzeitlich einen vollkaufmännischen Umfang erreicht hat.

Nichtkaufleute

Nichtkaufleute
- werden nicht in das Handelsregister eingetragen;
- führen keine Firmenbezeichnung (s. u.);
- können keine Prokuristen ernennen;
- unterliegen nicht den umfassenden Vorschriften der kaufmännischen Buchführung, sondern stellen lediglich Einnahme- und Ausgaberechnungen auf;
- können keine mündlichen Bürgschaftserklärungen abgeben;
- haben das Recht der „Einrede der Vorausklage" nach § 771 BGB.

7.1.2 Die Firma

Unter dem Begriff „Firma" versteht man den Namen eines Kaufmanns, unter dem er im Handelsregister eingetragen ist, unter dem er seine Geschäfte betreibt und klagen oder verklagt werden kann. Die Vorschriften zur Benennung eines Handelsgewerbes sind im HGB rechtsformübergreifend geregelt:

„Die Firma muss zur Kennzeichnung des Kaufmannes geeignet sein und Unterscheidungskraft besitzen. Die Firma darf keine Angaben enthalten, die geeignet sind, über die geschäftlichen Verhältnisse, die über die angesprochenen Verkehrskreise wesentlich sind, irrezuführen."

Klare Außenwirkung

Für alle Unternehmensformen wird in entsprechenden Bestimmungen festgelegt, dass der Typus durch eine Verwendung konkreter Bezeichnungen (z. B. offene Handelsgesellschaft, Kommanditgesellschaft usw.) oder „eine allgemein verständliche Abkürzung dieser Bezeichnung" (z. B. OHG, KG) innerhalb der Firma ersichtlich zu machen ist.

Diese „Offenbarungspflicht der Rechtsform" gilt auch für Einzelkaufleute. Sie haben den Zusatz „eingetragene Kauffrau", „eingetragener Kaufmann" oder eine allgemein verständliche Abkürzung wie z. B. „e. K.", „e. Kffr." zu verwenden.

Entscheidend ist bei der Firmierung, dass die Firma

- Unterscheidungskraft besitzt und somit eine Kennzeichnungswirkung von ihr ausgeht;
- Gesellschaftsverhältnisse erkennen lässt;
- die Haftungsverhältnisse offen legt.

Damit werden nicht nur die Interessen der Öffentlichkeit beachtet, sondern es wird dem Gläubigerschutz Rechnung getragen, weil Unternehmungsform sowie Gesellschafts- und Haftungsverhältnisse eindeutig erkennbar sind.

Unter Beachtung dieser Bestimmungen kann frei gewählt werden zwischen

- Personenfirma,
- Sachfirma,
- gemischter Firma,
- Fantasiefirma.

Geschäftsformenzusatz

Dabei entfällt bei den Sachfirmen das so genannte „Entlehnungsgebot", d. h., die Sachbegriffe müssen sich nicht mehr obligatorisch am Unternehmensgegenstand orientieren. Für die Personengesellschaften und Einzelunternehmen sind neben der Personenfirma auch Sach- und Fantasiefirmen zulässig. Allerdings sind die Gesellschaften gehalten den konkreten Geschäftsformzusatz in ihre Firma aufzunehmen. Dabei darf der Firmenname nicht irreführen, d. h., weder die Firma als solche noch evtl. Firmenzusätze dürfen Angaben enthalten, die nicht wahr sind. Solche Angaben können vom Registergericht beanstandet werden, wenn sie „für die angesprochenen Verkehrskreise wesentlich sind".

7.1.3 Das Handelsregister

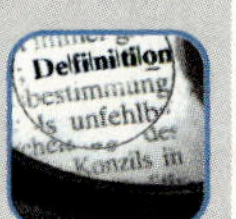

Das Handelsregister ist ein beim Amtsgericht geführtes Verzeichnis aller Vollkaufleute des Amtsgerichtsbezirks (§§ 8 – 16 HGB). Es hat die Aufgabe, die Öffentlichkeit über die rechtlichen Tatbestände der eingetragenen Firmen zu unterrichten. Aus diesem Grund werden alle Eintragungen in das Handelsregister im Bundesanzeiger und in mindestens einer Tageszeitung des Amtsgerichtsbezirks veröffentlicht.

Jedermann kann auch in das Handelsregister einsehen und gegen Kostenerstattung Abschriften der Eintragungen sowie der zum Handelsregister eingereichten Schriftstücke verlangen.

Rechtliche Grundlagen

Eintragungspflichtig sind alle „Ist-Kaufleute". Die Eintragung des Kaufmannes besitzt keine konstitutive, sondern eine deklaratorische Wirkung.

- **Rechtsbegründend** (konstitutiv) bedeutet, dass ein bestimmter Sachverhalt erst mit der Eintragung wirksam wird.
- **Rechtsbekundend** (deklaratorisch) bedeutet, dass ein rechtlicher Tatbestand schon vor der Eintragung bestand und die Eintragung dieses lediglich dokumentiert.

Beispiel:

AMTLICHE BEKANNTMACHUNGEN

Handelsregister Amtsgericht Kassel Neueintragung:

B 5249 – 2003-05-29: Schreinerei Willi Rode GmbH, Lohfelden (Im Wiesengrund 3). Gegenstand des Unternehmens: Betrieb einer Schreinerei und eines Bauunternehmens. Stammkapital: 25.000,00 €. Geschäftsführer: Klaus Kuttler, Tischlermeister, Lohfelden. Prokura: Ulrike Kuttler, Lohfelden. Gesellschaft mit beschränkter Haftung. Der Gesellschaftsvertrag ist am 12. Februar 2002 mit Änderung vom 7. März 2002 abgeschlossen. Die Gesellschaft hat einen oder mehrere Geschäftsführer. Jeder Geschäftsführer ist einzelvertretungsberechtigt und befugt die Gesellschaft bei der Vornahme von Rechtsgeschäften zu vertreten.

Anmeldung und Eintragungen

Erzwingung durch Ordnungsstrafe

Die Anmeldung zum Handelsregister ist Aufgabe der betreffenden Firma. Sie kann durch eine Ordnungsstrafe erzwungen werden. Im Allgemeinen erfolgt die Anmeldung in schriftlicher Form mit notariell beglaubigter Unterschrift. Sie kann aber auch mündlich zum Protokoll beim Registergericht erfolgen. Die rechtlichen Tatbestände werden entweder in Abteilung A (für Einzelkaufleute und Personengesellschaften) oder Abteilung B (für Kapitalgesellschaften) eingetragen. Für Genossenschaften wird ein spezielles Genossenschaftsregister geführt.

Eintragungspflichtig sind u. a.: Firma, Name des Geschäftsinhabers bzw. der Gesellschafter, Niederlassungsort, Art des Geschäfts, Bestellung oder Widerruf der Prokura, Name der Vorstandsmitglieder einer AG, Eröffnung und Beendigung einer Insolvenz. Sind im Handelsregister Angaben rot unterstrichen, gelten sie als gelöscht.

7.2 Unternehmensformen

Bedeutung des Eigenkapitals

Mit einem Kredit so hoch und einer Haftung so gering wie möglich versuchen immer wieder so genannte „Existenzgründer" den Start in die Selbstständigkeit. Das gelingt aber in den wenigsten Fällen. Entweder der Kreditantrag wird mit dem Hinweis auf fehlende Sicherheiten abgelehnt oder der sprichwörtliche „Pleitegeier" schwebt von Beginn an über der Firmengründung.

Wer nur eine Idee, aber weder genügend Eigenkapital noch ausreichende Kreditsicherheiten hat, muss eben einen Partner suchen. Dass dann auch der Gewinn geteilt werden muss, ist die berühmte „Kehrseite der Medaille".

7.2.1 Einzel- oder Gesellschaftsunternehmung

Einzelunternehmung

Die **Einzelunternehmung** ist die am weitesten verbreitete Unternehmungsform. Das Eigenkapital wird hier vom Inhaber selbst aufgebracht. Häufig wird die Einzelunternehmung auch nur als „Startbasis für die Selbstständigkeit" genutzt. Unbestreitbar ist, dass sie zu den „einfachsten" Unternehmungsformen gehört. Um die mit der Einzelunternehmung verbundenen Nachteile zu umgehen oder sie zu vermindern, kann eine Gesellschaftsunternehmung gegründet werden.

Der Unternehmer ist zwar unabhängig, aber er trägt auch allein das volle Risiko und haftet nicht nur mit dem Firmen-, sondern auch mit seinem Privatvermögen.

Probleme der Einzelunternehmung = Gründe für eine Gesellschaftsunternehmung	
Kapitalbedarf/ Kreditbeschaffung	Einzelunternehmungen stoßen oft an die Grenze der Eigenkapitalbeschaffung, weil der/die Inhaber/-in nur auf sein/ihr eigenes Vermögen zurückgreifen kann. Da auch Kreditgeber in diesem Fall ihre Sicherheiten nur in der Person und dem Vermögen des Kreditnehmers sehen, ist trotz der persönlichen Haftung ihre Bereitschaft zur Kreditvergabe an Einzelunternehmungen begrenzt. Für Gesellschaftsunternehmungen ist die Fremdkapitalbeschaffung wegen der breiten Kreditbasis einfacher. Auch die Eigenkapitalaufbringung ist problemloser, weil sie sich auf mehrere Vermögen verteilt.
Risikostreuung und -begrenzung	Eine Begrenzung des Risikos auf das Geschäftsvermögen ist bei Einzelunternehmungen nicht möglich. Im Gegensatz zur Gesellschaftsunternehmung lastet das Risiko nur auf der Schulter des Alleininhabers, dessen gesamte Existenz damit vom „Wohl oder Wehe" der Unternehmung abhängt.
Persönliche Situation	Die Fortführung eines Unternehmens ist problemloser, wenn es mehrere Inhaber gibt. Eine Einzelunternehmung ist allein durch Veränderungen der Familienverhältnisse (z. B. Tod, Scheidung) viel stärker gefährdet.
Führungskräfte	Zugunsten einer entsprechenden Gewinnerwartung sind leitende Mitarbeiter in höherem Maße zur Übernahme von Verantwortung bereit. Das persönliche Engagement steigt gerade bei langjährigen Mitarbeitern, wenn sie eine Beteiligungschance erhalten. Durch Hinzunahme bisher außenstehender Personen kann die fachliche Basis verbreitert werden.
Mitarbeit	Gesellschafter können ihre Arbeitskraft und ihr berufliches Wissen in die Gesellschaft einbringen (z. B. Kaufmann und Techniker).
Wettbewerb	Der Expansion von Einzelunternehmungen sind meist enge Grenzen gesetzt. Dies gilt besonders im internationalen Bereich oder auch bei notwendigen Rationalisierungsmaßnahmen, die Wettbewerbsvorteile schaffen, aufbauen oder erhalten können.
Angebotsbreite	Ein möglicher Grund für die Aufnahme von Partnern kann auch sein, dass anstatt einer Kapitalaufstockung ein Gesellschafter Patente oder Lizenzen einbringt, auf deren Grundlage das Angebot erweitert und damit ein Wettbewerbsvorsprung gesichert werden kann.
Steuerliche Vorteile	Bei bestimmten Unternehmungsformen spielen steuerliche Gesichtspunkte eine nicht unerhebliche Rolle. Das Steuerrecht mit seinen vielfältigen Möglichkeiten ist häufig der Anlass Gesellschaftsunternehmungen zu gründen.

Kreditbasis

Sicherheit

Fachliche Basis

> Für eine Gesellschaftsunternehmung sprechen die erweiterten Möglichkeiten zur Aufbringung von Eigenkapital sowie die Teilung der Verantwortung für die Unternehmensleitung.

Gesellschaftsunternehmung – aber welche?

Wenn die Grundsatzentscheidung für eine Gesellschaftsunternehmung gefallen ist, müssen viele weitere Einzelfragen festgelegt werden:

- Wesen der Gesellschaftsunternehmung
- Anzahl der Teilhaber
- Handelsregistereintragung
- Firmenbezeichnung
- Geschäftsführungs- und Vertretungsbefugnis
- Haftungsfragen
- Gewinn- und Verlustbeteiligung
- Auflösung

Im Vordergrund steht zunächst die Frage, ob der Grund für eine Gesellschaftsunternehmung eher darin liegt, dass eine personelle Verstärkung eintritt oder dass der Firma Kapital zugeführt wird.

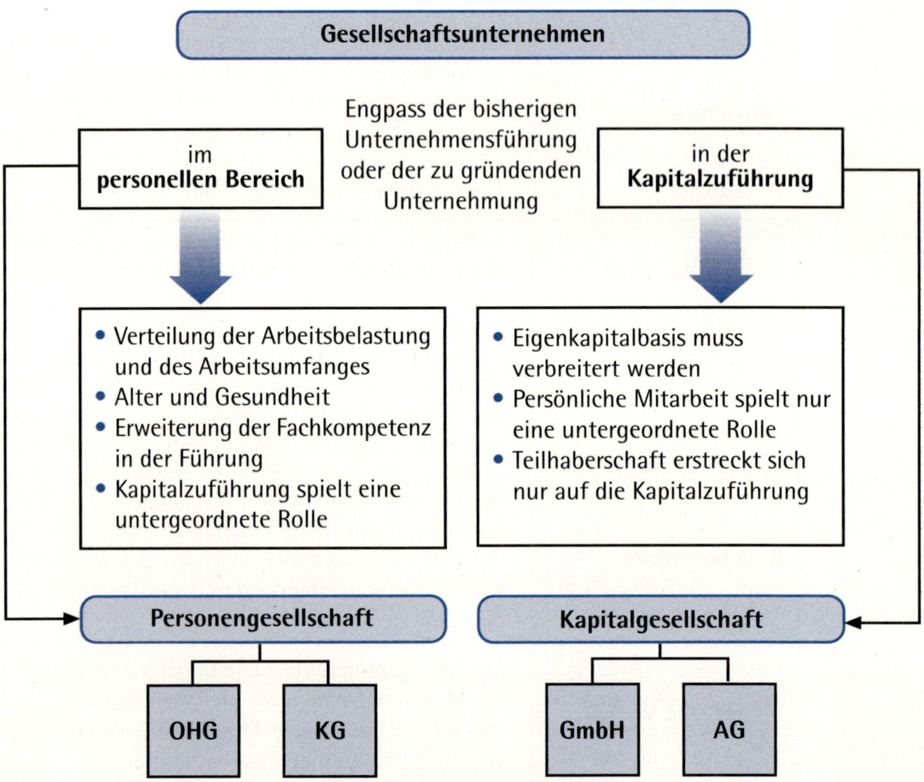

7.2.2 Personengesellschaften

7.2.2.1 Die offene Handelsgesellschaft (OHG)

Wichtigstes Merkmal ist, dass in der OHG alle Gesellschafter voll haften. Jeder von ihnen ist an der Geschäftsführung und Vertretung aktiv beteiligt. Die Beteiligungshöhe stellt so lange keine Probleme dar, wie alle Teilhaber Bareinlagen leisten. Handelt es sich aber um Sacheinlagen, so entsteht ebenso ein Bewertungsproblem wie bei Rechtswerten (z. B. Patente, Lizenzen).

Wichtig ist für einen Einzelunternehmer, der Partner aufnimmt, dass er sich bewusst ist, dass mit der Aufnahme von Vollhaftern sein Einfluss auf die Unternehmensführung begrenzt wird. Er muss Kompetenzen abgeben oder teilen und damit einverstanden sein, dass der Partner auch eigenständige Geschäfte tätigen kann. Dafür teilt er die Arbeit, das Risiko, aber auch den Gewinn.

Mindestens 2 Teilhaber

Wesen/ Teilhaber

Personengesellschaft mit mindestens zwei gleichberechtigten Teilhabern, die Kapitalanteile besitzen, aber auch zur Führung der Geschäfte, d. h. zur Mitarbeit verpflichtet sind.

Deklaratorische Wirkung

Handelsregister

Die Eintragung ins Handelsregister ist vorgeschrieben und wird in Abteilung A vorgenommen. Da alle Gesellschafter voll haften, hat die Eintragung nur deklaratorische Wirkung. Mit Abschluss des Gesellschaftsvertrages oder mit der Vornahme des ersten Geschäftes beginnt die Unternehmung.

Umfassende Haftung

Haftung

Jeder Teilhaber haftet

- **voll bzw. unbeschränkt**, d. h. mit dem Firmen- und Privatvermögen.
- **unmittelbar bzw. direkt**, d. h., jeder Gläubiger kann jeden Gesellschafter in Regress nehmen, ohne dass dieser die Sache abweisen kann.
- **gesamtschuldnerisch, solidarisch**, d. h., er haftet auch für die Anteile der Gesellschafter mit.

Geschäftsführung

Leitung

Alle Teilhaber sind zur Geschäftsführung verpflichtet und können bei innerbetrieblichen Entscheidungen bei allen gewöhnlichen Geschäftsvorfällen allein, bei außergewöhnlichen Dingen nur zusammen entscheiden.

Vertretung

Alle Verträge, die mit Geschäftspartnern abgeschlossen werden (Vertretung), sind generell gültig.

Kapitalverzinsung

Gewinnverteilung

Die Kapitalanlage wird mit 4 % verzinst, der verbleibende Rest wird nach Köpfen verteilt.
Beispiel: Gewinn: 12.000,00 €

	A	B
Einlage	50.000,00 €	20.000,00 €
4 % des Kapitals	2.000,00 €	800,00 €
Rest nach Köpfen	4.600,00 €	4.600,00 €
Gesamtgewinn	6.600,00 €	5.400,00 €

Verlust Ein eventueller Verlust wird nach Köpfen verteilt.

Ausscheiden

Kündigung 6 Monate vor Geschäftsjahresende kann das Gesellschaftsverhältnis gekündigt werden. Der austretende Gesellschafter haftet weitere 5 Jahre für die bei seinem Austritt bestehenden Schulden. Ein evtl. neu eintretender Gesellschafter haftet für alle bereits bestehenden Verbindlichkeiten.

Auflösung Austritt (Kündigung) von Gesellschaftern, Tod des Vollhafters oder auch durch Selbstauflösung.

7.2.2.2 Die Kommanditgesellschaft (KG)

Eine Alternative zur OHG ist die Kommanditgesellschaft. Auch sie gehört zu den Personengesellschaften.

Mindestens 2 Teilhaber

Wesen/ Teilhaber Personengesellschaft mit mindestens zwei Teilhabern, von denen mindestens einer voll haftet und an der Geschäftsführung beteiligt ist. Mindestens einer ist Teilhafter.

Deklaratorische Wirkung

Handels-register Die Eintragung ins Handelsregister ist vorgeschrieben und wird in Abteilung A vorgenommen. Da mindestens ein Gesellschafter ohnehin voll haftet, hat die Eintragung nur deklaratorische Wikung. Mit Abschluss des Gesellschaftsvertrages oder mit der Vornahme des ersten Geschäftes beginnt die Unternehmung.

Kommanditisten/Komplementäre

Haftung Für die Vollhafter (Komplementäre) gelten die gleichen Haftungsbedingungen wie in der offenen Handelsgesellschaft. Die Teilhafter (Kommanditisten) haften nur mit ihrer Einlage, d. h. nicht mit ihrem Privatvermögen. Bis zur Höhe der „als bedungen geltenden", d. h. vertragsmäßigen Einlage gelten allerdings auch hier die Haftungsregelungen der OHG.

Nur Kontrollrecht für Kommanditisten

Leitung Nur die Komplementäre sind zur Geschäftsführung berechtigt und verpflichtet. Den Kommanditisten steht nur ein Kontrollrecht am Jahresende zu. In begründeten Fällen kann auch eine Einsichtnahme in die Bücher während des Jahres verlangt werden.

Gewinn-verteilung 4 % der Einlage, Rest im angemessenen Verhältnis. Dabei kann z. B. für den Vollhafter ein Grundbetrag vorgesehen werden, den der Teilhafter nicht erhält.

Kapitalverzinsung

	A Vollhafter	B Teihafter
Einlage	50.000 €	20.000 €
4 % des Kapitals	2.000 €	800 €
Rest z. B. Grundbetrag	5.000 €	–
z. B. Köpfe	2.100 €	2.100 €
Gesamtgewinn	9.100 €	2.900 €

Verlust

Die Verlustverteilung erfolgt in angemessenem Verhältnis.

Ausscheiden

Kündigung

6 Monate vor Geschäftsjahresende kann das Gesellschaftsverhältnis gekündigt werden. Der austretende Gesellschafter haftet weitere 5 Jahren für die bei seinem Austritt bestehenden Schulden. Ein evtl. neu eintretender Gesellschafter haftet für alle bereits bestehenden Verbindlichkeiten. Das erschwert z. B. die Suche nach einem Nachfolger.

Aufösung

Austritt (Kündigung) von Gesellschaftern, Tod des Vollhafters oder auch durch Selbstauflösung.

7.2.3 Kapitalgesellschaften

7.2.3.1 Die Gesellschaft mit beschränkter Haftung (GmbH)

Die GmbH gehört zu den Kapitalgesellschaften. Das bedeutet, dass es hier in erster Linie darum geht, von den Gesellschaftern Eigenkapital zu bekommen. Ein direktes Mitbestimmungs- oder Mitspracherecht haben die Teilhaber nicht. Sie haften auch nur mit ihrer Einlage.

> Da keine persönliche Bindung zu dem Unternehmen besteht, lassen sich die Teilhaberanteile auch leichter verkaufen, als dies bei der Personengesellschaft der Fall ist.

Stammkapital

Wesen/ Teilhaber

Kapitalgesellschaft mit mindestens einem Teilhaber und einem Stammkapital von mindestens 25.000,00 €, von dem bei der Gründung mindestens 12.500,00 € eingezahlt sein müssen.

Stammeinlage

Beteiligung

Gesellschafter leisten ihre Stammeinlage auf das Stammkapital. Die Stammeinlage muss mindestens 250,00 € betragen. Der Geschäftsanteil bemisst sich an der Höhe der übernommenen Stammeinlage.

Konstitutive Wirkung

Gewinn-verteilung

Die Eintragung in das Handelsregister erfolgt in Abteilung B. Da die Gesellschafter nicht voll, sondern nur mit ihrem Anteil haften, hat die Eintragung eine konstitutive Wirkung. Das bedeutet, dass die Haftungsbegrenzung erst gilt, wenn die Eintragung erfolgt ist. Vorher haften die Gesellschafter als Privatperson voll und unbeschränkt. Erst nach der erfolgten Eintragung können Geschäfte im Namen der Gesellschaft getätigt werden.

Leitung

Organe

Geschäftsführung
wird eingesetzt durch die Anteilseigner; Aufgaben:

- Geschäftsführung und Vertretung nach außen,
- Vorlage des Jahresabschlusses,
- Vorschlag zur Gewinnverteilung.

Kontrolle

Aufsichtsrat (bei mehr als 500 Mitarbeitern)
überwacht die Tätigkeit der Geschäftsführung:

- Prüfung des Jahresabschlusses,
- Stellungnahme zum Gewinnverteilungsvorschlag.

Beschlüsse

Gesellschafterversammlung
Anteilseigner beschließen

- Gewinnausschüttung,
- Veränderung des Stammkapitals,
- Satzungsänderungen,
- Bestellung der Abschlussprüfer.

Körperschaftsteuer

Gewinn

Der Gewinn wird nach Anteilen verteilt. Als juristische Personen ist die GmbH körperschaftsteuerpflichtig.

Evtl. Nachschusspflicht

Haftung

Die Haftung ist auf die Kapitaleinlage begrenzt. Es kann aber evtl. eine so genannte Nachschusspflicht vereinbart werden, d. h. die Gesellschafter können über die eigentliche Kapitaleinlage hinaus zur Haftung herangezogen werden.

Kündigung/ Austritt

Vertragsgemäß festgelegt

7.2.3.2 Die Aktiengesellschaft (AG)

Die AG gehört wie die GmbH zu den Kapitalgesellschaften. Sie ist der „typische" Vertreter einer Großunternehmung.

Grundkapital

Wesen/ Teilhaber

Kapitalgesellschaft mit mindestens einem Gründer und einem Grundkapital von mindestens 50.000,00 €.

Aktie/Börse

Nennwert

Beteiligung

Während bei einer GmbH die Teilhaber meist persönlich ausgesucht werden und daher zumindest noch eine gewisse persönliche Bindung und private Kenntnis besteht, ist die Teilhaberschaft in einer Aktiengesellschaft weitgehend anonym. Während in einer GmbH das Gesellschaftsverhältnis vertraglich geregelt wird, erwirbt ein Aktionär seine Beteiligung an der Börse. Die Aktie als Beteiligungsurkunde ist ein Inhaberpapier, d. h., dass sie beliebig oft und an beliebige Personen verkauft werden kann. Aktien haben einen festen Nennwert, der in der Regel 1,00 € beträgt. Die Summe aller Nennwerte ergibt das Grundkapital. Daneben gibt es die Möglichkeit, so genannte „Stückaktien" herauszugeben. Hier wird der Gesamtwert der Unternehmung auf eine bestimmte Aktienzahl aufgeteilt. Aktien sind Inhaberpapiere, die in der Regel an Wertpapierbörsen gehandelt werden. Der Kurswert bestimmt sich nach Angebot und Nachfrage und hängt sehr von der wirtschaftlichen Situation ab.

Konstitutive Wirkung

Firmen-beginn

Die Eintragung in das Handelsregister erfolgt in Abteilung B. Da die Gesellschafter nicht voll, sondern nur mit ihrem Anteil haften, hat die Eintragung eine konstitutive Wirkung. Das bedeutet, dass die Haftungsbegrenzung erst gilt, wenn die Eintragung erfolgt ist. Vorher haften die Gesellschafter als Privatperson voll und unbeschränkt. Erst nach der erfolgten Eintragung können Geschäfte im Namen der Gesellschaft getätigt werden.

Leitung

Kontrolle

Beschlüsse

Organe

Vorstand
wird bestellt durch den Aufsichtsrat; Aufgaben:

- Geschäftsführung und Vertretung nach außen;
- Vorlage des Jahresabschlusses;
- Vorschlag zur Gewinnverteilung.

Aufsichtsrat
überwacht die Tätigkeit des Vorstandes:

- Prüfung des Jahresabschlusses;
- Stellungnahme zum Gewinnverteilungsvorschlag.

Hauptversammlung
Anteilseigner beschließen:

- Gewinnausschüttung;
- Veränderung des Grundkapitals;
- Satzungsänderungen;
- Bestellung der Abschlussprüfer.

Dividenden

Gewinn

Der Gewinn wird nach Anteilen verteilt. Bei Aktiengesellschaften heißt der Gewinnanteil Dividende. Als juristische Personen ist die AG körperschaftsteuerpflichtig.

Haftung mit Nennwert

Haftung

Die Haftung ist auf die Kapitaleinlage begrenzt.

Aktienverkauf

Kündigung/ Autritt

Durch Verkauf der Aktien ist jederzeit ein „Ausstieg" möglich, sofern sich ein Aktienkäufer findet. Eine Rückgabe an die AG ist nicht möglich.

7.2.3.3 Genossenschaften

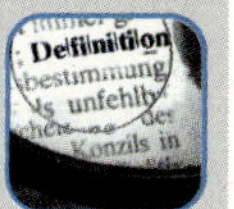

Die Genossenschaften sind Selbsthilfeorganisationen von schwächeren Gewerbetreibenden und Verbrauchern, um sich einige Vorteile von Großbetrieben (z. B. Großeinkauf, gemeinsamer Absatz) zunutze zu machen.

Sieben Gründer

Gründung/ Wesen

Zur Gründung sind mindestens sieben Personen notwendig, die gemeinsam ein Statut (Satzung) aufstellen. Die Genossenschaft entsteht durch Eintragung in das Genossenschaftsregister. Die Firma muss den Gegenstand des Unternehmens nennen und den Zusatz „eingetragene Genossenschaft" bzw. „e.G" enthalten.

Geschäftsanteile

Mitgliedschaft

Der Eintritt in eine bestehende Genossenschaft erfolgt durch eine schriftliche Beitrittserklärung. Wirksam wird die Mitgliedschaft erst dann, wenn sie in die im Amtsgericht geführte Liste der Genossen eingetragen wird. Weiterhin muss jedes Mitglied mindestens einen durch das Statut festgelegten Geschäftsanteil erwerben und die Mindesteinlage einzahlen. Die auf den Geschäftsanteil geleistete Einzahlung zuzüglich Gewinngutschriften und abzüglich etwaiger Verlustanteile bilden das Geschäftsguthaben.

Organe/ Gewinn

In einer Genossenschaft gibt es – ähnlich wie in der AG – einen Vorstand, einen Aufsichtsrat und die Genossenschaftsversammlung. Der Gewinn wird nach Geschäftsanteilen verteilt.

7.2.4 Unvollkommene Gesellschaftsformen

Unvollkommene Gesellschaftsformen sind weder im Handelsregister eingetragen noch führen sie eine Firmenbezeichnung.

Stille Gesellschaft

Rechtsgrundlage: HGB
Vereinbarung eines Kaufmannes mit einem Kapitalgeber zwecks Überlassung einer Geldeinlage. Es besteht kein Recht zur Mitwirkung bei der Geschäftsführung. Der stille Teilhaber haftet für Verluste bis zur Höhe seiner Beteiligung. Die Haftung kann aber auch ganz ausgeschlossen werden. Am Gewinn ist der stille Gesellschafter laut ausgehandeltem Vertrag beteiligt.

Gelegenheitsgesellschaft „BGB-Gesellschaft"

Rechtsgrundlage: BGB
Vertragliche Vereinigung von Firmen oder Personen zur Erreichung eines gemeinsamen Ziels. Dabei kann es sich auch ohne Vorliegen eines Vertrages durch „einfaches" gemeinsames Vorgehen rechtlich um eine solche Gesellschaft handeln (z. B. Tippgemeinschaft, Diskoteam). Alle Gesellschafter haften unbeschränkt und sind alle gleichermaßen an der Geschäftsführung beteiligt (andere Regelungen sind möglich). Die Gewinnverteilung erfolgt nach Absprache.

7.2.5 Die „besondere Form" der GmbH & Co. KG

Die GmbH & Co. KG ist eine Kommanditgesellschaft, in der eine juristische Person (die GmbH) die Rolle des Vollhafters einnimmt.

Personengesellschaft mit Haftungsbeschränkung

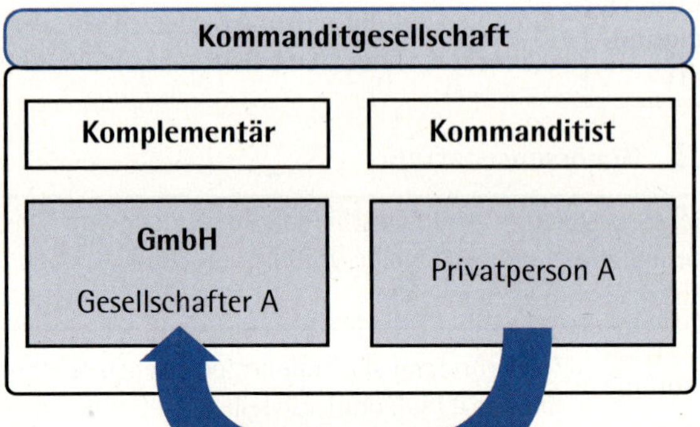

Merkmale	
Personengesellschaft	**Kapitalgesellschaft**
• keine eigene Rechtsperson • mindestens zwei Gesellschafter • mindestens ein Vollhafter • Gewinn wird nur bei Gesellschaftern besteuert	• eigene Rechtsperson (juristische Person) mindestens ein Gesellschafter • kein Vollhafter • Körperschaftsteuer auf Gewinne und Einkommensteuer bei Gesellschaftern

Während eine reine KG immer daran gebunden ist, dass ein Komplementär als natürliche Person in vollem Umfang in die Unternehmensleitung eingebunden ist, ist dies bei einer GmbH & Co. KG nicht der Fall. Die GmbH als juristische Vollhafterin wird von Geschäftsführern geleitet, die keine Unternehmensbeteiligung haben müssen. Die Folge ist: Die Inhaber einer GmbH & Co. KG können ihre Unternehmung durch außen stehende Personen leiten lassen. Bei einer reinen KG müsste mindestens ein Teilhaber seine bisherige berufliche Tätigkeit aufgeben und als Komplementär in der KG arbeiten. Dieser Vorteil spielt besonders bei Familienunternehmen im Erbschafts- oder Weiterführungsfalle eine Rolle, wenn keiner der Nachfolger bereit oder in der Lage ist, als geschäftsführender Vollhafter in die KG „einzusteigen".

Wesen/ Teilhaber

Personengesellschaft mit mindestens zwei Teilhabern, von denen der Vollhafter keine natürliche Person, sondern mit der GmbH eine juristische Person ist.

Deklaratorische Wirkung

Handels-register

Die Eintragung ins Handelsregister ist vorgeschrieben und wird in Abteilung A vorgenommen. Die Eintragung der KG hat deklaratorische Wirkung. Sie ist aber erst dann möglich, wenn vorab die Eintragung der GmbH als Kapitalgesellschaft in das Handelsregister B erfolgte.

Haftung

Die Komplementär-GmbH haftet voll. Durch die Tatsache, dass sie als juristische Person kein Privatvermögen besitzt, ist die Haftung auf die Einlage beschränkt. Die Kommandististen haften wie bei der reinen KG ohnehin nur mit ihrer Einlage.

Komplementär-GmbH

Leitung

Die Leitung erfolgt über die Geschäftsführung der Komplementär-GmbH, d. h, im Unterschied zur „reinen" KG ist kein Komplementär als natürliche Person in die Geschäftsführung eingebunden. Den Kommanditisten der KG steht ein Kontrollrecht am Jahresende zu. In begründeten Fällen kann auch eine Einsichtnahme in die Bücher während des Jahres verlangt werden. Die Teilhaber der GmbH haben ebenfalls dieses Kontrollrecht und das Recht zur Bestellung neuer Geschäftsführer (siehe dazu die Ausführungen zur GmbH).

Körperschaftsteuer

Gewinn-verteilung

Die Aufteilung des Gewinns auf die Komplementär-GmbH und die Kommanditisten erfolgt nach den „Spielregeln" der KG. Innerhalb der Komplementär GmbH erfolgt die Aufteilung nach der Höhe der Stammeinlagen (sofern es überhaupt mehrere Gesellschafter gibt). Typisch ist eigentlich, dass die GmbH einen Gesellschafter hat, der auch gleichzeitig als Kommanditist in der KG auftritt, sodass das Problem der Gewinnverteilung gar nicht auftritt. Da die GmbH als juristische Person der Körperschaftsteuer unterliegt, kann der Gewinn ggf. ganz bewusst einseitig zugunsten der Kommanditisten verteilt werden.

Verlust

Die Verlustverteilung erfolgt wie bei der KG und intern bei der Komplementär-GmbH nach Höhe der Geschäftsanteile bzw. der Stammeinlagen.

Kündigung

Für die Komplementäre und Kommanditisten gelten die Vorschriften der Kommanditgesellschaft, für die GmbH werden deren satzungsmäßige Vorschriften angewandt.

Auflösung

Selbstauflösung oder zwangsweise Beendigung des Gesellschaftsverhältnisses, wenn die GmbH als Vollhafterin ausscheidet oder wenn alle Kommanditisten ihre Teilhaberschaft zurückziehen bzw. kündigen.

Typische Einpersonengesellschaft

Vorteile

- Eine GmbH & Co. KG kann auch mit nur einer Person betrieben werden, die gleichzeitig Kommanditist der KG und Gesellschafter in der Komplementär-GmbH ist. Damit hat man eine Personengesellschaft mit nur einer natürlichen Person als Teilhaber.
- Es ergeben sich steuerliche Vorteile, da die doppelte Besteuerung der GmbH entfällt (nur individuelle Einkommensteuerbelastung, keine Körperschaftsteuer).

Haftungsgrenzen

- Da die GmbH als Komplementär gilt, wird nicht mit dem Privatvermögen gehaftet, denn eine juristische Person hat kein Privatvermögen. Obwohl es eine KG ist, gibt es also keine Haftung mit dem Privatvermögen.

Familienunternehmen

- Bei Familienunternehmen ist Unternehmensfortführung gesichert, weil
  - keine persönliche Mitarbeit erforderlich ist
  - die persönlich haftende GmbH als Vollhafter „unsterblich" ist und durch einen Geschäftsführer geleitet wird.

Mitbestimmung

Nachteile:

- Einfluss der Arbeitnehmer im Wege der Mitbestimmung ist geringer als bei der GmbH, da die GmbH nur einen Mantel bildet.
- Die eingeschränkte Haftung kann die Beschaffung von Fremdkapital beeinträchtigen.

Mindestkapital

- Bei einer reinen KG ist kein Mindestkapital erforderlich. In einer GmbH & Co. KG sind es mindestens 25.000,00 € als Stammkapital bei der Komplementär-GmbH.

8 Internet und Intranet – Grundlagen der Kommunikation im Netzwerk

Kommunikation ist der Sammelbegriff für jeglichen Informationsaustausch innerhalb und außerhalb des Betriebes. Dazu gehört auch der Austausch oder die Weitergabe von Daten, die den betrieblichen Entscheidungsprozessen zugrunde liegen.

Dabei ist zu unterscheiden zwischen

Kommunikationssysteme

- **manuellen** und
- **EDV-gesteuerten Informations- und Kommunikationssystemen**

sowie zwischen

- **unternehmensinternen und**
- **unternehmensübergreifenden Systemen.**

Moderne EDV-Systeme bestehen nicht nur aus einzelnen „Workstations", die unabhängig voneinander arbeiten, sondern es handelt sich um miteinander vernetzte Einheiten.

8.1 Übertragungsmöglichkeiten, Transportsysteme für den Datenaustausch

Computertechnik bestimmt mittlerweile viele Bereiche des Lebens. Neben dem betrieblichen ist es zunehmend auch der private Bereich, der durch die Computertechnologie revolutioniert wird.

Prozessoren

Rechner- und Speicherbausteine

Prozessoren und Speichermedien werden schneller, kleiner und billiger. Die Datenerfassung, -verarbeitung, -speicherung und –übertragung wird einfacher und effektiver durch aufeinander abgestimmte Hard- und Softwarekomponenten.

ISDN und Funktechnik

Übertragungstechnik

Die digitale Übertragungstechnik ISDN hat die Telekommunikationsmöglichkeiten, aber auch die Geschwindigkeit der Datenübertragung deutlich erhöht. Bilder, Zeichnungen, Produktionsdaten und Dokumente lassen sich nahezu problemlos transferieren, Konferenzen mithilfe von Bildtelefonen oder im Internet abwickeln.

Funkkommunikation

Mit den mobilen Kommunikationsmöglichkeiten ist einerseits eine jederzeitige Erreichbarkeit der Teilnehmer, andererseits aber auch ein permanenter Zugriff auf Daten möglich. Transportsysteme werden per Funk gesteuert, Handelsvertreter haben vom Kunden aus Zugriff auf Terminals im entfernten Unternehmen.

8.2 Netzwerke

Bei Netzwerken sind mehrere Computer so miteinander verknüpft, dass sie alle einen Zugriff auf zentral gespeicherte Datenbestände oder Programme haben. Je nachdem, in welchem Rahmen Datenzugriffe möglich sind, arbeitet man in einem

- **LAN** – local area network, (Netzwerke im lokalen Bereich),
- **WAN** – wide area network (Netzwerke im weiten, regionalen Bereich) oder
- **GAN** – global area network (Netzwerke im globalen, weltweiten Bereich).

LAN

Ein LAN ist ein Computernetzwerk, das von **räumlich begrenzten Einheiten**, gegebenenfalls nur von einer Firma, genutzt wird und **einerseits nach außen abgeschlossen ist.**

LAN

Über Zugangsberechtigungen können jedoch **auch Verbindungen zu anderen Einheiten** hergestellt werden, wenn diese Netze mit Standards und Vereinbarungen arbeiten, die für das Internet Gültigkeit haben.

Intranet

Das **Intranet als eine Form eines lokalen Netzwerkes** ist ein firmeninternes Netzwerk, auf dem Informationen für die Mitarbeiter wie Kunden- und Lieferantendaten, aber auch Urlaubspläne, Telefonlisten u. v. a. m. bereitgehalten werden. Auf diese Daten, gespeichert auf einem zentralen Server (leistungsstarker Computer mit großer Festplatte), hat grundsätzlich jeder Mitarbeiter der Firma Zugriff. Das (lokale) Netzwerk kann folglich mehrere **Funktionen** erfüllen:

- **Dokumenten-(Daten-)Management** bedeutet, dass Berichte, Formulare und Handbücher elektronisch und zentral erfasst und gespeichert sind und so organisiert werden, dass jeder Mitarbeiter alle verteilten Datenbestände jederzeit nutzen kann.
- **Workflow-Management** ist die Steuerung und Überwachung von Arbeitsprozessen in der Weise, dass räumlich getrennte Gruppenprozesse über die technischen Möglichkeiten des Netzes besser handhabbar und transparent werden.

Ein lokales Netz lässt sich in seiner Struktur als Bus-, Ring- oder wie hier als **Sternnetz** darstellen:

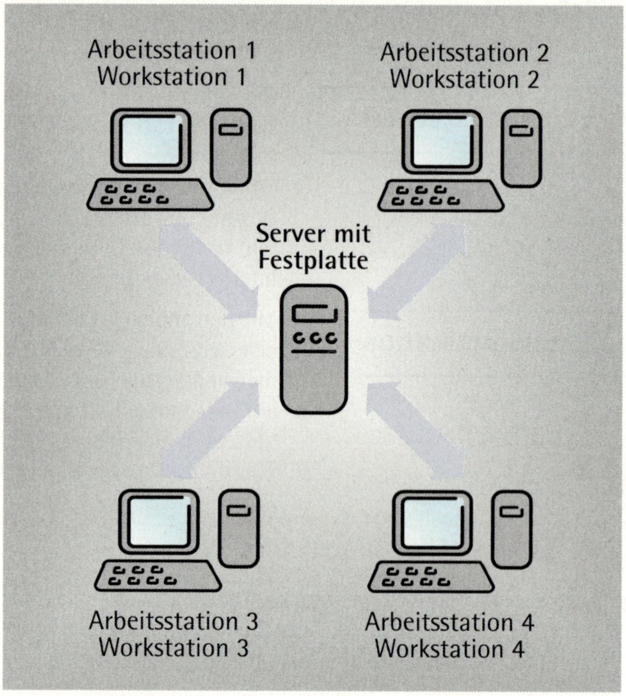

Workflow-Management

WAN

WAN

WAN sind Netze, die in ihrer Größe über die lokalen Bereiche hinausgehen. **Ein WAN kann dadurch charakterisiert sein, dass über Deutschland verteilte Filialunternehmen über ein gemeinsames Netz kommunizieren.**

GAN

Internet

GAN

GAN sind **weltweite Netze, die rund um den Globus reichen**. Die Verbindung zwischen den weltweit existierenden Netzen untereinander und zu einzelnen Servern wird als Netz der Netze oder **Internet** bezeichnet. Durch festgelegte technische Standards und über einen Telefonanschluss und z. B. ein Modem wird es möglich, auf die im Internet angebotene, ungeheuer große Datenmenge und -vielfalt zugreifen zu können.

8.3 Unternehmensinterner Datenaustausch mit Intranet

Firmeninternes Internet

Ein **Intranet** ist quasi ein **„firmeneigenes Internet“**: Im Intranet halten Firmen interne Informationen bereit, die die Mitarbeiter bei der täglichen Arbeit verwenden. Dazu gehören beispielsweise E-Mail- und Telefonlisten, Produktdokumentationen, Kundendaten, aber auch der Speiseplan der Kantine. Die Stärken eines Intranets:

- **Effektivität**

  Informationen werden mithilfe einer Suchmaschine rasch gefunden, das spart Zeit und Geld. In Newsgroups, das sind Fachdiskussionsforen, schildern die Mitarbeiter Probleme, für die andere vielleicht schon längst Lösungen gefunden haben. Doppelarbeit wird vermieden.

- **Unabhängigkeit**
  Insbesondere in Konzernen mit weltweiten Standorten stehen den Mitarbeitern alle Daten orts- und zeitunabhängig zur Verfügung.
- **Günstige Technik**
  Es müssen keine teuren Anwenderprogramme angeschafft werden, da Internetbrowser am Arbeitsplatz bereits vorhanden sind. Außerdem sind die Mitarbeiter fit im Umgang mit der Software; Schulungen und Hemmschwellen entfallen.

Diese Vorteile hat die Wirtschaft schon längst erkannt und genutzt. In rund jedem zweiten kleinen und mittelständischen Unternehmen ist ein internes Netzwerk im Einsatz: Der teuren technischen Aufrüstung stehen Einsparungen bei Arbeitsstunden für Ablagearbeiten und Botengänge gegenüber.

8.4 Firmenübergreifender Datenaustausch

Datentransfer

Das **Bedürfnis nach zwischenbetrieblichem Datentransfer** ist nicht neu. Damit ein Datenaustausch möglich wird, muss man sich über Austauschregeln, kaufmännische und technische Standards und Austauschformate einigen. Alle Partner müssen „die gleiche Sprache sprechen" oder über Möglichkeiten verfügen sich zu verständigen.
Eine moderne Konzeption muss es ermöglichen, dass der Informationsaustausch zwischen den kooperierenden Unternehmen schnell und unproblematisch abläuft. Alle beteiligten Unternehmen müssen jede beliebige Information jederzeit abrufen können.

Es sind drei große Bereiche, in denen der Datenaustausch stattfindet:

Datenaustausch

Konstruktionsbereich,
Dokumentenbereich,
technische Dokumentation.

→ In allen Bereichen haben sich unterschiedliche Standards zum Datenaustausch entwickelt. Im **Konstruktionsbereich** geht es darum, Zeichnungen, 3-D-Darstellungen, aber auch Stammdaten und Geometriedarstellungen zur Verfügung zu stellen. Dies kann aber nur dann verwirklicht werden, wenn alle Beteiligten beim Datenaustausch die gleiche Norm einhalten, wenn die Daten in einem Format abgespeichert und damit zur Verfügung gestellt werden, das auch von allen anderen Beteiligten gelesen werden kann.

→ Beim **Dokumentenaustausch** geht es um die Möglichkeiten, auf Büro- und Geschäftsdokumente zugreifen zu können. Das sind vor allem Angebote, Kalkulationsunterlagen, aber auch Rechnungen und Verträge, Jahresabschlüsse und Gewinnrechnungen, die den Partnern ganz oder teilweise zur Verfügung gestellt werden können. Auch dieser Austausch muss technisch möglich sein, unabhängig von den einzelnen Systemen, die in unterschiedlicher Weise von unterschiedlichen Unternehmen eingesetzt werden.

Dokumentation

→ Das Gleiche gilt für die **technische Dokumentation**, für Produktinformationen, technische Daten und Beschreibungen, deren Austausch nur möglich ist, wenn von allen Beteiligten die gleichen Softwarestandards benutzt werden.

8.5 Weltweite Vernetzung über Internet

Datentransfer im Internet

Internet ist die Abkürzung für **INTER**NATIONAL **NET**WORK – **Internationales Netzwerk**. Viele nationale und internationale Computer-Netzwerke sind hier über normale Telefonleitungen zusammenschaltbar. Aus diesem Rechnerverbund kann jeder PC-Besitzer die für ihn interessanten Angebote abrufen. Zum Anschluss an diese schier unerschöpfliche Datenvielfalt genügen ein Telefonanschluss und ein Zusatzgerät, das Modem.

Suchmaschinen

Mithilfe von so genannten **Suchmaschinen**, das sind Großrechner verschiedener Unternehmen, lässt sich der Datenbestand durchforsten. Je genauer man seine Stichworte (Suchbegriffe) formuliert und eingrenzt, desto besser wird das Ergebnis der Suche sein.

Provider

Um im Internet arbeiten oder „surfen" zu können, benötigt jeder Teilnehmer einen Provider. Das ist eine **Dienstleistungsgesellschaft, die eine technische Anbindung an das Internet ermöglicht und weitere Unterstützung (Support) anbietet.** Diese Dienstleistung stellen z. B. Gesellschaften wie die Telekom (T-Online), AOL oder regionale kleinere Anbieter zur Verfügung.

Browser

So sind oft auch Programme in ihrem Lieferangebot (Browser), über die es schnell und multimedial (in Bild und Ton oder als Film) möglich ist, Inhalte des World Wide Web auf den Bildschirm des Benutzers zu bringen.

Homepage

Diese Inhalte sind in aller Regel so gestaltet, dass ihre erste Seite in etwa so wie ein Inhaltsverzeichnis oder eine Leitseite aufgebaut ist. Von dieser ersten Seite, der Homepage, aus gelangt man zu weitergehenden Informationen. Farblich unterlegte oder unterstrichene Textstellen oder Grafiken verwandeln den Mauszeiger auf dem Bildschirm in eine Hand. Über diese „Links" oder „Hyperlinks" wird eine Verbindung zu anderen Textstellen oder Grafiken hergestellt. Das Anklicken mit der Maus bewirkt ein Umspringen auf eine andere Seite und damit zu weiteren Informationen („Surfen").

E-Mail

Neben den Zugangsmöglichkeiten in das World Wide Web bietet der Provider an sich eine E-Mail-Adresse einzurichten, eine elektronische Briefpost, die einen Datenaustausch mit beliebigen Teilnehmern über beliebige Inhalte ermöglicht. Über die zur Verfügung gestellte Technologie in Verbindung mit einem Modem können Daten von einem Rechner zu einem zentralen Server gesendet und von dort vom vorgesehenen Empfänger abgeholt werden.

Häufig wird das Internet dazu genutzt, Computer-Software auf den eigenen Rechner herunterzuladen. Jeder Nutzer kann aber auch selbst zum Anbieter werden und Texte, Bilder, Zeichnungen, kleine Videos oder Software ins Internet einstellen. Außerdem dient das Internet der Kommunikation. Man kann elektronische Briefe (E-Mails, s. o.) schreiben und empfangen. Man kann aber auch mit anderen Internetnutzern in „Newsgroups chatten", d. h. per Texteingabe auf der Tastatur kommunizieren und diskutieren.

Server

Der Anbieter eines Internetdienstes, der **Hostrechner**, muss eine bestimmte **Serversoftware** laufen lassen und er muss einen Zugriff ermöglichen, d. h., er muss online sein. **Server sind Programme, die permanent darauf warten, dass Anfragen an ihren Dienst eingehen.** Ein WWW-Server wartet beispielsweise darauf, Internetseiten abbilden zu können. Als Entsprechung dazu gibt es Programme, die Daten von den Servern anfordern, so genannte **Clients**.

Client

Wenn z. B. eine Internetadresse aufgerufen wird, beginnt der Client mit einer Anfrage an den entsprechenden Server auf dem dazugehörigen Hostrechner. Nach Auswertung der Anfrage werden die angeforderten Daten an den Anfragenden gesendet. Dieser Datenaustausch kann aber nur dann funktionieren, wenn entsprechende Voraussetzungen geschaffen wurden, z. B. **HTTP-Protokolle.**

HTTP-Protokolle

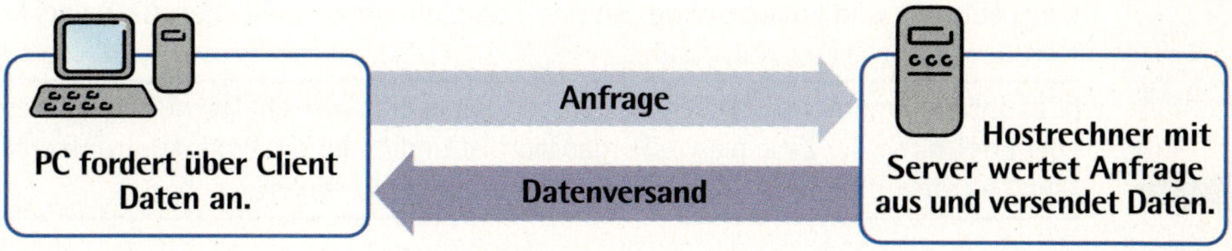

Adressierung

Jeder Anbieter benötigt eine eindeutige Adresse. Die Internetadresse gibt es in zwei Varianten:

IP-Adresse

- Die **IP-Adresse** besteht aus einer großen Anzahl von Zahlen. In Dezimalschreibweise sieht sie typischerweise so aus: 149.174.211.5., wobei durch die Punkte 4 Zahlen gekennzeichnet sind, die wiederum für bestimmte Bereiche stehen.
- Das **Domain Name System** ist alphabetisch aufgebaut. Es ist von rechts nach links zu lesen und entspricht der IP-Adressierung. Beispiel:

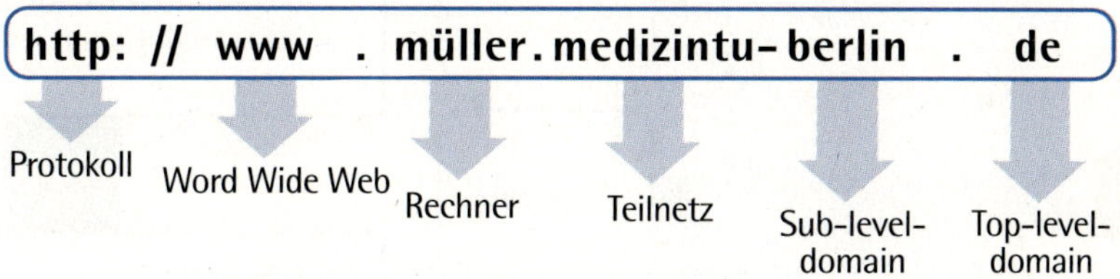

Die **Top-Level-Domain** kann eine Länder- oder Bereichskennung sein. In diesem Fall steht „de" für Deutschland. Andere Länderkennungen sind „ch" für die Schweiz, „aut" für Österreich oder „uk" für England. Bereichskennungen sind z. B. „com" für kommerzielle Anbieter, „edu" für Bildungseinrichtungen, „org" für nicht kommerzielle Organisationen.

Sub-Level-Domain steht für den näheren Bereich, aus welchem der Anbieter stammt hier: Technische Universität Berlin,

Domain-Name

Teilnetz charakterisiert den Anbieter noch näher, in diesem Beispiel ist der Anbieter im Netz der Medizin zu finden und dort unter dem Namen Müller registriert.

WWW gibt zu verstehen, dass der Anbieter innerhalb des World Wide Web, dem weltweiten Netz, zu Hause ist.

HTTP bezeichnet das Protokoll bzw. die Regeln, unter der alle Routinen der Speicherung und Übertragung ablaufen, unabhängig von unterschiedlichen Systemen oder unterschiedlicher Software.

1 Unternehmensphilosophie und -strategie

1.1 Planungs- und Entscheidungsprozesse

Planung ist nicht alles, aber ohne Planung ist alles nichts. Auf diesen einfachen Nenner könnte man das bringen, was im Mittelpunkt des unternehmerischen Handels steht. In einem engen Zusammenhang mit der Kontrolle der betrieblichen Prozessabläufe stehen Planung, Lenkung, Führung und Entscheidung. Sie sind nötig, um die betrieblichen Ziele zu erreichen.

> Das unternehmerische Geschehen stellt sich dar als eine wirtschaftliche Einheit, die zum Zweck der Erreichung der Ziele planvoll organisiert ist und in der die Produktionsfaktoren so eingesetzt werden, dass sie die Aufgabe des Unternehmens erfüllen.

Prinzip der Wirtschaftlichkeit

Prinzip des finanziellen Gleichgewichts

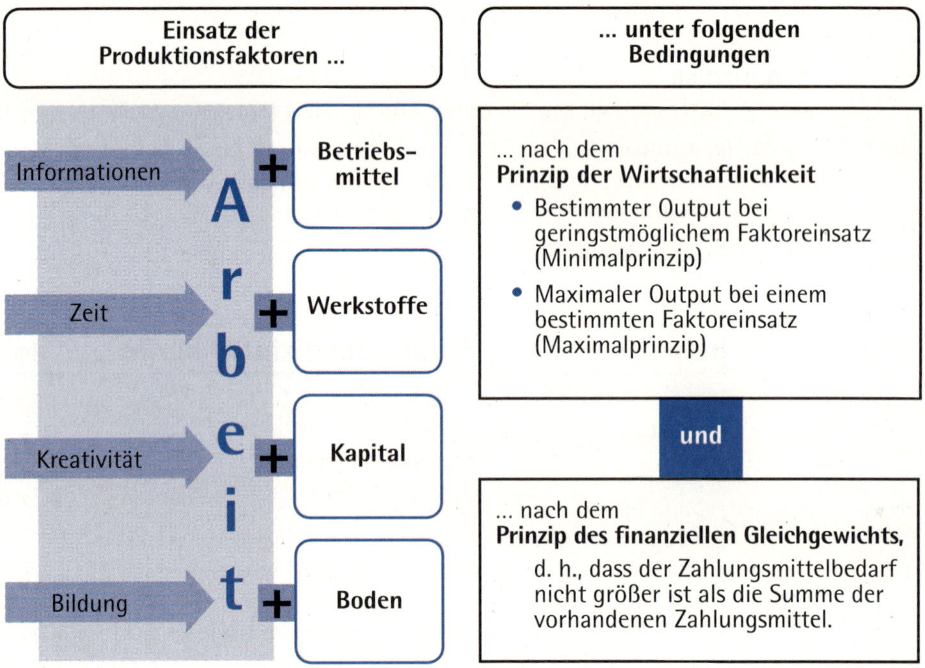

> **Unternehmensführung** ist ein Prozess der
> - Steuerung von Produktionsabläufen (Sachaspekt) und der
> - Steuerung der einzelnen Bereiche der Unternehmung (Personalaspekt).

Abteilungsbildung

Werteströme

Ab einer bestimmten Größenordnung setzt sich eine Unternehmung aus verschiedenen Bereichen, Abteilungen und Gruppen zusammen, die miteinander verkettet werden müssen. Die Aufgabe des Unternehmens besteht dann darin, die eingesetzten Produktionsfaktoren möglichst effizient in das umzuwandeln, was der Markt verlangt. Im Sinne einer wertestromorientierten Betrachtung umfasst der Output einer Unternehmung zwar in erster Linie die produzierten Güter, aber darüber hinaus zählen dazu auch die gezahlten Löhne und Steuern ebenso wie die durch den Unternehmensprozess bereitgestellten Arbeitsplätze und die entstehenden Erträge und Gewinne.

Wenn Sie mehr über die Zusammenhänge von Gütern, Löhnen, Steuern, Arbeitsplätzen, Gewinnen usw. wissen wollen, schlagen Sie in diesem Kompendium, Lernfeld 9, Kapitel 3.3 und 4.4.5 nach.

Ablauf von Führungsentscheidungen

Unternehmensziele

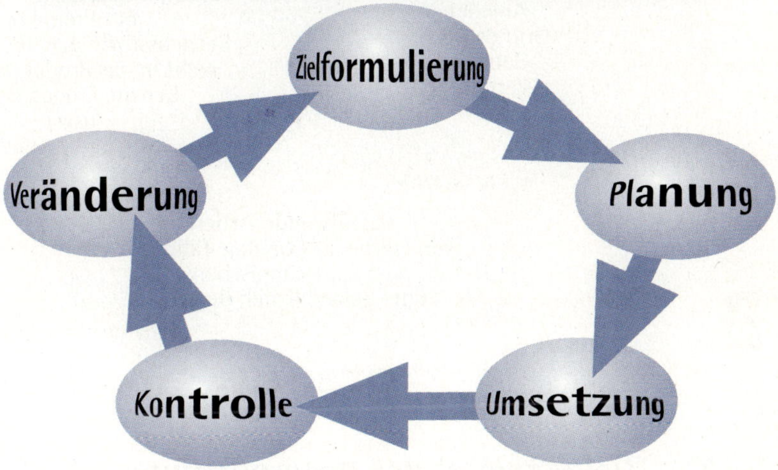

Leitungsaufgabe

Die **Unternehmensleitung** gibt Ziele vor oder die Ziele sind das verbindliche Ergebnis eines gemeinsamen Prozesses. Zur Führung gehört, dass aus den globalen Zielen Maßnahmen abgeleitet werden, die umzusetzen sind. Das Ergebnis unterliegt einer (ständigen) Kontrolle.

Dispositiver Faktor

Dispositiver Faktor

Führen des Unternehmens, verantwortliches Treffen von Entscheidungen

Planung	Organisation	Kontrolle
• „Gedankliche Vorwegnahme zukünftigen Handelns" • Vorbereitung der eigentlichen unternehmerischen Aufgaben • Planung läuft immer unter Unsicherheit ab. Daher sind möglichst umfassende Informationen über das künftige Marktgeschehen unabdingbar.	• Alle Maßnahmen, die dazu dienen, die unternehmerischen Planungen umzusetzen. Dazu gehören die Vorbereitung des betrieblichen Ablaufprozesses sowie der Einsatz der Produktionsfaktoren. • Alles, was abweichend von der Planung läuft, lässt sich in der Regel nicht mehr organisieren, sondern muss improvisiert werden.	• Überwachung des tatsächlichen Betriebsgeschehens • Überprüfung von Planvorgaben und dem Erfüllungsgrad • Suche nach Verbesserungsmöglichkeiten. • Controlling ist der ständige Überprüfungsprozess.

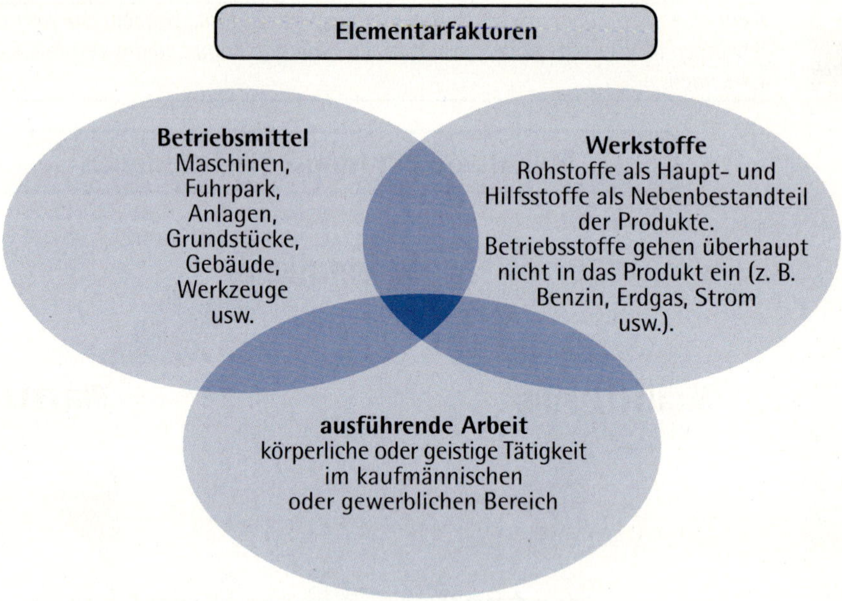

1.2 Zielsystem(e) der Unternehmung

Schlüsselprobleme des Planungsprozesses

Das Schlüsselproblem des Planungsprozesses ist die Bestimmung von unternehmerischen Zielen. Sie dienen dazu,

- Probleme zu erkennen,
- Lösungen dieser Probleme zu erarbeiten,
- Handlungsalternativen im Hinblick darauf zu erarbeiten, was sie leisten können, um die Ziele zu erreichen,
- Informationen auf ihre Bedeutung zu prüfen,
- Aktivitäten zu koordinieren,
- Entscheidungen zwischen mehreren Lösungs- und Handlungsalternativen zu fällen,
- Mitarbeiterinnen und Mitarbeitern eindeutige Orientierungshilfen für Handlungen bzw. Entscheidungen zu geben,
- Möglichkeiten zur Lenkung wirtschaftlich selbstständiger Untereinheiten der Unternehmung zu bilden.

Unternehmerische Ziele sind Leitvorstellungen, an denen sich das unternehmerische Denken und Handeln ausrichtet. Ziele wirken sich auf den Unternehmensprozess aus. Die Formulierung und Umsetzung von Führungsentscheidungen ist ein Prozess, der in mehreren Stufen abläuft:

Zielbündel

Da ein Unternehmen in der Regel nicht nur ein Ziel, sondern mehrere Ziele gleichzeitig verfolgt, läuft der Zielfindungsprozess in mehreren Phasen ab. Häufig handelt es sich um ein Zielbündel, das mit den gesamten unternehmerischen Interessen abgestimmt werden muss. Dieser Entscheidungsprozess läuft in mehreren Phasen ab.

Phase 1

Zielformulierung

Entgegen der Vorstellung einer Gewinnmaximierung als alleinigem oder wichtigstem Ziel bauen Unternehmungen in der Realität ein Zielsystem aus wirtschaftlichen und vielen anderen Vorstellungen über den Ablauf und das Ergebnis des Leistungsprozesses auf (s. a. „Zielarten" in diesem Kapitel). Durch tarifliche und staatliche Vorgaben wird dieses Zielsystem auch von außen (extern) beeinflusst. Der Stellenwert der einzelnen Ziele kann und muss situationsbezogen überdacht und evtl. geändert werden.

Zielbeziehungen

Zwischen den einzelnen Unternehmenszielen können unterschiedliche **Zielbeziehungen** vorhanden sein:

Zielarten

- **konkurrierende Ziele,** die sich gegenseitig ausschließen, sich widersprechen und bei denen die Erreichung des einen Zieles zulasten der Erreichung des anderen Zieles geht,
- **unabhängige Ziele,** die sich gleichermaßen erreichen lassen, weil sie miteinander nicht in Verbindung stehen,
- **ergänzende Ziele,** bei denen die Erreichung des einen Zieles einhergeht mit der Erreichung eines anderen Ziels.

Leitbild

Das **Leitbild** einer Unternehmung versucht einen Bogen über die vielfältigen Einzelbestandteile des Zielsystems zu spannen und sowohl der Führung der Unternehmung, d. h. dem Management, als auch den „untergeordneten" Hierarchieebenen die globale unternehmerische Philosophie zu vermitteln.

Das Leitbild stellt als **Vision** eine langfristige Zielvorgabe dar. Mit **strategischen Entscheidungen**, die mittelfristig angelegt sind, sowie den darauf aufbauenden kurzfristig angelegten **Maßnahmen** wird die Unternehmung geführt.

Merkmale von Zielen

Die Ziele lassen sich nach weiteren Merkmalen unterscheiden:

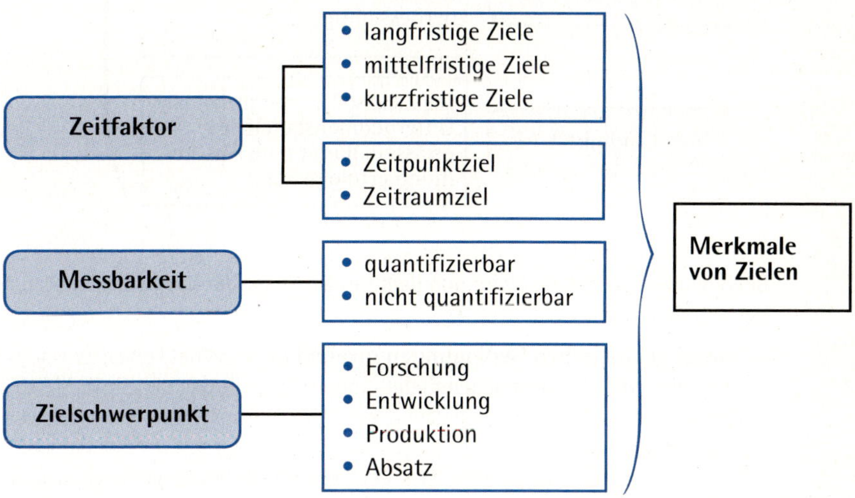

Phase 2
Prüfung alternativer Ziele

Unternehmensziele können von Beginn an sehr zielgerichtet formuliert werden. Andererseits sind es gerade die kreativen Ideen, die ggf. zu den Zielen führen, die für eine Unternehmung den größten Erfolg versprechen. Der Zielfindungsprozess sollte daher in der Erstphase nicht zu sehr durch Rahmenbedingungen eingeschränkt werden, sondern kreative Freiräume lassen.

Brainstorming bei der Zielfindung

Ein Beispiel dafür sind neue Produktideen und/oder Produktnamen. In Brainstorming-Prozessen werden hier oft zunächst alle eingebrachten Ideen gesammelt. Erst in der darauf folgenden Phase werden die Vorschläge miteinander verglichen, bewertet, gewichtet, sortiert und ggf. auch ausgesondert.

Dasselbe Verfahren kann auch bei der Formulierung von Unternehmenszielen angewandt werden.

Kriterien für Unternehmerziele

Realisierbarkeit	Die Ziele sollten so formuliert sein, dass sie erreichbar sind.
Operationalisierbarkeit	Die Ziele sollten klar beschrieben sein.
Kontinuität	Die Ziele sollten auf den Ergebnissen des IST-Zustandes beschrieben werden.
Aktualität	Die Ziele sollten zeitnah sein und aktuelle Entwicklungen berücksichtigen.
Vollständigkeit	Die Ziele sollten möglichst alle Unternehmensbereiche erfassen, damit eine Abstimmung erfolgen kann.

→ **Prüfung der Ziele** nach festen Kriterien

Bevor ein Ziel ausgewählt wird und damit in die Phase der konkreten Umsetzung kommt, muss es daran gemessen werden, ob es

Realitätsbeziehung

Visionen als Ziel

- **unter realistischen Bedingungen erreichbar** ist. Es hat keinen Zweck, Ziele zu formulieren, die unter den gegebenen Bedingungen oder mit den gegebenen Mitteln nicht erreicht werden können. Unabhängig davon, dass auch visionäre Vorstellungen wichtig sind, um die Zukunft eines Unternehmens zu skizzieren, ist es für den unternehmerischen Alltag wichtig, Ziele so zu formulieren, dass über ein erreichtes Ergebnis auch eine entsprechende Motivation bei den verantwortlichen Mitarbeitern erzielt wird.

Quantifizierbarkeit

- sich auch in **Zahlen oder Kennziffern** ausdrücken lässt. Ein Ziel ist umso griffiger, je klarer es formuliert ist. Nicht alle Ziele lassen sich gleichermaßen quantifizieren und operationalisieren, aber dennoch ist es auch für die Frage der späteren Überprüfbarkeit, ob und in welchem Ausmaß ein Ziel erreicht wurde, wichtig, dass Ziele gemessen werden können.

Abstimmung der Ziele

- sich in die **Geschlossenheit** des Zielsystems einfügt, d. h., die Ziele müssen zueinander passen. Gerade im Bereich der konkurrierenden Zielsetzungen muss geprüft werden, was zu den übergeordneten Zielformulierungen passt. Dies gilt ganz besonders bei der Beurteilung, ob z. B. wirtschaftliche Ziele mit umweltbezogenen Verhaltensweisen vereinbar sind.

Zeitbezug

- zeitnah formuliert ist und sich an den Ergebnissen der vorangehenden Zeitabschnitte orientiert. Ziele, die davon völlig losgelöst sind, sind ggf. wirklichkeitsfremd, weil ihre Erreichbarkeit von vornherein ausgeschlossen ist. Hier geht es um **Aktualität** und **Kontinuität.**

Umfang der Ziele

- zu der **Vollständigkeit** des Zielkatalogs beiträgt. Gerade weil die Ziele aufeinander abgestimmt sein müssen, ist es wichtig, dass der Zielkatalog nicht einseitig ausgerichtet ist, sondern auch Bedingungen berücksichtigt, ohne die eine Zielerreichung nicht möglich ist.

Zielvereinbarungen

- **Akzeptanz** im Unternehmen findet, d. h., die Ziele müssen im Idealfall nicht vorgegeben, sondern miteinander vereinbart worden sein. Moderne Unternehmensführung geht davon aus, dass Ziele nicht mehr in strenger hierarchischer Zuständigkeit gefunden werden, sondern dass Zielvereinbarungen an die Stelle von Zielsetzungen treten.

Zielsysteme

Darstellungsmöglichkeiten komplexer Zielsysteme

Komplexe Zielsysteme in ihren Zusammenhängen darzustellen, ist allein deshalb schwer, weil es Ziele gibt, die nur bedingt quantifizierbar, d. h. in Zahlen auszudrücken sind. Die folgende Darstellung unternimmt den Versuch, wichtige Unternehmensmerkmale und daraus abzuleitende Ziele, aber auch den Grad der jeweiligen Zielerreichung zu dokumentieren:

Magisches Dreieck der Unternehmensziele

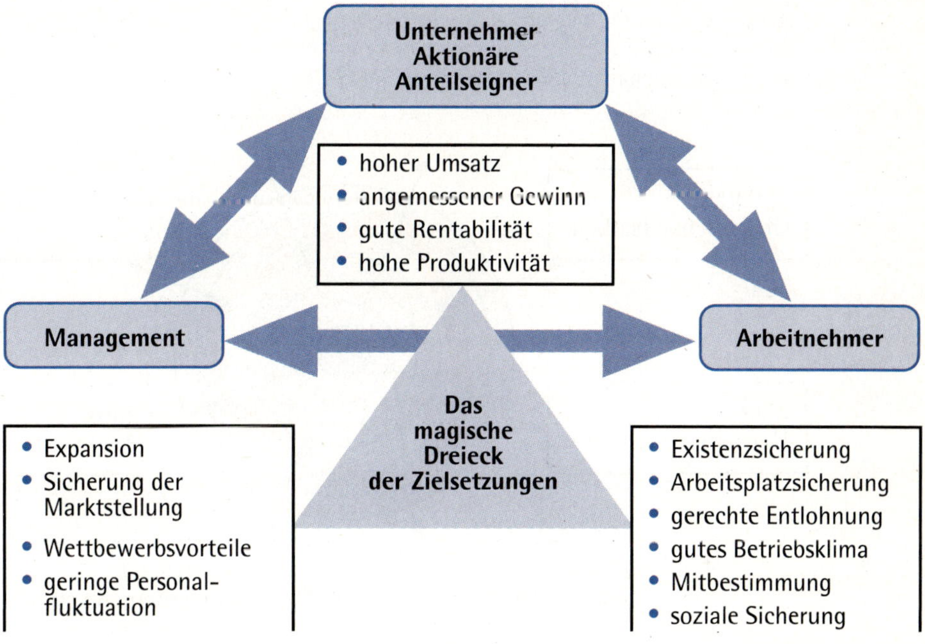

Phase 3

Auswahl des oder der zu verfolgenden Ziele

Zielentscheidungen

Zielentscheidungen sollen das Ergebnis eines möglichst breit angelegten Willensbildungsprozesses sein. Nur ein hoher Konsens über das, was in einem Unternehmen durch alle beteiligten Kräfte gemeinsam erreicht werden soll, bündelt die Kräfte und gleicht die teilweise unterschiedlichen Interessen aus. Die Zielfindung ist ein Prozess, der in die Zukunft gerichtet ist. Die damit verbundenen Unsicherheiten kennzeichnen das unternehmerische Risiko, welches mit der Festlegung und Verfolgung der Ziele verbunden ist.

Ökonomie und Ökologie

Ein Unternehmen verfolgt Ziele, die zum Teil auf ganz unterschiedlichen Ebenen liegen. Neben **ökonomischen Zielen** spielen **ökologische Zielsetzungen** eine zunehmend wichtige Rolle. Dies wirkt sich nicht nur in Fragen der Energieerzeugung und -nutzung, sondern z. B. auch in der Art der verwendeten Rohstoffe aus (z. B. Verzicht auf Tropenholz).

Wirtschaftlicher Erfolg ist nicht alles, aber ohne ihn ist alles nichts.

Hinzu kommen **soziale Zielsetzungen** und solche, die **ethisch-moralische** bzw. **ethisch-normative** Dimensionen betreffen und das unternehmerische Geschehen beeinflussen. Sie äußern sich z. B. im Verzicht auf die Herstellung erlaubter, aber schädlicher Produkte oder solcher Güter, die sich mit bestimmten moralischen Grundüberzeugungen nicht vereinbaren lassen. Andere ethische Vorstellungen erlauben z. B. keine Geschäfte mit politischen Gegnern. Zielentscheidungen bedürfen einer sorgfältigen und verantwortungsbewussten Abwägung zwischen materiellen unternehmerischen und den sonstigen gesellschaftlichen und ökologischen Interessen. Ausgangspunkt für die Zielsetzung ist eine klare Analyse der Stärken und Schwächen, die ein Unternehmen hat. Dabei kann es sich um das Unternehmensprofil als Ganzes, aber auch um einzelne, besonders wichtig erscheinende Aspekte bis hin zu einzelnen Produkten oder Leistungen handeln.

Marktwirtschaft

Grundsätzlich gilt zwar die Gewerbefreiheit und damit auch das Recht, eigenständig zu entscheiden, was, wie viel und womit etwas produziert wird, gleichwohl hat **der Staat** in bestimmten Fällen das Recht und die Pflicht einzugreifen (Waffenproduktion, gentechnisch veränderte Lebensmittel, pornografische oder kriegsverherrlichende Produkte usw.). Ob und in welchem Umfang die Unternehmer hier selbst über den Stellenwert der jeweiligen Ziele entscheiden können, ist vom Einzelfall abhängig.

Zielnetz

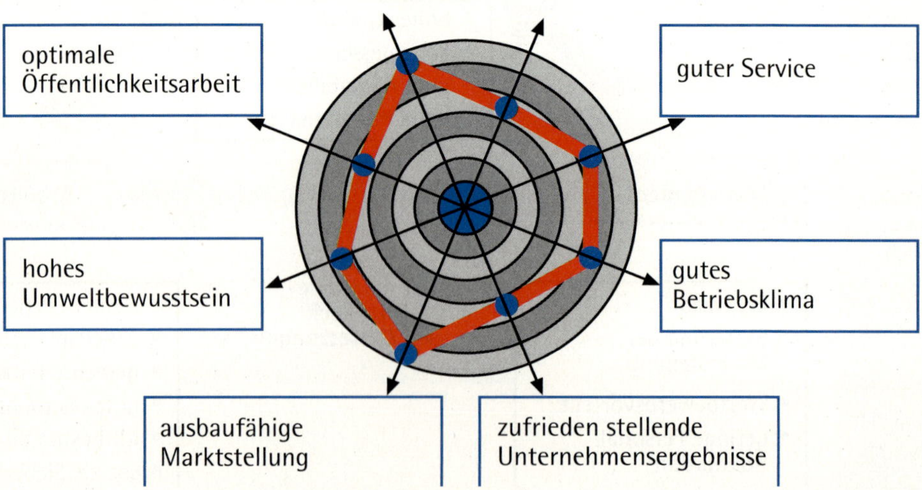

Optimalvorstellungen

Das Ziel oder die Ziele, die ausgewählt werden, sollten diejenigen sein, die dem Gesamtkonzept der Unternehmensleitung am nächsten kommen. Gerade wenn unter Abwägung verschiedener Faktoren nicht nur ein Ziel, sondern ein ganzes Zielbündel verfolgt wird, ist es unabdingbar, sicherzustellen, dass die Summe der Ziele den Optimalvorstellungen möglichst nahe kommt.

Die **Zielkonflikte,** die dadurch entstehen, dass jede Abteilung einen anderen Weg zur Erfüllung des gemeinsamen Zieles sucht, müssen in geeigneter Weise bzw. durch geeignete Schwerpunktsetzungen geklärt werden, sodass ggf. auch eine Zielhierarchie entsteht. Damit werden Prioritäten festgelegt, die letztlich darstellen, ob und in welchem Umfang Entscheidungsinstanzen die Erreichung eines Zieles der Realisation anderer Zielvorstellungen vorzuziehen oder unterzuordnen haben. Diese Prioritäten können auch kurzfristig wechseln.

Fakten kurz gefasst

Aus dem Unternehmensleitbild ergibt sich das Zielsystem der Unternehmung.

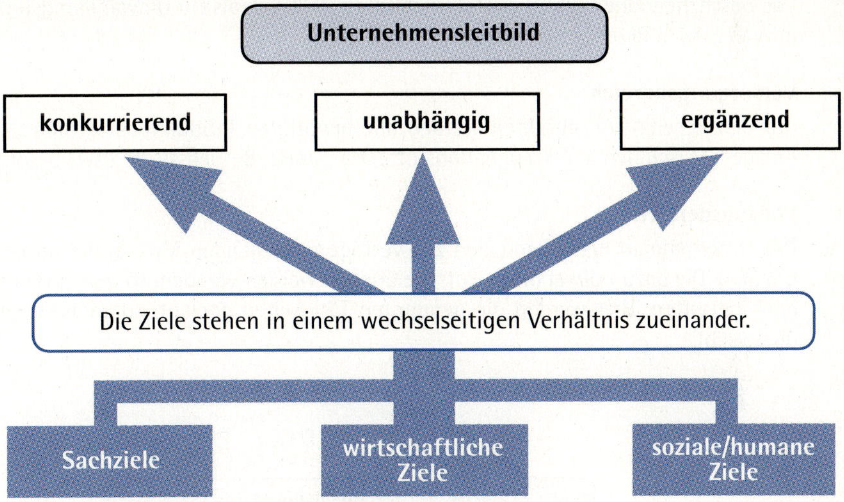

2 Wertschöpfungsprozess – kosten- und nutzenorientiert

Gewinnorientierung

Der unternehmerische Leistungsprozess ist im Wesentlichen darauf ausgerichtet, mit den erstellten Gütern oder bereitgestellten Dienstleistungen am Markt ein Entgelt zu erzielen, das die Kosten für die eingesetzten Mittel übersteigt. Damit richtet sich der Unternehmer an gewinnorientierten Zielen aus.

Wertschöpfung = Wertzuwachs

Das gesamte betriebliche Geschehen ist kein Selbstzweck. Der Begriff Wertschöpfung ist gleichzusetzen mit dem Wertzuwachs, den Roh- oder Hilfsstoffe durch den Verarbeitungsprozess auf dem Weg zum Endprodukt erfahren. Dies ist ein Ergebnis des Wertekreislaufs von Gütern, Produktionsfaktoren und Geld zwischen dem Beschaffungs- und Absatzmarkt.

2.1 Leistung und Wertschöpfung

Die **Wertschöpfung** in einem Unternehmen ist das Ergebnis des gesamten Leistungsprozesses und damit mehr als nur eine zahlenmäßige Größe. Der Leistungsprozess wird als eine Kette aneinander gereihter Funktionen angesehen, die Schritt für Schritt ihren Beitrag für den Unternehmenserfolg leisten. Das Unternehmen, welches diesen Prozess bestmöglich gestaltet, hat durch die bessere Kostensituation Wettbewerbsvorteile.

Wertschöpfung sagt aus, wie viele neue Werte in einem Unternehmen geschaffen wurden. Sie stellt die Differenz zwischen Umsatz und dem durch das Einkaufsvolumen ausgedrückten Faktoreinsatz in einem Unternehmen dar.

Die **Wertschöpfungskette** erfasst alle wirtschaftlichen Teilergebnisse, die während der gesamten Produktion anfallen.
Diese Betrachtung stellt die Bedeutung der einzelnen Fertigungsabschnitte für das Gesamtergebnis in den Mittelpunkt (daher: prozessorientiert).

Das Geschehen innerhalb einer Unternehmung stellt sich als ein Umwandlungsprozess dar, der in zwei großen Bereichen abläuft:

Versorgungsbereich

Auf den Beschaffungsmärkten werden alle benötigten Produktionsfaktoren (Arbeitskräfte, Anlagen, Maschinen, Werkzeuge, Rohstoffe, Hilfsstoffe, Betriebsstoffe usw.) besorgt.

Vollzugsbereich

Das Unternehmen erstellt mit den zur Verfügung stehenden Mitteln die unternehmerische Leistung. Die dazu notwendigen Entscheidungen werden von dem so genannten Führungsbereich getroffen. Hier werden die genannten Tätigkeiten geplant, koordiniert, gesteuert und überwacht.

Umwandlungsprozess von Produktionsfaktoren

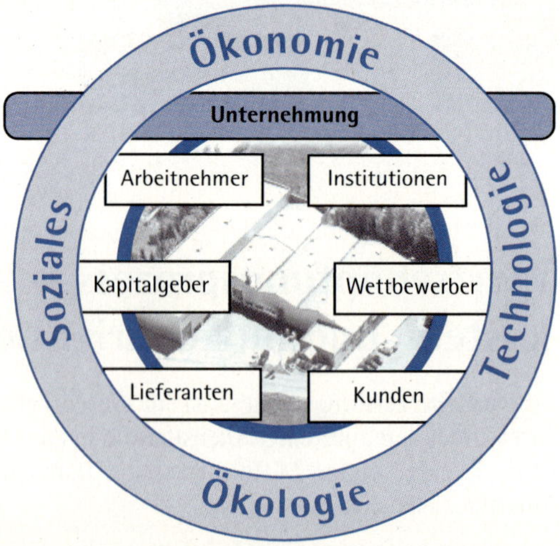

Planung

Die **Wertschöpfungskette** läuft von der Materialbeschaffung bis zum Verkauf. Optimal verläuft der Prozess dann, wenn sowohl der Rohstoffverbrauch als auch die Durchlaufzeiten minimiert sind und gleichzeitig die erforderliche Qualität garantiert ist.

Wertschöpfungskette

Wertschöpfung und Gewinn

Je geringer der Anteil von zugekauften Leistungen und je größer die Fertigungstiefe, d. h. die Anzahl der im Unternehmen verbleibenden Fertigungsgänge, desto größer ist die Wertschöpfung. Das bedeutet aber nicht, dass auch der Gewinn durch eine höhere Wertschöpfung automatisch steigt.

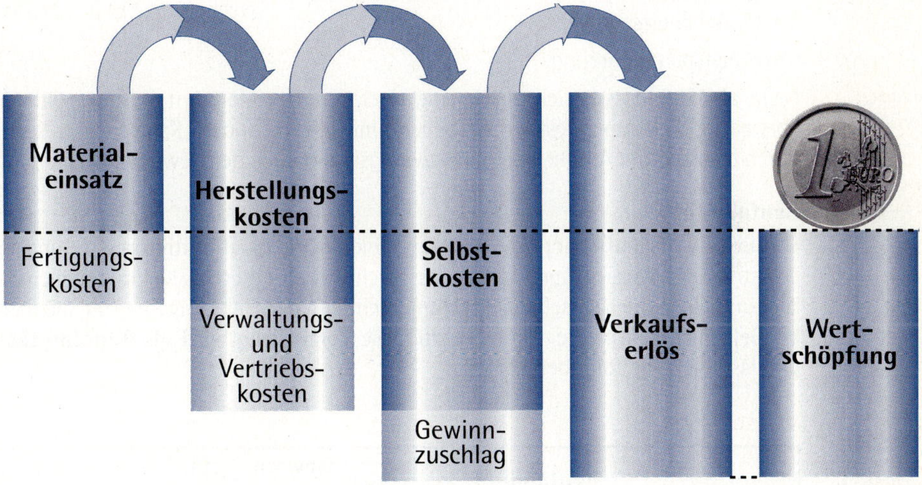

Wenn z. B. externe Leistungen von Zulieferern kostengünstiger bezogen als selbst hergestellt werden können, dann entsteht durch eine Verlagerung von Produktionsabschnitten nach draußen trotz einer geringeren Wertschöpfung ein höherer Gewinn.

Fremdvergabe und Outsourcing

Outsourcing (Verlagerung nach außen) führt dazu, dass sich Unternehmen schwerpunktmäßig auf ihr Kerngeschäft konzentrieren. Alle anderen Prozesse (Produktionsabschnitte und/oder Dienstleistungen) werden auf spezialisierte Anbieter ausgelagert.
Dabei kann es sich um eine Auslagerung im Eingangsbereich handeln; in diesem Falle werden unternehmerische Aufgaben an vorgelagerte Wirtschaftsstufen vergeben (z. B. Einkauf fertig montierter Spezialteile). Es kann aber auch eine Verlagerung am Ende der Wertschöpfungskette sein; in diesem Falle werden Absatz- oder Serviceleistungen an nachgelagerte Unternehmungen vergeben (z. B. Endreinigung von Produkten, Kundendienst usw.).

2.2 Erwerbswirtschaftliches Prinzip im Wertschöpfungsprozess

Erwerbswirtschaftliche Notwendigkeiten

Das so genannte erwerbswirtschaftliche Prinzip gilt als Motor der Marktwirtschaft. Die Gewinne müssen mindestens so hoch sein, dass sie:

- einen angemessenen Unternehmerlohn,
- eine ausreichende Verzinsung des eingesetzten Kapitals,
- einen Ausgleich für das unternehmerische Risiko

sicherstellen. Die Aussage **„Wer nichts riskiert, der nichts gewinnt"**, lässt sich auch

Rolle des Gewinns

umwandeln in die Aussage „Ohne Gewinnmöglichkeit keine Risikobereitschaft", aber auch „ohne Risiko kein Gewinn". Neben dem Gewinn gibt es auch eine Reihe anderer Ziele, die vorübergehend sogar wichtiger sein können:

Quantitative Ziele

- Marktführerschaft
- Umsatzausweitung
- Absatzsteigerung
- Marktausweitung
- Konkurrenzverdrängung
- Marktbeherrschung
- Arbeitsplatzsicherung

Notwendigkeit von Prioritäten

Nicht alle Ziele lassen sich gleichzeitig erreichen. Um Marktanteile zu gewinnen, ist es z. B. vorstellbar, dass zumindest vorübergehend mit sehr niedrigen „Kampfpreisen" gearbeitet wird, durch die zwar der Absatz, aber nicht zwangsläufig auch der Gewinn gesteigert wird.

Rentabilität

Eine Reihe wirtschaftlicher Ziele lässt sich zahlenmäßig (quantitativ) erfassen und messen. Letztlich strebt der Unternehmer danach, dass sich sein eingesetztes Kapital möglichst gut verzinst. Hier unterscheidet sich seine Zielsetzung nicht von der einer Privatperson, die das Gleiche z. B. bei Geldanlagen auf einer Bank erwartet. Die **Verzinsung wird als Rentabilität bezeichnet** und lässt sich wie folgt berechnen:

Rentabilität = Verzinsung

$$\text{Rentabilität} = \frac{\text{Gewinn} \cdot 100}{\text{eingesetztes Eigenkapital}}$$

Beispiel:

	Eingesetzes Eigenkapital	Gewinn	Rentabilität
1	100.000,00 €	10.000,00 €	$\frac{10.000,00 \cdot 100}{100.000,00} = 10\ \%$
2	30.000,00 €	1.500,00 €	$\frac{1.500,00 \cdot 100}{30.000,00} = 5\ \%$
3	50.000,00 €	250,00 €	$\frac{250,00 \cdot 100}{50.000,00} = 0,50\ \%$

Zinssatz

Die Rentabilitätskennziffer bezieht sich immer auf den Zeitraum von einem Jahr und ist somit dem Zinssatz gleichzustellen.

Eigen- und Gesamtkapitalrentabilität

Je nachdem, ob man dem erzielten Gewinn das eingesetzte Eigenkapital oder das aus Eigen- und Fremdmitteln bestehende Gesamtkapital entgegensetzt, spricht man von der **Eigen-** oder **Gesamtkapitalrentabilität**. Der Unternehmer ist naturgemäß mehr an der Frage interessiert, wie sich sein Eigenkapital verzinst, wenngleich die Gesamtkapitalrentabilität für eine Betrachtung des wirtschaftlichen Erfolges mindestens die gleiche Bedeutung hat.

GuV-Rechnung

Das Ergebnis der Unternehmenstätigkeit wird am Ende eines Geschäftsjahres ermittelt. Dabei werden Erträge und Aufwendungen gegenübergestellt bzw. miteinander verrechnet. Die Zahlen dafür liefert die Buchhaltung. Die Gewinnermittlung kann sowohl rechnerisch als auch buchhalterisch über die **GuV-Rechnung** erfolgen.

Gewinnermittlung

So wird der Gewinn ermittelt:

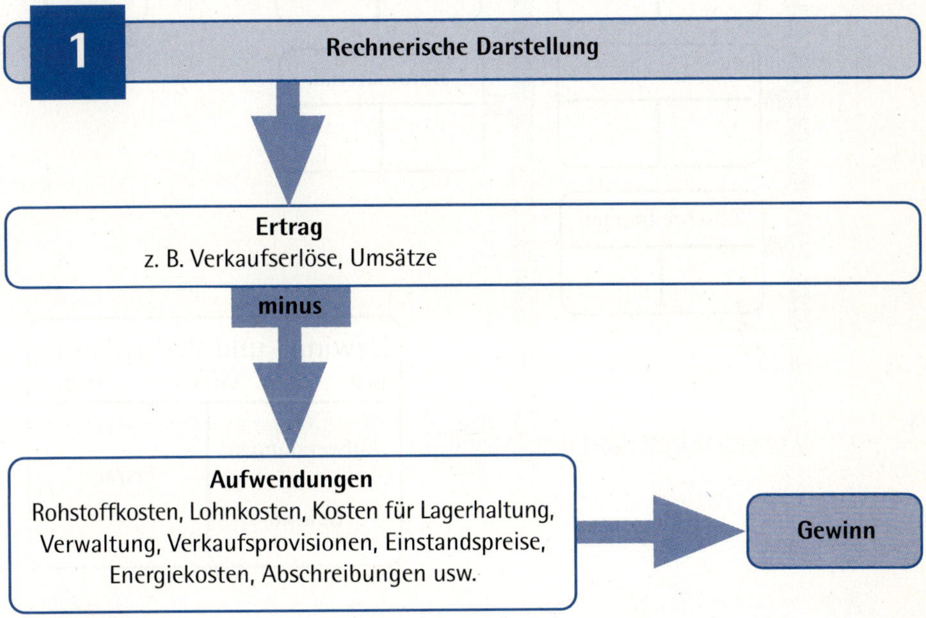

2 Behandlung in der Buchhaltung

In der Buchhaltung werden alle Aufwendungen und Erträge festgehalten. Dazu werden einzelne Konten eingerichtet. Gesammelt und zusammengefasst werden die Aufwendungen und Erträge auf dem **GuV-Konto**.

Marktzinssatz

Die Frage, wie eine berechnete Rentabilität einzustufen ist, hängt nicht zuletzt davon ab, wie hoch der zum Vergleich heranzuziehende so genannte **„Marktzinssatz"** ist. Dies ist der Zins, der von den Banken für Geldanlagen gezahlt oder für Kredite erhoben wird. Das im Betrieb gebundene Kapital sollte sich nicht nur mindestens so gut verzinsen wie bei einer Anlage auf einem Bankkonto, sondern darüber hinaus noch einen „Risikozuschlag" erwirtschaften. Schließlich haftet der Unternehmer oder Anteilseigner im Falle wirtschaftlicher Probleme oder im Falle einer Insolvenz zumindest mit seiner Einlage, d. h. seiner Beteiligung an dem Unternehmen. Diesem Risiko sollte die **Chance auf einen angemessenen Gewinn** gegenüberstehen, damit man überhaupt davon sprechen kann, dass sich eine Investition rechnerisch „lohnt".

Risiko und Gewinn

Allerdings ist bei der Bewertung darauf zu achten, dass der in der Bilanz ausgewiesene Gewinn zwar eine nach den Regeln der ordnungsgemäßen Buchführung ermittelte Größe ist, dass aber trotz allem **Bewertungsspielräume** und buchungstechnische Fragen die Höhe des Gewinnes verändern können, ohne dass dies direkt etwas mit der Ertragssituation zu tun hat.

GuV-Rechnung

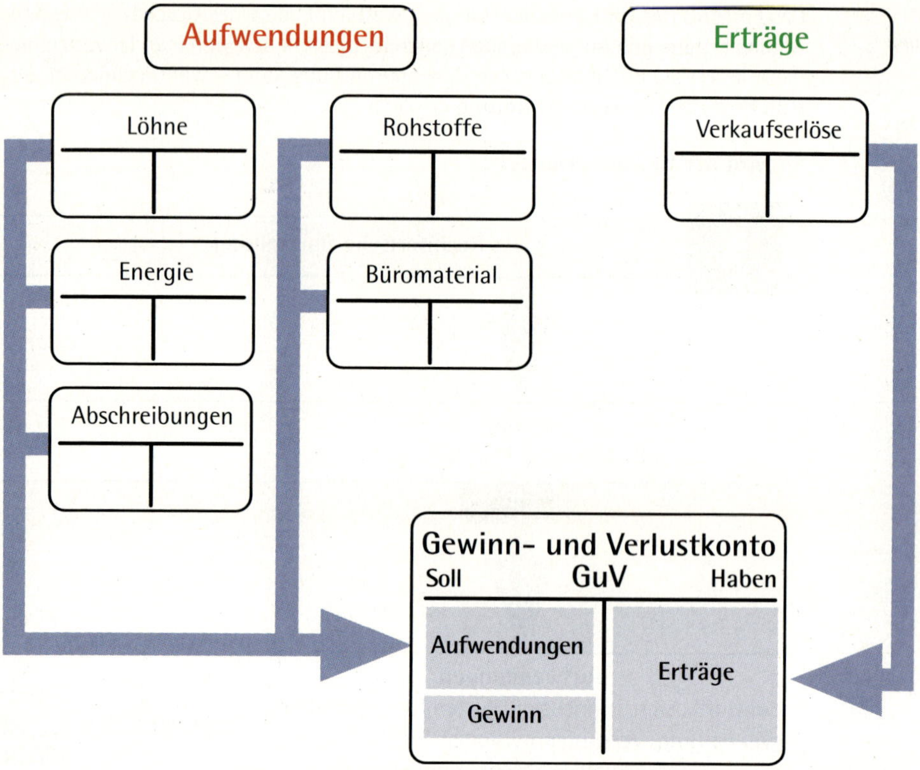

Wenn Sie mehr über die Buchungstechniken wissen wollen, sollten Sie Ihr Rechnungswesenbuch in die Hand nehmen und im Schlagwort- oder Inhaltsverzeichnis die Stichworte „GuV" oder „Aufwand", „Ertrag" suchen.

Lesen Sie dazu auch die Ausführungen zur Bedeutung des Rechnungswesens in diesem Lernfeld (Kapitel 7).

Wirtschaftlichkeit

Ertrag und Aufwand

Gewinne und Verluste

Eine weitere Möglichkeit, den ökonomischen Erfolg festzustellen, besteht darin, die Wirtschaftlichkeit zu berechnen. Sie stellt das Verhältnis von Ertrag und Aufwand gegenüber. Erträge stellen dabei alles dar, was der Betrieb mit seiner Tätigkeit erwirtschaftet bzw. eingenommen hat, während man unter Aufwand alles versteht, was eingesetzt werden musste, um die Leistungen zu erstellen. Sind die Aufwendungen geringer als die Erträge, wurde ein Gewinn erwirtschaftet, übersteigen die Aufwendungen die Erträge, handelt es sich um einen Verlust.

$$\textbf{Wirtschaftlichkeit} = \frac{\textbf{Ertrag}}{\textbf{Aufwand}}$$

Beispiele:

	Ertrag	Aufwand	Wirtschaftlichkeit
1	60.000,00 €	30.000,00 €	$\frac{60.000,00}{30.000,00} = 2,0$
2	24.000,00 €	20.000,00 €	$\frac{24.000,00}{20.000,00} = 1,2$
3	36.000,00 €	36.000,00 €	$\frac{36.000,00}{36.000,00} = 1,0$

Was hat der Aufwand gebracht?

Das Ergebnis gibt an, wie hoch der Ertrag pro aufgewendeter Geldeinheit ist. Beträgt die Wirtschaftlichkeit z. B. 2, so bedeutet das, dass mit jedem eingesetzten Euro zwei Euro an Ertrag erwirtschaftet wurden.

Fakten kurz gefasst

- Entscheidend für die **Wettbewerbsfähigkeit** eines Unternehmens sind wirtschaftliche Fakten.
- Der gesamte unternehmerische Wertekreislauf spiegelt sich in Erträgen und Aufwendungen wider.
- **Erträge** stellen den gesamten Wertezufluss, **Aufwendungen** den gesamten Werteabfluss dar.
- **Leistungen** sind alle auf das Kerngeschäft des Betriebes bezogenen Erträge, **Kosten** sind alle betriebsbezogenen Aufwendungen.
- **Wirtschaftlichkeit** und **Rentabilität** sind die maßgeblichen Kennzahlen für den Unternehmenserfolg.

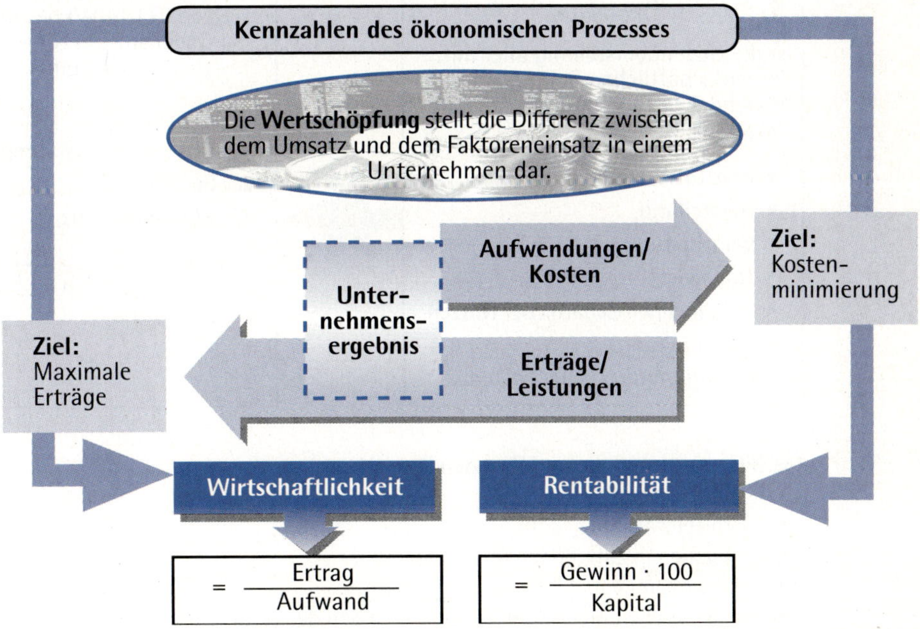

Wenn Sie mehr über die Bewertungsfragen in der Buchhaltung und die Methoden der Abschreibung wissen wollen, sollten Sie Ihr Rechnungswesenbuch zur Hand nehmen und dort im Lernfeld 3, Kapitel 6 nach weiteren Informationen suchen.

2.3 Wertschöpfungsprozess und Umweltschutz

Ökologie

Ökobilanz

Umweltsysteme

Wirtschaftswachstum kommt immer mehr auf den **Prüfstand der Ökologie.** Ein Grund ist die Erkenntnis, dass die natürlichen Ressourcen keine unerschöpfliche Quelle darstellen, aus der man sich grenzen- und bedenkenlos bedienen zu können glaubte. Mittlerweile hat man aber in so genannten Umweltsystemen und daraus abgeleiteten **Ökobilanzen** eine ganz andere Betrachtungs- und Sichtweise für wirtschaftliche Prozesse gewonnen:

ISO 14040

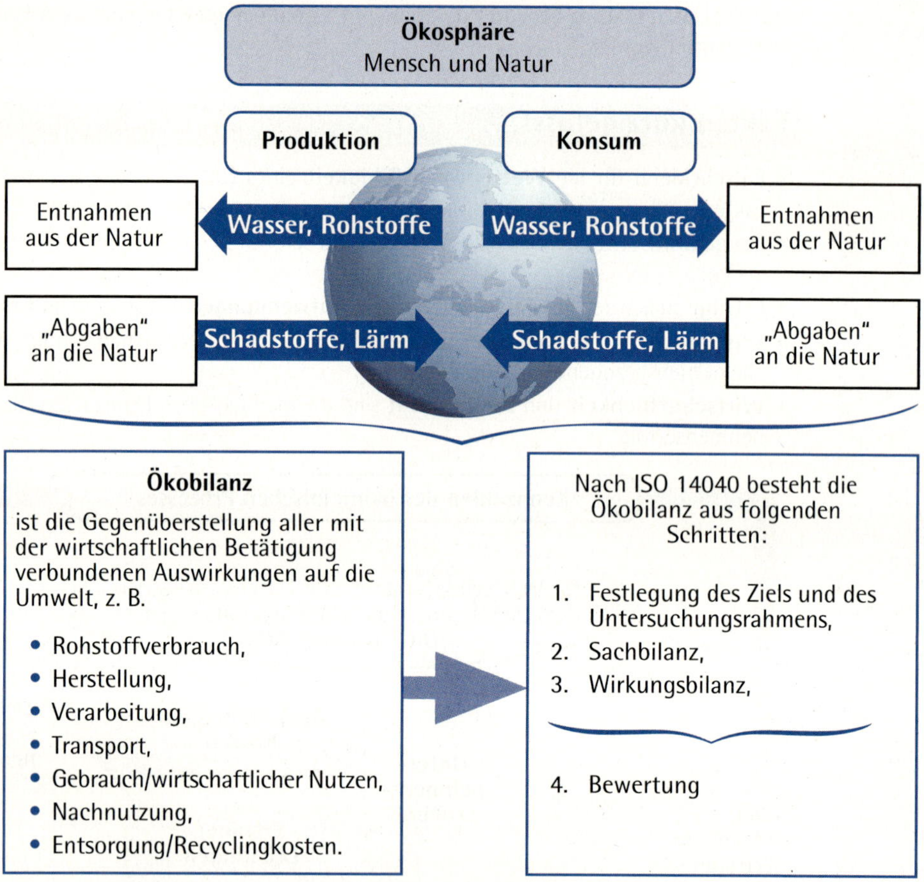

Rohstoff- und Energieentnahmen

Schadstoffabgaben

Die **Bilanzierung** findet in folgenden Bereichen statt:
- Rohstoffeinsatz,
- Energieeinsatz,
- Emissionen in Luft, Boden und Wasser,
- Abfallaufkommen,
- toxikologische und ökologische Bewertungen der verursachten Emissionen.

Mensch und Natur

Viele menschliche Tätigkeiten verändern den Umweltzustand qualitativ und quantitativ: Boden, Wasser, Luft, Natur und Landschaft, Tiere und Pflanzen werden für Ernährung, Wohnen, Energieerzeugung, Güterproduktion, Vorratshaltung, Kommunikation und Freizeitgestaltung genutzt. Mit der Nutzung verbunden sind Abfälle, Geräusche, Abwärme und Strahlen, die an die Umwelt abgegeben werden. **Da der Mensch selbst Bestandteil der Natur ist, wirken Umweltveränderungen auf ihn zurück.**

2.4 Planung im Unternehmen

Planung als „gedankliche Vorwegnahme zukünftigen Handelns" stellt für eine Unternehmung die Herausforderung dar, möglichst **viele Informationen** über alles zu haben, was künftig für den Betrieb bedeutend sein könnte. Je höher der Informationsstand, desto höher ist die Sicherheit der Plangrößen. Je länger der **Planungszeitraum**, desto schwieriger ist die Erlangung relativ sicherer Informationen.

Gesamtplan und Einzelpläne

Planung bedeutet für eine Unternehmung, dass sie nicht nur ihre Ziele festschreibt, sondern auch alle damit verbundenen Fragen klärt.
Der Gesamtplan setzt sich aus einer Reihe von Einzelplänen zusammen. Die einzelnen Pläne müssen aufeinander abgestimmt sein und werden vielfach durch Unterpläne ergänzt.

2.4.1 Engpassbereiche in der Planung

Planungsebenen

Meist handelt der Betrieb auch in der Planungsphase nicht völlig frei, sondern hat in einzelnen Bereichen Engpässe zu beachten.
In einem solchen Fall bestimmt der **Engpass** die gesamte weitere Planung.

Planungszeiträume

Strategische Grundsatzplanung

Langfristige, strategische Entscheidungen, die von besonderer Bedeutung für die Unternehmung und daher meist der Geschäftsleitung vorbehalten sind.

Einzelplanungen

Konkretisierung der mit dem Grundsatzplan verbundenen Hauptfragen und der zu lösenden Probleme.

Detailplanungen

Strategische Planung
- Zeitraum: 5 – 10 Jahre
- von: oberster Führungsebene
- hohe Unsicherheiten
- ganzheitliches Denken
- viele Alternativen

Mittelfristige Planung
- Zeitraum: 2 – 5 Jahre
- von: Planungsabteilung
- abhängig von (unsicheren) Marktprognosen
- Vorgabe von Oberzielen
- zeitraumbezogene Planung

Kurzfristige Planung
- Zeitraum: für ein Jahr
- von: allen betrieblichen Bereichen
- konkrete Entscheidungen
- begrenzte Alternativen
- periodenbezogene Denkweise

Sukzessivplanung

Sukzessivplanung bedeutet, dass von einem erkennbaren oder zu erwartenden Engpass oder von einem mit einer besonderen Dringlichkeit ausgestatteten Ziel ausgegangen wird und sich alle anderen Planungen daran orientieren. Schritt für Schritt müssen dann die Interessengegensätze, die zwischen den verschiedenen Abteilungen bestehen, ausgeglichen werden.

Simultanplanung

Simultanplanung liegt vor, wenn ein optimaler Gesamtplan durch eine laufende gegenseitige Abstimmung der Teilpläne erreicht wird. Dabei herrscht keine Über- oder Unterordnung der Teilpläne, sondern eine Gleichrangigkeit.

Planungshorizont

Planungshorizont ist der Zeitraum, für den geplant wird. Die langfristige Strategieplanung zeigt die generelle Entwicklungsrichtung eines Unternehmens für die Zukunft auf. Eine mittelfristige Rahmenplanung liegt vor, wenn die strategische Planung in überschaubaren Abschnitten konkretisiert wird (z. B. fünf Jahre). In der Detailplanung werden die unmittelbar bevorstehenden Entscheidungen vorbereitet (z. B. Produktionsplanung für das nächste Quartal).

2.4.2 Stärken- und Schwächenprofile

Stärken- und Schwächenprofil

Für die Planung ist eine möglichste genaue Analyse der Ausgangssituation nötig, um darauf Prognosen über die Zukunftsentwicklung aufzubauen[1]:

Strategische Ausrichtung

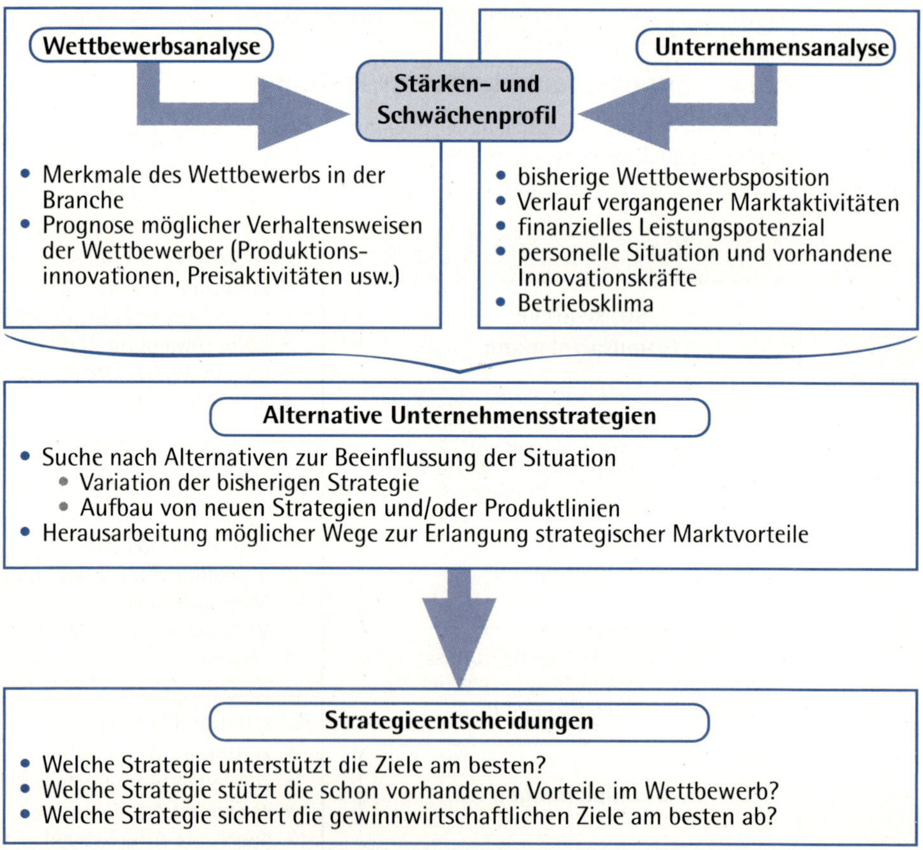

1 in Anlehnung an: Carl Notger, Planung und Entscheidung. In: Pepels, Werner (Hrsg.), ABWL, Fortis-Verlag, Köln 1999, S. 566

Stärke ist das, was ein Unternehmen in positiver Hinsicht gegenüber den Wettbewerbern auszeichnet.
Schwäche ist das, was ein Unternehmen nicht so gut kann wie die Wettbewerber.
Stärken und Schwächen beziehen sich sowohl auf die Produkte als auch auf Technologien, personelle Möglichkeiten, die Effizienz der Organisation oder auch die Fähigkeit, Visionen zu entwickeln und die Mitarbeiter zu motivieren.

2.4.3 Planung, Umsetzung, Evaluation

Feedback/ Evaluation

Die Festlegung von Zielen steht in einem engen wechselseitigen Verhältnis zu den sonstigen unternehmerischen Planungen, aber auch zu den Ergebnissen. In einem laufenden Betriebsprozess ergeben sich dauernde Impulse zur kritischen Überprüfung der erreichten Ergebnisse, denn kein Ergebnis ist so gut, dass es nicht noch verbessert werden könnte. Zwischen Planung, Organisation und Umsetzung der betrieblichen Vorhaben besteht ein ständiges „Feedback", d. h. eine laufende Überprüfung und Kontrolle mit dem Ziel der Optimierung:

Kritische Kontrolle

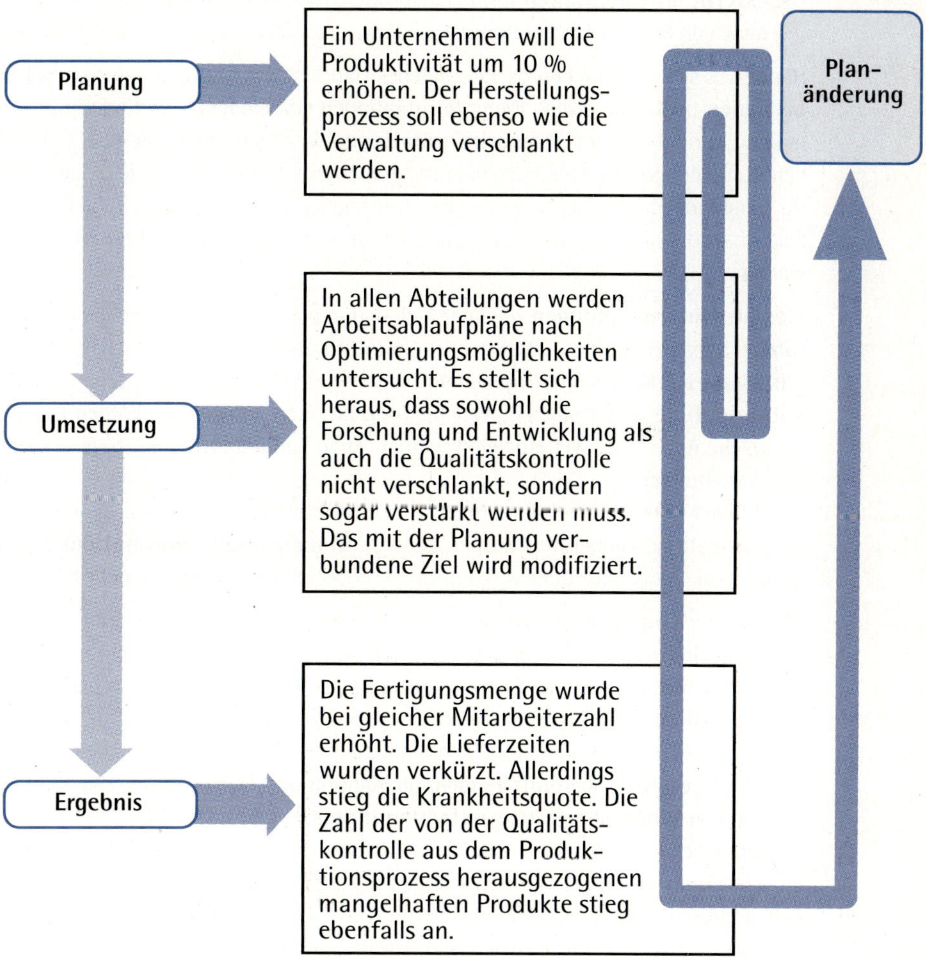

> Der Planungsprozess verläuft in mehreren Phasen:
> 1. Problemformulierung
> 2. Maßnahmenformulierung
> 3. Suche nach Alternativen
> 4. Bewertung der Maßnahmen und der alternativen Lösungsansätze
> 5. Entscheidung für die bestmögliche (optimale) Maßnahme

Planungssicherheit

Die **Planungssicherheit** ist eng verbunden mit Art und Umfang der zur Verfügung stehenden Informationen. Unter einer betrieblichen Information versteht man alle vorliegenden oder zu erlangenden Kenntnisse, die zur Entscheidungsvorbereitung benötigt werden:

- **interne Informationen** aus dem eigenen Erfahrungsbereich des Betriebes, z. B.: Lieferantenkartei, Absatzzahlen, Kapazitätsauslastungen, Vertriebsstatistiken, Finanzkennzahlen usw.
- **externe Informationen** mit eigenen oder fremdbeschafften Kenntnissen, z. B.: Erkenntnisse von Messen, Vertreterberichte, Marktforschungsergebnisse, Entwicklungstrends usw.

Handelt es sich hier um bereits vorhandenes Datenmaterial, spricht man von **Sekundärinformationen** (z. B. Statistiken). Wenn Informationen erst eingeholt und/oder aufbereitet werden müssen, spricht man von **Primärinformationen**. Informationen sollen der Entscheidungsvorbereitung dienen bzw. eine Entscheidung erleichtern. Dafür müssen sie präzise, sicher, eindeutig, verständlich und sachbezogen sein. Informationsdefizite können Fehlentscheidungen zur Folge haben, während Informationsüberhänge dazu führen, dass die Fakten unübersichtlich werden.

Flexible Unternehmungen

Flexible Unternehmungen zeichnen sich dadurch aus, dass sie sich schnell an Marktveränderungen anpassen können. Dazu gehört ein Informationssystem, das sicherstellt, dass wichtige Mitteilungen erfasst, weitergegeben und umgesetzt werden. In einem gebundenen **Kommunikationsgefüge** wird festgelegt, welche Informationen auf welchen Wegen zu welchen Zeiten an welche Adressaten weitergeleitet werden. Freie Kommunikationsgefüge verzichten auf solche Festlegungen.

Managementinformationssysteme

Mithilfe der Datenverarbeitung lassen sich **Datenbanken** anlegen, aus denen jederzeit wichtige Informationen abgerufen werden können. **Management-Informations-Systeme (MIS)** eröffnen die Möglichkeit der Verknüpfung von optimal aufbereiteten neuesten Daten.

Organisation

Disposition

Improvisation

Planungszeiträume

Mithilfe der **Organisation** werden die Planungen umgesetzt. Es handelt sich um möglichst klare und eindeutige Handlungsanweisungen an die jeweils mit der Ausführung betrauten Mitarbeiter/-innen. **Dispositive Entscheidungen** sind solche, die vorher geplant waren. Improvisationen sind notwendig, wenn unerwartete Sachverhalte auftreten. Nur wenige Informationen sind absolut sicher, eine gute Planung braucht daher **Alternativen**. Deshalb muss in einem ständigen Feedback überprüft werden, ob Planung und Durchführung bzw. Soll und Ist übereinstimmen (Controlling). **Alternativplanungen** dienen dazu, dass ein Unternehmen Ausweichmöglichkeiten hat, falls sich die Planungsgrundlagen ändern und die darauf aufbauenden Entscheidungen korrigiert werden müssen. Je kürzer der Planungszeitraum, desto stärker muss evtl. improvisiert werden, wenn es sich um nicht vorhersehbare Planänderungen handelt (z. B. kurzfristige Streiks, krankheitsbedingter Ausfall von Arbeitskräften in der Produktion usw.).

Fakten kurz gefasst

Unternehmensplanung

- Unternehmerisches Handeln ist auf die Zukunft ausgerichtet.
- Planung bedeutet die vorausschauende Einschätzung der künftigen Rahmenbedingungen des Unternehmensgeschehens.

Planungshorizont

- **Langfristige Planung**
  in der Regel Grobplanung/strategische Entscheidung
- **Mittelfristige Planung**
  Zeitraum ca. 2 – max. 5 Jahre
- **Kurzfristige Planung**
  Planungszeitraum von täglicher Entscheidung bis ca. 1 Jahr

Planungsabhängigkeiten

- **Simultanplanung**
  Gleichrangigkeit der einzelnen Teilpläne
- **Sukzessivplanung**
  Pläne sind nicht gleichrangig, sondern nach ihrer Wichtigkeit geordnet. Von einem „Leitplan" gehen Impulse für die nachgeordneten Pläne aus

Planungssicherheit

Planungen sind immer mit Unsicherheit verbunden.

- **Interne Faktoren**
  Produktionskapazitäten, technische Fragen ...
- **Externe Faktoren**
  Konkurrenzverhalten, staatliche Maßnahmen, Konjunktur ...

3 Elemente eines Geschäftsprozesses

(Daten-, Organisations- und Funktionssicht)

Industriebetriebe stellen nur einen Teil im gesamten volkswirtschaftlichen Leistungsprozess dar. Sie stehen als Produktionsbetriebe neben dem Handwerk und sind in vielfacher Weise mit anderen Betrieben des Dienstleistungsbereiches verbunden.

Aufgabe der Industriebetriebe in der Gesamtwirtschaft

Die eigentliche Aufgabe der Industriebetriebe ist die Versorgung der Bevölkerung mit Konsumgütern (Endverbrauch) oder die Herstellung von Produktions- bzw. Investitionsgütern.

Bei der Verfolgung betrieblicher Ziele müssen Schwerpunkte gesetzt werden. Jeder Organisations- und Entscheidungsprozess wird von drei Faktoren begleitet, die man in Anlehnung an volkswirtschaftliche Problemstellungen auch als **„magisches Dreieck"** bezeichnet. Dieses ist ein pragmatisches Mittel, um die Qualität des Problemlösens und der Projektsteuerung zu erkennen und zu verbessern. Jeder Änderungswunsch muss bezüglich seiner Auswirkungen auf die anderen Ziele des magischen Dreiecks geprüft werden.

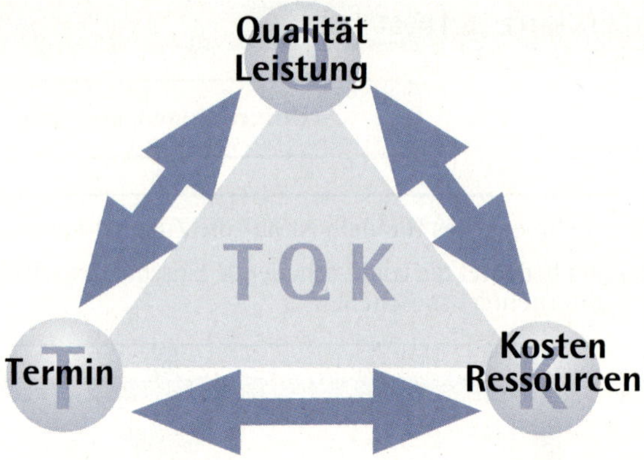

Das TQK-Modell erfolgreicher Unternehmungen[1]

3.1 Supply Chain Management

> Im Käufermarkt geht es nicht nur darum, die Wettbewerbsfähigkeit durch eine Reduzierung der Kosten zu stärken, sondern gleichzeitig trotz Kostendruck die Serviceleistungen zu erhöhen.

Kosteneinsparung im Käufermarkt

Materialfluss

Kosteneinsparungen lassen sich nur erzielen, wenn der gesamte Unternehmensprozess einer ganzheitlichen Betrachtung unterworfen wird. Galt früher noch der Leitspruch „Im Einkauf liegt der halbe Gewinn." und wurde das in der jüngeren Vergangenheit durch Schlagworte wie „just in time", „Leanproduction", „Leanmanagement" und „outsourcing" ergänzt, so geht es heute darum, den Material- und Informationsfluss vom Materialeingang bis zur Auslieferung des fertigen Produktes zu optimieren.

Zielkonflikte

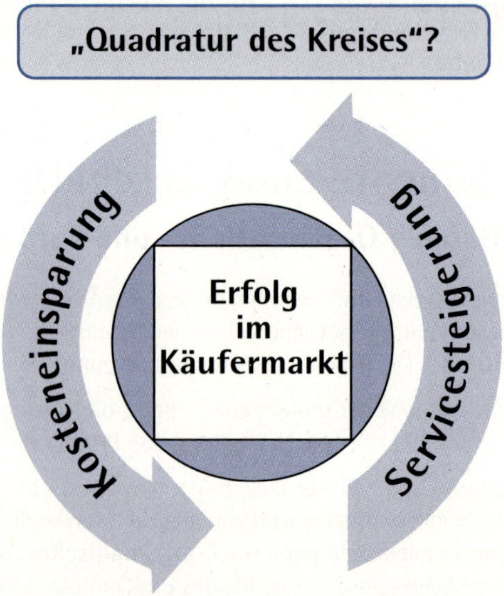

[1] in Anlehnung an: online-Verwaltungslexikon www.olev.de/1.htm / Managementbegriffe

Kosten-reduzierung

Verantwortlich für **Kosteneinsparungen** sind entgegen weitläufiger Meinung nicht nur das Rechnungswesen, der Einkauf oder die Kalkulation, sondern jeder Mitarbeiter, der ebenso wie im Service- und Qualitätsbereich durch sein eigenes Verhalten mit dazu beitragen kann, dass sich die Wettbewerbssituation verbessert. Zum Servicebereich gehört auch die innerbetriebliche Logistik. Dabei geht es darum, dass die im Produktionsprozess benötigten Materialien jederzeit in der benötigten Menge am richtigen Ort in der richtigen Qualität zur Verfügung stehen. Verzögerungen – ganz gleich welcher Art – führen zu vermeidbaren zusätzlichen Kosten.

Logistik-grundsatz

Grundregel:

„Zeit ist Geld." Der Schlüssel zum Erfolg liegt in der **Prozessqualität** und in der **Prozessgeschwindigkeit**. Je schneller ein Unternehmen in der Lage ist, nicht nur Material, sondern auch Informationen zu verarbeiten, desto geringer sind die mit dem Prozess verbundenen Kosten.

Produktions-kette

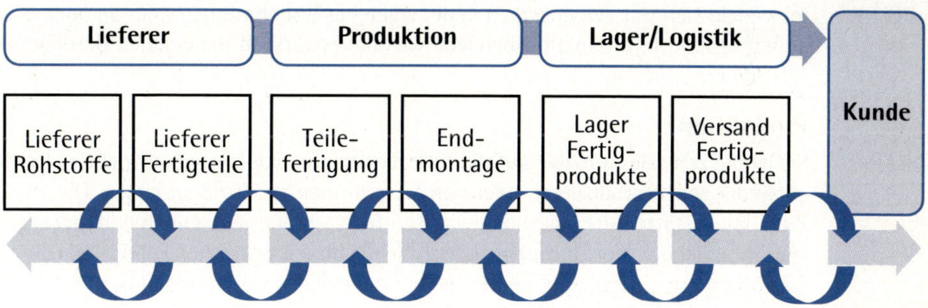

Prozessablauf

Die **Prozessgeschwindigkeit** zu beschleunigen heißt nicht zwangsläufig schneller zu arbeiten und Vorgabezeiten zu kürzen. Entscheidend ist, dass die Wartezeiten, die ein Produkt benötigt, um in die nächste Phase der Wertsteigerung zu gelangen, auf ein Minimum verkürzt werden.

3.2 Betriebliche Funktionen

Beschaffung

Beschaffung

Sie beinhaltet in erster Linie die Versorgung des Betriebes mit Werkstoffen und mit den für deren Bearbeitung benötigten Maschinen. Diese Tätigkeiten werden durch die Einkaufsabteilung erledigt. Es kann sich sowohl um Routineaufgaben handeln (wenn z. B. ständig benötigte Rohstoffe beschafft werden), es kann aber auch um intensiv vorbereitete Einzelbeschaffungen gehen (wenn z. B. während eines Messebesuchs eine Investitionsmaßnahme erörtert wird).
Im weiteren Sinne gehört auch die Beschaffung von Personal und Finanzmitteln zu diesem Bereich. Dem Beschaffungsbereich wurde in den letzten Jahren immer größere Aufmerksamkeit gewidmet. Ein wesentlicher Grund dafür liegt z. B. in den so genannten **Outsourcing-Strategien.** Das bedeutet, dass man versuchte die eigene Produktion zu verschlanken und verstärkt auf Zulieferer zurückzugreifen, die teilweise komplette Komponenten für das Produkt beizusteuern haben. Ziel dieser Optimierungsstrategie ist es, über eine Verringerung der Fertigungstiefe die eigene Produktivität zu erhöhen.

Outsourcing

Lagerhaltung

Lagerhaltung

Die Betriebe versuchen unter Kostengesichtspunkten zwar Lagerkapazitäten abzubauen und „just in time" beliefert zu werden (oder selbst zu liefern), aber nicht immer ist es sinnvoll oder machbar, dass Beschaffung und Absatz exakt übereinstimmen. Lagerhaltung dient dazu, Unregelmäßigkeiten in der Güterbeschaffung ebenso auszugleichen wie Absatzschwankungen bei den Fertigprodukten. Hierzu gehört auch die Einrichtung von Zwischenlägern zwischen einzelnen Produktionsstufen.

Fertigungstiefe

Mit der Verringerung der **Fertigungstiefe** und einer Erhöhung der Beschaffungsaktivitäten bei gleichzeitiger Reduzierung der Lagerhaltung werden die Unternehmen aber anfälliger gegen alle ungeplanten Schwankungen im Leistungs- und Zulieferungsprozess. Dazu zählen nicht nur Unwägbarkeiten im Verkehrsfluss, sondern auch Schwachstellen, die deutlich werden, wenn z. B. die Wareneingangskontrolle die just in time gelieferten Waren nicht freigibt. Je größer die räumliche Distanz zwischen Lieferant und Abnehmer, desto schwieriger sind die logistischen Probleme zu lösen.

Zulieferer/ Logistik

Dies führt offensichtlich vermehrt zu einem Umdenken in der Industrie. Entweder die Zulieferer siedeln sich mit Zweigwerken in der Nähe des Abnehmerbetriebes an oder es werden nach außen verlagerte Produktionsbereiche wieder verstärkt in die eigenen Betriebe zurückgeholt.

Produktion

Verlagerung ins Ausland

Sie ist die zentrale Aufgabe, auf die sich alle anderen Funktionen ausrichten. Der Betrieb kann entweder selbst produzieren oder von Fremdfirmen produzieren lassen. Die Verlagerung von Produktionsstätten ins Ausland gewinnt unter Kostengesichtspunkten immer mehr an Bedeutung. Maßgeblich hierfür sind in erster Linie die hohen deutschen Lohn- und Lohnnebenkosten. Sie führen auch dazu, dass immer mehr Arbeitsplätze durch den Einsatz moderner Produktionsmaschinen wegrationalisiert werden.

Buchhaltung/Finanzierung/Controlling

Controlling

Ohne Eigen- oder Fremdkapital ist der betriebliche Leistungsprozess nicht möglich. Ziel der Finanzierung ist die Erhaltung des finanziellen Gleichgewichts des Betriebes. Mit der ständigen Zahlungsfähigkeit sowie der Kapitalbeschaffung und Kapitalbereitstellung sind die wichtigsten Funktionen genannt. Die Buchhaltung beinhaltet auch die Kostenrechnungs- und Kalkulationsabteilung. Mit Controlling wird der gesamte Leistungsprozess überwacht.

Zusammenwirken der Funktionen

> Eine auf die verschiedenen Funktionen ausgerichtete Gliederung der Verantwortungsbereiche fördert das Spezialistentum, steht aber einer gesamtheitlichen Betrachtung des unternehmerischen Prozesses entgegen.

Taylorismus

In der Vergangenheit konzentrierte sich die Betrachtungsweise von betrieblichen Abläufen auf die Aufgabenwahrnehmung durch die einzelnen betrieblichen Abteilungen. Detailliert wurde im Sinne des **Taylorismus** der betriebliche Prozess aufgespalten in Einzelaufgaben, die von getrennten Fachbereichen wahrgenommen wurden. Mit einem hohen Führungs- und Steuerungsaufwand mussten die einzelnen Bereiche sowohl aus der Sicht der Organisation als auch aus der Sicht der betrieblichen Denkweise verbunden werden.

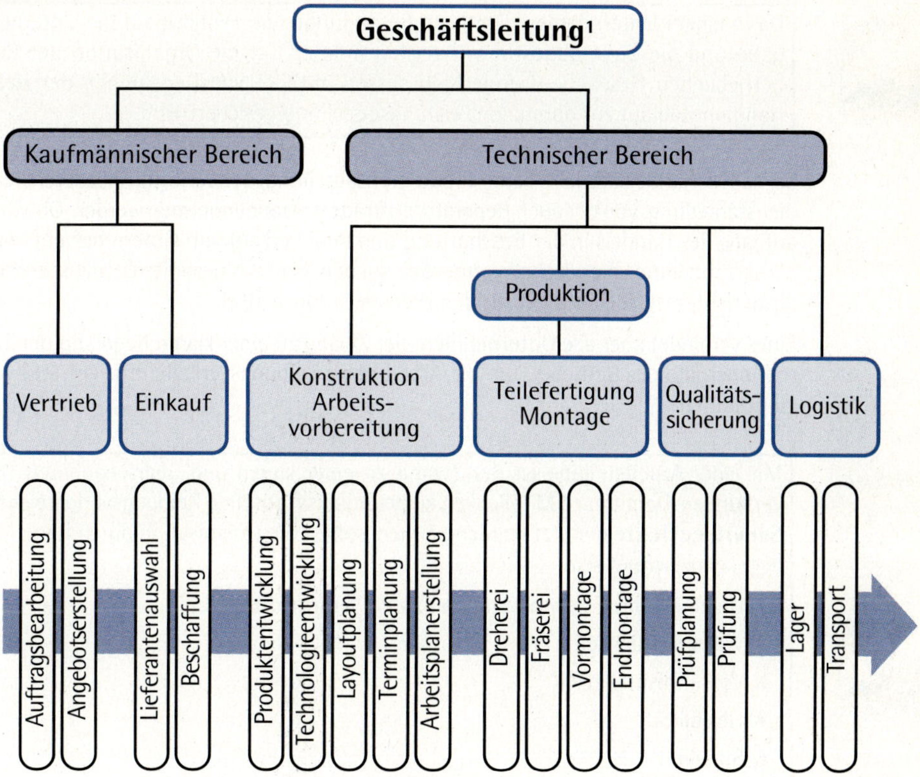

Die auftragsorientiert ablaufenden Prozesse verlaufen „quer" zur Aufbauorganisation. In der Folge entstehen Reibungs- und Informationsverluste.

3.3 Strukturen der Aufbauorganisation

Um den Betriebszweck zu erfüllen, müssen alle innerbetrieblichen Stellen nach einem festgelegten Konzept zusammenarbeiten.

Führungssystem

Hinter jeder Aufbauorganisation steht ein bestimmtes Führungssystem. Jedes dieser Systeme stellt eine Hierarchie (stufenförmig aufgebaute Ordnung) dar, in der die einzelnen Stellen und Instanzen unter dem Gesichtspunkt der Leitungsbefugnis miteinander verbunden sind. Außerdem muss ein Organisationssystem die Voraussetzung dafür bieten, dass sich Mitarbeiter/-innen mit ihren Fähigkeiten entfalten können und sich in dem betrieblichen System wohl fühlen. Je höher die **Identifikation** mit den unternehmerischen Zielen ist (Corporate Identity), desto funktionsfähiger, geschlossener und harmonischer laufen betriebliche Vorgänge ab.

Corporate Identity

Aufbauorganisation

Die Aufbauorganisation richtet sich immer nach dem **Betriebszweck und der Betriebsgröße**. Sie ist in Industrie- und Dienstleistungs- bzw. Handelsbetrieben wegen der völlig unterschiedlichen Aufgaben nur in der Grundstruktur miteinander vergleichbar.

1 aus: Thaler, Klaus: Supply Chain Management, Prozessoptimierung in der logistischen Kette, Fortis Verlag, Köln 2001, Seite 23.

Da in einem Unternehmen sämtliche Betätigungen im Hinblick auf die Unternehmensaufgabe und die Ziele abgestimmt werden müssen, ist die Organisation der Rahmen des betrieblichen Geschehens, innerhalb dessen mithilfe von Regelungen der zielorientierte Handlungsablauf zur optimalen Leistungserstellung gesichert wird.

So haben Handelsbetriebe keine Produktionsabteilung, sondern ggf. höchstens eine Kundendienstabteilung, von der auch Reparaturaufträge o. Ä. angenommen werden. Obwohl die Hauptaufgabe des Handels in der Beschaffung und dem Verkauf von Gütern besteht, wird man eine „Absatzabteilung" hier deshalb vergeblich suchen, weil das gesamte Betriebsgeschehen hierauf ausgerichtet ist. Gleiches gilt für den Dienstleistungsbereich.

Zwang zu klaren Regelungen

Eines verbindet aber alle Unternehmen: der Zwang zu einer klaren Regelung der Zuständigkeiten innerhalb des Betriebes, um die Arbeit ohne Reibungsverluste effizient und wirtschaftlich zu gestalten.

Synergieeffekte

Mit jeder Arbeitsteilung ist der Zwang zu einer klaren und überschaubaren Organisation verbunden. Damit nach Möglichkeit keine organisatorischen Reibungsverluste entstehen und **Synergieeffekte** genutzt werden können, sollte eine Organisation durch folgende Merkmale gekennzeichnet sein:

1. Übereinstimmung von Kompetenz und Verantwortung
2. Wirtschaftlichkeit
3. Verhältnismäßigkeit
4. Flexibilität
5. Stabilität
6. Überschaubarkeit
7. Übereinstimmung von Stelle und Inhaber[1]

Funktionsorientierung

Die Aufbauorganisation kann nach funktionalen oder divisionalen Gesichtspunkten gegliedert werden.

Funktionsorientiert bedeutet, dass die betrieblichen Aufgaben das Kriterium für die Abteilungsbildung darstellen (z. B.: Einkauf, Lagerhaltung, Produktion, Absatz, Buchhaltung). In der funktionsorientierten Gliederung der Aufgaben eines Industriebetriebes entstehen eine Reihe von Schnittstellen, mit denen Problem verbunden sind:

- bereichs- und abteilungsbezogenes Denken,
- vielfältige Teilverantwortlichkeiten und fehlende Gesamtverantwortung für einen bestimmten Auftrag,
- Informationsverluste im Geschäftsprozess,
- erhöhte Fehlerquellen.

Organisatorische Schnittstellen entstehen, wenn Aufgaben funktionsübergreifend wahrgenommen werden und sich Tätigkeiten mit denen anderer Bereiche überschneiden.

1 nach: Carl Notger, Planung und Entscheidung, in: Pepels, Werner (Hrsg.), ABWL, Fortis-Verlag, Köln 1999, S. 555

Divisionale Struktur

Bei der **divisionalen Struktur** erfolgt eine Gliederung nicht nach Funktionen, sondern nach einzelnen Sparten (z. B. Produktbereiche, Regionen, Absatzgruppen). Industriebetriebe sind meist in der oberen Ebene funktionsorientiert aufgebaut, während darunter eine den jeweiligen Belangen entsprechende Spartenbildung erfolgt.

Profitcenter

Mit dem so genannten **„Profitcenter-Konzept"** werden praktisch „Unternehmen im Unternehmen" gebildet. Hier werden innerhalb einzelner Teilbereiche (z. B. Produktgruppen) nicht nur eigene Entscheidungen getroffen, sondern die Bereiche werden sowohl vom Umsatz als auch kostenrechnerisch als eigenständige Einheiten betrachtet, sodass eine größere Verantwortlichkeit der jeweiligen Stelleninhaber, aber auch eine höhere Motivation (z. B. über Erfolgsbeteiligungen) erreicht wird.

Ein Ausgangsproblem jeder Organisation ist die **Spezialisierung**. Sie ist eine Form der Arbeitsteilung, bei der Teilaufgaben unterschiedlicher Art entstehen. Im Leitungsbereich verbindet man die Arbeitsteilung mit der Funktionalisierung. Im operativen Bereich ist die Spezialisierung mit der Arbeitszerlegung verbunden.

Aufbauorganisatorische Entscheidungen müssen auf die konkreten unternehmerischen Vorgaben und Ziele abgestimmt sein. Sowohl nach innen als auch nach außen sollen sie die Zuständigkeiten und Verantwortlichkeiten möglichst klar darstellen und erkennen lassen.

Organisationssystem

Das Organisationssystem muss also einerseits möglichst klar und allgemein gültig sein, andererseits soll es aber auch das Maß an Flexibilität aufweisen, das nötig ist, um Entscheidungen schnellstmöglich treffen zu können. Unabhängig von der gewählten Organisationsform ist sicherzustellen, dass in der Zusammenarbeit aller betrieblichen Entscheidungsträger die gemeinsame Zielsetzung deutlich wird.

Organisationsklarheit

Die Aufbauorganisation schafft einen in der Regel langfristigen **Rahmen für die Zuständigkeit und Zusammenarbeit der einzelnen betrieblichen Teilbereiche**. Ein organisatorischer Stellenaufbau zeigt in Verbindung mit darauf aufbauenden Stellenbeschreibungen die Rechte und Pflichten der jeweiligen Stelleninhaber/-innen.

Delegation

Grundprinzip jeder Aufbauorganisation ist, dass mit ihr nicht nur eine Aufgabenverteilung, sondern auch eine **Entscheidungsdelegation** verbunden ist. Sie ist nötig, um die Führungsspitze zumindest von Routinetätigkeiten zu entlasten. Gleichzeitig ist sie auch ein Instrument zur Motivation der Mitarbeiter, eigenverantwortliche Entscheidungen zu treffen.

Die **Kompetenzen in den einzelnen Unternehmensebenen** sind unterschiedlich groß. Die Aufbauorganisation stellt eine **Hierarchie** dar. Je höher man in dieser Hierarchie steigt, desto geringer wird die Anzahl der Mitarbeiter, die aber andererseits mit größeren Kompetenzen ausgestattet sind. Hingegen findet man auf der unteren Ebene der Hierarchie weitaus mehr Mitarbeiter/-innen, die aber nur geringe oder gar keine Anweisungsbefugnisse haben.

Aufgabenverteilung

Traditionelle Aufgabenverteilung im Unternehmen:

- Viele Arbeitnehmer stehen am unteren Ende der Hierarchie und haben kaum die Möglichkeit zu eigenen Entscheidungen („ausführende Arbeit").
- An der Spitze steht das Management mit „allumfassenden" Kompetenzen.
- In der Mittelebene nehmen Abteilungs- und Gruppenleiter eine „Brückenfunktion" ein.

3.3.1 Aufgabenverteilung im Unternehmen

Hierarchie

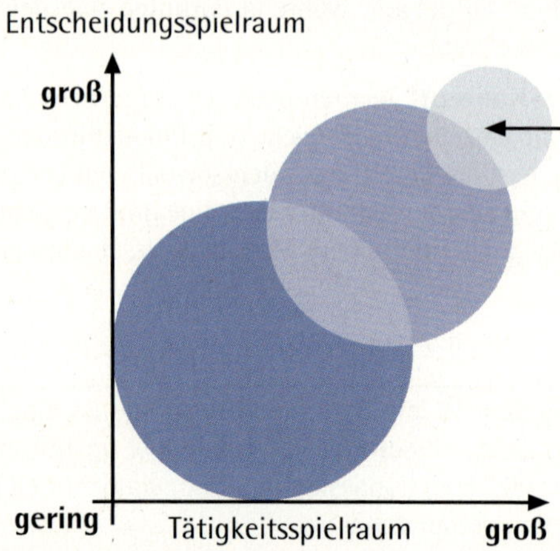

Wenige (leitende) Mitarbeiter/-innen haben die größten Tätigkeitsbereiche und die größten Entscheidungskompetenzen.

Management-aufgaben

Auch wenn es die „reine" ausführende Arbeit nur noch selten gibt, ist die größte Zahl der Mitarbeiter/-innen an Entscheidungsfindungen auf Unternehmensebene nicht oder nur indirekt beteiligt.

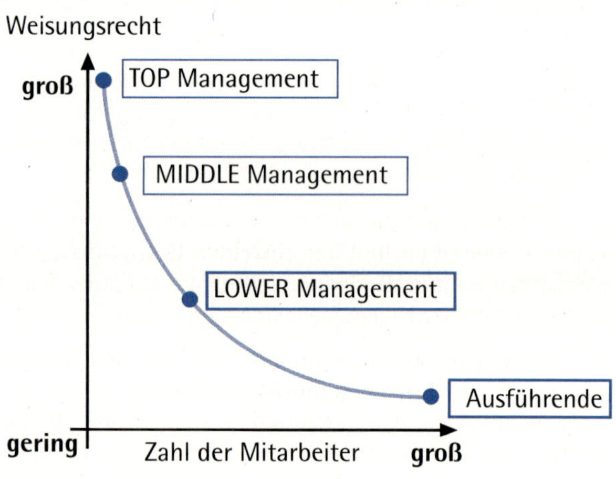

Leitungs-spanne

Die Zahl der hierarchischen Ebenen in einem Unternehmen bezeichnet man als **Leitungsspanne.** Das ist auch das zahlenmäßige Verhältnis zwischen Personen, die Instanzenfunktionen wahrnehmen und der Zahl der unmittelbar unterstellten Stellen.

Wenn Sie mehr über die Leitungsspanne erfahren wollen, schlagen Sie im Lernfeld 7, Kapitel 4.2.1 nach.

Man geht davon aus, dass den einzelnen Stellen möglichst gleichartige Aufgabenelemente zugewiesen werden, weil damit gewährleistet ist, dass **gleichartige Aufgaben** von einem Stelleninhaber mit weniger Aufwand bzw. mit größerer Arbeitsqualität umgesetzt und erledigt werden können.

Bei der **Spezialisierung im Rahmen der Aufbauorganisation** geht es darum, dass die Gesamtaufgabe einer Unternehmung systematisch aufgegliedert wird, um damit eine vollständige Erfassung aller einzelnen Aufgaben zu erreichen. Gleichgeartete oder zusammengehörige Aufgaben werden zusammengefasst bzw. unter verschiedenen Gesichtspunkten zentralisiert.

Leanmanagement

Leanmanagement drückt das Ziel aus auch die Unternehmensleitung zu „verschlanken", d. h. Entscheidungswege möglichst kurz zu halten und ganze Führungs- oder Managementebenen einzusparen. Im Rahmen von Kosteneinsparungen versucht man auch die Aufbauorganisation zu straffen.

Dabei erhalten untergeordnete Stellen ein höheres Maß an Verantwortung und Entscheidungsbefugnis. Gleichzeitig versucht man fallweise Einzelregelungen durch generelle Regelungen zu ersetzen, sodass die Entscheidungssicherheit erhöht und der Abstimmungsbedarf verringert wird (z. B. Festlegung von Rabattspielräumen, über die ein Verkäufer ohne Rücksprache mit der Geschäftsleitung entscheiden kann).

Substitutionsprinzip

Nach diesem **Substitutionsprinzip der Organisation** wird vor allem dort verfahren, wo sich standardisierte, ähnliche oder gleichartige Vorgänge oft wiederholen. Flache Organisationsformen dürfen aber keinesfalls dazu führen, dass Entscheidungen wegen Überlastung der Stellen verzögert werden oder dass die Verantwortungsbereiche nicht mehr klar abgegrenzt sind.

Für den Begriff der Gleichartigkeit im Sinne einer **Zentralisation** gibt es verschiedene Ansatzpunkte:

Arten der Zentralisation

1. Die **Art der Tätigkeit oder Verrichtung** wird als Kriterium für die Aufgabenzusammenfassung herangezogen (z. B. alle Buchhaltungstätigkeiten, Rechnungsprüfungen, Wareneingangskontrollen usw.). — **Verrichtungszentralisation**
2. Die Aufgabenzusammenfassung richtet sich nach den **Bearbeitungsgegenständen**. Dabei kann es sich sowohl um Endprodukte, aber auch um Regionen oder Abnehmergruppen handeln. — **Objektzentralisation**
3. Die **räumliche Zuordnung** gleichartiger Aufgaben in einem Unternehmen (z. B. Werkstattfertigung), verschiedenen Abteilungen oder in verschiedenen Zweigwerken. — **Räumliche Zentralisation**
4. Die **Zusammenfassung von Arbeitsmitteln**, die in einem komplexen Fertigungsprozess miteinander verkettet sind. — **Arbeitsmittelzentralisation**
5. Im differenzierten Geschäfts- und Produktionsprozess werden **zeitlich gleich gelagerte Stufen** zusammengefasst. Dazu gehört z. B. im kaufmännischen Bereich eine Aufgabenzentralisation in den Bereichen Planung, Umsetzung und Kontrolle. — **Phasenzentralisation**

6. Bei einem **zeitlich konzentrierten Anfall** gleichartiger Aufgaben kann auch dies zu einer Zusammenfassung führen (z. B. Lohnabrechnung am Monatsende).

Zeitliche Zentralisation

7. Personelle Spezialisierung und **Konzentration auf bestimmte Aufgabenschwerpunkte.**

Personelle Zentralisation

3.3.2 Organisationsformen

Aufbauorganisation

Organisationssysteme haben sich in der Praxis immer an den betrieblichen Gegebenheiten und Erfordernissen auszurichten. Obwohl die vorzufindenden Strukturen sehr vielfältig und unterschiedlich sein können, lassen sie sich doch auf einige wenige Grundtypen zurückführen:

Einliniensystem

Einliniensystem

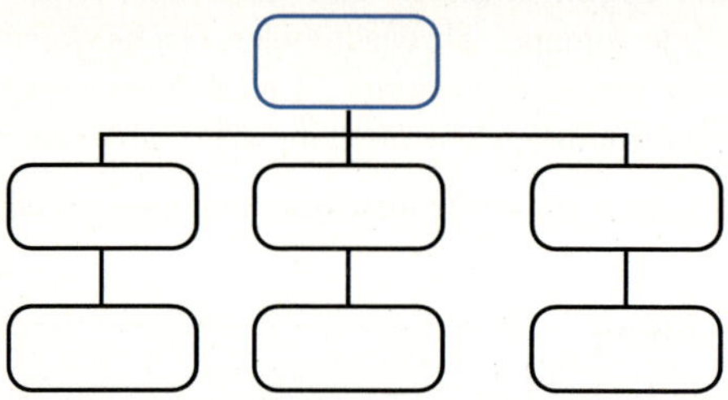

Vorteil

- einfach, klar, überschaubar,
- eindeutige Kompetenzabgrenzung.

Nachteil:

- langer Instanzenweg,
- schwerfällig, in größeren Betrieben mangelnde Flexibilität.

Mehrliniensystem

Mehrliniensystem

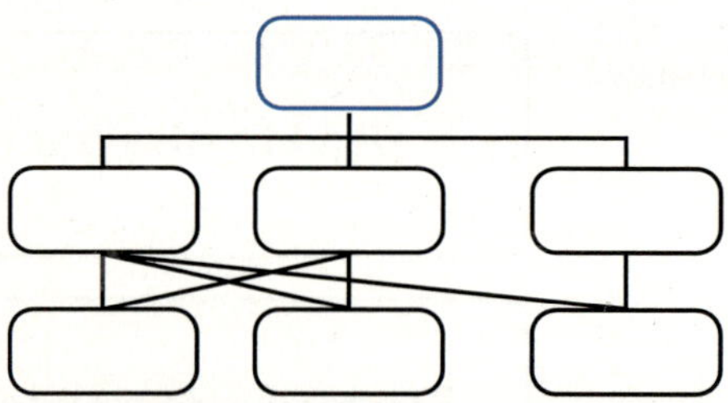

Vorteil:

- Instanzenweg wird bei notwendigen Anweisungen zwischen mehreren Abteilungen verkürzt,

Nachteil:

- Kompetenzüberschneidungen der Vorgesetzten.

Spartenorganisation

Spartenorganisation

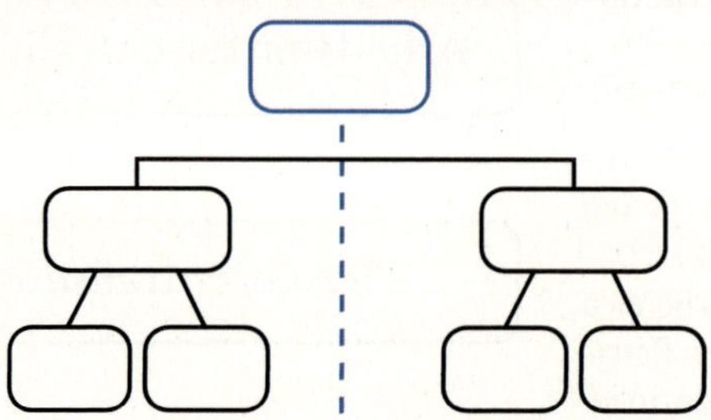

In Großbetrieben lassen sich unterschiedliche Produktionszweige (Sparten) vollkommen unabhängig voneinander (aber unter gemeinsamer Leitung) organisieren. Dies ist u. a. dann sinnvoll, wenn die Anforderungen der Sparten sehr voneinander abweichen (Beispiel: Konsum- und Investitionsgüter).

*Stablinien-
system*

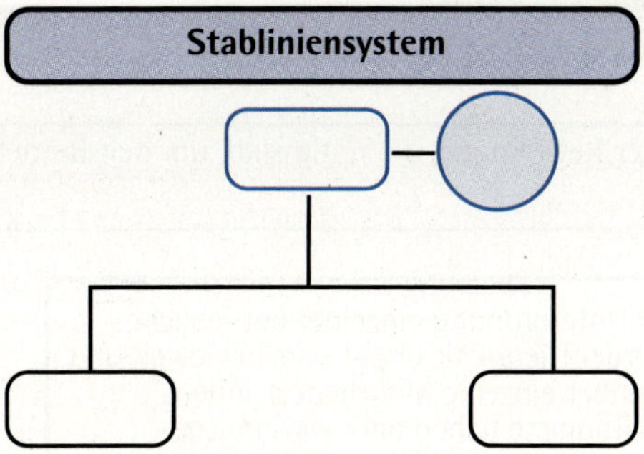

Stablinien unterstützen die jeweilige Instanz. Sie sind beratend tätig und haben selbst keine direkte Leitungsbefugnis.

Beispiele für verschiedene Stabsstellen:

- Direktionsassistenten,
- Datenverarbeitung,
- Rechtsabteilung,
- Marktforschung.

*Matrix-
organisation*

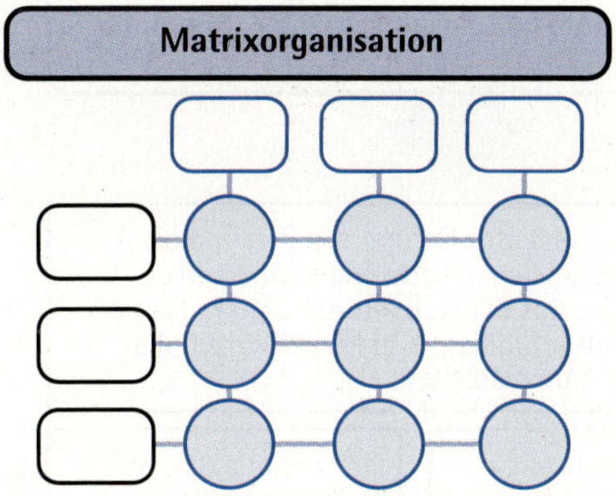

Gliederung der betrieblichen Gesamtaufgabe nach Projekten und Verrichtungen. Mitarbeiter werden für bestimmte Aufgaben (Projekte) aus ihren Funktionsbereichen herausgezogen.

Diese Organisationsform eignet sich ganz besonders für geschäftsprozessorientierte Führungssysteme (siehe dazu auch Kapitel 3.4). Das Besondere daran ist, dass die Organisation flexibel ist und besser an neue Herausforderungen angepasst werden kann.

Mischformen

In der Praxis findet man in der Regel eher Mischformen dieser Organisationsformen vor. Sie werden den jeweiligen betrieblichen Verhältnissen angepasst.

Fakten kurz gefasst

Organisation ist die Gesamtheit aller Regelungen, die nötig sind, um den Betriebszweck zu erfüllen.

Organisationsbegriff

Über- oder Unterordnung einzelner betrieblicher Stellen. Aus der Hierarchie ergibt sich, inwieweit und wem gegenüber einzelne Mitarbeiter/-innen Weisungsbefugnisse haben oder weisungsgebunden sind. Je höher ein/e Mitarbeiter/-in in der Unternehmenshierarchie steht, desto größer sind die Kompetenzen, d. h. die Befugnisse zur Anordnung und Entscheidung betrieblicher Sachverhalte.

Aufbauorganisation

Langfristig angelegtes Gefüge von Zuständigkeiten einzelner betrieblicher Abteilungen und Funktionsbereiche. Aus der Aufbauorganisation lassen sich Weisungsbefugnisse und Kompetenzen der Mitarbeiter/-innen ableiten.

Stelle

Kleinste organisatorische Einheit im Betrieb. Eine Stelle verbindet so genannte „zuordnungsreife Einzelaufgaben" in einer Form, dass sie von einer Arbeitskraft wahrgenommen werden können. Im Rechnungswesen wird auch der Begriff „Kostenstelle" verwendet, wobei eine Kostenstelle hier oft eine Maschine oder ein sonstiger Bestandteil des Anlagevermögens ist.

Instanz

Eine Instanz ist eine betriebliche Stelle mit einer Weisungsbefugnis. In modernen Unternehmenshierarchien versucht man die Instanzenwege zu verkürzen, d. h. Instanzen abzubauen und damit Entscheidungsprozesse Kosten sparend zu beschleunigen. Allerdings ist dies durch konkrete Arbeitsanweisungen (z. B. Vorgabe von maximalen Bearbeitungszeiten für bestimmte Vorgänge) auch ohne Änderung des Instanzenaufbaus möglich.

Ablauforganisation

Alle Maßnahmen zur Gestaltung des Arbeitsablaufes in den Funktionsbereichen der Unternehmung.

Substitutionsprinzip

Fallweise Einzelregelungen werden durch generelle Grundsatzentscheidungen ersetzt. Dadurch können untergeordnete Stellen im Rahmen ihrer Kompetenzen eigenständig handeln.

3.3.3 Organisationsgrundsätze

Klarheit und Flexibilität

Das Organisationssystem muss einerseits möglichst klar und allgemein gültig sein, andererseits soll es aber auch das Maß an Flexibilität aufweisen, das nötig ist, um Entscheidungen schnellstmöglich treffen zu können. Unabhängig von der gewählten Organisationsform ist sicherzustellen, dass in der Zusammenarbeit aller betrieblichen Entscheidungsträger die gemeinsame Zielsetzung deutlich wird.

Als Entscheidungsdelegation bezeichnet man die sich aus der Aufgabenverteilung ergebende Übertragung von Entscheidungskompetenzen von „oben" nach „unten".

Mittel zum Zweck

Zweckbindung

Organisation ist kein Selbstzweck, sie ist immer Mittel zum Zweck. Daher hat sich jede Organisation dem beabsichtigten Zweck oder Ziel anzupassen bzw. ist darauf abzustimmen.

Eindeutigkeit

Klarheit

Organisationsentscheidungen müssen klar sein. Das heißt, es muss eindeutig erkennbar sein, wer für was zuständig ist und wer wem welche Weisungen erteilen darf. Aus den organisatorischen Regelungen muss deutlich hervorgehen, ob es sich um eine Gleichrangigkeit, eine Über- oder eine Unterordnung handelt.

Optimale Organisationsstruktur

Wirtschaftlichkeit

Organisationsfragen müssen auch wirtschaftlichen Gesichtspunkten genügen. Sowohl die Unterorganisation (relativ wenige feste Regelungen und viele fallweise Einzelentscheidungen, keine klaren Zuständigkeiten) als auch die Überorganisation (Detailregelungen für alle Entscheidungen, geringe Befugnisse für untergeordnete Mitarbeiter/-innen) führen zu Kostenbelastungen und damit zu Einbußen bei der Wirtschaftlichkeit.

Generelle und fallweise Regelungen

Gleichgewicht

Organisatorisches Gleichgewicht heißt, dass das Verhältnis zwischen dauerhaften und damit starren Regelungen und fallweise zu treffenden Entscheidungen möglichst ausgeglichen sein muss.

3.4 Geschäftsprozesse – Ablauforganisation

Ablauforganisation hat die Aufgabe, die Arbeitsgänge, die nötig sind, um eine Aufgabe zu erfüllen, in einen räumlichen und zeitlichen Zusammenhang zu bringen. Die Ablauforganisation beschreibt, wie und in welchen Stufen die Erledigung von Arbeitsgängen abläuft. Sie ist unabhängig von der Frage, wie eine Stelle besetzt ist.

Geht es bei der Aufbauorganisation um die Frage „Wer macht was"?, so geht es bei ablauforganisatorischen Maßnahmen um die Fragen **„Wie, wann, wo und womit?"**

Aufgabe der Ablauforganisation ist es auch, durch eine **optimale Anordnung** der einzelnen Bereiche im Produktionsprozess die Voraussetzungen für eine größtmögliche Wirtschaftlichkeit zu schaffen. Mit der zeitlichen und räumlichen Organisation der Arbeitsabläufe ist untrennbar auch eine Zuordnung zu einzelnen Stellen verbunden. Wie präzise dies geschieht, hängt u. a. auch von der Art der wahrzunehmenden Aufgabe ab.

Ablauforganisatorische Fragen:

1. **Welche** Teilaufgaben umfasst das Projekt?
2. **Wie** ist die Arbeit gegliedert und welche Einzeltätigkeiten (Verrichtungen) sind in welcher Abfolge zu erledigen?
3. **Wo** (in welchen Räumen, Betriebsteilen, Abteilungen an welchen Maschinen usw.) sind die einzelnen Tätigkeiten zu erledigen ?
4. **Wann** kann und muss mit den einzelnen Tätigkeiten begonnen werden, wie viel Zeit nehmen sie in Anspruch und wann müssen sie spätestens beendet sein?
5. **Wer** soll für die einzelnen Verrichtungen eingesetzt werden?

Wie?
Wann?
Wo?
Womit?

Flexibilität

Da Planungen immer in die Zukunft gerichtet sind und sich im konkreten betrieblichen Alltagsgeschehen auch kurzfristige Änderungen ergeben können, die nicht vorhersehbar waren (z. B. krankheitsbedingter Ausfall von Mitarbeitern), müssen Ablauforganisationen anpassungsfähig (flexibel) sein, damit jederzeit gewährleistet ist, dass die betrieblichen Aufgaben erfüllt werden. Trotz aller Flexibilität ist es erforderlich, dass die betrieblichen Prozesse in so genannten **Ablaufdiagrammen** dargestellt werden. Das Hauptziel besteht darin, dass einzelne Tätigkeiten bzw. Vorgänge ähnlich wie der Linienfertigung (Fließfertigung) lückenlos miteinander verkettet bzw. verknüpft werden.

Ablauf-diagramme

Ablaufdiagramme haben aber auch die Funktion, den einzelnen Mitarbeiter/-innen ihre jeweilige Stellung im betrieblichen Gesamtprozess deutlich zu machen. Auf diese Weise werden **Arbeitsprozesse** transparent gemacht, weil im Normalfall der Arbeitnehmer nur einen sehr begrenzten Einblick in die komplexen Ablaufprozesse hat.

Nachhaltigkeit

Eine besondere Bedeutung hat das Prinzip der **Nachhaltigkeit (Sustainability)** im Rahmen der betrieblichen Geschäftsprozesse bekommen. Es sagt aus, dass alle Entscheidungen so ausgerichtet sein müssen, dass sie auch langfristig vertretbar und stabil sind, weil sie im Einklang mit dem Umfeld bzw. der Umwelt stehen.

Natürliche Ressourcen sollten nur so genutzt werden, dass sie auch langfristig nutzbar bleiben.

Agenda 21

Damit unterwirft sich jede Unternehmung der Verpflichtung, dass bei allen unternehmerischen Prozessen „den Entwicklungs- und Umweltbedürfnissen künftiger Generationen in gerechter Weise entsprochen wird". Das erfordert zusätzlich zur Umweltverträglichkeit z. B. auch Sozialverträglichkeit der unternehmerischen Maßnahmen. In der Agenda 21 sind Maßnahmen dieser Art weltweit verankert. Die Agenda 21 wurde im Jahre 1992 in Rio de Janeiro beschlossen. Sie enthält für die Mitgliedsstaaten der Vereinten Nationen die Verpflichtung, nachhaltig u. a. folgende Belange zu vertreten und in den einzelnen Staaten umzusetzen:

Umwelt-verträglichkeit

- Schutz der Luft
- umweltverträgliches Wirtschaften
- bewussteres Konsumverhalten
- soziale Gerechtigkeit

EFQM

Nachhaltigkeit in diesem Sinne wird auch als Prinzip der Unternehmensführung interpretiert und entspricht damit den Forderungen des **Europäischen Qualitätsmanagements (EFQM)**.

Wenn Sie mehr über EFQM wissen wollen, schlagen Sie in diesem Kompendium, Lernfeld 7, Kapitel 1.5 nach.

> Je besser die Unternehmensprozesse beherrscht werden, desto besser ist die Wettbewerbsfähigkeit aus Kostensicht.

Häufig ist die Komplexität von Vorgängen die Ursache für betriebliche Kosten und wirtschaftliche Probleme. Je komplexer die Aufgabenstellungen und die zu bewältigenden Probleme sind, desto wichtiger ist die Prozessbeherrschung. Um sie zu gewährleisten, gibt es verschiedene Möglichkeiten:

Prozess-optimierung

- **Prozessverschlankung**, d. h., dass die einzelnen Stufen des Unternehmensprozesses möglichst gering gehalten werden. Die einzelnen Entscheidungsträger haben die Chance, den gesamten Prozessablauf überblicken zu können.
- **Ausrichtung auf die Kernprozesse.** Auslagerung von Unterstützungsprozessen (z. B. Fremdvergabe von Reparaturen).
- **Abbau von Hierarchieebenen**, d. h. Verschlankung der Aufbauorganisation. Entscheidungen werden nicht durch das „Top-down"-Prinzip weitergegeben, sondern auf einer möglichst niedrigen Unternehmensebene verantwortlich gefällt.

> Projektteams erhalten weitgehende Kompetenzen und die Verantwortung für die Gestaltung der dargestellten Schlüsselprozesse.

Bei der Neugestaltung der Prozesse geht es um die effektive unternehmensinterne und unternehmensübergreifende Zusammenarbeit. Dabei gelten folgende „Spielregeln" und Zielsetzungen:

- Erweiterung der Entscheidungsfreiheit und Verantwortung in der operativen Ebene,
- Festlegung von klaren Verantwortlichkeiten für den jeweiligen Geschäftsprozess,
- einfache und transparente Prozessstrukturen,
- Erweiterung von Aufgabeninhalten und eigenverantwortliche Selbstorganisation,
- ergebnisorientiertes Handeln statt „Befolgen von Regeln",
- Einsatz moderner Informations- und Kommunikationstechnologie.[1]

> Prozesse sind eine Folge von wiederkehrenden Handlungsabläufen. Sie zeichnen sich aus durch Messbarkeit im Bereich der Eingabe, der Wertschöpfung des Outputs.

Mit dem Begriff **„Geschäftsprozess"** wird die Unternehmensorganisation von der Funktionsorientierung abgekoppelt. Die Unternehmenshierarchie bleibt zwar in ihrer Grundstruktur bestehen, aber die Denkweise ändert sich:

Prozess-orientiertes Denken

Prozesse sind auf die Erreichung von Zielen ausgerichtet. Geschäftsprozesse umfassen alle Produktions- und Verwaltungstätigkeiten. Dabei geht es nicht um die Frage der Arbeitsteilung. Prozessorientiertes Denken ist ein funktionales Denken, bei dem alle ablaufenden Aktivitäten daraufhin beurteilt werden, welchen Beitrag sie für den Wertschöpfungsprozess im Unternehmen erbringen.

> Prozessorientierung überwindet die Hemmnisse und die „enge" Sichtweise der einzelnen Abteilungen.

1 aus: Thaler, Klaus: Supply Chain Management, Prozessoptimierung in der logistischen Kette, Fortis-Verlag, Köln 2001, S. 25

Geschäftsprozesse

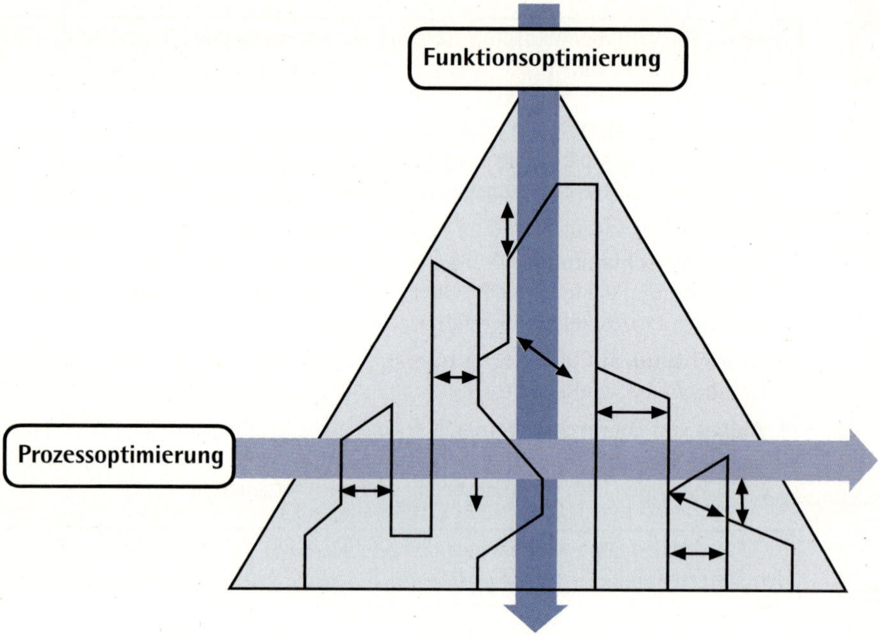

aus: Thaler, Klaus: Supply Chain Management, Prozessoptimierung in der logistischen Kette, Fortis-Verlag, Köln 2001, S. 24

Reibungsverluste

Effizienzreserven

Blindleistungen

Bei der funktionsorientierten Betrachtung entstehen im Rahmen der Abstimmung zwischen den Funktionsbereichen **Reibungsverluste**, die die Effektivität der Tätigkeit schon dadurch einschränken, dass sie Zeit kosten. Allein durch die **Abstimmung** zwischen zwei Abteilungen (bspw. Verkauf und Rechnungswesen bei der Frage der Verkaufspreiskalkulation; oder Verkauf und Arbeitsvorbereitung bei der Frage der Zusicherung von Lieferterminen) entstehen so genannte **„Effizienzreserven"**, die von modernen Unternehmen genutzt werden. Die Reibungsverluste stellen so genannte **„Blindleistungen"** dar. Dies bedeutet, dass einem vorhandenen Werteverzehr an (uneffektiver) Arbeit kein Nutzengewinn gegenübersteht. Damit sind innerbetriebliche Reserven vorhanden. Besser als mit dem Begriff **„versteckte Fabrik"** lässt sich das Ausmaß solcher Blindleistungen nicht umschreiben.

Effizienzreserven entstehen durch die Reibungs- und Informationsverluste an den Übergabepunkten zwischen einzelnen Abteilungen. Durch eine Prozessorientierung können sie verringert oder beseitigt werden.

Die Hauptziele eines Unternehmens müssen **hohe Kundennähe** und **kürzestmögliche Durchlaufzeiten** unter Vermeidung uneffizienter Blindleistungen sein.

Reengineering

Die Orientierung an Geschäftsprozessen stellt in Verbindung mit dem **„Reengineering"**[1] einen Ansatz dar das Unternehmen stärker auf die Kundenerwartungen, den Kundennutzen und die Kundenvorteile auszurichten und die Kernprozesse, Kernaktivitäten und Kernkompetenzen und damit den betriebswirtschaftlichen Standort des Unternehmens neu zu bestimmen.

1 Reengineering: grundlegende Umgestaltung bzw. Neustrukturierung eines Unternehmens zur Verbesserung der Kostensituation und der Handlungsgeschwindigkeit, die besonders auf Kundenzufriedenheit und Flexibilisierung der Geschäftsprozesse zielt.

Die **prozessorientierte Betrachtung** ersetzt keinesfalls die bisherigen Inhalte der Industriebetriebslehre. Prozessorientierung bedeutet ein durchgehendes Denken in Kostenkategorien, um bei gegebener Qualität im Unternehmensprozess Zeit- und Kostenvorteile zu erreichen.

Geschäftsprozessorientierte Betrachtung

Im **Geschäftsprozess** ordnen sich die klassischen Funktionen wie z. B. Materialwirtschaft, Einkauf, Produktion, Absatz, Kalkulation oder Finanzierung anderen Betrachtungsweisen unter. Im Vordergrund steht jetzt die Erledigung einer betrieblichen Aufgabe, bei deren Erfüllung sich zahlreiche Schnittstellen ergeben. Eine **geschäftsprozessorientierte Aufgabenverteilung** kann auch mit herkömmlich funktionsbezogener Organisationsformen verwirklicht werden. Allerdings ist die Art und Weise der Zusammenarbeit dann eine andere.

Unterscheidung von funktionaler und geschäftsprozessorientierter Arbeitsteilung

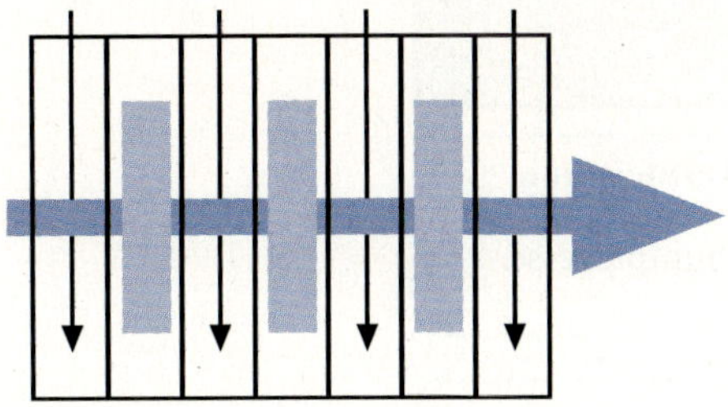

Funktionale Arbeitsteilung

Zum Beispiel Erfüllung eines Kundenauftrages mit den klassischen Aufgaben der einzelnen Abteilungen.

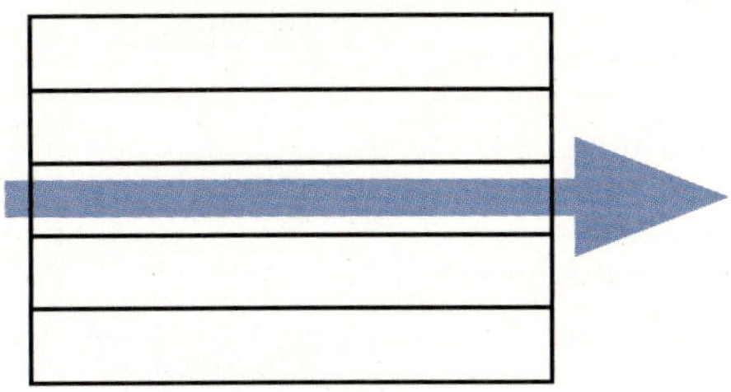

Geschäftsprozess

Zum Beispiel Erfüllung eines Kundenauftrags, bei der für die Dauer des Projektes die Vertreter aller Abteilungen zusammenarbeiten.[1]

Die Schlüsselbereiche der Prozessoptimierung werden allgemein in drei Gruppen zusammengefasst:

Schlüsselbegriffe der Prozessoptimierung

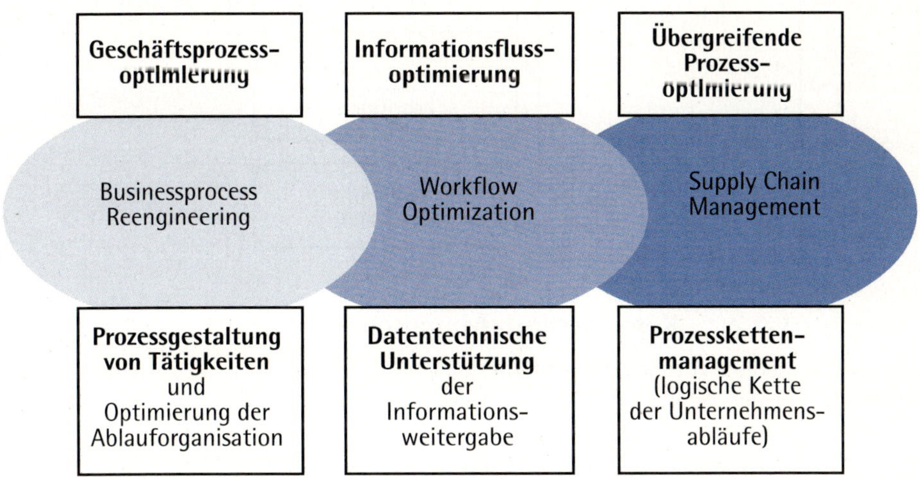

1 nach: Zink, Klaus J., TQM als integratives Managementkonzept, Hanser-Verlag, München 1995, S. 73.

3.4.1 Kernleistungen und Supportprozesse

Einen **„Geschäftsprozess"** in allen Einzelheiten darstellen zu wollen, würde bedeuten, dass man ganze Unternehmensabläufe betrachtet. An dieser Stelle geht es ausschnittweise darum, dass der logistische Prozess der Bearbeitung von Kundenaufträgen näher beleuchtet wird. An die Stelle von Einzelheiten treten dabei grundsätzliche Fragen der Organisation und der Entscheidungswege.

Kern- und Subprozesse

Kernprozesse sind für das Geschehen von grundlegender Bedeutung. Sie bilden den operativen Bereich. Umrahmt werden sie von so genannten **Unterstützungsprozessen**. Fasst man einzelne Aktivitäten zusammen, ergeben sich **Subprozesse.**

Support- und Kernleistung

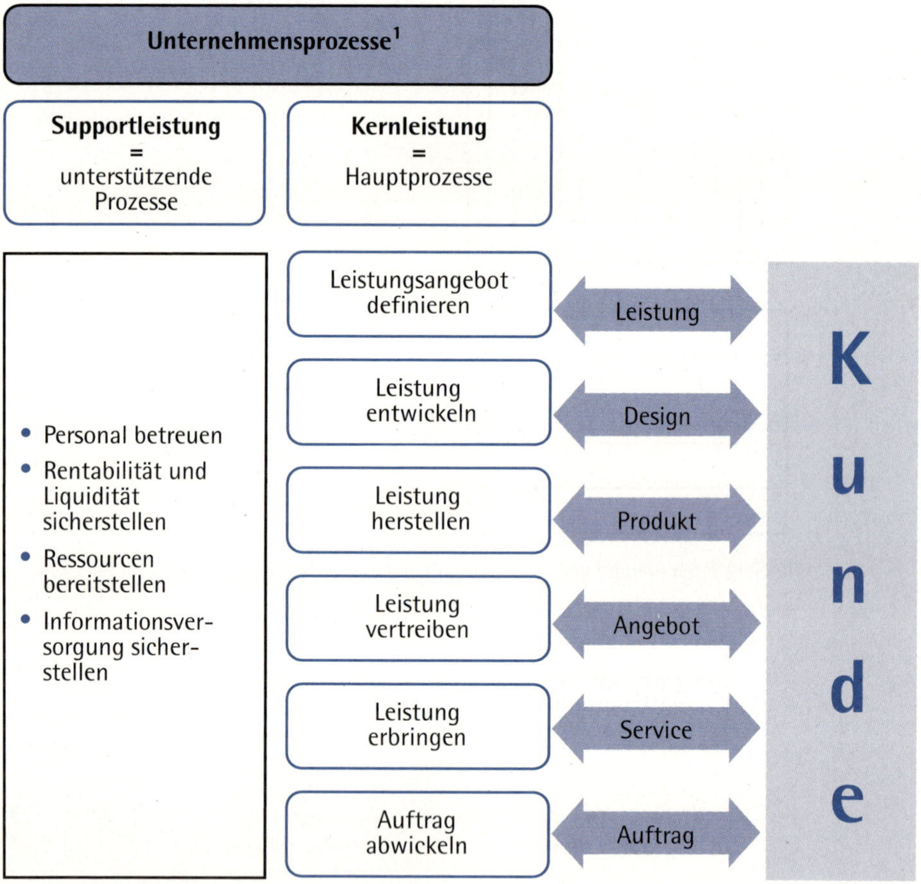

3.4.2 „Key-Account-Management"

Schlüsselprozesse

Die geschäftsprozessorientierte Betrachtung setzt auf das „Key-Account-Management". Hier werden Mitarbeiter eingesetzt, die permanent mit einem Kunden zusammenarbeiten und sich so ganz gezielt auf dessen Belange einstellen können. **„Key Account"** bedeutet dabei, sich auf die Schlüsselprozesse zu konzentrieren, die für den Unternehmenserfolg „zählen".

1 nach: Zink, Klaus J., TQM als integratives Managementkonzept, Hanser-Verlag, München 1995, S. 69.

„Traditionell" ist der Prozess der Angebotserstellung so aufgebaut, dass die Verkäufer/-innen die Interessenbekundungen der Kunden entgegennehmen und auf alle Angebotsanfragen mit gleicher Intensität und gleichem Arbeitseinsatz ein umfangreiches Angebot erstellen. Nicht selten sind in ein solches Angebot Überschneidungen und Kapazitätsengpässe mit „eingebaut", weil eben bei der Erstellung des Angebotes nur die Verkäufer, nicht aber die übrigen Fachabteilungen (z. B. Arbeitsvorbereitung und Fertigungsplanung) in der nötigen Art mit einbezogen wurden.

Geschäftsprozess-orientiertes Denken

Geschäftsprozesse sind aber nicht auf einen Bereich beschränkt. Die entscheidenden Leistungsprozesse in einem Unternehmen liegen in folgenden Schlüsselbereichen:

Prozessbestandteile

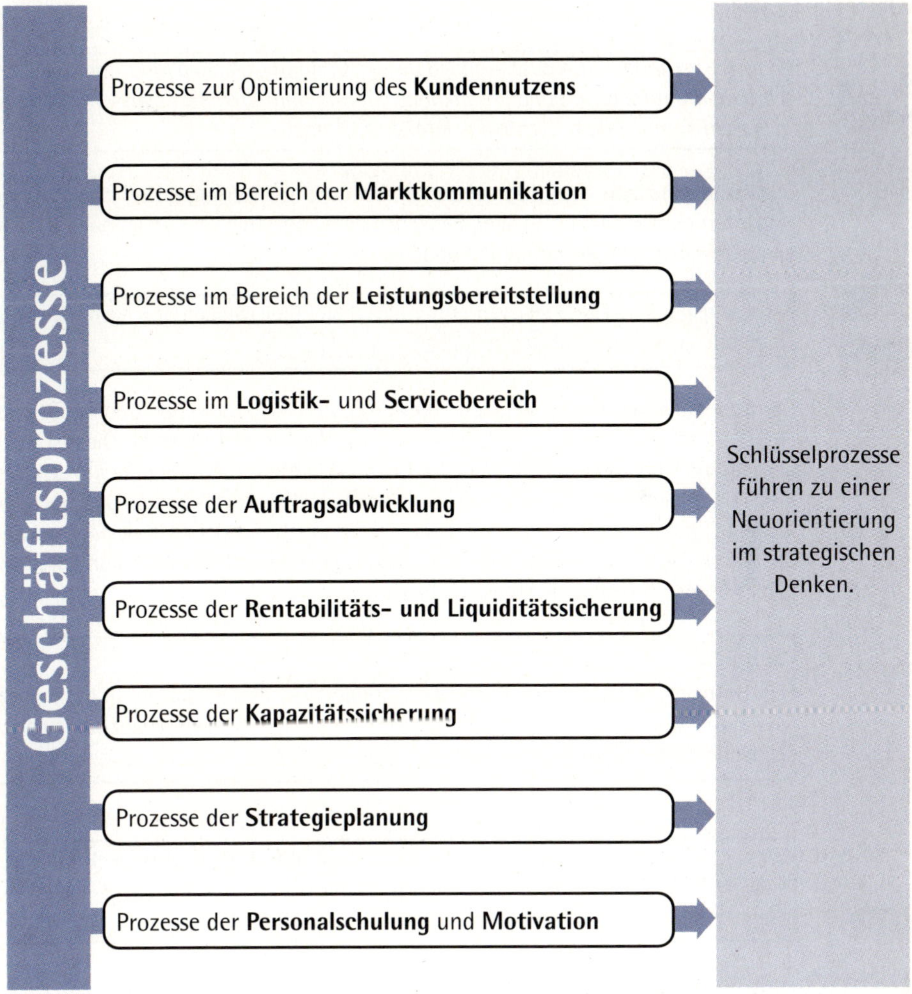

nach: Zink, Klaus J., TQM als integratives Managementkonzept, Hanser-Verlag, München 1995, S. 70.

3.4.3 Prozesskosten

Angewandtes Minimal- und Maximalprinzip bei der Geschäftsprozessoptimierung

Bei der Optimierung der völlig unabhängig von der Organisationsform immer vorhandenen Geschäftsprozesse geht es um die Veränderung bereits bestehender Abläufe. Im Fertigungsbereich geht es dabei fast ausschließlich um die Optimierung des Fertigungsablaufes. Verbesserung bedeutet hier, dass mit einem Blick auf die Kostenstruktur günstigere Lösungen gesucht und umgesetzt werden. Dazu gehören z. B. verstärkte **Automatisierungen** unter Zuhilfenahme von CAD-, CAM-, CIM- oder PPS-Komponenten. Mithilfe von Fertigungsinseln und Just-in-time-Verfahren wird z. B. über vereinfachte und verschlankte Unternehmensprozesse die Effizienz gesteigert. Mit den vorhandenen Mitteln kann somit mehr produziert werden oder eine als gegeben anzunehmende Produktionsmenge kann mit einem geringeren Einsatz hergestellt werden.

Wenn Sie mehr über Computer-Aidded Design, Computer-Aidded Manufacturing, Computer Integrated Manufacturing und Produktionsplanung und -steuerung wissen wollen, schlagen Sie in diesem Kompendium, Lernfeld 5, Kapitel 3.3.1 nach.

Kundennutzen

Der **Kundennutzen** ist für den gesamten Unternehmenserfolg entscheidend. Daher ist es für ein Unternehmen wichtig, in allen Bereichen dem angestrebten Kundennutzen auch die Kosten gegenüberzustellen, die damit verbunden sind.

> Ausgangspunkt bei der Prozessorientierung ist die Frage, welche Unternehmensprozesse Wert im Sinne eines **Kundennutzens** haben.

Der Kundennutzen wird z. B. dadurch erhöht, dass die Produktion auch auf Sonderwünsche eingeht und individuelle Problemlösungen für die Kunden umsetzt. Dies ist aber nur dann betriebswirtschaftlich sinnvoll, wenn die **Prozesskosten** für diese Sonderwünsche niedriger sind als das, was der Kunde als Aufschlag zu zahlen bereit ist. Prozesskosten umfassen aber mehr als die reine Produktion, d. h., es wird hier eine ganz andere Art der Kostenerfassung vorausgesetzt. Die Entscheidung, ob sich die Berücksichtigung der Sonderwünsche des Kunden „rechnet", hängt ganz wesentlich von der Kostenstruktur ab.

Beispiel:
Ein Hotelbetrieb knüpft den Auftrag für hundert Handtuchtrockner an die Bedingung, dass der Einschaltknopf gold- statt silberfarben ist und zwanzig Geräte passend zu der jeweiligen Farbe der Hotelsuiten lackiert werden.

> Wenn die **Kosten von der Ausbringungsmenge abhängig** sind, handelt es sich um variable Kosten und gleichzeitig um Einzelkosten. Ist dies nicht der Fall, sind die Kosten fix und werden als Gemeinkosten eingestuft.

Kostensenkungen

Senkungen im Bereich der variablen Kosten sind insbesondere durch eine hohe Zahl standardisierter gleicher Teile zu erzielen (günstiger Einkauf durch Großabnahmen, Minimierung der Nebenkosten der Beschaffung wie z. B. Angebotsvergleiche, durch Konzentration auf wenige Produkte, Optimierung der Lagerhaltung usw.). Damit erstrecken sich die Kosten senkenden Auswirkungen auch auf den indirekten Bereich der Wertschöpfung (logistische Prozesse werden verschlankt).

Zurechenbarkeit von variablen und fixen Kosten

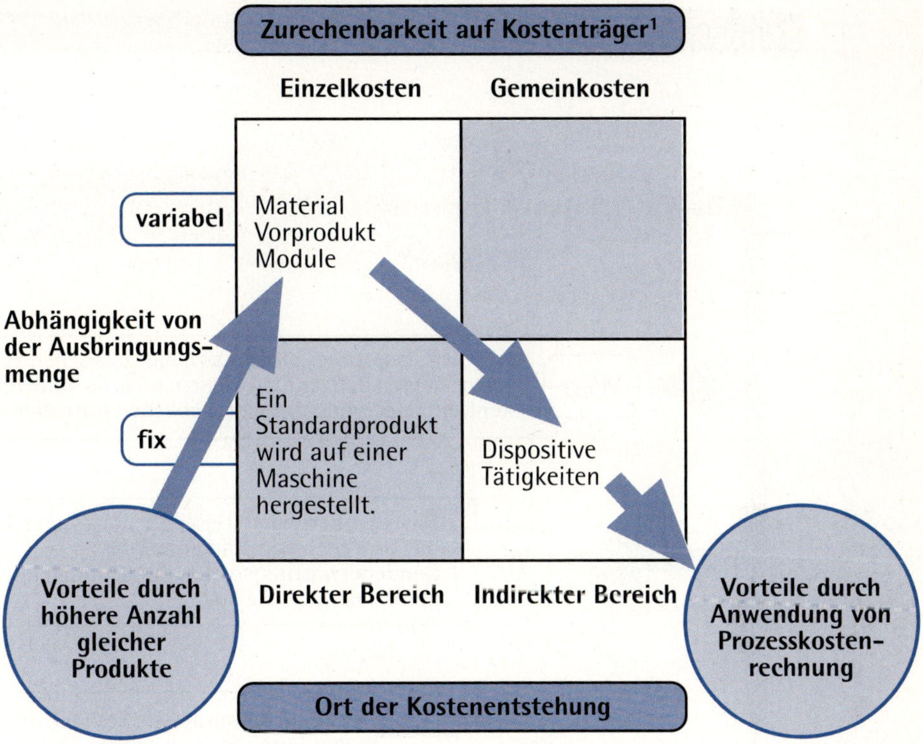

Gemeinkosten

Gemeinkosten mit Fixkostencharakter sind häufig dispositive Tätigkeiten, d. h. Kosten für planende, koordinierende und entscheidende Arbeitsabläufe. Unter dem Aspekt, dass diese Kosten weitgehend fix sind, werden sie durch den zusätzlichen Kundennutzen, der durch eine größere Produktvielfalt entsteht, ggf. gedeckt.

Prozesskostenrechnung

Ein erweitertes und auf individuelle Kundenwünsche stärker eingehendes Produktionsprogramm kann daher unter dem Gesichtspunkt der **Prozesskostenrechnung** Vorteile haben.

Workflow

Der Gestaltung der Ablauforganisation wird vielfach ein zeitlicher und sachlicher Vorrang vor der Gestaltung der Aufbauorganisation eingeräumt. Eine moderne Sichtweise ist die **Geschäftprozessorientierung und -optimierung**. Ein **Geschäftsprozess (Workflow)** ist eine Abfolge von Tätigkeiten, die zur Schaffung eines Produktes dienen und die in einem direkten Zusammenhang stehen. Die Geschäftsprozessoptimierung bündelt alle Verfahren zur Überprüfung und Verbesserung der Geschäftsabläufe mit dafür besonders entwickelten Methoden und Techniken. Durch eine so genannte **prozessorientierte Organisation** soll auch das Bewusstsein für eine geänderte und den betrieblichen Zielsetzungen entgegenkommende aufgeschlossene Verhaltensweise gefördert werden. Dadurch verspricht man sich nicht nur eine größere Kundennähe, sondern auch ein gestärktes Kosten- und Qualitätsbewusstsein.

Wenn Sie mehr über die Frage wissen wollen, wie sich ablauforganisatorische Fragen auf den Leistungserstellungsprozess auswirken, schlagen Sie in diesem Kompendium, Lernfeld 5, Kapitel 3.3.4 nach.

1 nach: Töpfer, Armin: Geschäftsprozesse analysiert & optimiert, Luchterhand Verlag, München 1996, S. 30

Fakten kurz gefasst

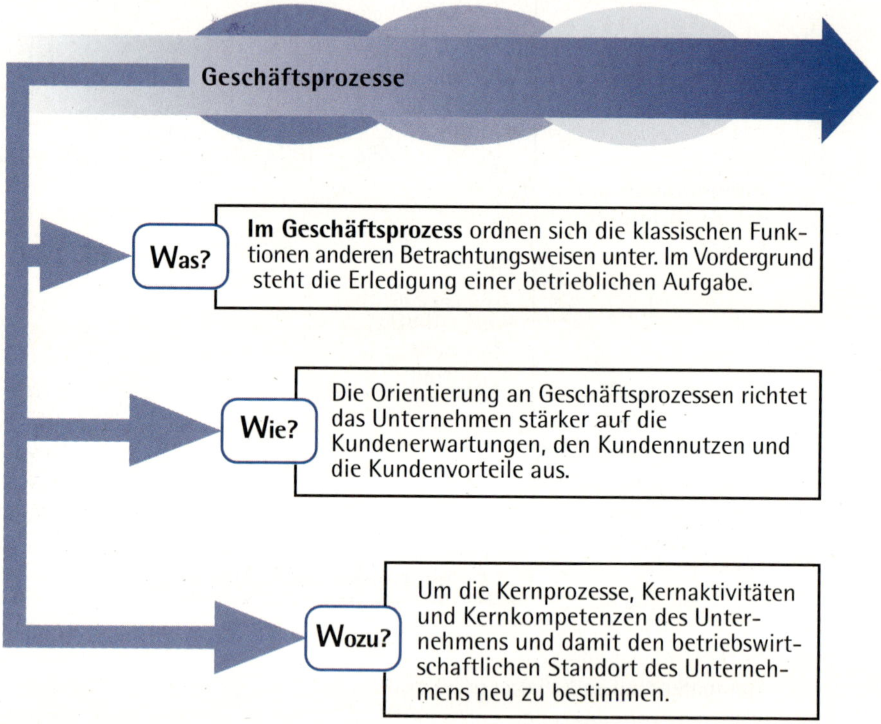

Prozessorientiertes Denken ist ein funktionales Denken, bei dem alle ablaufenden Aktivitäten daraufhin beurteilt werden, welchen Beitrag sie für den Wertschöpfungsprozess im Unternehmen erbringen.

- Konzentration auf „Workflowprozesse"
- Erfassung der Prozesskostenkette
- Verringerung der Gemeinkosten in der Prozesskostenkette
- Verminderung von organisatorischen Reibungsverlusten
- Nutzung vorhandener Effizienzreserven
- Konzentration auf unternehmerische Schlüsselprozesse (Key-Account-Management)

4 Aufgaben des Controllings

Feedback

Instrumente der Kontrolle

Kontrollen als Bestandteil des Ablaufprozesses haben die Aufgabe zu überprüfen, ob die betrieblichen Planvorgaben eingehalten wurden oder welche Änderungen ggf. notwendig sind. Mit diesem **„Feedback"** soll gewährleistet werden, dass die Unternehmensleitung rechtzeitig und umfassend informiert ist und Entscheidungsgrundlagen erhält.

Die Kontrolle wird laufend durchgeführt und bezieht sich auf alle unternehmerischen Bereiche (Material-, Personal-, Arbeitszeitkontrolle usw.). Zu den **Instrumenten der Kontrolle** gehören allgemeine organisatorische Maßnahmen wie Organisationspläne, Geschäftsverteilungspläne, Arbeitsweisungen, Arbeitsablaufpläne, Ablaufdiagramme, Kontenpläne, Buchungsanweisungen, Kontierungsrichtlinien, Formularwesen usw.

4.1 Kontrolle und Controlling

Controlling ist mehr als Kontrolle

Der Begriff „Kontrolle" kann nicht völlig mit dem Begriff „Controlling" gleichgesetzt werden. **Controlling** baut zwar auch auf Kontrollmaßnahmen auf, beinhaltet aber schwerpunktmäßig eine „Entscheidungs- und Führungshilfe" durch eine ergebnisorientierte Planung, Steuerung und Überwachung des Unternehmens. Kontrolle kann intern sowohl laufend als auch sporadisch in Form einer Revision vollzogen werden. Externe Maßnahmen ergänzen das Kontrollwesen. Im Kernbereich geht es bei dem Controlling um praktiziertes Qualitätsmanagement:
Controlling bedeutet Steuern oder Regeln. Das heißt: Führen zum praktischen Erreichen der vereinbarten Ziele. Controllerarbeit ist ökonomische Begleitung für das Management bei Zielfindung und Zielerreichung.

Aufgaben des Controllings[1]

- Verluste verhindern.
- Rechtzeitig merken, dass Verluste entstehen können.
- Maßnahmen vorher im Kopf haben, damit man sie nachher nicht bloß in den Beinen haben muss.
- „Vorne rühren, dass hinten nichts anbrennt".
- Über Ziele führen, statt durch den täglichen „Sattelbefehl" (Der Chef kommandiert „aus dem Sattel", wenn er gerade vorbeigaloppiert.).
- Selbstkontrolle realisieren und im Rahmen von Budgets Kompetenzen delegieren.

Der richtige Weg zum Kunden

Auf dem richtigen Weg

Das Unternehmen muss mit seinen Produkten und Dienstleistungen seinen „WEG" zu den Kunden finden. In dem **Lenkradsymbol**[1] sind drei Sektoren als Merkbild eingefügt.

1 aus: Deyhle, A: Management & Controlling Brevier, Bd. 1., 3. Aufl. Gauting 1984, S. 35

Steuern und Regeln

E ist das Symbol für **Entwicklung.** Das Unternehmen wird begriffen als ein lernendes, sich entwickelndes System. Dazu gehört die Frage, wie man die Probleme der Kunden heute, morgen und übermorgen lösen kann.

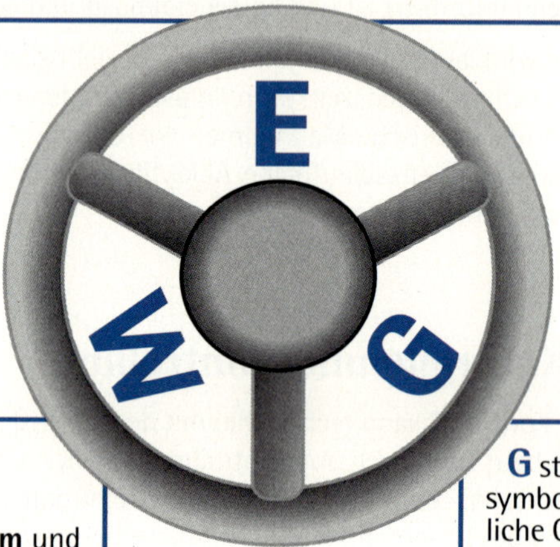

W steht für **Wachstum** und bezieht sich auf den Absatz, den Marktanteil, den Umsatz, aber auch den Gewinn.

G steht für **Gewinn** und symbolisiert die wirtschaftliche Gesundheit des Unternehmens. Begleitend zu W und E muss das „G" stimmen. Der wirtschatliche Erfolg hängt von der Marktfähigkeit, aber auch von der Kalkulation ab.

Das Wort „WEG" ist das Leitwort für die Unternehmensplanung. **„Doing the right things"** ist der strategische Aspekt in der Planung. **„Doing things right"** zeigt sich in der operativen Zahleneffizienz.

Controllerfunktionen

Wer Controllerfunktion ausübt, braucht die ganzheitliche Urteilsfähigkeit in der methodischen Begleitung des Managements.

- Methoden des Controllings sind das **Rechnungs-** und das **Planungswesen**;
- das Verhalten des Controllings beinhaltet **Führung durch Ziele**.

Qualitätssicherung

Controller werden daran gemessen, wie gut ihre Arbeit ist und wie gut sie ihre Zielsetzungen deutlich machen können. Im Sinne der Qualitätssicherung werden die Planungen in schriftlicher Form abgefasst. Die Vorteile bestehen darin, dass

- man gezwungen ist besser zu analysieren und Prozesse zu Ende zu denken;
- man systematisch die Kommunikation mit anderen Ressorts und Mitarbeitern zum gemeinsamen Wirken herstellen muss;
- man durch die schriftliche Festlegung systematisch den Einstieg in die Organisation der Rückkoppelung und das Lernen aus Abweichungen findet.

---

1 in Anlehnung an: Controlling im Wandel der Zeit, Dr. Martin Hauser, Controller Akademie AG, Gauting/München, Oktober 2001 in: www.controllerverein.de/veroeff/referenten_unterl.gestagung/vortrag_hauser.pdf und www.controllerverein.de/wasist-ct/controll.html-9k- 14. Februar 2003

4.2 Vor- und Nachkalkulation im Rahmen des Controllings

Kennzahlen

Kosten

Leistungen

Controlling bedeutet auch, dass das unternehmerische Geschehen an **Kennzahlen** gemessen wird. Dabei werden sämtliche **Kosten** erfasst, die in einer Abrechnungsperiode oder bei der Durchführung eines bestimmten Auftrages entstanden sind. Diesen Kosten werden die entsprechenden **Leistungen** gegenübergestellt. Dies sind in einer Gesamtbetrachtung die getätigten Umsätze unter Verrechnung von evtl. Lagerentnahmen oder Lagerzuführungen bzw. bei einer Einzelbetrachtung der Verkaufspreis eines Produktes.

Sowohl Kosten als auch Leistungen können im Voraus nur geplant werden. Es handelt sich um Ziele, deren Umsetzung von Faktoren bestimmt wird, die nicht exakt vorhersehbar sind. Ob die Kalkulation „gestimmt hat", stellt sich oft erst im Nachhinein heraus. Controlling beinhaltet daher einen permanenten Steuerungs- und Regelungsprozess für die unternehmerische Planung.

Eine der Aufgaben des Controllings ist der **„Soll-Ist-Vergleich"**, bei dem es auch darum geht, Ursachen für eventuelle Abweichungen zu suchen und daraus geeignete Schlussfolgerungen abzuleiten.

Wenn Sie mehr über die Kennziffern zur Wirtschaftlichkeit und Rentabilität wissen wollen, schlagen Sie in diesem Kompendium, Lernfeld 5, Kapitel 4.3 nach.

Kalkulation

Beispiel aus der Kosten- und Leistungsrechnung der ElSola AG

Herstellung einer Wandhalterung für einen Händetrockner

- Winkeleisen verchromt .... 5,00 €
- 30 % Zuschlag für Verschnitt,
  unvermeidbarer Ausschuss,
  Lagerhaltung usw. .... 1,50 €
- Akkordfertigung mit einer Vorgabezeit
  von 3 Minuten pro Stück,
  d. h. Normalleistung 25 Stück pro Stunde bei
  einem Akkordlohn von 10,00 €,
  d. h. Fertigungslohn pro Stück .... 0,40 €
- 150 % Zuschlag zu den Lohnkosten (von 0,40 €, s. o.)
  für Pausenzeiten, Urlaubsgeld, Arbeitsunterbrechungen,
  Werkzeug- und Maschinenkosten, Abschreibungen auf
  Maschinen und Gebäude usw. .... 0,60 €
- 20 % der Herstellkosten:
  anteilige Kosten für Verwaltung und Vertrieb .... 1,50 €
- 6 % Gewinnzuschlag .... 0,54 €

Vor- und Nachkalkulation

	Vorkalkulation SOLL			Nachkalkulation IST				
		Zuschlagsatz in %	Betrag in €	Zu schlagsatz in %	Betrag in €	Kostenunterdeckung **IST>SOLL**	Kostenüberdeckung **SOLL > IST**	Kostenveränderung im Vergleich zur Planung
1	Einzelkosten Fertigungsmaterial		5,00		5,50	0,50 €		+10 %
2	Materialgemeinkosten	30 %	1,50	20 %	1,10		0,40 €	-26,67 %
3	**Materialkosten**		**6,50**		**6,60**	**0,10 €**		**+1,54 %**
4	Fertigungslöhne		0,40		0,50	0,10 €		+ 25 %
5	Fertigungsgemeinkosten	150 %	0,60	160 %	0,80	0,20 €		+33,33 %
6	Fertigungskosten		1,00		1,30	0,30 €		+30 %
7	**Herstellkosten**		**7,50**		**7,90**	**0,40 €**		**+5,33 %**
8	Verwaltungs- und Vertriebsgemeinkosten	20 % der Herstellkosten	1,50	19 %	1,50			
9	**Selbstkosten**		**9,00**		**9,40**	**0,40 €**		**+4,44 %**
10	Gewinnzuschlag	6 % der Selbstkosten	0,54		0,14		0,40 €	-74 % Gewinneinbuße
11	Verkaufspreis		9,54		9,54			

Soll-Ist-Vergleich

Planung:

- Gewinn von 0,54 € (= 6 %) erscheint ausreichend und angemessen.

Realität:

- Gewinn ist mit nur ca. 1,5 % zu gering;
- drohender Verlust konnte nur durch gesunkene Materialgemeinkosten aufgefangen werden;
- kein Spielraum für weitere Kostensteigerungen;
- Kostensenkungsprogramme bzw. Rationalisierungen sind nötig.

Wenn Sie mehr über die Vor- und Nachkalkulation in der Kosten- und Leistungsrechnung wissen wollen, schlagen Sie im Kompendium Rechnungswesen, Lernfeld 4, Kapitel 4 nach.

Fakten kurz gefasst

Kostenunterdeckung: Istkosten sind höher als die geplanten Kosten

Kostenüberdeckung: Istkosten sind niedriger als die geplanten Kosten

Controlling stellt die Kostenabweichungen mit dem Ziel fest, dass das Betriebsergebnis verbessert wird.

4.3 Qualitätsmanagement

Die Marktfähigkeit der betrieblichen Leistung hängt von vielen einzelnen Bedingungen ab. Das Produkt ist dabei mehr als die Summe seiner Einzelteile. Qualitätssicherung und Kundenzufriedenheit sind Begriffe, für die nicht nur der Produktionsleiter oder das Management verantwortlich sind, sondern die Gesamtheit der damit befassten Mitarbeiter/-innen. Jedes Produkt besteht aus einer Vielzahl einzelner Teile und einzelner Arbeitsgänge.

Total-Quality-Management (TQM)

Qualitätsmanagement ist ein Ansatz für die Führung eines Unternehmens, um Bestleistungen zu erzielen und alle Kräfte auf Qualitätsziele zu konzentrieren. In dem Zusammenwirken der einzelnen Teilbereiche geht es vor allem darum, dass die Ursachen möglicher Ertragsverluste erkannt und minimiert werden: Hinter dem Begriff Total-Quality-Management versteckt sich auch, dass das gesamte Führungsprinzip qualitätsgesteuert ist. Qualität wird zur Unternehmenskultur, in der neben der Qualität der Endprodukte insbesondere die Qualität der internen Zusammenarbeit unter dem Gesichtspunkt der Teamarbeit, der Qualifizierung der Mitarbeiter sowie des allgemeinen Betriebsklimas gesehen wird. „Total" bedeutet aber auch, dass sich die Qualitätssicherung über das Unternehmen hinaus auf den Beschaffungs- und Absatzbereich erstreckt. Auch hier geht es nicht nur um materielle Qualitäten, sondern auch um die Frage der Qualität der kommunikativen Zusammenarbeit.

Qualität und Zertifizierung

ISO 9000

Unter dem Stichwort **„Qualitätsmanagement"** haben sich nach **ISO 9000** normierte Verfahren der Qualitätskontrolle herausgebildet, deren Ziel es ist, nicht nur die Qualität der Endprodukte zu sichern, sondern auch unternehmensintern alle Qualitätsressourcen aufzudecken und zu nutzen. Dazu gehören u. a.

- **kundenorientiertes Handeln**;
- **Supplymanagement,** d. h. kooperative, vertrauensvolle und möglichst langfristige Zusammenarbeit mit Lieferanten;
- **Time-based-Management**, d. h. Verlässlichkeit mit Termineinhaltung und Termintreue;
- **Total-Quality-Management,** d. h. Garantie ganzheitlicher Qualität, und zwar nicht nur des Produktes, sondern des gesamten Unternehmensprozesses.

Qualitäts-Audit

Unternehmen, die sich einer entsprechenden Beratung und Kontrolle unterziehen, können sich dem so genannten **„Qualitäts-Audit"** stellen. Nach der Norm „ISO 9000" (s. o.) wird den Betrieben nicht nur von externen Organisationen bescheinigt, dass sie mit einem hohen Qualitätsniveau arbeiten, sondern es geht in erster Linie darum, dass strenge Regeln des „Fehlermanagements" vorliegen: Fehler bleiben nicht unentdeckt, sondern es bestehen in diesen Betrieben konkrete Kontroll- und Handlungsanweisungen, wie die Fehlersuche erfolgt und wie Fehlerursachen abgestellt werden.

Qualitätsstrategie

Um ein bestmögliches Ergebnis zu erzielen, ist es notwendig, eine **Qualitätsstrategie** zu entwickeln:[1]

Qualitätsbereich Produkte

Engpassfaktoren

- mangelnde Produktqualität
- umfangreiche Gewährleistungsansprüche
- notwendige Rückrufaktionen
- notwendige Nachentwicklungen zu teuer, zu aufwändig
- schlechte Montierbarkeit
- hohe Wartungskosten
- Unzuverlässigkeit, Unsicherheit
- schlechte Testergebnisse
- mangelnde Umweltverträglichkeit
- unzureichende Produktpflege
- zu späte Markteinführung
- Unverkäuflichkeit

Qualitätsbereich Mitarbeiter/-innen

Engpassfaktoren

- unzureichende Fähigkeiten
- fehlende, unverständliche Informationen
- unzureichende Einarbeitung
- mangelnde Mitarbeiterschulung
- keine/zu wenig/zu viel Verantwortung
- Unter- oder Überforderung
- Misstrauen, Disharmonie
- „innere Kündigung“, Passivität
- Stresserscheinungen
- Monotonie, Interesselosigkeit
- Defizite in der Ordnung am Arbeitsplatz
- mangelnde Loyalität
- mangelnde Lernfähigkeit und Eigeninitiative
- mangelnde Entscheidungskonsequenz
- Unfreundlichkeit/Inkompetenz im Verkaufs- und Beratungsgespräch

Qualitätsbereich Produktion

Engpassfaktoren

- Verschwendung von Zeit und Material
- Überproduktion
- überhöhte Lagerhaltung
- ungünstiger Produktionsablauf
- hohe Ausschussquote
- notwendige Nacharbeiten
- Ausfallzeiten, Maschinenstillstände
- hohe Instandsetzungskosten
- Kapazitätsüberlastungen
- mangelnde Maschinenauslastung
- mangelnde Lagermöglichkeiten
- unnötige innerbetriebliche Transportwege
- Rüstzeiten, Leerzeiten

Qualitätsbereich Organisation

Engpassfaktoren

- fehlende oder unzureichende Ziele
- mangelhafte Führung
- starres Abteilungsdenken
- Reibungsverluste
- Absicherungsmentalität
- mangelnde Teamfähigkeit
- Willkürlichkeit
- Undurchsichtigkeit von Entscheidungen
- fehlendes Kunden-/Lieferantenbewusstsein
- Über- oder Unterorganisation
- Bürokratie
- zu geringe Kommunikation untereinander
- unzureichende Konzentration auf Schlüsselaufgaben (Fokussierung)

1 nach: Prof. Dr. J. Bläsing, TQM, Steinbeis Transferzentrum, Ulm 1995, S. 112

4.3.1 Total-Quality-Management (TQM)

Moderne Unternehmen versuchen mit ganzheitlichen Betrachtungsweisen, alles einzuschließen, was zur Produktion gehört.
Das bedeutet, dass nicht nur die „herkömmlichen" Produktionsfaktoren in die Ergebnisrechnung eingehen, sondern auch die Umweltinvestitionen (denen nach bestehender Auffassung kein unmittelbarer Ertrag gegenübersteht) wie eine normale Investition behandelt werden, die mittel- und langfristig das Geschäftsergebnis verbessert.

Total-Quality-Management sagt nichts anderes aus, als dass Qualität nicht dadurch zu erreichen ist, dass nur einzelne Teilbereiche in die Qualitätssicherung einbezogen werden. TQM bedeutet, dass der gesamte Prozess der Wertschöpfung in einem Unternehmen unter dem Gesichtspunkt betrachtet wird, was in jedem einzelnen Abschnitt zur Prozess- und Produktqualität beigetragen werden kann.

Prozessqualität erfasst jeden Unternehmensbereich und ist mehr als die reine Qualitätskontrolle.

Entscheidend ist nicht nur die eigene Einschätzung der Produktqualität, sondern das **Qualitätsurteil der Kunden** über das gesamte Unternehmensbild.

4.3.2 Die 10er-Regel der Fehlerkosten

Fehlerkosten

Fehler-vermeidung

Fehler-behebung

Erfahrungen aus dem Qualitätsmanagement zeigen, dass die **Kosten der Fehlervermeidung bzw. der Fehlerbehebung** um den Faktor 10 steigen, wenn Fehler nicht bei der Planung vermieden, sondern erst bei der Produktion oder erst vom Kunden festgestellt werden. Die Kosten der Fehlerverhütung bzw. der Fehlerentdeckung und -beseitigung steigen exponentiell von Phase zu Phase an.
Deshalb wird Qualitätsmanagement in vielen Fällen nicht bedeuten, Fehler durch verstärkte Anstrengungen und Kontrollen in der Fertigung zu vermeiden.
Vielmehr muss das Potenzial genutzt werden, um bereits die Entstehung von Fehlern durch die Planung, die Entwicklung sowie die Arbeitsvorbereitung zu vermeiden.[1]

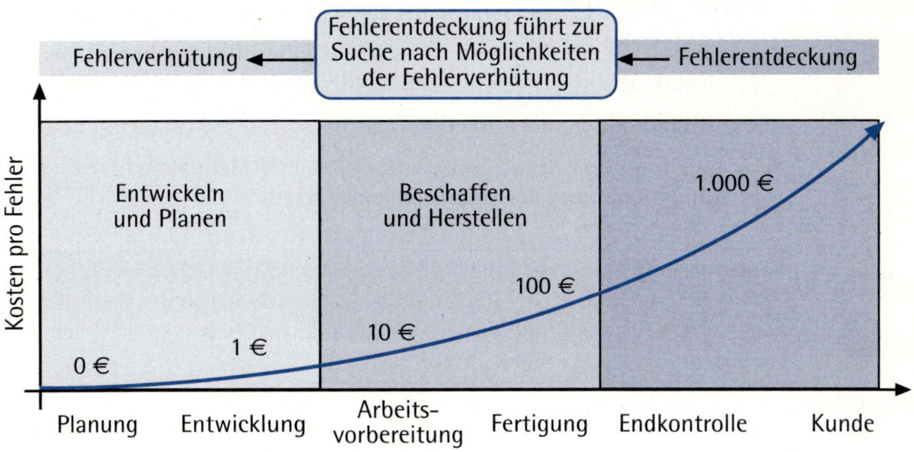

1 in Anlehnung an: online-Verwaltungslexikon www.olev.de/0/10er-regel.htm

4.3.3 Kaizen, Business Process Reengineering und Wertanalyse

Kaizen-Konzept

Nach dem **Kaizen-Konzept** wird das unternehmerische Geschehen auf allen Ebenen durch ein ständiges Streben nach Verbesserung bestimmt. Kaizen bedeutet einen andauernden „Zustand der relativen Unzufriedenheit" mit der gegenwärtigen Situation. Kennzeichnend ist, dass Kaizen nicht „von oben verordnet" werden kann, sondern dass dieser Prozess im Sinne eines „Bottom-up" geschieht, d. h., dass Ideen von unten in die oberen Instanzen gelangen.

Bottom-up

Vorschlagswesen

Dem innerbetrieblichen Vorschlagswesen kommt hier eine besondere Bedeutung zu, weil nicht unbedingt das Management, dafür aber umso mehr die „unteren" Ebenen, d. h. die im Produktions- oder Verwaltungsprozess arbeitenden Kräfte, wesentliche Kenntnisse über Verbesserungsmöglichkeiten haben.

Business-Process-Reengineering

Während beim Kaizen die bisherigen Organisationsstrukturen weitgehend beibehalten werden, geht das **Business-Process-Reengineering** einen Schritt weiter. Hier wird die gesamte Organisationsstruktur auf den Prüfstand gestellt und verändert. Eine solche Veränderung kann hervorgerufen werden durch einschneidende Veränderungen im Unternehmensprozess, aber auch durch ein verändertes Produktions- und Absatzprogramm. Umstrukturierungen dieser Art sind eher selten.

Wertanalyse

Bei der **Wertanalyse** wird der gesamte Wertschöpfungsprozess unter dem Gesichtspunkt des bestmöglichen Verhältnisses von Aufwand und Ertrag betrachtet. Konkret heißt das, dass in der Regel mehrere Möglichkeiten zur Verfügung stehen, um ein Ziel zu erreichen. Die Wertanalyse versucht die Lösung zu finden, bei der ein Erzeugnis mit den geringstmöglichen Kosten hergestellt werden kann, ohne dass es Einbußen an der Qualität oder Kundenzufriedenheit gibt.

4.4 Benchmarking

Benchmarking

best practices

Benchmarking ist ein relativ neuer Begriff der Unternehmenssteuerung und -kontrolle. Dabei handelt es sich um Verfahrensweisen, die ein Unternehmen zu Spitzenleistungen führen, weil die Vorgehensweise durch die so genannten „best practices" bestimmt wird. Dabei handelt es sich um Methoden und Verfahren, die sich als die besten herausgestellt haben. Die wesentlichen Elemente des Benchmarkings sind:

- **Systematischer Leistungsvergleich** auf der Basis objektiver Leistungskriterien;
- Beurteilung der **Stärken und Schwächen eines Unternehmens**, gemessen an einer Benchmark, der sich als Referenzwert aus dem Leistungsvergleich ergibt;
- **Identifikation der „best practices"**, die Ursache für die Leistungsunterschiede sind,
- Formulierung und Realisierung von Zielen und Maßnahmen, die zur nachhaltigen **Leistungssteigerung des Unternehmens** führen.

Benchmarking bezeichnet damit das systematische Vergleichen und Lernen vom anderen Unternehmen mit dem Ziel, durch die Übertragung so genannter „best practices" zu einer nachhaltigen Verbesserung der eigenen Position zu gelangen bzw. Schwachstellen zu beseitigen.

Vorschlagswesen

Bei der ständigen Suche nach einem optimierten Unternehmensprozess wird der Blick nicht nur nach innen, sondern auch nach außen gerichtet. Zu den herkömmlichen Methoden des Benchmarkings gehört das innerbetriebliche Vorschlags- und Verbesserungswesen. Hinzu kommen

Wettbewerbsbeobachtung

Messebesuche und Beobachtungen der Aktivitäten der unmittelbaren Konkurrenzunternehmen. Neue Methoden, Verfahren und Denkweisen können aber auch aus Bereichen abgeleitet werden, die in gar keinem direkten Zusammenhang mit dem eigenen Unternehmen stehen.

Arten des Benchmarkings

Internes Benchmarking	Prozess Benchmarking
Internes Benchmarking steht für den **Vergleich von Prozessen bzw. Funktionen innerhalb eines Unternehmens**. Derartige Studien sind besonders dafür geeignet, Denkanstöße zu geben und den Mitarbeitern zu vermitteln, wie Benchmarking funktioniert. Wegen der problemlosen Informationsbeschaffung und der hohen Vergleichbarkeit der Daten ist es die einfachste Art des Benchmarkings.	**„Prozess-Benchmarking"** ist der Vergleich ähnlicher Prozesse mit dem Ziel der Optimierung. Unabhängig von Wettbewerbs- oder Branchengrenzen bezieht sich der Vergleich auf unternehmensinterne, brancheninterne oder branchenunabhängige Prozesse. Dabei werden Unterschiede, deren Ursachen und Möglichkeiten zur Verbesserung ermittelt.
Wettbewerbsorientiertes Benchmarking	**Allgemeines (gegnerisches) Benchmarking**
Wettbewerbsorientiertes Benchmarking ist der **Vergleich mit direkten Konkurrenten am Markt**. Prozesse und Betriebsinhalte aus anderen Unternehmungen können mit hoher Genauigkeit und Gründlichkeit verglichen und gefundene Lösungsansätze dementsprechend gut übertragen werden. Die Datensammlung stellt sich jedoch oft als sehr schwierig heraus und erfordert sehr viel Fingerspitzengefühl. **Externes Benchmarking** hilft die Position des eigenen Unternehmens am Markt festzustellen und Anhaltspunkte über Verbesserungsmöglichkeiten zu liefern. Es besteht aber die Gefahr, branchenorientierte Methoden bzw. Prozesse zu kopieren und somit nur mit dem Wettbewerber gleichzuziehen anstatt ihn zu überholen.	In Geschäftsbereichen und Prozessen, die unabhängig von der Verschiedenheit der Branchen gleich sind, ist **Benchmarking nicht auf ein Produkt oder eine Branche beschränkt**. Der Vorteil dieser Form des Benchmarkings liegt darin, dass Praktiken und Methoden offenbar werden können, die in der eigenen Branche des Untersuchenden nicht angewendet werden. Sofort übertragbare, bewährte Technologien oder Praktiken, die mit geringem Anpassungsaufwand übertragbar sind, können entdeckt werden. Das allgemeine Benchmarking hat das Potenzial, „best practices" zu entdecken. Es ist kaum ein besserer Beweis für die Einsetzbarkeit einer neuen Technologie denkbar, als wenn sie bereits anderswo erprobt und im Einsatz ist. Allgemeines Benchmarking erfordert breite Auffassungsfähigkeit, aber auch genaues Verständnis des allgemeinen Prozesses.
Funktionales Benchmarking	
Funktionales Benchmarking bedeutet den **Vergleich der eigenen Produkte, Prozesse und Praktiken mit branchenfremden Unternehmen**. Man sucht also in allen Bereichen nach Spitzenleistungen und hat so ein großes Potenzial an innovativen Verbesserungsmöglichkeiten.	

5 Aufbau und informationstechnische Struktur der Datenbasis

Kriterien für die Sammlung von Informationen

In einer Unternehmung laufen täglich je nach Größe hunderte oder hunderttausende Informationen zusammen. Diese Informationen müssen von den verschiedenen Stellen erfasst und verarbeitet werden. Dabei handelt es sich um Nachrichten oder Kenntnisse über Vorgänge und Sachverhalte, die sowohl aus dem inneren Unternehmensbereich als auch von außen kommen können.

Die besondere Aufgabe besteht darin, die Informationen zu sammeln und nach verschiedenen Kriterien zu beurteilen bzw. weiterzuverarbeiten. Dabei geht es um

- sachliche Kriterien und Zusammenhänge;
- personelle/abteilungsmäßige Zuständigkeit;
- Bedeutung (Routineinformationen/besonders wichtige Informationen).

Ist die innerbetriebliche Organisationsstruktur klar und eindeutig, ist sichergestellt, dass die Informationen auch an den richtigen Empfänger gelangen. Je unklarer die Struktur der sachlichen und personellen Zuständigkeit ist, desto länger dauert es, bis eine Information dorthin gelangt, wo sie sinnvoll eingesetzt werden kann.

Informationsfluss

Ein reibungsloser, schneller und gut organisierter Informationsfluss stellt sicher, dass im Betriebs- und Geschäftsprozess Wettbewerbsvorteile geschaffen werden können. Dies betrifft sowohl die innere Kostenstruktur als auch die nach außen dargestellte Schlagkraft, wenn es z. B. um die Bearbeitung von Kundenbelangen geht.

5.1 Herkömmliche Informationsverarbeitung

Nach wie vor werden viele Informationen mündlich weitergegeben oder schriftlich auf einfache Art und Weise festgehalten. Entscheidend ist, dass Einigkeit darüber besteht, wie Informationen festgehalten und weitergegeben werden, sodass „Sender" und „Empfänger" die gleiche Sprache sprechen.

Genau wie eine Konstruktionszeichnung normierte Elemente enthält, die von jedermann auch ohne Zusatzerklärung verstanden werden, so können schriftliche Mitteilungen standardisiert werden.

5.2 Computergestützte Informationsweitergabe

Datenaustausch

Die computergestützte Informationsverarbeitung hat an vielen Stellen die herkömmlichen Notiz- und Merkzettel ersetzt. Modernes Informationsmanagement setzt auf vernetzte PC-Systeme. Dadurch lassen sich nicht nur deutlich mehr Informationen weitergeben, sondern der Austauschprozess ist auch wesentlich schneller. Dieses Verfahren setzt aber voraus, dass die Arbeitsplätze mit PCs ausgestattet sind, die untereinander vernetzt sind. Der Datenverarbeitungs- und -austauschprozess läuft

- schneller und effizienter;
- kostengünstiger (z. B. Einsparung eines Teils der Postverteilung);
- transparenter (parallele Weitergabe an viele Nutzer).

Allerdings ist auch die Frage der Datensicherheit zu beachten. Hinzu kommt, dass durch die problemlose „Vervielfältigung" von Informationen die Gefahr besteht, dass Mitarbeiter von einer wahren Datenflut erdrückt und in ihrer Arbeit nicht nur gefördert, sondern auch teilweise behindert werden.

Standardisierung der Datenbasis

Wenn eine DV-gestützte Informationsweitergabe erfolgt, so ist es unumgänglich, dass die Datenbasis standardisiert wird.

Objekt

Ein Objekt ist ein Gegenstand (z. B. ein Produkt) oder ein konkreter Vorgang. Es kann auch ein Name (z. B. ein Mitarbeiter oder ein Kunde) sein.

Objekttyp

Gleiche oder gleichartige Objekte führen zu einem Objekttyp. Während z. B. ein einzelnes Produkt ein Objekt ist, wird eine Vielzahl verschiedener Produkte als Objekttyp bezeichnet.

Attribute

Die Objekttypen können durch verschiedene Merkmale (Attribute) näher charakterisiert werden. Dazu gehören bei einem Produkt z. B. die Produktnummer, der EAN-Code[1], die Bestellnummer, der Listenpreis.

Attributswerte

Bei den Attributswerten handelt es sich um die konkrete Zuordnung von Informationen zu den einzelnen Merkmalen.

Beziehung

Unter oder zwischen den einzelnen Objekten und Objekttypen können verschiedene Abhängigkeiten bestehen.

- Zwei Objekte gehören zusammen (z. B. Händetrockner und Wandhalterung).

  1:1-Beziehung

- Einem Objekt sind mehrere andere Objekte zugeordnet (z. B. Händetrockner und Wandhalterung und Elektrokabel).

  1:X-Beziehung

- Mehrere Objekte sind mehreren andern Objekten zugeordnet (z. B. können Wandhalter und Elektrokabel sowohl für den Händetrockner als auch für einen Hotelfön eingesetzt werden).

  X:Y-Beziehung

Wenn Sie mehr über die informationstechnische Verarbeitung und das Internet sowie Intranet wissen wollen, sollten Sie in diesem Kompendium, Lernfeld 1, Kapitel 8 nachschlagen.

1 EAN-Code: Europäische Artikelnummerierung; ein Strichcode, den man z. B. mit einem Scanner in elektronische Kassen einlesen kann.

6 Auslöser für Orientierung an Geschäftsprozessen/Käufermärkte/Globalisierung

Verkäufermarkt

In typischen „Verkäufermärkten" überwiegt die Nachfrage, sodass sich die Verkäufer auf die Herstellung der Güter konzentrieren können, weil ihnen der Absatz der Produkte keine Sorge bereitet. Märkte dieser Art gibt es auch heute noch. Jeder Unternehmer, der erfolgreich eine Marktlücke füllt, hat für eine gewisse Zeit eine Marktposition, die ihm relativ viele Freiheiten lässt.

Marktsättigung

Nicht nur die allgemeine Marktsättigung, sondern auch die völlig neu geartete Konkurrenz, die sich insbesondere mit dem Siegeszug des Internet entwickelt hat, setzt aber sowohl auf dem Beschaffungs- als auch auf dem Absatzmarkt neue Maßstäbe.

6.1 Globalisierung

Weltwirtschaft

Unter dem Begriff **„Weltwirtschaft"** versteht man alle Beziehungen und Verflechtungen, die durch den internationalen Handel, Bewegung von Kapital und Arbeit zwischen den Volkswirtschaften entstehen. Die Weltwirtschaft ist ein sehr komplexes Netz aus wirtschaftlichen und politischen Beziehungen zwischen Staaten, internationalen Organisationen, multinationalen Unternehmen und anderen Institutionen der Weltwirtschaft.

Die Weltwirtschaft zeichnet sich durch ein beträchtliches Maß an internationaler Arbeitsteilung und gegenseitige Abhängigkeiten unterschiedlicher Intensität (Interdependenz) der nationalen Volkswirtschaften aus.

Weltwirtschaft im Umbruch

Die Weltwirtschaft ist im Umbruch. Die einzelnen Volkswirtschaften entwickeln sich immer mehr aufeinander zu. Der Wettbewerb auf den nationalen und internationalen Märkten wird härter. Die Zahl der Länder, die sich am weltweiten Handel betätigen, hat sich in den letzten zwanzig Jahren verdoppelt. In diesem Zuge sind der internationale Handel, die Währungs- und Finanzsysteme sowie die **Direktinvestitionsströme** stark angestiegen:

- Der **Handel mit Waren und Dienstleistungen** nimmt international ständig zu. Die Zahl der Teilnehmer am Welthandel wird immer größer. Die Schwellenländer Südostasiens sind zu neuen Konkurrenten geworden. Mit knapp 90 Prozent der weltweiten grenzüberschreitenden Zahlungsvorgänge entfällt auf den Handel immer noch der Löwenanteil der Globalisierung.
- **Transaktionen von Portfoliokapital** wie Kredite, Anleihen oder Aktien sind zu einem besonders dynamischen Faktor der Globalisierung geworden.
- Die **Auslandsinvestitionen** sind der dynamischste Bereich der Globalisierung. Allerdings machen sie insgesamt kaum mehr als 3 Prozent der weltweiten grenzüberschreitenden Transaktionen aus.

- Die Globalisierung wird getragen von **modernen Kommunikations- und Informationstechnologien**. Sie steigern das Innovationstempo in anderen Bereichen, wie zum Beispiel der Mikroelektronik oder der Biotechnologie. Zugleich wird die Welt zu einer globalen Forschungs-, Entwicklungs- und Produktionseinheit. Unternehmen sind heute in der Lage, ein und dasselbe Produkt an verschiedenen Standorten zu entwickeln, zu produzieren und zu vermarkten. Arbeitskräfte in Forschung und Entwicklung, Produktion und Dienstleistungen sind heute weltweit verfügbar. Moderne Technologien sind nahezu überall verfügbar und ermöglichen damit rasches globales Handeln.

Folgen:
Umsätze multinationaler Unternehmen übersteigen längst die Wirtschaftskraft kleiner Volkswirtschaften. **Globale Unternehmensstrategien** sind an die Stelle von nationalen Entscheidungen getreten. Nicht mehr die Produktionsbedingungen und Kundennähe am heimischen Standort sind allein ausschlaggebend für Investitionen, sondern auch die Wettbewerbsfähigkeit von Produkten und Technologien auf den Weltmärkten und die Fähigkeit, sich auf den heimischen Märkten ausländischen Wettbewerbern stellen zu können.

6.2 Merkmale der Weltwirtschaftsordnung

Die Weltwirtschaftsordnung ist das System aller vertraglichen Regelungen der internationalen Wirtschaftsbeziehungen.

Internationaler Währungsfonds

World Trade Organisation

Seit dem Zweiten Weltkrieg werden die internationalen wirtschaftlichen Aktivitäten und Beziehungen von internationalen Organisationen wie dem **IWF** (Internationaler Währungsfonds), der **Weltbank**, der WTO (**World Trade Organisation**) oder der **WIPO** (World Intellectual Property Rights Organisation) überwacht und reguliert. Hinzu kommen die **Multinationalen Unternehmen** (Multinational Corporations, MNCs), die sowohl untereinander agieren als auch in engem Kontakt mit den Regierungen stehen und Einfluss auf die Politik nehmen. Letztlich nehmen aber auch die **„Non-Governmental Organisations"** (NGOs) immer mehr Einfluss auf die internationalen Wirtschaftsbeziehungen und Verhandlungen. Das Hauptelement der heutigen Welthandelsordnung ist die Welthandelsorganisation (WTO).

Weltwährungssystem

Das Weltwährungssystem ist die Gesamtheit aller institutionellen und praktischen Regelungen, die die reibungslose Durchführung von zwischenstaatlichen wirtschaftlichen Transaktionen gewährleisten. Zu diesen Transaktionen zählen insbesondere der Zahlungs- und Kreditverkehr.

Die Beteiligung dieser verschiedenen Institutionen, die ganz unterschiedliche Ziele verfolgen, zeigt, dass Fragen der Weltwirtschaft nicht rein ökonomischer Natur sind, sondern in vielfältiger Weise politische Facetten besitzen. Man spricht daher auch von Fragen der politischen Ökonomie oder der **„International Political Economy"**.
Das Weltwirtschaftssystem, das zur Zeit der Industriellen Revolution entstanden ist, hat sich stetig gewandelt. Wir stehen heute einer fortschreitenden Globalisierung gegenüber, die deutlich andere Züge trägt als vor 20 oder 30 Jahren. Vorangetrieben wird diese Entwicklung durch den enormen technischen Fortschritt und die Liberalisierung der Märkte (Güter-, Dienstleistungs-Kapitalmärkte).

Neben dem drastischen Anstieg des grenzüberschreitenden Waren- und Dienstleistungsverkehrs ist die zunehmende internationale **Aufsplittung des Produktionsprozesses** ein Merkmal der

Komparativer Kostenvorteil

modernen Weltwirtschaft. Multinationale Unternehmen produzieren in den Ländern, die einen **komparativen** oder **technologischen Vorteil** besitzen. So werden zum Beispiel die arbeitsintensivsten Produktionsschritte eines Fertigungsprozesses in Entwicklungsländern getätigt, wo die Lohnkosten vergleichsweise gering sind. Die Forschung und Entwicklung neuer Technologien und Produkte wird dahingegen in hoch entwickelten Industrieländern durchgeführt.

Vernetzung

Neben dieser Entwicklung ist der sichtbarste Ausdruck des Wandlungsprozesses in der Weltwirtschaft die fortschreitende **Vernetzung der nationalen Kapitalmärkte** zu einem wirklich internationalen Kapitalmarkt. Diese Entwicklungen machen eine Neuorientierung und zahlreiche Reformen der Weltwirtschaftsordnung erforderlich.

Maßnahmen

Dieser internationalen Vernetzung und Verflechtung müssen sich Politik, Wirtschaft und Gesellschaft auch in Deutschland stellen. Die Politik muss aktiv handeln, wenn die Globalisierung als Chance genutzt werden soll. Sie muss die Rahmenbedingungen für das Wirtschaften im internationalen Wettbewerb der Standorte um Märkte, Kunden, Produkte und Technologien attraktiv gestalten, um Arbeitsplätze zu erhalten und neue zu schaffen.
Rund ein Viertel des Bruttoinlandsproduktes wird durch Exporte erwirtschaftet. Dadurch wird jeder dritte Arbeitsplatz in Deutschland gesichert. Im Rahmen der Globalisierung muss die Bundesrepublik Deutschland ihre Standortvorteile ausbauen durch:

- einen Abbau des Anteils an der Wirtschaftsleistung, den der Staat beansprucht (z. B. in Form von Steuern), damit der private Sektor, die Eigeninitiative und das Unternehmertum gestärkt werden;
- attraktive steuerliche Rahmenbedingungen für Investitionen und Arbeitsplätze in Deutschland;
- ein leistungsstarkes, aber auch bezahlbares soziales Sicherungssystem;
- den Abbau überflüssiger Regelungen – mehr Flexibilität auf den Güter- und Arbeitsmärkten;
- ein effizientes und international anerkanntes Schul- und Bildungssystem;
- die Verbesserung der Technikakzeptanz in der Bevölkerung;
- eine gute Infrastruktur für Forschung und Entwicklung;
- ein leistungsfähiges und modernes Verkehrs- und Telekommunikationswesen;
- eine gesicherte Energieversorgung;
- einen schlanken und unbürokratischen Staat.

Erfolg in globalen Märkten

Die **Unternehmen** sind gefordert frühzeitig und offensiv Strategien zu entwickeln, um auf offenen, globalen Märkten bestehen zu können. Bei zunehmend kürzeren Produktzyklen bieten einmal gewonnene Wettbewerbsvorteile keine Garantie mehr für längerfristige Unternehmenserfolge. Marktnähe, Innovationsstärke und schnelle Umsetzung sind unerlässlich zur Sicherung der Wettbewerbsfähigkeit auf globalisierten Märkten. Innovationen und Investitionen sind notwendig, um Technologie- und Produktionsvorsprünge zu erhalten und neue zu gewinnen.

7 Aufgaben des Rechnungswesens

Buchführung

Das Rechnungswesen erfasst sämtliche Geschäftsvorgänge eines Unternehmens. Es stellt, bildlich ausgedrückt, die „Nervenzentrale" dar. Die Aufzeichnungen der Buchführung erfüllen im Einzelnen eine Vielzahl von Aufgaben:

- Auskunft über den Stand und die Zusammensetzung des Vermögens und der Schulden;
- Veränderungen der Vermögenswerte und der Schulden werden wertmäßig festgehalten;
- Grundlage für die Ermittlung des Erfolgs (Gewinn oder Verlust) der unternehmerischen Tätigkeit;
- wichtige Zahlen für die Kalkulation;
- Informationsmittel für unternehmerische Entscheidungen;
- Grundlage für die Berechnung der Steuerschuld;
- Informationsbasis für Gläubiger (z. B. Banken und Lieferanten) und Aktionäre;
- Beweismittel für Rechtsstreitigkeiten (z. B. gegenüber dem Gericht und dem Finanzamt).

Oft wird das Rechnungswesen isoliert betrachtet. In Wirklichkeit bildet es nicht nur Zahlungs- und Wertströme im Nachhinein ab, sondern es liefert ständig wichtige Informationen für betriebliche Entscheidungen.

Das unternehmerische Geschehen als ständiger Wertekreislauf

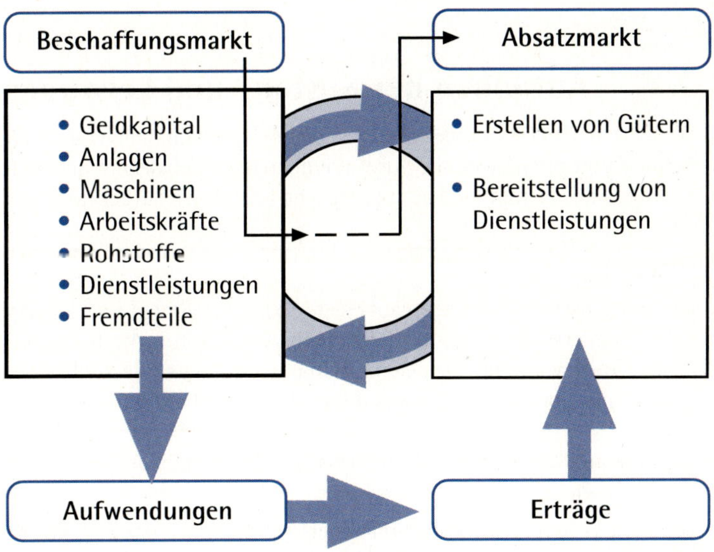

Informationsinstrument

Das Rechnungswesen hat die Aufgabe, zum einen alle Geschäftsvorgänge in einer geordneten Form festzuhalten und zum anderen eine „Auskunftei" für alle wirtschaftlichen Fragen und damit insbesondere für die Kalkulation zu sein. Deshalb darf es keine Vorgänge geben, die an dem Rechnungswesen „vorbeilaufen".

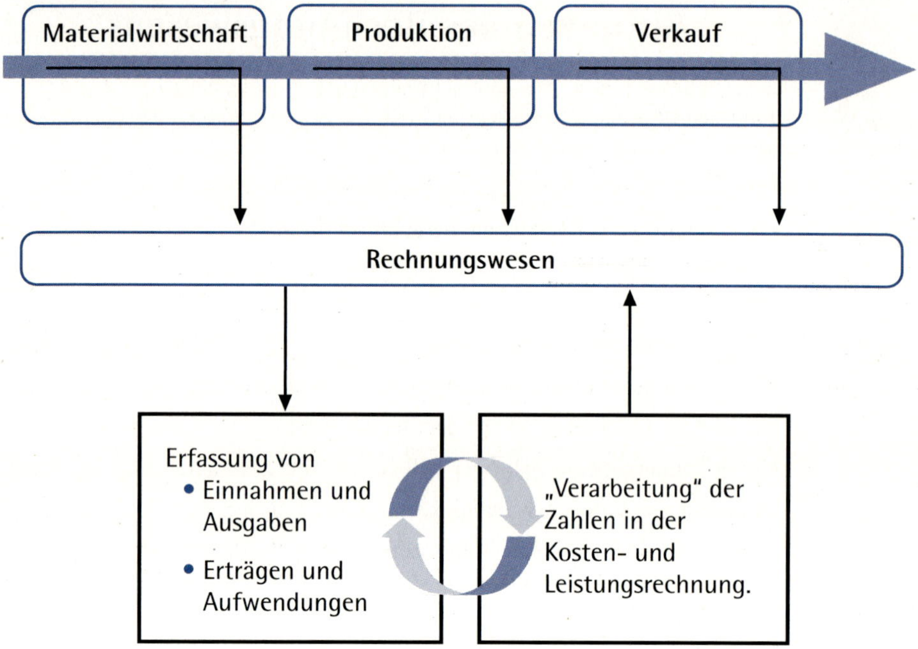

7.1 Aufgaben der Kosten- und Leistungsrechnung

Die Vielzahl von Geschäftsvorfällen in einem Unternehmen verlangt nach einer differenzierten Betrachtung, denn nicht alle Aufwendungen haben etwas mit dem betrieblichen Zweck zu tun und nicht alle Erträge sind auf betriebliche Leistungen zurückzuführen.

Beispiel:

Höhere Zinsen für Rücklagen auf einem Sparkonto führen zwar zu höheren Erträgen, dies hat aber nichts mit dem eigentlichen Betriebszweck zu tun. Ähnlich verhält es sich, wenn z. B. in einer Werkswohnung Renovierungsarbeiten anfallen. Sie stellen zwar Aufwendungen dar, haben aber ebenso wenig etwas mit dem eigentlichen Betriebszweck zu tun.

Das bedeutet: Die „echten" Kosten und Leistungen müssen von den gesamten Aufwendungen und Erträgen abgegrenzt werden.

Betriebsergebnis

Die Kosten- und Leistungsrechnung verfolgt nicht nur das Ziel, **die Kosten und Leistungen einer Abrechnungsperiode vollständig zu erfassen** und daraus **das Betriebsergebnis zu ermitteln**. Sie hat darüber hinaus folgende wichtige Aufgaben für den Industriebetrieb zu erfüllen:

Selbstkosten

1. **Ermittlung der Selbstkosten und Leistungen einer Abrechnungsperiode.** Durch die Erfassung aller Kosten und Leistungen einer Abrechnungsperiode außerhalb der Finanzbuchhaltung wird die Kosten- und Leistungsrechnung zu einem hervorragenden Instrument der kurzfristigen (z. B. monatlichen) betrieblichen Erfolgsermittlung.

Kalkulation

2. **Ermittlung der Selbstkosten der Erzeugniseinheit.** Die Kostenrechnung ermittelt auch die Selbstkosten der Erzeugniseinheiten und schafft damit die Grundlage für die Verkaufspreise. Die Kenntnis der Selbstkosten gestattet dem Unternehmer die Entscheidung darüber, welcher Preis für ihn wirtschaftlich noch vertretbar ist.
3. **Kontrolle der Wirtschaftlichkeit.** Es genügt aber nicht, lediglich die Selbstkosten zu ermitteln. Sie sollen vielmehr auch beeinflusst, d. h. gesenkt werden. Die Wirtschaftlichkeit der Leistungserstellung und -verwertung muss ständig gesteigert werden, wenn der Betrieb im Wettbewerb nicht unterliegen will. Die Entwicklung der Kosten und Leistungen ist daher dauernd zu kontrollieren. Die Überwachung der Wirtschaftlichkeit zählt heute zu den wichtigsten Aufgaben der Kosten- und Leistungsrechnung.

Bewertung von Lagerbeständen

4. **Bewertung der unfertigen und fertigen Erzeugnisse** in der Jahresbilanz. Nach den handels- und steuerrechtlichen Vorschriften sind die Schlussbestände an unfertigen und fertigen Erzeugnissen höchstens zu Herstellungskosten in die Jahresbilanz einzusetzen. Die genauen Herstellungskosten können aber nur mithilfe einer ordnungsgemäßen Kostenrechnung ermittelt werden.

Deckungsbeitrag

5. **Ermittlung von Deckungsbeiträgen** auf der Basis der Teilkostenrechnung. Ausgehend von erzielbaren Umsatzerlösen kann mithilfe der Teilkostenrechnung festgestellt werden, ob ein Erzeugnis einen ausreichenden Beitrag zur Deckung der fixen Kosten und zur Erzielung von Gewinn leistet.
6. **Grundlage für Planungen und Entscheidungen.** Die oben genannten Aufgaben der Kosten- und Leistungsrechnung dürfen nicht isoliert betrachtet werden. Sie bilden letztlich die Grundlage für die Vorhaben und Entscheidungen des Unternehmers. Sofern marktorientierte Entscheidungen zu treffen sind, steht der Unternehmensleitung in der Teilkostenrechnung eine geeignete Grundlage zur Verfügung.[1]

Betriebsbezogen oder betriebsfremd?

Aufwendungen können ebenso wie Erträge entweder **betrieblicher oder betriebsfremder Art** sein. Entscheidend ist, wofür die beschafften Mittel benötigt wurden, bzw. woher die erwirtschafteten Erträge kommen. Maßstab für die Beurteilung ist dabei die Verbindung zum eigentlichen Betriebszweck. Eine wichtige Aufgabe der Buchführung bzw. der Kosten- und Leistungsrechnung liegt unter anderem darin, hier eine möglichst exakte Zuordnung vorzunehmen.

7.2 Aufwands- und Ertragsarten

In der Gewinn- und Verlustrechnung werden alle Aufwendungen und Erträge gebucht. Sinnvoll ist es aber, hier zu differenzieren zwischen

- betrieblichen, ordentlichen,
- betrieblichen außerordentlichen,
- betriebsfremden

Posten. Mit dieser Unterscheidung wird ggf. auch die Höhe des Gewinnes relativiert.

Entscheidend für die Beurteilung der wirtschaftlichen Leistungsfähigkeit ist eigentlich nur der Gewinn, der auf die eigentliche unternehmerische Tätigkeit zurückzuführen ist. Hierbei handelt es sich um den Betriebsgewinn, der aus dem Unternehmensgewinn herausgerechnet wird:

1 aus: Schmolke/Deitermann, Industrielles Rechnungswesen-IKR, 30. Auflage, Darmstadt 2002, S. 347

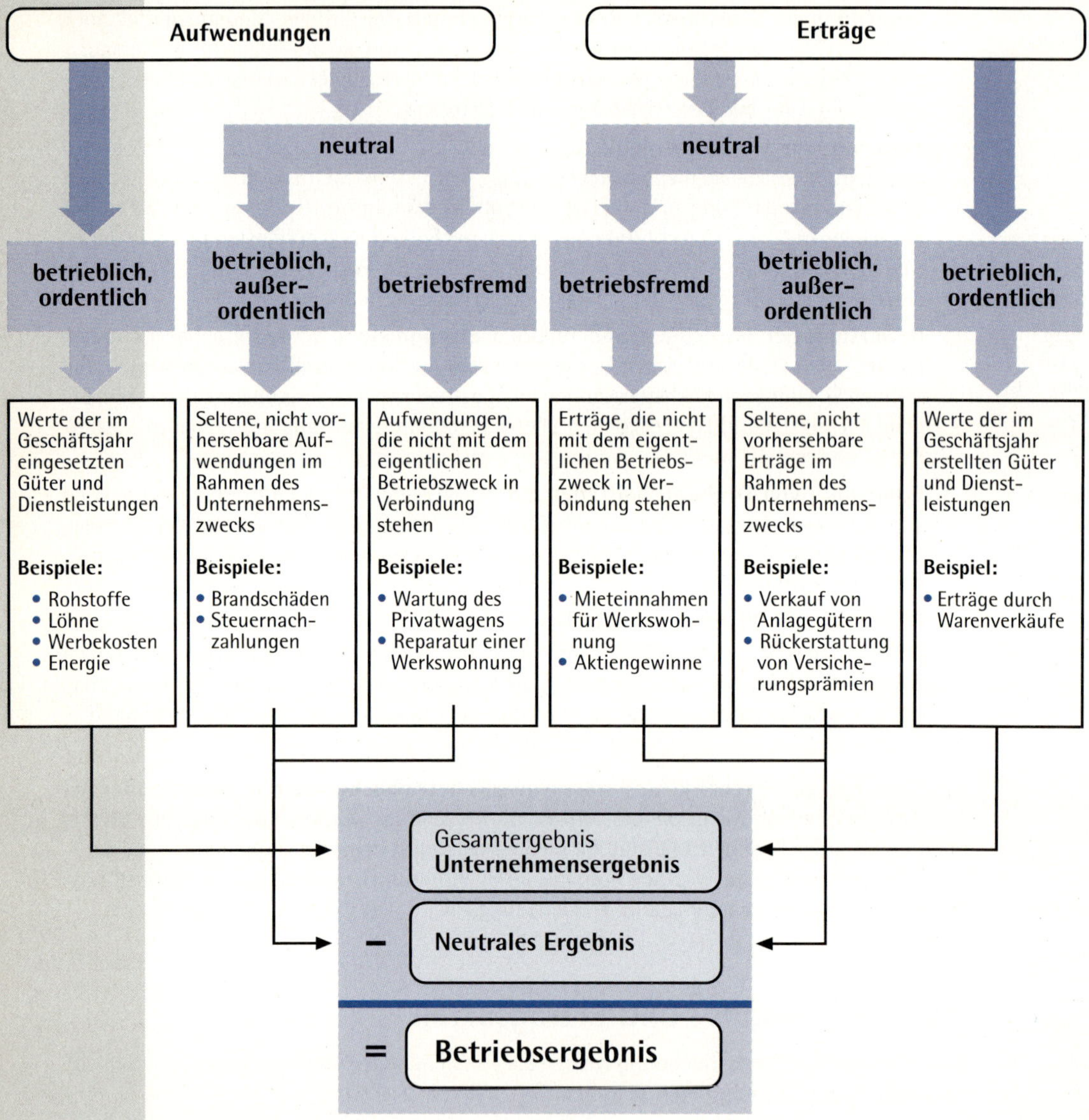

Zur Erfüllung dieser Aufgaben werden die Kosten

- nach Kostenarten erfasst (Material, Löhne, Abschreibungen usw.),
- nach Kostenstellen aufgeteilt (Stellen der Kostenverursachung),
- den Kostenträgern zugerechnet (Erzeugnis, Serie, Auftrag).

Die Kosten- und Leistungsrechnung (KLR) umfasst drei Stufen:

- Welche Kosten sind entstanden?
- Wo sind die Kosten entstanden?
- Wer hat die Kosten zu tragen?

Wenn Sie mehr über die Frage wissen wollen, welche verschiedenen Arten von Aufwendungen und Erträgen man unterscheidet und welche Bedeutung sie für unternehmerische Schlussfolgerungen haben, sollten Sie den Informationsband Rechnungswesen zur Hand nehmen und dort im Schlagwort- oder Inhaltsverzeichnis die Stichworte „Aufwand" und „Ertrag" suchen.

Fakten kurz gefasst

1. Die **Buchführung** erfasst grundsätzlich jeden Geschäftsvorgang.
2. Je nachdem, ob es sich bei den Geschäftsvorfällen um reine „Werteströme" oder um „Geldströme" handelt, spricht man von

   „Aufwendungen und Erträgen" oder von
   „Ausgaben und Einnahmen".

   Bei Aufwendungen und Erträgen handelt es sich um Geschäftsgänge, die das Eigenkapital verändern. Aufwendungen vermindern das Eigenkapital (z. B. Zahlung von Löhnen), Erträge erhöhen das Eigenkapital (z. B. Verkaufsumsätze). Ausgaben und Einnahmen verändern den Wert des Geldvermögens, ohne dass sich dies zwingend auf das Eigenkapital auswirken muss. Ausgaben fuhren zu einem Geldabfluss und vermindern das Geldvermögen (z. B. Barkauf von Büromaterial). Einnahmen führen zu einem Geldzufluss und erhöhen damit das Geldvermögen (z. B. Barverkauf von Erzeugnissen).
3. Den Teil der Aufwendungen und der Teil der Erträge, die in einem direkten Zusammenhang mit dem Unternehmenszweck stehen, bezeichnet man als **Kosten** bzw. als **Leistungen**.

1 Produktionsmanagement

Der Funktionsbereich „Produktion" bildet gewissermaßen das Rückgrat der Unternehmung. Der Leistungserstellungsprozess in einem Industriebetrieb umfasst alle Maßnahmen des Einsatzes der Produktionsfaktoren, die nötig sind, um den betrieblichen Zweck zu erreichen.

Produktionsfaktoren

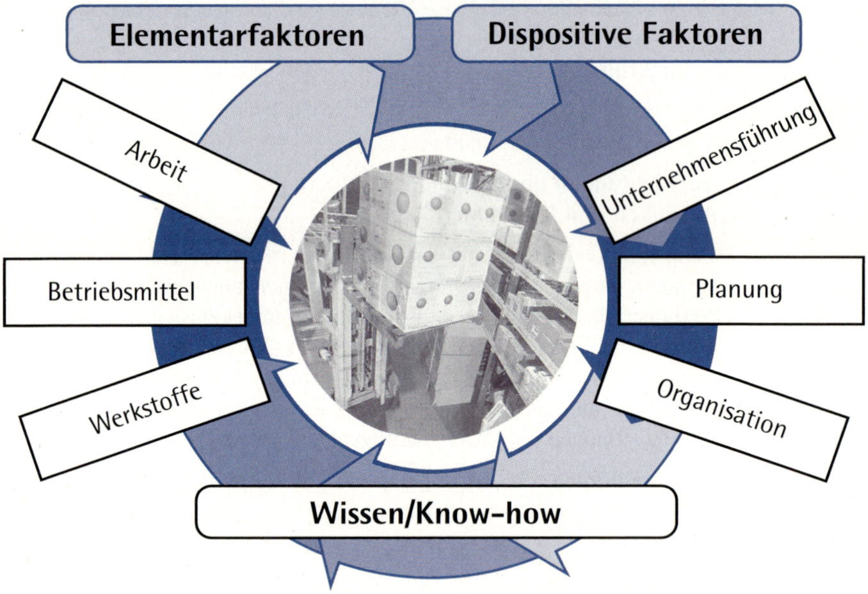

Know-how

Die Zusammenarbeit der einzelnen Produktionsfaktoren unterliegt vielfältigen Einflüssen. Die mit der Leistungserstellung verbundenen Aufgaben müssen möglichst reibungslos abgewickelt werden.

Geschäftsprozesse

Auch wenn die Einzelaufgaben von verschiedenen Abteilungen wahrgenommen werden, bilden die Geschäftsprozesse den Mittelpunkt der Betrachtung unternehmerischer Abläufe. Unter Kostengesichtspunkten stehen diese Abläufe auf dem ständigen Prüfstand möglicher Verbesserungen. Gerade im Bereich organisatorischer Abläufe verstecken sich oft Einsparpotenziale, die nur ungenügend genutzt werden.

1.1 Leanproduction und Leanmanagement

Wenn der Pessimist der Meinung ist, dass ein Glas halb leer sei, und der Optimist das Glas halb voll sieht, dann könnte der Leanproduction-Manager zum Schluss kommen, dass das Glas doppelt so groß ist, wie nötig wäre ...

Leanproduction

Leanproduction ist mit dem Begriff „schlanke" oder „abgespeckte" Produktion gleichzusetzen. Der zentrale Inhalt ist die „Vermeidung der Verschwendung".

Diese Vorgehensweise soll dazu führen, dass ein Unternehmen am Markt eine bessere Präsenz zeigt, die ihrerseits wiederum die Grundlage für den unternehmerischen Erfolg ist.

Zielsetzungen

Ziele von Leanproduction:

- geringe Lagerbestände,
- hohe Motivation der Mitarbeiter,
- hohe Qualität der Endprodukte,
- Kostensenkung,
- schnelle Reaktion auf Marktveränderungen.

Leanproduction setzt eine enge **Kooperation** der betrieblichen Teilbereiche voraus.

Für die schlanke Produktion gelten im Kern drei Grundsätze:

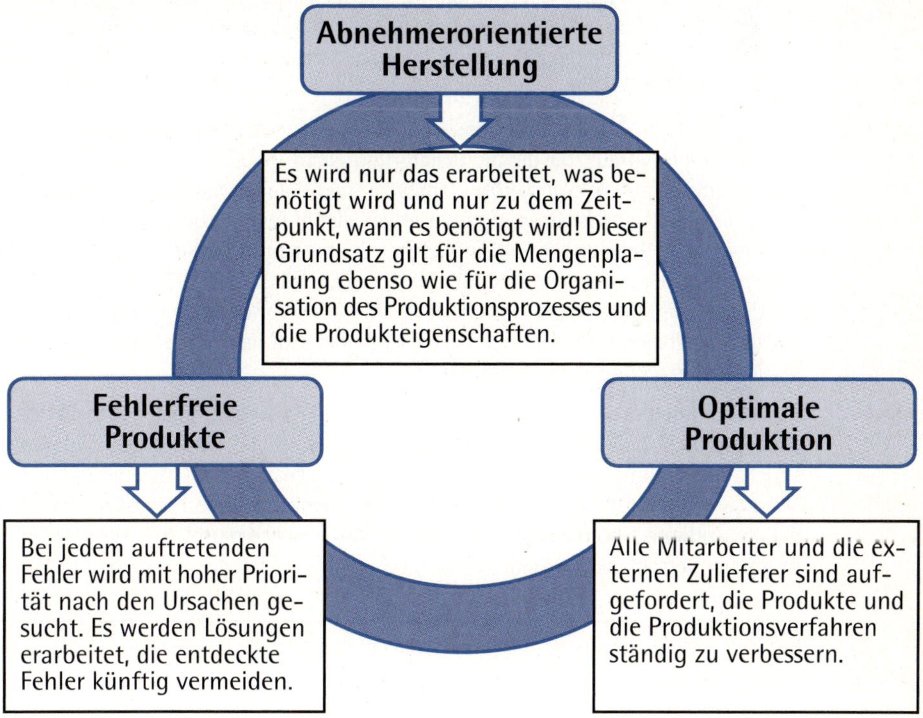

Das führt dazu, dass sich Leanproduction in den verschiedenen Funktionsbereichen einer Unternehmung widerspiegelt:

Personalführung/ Teamarbeit

- **Leanproduction in der Personalführung**
  Das A und O der Leanproduction ist die Teamarbeit. Oft finden sich in den Arbeitsgruppen Mitarbeiter aus unterschiedlichen Abteilungen, so z. B. Designer, Techniker, Lagerverwalter, Forscher, Konstrukteure und Verkäufer. Jeder Mitarbeiter trägt für die ihm übertragene Aufgabe auch die Verantwortung, wodurch sich auch seine Motivation und seine Identifikation mit der Arbeit erhöhen.

Fertigungsgerechte Entwicklung

- **Leanproduction in der Entwicklung**
  Die ständig abgefragten Kundenwünsche bestimmen die Entwicklungsarbeit, nicht das technisch am einfachsten Machbare. Eine fertigungsgerechte Entwicklung der Produkte wird erreicht durch eine sehr frühzeitige enge Zusammenarbeit von Fertigungsabteilung und Zulieferern.

Ausgereifte Fertigungstechnologie

- **Leanproduction in der Fertigung**
  Eine möglichst einfach gehaltene, aber dennoch ausgereifte Fertigungstechnologie reduziert den Kapitalbedarf. Ausschuss, Nacharbeit und Produktionsstörungen entfallen weitestgehend durch ein umfassendes System der Qualitätssicherung, zu der auch der einzelne Arbeitnehmer einen aktiven Beitrag leistet.

- **Leanproduction im Verhältnis Hersteller - Zulieferer**
  Lieferanten übernehmen eigenständige Entwicklungsaufgaben vom Hersteller, tragen hierfür die Verantwortung und sind auch mit der späteren Qualitätssicherung betraut. Um sich die ständigen Preisverhandlungen zu ersparen, einigen sich Hersteller und Lieferant schon frühzeitig auf einen am Markt orientierten Preis. Die Belieferung erfolgt nicht in festgelegten Bestellmengen (Losen), sondern bedarfsgerecht direkt ans Montageband nach dem Just-in-time-System.

Just-in-time-Zulieferung

Build to order

Dies auch als „build to order" bezeichnete System setzt eine enge Zusammenarbeit mit den Zulieferern voraus, für die die Belieferung einen „Kauf auf Abruf" darstellt. Oft werden in diesem Verfahren so genannte „Jahreskontrakte" abgeschlossen. Das bedeutet, dass ein Zulieferer weiß, welche Gesamtmenge er von einem Teil zu produzieren hat. Er weiß aber nicht, in welchen Teilmengen und in welchen Zeitabschnitten die Teile abgerufen werden. Das Problem der „optimalen Losgröße" (siehe dazu auch Kapitel 3.3.3) muss der Zulieferer vor diesem Hintergrund der Unsicherheit, aber auch vor dem seiner eigenen Lagermöglichkeiten entscheiden. Häufig spielt bei diesen Entscheidungen auch Erfahrung eine größere Rolle als rein rechnerische Verfahren.

Optimale Losgröße

Wertschöpfungsprozesse

Da Leanproduction – wie dargestellt – über die Produktion hinaus auch **Wertschöpfungsprozesse** außerhalb des Unternehmens (zum Beispiel bei Kunden und Lieferanten) umfasst, spricht man häufig von **Leanmanagement**. Das Leankonzept ist eine globale Aufgabe des Managements. Bisherige aufbau- und ablauforganisatorische Prozesse werden radikal überdacht. Moderne Unternehmenskulturen zeichnen sich dadurch aus, dass die Arbeitsprozesse insgesamt verschlankt werden.

Wenn Sie mehr über ablauforganisatorische Prozesse wissen wollen, schlagen Sie in diesem Kompendium, Lernfeld 2 , Kapitel 1, 2 und 3 nach.

Leanmanagement

Leanmanagement ist eine erweiterte Sichtweise der nur auf den Produktionsprozess eingeschränkten Betrachtung (Leanproduction). Leanmanagement bezieht auch Funktionen wie Beschaffung, Vertrieb, Produkt- und Personalentwicklung u. a. in die Überlegungen ein. Es ist damit ein integratives Konzept, global betrachtet eine Strategie zur Vermeidung von Verschwendung an Materialien, Maschinen und Personaleinsatz.

Ziel des Leanmanagement ist die Konzentration auf eine Wertsteigerung bzw. eine Erhöhung des Produktionsergebnisses und eine umfassende Nutzung des Mitarbeiterpotenzials.

Im Kern geht es darum, dass

- die Führungsebenen verstärkt **Aufgaben delegieren** und damit auch das Vertrauen in die Fähigkeit der Mitarbeiter fördern, bestimmte Probleme eigenständig zu lösen. Damit wird die Trennung zwischen den herkömmlichen Begriffen „ausführende" und „leitende" Arbeit zwar keineswegs aufgehoben, aber die Rolle der einzelnen „Parteien" erscheint in einem anderen Licht.

Entscheidungen werden nicht auf andere Personen verlagert, sondern sie sind im Rahmen der übertragenen Verantwortung Bestandteil der eigenen auszuführenden Arbeit.

Flache Hierarchie

Kontroll-spanne

- die klassische **Hierarchie** mit der vertikalen Struktur „von oben nach unten" zum einen flacher wird und zum anderen eher in eine horizontale Ebene übergeht. Dadurch werden ganze Geschäftsprozesse in die Verantwortung eines Teams gelegt. Die Kontrollspanne, d. h., die Zahl der einer Führungskraft unterstellten Mitarbeiter wird mit zunehmendem Abbau von Hierarchieebenen und der Entscheidungsdelegation „nach unten" größer.
- **weniger überwacht und kontrolliert**, dafür aber mehr kommuniziert und koordiniert wird. Aufgrund der einmal festgelegten Ablaufstrukturen bedeutet das aber nicht, dass der Aufwand für die Koordinationstätigkeiten steigen muss.

Komplexität

- Einzeltätigkeiten zu **komplexeren Tätigkeiten** zusammengefasst werden. Die Teamentwicklung wird auf allen Ebenen gefördert. Dadurch nimmt die Spezialisierung der einzelnen Mitarbeiter tendenziell ab. Gefragt und gefordert sind Mitarbeiter, die gute Fachkenntnisse, aber auch einen Blick für den Gesamtprozess haben.

Geschäfts-prozesse

Der Erfolg des Leanmanagement liegt nach überwiegender Meinung nicht im Einsatz der einzelnen Leanmanagement-Bausteine (wie Teamwork, Just in time, Simultaneous Engineering usw.), sondern im Zusammenspiel und in der Integration der Einzelelemente.

Als Organisationskriterien des Leanmanagement sind nicht Funktionen und Hierarchien gefragt, sondern es stehen vielmehr die Geschäftsprozesse mit den dazugehörigen Planungs- und Steuerungsfunktionen im Vordergrund der Betrachtung. Eine wesentliche Kernaussage beruht auf der Erkenntnis, dass zwischen den **Erfolgsfaktoren Produktivität, Qualität und Zeit** kein konkurrierendes Verhältnis bestehen muss, sondern dass sich diese Ziele auch gegenseitig ergänzen und unterstützen können.

Ziel:

Mit einem bestimmten Einsatz an Personal, Zeit und Investitionen soll dem Kunden der maximale Wert für sein Geld als Gegenleistung erbracht werden, oder: Eine bestimmte Leistung soll mit einem geringstmöglichen Einsatz von Produktionsfaktoren erstellt werden.

Merkmale des Lean-management

Kriterien:

- qualitativ hochwertige und konkurrenzfähige Produkte,
- sichere Prozesse in der Organisation und im Arbeitsablauf,
- engagierte Mitarbeiter.

Methoden:

Teamarbeit

Die Leistungsfähigkeit von Leanmanagement beruht auf der konsequenten Umsetzung der folgenden Bausteine:

Kunden-orientierung

Zusammen-arbeit mit Lieferanten

- Team- und Gruppenarbeit verbunden mit einer hohen Qualifikation und Motivation aller am Produktionsprozess beteiligten Mitarbeiter; Reorganisation des Fertigungsablaufes (Teamwork),
- strenge Kundenorientierung in allen Unternehmensbereichen; flexible Anpassung der Produktion an neue Kundenbedürfnisse,
- ständiger Verbesserungsprozess,
- enge Zusammenarbeit mit den Lieferanten; straffe Koordination der Zulieferindustrie,
- Abstimmung der Entwicklung neuer Produkte und der dazu nötigen Produktionsmittel,
- flache Hierarchien und schnelle Kommunikationswege.

1.2 Unternehmensführung im Leanmanagement

Eigenverantwortung und Teamarbeit

Flache Hierarchie

Ein Schlüssel für die Erfolge des Leanmanagements liegt einerseits in der besonderen Bedeutung, die dem Produktionsfaktor „menschliche Arbeit" im gesamten Wertschöpfungsprozess eingeräumt wird, und andererseits in der gezielten Anwendung von Gruppenarbeit auf allen Unternehmensebenen. Durch eine ausgeprägte **Delegation von Aufgaben** an einzelne Mitarbeiter und vor allem an Teams ergeben sich wesentlich flachere Hierarchien als bei den sonst üblichen Organisationsstrukturen.

Teamgröße

Qualifikationen

Die einzelnen Teams umfassen dabei in der Regel nicht mehr als zehn Personen und erfüllen ihre Aufgaben weitgehend eigenverantwortlich. An die jeweiligen Teammitglieder werden **hohe Qualifikationsanforderungen** gestellt. So muss jedes Mitglied alle Teilaufgaben der Gruppe mit hoher Qualität erfüllen können und darüber hinaus bereit und in der Lage sein, sich neue Kenntnisse zügig anzueignen. Außerdem wird die Bereitschaft erwartet, zur Lösung aller anfallenden Probleme beizutragen.

Zur **universellen Einsetzbarkeit** innerhalb des Arbeitsteams, das teilweise als Herz der „schlanken Fabrik" bezeichnet wird, gehört auch die Beherrschung zusätzlicher Tätigkeiten, wie Maschinenreparatur, Qualitätsprüfung, Materialbeschaffung usw. Jedes Team hat einen Gruppenleiter, der die Verantwortung dafür trägt, dass

Gruppenarbeit

- die Arbeitsprozesse in der Gruppe reibungslos organisiert werden,
- die Arbeitsteilung und Entlohnung gerecht ist,
- die Auswahl der Teammitglieder zweckmäßig erfolgt und
- ein hoher Qualitätsstandard gesichert wird.

Verbesserung der Kundennähe

Qualitäts-sicherung

Neben regelmäßigen Kundenbefragungen hinsichtlich ihrer Zufriedenheit mit Produkt und Händler ist für das Leanmanagement der direkte Kontakt zwischen Fertigung und Kunden kennzeichnend. Dadurch werden nicht nur die im Markt auftretenden Probleme analysiert, sondern auch Informationsverluste durch Zwischenstufen unwahrscheinlich. Da Probleme für die Kunden trotz aller **Qualitätssicherungssysteme** nicht restlos ausgeschlossen werden können, installiert das Leanmanagement eine aktive Kundendienstabteilung, die das Ziel verfolgt, selbst aus reklamierenden Kunden zufriedene Kunden zu machen. So stehen den Kunden häufig Kundenberatungen, bei Problemen gebührenfreie Rund-um-die-Uhr-Sorgentelefone, Sonderfalldiagnosen u. a. zur Verfügung.

Kundenwünsche

Die **Analyse der Kundenwünsche** und das **Aufspüren der Käuferinteressen** gehen bei der direkten Kundenansprache teilweise bis an die Grenzen der „Kundenaushorchung".

Kaizen und Total-Quality-Management

Eng verflochten mit der Teamarbeit ist das Bestreben nach ständiger Verbesserung des Gesamtsystems. Da sich moderne Teamkonzepte durch hohe Arbeitseinsatzflexibilität, Homogenität, Taktbestimmtheit und strikte Standardisierung der Tätigkeiten charakterisieren lassen, liegen die Gestaltungsspielräume der Teams vor allem darin, diese Standards permanent infrage zu stellen, zu ändern und in diesem Sinn Problemlösungen zu entwickeln. Dieser als „**Kaizen**" bezeichnete **kontinuierliche Verbesserungsprozess** ist mit seinem Streben nach Perfektion eine weitere Stärke der Leanmanagemenkonzeption.

Kaizen

TQM

Zur Sicherung beziehungsweise Verbesserung des Qualitätsstandards wird im gesamten Fertigungsbereich ein **Total-Quality-Management (TQM)** verfolgt, das bei Produkten und Prozessen durch Planung Qualitätsmängel vermeiden und aufgetretene Mängel durch wirksame Steuerung schnellstmöglich beseitigen soll. Zu diesem Zweck ist *jeder Mitarbeiter zu jeder Zeit* befugt beim Auftreten eines Fehlers das Fließband unverzüglich zu stoppen, die aufgetretene Störung schnellstmöglich zu beseitigen und deren Ursachen zu analysieren.

Verbesserung der Lieferantenbeziehungen

Noch enger als mit den Kunden werden bei der Leankonzeption die Beziehungen zu den Lieferanten gestaltet.

Outsourcing

Dabei geht es darum, dass immer häufiger die Teileproduktion im eigenen Betrieb aufgegeben wird. An erster Stelle werden dabei die unproduktiven Randbereiche des Produktionsprogramms nach außen verlagert. Zulieferer können häufig kostengünstiger produzieren. Darüber hinaus werden auch im organisatorischen Bereich Ressourcen gespart. Die Abgabe von Produktionsbereichen an Zulieferer ermöglicht im eigenen Unternehmen eine Konzentration der produktiven Kräfte auf das Kerngeschäft, das für die eigene Position im Wettbewerb entscheidend ist.

Dabei beschränken sich die Zuliefererkontakte auf vergleichsweise wenige Lieferanten, die aber dann häufig keine Einzelteile, sondern komplette Module herstellen. Große Teile der beschaffungstechnischen Fragen und Probleme werden dadurch auch an die Zulieferer übertragen.

Auf der Basis differenzierter Beschaffungsstrategien erarbeiten Hersteller und potenzieller Lieferer **gemeinsam Zielsetzungen** und präzisieren ihre Vorstellungen über die künftige Kooperation. Die Zusammenarbeit ist dabei von Anfang an **auf lange Sicht angelegt** und beginnt in der frühen Startphase einer Modellentwicklung, sodass der Einfluss des Lieferanten auf Funktionen, Qualität und Kosten noch maximal ist. Die Hersteller-Zulieferer-Beziehungen gehen dann in der Regel so weit, dass für jeden der Partner die Produktionsstrukturen des anderen weitgehend transparent sind. Ziel dieser Vorgehensweise ist die gesamte **logistische Kette** des Zulieferers zu optimieren und die daraus resultierenden Kostenvorteile partnerschaftlich untereinander aufzuteilen.

Simultaneous Engineering

Parallele Entwicklungsarbeit

Nicht zuletzt aus der oben beschriebenen engen partnerschaftlichen Beziehung zwischen Hersteller und Lieferant resultiert als weiteres Merkmal schlanker Unternehmen das Simultaneous Engineering. Durch eine Parallelschaltung von Produkt- und Produktionsmittelentwicklung sollen hierbei Zeit- und Kostenvorteile realisiert werden.

So genannte „**Crossfunctional Teams**", denen – neben eigenen Experten aus den verschiedensten Bereichen – auch Mitarbeiter des Zulieferers angehören, begleiten ein neues Produkt von der ersten Idee bis hin zur Betreuung nach dem Verkauf. Auf diese Weise kann das Know-how des Lieferanten über die gesamte Lebenszeit des Produktes (im beiderseitigen Interesse) genutzt werden.

Auslagerung von Ressourcen

Leanmanagement beginnt bei den Prozessen der eigenen Organisation, weitet sich dann aber auch auf das Umfeld der Organisation aus. Es kommt zur Auslagerung von Ressourcen (Mitarbeiter und Material) an Subunternehmen, die sowohl Produktionsbestandteile (Bauteile, Maschinen usw.) als auch Dienstleistungen (z. B. Buchhaltung, EDV-Management) übernehmen.

1.3 Methoden und Rationalisierungskonzepte im Leanmanagement

6-Stufen-Prozess nach REFA

Wird der Rationalisierungsprozess zeitlich in eine organisatorische Abfolge gebracht, lassen sich nach REFA[1] sechs Stufen unterscheiden:

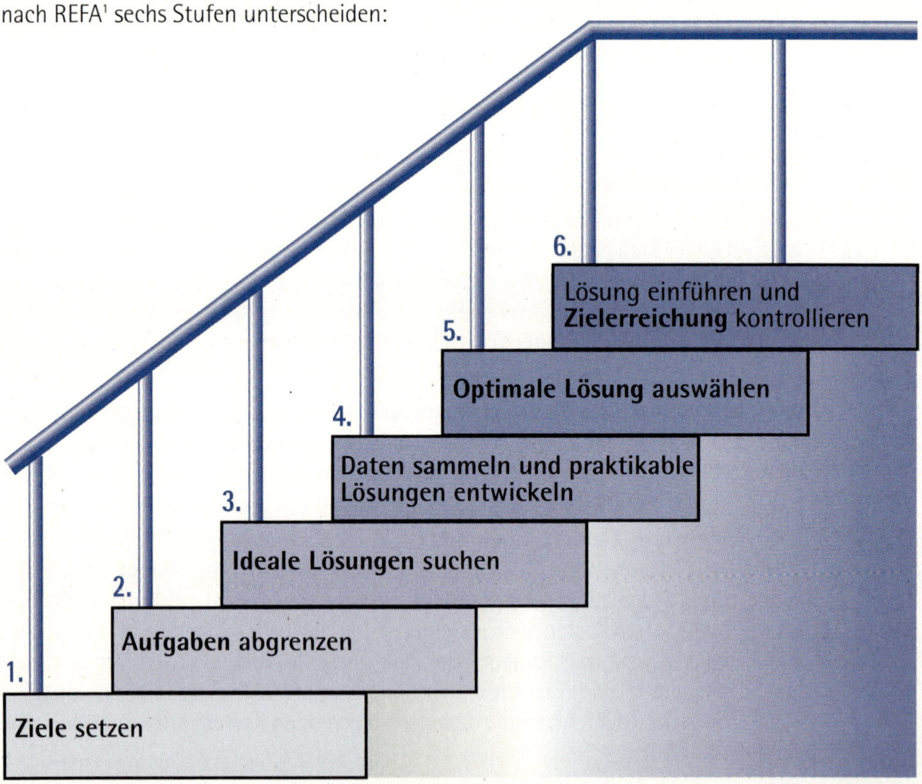

Im Rahmen des Leanmanagement werden die Ziele unter besonderen Gesichtspunkten bestimmt. Ebenso wichtig sind die **Methoden**, die zur Anwendung kommen und die die

1 REFA: Abkürzung für den 1924 gegründeten, heutigen „Verband für Arbeitsstudien e. V." in Darmstadt, der die Grundlagenforschung und die Ausbildung von Fachleuten auf dem Gebiet der Arbeitsstudien fördert.

Voraussetzungen dafür bieten, dass die Ziele überhaupt erreicht werden können. Im Folgenden werden sechs erfolgreiche Methoden vorgestellt:[1]

Minimierung der Bestände

1 **Kanban** als Hilfsmittel zur Just-in-time-Produktion, die den zeitlichen und mengenorientierten Aspekt der Produktion betrifft. Dieses japanische Konzept versucht die Bestände in einem Unternehmen zu minimieren. Kanban ist ein Kettenprozess, der mit der Anlieferung der Werkstoffe beginnt und sich dann auf alle weiteren Fertigungsabschnitte erstreckt.

Das Wesentliche des Konzeptes Kanban ist, dass Lieferanten oder das innerbetriebliche Lager nur dann Werkstoffe oder Teile an die Fertigungsstraße liefern sollten, wenn sie auch tatsächlich benötigt werden. Die Materialanforderung wird mit so genannten Kanbankarten gesteuert (siehe dazu auch Kapitel 3.3.2).

Verbesserungsprozess

2 **Kaizen**[2] soll zur ständigen Anpassung an die jeweiligen Situationen anregen. Kaizen ist als ein dauerhafter Prozess zu begreifen bei dem es darum geht, immer wieder nach Ansätzen für Verbesserungsmöglichkeiten in allen Unternehmensbereichen zu suchen. Diesem Prinzip liegt die Annahme zugrunde, dass jedes System ab dem Zeitpunkt seiner Einrichtung dem Zerfall preisgegeben ist, wenn es nicht ständig erneuert bzw. verbessert wird. Die Botschaft von Kaizen beinhaltet, dass kein Tag ohne irgendeine Verbesserung im Unternehmen vergehen soll. Die Mitarbeiter werden intensiv in diesen Prozess einbezogen (z. B. durch Prämienzahlungen für Verbesserungsvorschläge).

Die durch **Kaizen erzielbaren Ergebniswirkungen** konzentrieren sich dabei nicht nur auf die beiden Erfolgsfaktoren Zeit und Kosten, sondern führen ferner zu einer Verbesserung der Produktqualität. Konkreter Ausdruck hierfür sind geringere Fehler-, Ausschuss- und Nacharbeitsquoten, eine Reduzierung von Reklamationen, ein geringerer Anteil an Sonderverkäufen und geringere technische Änderungen an den Produkten.

> Kaizen ist die Philosophie der ständigen Veränderung und der Flexibilität, um auf die Veränderungen der Umwelt zu reagieren.

Kaizen und Innovationen

Hinter der Unterscheidung zwischen Kaizen und Innovation steht die Frage des Erkenntnisfortschritts bei einer Erfindung bzw. Entdeckung. Unter Innovation versteht man einschneidende Veränderungen wie z. B. technologische Neuerungen, neue Produktionsverfahren usw., die von den Konkurrenten klar erkennbar sind und deren Reaktionen herausfordern. Innovationen sind bei versäumten Anpassungen, bei technologischen Revolutionen bzw. Paradigmenwechseln und bei diskontinuierlichen Organisationsschritten notwendig.

Kaizen dagegen verläuft weniger spektakulär und kann im Vergleich dazu als der Vorgang normaler Entwicklung angesehen werden.

> Kaizen ist der Weg der kleinen Schritte, die Innovation der Weg großer Schritte.

3 **Management by view**

Viele Probleme werden zu spät oder gar nicht entdeckt. Management by view steuert dem dadurch entgegen, dass alle Abläufe im Unternehmen so gestaltet sein sollen, dass

1 In Anlehnung an: Produktionscontrolling (Helmut Gienke). In: http//: www.ebz-beratungszentrum.de/organisation/prodcon.htm, übernommen am 21. Januar 2003

2 Japanisch: Kai = Veränderung, Wandel; Zen = zum Besseren; Kaizen = kontinuierliche Verbesserung.

man Abweichungen und Unregelmäßigkeiten problemlos erkennen kann. Mit dem Mangement by view kann erkannt bzw. aufgedeckt werden, wo evtl. Ursachen der Verschwendung unternehmerischer Ressourcen durch fehlerhafte Produktion, nicht angepasste Lagerbestände, nicht miteinander verzahnte Fertigungsgänge und „Umwege" in der Produktion zu suchen sind.

4 **Poka yoke** bedeutet so viel wie „Narrensicherheit" und kommt aus dem Japanischen: Poka: unbeabsichtigter Fehler; Yoke: Vermeidung, Verringerung. Das heißt, dass die technischen Produktionsabläufe so geplant werden, dass Fehler vermieden oder in jedem Falle rechtzeitig erkannt werden.

5 **Quality Circle**
Die Bereitschaft möglichst der gesamten Belegschaft muss vorhanden sein, sich in den Teamprozess einzubringen und die Abläufe zu verbessern.

6 **Jidoka** ist die Bereitschaft, einen fehlerhaft verlaufenden Vorgang nicht versuchen zu verschleiern, sondern ihn zu stoppen, sobald erkannt wird, dass er fehlerhaft ist. Die Anlagen werden entweder automatisch gestoppt oder durch den Mitarbeiter, der den Fehler entdeckt (z. B. durch eine Reißleine, die das Fließband anhält). Damit wird Zweierlei erreicht:

- Die Ursache eines Fehlers kann exakter und schneller geklärt werden.
- Mit dieser Methode werden die Ausfallraten der Anlagen nicht größer, sondern geringer (siehe dazu auch Lernfeld 2, Kap. 4.3.2, „10er-Regel der Fehlerkosten").

Arbeitnehmer können erkennen, dass ihre Arbeit wertvoll ist, wenn sie sehen, dass ihr Einsatz zu einer noch höheren Wertschöpfung der Produktionskette führt.

Die Mitarbeiter erhalten in der „Schlanken Produktion" erheblich mehr Verantwortung und Freiheit zugleich und können dadurch ihre Fähigkeiten besser entfalten. Gemeinsame Ziele, die durch entsprechende Zielanreizsysteme verstärkt werden, unterstützen diese Vorgehensweise. Der „planende Überbau" in den Unternehmen wird reduziert, unnötige Tätigkeiten der Arbeitskräfte ausgeschaltet.

Wenn Sie mehr über die möglichen Einsparpotenziale im Bereich der Unternehmensführung wissen wollen, finden Sie unter dem Stichwort „hidden factory" in Lernfeld 2, Kap. 3.4 wichtige Informationen.

2 Produktentstehung

Das Leistungsangebot einer Unternehmung besteht aus Produkten, die entweder selbst entwickelt oder in Lizenz hergestellt und vertrieben werden. In größeren Industriebetrieben bilden Forschung, Entwicklung und Konstruktion eigene Abteilungen. „Der große Wurf", der von allen Betrieben angestrebt wird, ist ein Produkt, das auf dem Markt einzigartig ist und eine Lücke füllt, für die kein anderer Hersteller ein Produkt bzw. eine Lösung bieten kann.

Viele Betriebe haben eine eigene Forschungs- und Entwicklungsabteilung. Hier wird ständig daran gearbeitet, bestehende Produkte zu verbessern. In erster Linie sind es Berichte der Außendienstmitarbeiter, Beobachtungen der Aktivitäten der Wettbewerber, Anregungen von Kunden, aber auch die Ideen der hausinternen „Tüftler" und die Verbesserungsvorschläge aus den eigenen Reihen, die dazu führen, dass sich das Produktionsprogramm dauernd „im Fluss" befindet.

Vorschlagswesen

2.1 Das Grünbuch der Europäischen Kommission

Die Europäische Kommission hat ein Grünbuch über integrierte Produktpolitik (IPP) verabschiedet. Kernziel ist die Verbesserung der Umweltleistung einer breiten Palette von Produkten über deren gesamten Lebenszyklus. Ausgangspunkt für die Entwicklung der integrierten Produktpolitik ist letztendlich das Gebot der Nachhaltigkeit, das seinen Ursprung in dem Brundtlandt-Report „Unsere gemeinsame Zukunft" von 1987 hat. Dabei zielt die IPP auf alle Politikbereiche ab, die direkt oder indirekt den Produktlebenszyklus beeinflussen.

> Die **Integrierte Produktpolitik** als staatliche Politik verfolgt das Ziel, das Umweltverhalten von Produkten während ihres gesamten Lebenszyklusses zu verbessern oder zu fördern, und auf diese Weise dem Nachhaltigkeitsgrundsatz zu genügen.

Im Grünbuch wird eine Strategie zur Konsolidierung und Neuausrichtung der produktbezogenen Umweltpolitik mit dem Ziel vorgeschlagen die Entwicklung eines Marktes für umweltfreundlichere Produkte zu fördern. Zur Herstellung der Produkte sollten in Zukunft weniger Ressourcen erforderlich sein, sie sollten mit weniger Umweltbelastungen und -risiken verbunden sein und der Entstehung von Abfall sollte bereits in der Konzipierungsphase vorgebeugt werden.

Umweltaudit

Zur Realisierung der IPP sollen verschiedene Instrumente eingesetzt werden, die größtenteils schon heute bekannt sind und auch bereits angewandt werden. Zu diesen Instrumenten gehören z. B. Umweltberatungen, Umweltzeichen, freiwillige Selbstverpflichtungen und Umweltaudits[1].

Die IPP verfolgt **drei übergeordnete Ziele**, die sich auf grundlegende wirtschaftliche Prinzipien gründen:

Ziele der integrierten Produktpolitik

1. Ankurbelung der **Verbrauchernachfrage** nach umweltfreundlicheren Produkten. Die wichtigsten im Grünbuch vorgeschlagenen Instrumente im Hinblick auf dieses Ziel sind verschiedene Arten der Umweltkennzeichnung.
2. **Anreize** dafür, dass die Unternehmen umweltfreundliche Produkte anbieten. Ein neues, im Grünbuch vorgeschlagenes Element ist die Schaffung von Produktgremien, in denen die wichtigsten Beteiligten vertreten sind.
3. Verwendung des **Preismechanismus** zur Entwicklung von Märkten für umweltgerechtere Produkte. Instrumente dazu sind beispielsweise eine differenzierte Besteuerung wie niedrigere Mehrwertsteuersätze für Produkte mit Umweltzeichen.

Mit dem Grünbuch wurde eine breit angelegte Debatte darüber angeregt, wie sich Wachstumsziele und eine höhere Lebensqualität durch die Sicherung von Wohlstand und Wettbewerbsfähigkeit auf der Grundlage umweltfreundlicherer Produkte erreichen lassen.

1 Audit: (unverhofft durchgeführte) Überprüfung, in diesem Fall durch unabhängige Institute, die nach der internationalen Norm ISO 9000 prüfen.

Weitere Informationen zur Frage eines integrierten Stoffflussmanagements finden Sie in diesem Lernfeld, Kap. 5.

2.2 Klassifizierung von Produkten

Produktion und Absatz

Die Einteilung der Produkte ist abhängig von den zu erreichenden Marketingzielen bzw. den zu entwickelnden Marketingstrategien. Sie knüpft daher an den verschiedenen Charakteristika der Produkte an. Zwischen den beiden Funktionsbereichen Produktion und Absatz bestehen sehr enge Beziehungen. Häufig kommen die Impulse für die Fertigung und damit die Forschung und Entwicklung aus dem Marketing.

Maßgebend ist andererseits aber der Rahmen des Leistungserstellungsprozesses, in dem sich eine Unternehmung bewegt. Ein Konsumgüterhersteller wird kaum Investitionsgüter produzieren können; umgekehrt wird es auch bei der besten Marketingidee nicht möglich sein, dass ein Produzent, der sich z. B. als im Anlagenbauer im Investitionsgüterbereich bewegt, plötzlich aus eigener Kraft in dem Markt für kurzlebige Verbrauchsgüter auftritt.

Produktpolitik

Daher ist die Produktpolitik sowohl ein Arbeitsbereich des Marketing als auch der Leistungserstellung.

Einteilungsmerkmale für Produktkategorien[1]

1 Dauerhaftigkeit

Langlebige Gebrauchsgüter	Gebrauchsgüter werden über lange Perioden genutzt und überleben viele Nutzungen. Im Konsumgüterbereich gehören hierzu die elektrischen Haushaltsgeräte, Unterhaltungselektronik, Autos, Möbel, PCs usw. Im Investitionsgüterbereich zählen hierzu Maschinen, Fahrzeuge, Anlagen.
Nicht dauerhafte Verbrauchsgüter	Verbrauchsgüter werden während einer oder weniger Nutzungen verbraucht. Im Konsumgüterbereich zählen hierzu Lebensmittel, Kosmetik usw. Im Investitionsgüterbereich gehören insbesondere die Werkstoffe (Roh-, Hilfs- und Betriebsstoffe) dazu.
Dienstleistungen	Dienstleistungen sind nicht materielle Güter und stellen Aktivitäten, Nutzen oder Bedürfniserlebnisse dar, die gegen Entgelt angeboten werden. Dienstleistungen sind nicht gegenständlich und begründen kein Eigentum an gegenständlichen Dingen.

1 in Anlehnung an: Grundlagen der Produktpolitik, Einführung 2 „Produktklassen" (Jens Schmidt). In: www.unternehmerinfo.de/Betriebswirtschaftslehre/Marketing – Personal- und Unternehmensberatung Tobias Kafurke, 20. Mai 2002

2 Verwendungszweck

Konsumgüter

Güter, die Endverbraucher für ihren persönlichen Gebrauch oder Verbrauch kaufen, werden als Konsumgüter bezeichnet. Konsumgüter lassen sich nach den Kaufgewohnheiten in weitere Untergruppen einteilen:

convenience goods

Güter des mühelosen Kaufs (convenience goods), z. B. Brot, Gemüse, Zigaretten), Impulsgüter (impulse goods), Dringlichkeitsgüter (emergency goods).

Damit werden Güter bezeichnet, die der Verbraucher regelmäßig kauft, für deren Kauf er sich nicht viel Zeit nimmt und die er bei Bedarf sofort kauft. Es handelt sich hierbei um niedrigpreisige Güter. Bei dieser Kategorie ist eine weitere Unterteilung üblich:

Regelmäßiger Bedarf

Impulskauf

- **Güter des täglichen Bedarfs** werden regelmäßig gekauft (Lebensmittel).
- Bei **Impulsgütern** handelt es sich um Produkte, bei denen wenig oder keine Planung der Kaufabsicht zugrunde liegt. Diese Produkte stehen meistens nicht auf dem Einkaufszettel. Es handelt sich hierbei z. B. um jene Waren, die an den Wartezonen der Kassen aufgestellt sind.

Dringliche Güter

- **Dringlichkeitsgüter** werden gekauft, wenn ein dringendes, plötzliches Bedürfnis entsteht. Beispiele hierfür sind Tabletten bei Kopfschmerzen, Regenschirme bei längeren Schlechtwetterperioden oder Winterreifen bei Kälteeinbruch. Hersteller derartiger Produkte müssen ihre Produktion oft nach saisonalen Gesichtspunkten planen, damit die Produkte sofort greifbar sind, wenn die Bedürfnissituation auftritt.

shopping goods

Güter des Such- und Vergleichskaufs (shopping goods), z. B. Kleidung, Möbel, Autos.

Kaufmühe

Hierbei handelt es sich um Konsumgüter, bei denen der Verbraucher vor dem Kauf erhebliche Anstrengungen bei der Auswahl zwischen Produktalternativen unternimmt. Er opfert Zeit und Mühe für die Suche und Bewertung der verschiedenen Angebote. Innerhalb dieser Kategorie kann noch zwischen den *heterogenen Gütern* und den *homogenen Gütern* unterschieden werden:

- **Heterogene Güter** variieren sehr stark in den Ausstattungsmerkmalen, bei ihnen sind diese Ausstattungsmerkmale kaufbestimmend (z. B. Bekleidung).
- **Homogene Güter** sind in ihren Merkmalen sehr ähnlich, bei ihnen bestimmen Preis und Leistungsmerkmale sehr stark die Kaufentscheidung (z. B. Kühlschrank).

speciality goods

Güter des Spezialkaufs (speciality goods), z. B. Antiquitäten, Prestigeobjekte, Hobbyausrüstungen.

Das sind Konsumgüter mit einzigartigen Charakteristika, für deren Erwerb eine größere Käufergruppe bereit ist, große Anstrengungen auf sich zu nehmen. Beispiele sind besondere Marken oder Typen von Autos, Highend-Unterhaltungselektronik, Antiquitäten oder besondere Modeartikel. Bei vielen dieser Spezialprodukte vergleicht der Käufer nicht mehr.

unsought goods

Güter des fremdinitiierten Bedarfs (unsought goods), z. B. Lebensversicherungen, Bestattungsverträge.

Diese Kategorie enthält jene Produkte, die der Käufer nicht freiwillig kauft oder gar nicht weiß, dass es sie gibt, bis eine bestimmte Bedürfnissituation eintritt oder er darüber von dritter Seite informiert wird (Hörgeräte, Versicherungen, Treppenlifte usw.). Der Absatz dieser Produkte benötigt oft besondere Marketinganstrengungen, sehr viel Werbung und persönlichen Verkauf.

Investitions-/ Industriegüter

Industriegüter werden von Unternehmen gekauft, um im Produktionsprozess eingesetzt oder verarbeitet zu werden, oder um das Unternehmen selbst zu betreiben.

Rohstoffe

Rohstoffe und Zulieferteile
Es handelt sich hierbei um Güter, die direkt in das Produkt eingehen, sei es über Weiterverarbeitung oder als Bestandteil des Endproduktes.

- Zum **Rohmaterial** zählen Rohstoffe aus der Natur und landwirtschaftliche Produkte; sie werden im Allgemeinen weiterverarbeitet.

- **Zulieferteile** hingegen sind Fertigteile oder Module bzw. Bausegmente, die im Allgemeinen unverändert in das Produkt eingefügt oder eingebaut werden (z. B. Motoren, Batterien, Glühbirnen, Reifen).

Anlagegüter

Anlagegüter
Es handelt sich hierbei um Güter, die nicht direkt in das Produkt eingehen, sondern die als langlebige Gebrauchsgüter für den Herstellungsprozess benötigt werden.

Immobilien

- **Bauten und Anlagen** sind z. B. langlebige Güter. Es handelt sich dabei um Gebäude, Bürobauten und maschinelle Produktionsanlagen. Bauten und Anlagen werden von Unternehmen im Verlauf eines länger andauernden Prozesses gekauft, der auch vom Verkäufer intensive Beratung und Unterstützung beim Entscheidungsprozess verlangt.

Mobile Anlagen

- **Einrichtungen** sind mobile Ausrüstungsgegenstände für Fertigung und Verwaltung, z. B. Werkzeuge, Büromöbel, Telefone und DV-Anlagen. Einrichtungen haben eine kürzere Lebensdauer als Bauten und Anlagen und unterstützen den eigentlichen Fertigungsprozess.

Betriebsstoffe

Hilfsstoffe

Betriebsstoffe/Hilfsstoffe
Die Güter dieser Kategorie gehen nicht direkt in das Produkt ein. Sie sind notwendig, um den Produktionsprozess aufrechtzuerhalten. Diese Güter entsprechen den Gütern des regelmäßigen Bedarfs bei den Konsumgütern. Daher sind auch die Produktions- und Absatzprozesse ähnlich wie im Konsumgüterbereich.

2.3 Forschung, Entwicklung, Erprobung

Produktideen

Eine Analyse der verschiedenen Produktgruppen zeigt, dass jeder unterschiedliche Bereich sowohl in der Produktion als auch im Absatz passende Strategien erfordert. Es gibt nur wenige Produktideen, die „vom Himmel fallen", die meisten sind das Ergebnis genauer Recherche und Auswertung. Allerdings hängt es stark von dem Marktsegment ab, in dem eine Unternehmung tätig ist, ob und in welchem Umfang Produktforschung und -entwicklung betrieben werden.

Im **Konsumgüterbereich** steht am Anfang der Entwicklung häufig neben der sorgfältigen Beobachtung des Marktgeschehens das Gespür für das, was der Käufer wünschen könnte. Zu der herkömmlichen Produktforschung gehören in modernen Unternehmen zeitgemäße Alternativen, die aufeinander aufgebaut sind und einen integrierten Ansatz bilden, bei dem alle unternehmerischen Funktionen gefordert sind:

Kundenwünsche

- Methoden der **Marktdynamik** versuchen die Bedürfnisse der Kunden situativ, d. h. zeitabhängig zu erfassen und – weil eben nicht alle Kunden die gleichen Ansprüche haben – zu segmentieren.

Produkteigenschaften

- Die Marktchance eines Produktes wird durch eine kritische **Produktanalyse** ermittelt. Dabei geht es um die Eigenschaften des Produktes im Vergleich zu den oben angesprochenen ermittelten Bedürfnisstrukturen.

Absatzchancen

- In einer **Potenzialanalyse** wird versucht das Absatz- und Umsatzvolumen zu prognostizieren, um erste Erkenntnisse darüber zu gewinnen, ob eine Produktion überhaupt infrage kommt und/oder ob die Forschungs- und Entwicklungsarbeiten fortgesetzt werden sollen.

Kritische Prüfung

- Die **Produktevaluation** erfasst alle externen und internen Informationen nach der Markteinführung (Product-Launch), um zu prüfen, ob die vorher gefällten Entscheidungen richtig waren oder nicht. Gegebenenfalls will man aus seinen Fehlern lernen, damit sie sich bei anderen Projekten nicht wiederholen.

Unter **Forschung** versteht man das systematische Suchen nach Problemlösungen. Die Grundlagenforschung dient dazu, naturwissenschaftliche Erkenntnisse zu erarbeiten. Sie ist nicht an dem Ziel einer praktischen Anwendbarkeit orientiert. Träger der Grundlagenforschung sind insbesondere Hochschulen. In der Industrie wird vorwiegend angewandte Forschung betrieben.

Die **Entwicklung** beinhaltet die Auswertung und Anwendung von Forschungsergebnissen. Sie knüpft damit an die Ergebnisse der angewandten Forschung an. Die Entwicklungstätigkeit kann sich, ebenso wie die angewandte Forschung, auf Materialarten, Erzeugnisse, Fertigungsverfahren und Anwendungsgebiete beziehen. Ihr Ziel besteht darin, die erforschten Projekte zur Fertigungsreife zu führen.

Test

Bei der **Erprobung** werden die Ergebnisse der Entwicklungstätigkeit auf die Anforderungen hin geprüft (z. B. Erprobung der Reißfestigkeit eines Sicherheitsgurtes). Bei vielen Erzeugnisarten (z. B. Autos, Waschmaschinen) werden vor dem Beginn der Serienfertigung kleinere Mengen (Nullserien) erstellt, die speziell der Erprobung im Alltagsbereich dienen.

Arbeitnehmererfindungen

Im Rahmen betrieblicher Verbesserungsvorschläge erschließt sich ein weiteres Potenzial. Im Gesetz für Arbeitnehmererfindungen (ArbnErfG) wird unterschieden zwischen:

Erfindungen

Diensterfindungen

- während des Zeitdauer des Arbeitsverhältnisses entstanden; verwertet Erfahrungen, die der Arbeitnehmer im Betrieb gewonnen hat; allgemeines Nutzungsrecht steht dem Arbeitgeber zu;
- Zahlung einer „angemessenen" Vergütung und rechtlicher Schutz der Erfindung.

Freie Erfindungen

- während der Zeitdauer des Arbeitsverhältnisses entstanden;
- verwertet Erfahrungen, die nicht direkt im Betrieb gewonnen wurden;
- allgemeines Nutzungsrecht steht dem Arbeitnehmer zu;
- Nutzung durch den Arbeitgeber nur bei entsprechender Einigung mit dem Arbeitnehmer.

Verbesserungsvorschläge

- am Arbeitsplatz entstanden;
- Nutzung durch den Arbeitgeber bei entsprechender Einigung mit dem Arbeitnehmer (Betriebsvereinbarung/Tarifvertrag).

2.4 Entscheidungen zur Produkteinführung

Kaufmännische Entscheidungen

Produktionsprogramm

Industriebetriebe fertigen im Allgemeinen mehrere Erzeugnisse im Rahmen ihres Produktionsprogrammes. Die Aufgabe der Programmplanung ist es, die Zusammensetzung des Programms zu bestimmen und die erwarteten Absatzmengen, die Produktionskosten und die möglichen Verkaufserlöse zu prognostizieren.

Marktsituation

Aus den jeweiligen Marktsituationen (aufgrund von Informationen der Marktforschung) und Marktprognosen auf der einen Seite und den unternehmerischen Zielen sowie den betrieblichen Voraussetzungen (z. B. Auslastungsgrad der Produktion) auf der anderen Seite ergeben sich für die Unternehmung verschiedene Strategien.

Technische Fragen

Konstruktionsergebnisse

Die **Forschungs- und Entwicklungsarbeiten** beinhalten auch viele technische Einzelheiten, die in geeigneter Weise dargestellt werden müssen. Dazu dienen unter anderem technische Zeichnungen, die die Konstruktionsergebnisse festhalten und als Grundlage für die Materialbeschaffung und die Herstellung herangezogen werden. Technische Zeichnungen müssen durch Stücklisten ergänzt werden, die den kaufmännischen Anforderungen entsprechen.

Definition

> Stücklisten sind die technische Grundlage für kaufmännische Tätigkeiten.

Die **Urstückliste** (bzw. Gesamt- oder Konstruktionsstückliste) wird von dem Konstruktionsbüro anhand der technischen Zeichnungen erstellt. Sie ist eine Aufstellung aller Einzelteile, aus denen sich ein Produkt zusammensetzt. Die Urstückliste wird entweder in die Gesamtzeichnung aufgenommen oder, bei Produkten mit vielen Einzelteilen, getrennt von ihr erstellt.

Stücklisten

Für die Arbeitsvorbereitung ist die nach konstruktionstechnischen Merkmalen aufgebaute Urstückliste nur bedingt brauchbar. Sie wird daher in verschiedene Stücklistenarten aufgelöst, die sich in Aufbau- und Arbeitsstücklisten einteilen lassen. **Aufbaustücklisten** informieren über Art und Menge von Baugruppen und Einzelteilen der herzustellenden Erzeugnisse. **Arbeitsstücklisten** dienen speziellen betrieblichen Aufgaben, so z. B. der Ermittlung des Materialbedarfs.

3 Produktionsplanung und -steuerung

Supply-Chain-Management

Unabhängig von unternehmensspezifischen Besonderheiten geht es bei der Produktionsplanung immer darum, dass im Sinne des „Supply-Chain-Gedankens" eine enge Verbindung sämtlicher Kunden-Lieferanten-Beziehungen Eingang in die Produktionsplanung findet.

Wenn Sie mehr über den Supply-Chain-Gedanken wissen wollen, schlagen Sie im Lernfeld 2, Kapitel 3.1 nach.

Kapazitätsplanung

Die Produktionsplanung ist in erster Linie eine Frage der vorhandenen Aufträge und der vorhandenen Kapazitäten. In den einzelnen Betrieben wird unterschiedlich vorgegangen. Niemand produziert ohne einen Blick auf die Absatzlage. Trotzdem gibt es Branchen und Unternehmungen, die nur auf Auftrag produzieren, während andere ihre Produktionsentscheidungen von der allgemeinen Einschätzung der Marktlage abhängig machen und im Voraus produzieren müssen. Dies ist z. B. bei saisonalen Artikeln der Fall. Die Spielwarenindustrie könnte z. B. weder organisatorisch noch personell kurz vor Weihnachten genügend Kapazitäten bereitstellen, um alle in diesem zeitlich sehr engen Rahmen benötigten Artikel herzustellen. Die Produktion wird hier über das gesamte Jahr verteilt.

Produktionsplanung, Kapazitätsplanung und Fertigungsabläufe werden aus den Geschäftsprozessen des Unternehmens abgeleitet.

Unter Zuhilfenahme entsprechender Software übernehmen Rechner dann die eigentliche Arbeit. Dabei werden alle Ressourcen und Produktionsfaktoren (Material, Betriebsmittel, Personal, Werkzeuge) einer simultanen Planung unterworfen. Unter Einhaltung der vorhandenen Kapazitätsgrenzen wird die Maschinenbelegung geregelt. Das Programm verhindert Doppelbelegungen und gleicht die Auftragsstücklisten untereinander ab. Aufgrund der zum Teil nur sehr eingeschränkten Lagerhaltung ist in integrierten Systemen auch ein Datenaustausch mit den rechnergesteuerten Planungen von Vorlieferanten erforderlich.

Verbindung von Produktionsfaktoren

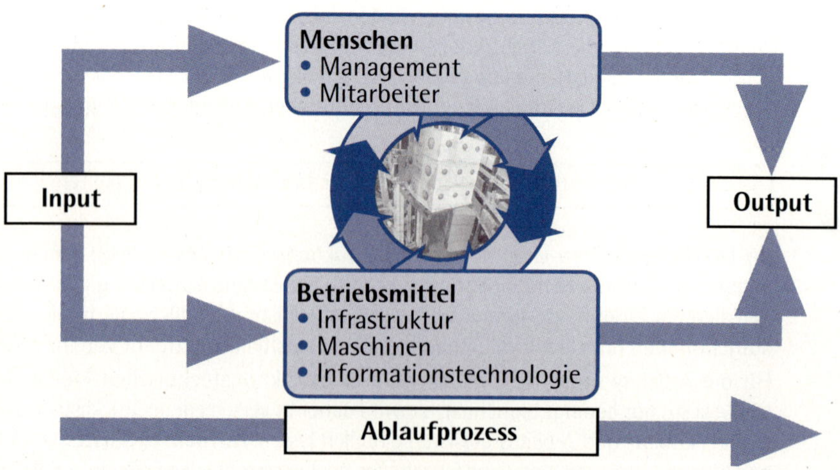

Abbildung in Anlehnung an: Refaconsult GmbH, Emil-Figge-Straße 43, 44227 Dortmund

Optimale Kapazitätsplanung

3.1 Produktionskapazitäten

Die heutigen Geschäftsprozesse zeichnen sich durch einen hohen Grad an Parallelität aus. Neue Technologien wie Workflow-Management-Systeme, verteilte Datenbanken oder Groupware-Systeme ermöglichen Geschäftsprozesse, bei denen die Reihenfolge der auszuführenden Aktivitäten nicht zwingend vorher festgelegt ist. Gesteuert werden kann dies oft nicht mehr manuell, sondern nur mithilfe vernetzter DV-Systeme. Das Grundproblem der optimalen Kapazitätsverplanung bleibt aber unabhängig von den angewandten Methoden und Verfahren dasselbe.

Die einzelnen Arbeitsgänge müssen bestmöglich miteinander verzahnt werden. Je besser die Anlagen ausgelastet sind, d. h. je geringer der „Leerlauf" ist, desto niedriger sind die mit der Produktion verbundenen Kosten. Intelligente rechnergesteuerte Lösungen führen zu optimalen Maschinenauslastungen. Engpassfaktor ist hier oft der Produktionsfaktor Arbeit. Während Maschinen mit geringen Wartungsunterbrechungen 24 Stunden laufen könnten, sind der menschlichen Arbeitskraft hier deutliche Grenzen gesetzt.

Kapazität ist das Leistungsvermögen während eines bestimmten Zeitabschnittes, gemessen in Stückzahlen, Tonnen, Kilogramm, Liter und Prozessgrößen (z. B. Maschinenstunden, Fertigungsstunden).

Einfaches Modell der Verzahnung von Arbeitsabläufen ohne Zeitraster

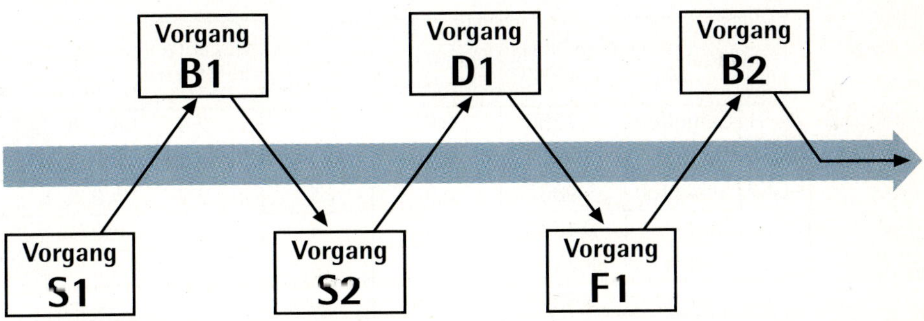

Hohe Leerkapazitäten

Verzahnung von Arbeitsabläufen und Auslastung der einzelnen Maschinen

Vorgang		Maschinen-gruppen	Zeit pro Vorgang in Minuten	Anzahl der Vorgänge	Gesamtzeit in Minuten	Auslastung der Maschinen mit diesem Auftrag
S1	Schleifen	S 2356	0,6	4	2,4	40 %
B1	Bohren	B 4455	0,2	24	4,8	80 %
S2	Schleifen	S 9000	0,9	4	3,6	60 %
D1	Drehen	D 1345	1,5	4	6,0	100 %
F1	Fräsen	F 2349	1,2	4	4,8	80 %
B2	Bohren	B 9879	0,15	8	1,2	20 %
					22,8	

Sachverhalt/Problemstellung:

- Die Gesamtbearbeitungszeit beträgt 22,8 Minuten.
- Insgesamt werden 6 Maschinen eingesetzt, die unterschiedlich ausgelastet sind.
- Bei dem Vorgang D 1 sind keine Pufferzeiten mehr vorhanden.
- Die Maschine B 9879 ist mit 20 % am geringsten ausgelastet. Würde der Vorgang B 2 von der Maschine B 4455 (Vorgang B 1) mit übernommen, läge die Gesamtauslastung auch hier bei 100 % (B 1: 80 % + B 2: 20 %).
- Bei einer Zusammenfassung der Vorgänge S 1 und S 2, d. h., einer Bearbeitung auf nur einer Maschine (S 1 oder S 2) ergäbe sich auch hier eine Auslastung von 100 %).

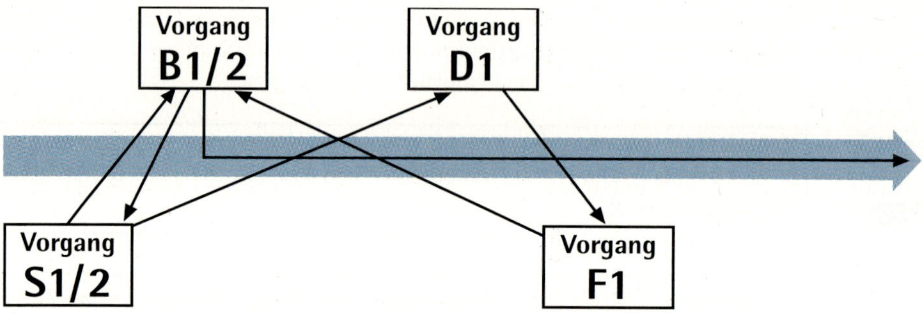

Maschinenzusammenfassung

Vorgang		Maschinengruppen	Zeit pro Vorgang in Minuten	Anzahl der Vorgänge	Gesamtzeit in Minuten	Auslastung der Maschinen mit diesem Auftrag
S1	Schleifen	S 2356	0,6	4	2,4	100 %
B1	Bohren	B 4455	0,2	24	4,8	100 %
S2	Schleifen	~~S 9000~~	0,9	4	3,6	0 %
D1	Drehen	D 1345	1,5	4	6,0	100 %
F1	Fräsen	F 2349	1,2	4	4,8	80 %
B2	Bohren	~~B 9879~~	0,15	8	1,2	0 %
					22,8	

Kapazitätsarten

Maximale Kapazität

Sie kennzeichnet das größtmögliche Leistungsvermögen einer Unternehmung. Arbeitskräfte und Betriebsmittel sind hierbei einer überhöhten Belastung ausgesetzt. Eine hohe Ausschussproduktion und eine starke Abnutzung von Maschinen und Werkzeugen sind die Folge, wenn eine Unternehmung ihre maximale Kapazität ausnutzen will.

Minimale Kapazität

Sie bezeichnet die Leistung (Ausbringung, Nutzung der Betriebsmittel), die aufgrund technischer Gegebenheiten und/oder wirtschaftlicher Zielsetzungen nicht unterschritten werden darf.

Optimale Kapazität

Sie kennzeichnet die betriebswirtschaftliche Situation, in der die Betriebsmittel am wirtschaftlichsten genutzt werden.

Beschäftigungsgrad

Als Kapazitätsauslastung bezeichnet man den Quotienten zwischen der vorhandenen und der ausgenutzten Kapazität:

$$\frac{\textbf{Kapazitätsauslastung}}{\text{(Beschäftigungsgrad)}} = \frac{\text{tatsächlich genutzte Kapazität (Beschäftigung)}}{\text{vorhandene Kapazität}}$$

Als Maßstab für die Kapazitätsauslastung bzw. den Beschäftigungsgrad zieht man in der Regel nicht die maximale, sondern die optimale Kapazität einer Unternehmung heran.

3.2 Fertigungsprogrammplanung

3.2.1 Programmbreite und -tiefe

Sonderfall: Kuppelproduktion

Die **Programmbreite** bezeichnet die Anzahl der unterschiedlichen Erzeugnisarten, die gefertigt werden. Eine Art Zwang zu einer bestimmten Programmbreite ist im Sonderfall der Kuppelproduktion gegeben, da hier verschiedene Erzeugnisse in einem Fertigungsgang gleichzeitig entstehen (z. B. bei der Gaserzeugung auch Koks und Teer). Die Entscheidung über die Anzahl der Erzeugnisarten hängt von fertigungstechnischen und absatzpolitischen Überlegungen ab. Dabei müssen folgende Vor-und Nachteile bedacht werden:

Enges Produktionsprogramm

- Seltene Umstellung der Maschinen auf andere Erzeugnisarten: Je mehr Erzeugnisarten ein Betrieb auf den gleichen Produktionsanlagen herstellt, desto häufiger müssen diese umgestellt werden.
- Betriebe, die nur eine oder wenige eng verwandte Erzeugnisart(en) herstellen, produzieren diese häufig in großen Mengen. Die Kostenbelastung, die dabei auf das einzelne Produkt entfällt, ist vergleichsweise gering (Gesetz der Massenproduktion).
- Einfachere Fertigungsplanung und Fertigungssteuerung: Je mehr Erzeugnisarten herzustellen sind, desto schwieriger und kostenintensiver wird die Planung und Steuerung des Fertigungsprozesses.
- Bei zurückgehendem Absatz und einer unflexiblen Fertigungstechnologie ist ein Ausweichen auf andere Erzeugnisse nur mit erheblichem Aufwand möglich.

Breites Produktionsprogramm

- Produkte profitieren im Falle von Komplementärgütern häufig von deren gegenseitiger absatzfördernder Wirkung. So stellen z. B. Fotoartikelfabrikanten außer Kameras auch Blitzlichter, Zusatzobjektive, Stative, Projektoren u. a. her.
- Bessere Berücksichtigung von Kundenwünschen ist möglich.
- Wettbewerbsvorteile vor der Konkurrenz.
- Unanfälliger gegenüber einem Nachfragerückgang, da das Absatzrisiko auf alle hergestellten Erzeugnisse verteilt wird. Rückläufige Umsatzzahlen bei einem Erzeugnis lassen sich u. U. durch steigenden Umsatz bei anderen ausgleichen.

Nach dem Gesetz der Massenproduktion sinken die fixen Kosten pro Stück bei steigender Ausbringung. Dies wird durch ein enges Produktionsprogramm begünstigt.

Outsourcing

Die **Programmtiefe** wird durch die Anzahl der Fertigungsstufen bestimmt, die ein Erzeugnis innerhalb einer Unternehmung durchlaufen soll. Je größer die Zahl der Be- oder Verarbeitungsstufen ist, desto tiefer ist das Produktionsprogramm. Beim Prozess des Outsourcing, d. h., einer Übertragung von Fertigungsstufen auf andere Unternehmungen (Fremd- statt Eigenfertigung) wird die Fertigungstiefe verringert.

Fakten kurz gefasst

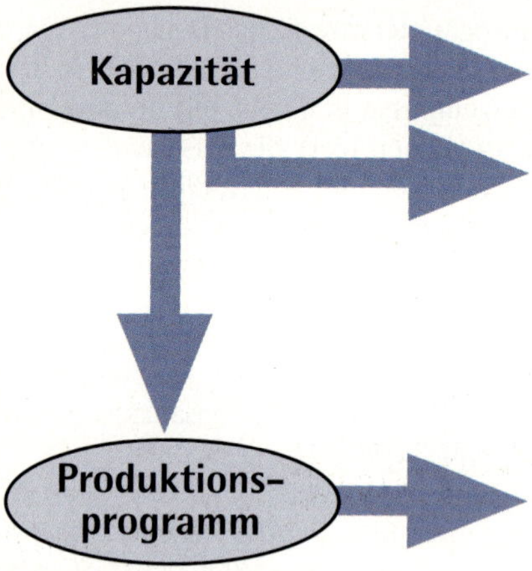

Leistungsvermögen (Ausbringungsmenge) einer Anlage innerhalb einer bestimmten Zeiteinheit

Ziel:

- Minimierung der Leerkosten für unausgelastete Kapazitäten
- Vermeidung der Überbeanspruchung der vorhandenen Kapazitäten
- optimale Auslastung der vorhandenen Betriebsmittel und sonstigen Produktionsfaktoren

Die vorhandenen Kapazitäten müssen auf die verschiedenen Erzeugnisbereiche aufgeteilt werden. Je umfangreicher das Fertigungsprogramm, desto schwieriger ist die optimale Verplanung der Kapazitäten.

3.2.2 Normeinhaltung und Typung

Normung

Unter Normung versteht man die Vereinheitlichung von Formen, Größen und Qualitäten der Einzelteile eines Produktes. Es gibt:

Normenarten

- Nationale Normen (z. B. DIN)
- Internationale Normen (z. B. ISI)
- Verbandsnormen (z. B. Gütezeichen)
- Werknormen

Typung

Endprodukte

Unter Typung versteht man die Vereinheitlichung von Endprodukten, die aus verschiedenen Teilen zusammengesetzt sind. Im Unterschied zur Normung wird die Typung in der Regel unternehmensindividuell vorgenommen. Ansatzpunkt ist die Produktgestaltung eines bestimmten Unternehmens. Werden deren Produkte nicht in einer großen Anzahl von Varianten, sondern nur in einer beschränkten Typenzahl hergestellt, wird die Fertigung kostengünstiger. Wenn höhere Stückzahlen auf einen Produkttyp entfallen, vermindert sich die Fixkostenbelastung je Stück:

Vorteile der Typung

- bessere Marktübersicht und bessere Vergleichbarkeit der Produkte durch Beschränkung der Erzeugnisarten, -formen und -größen;
- geringere Lieferzeiten, da getypte Güter meist vorrätig sind;
- vereinfachte Lagerhaltung aufgrund geringerer Lagerbestände und leichterer Überwachung der Lagerbestände;
- kostengünstigere Massenproduktion;
- vereinfachter Produktionsablauf durch Vermeidung von häufigen Umstellungen und Programmänderungen.

Allerdings bedingt die Abhängigkeit von bestehenden Typen, dass es schwierig und kostspielig ist, nach Kundenwünschen Sondermaße zu produzieren. Bei übertriebener Typenbildung droht zudem eine Uniformierung der Produktpalette.

Baukastensysteme

Bauelemente

Hierbei werden zur Herstellung der verschiedenen Erzeugnisse eines Betriebes die gleichen Bauelemente (Bausteine) verwendet. Jede Kombination ergibt eine spezielle Art des Grunderzeugnisses. Gehen außer den Bauelementen noch Sonderelemente (Nichtbausteine) in das Produkt ein, liegt ein Baukastenmischsystem vor. Baukasten bzw. Baukastenmischsysteme findet man vor allem in Betrieben, die langlebige Gebrauchsgüter herstellen, so z. B. in Auto-, Möbel- und Maschinenfabriken.

Spezialisierung

Die Überlegungen, die zur Spezialisierung führen, gehen davon aus, dass erst durch eine Beschränkung des Produktionsprogramms die anfallenden Kosten besonders stark gesenkt werden können, da eine Produktion in großen Stückzahlen möglich wird:

Vorteile der Spezialisierung

- niedrige Stückkosten durch Herstellung großer Mengen;
- höhere Qualität der Erzeugnisse durch den Einsatz von Spezialmaschinen;
- größere Leistungsfähigkeit der Arbeitnehmer durch Verrichtung fortwährend gleicher Tätigkeiten;
- geringerer Bedarf an Werkzeugen, Maschinen und Arbeitskräften.

Allerdings besteht auch ein verstärktes Absatzrisiko durch Konjunkturschwankungen, Saisonschwankungen und Modeänderungen, wenn man sich auf wenige Produkte konzentriert. Sollte man in erster Linie für den Bedarf einiger Großkunden produzieren, begibt man sich zudem in eine starke Abhängigkeit.

Definition

> Unter Spezialisierung versteht man die Beschränkung des Produktionsprogramms auf wenige Erzeugnisarten.

3.2.3 Fertigungsplanung

Machbarkeitsprüfung

Die Fertigungsplanung hat die Aufgabe, eingehende Kundenaufträge produktionstechnisch bestmöglich abzuwickeln. Dazu gehört, dass die technisch vorhandenen Kapazitäten im Rahmen einer Machbarkeitsprüfung und Kapazitätsplanung möglichst schnell analysiert und mit der Kundenanfrage bzw. den Auftragsdaten verglichen werden. Es werden alternative Prozesse über-

Kapazitätsreservierung

prüft und man erhält sofort ein Ergebnis. Eine solche „sofortige Machbarkeitsprüfung" ist insbesondere bei Anfragen oder Aufträgen aus dem Internet oder per Telefon wichtig.

Bei Auftragserteilung werden die Kapazitäten sofort reserviert. Somit sind die Voraussetzungen für eine zuverlässige Zusammenarbeit auch im E-Commerce gegeben.

Rechnergestützte Planung

Die Fertigungsplanung erfolgt durch miteinander vernetzte Rechner. Sie unterstützen die Planungen bei der auftragsbezogenen Organisation der Produktion oder bei der Definition eines festen Produktionsprogramms für einen definierten Planungszeitraum (z. B. ein oder zwei Wochen).

Aspekte der Ablaufanalyse

Der Arbeitsablauf im Rahmen eines Geschäftsprozesses umfasst wesentlich mehr Schritte als nur den produktionstechnischen Bereich. Aber genau in Letzterem gibt es oft Engpässe, die dazu führen, dass in diesem Unternehmensabschnitt der Schwerpunkt der Planungen liegt. Dabei geht es um folgende Einzelbereiche:

Bereiche der Ablaufplanung

1. zeitliche Folge von Ablaufabschnitten,
2. logische Folge von Arbeitsabschnitten,
3. systematische Darstellung der Ablaufschritte,
4. Abgrenzung der Schnittstellen,
5. Arbeitsverfahren,
6. Betriebsmitteleinsatz,
7. Materialfluss,
8. andere technische Arbeitsbedingungen.

Der Planungsablauf kann dabei nach verschiedenen Optimierungskriterien konfiguriert werden:

- optimale Reihenfolge zur Rüstzeitminimierung,
- Durchlaufzeitverkürzung,
- Losgrößenoptimierung usw.

Schwerpunktsetzung

Die Fertigungsplanung kann kurzfristig nur auf den vorhandenen Kapazitäten aufbauen. Ziel ist es, diese Produktionsmöglichkeiten optimal zu nutzen. Dabei muss sich der Absatzbereich bei Terminzusagen darauf verlassen können, dass die Planungen der Arbeitsvorbereitung realistisch sind und daher Produktionstermine auch eingehalten werden.

Der Planungsgrundsatz ist immer die Zuverlässigkeit.

3.2.3.1 Logistische Aufgaben

Im Rahmen der Fertigungsplanung fallen folgende Aufgaben an:

- Arbeitsplanung,
- Ermitteln des Personal-, Material- und Betriebsmittelbedarfs,
- Gestalten des Materialflusses zwischen den Arbeitsplätzen,
- Ermitteln der Dauer aller Arbeitsgänge (Durchlaufzeitenplanung),
- Terminplanung.

Versorgungskette

Ca. 70 % der volkswirtschaftlichen Wertschöpfung erfolgt in kleinen und mittelständischen Betrieben. Zur optimalen Versorgung des Marktes ist die Versorgungskette in Form eines flexiblen Logistiksystems eine wichtige Voraussetzung. Die Einzelfunktionen eines Logistiksystems kosten Geld, sind aber letztendlich nicht wertschöpfend im Sinne der Betriebswirtschaft.

Logistiksysteme

Eine Reduzierung dieser Kosten ist aber erreichbar durch eine **Verbesserung des Informationsflusses, der Organisation und der Kooperation.** Mittelständische Unternehmen sind oft Musterbeispiele für geringe „Overhead"-Kosten. Sie kommen mit einem geringeren Organisationsgrad aus als Großunternehmen, weil viele Aufgaben in wenigen Händen gebündelt sind (siehe auch „schlanke Organisation", Lernfeld 7, Kapitel 4). Aber hier erreichen die Logistikkosten oftmals sehr hohe Werte, weil die Möglichkeiten eines rationellen und weitgehend automatisierten Logistiksystems nicht gegeben sind. Oft fehlt es aber auch an der Bereitschaft, gewachsene und teilweise personenbezogene Organisationsstrukturen zu verändern.

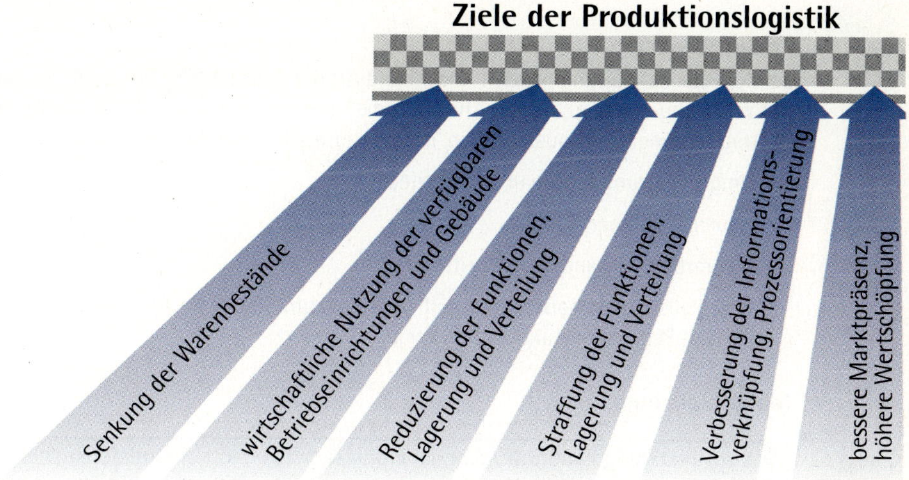

in Anlehnung an: Refaconsult GmbH, Emil-Figge-Straße 43, 44227 Dortmund

Logistikprobleme

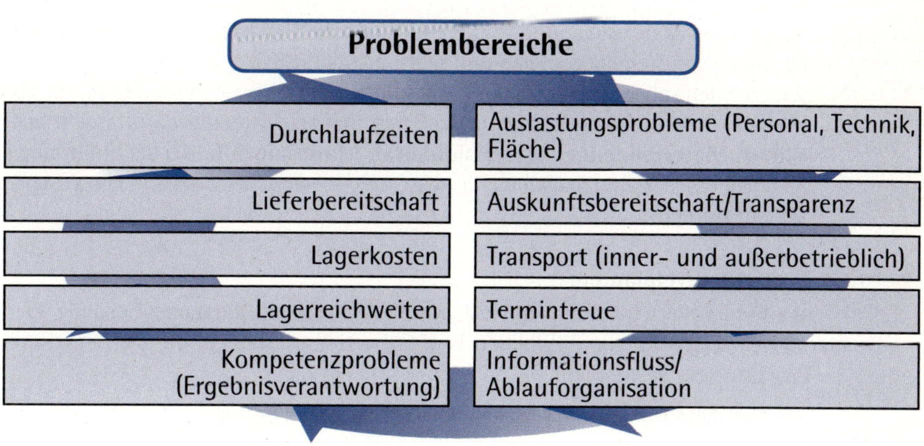

in Anlehnung an: Refaconsult GmbH, Emil-Figge-Straße 43, 44227 Dortmund

3.2.3.2 Einzelbestandteile der Planung

Arbeitsplanung

Konstruktionszeichnungen

Stücklisten

Der wichtigste Teil der Fertigungsplanung ist die Arbeitsplanung. Ihre Grundlage sind die Konstruktionszeichnung und die Stückliste. Auch der Betriebsmittelbestand und die geplante Erzeugnismenge sind bei der Arbeitsplanung zu berücksichtigen. Die Ergebnisse der Arbeitsplanung sind Ausgangsdaten für die

- Bereitstellung des Fertigungsmaterials,
- Terminplanung,
- Vor- und Nachkalkulation,
- Wahl des innerbetrieblichen Transportweges,
- Erstellung der notwendigen Arbeitsbegleitpapiere, so z. B. Terminkarten und Laufkarte.

Personalplanung

Arbeitskräftebedarf

Bei der Personalplanung werden Anzahl und Art der Arbeitskräfte ermittelt, die zur Fertigungsdurchführung benötigt werden. Reichen die vorhandenen Arbeitskräfte nicht aus, um einen Auftrag termingerecht auszuführen, müssen zusätzliche Arbeitskräfte beschafft werden durch:

- Umgruppierung innerhalb des Betriebes,
- Neueinstellungen,
- Mehrarbeit vorhandener Arbeitskräfte,
- Rationalisierungsmaßnahmen mit dem Ziel, umfangreiche Arbeitsaufgaben mit dem bisherigen Personalbestand zu bewältigen.

Materialplanung

> Das zur Fertigung benötigte Material ergibt sich aus den Konstruktionszeichnungen, deren Inhalt in die Urstücklisten und daraus in die nach Materialarten gegliederten Materialstücklisten übertragen wird.

Stücklisten, Konstruktionszeichnungen

Aufgabe der Materialplanung ist die Ermittlung des Bedarfs an Roh-, Hilfs- und Betriebsstoffen sowie von fremdbezogenen und selbst erstellten Teilen, die im Produktionsprozess eingesetzt werden sollen. Ihre Erzeugnisse enthalten wichtige Ausgangsdaten für die Vorkalkulation, die Lager- und Einkaufsdisposition. Die Ermittlung des Materialbedarfs bezieht sich auf: **Materialart, Materialmenge, Materialqualität, Materialgröße**. Bei der Ermittlung der Bedarfsmenge müssen Materialzugaben für Ausschuss, Schwund usw. in Form von Zuschlägen berücksichtigt werden.

Betriebsmittelplanung

Die Betriebsmittelplanung legt fest, welche Maschinen, Fahrzeuge, Gebäude, Werkzeuge und Vorrichtungen für die Produktion benötigt werden. Faktoren, die die Betriebsmitteleffizienz (Wirksamkeit) bestimmen:

- Abnutzungsgrad bzw. Verschleiß des vorhandenen Betriebsmittelbestands;
- Betriebsbereitschaft, die u. a. abhängig ist von Wartungs- und Instandhaltungsmaßnahmen an den Betriebsmitteln;

- qualitative und quantitative Kapazität der Betriebsmittel;
- Modernitätsgrad des Betriebsmittelbestands;
- Elastizität, d. h. die Art und Weise, wie die Betriebsmittel einzusetzen sind.

Im Allgemeinen wird eine Betriebsmittelplanung nur bei Betriebseröffnungen, -erweiterungen und -umstellungen durchgeführt.

Bei normalem Betriebsablauf muss sich der Arbeitsplaner nach den vorhandenen Anlagen und der bestehenden Fertigungsorganisation richten.

Materialfluss-güter

Materialfluss- und Transportplanung

Zu den „Materialflussgütern" gehören Roh-, Hilfs-, Betriebs- und Abfallstoffe sowie unfertige Erzeugnisse und Fertigerzeugnisse. Aufgabe der Materialfluss- und Transportplanung ist eine rationelle Gestaltung des Materialflusses zwischen den Arbeitsplätzen. Die Planung des Transports wird von betrieblichen Gegebenheiten bestimmt:

- bestehende Fertigungsverfahren (z. B. Fertigung nach dem Verrichtungs- oder Flussprinzip);
- äußere Eigenarten der Fördergüter (z. B. Fließ-, Schütt- oder Stückgüter); physikalische Beschaffenheit der Fördergüter (z. B. schlag- oder temperaturempfindliche Güter);
- vorhandene Beförderungsmittel (z. B. Wagen, Karren, Hängebahnen).

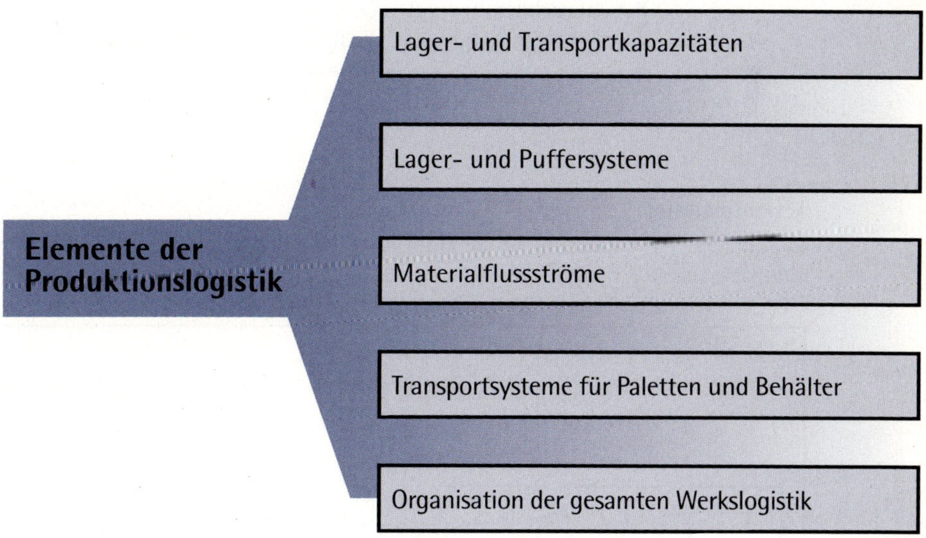

Problem der „Liegezeiten"

Insbesondere in den mittelständischen Unternehmen ist ein Umdenken erforderlich. Ein Großteil der Kosten entsteht nicht an den Produktionsmaschinen und Einrichtungen, sondern durch Liegezeiten, die durchschnittlich 80 % der gesamten Produktionszeit ausmachen. Durch exaktes Ausrichten des Materialflusses könnte hier „totes" Kapital aktiviert werden.

Durchlaufzeitenplanung

Arbeits- und Arbeitsfolgeplan

Grundlage der Zeitplanung ist der Arbeits- und Arbeitsfolgeplan. Der Zeitbedarf, den ein Erzeugnis benötigt, um den eigentlichen Fertigungsprozess vom Anfang bis zum Ende zu durchlaufen, wird als Durchlaufzeit bezeichnet.

Die gesamte Durchlaufzeit ist nicht identisch mit der Summe aller Teilzeiten, da nicht alle Vorgänge aufeinander folgen müssen. So können z. B. Arbeiten an den verschiedenen Einzelteilen eines Erzeugnisses häufig zum gleichen Zeitpunkt beginnen.

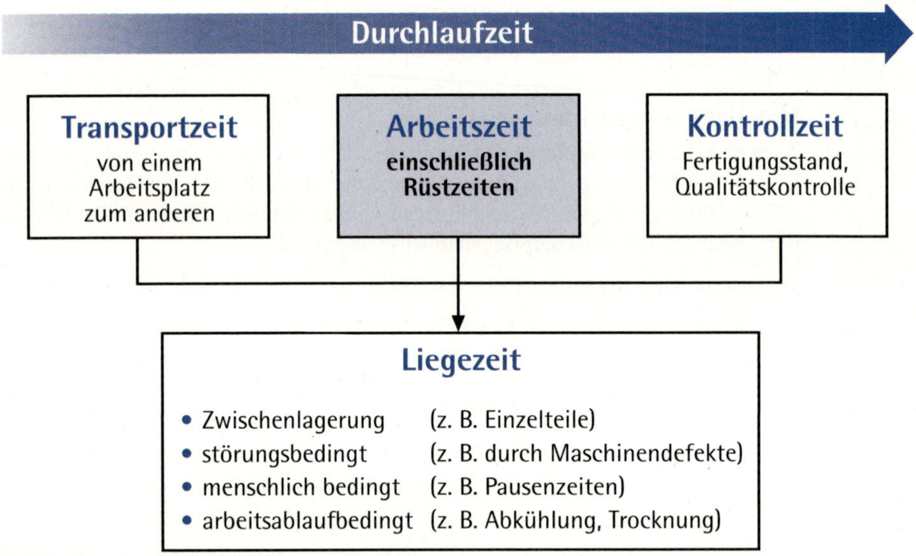

Terminplanung

Progressive und retrograde Planung

Aufgabe der Terminplanung ist die Ermittlung der Liefertermine (progressive Terminplanung) oder des spätesten Produktionsbeginnes (retrograde Terminplanung).

Beispiel:

Ein Produkt besteht aus fünf Einzelteilen, die parallel gefertigt werden. Die Einzelteile (T) werden zu zwei Baugruppen (B) zusammengefügt, die das Endprodukt ergeben:

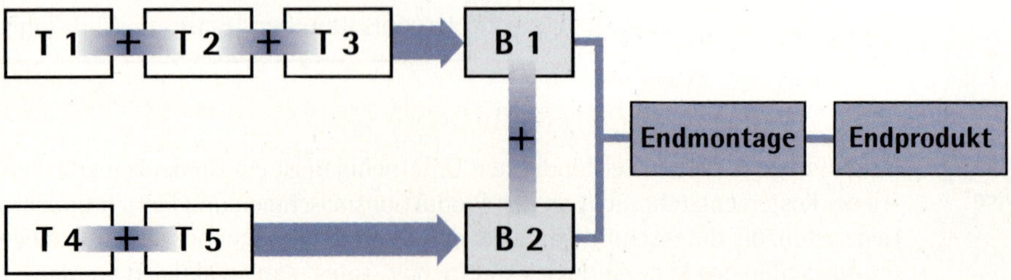

Teil	Produktionsdauer	Teil	Produktionsdauer	Teil	Produktionsdauer
T1	4 Tage	B1	4	FE[1]	2
T2	2 Tage				
T3	3 Tage				
T4	5 Tage	B2	1		
T5	3 Tage				
Produktionszeit	17 Tage		5 Tage		2 Tage

Progressive Terminplanung

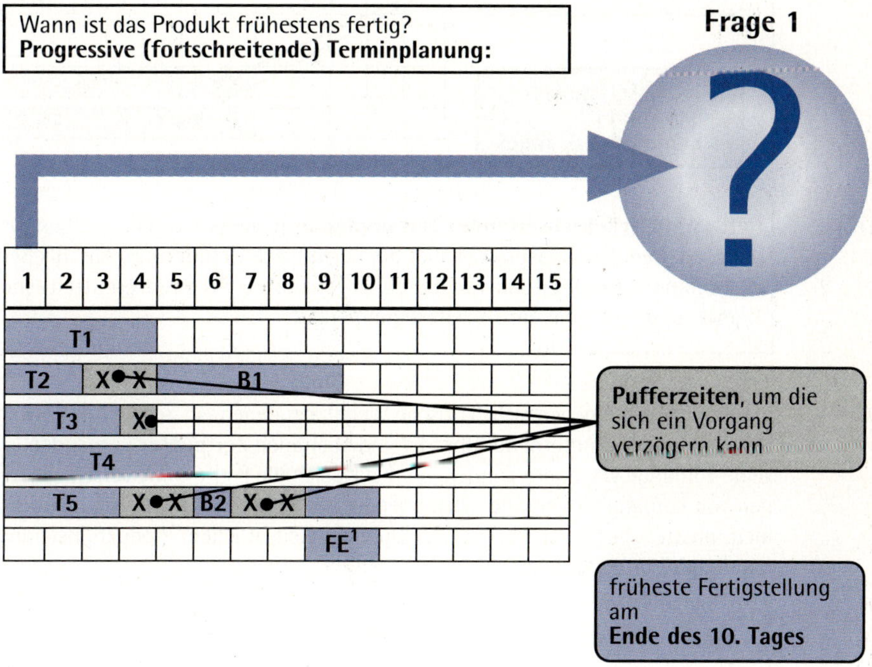

Progressive (fortschreitende) Terminplanung:

Den Ausgangspunkt dieser Methode bildet der geplante Termin des Produktionsbeginns. Ausgehend von diesem Zeitpunkt werden die jeweiligen Termine für die Einzelteilfertigung, Gruppen- und Endmontage fortschreitend festgelegt, bis sich der Tag der frühestmöglichen Fertigstellung daraus ergibt.

1 FE = fertiges Endprodukt

Frage 2

Wann muss mit der Produktion der Einzelteile spätestens begonnen werden, damit das Produkt zu einem bestimmten Zeitpunkt ausgeliefert werden kann?
Retrograde (rückschreitende) Terminplanung/ Endtermin: 15. Tag:

Retrograde Terminplanung

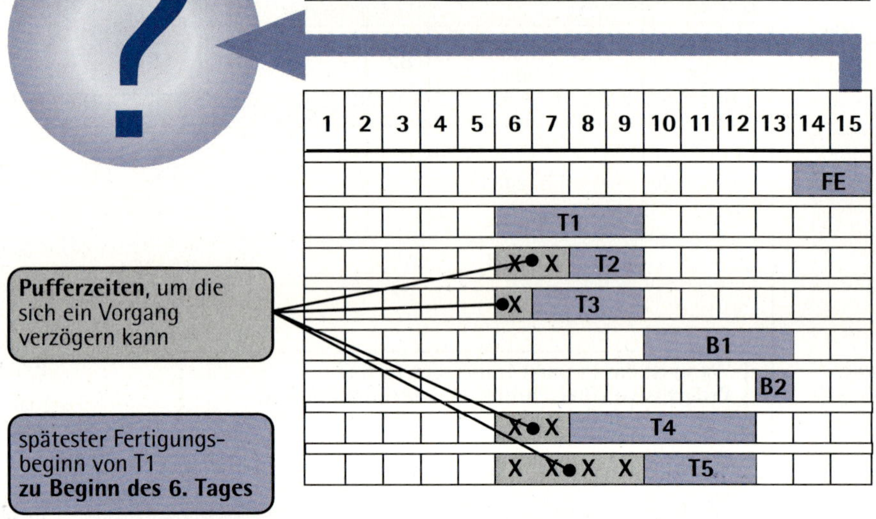

Retrograde (rückschreitende) Terminplanung: Hierbei wird der umgekehrte Weg eingeschlagen. Den Ausgangspunkt bildet der vereinbarte Liefertermin. Anschließend werden die Vortermine rückschreitend für die oben genannten Arbeiten ermittelt, sodass man den Termin für den Beginn der Einzelfertigung erhält.

Kritische Wege

Zeitpuffer

In beiden Fällen ergeben sich „kritische Wege", bei denen ein Zeitverzug unweigerlich zu einer Verzögerung der Endtermine führt. Es sind aber auch **Zeitpuffer** vorhanden, um die sich einzelne Vorgänge verzögern können, ohne dass sich die Endtermine verschieben. Zeitpuffer können von Vorgang zu Vorgang „weitergegeben" werden, wenn man sie nicht in Anspruch nehmen musste, aber sie stehen auf der Durchlaufzeit in jedem Produktionsstrang grundsätzlich nur einmal zur Verfügung.

Bereiche der Netzplantechnik

Anwendungsgebiete und Aufgaben der Netzplantechnik

Die Netzplantechnik dient insbesondere der Zeit- und Terminplanung und der Terminüberwachung. Dabei wird sie eingesetzt, um folgende Fragen zu beantworten:

- Welche Zeit wird ein Projekt mit seinen einzelnen Arbeitsgängen benötigen?
- Zu welchen Terminen müssen die jeweiligen Arbeitsvorgänge beginnen und beendet sein, um die geplante Projektdauer einzuhalten?
- Durch welche Arbeitsvorgänge wird die Projektdauer hauptsächlich bestimmt?
- Wie verändert sich die Projektdauer, wenn Arbeitsvorgänge eine längere oder kürzere Zeit beanspruchen als geplant?

Strukturanalyse der Netzplantechnik

Strukturplan

MPM-Verfahren

Soll eine Zeit- oder Terminplanung für ein bestimmtes Projekt mithilfe der Netzplantechnik durchgeführt werden, ist zu klären, welche Arbeitsvorgänge im Einzelnen anfallen und welche Reihenfolge dabei einzuhalten ist. Dies geschieht durch eine Strukturanalyse, die in einem Strukturplan festgehalten wird. Er enthält auch Angaben über den jeweils vorausgehenden und nachfolgenden Arbeitsgang.

Die Netzplantechnik bedient sich einer eigenen Symbolsprache. Nach dem **MPM-Verfahren** (MPM = Metra-Potential-Method) setzt sich ein Netzplan aus zwei Arten von Elementen zusammen:

- **Knoten** symbolisieren Schnittstellen und Übergänge von einem Arbeitsgang zum nächsten,
- **Pfeile** verdeutlichen die einzelnen Vorgänge (Arbeitsgänge).

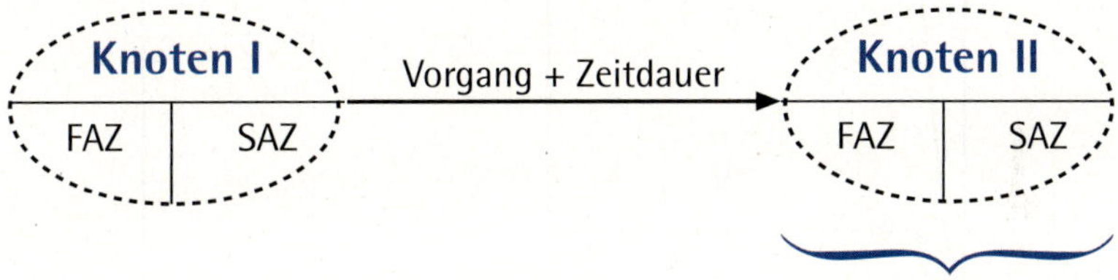

FAZ/FEZ

FAZ = frühester Anfangszeitpunkt

SAZ = spätester Anfangszeitpunkt

Zeitpuffer
Differenz zwischen FAZ und SAZ

Planungsrichtung

Vorwärtsplanung

Vorwärtsplanung (Planung der SAZ):

Bei der Vorwärtsplanung muss die Arbeitsvorbereitung ermitteln, wann ein Arbeitsvorgang bzw. die Herstellung eines Erzeugnisses frühestens beendet ist. Geplant wird hier von einem festen Ausgangszeitpunkt „0". Offen ist der Endzeitpunkt „x", an den alle Arbeitsgänge bei einem optimalen Verlauf angeschlossen sind.

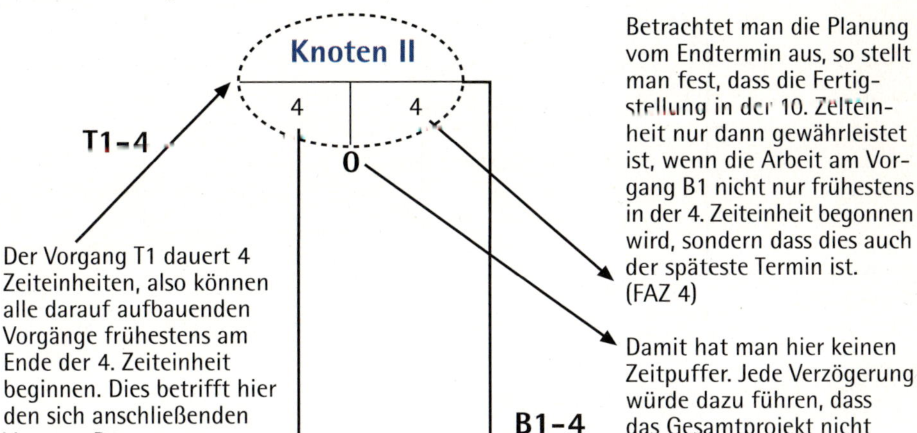

Ein nachfolgender Arbeitsgang kann erst dann beginnen, wenn alle vorausgehenden Teilarbeiten beendet wurden. So kann B1 z. B. erst zum Zeitpunkt 4 beginnen, weil vorher T1, T2 *und* T3 beendet werden müssen.

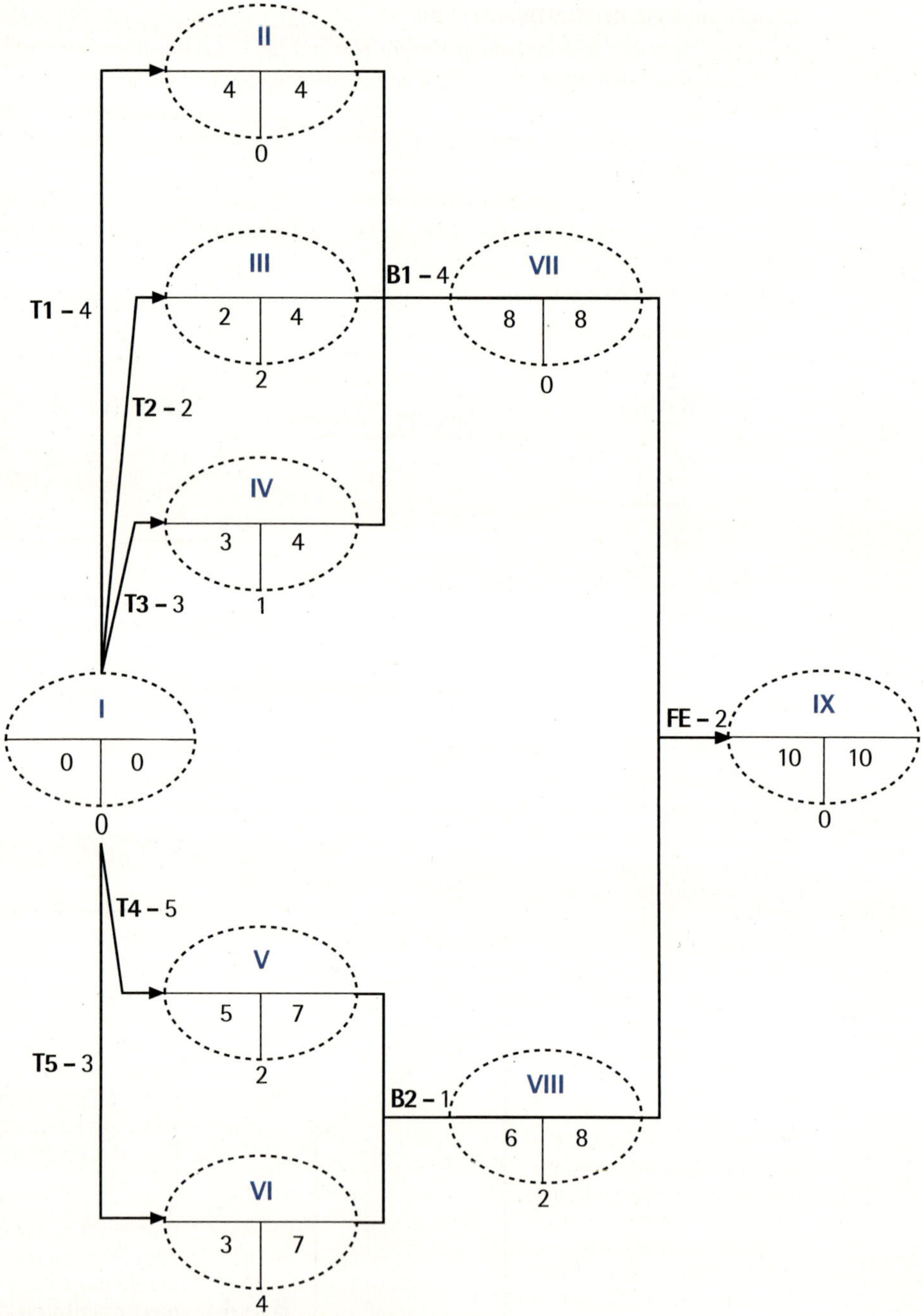

*Rückwärts-
planung*

Rückwärtsplanung (Planung der SEZ):

Bei der Rückwärtsplanung geht man von einem festen Endtermin aus und ermittelt den spätestmöglichen Zeitpunkt, an dem die Arbeiten beginnen müssen. Es gilt die Grundregel, dass ein vorangehender Arbeitsgang spätestens dann beendet sein muss, wenn der nachfolgende Arbeitsgang zum spätestmöglichen Zeitpunkt zu beginnen hat.

Fakten kurz gefasst

Fertigungsplanung

- Aufgabenbereich der Arbeitsvorbereitung
- umfasst alle Maßnahmen, die nötig sind, um die Aufträge bedarfsgerecht und kostengünstig abzuwickeln

Arbeitsplanung

Umfassende Darstellung der zu erledigenden Aufgaben in ihrer Gesamtheit: Grundlage für alle weiteren Teilplanungen

Bedarfsplanung

Feststellung von Anzahl und Qualifikationen der benötigten Arbeitskräfte sowie der erforderlichen Maschinen und Werkstoffe

Terminplanung

Ermittlung der zur Erledigung eines Auftrages einzuhaltenden Produktionszeiten; die vorwärtsschreitende Terminplanung ermittelt den geplanten Fertigungstermin; die rückwärtsschreitende Terminplanung legt fest, wann spätestens mit der Fertigung begonnen werden muss, damit der Auftrag termingemäß erledigt wird.

3.2.3.3 Optimierung der Logistik

Als Logistik bezeichnet man sämtliche Maßnahmen, die darauf ausgerichtet sind, den gesamten Materialfluss und den dazugehörenden Informationsfluss zu planen, abzuwickeln und zu kontrollieren.

Die Fertigungsplanung und -steuerung ist eine große logistische Herausforderung. Die Materialwirtschaft (siehe Lernfeld 6, Kap. 1 und 2) hat im engeren Sinne nur die Beschaffung sicherzustellen. Die Logistik greift aber weiter in das Unternehmensgeschehen ein. Logistische Aufgaben begleiten den gesamten Prozess der Wertschöpfung. Dazu gehört z. B. auch die Steuerung des Entsorgungskreislaufes (siehe dazu Kap. 5 und Lernfeld 6, Kap. 3).

Logistikleistung

Im Fertigungsbereich hat die Logistik in erster Linie die Aufgabe sicherzustellen, dass der Produktionsprozess möglichst reibungslos ablaufen kann. Je ausgefeilter der Logistikprozess gestaltet ist, desto anfälliger ist er aber auch gegen evtl. Störungen. Wenn ein Unternehmen z. B. versucht, die Stillstandszeiten von Maschinen und/oder die „Leerlaufzeiten" von Arbeitskräften auf ein Minimum zu reduzieren oder im Extremfall völlig auszuschließen, so besteht die Gefahr, dass bei unvorhersehbaren Ausfällen keinerlei Reaktionsspielräume mehr vorhanden sind.

Logistische Systeme stellen selbst auch einen Kostenfaktor dar und die logistische Leistung kann ebenfalls optimiert werden. Dabei geht es darum,

- die für ein Unternehmen nötige Logistikleistung zu ermitteln und
- diese Logistikleistung zu möglichst geringen Kosten bereitzustellen.

War früher das unternehmerische Überleben dadurch gesichert, dass man der Beste war („survival of the fittest"), ist heute in vielen Fällen mit der Schnelligkeit eine weitere Anforde-

survival of the quickest

Flowmanufacturing

rung („survival of the quickest") hinzugekommen. Mit dem Boom von Internet, E-Commerce und B2B (business to business) begann ein neues Zeitalter – eine Ära der Geschwindigkeit, in der Schnelligkeit immer wichtiger wird. In der schnellen Produktion liegt der Schlüssel zur erhöhten Konkurrenzfähigkeit – denn der Herstellungsbereich bildet bisher in vielen Unternehmen den Engpassfaktor der aufeinander abgestimmten Geschäftsprozesse im Supply-Chain-Management.

Übertragen aus dem Bereich der Materialwirtschaft lässt sich in einem Schema darstellen, worin die Hauptaufgaben der Logistiksysteme liegen:

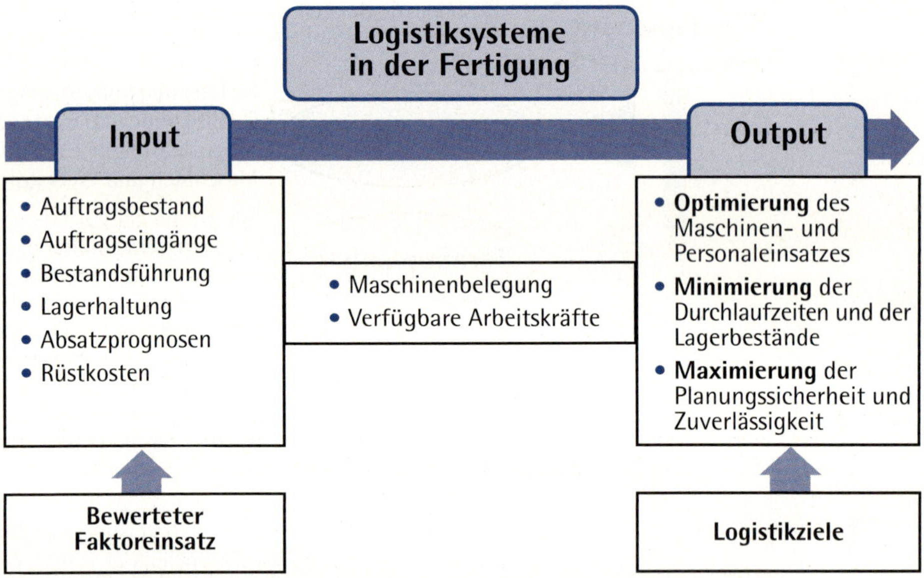

Lieferservice

Zu den 3 Hauptzielen der Logistik kommen die Kernfragen, die mit dem so genannten Lieferservice verbunden sind hinzu:

1. **Lieferzeit** = Zeit zwischen Auftragseingang und Auslieferung an den Kunden bzw. der Verfügbarkeit bei dem Kunden
2. **Lieferzuverlässigkeit** = wichtige Aussage, mit welcher Wahrscheinlichkeit die Lieferzeiten auch tatsächlich eingehalten werden
3. **Lieferbereitschaft** = Anteil der sofort verfügbaren Artikel (Lagervorräte) im Vergleich zur geforderten Menge
4. **Lieferflexibilität** = Fähigkeit, auf besondere Kundenwünsche und Bedürfnisse einzugehen (Mengen- und Terminänderung)
5. **Lieferbeschaffenheit** = Zustand der Waren nach der Lieferung (Verpackung, Qualität der Waren)

in Anlehnung an: Pfohl, H-Ch.: Logistiksysteme, (5. Auflage, 1995, Seite 35), aus: Pepels, W. (Hrsg): ABWL, Fortis-Verlag, Köln 1999, S. 124.

Der gesamte logistische Prozess wird nicht nur von internen Faktoren, sondern sehr stark von äußeren Einflüssen bestimmt. Dazu gehört eine intensive Beobachtung der Verhaltensweise der Wettbewerber ebenso wie die Wünsche der Kunden oder die eigenen Forderungen an die Zulieferer.

3.3 Fertigungssteuerung

Mithilfe der Fertigungssteuerung werden die erarbeiteten Planvorgaben in den betrieblichen Ablauf eingebracht:

- Festlegen der Maschinenbelegung,
- Bereitstellen von Material,
- Vorbereiten der Fertigungsstelle,
- Bestimmen der Losgrößen.

Maschinenbelegung

Ziel der Maschinenbelegungsplanung ist die optimale Ausnutzung der betrieblichen Kapazität, vor allem der Betriebsmittel, um die Durchlaufzeiten und die Rüstkosten zu minimieren.

Maschinenbelegungsplan

Als planerische Hilfe und zur besseren Veranschaulichung benutzen Betriebe vielfach Maschinenbelegungstafeln. Es handelt sich um Balkendiagramme, die mit einer Zeitleiste ausgestattet und nach Wochentagen eingeteilt sind.

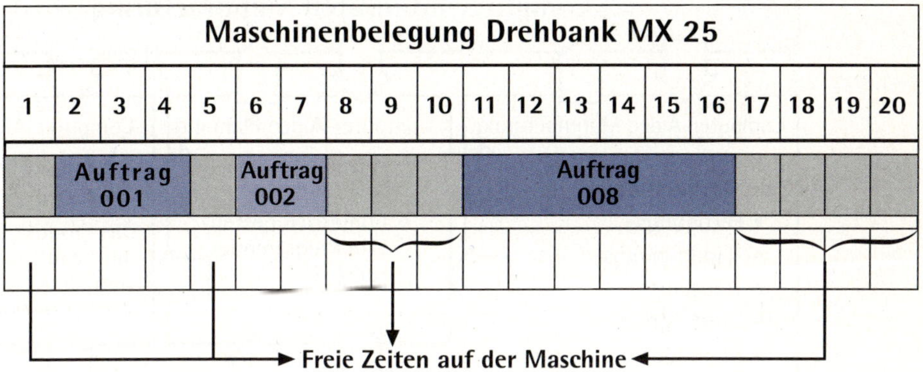

3.3.1 Computer Integrated Manufacturing – Komponenten der rechnergesteuerten Produktion

CIM

Die computerintegrierte Fertigung (CIM) überträgt den Prozess der Fertigungssteuerung an Rechner, die meist untereinander vernetzt sind. In einer von Menschen kaum erreichbaren Geschwindigkeit und Präzision werden die einzelnen Datenbereiche miteinander verbunden. Der Vorteil der Anwendung von CIM liegt in folgenden Bereichen:

- Optimierung des Durchlaufprozesses und Verringerung der Durchlaufzeiten,
- optimale Auslastung der Maschinen und Anlagen,
- Erhöhung der Produktivität,

- Steigerung der innerbetrieblichen Flexibilität des Maschineneinsatzes,
- Erhöhung der Transparenz der betrieblichen Abläufe,
- Reduzierung der Lagerbestände durch auftragsgesteuerte Produktion,
- Steigerung der Termintreue,
- Verringerung des Risikos von Fehlplanungen.

Mit CIM werden objektorientiert Informationen an vielen Stellen gespeichert, aktualisiert und verantwortet. Es ist ein wechselseitiger Zugriff gegeben. CIM ist ein Informations-, Kommunikations- und Navigationswerkzeug für teilautonome Untereinheiten.

Mithilfe der computergestützten Produktionsplanung und -steuerung soll der Faktor Information für alle an der Produktion beteiligten Einheiten detailliert und zeitgerecht zur Verfügung gestellt werden. Es sind Informationen für die Produktionsprogrammplanung, die Mengenplanung und die Termin- und Kapazitätsplanung bereitzustellen. Für die Produktionssteuerung werden Informationen für die Auftragsveranlassung und -überwachung verwaltet und weitergegeben.

PPS Ergänzt wird die computerintegrierte Fertigung durch das computergestützte **P**roduktions **P**lanungs**S**ystem (PPS). Vom Auftragseingang bis hin zur Auslieferung der Waren wird hier der gesamte Unternehmensprozess elektronisch gesteuert. Das PPS-System ist damit planerischer Kern der rechnerintegrierten Produktion und dient der Verzahnung von Aufträgen, Material, Kapazitäten und Terminen.

CAM

CAP

CAD

CAQA

EFQM

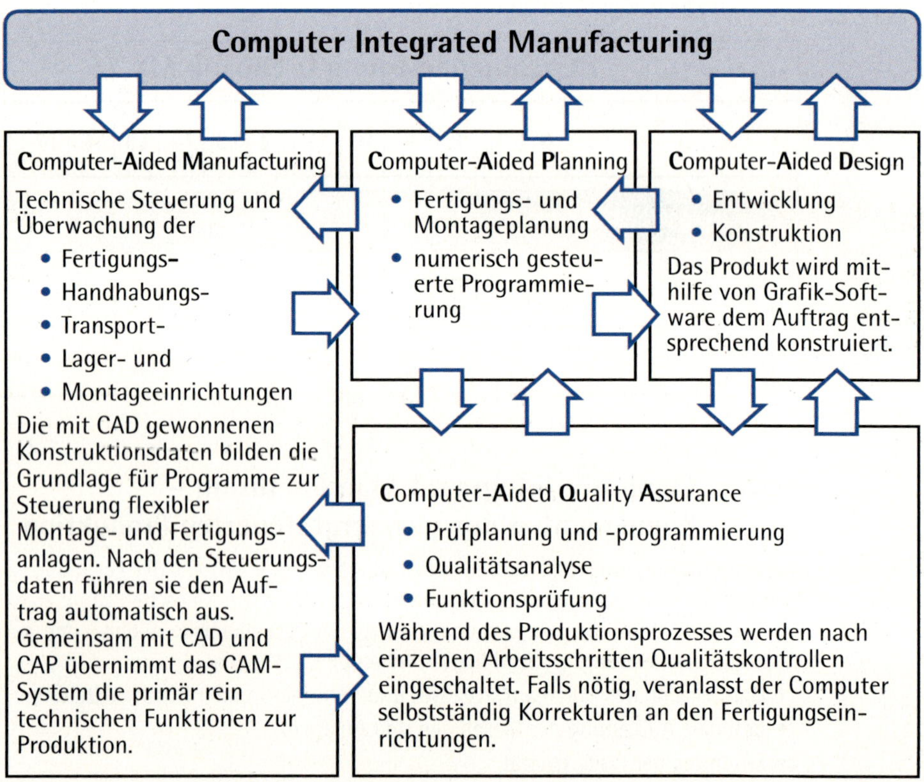

Fakten kurz gefasst

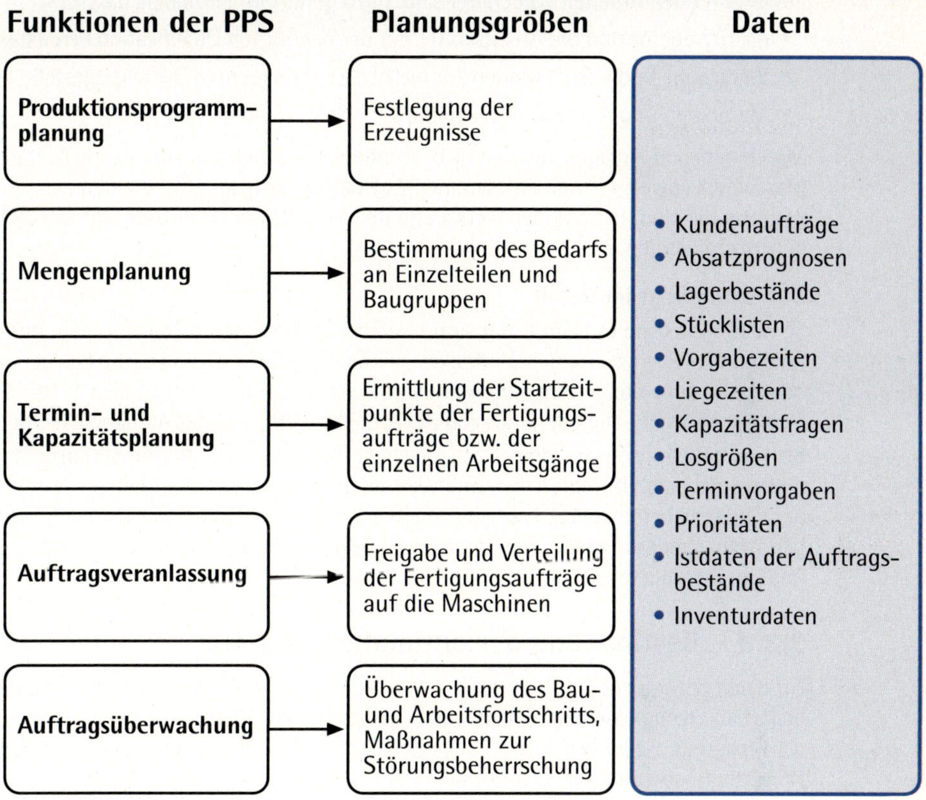

3.3.2 Materialbereitstellung

Um einen reibungslosen Fertigungsablauf zu gewährleisten, muss auch das Material termingerecht in der richtigen Art und Menge am richtigen Ort bereitgestellt werden. Der eigentlichen Materialbereitstellung geht die Materialdisposition voraus. Hierbei wird von dem Lagerverwalter der verfügbare Lagerbestand festgestellt und anschließend um den für den Auftrag benötigten Materialbedarf gekürzt. Damit wird erreicht, dass bereits eingeplantes Material nicht anderweitig verwendet wird.

Logistik

Um Bestände und Durchlaufzeiten an Material zu reduzieren, bedienen sich manche Betriebe mit Fließ- und Reihenfertigung des Kanbansystems. Hierbei wird das Just-in-time-Konzept auf den Materialfluss übertragen. Kanbankarten enthalten eine Reihe von Angaben, die das Material betreffen, so z. B. Teilenummern, Teilebezeichnungen, Lagerort, Bestimmungsort des Materials. Das Kanbansystem ermöglicht es, den Materialnachschub bedarfsgerecht auf Abruf zu steuern.

Kanbansystem

Die herkömmliche Alternative zum Kanbansystem ist die Bevorratung in Handlagern sowie die manuell gesteuerte und durchgeführte Auffüllung dieser Lager.

Vorbereitung der Fertigungsstellen

Bevor mit der Produktion begonnen wird, ist sicherzustellen, dass die Fertigungsstellen auf die auszuführenden Arbeiten vorbereitet sind. Dazu gehört im Einzelnen, dass

- die richtige Anzahl der Arbeitskräfte mit der benötigten Qualifikation bereitsteht,
- Werkzeuge und Vorrichtungen zur rechten Zeit am rechten Ort bereitgestellt werden,
- Maschinen und Anlagen zweckmäßig angeordnet sind.

Maschinen und Anlagen müssen sich in einem technisch einwandfreien Zustand befinden; Maschinen, soweit notwendig, für einen Auftrag umgerüstet sein; die Bedienung der Maschinen und die Handhabung der Werkzeuge und Vorrichtungen müssen von den Arbeitskräften beherrscht werden.

Der Erfolg liegt im Detail

So reibungslos wie es beim Boxenstopp im Formel-1-Rennen abläuft, so reibungslos muss die Fertigung im Betrieb erfolgen. Läuft alles „wie am Schnürchen", sind die Kosten gering. Die Wettbewerbsvorteile steigen im Autorennen ebenso wie in der industriellen Produktion mit der Schnelligkeit, aber auch der Präzision der Arbeitsabläufe und des Aufgabenwechsels.

Rüstprozess

Bei einem Rüstprozess handelt es sich um einen komplexen Vorgang. Immerhin geht es um nichts anderes, als dass alle Materialien und Werkzeuge pünktlich, in der richtigen Menge und richtigen Qualität bereitstehen. Also sind nicht mehr nur der Maschinenbediener oder Einrichter betroffen, sondern ebenso Werkzeugservice, Logistik, Qualitätssicherung, Fertigungssteuerung und interne Zulieferer.

3.3.3 Bestimmung der optimalen Losgröße

Losgröße

Für einen Betrieb mit Sorten- oder Serienfertigung stellt sich die Frage, ob der gesamte Jahresbedarf an Erzeugnissen auf einmal gefertigt werden soll oder nur eine Teilmenge, um dann mit der Fertigung wieder von vorn zu beginnen. Durch diese Entscheidung kann ein Betrieb auf die Höhe der Rüst- und Lagerkosten einwirken.

> Die pro Fertigungsgang erstellte Menge bezeichnet man als Losgröße.

Rüstkosten

Rüstkosten entstehen, wenn der Produktionsapparat auf die Erfordernisse der neu zu fertigenden Serie oder Sorte eingestellt wird. Zu den Rüstkosten zählen Lohn-, Material- und Werkzeugkosten, die durch die Umstellungsarbeiten verursacht werden. Da diese Kosten unabhängig von der Größe der Serie (Auflagenhöhe) sind, bezeichnet man sie als auflagenfixe Kosten.

Vorratsproduktion

Produziert ein Betrieb auf Vorrat, steigen die Lagerkosten durch eine Vergrößerung der Lose (Auflagenhöhe), da sich der durchschnittliche Lagerbestand der Erzeugnisse erhöht. Damit sind die Lagerkosten ihrem Wesen nach auflagenvariable Kosten. Sie setzen sich zusammen aus:

Lagerkosten

- Personalkosten,
- Kosten für die Lagerräume,
- Zinsen für das in die Erzeugnisse investierte Kapital.

Zusammenfassung von Aufträgen

Die Fertigungssteuerung hat die Aufgabe, die Kostenvorteile auszunutzen, die sich durch die Bildung wirtschaftlicher Losgrößen ergeben. Dies ist häufig nur zu erreichen, wenn mehrere gleichartige Kundenaufträge, die noch durch Eigenaufträge (Vorratsaufträge) ergänzt werden können, zusammengefasst werden. Der Idealwert der optimalen Losgröße wird dabei nur selten zu verwirklichen sein, da bei Kundenaufträgen bestimmte Liefertermine zu beachten sind.

Die optimale Losgröße ist die in einem Fertigungsgang hergestellte Menge eines Erzeugnisses, bei der die Summe der Kosten aus Rüstvorgängen und Lagerhaltung minimal sind.

Jahresbedarf .... **6 000 Stück**

Rüstkosten für einen Loswechsel .... **36,00 €**

Herstellkosten je Stück .... **1.000,00 €**

Lagerkosten, ausgedrückt als Prozentsatz des durchschnittlichen Lagerwerts .... **12 %**

Optimale Losgröße

Losgröße	Anzahl der nötigen Loswechsel	Summe der Rüstkosten	Durchschnittlicher Lagerbestand	Durchschnittlicher Lagerwert	Lagerkosten	Summe aus Rüst- und Lagerkosten
1	6 000	216.000,00	0,5	500,00	60,00	216.060,00
10	600	21.600,00	5	5.000,00	600,00	22.200,00
30	200	7.200,00	15	15.000,00	1.800,00	9.000,00
50	120	4.320,00	25	25.000,00	3.000,00	7.320,00
60	**100**	**3.600,00**	**30**	**30.000,00**	**3.600,00**	**7.200,00**
80	75	2.700,00	40	40.000,00	4.800,00	7.500,00
100	60	2.160,00	50	50.000,00	6.000,00	8.160,00

Aus der Tabelle lässt sich ablesen, dass die optimale Losgröße dann verwirklicht wird, wenn 60 Stück pro Fertigungsgang hergestellt werden. Die Summe der Rüst- und Lagerkosten erreicht hier ihren niedrigsten Wert (7.200,00 €).

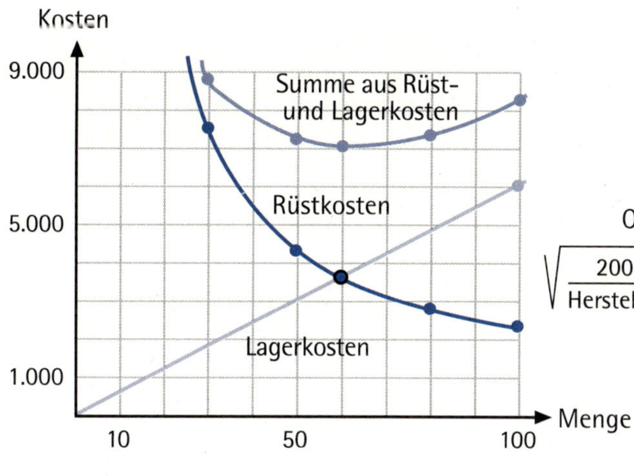

Formel:

$$\text{Optimale Losgröße} = \sqrt{\frac{200 \cdot \text{Jahresbedarf} \cdot \text{Rüstkosten}}{\text{Herstellungskosten} \cdot \text{Lagerkostensatz}}}$$

Formelableitung

So entsteht die Formel:

$$\textbf{Lagerkosten} = \textbf{Rüstkosten}$$

$$\frac{\text{Herstellungsmenge}}{2} \cdot \text{Lagerkostensatz} \cdot \text{durchschn. Lagerwert} = \text{Loswechsel} \cdot \text{Kosten pro Loswechsel}$$

$$(x : 2) \cdot \text{Lagerkostensatz} \cdot \text{durchschn. Lagerwert} = \text{Jahresbedarf} : \text{Losgröße} \cdot \text{Rüstkosten}$$

$$\frac{x}{2} \cdot \frac{\text{Lagerkostensatz} \cdot \text{Einstandpreis}}{100} = \frac{\text{Jahresbedarf} \cdot \text{Rüstkosten}}{x}$$

$$x^2 = \frac{200 \cdot \text{Jahresbedarf} \cdot \text{Rüstkosten}}{\text{Herstellkosten} \cdot \text{Lagerkosten}}$$

$$x = \sqrt{\frac{200 \cdot \text{Jahresbedarf} \cdot \text{Rüstkosten}}{\text{Herstellkosten} \cdot \text{Lagerkosten}}}$$

3.3.4 Unterscheidungsmerkmale von Fertigungsverfahren

3.3.4.1 Gleichartigkeit der Produkte

Wird von einem Produkt jeweils nur eine Einheit hergestellt, liegt eine Einzelfertigung vor. Werden dagegen ein oder mehrere Produkte in vielen Einheiten hergestellt, handelt es sich entweder um eine Sorten-, eine Serien- oder eine Massenfertigung.

Einzelfertigung

Auftragsfertigung

Bei dieser Fertigungsart ist jedes produzierte Erzeugnis auf die speziellen Wünsche des Kunden zugeschnitten. Sie ist die typische Form einer Auftragsfertigung. In der Regel wird in Betrieben mit Einzelfertigung gleichzeitig an verschiedenen Produkten gearbeitet, die alle unterschiedlich sind. Seltener ist der Fall, dass jeweils nur an einem Objekt gearbeitet wird, wie z. B. beim Schiffs- und Tiefbau.

Mit der Einzelfertigung kann flexibel auf Nachfrageänderungen reagiert werden.

Begrenzter Output

Niedrige Fixkosten

- Da Betriebe mit Einzelfertigung im Allgemeinen nur auf Bestellung arbeiten, sind sie direkt von Kundenaufträgen abhängig.
- Die organisatorische Gestaltung der Einzelfertigung vollzieht sich häufig in Form der Werkstattfertigung (siehe Kap. 3.3.4.2). Diese hat gegenüber anderen Fertigungsverfahren wesentliche Nachteile, so z. B. eine schwierige Termin- und Fertigungsablaufplanung.
- Die Fertigungsvorbereitung ist bei der Einzelfertigung schwieriger durchzuführen als bei der Mehrfachfertigung, da die Herstellung jedes einzelnen Produkts gesondert vorzubereiten ist.

Hohe variable Kosten

- Die Materialbeschaffung erfolgt zum großen Teil für jeden Auftrag gesondert. Nur bei universal verwendbaren Werkstoffen ist eine größere Lagerhaltung angebracht. Die Verschiedenartigkeit der hergestellten Produkte macht eine spezielle Kalkulation für jeden Auftrag erforderlich.

Hohe Flexibilität

- Rationalisierungsmöglichkeiten sind begrenzt. Durch die Unterschiedlichkeit der Einzelstücke ist es schwierig, die Normung und Typung von einzelnen Bauteilen durchzusetzen.
- Das Problem der Konstruktion, Entwicklung und Arbeitsvorbereitung stellt sich für jeden Auftrag neu. Die hierdurch entstehenden Kosten sind weitgehend unabhängig von der Größe des Auftrags (auftragsfixe Kosten).

Serienfertigung

Werden in begrenzten Stückzahlen Produkte hergestellt, die aufgrund ihrer Konstruktion unterschiedliche Fertigungsgänge erfordern, so liegt eine Serienfertigung vor. Je nach Produktart und betrieblichen Gegebenheiten lassen sich Serienprodukte auf gleichen oder unterschiedlichen Produktionsanlagen fertigen. Im **Vergleich zur Einzelfertigung** sind bei der Serienfertigung größere Rationalisierungsvorteile innerhalb einer Serie durch Normung und Typung zu erreichen. Wird eine Serie nicht in ihrer gesamten Stückzahl auf einmal gefertigt, sondern mit zeitlichen Unterbrechungen, liegt eine **Intervallfertigung** vor. In den jeweils freien Zeiten werden dann die Serien anderer Produkte gefertigt.

Sinkende Stückkosten bei steigender Fertigungsmenge

- Für Serienfertigung auf gleichen Produktionsanlagen gilt: Ist eine Serie angelaufen und soll eine andere aufgelegt werden, muss der Produktionsapparat zeitweise stillgelegt werden, um ihn umstellen zu können.
- Durch die Umstellung werden Kosten (Lohn-, Material- und Werkzeugkosten) verursacht, die man als Rüstkosten bezeichnet. Je nach dem Flexibilitätsgrad der Fertigungsanlagen können sie mehr oder weniger hoch sein.

Losgrößenbestimmung

- Um kostengünstig zu produzieren, muss der Betrieb die optimale Losgröße bestimmen.
- Für viele Betriebe mit Serienfertigung gilt: Die Flexibilität ihrer Produktionsanlagen ist im Vergleich zu Betrieben mit Einzelfertigung geringer.

Sorten-, Partie- und Chargenfertigung

Eine **Sortenfertigung** liegt vor, wenn Produkte hergestellt werden, die sich aufgrund des verwendeten Materials und ihrer Herstellung nur unwesentlich voneinander unterscheiden.

Der Unterschied gegenüber der **Serienfertigung** besteht darin, dass nicht verschiedene Produktarten, sondern unterschiedliche Varianten einer Produktart gefertigt werden. Auch können die einzelnen Sorten aufgrund ihrer Ähnlichkeit auf denselben Produktionsanlagen gefertigt werden. Eine exakte Abgrenzung zwischen Sorten- und Serienfertigung ist nicht in jedem Fall möglich.

- Soll eine neue Produktsorte erstellt werden, muss auch in Betrieben mit Sortenfertigung die Produktion unterbrochen werden, um die Maschinen umzustellen. Die notwendigen Umstellungsarbeiten und die dadurch anfallenden Rüstkosten sind, verglichen mit der Serienfertigung, relativ niedrig.

Losgrößenbestimmung

- Ähnlich wie bei der Serienfertigung muss auch bei der Sortenfertigung die optimale Losgröße bestimmt werden.
- Besonders Betriebe, deren Produkte dem Zeitgeschmack unterliegen (z. B. Textilfabrik), müssen im Allgemeinen einen häufigeren Sortenwechsel vornehmen.

Partiefertigung

Sonderformen der Sortenfertigung sind die Partie- und Chargenfertigung. Eine **Partie** ist eine in sich einheitliche Sendung von Rohmaterial. Partien von Rohstoffen, die gleiche Eigenarten aufweisen, werden bei der Verarbeitung zusammengehalten. Partiefertigung findet man hauptsächlich in Veredelungsbetrieben.

Chargenproduktion

Diskontinuierliche Fertigung

Als **Charge** werden Werkstoffmengen bezeichnet, wie sie z. B. im Schmelzprozess der Roheisengewinnung vorkommen. Kennzeichnend für eine Charge ist, dass der Mengeneinsatz jeweils begrenzt wird durch das Fassungsvermögen eines Produktionsbehälters. Da das Ausgangsmaterial und der Fertigungsprozess nicht immer gleich sind, ergeben sich ungeplante Produktunterschiede. Nicht nur in der Stahlindustrie, sondern auch in der chemischen Industrie gibt es die Chargenfertigung (diskontinuierliche Fertigung).

Bei der Arzneimittelherstellung ist die Chargenfertigung ein ganz wesentliches Merkmal der Produktionsüberwachung sowie der Qualitätssicherung und -kontrolle. Über die Chargennummer kann im Bedarfsfall (z. B. bei Rückrufaktionen) genau nachvollzogen werden, an welchen Kunden (Apotheken, Krankenhäuser usw.) welche Produkte aus welcher Produktion (Charge) geliefert wurden. Stellt man z. B. fest, dass bei einem millionenfach hergestellten Medikament nur eine bestimmte Charge verunreinigt war, so kann versucht werden, gezielt nur die betroffenen Präparate zurückzuholen (solange sie noch im Handel sind).

Massenfertigung

Massenfertigung liegt vor, wenn stets das gleiche Produkt auf gleichen Produktionsanlagen in sehr großen Stückzahlen hergestellt wird. Bei der mehrfachen Massenfertigung werden auf gleichen Produktionsanlagen verschiedene, wenn auch verwandte Erzeugnisse (Standardprodukte) in großen Mengen hergestellt (z. B. Pappen- und Papiererzeugung, Walzwerke, Brauereien). Die mehrfache Massenfertigung besitzt damit große Ähnlichkeit mit der Großserien- und Sortenfertigung.

- Betriebe mit Massenfertigung produzieren ihre Erzeugnisse nicht auf Bestellung, sondern für den anonymen Markt.

Gesetz der Massenproduktion

- Die Massenfertigung erlaubt wie keine andere Fertigungsart die Ausnutzung der so genannten Fixkostendegression[1]. Bei zurückgehender Nachfrage besteht aber die Gefahr, dass nicht mehr kostendeckend produziert werden kann.
- Betriebe mit Massenfertigung produzieren häufig auf automatischen Produktionsanlagen.
- Massenproduktion ist besonders empfindlich gegenüber Nachfrageänderungen. Ein Ausweichen auf andere Produktarten ist, bedingt durch den hohen Spezialisierungsgrad der Produktionsanlagen, kaum möglich.

3.3.4.2 Anordnung der Betriebsmittel

Die Fertigungssysteme lassen sich unter dem Gesichtspunkt des Materialflusses betrachten. Dabei geht es um folgende Fragen:

- Wie sind die Maschinen angeordnet?
- Wie erfolgt der Einsatz der Arbeitskräfte?
- Wie erfolgt der Transport der Werkstücke?

Werkstattfertigung

Maschinen und Arbeitsplätze mit gleichartigen Arbeitsverrichtungen werden räumlich an gleichen Orten innerhalb des Unternehmens zusammengefasst. Sie bilden fertigungstechnische Einheiten (Werkstätten). Jede Werkstatt führt eine andere Verrichtung im Produktionsprozess aus.

1 Degression: Verminderung der Stückkosten mit steigender Produktionsmenge.

Der Weg der Werkstücke wird somit von der erforderlichen Arbeitsverrichtung und dem innerbetrieblichen Standort der entsprechenden Werkstatt bestimmt:

Vielseitigkeit/ Geringe Kapitalbindung/ Flexibilität/ Lange Durchlaufzeiten

- vielseitiger Einsatz der Arbeitskräfte,
- Arbeitstempo wird durch Arbeitskräfte selbst bestimmt,
- leichte Umstellung auf andere Produktarten,
- leichte Anpassungsfähigkeit bei Änderung der Nachfrage,
- vergleichsweise geringe Kapitalbildung,
- unübersichtlicher Produktionsablauf mit erschwerter Kontrolle,
- lange Durchlaufzeiten der Werkstücke,
- Zwischenlager wegen unterschiedlicher Zeitdauer der Arbeitsgänge entstehen.

Reihenfertigung

Die Arbeitsplätze und Betriebsmittel sind nach der technisch notwendigen Arbeitsgangfolge angeordnet. Der Transport von Werkstücken erfolgt entweder per Hand, mit Fließbändern oder mit sonstigen Fördermitteln (z. B. Transportkarren, fahrbaren Paletten). Zwischen den Arbeitsplätzen sind häufig Lagerplätze (zeitliche Puffer) eingerichtet, die es ermöglichen, eine gewisse Anzahl von Werkstücken wegen deren unterschiedlicher Produktionsdauer aufzunehmen.

Hohes Maß an Spezialisierung/ Höhere Kapitalbindung/ Geringere Flexibilität/ Geringere Durchlaufzeiten

- Durchlaufzeiten und Transportwege sind geringer.
- Produktionsverlauf ist übersichtlicher.
- Spezialisierungsgrad der Arbeitskräfte ist größer.
- Geringere Lohnkosten durch Beschäftigung angelernter und ungelernter Arbeitskräfte.
- Schwierigere Anpassungsfähigkeit bei Nachfrageschwankungen.
- Höhere Kapitalbindung durch die Anschaffung von Spezialmaschinen.

Werkstatt-, Reihen- und Gruppenfertigung schließen sich nicht unbedingt gegenseitig aus. So können Werkstattbereiche in die Reihenfertigung integriert sein (z. B. die Herstellung von Sitzbezügen bei der Autofertigung). Die Anordnung der Betriebsmittel hängt ihrerseits eng mit der Anzahl der gleichartigen Erzeugnisse zusammen. Je verschiedenartiger die Erzeugnisse, je größer die Unterschiede in den technologischen Bearbeitungsgängen und je geringer die Fertigungszahl, desto eher wird das in der Werkstattfertigung zum Tragen kommende Verrichtungsprinzip die Produktion bestimmen.

Fließfertigung

Die Arbeitsplätze und Betriebsmittel sind nach dem Fertigungsablauf der Erzeugnisse angeordnet. Fließfertigung findet man vor allem bei der Produktion von Großserien. Als Begründer der Fließbandproduktion gilt Henry Ford, der sie bereits im Jahre 1908 bei der Herstellung seiner Autos einsetzte. Alle Arbeitsplätze sind bei der Fließfertigung auf ein gleiches Zeitintervall, das man als Taktzeit bezeichnet, abgestimmt. Es ist die Zeit, in der ein Erzeugnis einen bestimmten Arbeitsgang durchläuft.

Geringe Flexibilität/ Hoher Kapitalbedarf

- Rationalisierungsmöglichkeiten durch sehr weitgehende Zerlegung der Arbeitsgänge.
- Kurze Durchlaufzeiten der Werkstücke.
- Geringe innerbetriebliche Transportkosten.
- Genaue Planung von Lieferterminen.
- Fertigungsablauf ist leicht zu überschauen und zu kontrollieren.

- Geringe Flexibilität bei Produktion anderer Produkte.
- Hoher Kapitalbedarf.
- Empfindlich gegenüber Beschäftigungsschwankungen.
- Hohe Belastung durch fixe Kosten.
- Monotone Arbeit durch Zerlegung der Arbeitsvorgänge in einzelne Handgriffe.

Transferstraßenfertigung
Eine spezielle Art der Fließfertigung ist die Transferstraße. Bei ihr ist der höchste Automatisierungsgrad verwirklicht. Werkstücke werden hier nicht nur programmgesteuert transportiert, sondern auch mit automatischen Betriebsmitteln (Industrierobotern, Arbeitsautomaten) bearbeitet.

Baustellenfertigung
Hierbei handelt es sich um eine Sonderform der Fertigungsverfahren, bei der Arbeitskräfte, Maschinen, Material und Werkzeuge vor Produktionsbeginn an die jeweils wechselnden Erstellungsorte transportiert werden. Durch den Transport und die Einrichtung bzw. den späteren Abbruch der Baustelle entstehen beträchtliche Kosten.

Fakten kurz gefasst

Werkstattprinzip
- Gleiche/gleichartige Betriebsmittel sind räumlich konzentriert
- Werkstücke folgen dem Betriebsmittelaufbau

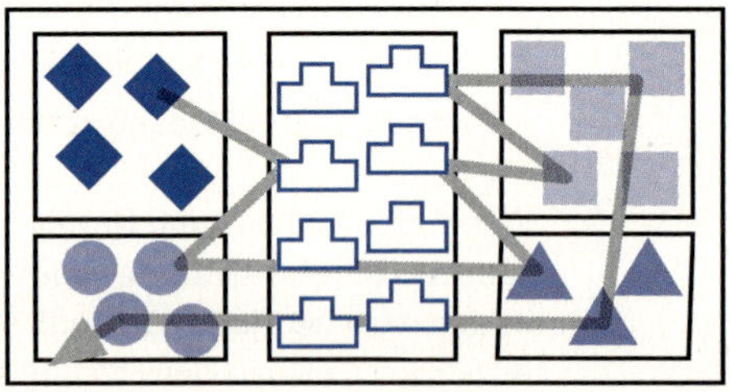

Reihenprinzip
- Betriebsmittel stehen dort, wo sie entsprechend dem Fertigungsprozess benötigt werden
- Transport durch manuelle Weitergabe

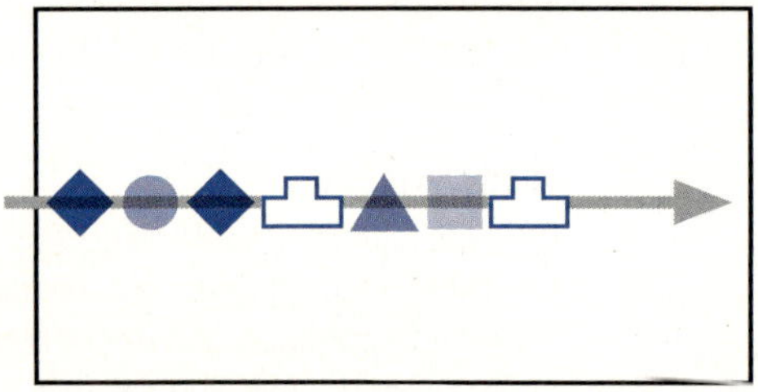

Flussprinzip
- Betriebsmittel stehen dort, wo sie entsprechend dem Fertigungsprozess benötigt werden
- Transport durch Fließband

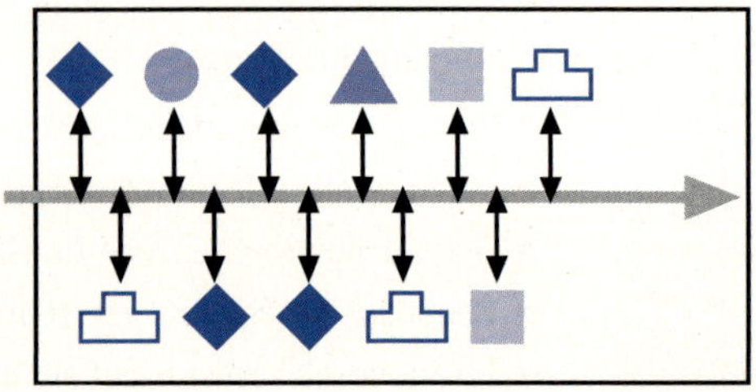

3.3.4.3 Einsatz der Produktionsfaktoren

Manuelle Fertigung

Handarbeit

Die Erzeugnisse werden ganz oder vorwiegend in Handarbeit erstellt. Im industriellen Bereich ist manuelle Fertigung dann vorzufinden, wenn Arbeitsgänge viel Anpassungsfähigkeit erfordern, so z. B. bei der Montage von Einzelteilen. Aus Kostengründen ist eine manuelle Fertigung nur bei einmaligen oder selten vorkommenden Arbeitsvorgängen sinnvoll.

Maschinelle Fertigung

Mechanisierung

Sie liegt vor, wenn Erzeugnisse mithilfe von Maschinen erstellt werden. Die körperliche Belastung der Arbeiter wurde im Laufe der Zeit durch die zunehmende Mechanisierung (das Ersetzen von manuellen durch maschinelle Tätigkeiten) vermindert.

Automatische Fertigung

Arbeitsautomaten

Werden die Arbeitsvorgänge in einem Betrieb von einem Arbeitsautomaten erledigt, der die einzelnen Vorgänge selbstständig mit vorgegebenen Anforderungen vergleicht und bei Abweichungen korrigiert, liegt eine Arbeitsautomatenproduktion vor. Ist sowohl der Arbeitsprozess als auch der Materialtransport automatisiert, ist eine vollautomatische Fertigung gegeben. Aus Kostengründen ist sie nur sinnvoll, wenn Arbeitsgänge aufgrund großer Stückzahlen ständig zu wiederholen sind.

3.4 Fertigungsorganisation

3.4.1 Arbeitsorganisation und Arbeitsstrukturierung

Handlungsspielraum

Der Handlungsspielraum einer Arbeitskraft besteht aus ihrem Tätigkeitsspielraum sowie ihrem Entscheidungs- und Kontrollspielraum.

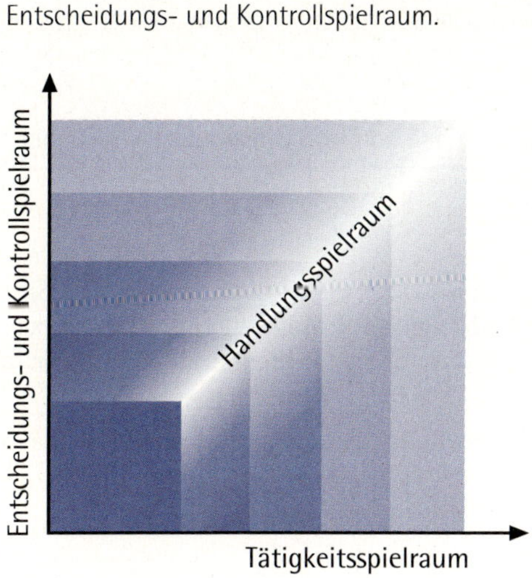

Neuere Formen der Arbeitsorganisation gestehen der Arbeitskraft einen größeren Handlungsspielraum zu. Betriebe hoffen hiermit zwei Ziele zu erreichen:

- die Verbesserung der Produktivität,
- die Steigerung der Arbeitszufriedenheit.

Arbeitsstrukturen mit erweitertem Handlungsspielraum für die Arbeitskräfte

Arbeitserweiterung: Vergrößerung des Arbeitsinhalts. Arbeitsschritte, die vormals von mehreren Arbeitskräften erledigt wurden, werden an einem Arbeitsplatz zusammengeführt.

Arbeitsbereicherung: Der Arbeitsinhalt wird qualitativ verändert. Dem bisherigen Handlungsspielraum der Arbeitskräfte werden planende und kontrollierende Aufgaben zugeordnet. Die

Eigenverantwortlichkeit der Arbeitskräfte wird gefördert. Die Arbeitsbereicherung wird auch als vertikale Arbeitserweiterung bezeichnet, da hierbei strukturell unterschiedliche Arbeitselemente vereinigt werden.

Arbeitswechsel: Die Arbeitskräfte wechseln nach vorgegebenen oder selbst gewählten Zeiten oder Arbeitsfolgen ihre Arbeitsplätze. Auch der Springer bei der Fließbandarbeit übt eine Tätigkeit aus, die mit einem häufigen Arbeitsplatzwechsel verbunden ist.

3.4.2 Gruppenarbeit

Teilautonome Arbeitsgruppen

Arbeitsgruppen

Arbeitsgruppen werden zusammenhängende Aufgaben übertragen, die die Gruppenmitglieder gemeinsam bewältigen. Ein eigener Entscheidungs- und Kontrollspielraum steht der Gruppe zu, damit sie die ihr gesetzten Ziele eigenverantwortlich erreichen kann. Je qualifizierter die Gruppenmitglieder sind, d. h., je mehr unterschiedliche Arbeitsaufgaben der Einzelne ausführen kann, desto flexibler kann die Gruppe auf sich ändernde Anforderungen reagieren. Der Begriff „teilautonom" weist darauf hin, dass die Entscheidungsbefugnis der Gruppe beschränkt ist. Um ihre Aufgaben erfolgreich erfüllen zu können, müssen Gruppenmitglieder neben Fachkompetenz auch über Methoden- und Sozialkompetenz verfügen.

Fachkompetenz
Funktionsbezogene Kenntnisse und Fertigkeiten anwenden können, die zur Lösung der aktuellen und zukünftigen Aufgaben erforderlich sind.

Methodenkompetenz
Probleme erkennen und bearbeiten sowie die erarbeiteten Lösungen in die Praxis umsetzen können.

Sozialkompetenz
Miteinander kommunizieren, kooperieren und Konflikte konstruktiv lösen können.

Gruppenfertigung

Die Gruppenfertigung ist eine Kombination aus Verrichtungs- und Flussprinzip. Sie versucht die Vorteile beider zu verbinden. Einerseits soll eine große Anpassungsfähigkeit (Flexibilität) an die verschiedenen Arbeitsaufgaben ermöglicht werden, andererseits soll aber auch ein reibungsloser Materialfluss erfolgen:

Hohe Arbeitszufriedenheit

Verbesserte Produktivität

Niedrige Kosten

Hoher Kapitalbedarf

- Mitarbeiter werden stärker in die Gestaltung der Arbeit eingebunden;
- die Arbeitszufriedenheit wächst;
- verbesserte Produktqualität;
- geringere Ausschussquote,
- schnellere Anpassungsfähigkeit bei Produktionsumstellungen;
- niedrigere Kosten;
- hoher Kapitalbedarf;
- „Teamfähigkeit" der Gruppenmitglieder muss gegeben sein;
- eventuell Wartezeiten wegen der Abstimmung der Arbeitsabläufe;
- langsamerer Durchlauf der Werkstücke im Vergleich zur Fließfertigung.

Gruppenfertigung

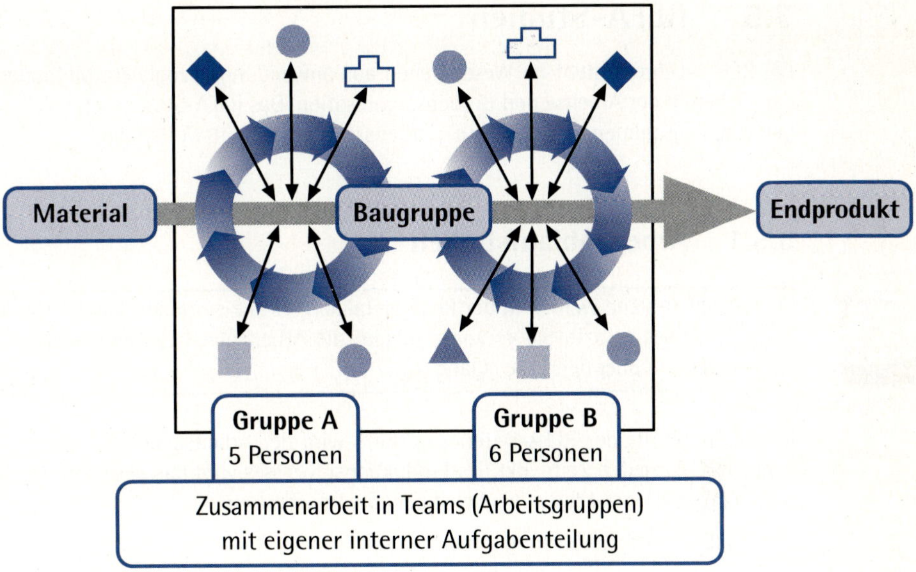

Fertigungsinsel

Aufgabenvielfalt

Planerisch weitgehend selbstständige Arbeitsgruppen fertigen Produktteile oder vollständige Endprodukte an, ohne den Bereich der Fertigungsinsel zu verlassen. Jede Insel verfügt also über alle Betriebsmittel, die für die zu fertigenden Teile benötigt werden. Die Zahl der Arbeitsplätze übersteigt die Zahl der Arbeitskräfte. Diese wandern mit den zu fertigenden Teilen zu den Maschinen. Die Aufgabenvielfalt der Arbeitskräfte wird größer und durch die Übernahme von dispositiven Tätigkeiten auch interessanter. Zum Aufgabenbereich der Gruppe gehören das Anfertigen von Arbeitsplänen, die Reihenfolgeplanung der Arbeitsgänge, die Feinterminierung der Aufträge, der Transport und die Qualitätskontrolle.

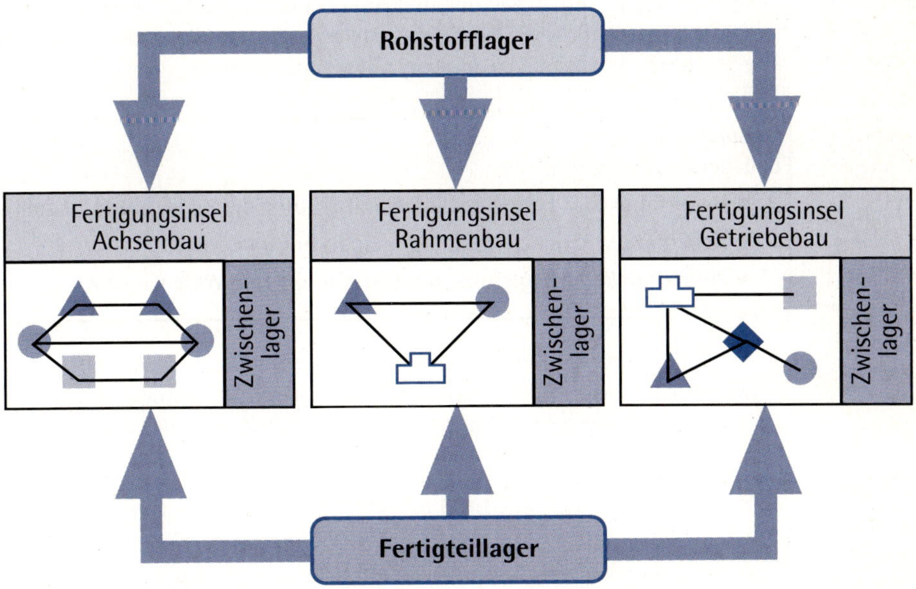

3.5 REFA-Studien

Die REFA[1]-Lehre besteht im Wesentlichen aus anwendungsbezogenem Methodenwissen aus den Gebieten der Arbeits- und Betriebsorganisation. Das REFA-System setzt sich aus drei Teilbereichen zusammen: Arbeitsablauf-, Arbeitszeit- und Arbeitswertstudien.

3.5.1 Arbeitsablaufstudien

Arbeitsablaufpläne werden in der Regel detailliert für die einzelnen Abschnitte des Produktionsprozesses erstellt. Sie vervollständigen die Arbeitsplatzbeschreibungen mit genauen Informationen über den Arbeitsgang.

Im ersten Schritt der REFA-Datenermittlung wird der Arbeitsablauf in einzelne Abschnitte gegliedert. Für jeden Zeitpunkt des Produktionsprozesses wird das Zusammenwirken der einzelnen Produktionsfaktoren möglichst genau vorausbestimmt.

Wo?
Wann?
Womit?

- Wo (Betriebsteil, Abteilung, Arbeitsplatz)?
- Wann (zeitliche Aufeinanderfolge)?
- Womit (Menschen, Betriebsmittel)?

Eine Analyse des Arbeitsablaufes beschäftigt sich im Wesentlichen mit:

- der **Stellung der Tätigkeit im Produktionsprozess** (Rüsten oder Ausführen)
  Der Rüstvorgang ist notwendig, um die entsprechenden Betriebsmittel bereitzustellen und den Arbeitsplatz einzurichten. Das Versetzen des Arbeitsplatzes in den ursprünglichen Zustand am Ende des Arbeitsprozesses stellt wiederum einen Rüstvorgang dar.
- der **Art der menschlichen Tätigkeit** (Haupt-, Neben- oder Zusatztätigkeit)
  Während die Haupttätigkeit unmittelbar notwendig ist, um die Arbeitsaufgabe zu erfüllen, leistet die Nebentätigkeit nur einen mittelbaren Beitrag. Zusatztätigkeiten stehen mit der eigentlichen Arbeitsaufgabe in keinem Zusammenhang.

Beispiel:
Einlagerung von Rohstoffen

- Haupttätigkeit: Entgegennahme und Prüfung der Ware, Transport zum Lagerplatz.
- Nebentätigkeit: Entsorgung der Verpackungsmaterialien.
- Zusatztätigkeit: Begleitung des Lkw-Fahrers zum Wareneinkauf.

- dem **Einsatz der Betriebsmittel** (Haupt-, Neben- oder Zusatznutzen)
  Die Einteilung erfolgt hier nach der Notwendigkeit des Betriebsmitteleinsatzes, um das eigentliche Arbeitsziel zu erreichen. Dabei wird von den gleichen Überlegungen wie bei der Gliederung der menschlichen Tätigkeiten ausgegangen.

1 REFA: Abkürzung für den 1924 gegründeten, heutigen „Verband für Arbeitsstudien e. V." in Darmstadt, der die Grundlagenforschung und die Ausbildung von Fachleuten auf dem Gebiet der Arbeitsstudien fördert

- den **Ursachen für Unterbrechungen des Arbeitsablaufs** (Störungen, Erholungsphasen, Reparaturen). Der Arbeitsablauf kann aus vielfältigen Gründen unterbrochen werden. Ursache kann sowohl der Mensch wie auch die von ihm bediente Maschine sein. Einige dieser Unterbrechungen sind geplant (z. B. Pausenzeiten), die Mehrzahl tritt allerdings auf ohne vorgeplant worden zu sein.

3.5.2 Arbeitszeitstudien

Die Planung von Arbeitszeiten ist nicht nur als Bestandteil der Arbeitsplanung wichtig. Sie bildet auch die Grundlage für die Entlohnung. Jede Tätigkeit bzw. jeder Arbeitsgang wird zeitlich bewertet.

Mithilfe von **Mikrobewegungsstudien** werden Vorgabezeiten festgestellt, in denen alle Grundbewegungen, die zur Ausführung einer Arbeit notwendig sind, zeitlich erfasst werden. Für die Grundbewegungen (Hinlangen, Greifen, Bringen, Fügen, Trennen, Heben usw.) sind in Tabellen so genannte Standardzeitwerte festgelegt.

Die bekanntesten Systeme zur Zeitberechnung sind:

Work-Factor-System

- **WF-System (Work-Factor)**

  Bei dem WF-Verfahren stehen quantitative Faktoren wie Größe und Gewicht eines zu bearbeitenden Gegenstandes oder der benötigten Kraftanstrengung im Vordergrund.

Methods-Time-Measurement

- **MTM-Verfahren (Methods-Time-Measurement)**

  Das MTM-Verfahren berücksichtigt darüber hinaus auch qualitative Faktoren.

Der Anwendungs- und Einsatzbereich solcher Studien ist in erster Linie auf ausführende Tätigkeiten begrenzt. Der Arbeitsablauf muss bis in alle Einzelheiten vorausgeplant werden können. Darüber hinaus lohnt sich der damit verbundene Aufwand erst dann, wenn sich die im Rahmen einer Tätigkeit anfallenden Vorgänge möglichst oft wiederholen.

Dies ist bei dispositiven Tätigkeiten kaum der Fall. Da hier der Anteil der planerischen Aufgaben überwiegt, die weder zeitlich noch sachlich genau vorhersehbar sind, können Zeitanalysen lediglich Richtwerte für ganze Aufgabenkomplexe erbringen.

Vorgabezeiten

Die Ermittlung der **Vorgabezeit** geht von einer Analyse der Arbeitsabläufe aus. Die Vorgabezeit ergibt sich aus der Addition von Rüst- und Ausführungszeit. Rüstzeiten werden für die notwendigen Tätigkeiten zur Bereitstellung der Produktionsanlagen angesetzt. Dazu gehören z. B. das Einschalten der Maschinen mit evtl. Warmlaufphasen, das Heranholen von Werkzeugen und Materialien, Kontrolltätigkeiten bezüglich der Funktionsbereitschaft sowie die allgemeine Vorbereitung des Arbeitsplatzes. Rüstzeiten fallen in der Regel nur einmal pro Arbeitsgang an. Hat der Arbeitnehmer im Laufe eines Tages verschiedene Tätigkeiten zu erledigen, können Rüstzeiten auch mehrfach berechnet werden.

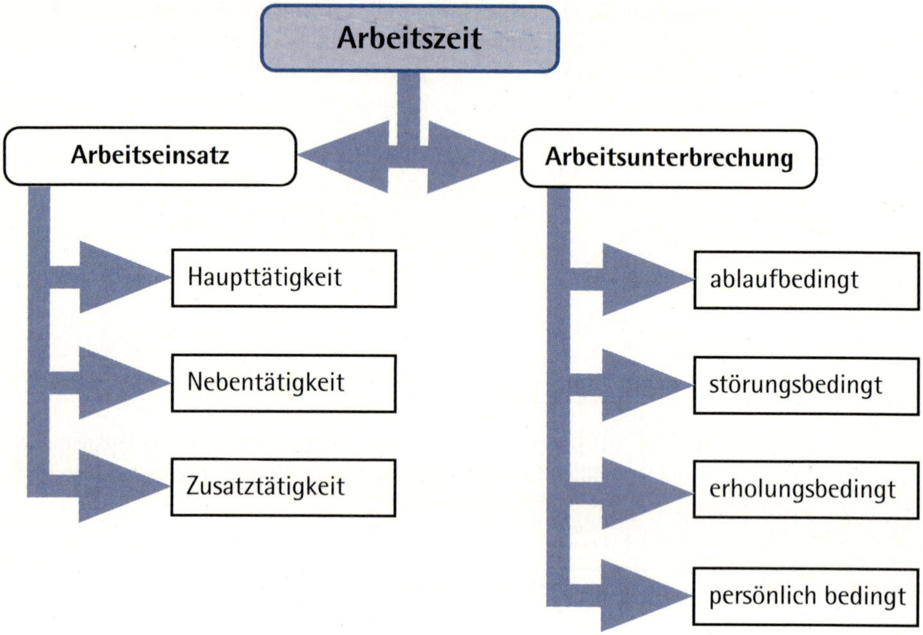

Die Ausführungszeit ist die auf die eigentliche Tätigkeit bezogene Zeitvorgabe. Sie setzt sich zusammen aus den Grund-, Verteil- und Erholzeiten.

Grund-, Verteil-, Erholzeiten

Grundzeit	**Erholzeit**	**Verteilzeit**
ablaufbedingte Tätigkeitszeit und ablaufbedingte, d. h. planmäßige Wartezeit	Summe aller für die Erholung der Arbeitskraft erforderlichen Zeiten (hier: Verrechnung auf eine Mengeneinheit)	Zeiten, die unregelmäßig und weniger häufig anfallen und deshalb als Zuschlag auf die Grundzeit verrechnet werden

Auftragszeiten

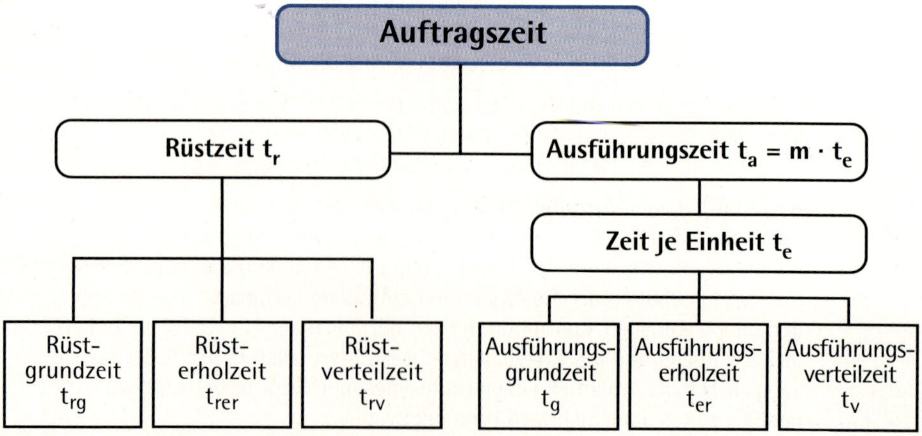

Fakten kurz gefasst

Arbeitszeitstudien

Ziel: die für eine Tätigkeit erforderliche Zeit festzulegen

Methode:
- Berechnung in Form einer Mikrobewegungsstudie
- vorgegebene Sollwerte oder
- Messung am Arbeitsplatz und einem
- Vergleich mit den vorhergehenden Ermittlungen

Grundzeit
alle Zeiten, die durch die Haupttätigkeit bedingt sind, regelmäßig anfallen und den wesentlichen Bestandteil der vorgegebenen oder benötigten Zeit ausmachen

Verteilzeit
Zeiten, die unregelmäßig und weniger häufig anfallen als die Grundzeiten; sie werden als Zuschlag zur Grundzeit verrechnet

Erholzeit
Summe aller für die (bezahlten) Erholungspausen anzusetzenden Zeiteinheiten

Vorgabezeit
Durch theoretische Ermittlungen (Berechnungen) oder aus Beobachtungen konkreter Arbeitsabläufe (Zeitaufnahmebögen) abgeleitete Zeit, die ein durchschnittlicher Arbeitnehmer mit durchschnittlicher Leistungsfähigkeit unter durchschnittlichen Arbeitsbedingungen benötigt, um einen bestimmten Arbeitsgang zu erledigen.

Rüstzeit
Zeit zur Vorbereitung des Arbeitsplatzes

Ausführungszeit
Zeitvorgabe zur Durchführung der eigentlichen Herstellungstätigkeit für eine vorgegebene (Auftrags-)Menge.

Ausführungszeit = { Ausführungsgrundzeit + Ausführungserholzeit + Ausführungsverteilzeit }

Auftragszeit
Gesamtsumme der für einen Arbeitsauftrag zur Verfügung stehenden Zeit.
Auftragszeit = Rüstzeit + Ausführungszeit

Istzeit
ist die tatsächlich von einem Arbeitnehmer für einen Arbeitsgang benötigte Zeit.

Arbeitsablaufstudien

Informationen über den Arbeitsgang, d. h., wo (Werk, Betriebsteil, Abteilung, Arbeitsplatz), wann (zu welchem Zeitpunkt), womit (Arbeitskraft, Maschinen, sonstige Betriebsmittel) die Produktion abläuft.

3.5.3 Arbeitswertstudien

Nach Arbeitszeit- und Arbeitsablaufstudien erfolgt eine differenzierte Bewertung der einzelnen Arbeitsgänge und -leistungen.

1 Summarische Verfahren – Vergleich, Einordnung und Bewertung des Arbeitsplatzes als Ganzem

Summarische Arbeitswertstudien

Rangfolgeverfahren

Alle Arbeitsplätze eines Betriebes werden nach ihrem Schwierigkeitsgrad geordnet und in eine Rangfolge gebracht. Diese stellt eine Abstufung vom einfachsten zum schwierigsten Arbeitsplatz dar. Je höher der Rang, desto höhere Anforderungen erfüllt der Arbeitsplatz.

Lohngruppen- oder Katalogverfahren

Bei diesem Verfahren werden innerbetriebliche Tätigkeitsverzeichnisse erstellt. In einer Reihe von Musterbeispielen wird ein Bezug zwischen Aufgabenbereichen und Lohngruppen hergestellt. Somit kann jede Arbeitsaufgabe im Betrieb nach dem zutreffendsten Beispiel bewertet werden.

Lohngruppen

Lohngruppen werden in der Regel in Manteltarifverträgen festgelegt. Sie sind gültig für alle tarifgebundenen Unternehmungen.

Lohngruppen

Beispiel:

Lohngruppe 2:
Einfache Arbeiten, die keine Arbeitskenntnisse, jedoch eine Zweckausbildung voraussetzen und nur eine geringe körperliche Belastungsfähigkeit erfordern.

Lohngruppe 3:
Einfache Arbeiten, die unter körperlicher Belastung, die über die vorgenannte Lohngruppe hinausgeht, auszuführen sind oder einfache Arbeiten, deren Ausführungen gegenüber der vorgenannten Lohngruppe zusätzliche Erfahrung voraussetzt.
...

Lohngruppe 6:
Arbeiten, deren Ausführung eine abgeschlossene Ausbildung voraussetzen oder Fähigkeiten und Kenntnisse, die denen eines Facharbeiters gleichzusetzen sind.
...

Lohngruppe 9:
Hochwertigste Facharbeiten, die überragendes Können, große Selbstständigkeit, Dispositionsvermögen ... erfordern.

Anwendungsprobleme:

- Die Anforderungen an die Arbeit erscheinen zwar quantifizierbar und messbar, aber die Raster der Eingruppierung in Lohn- und Gehaltsgruppen honorieren nicht den neuen dynamischen Charakter der Arbeit: Kooperative Fähigkeiten, eine Voraussetzung für die Arbeit im Team, sind in den Rahmentarifen und Tarifgruppen nicht vorgesehen.

- Wenn von den Mitgliedern der Arbeitsgruppen komplexere Tätigkeiten des Vorbereitens, Kontrollierens und Korrigierens verlangt werden, dann erreicht man dies nicht mit der Einteilung des „Arbeitswertes" nach herkömmlichen Methoden und Gruppen.
- Schlanke Produktion setzt auf Motivation und die verantwortliche Beteiligung der Mitarbeiter am Arbeitsprozess.

2 Analytische Verfahren – Zerlegung, Einordnung und Bewertung des Arbeitsplatzes nach differenzierten Anforderungsarten

Im Genfer Schema werden die Anforderungen mithilfe der Arbeitsplatzbeschreibung aufgestellt. Dabei werden miteinander verwandte Merkmale zusammengefasst.

Analytische Arbeitswertstudien

Das von Arbeitswissenschaftlern vor mehr als fünfzig Jahren erstellte „**Genfer Schema**" ist auch heute noch die Grundlage fast aller angewandter Verfahren zur Bewertung der Arbeit.

Genfer Schema

Können	**Ausbildung** **Erfahrung** **Denkfähigkeit**	**Kenntnisse**
	Handfertigkeit **Gewandtheit**	**Geschicklichkeit**
Verantwortung	**für sich selbst**	**für andere**
Belastung	**Aufmerksamkeit** **Beobachtungsgabe**	**geistig**
	Muskelkraft	**körperlich**
Arbeitsplatz	**Umgebungseinflüsse**	**Nässe, Kälte, Hitze, Lärm, Licht**
	Arbeitsplatzumfeld	**Öle, Fette, Gase, Staub, Schmutz ...**
	Körperhaltung	**stehend, sitzend, gebückt, liegend**

Transparenz

Um die Arbeitsbewertung transparenter zu machen, können die einzelnen Kriterien offengelegt werden. Es erfolgt damit keine pauschale Bewertung wie bei der summarischen Methode, sondern eine detaillierte Betrachtung der einzelnen Anforderungen des Arbeitsplatzes. Bewertet werden die Anforderungen eines Arbeitsplatzes und nicht ein bestimmter Arbeitnehmer.

Rangreihenverfahren

Höchstpunktzahlen

Die Arbeitsanforderungen eines Arbeitsplatzes werden aufgeschlüsselt und detailliert bewertet. Am häufigsten wird dabei das Genfer Schema herangezogen. Da die einzelnen Merkmalsgruppen nicht gleichwertig sind, muss zwischen ihnen ein Wertverhältnis festgelegt werden. Das kann z. B. durch die Vergabe von Höchstpunktzahlen für die einzelnen Merkmalsgruppen erfolgen. Diese Punktzahlen geben den Schwierigkeitsgrad und damit den Arbeitswert an. Dieser bildet dann die Grundlage der Entlohnung.

Je größer die Differenz zwischen den Höchstpunktzahlen und den tatsächlich vergebenen Punkten ist, desto niedriger wurde der Arbeitswert eingestuft.

Rangfolgeuntersuchung

Der Punktvorgabe vorausgehen kann auch eine Rangfolgeuntersuchung in den einzelnen Anforderungsarten. Der jeweilige Rang wird mit einem vorgegebenen Gewichtungsfaktor multipliziert.

Beispiel:

Bewertungsbegründung	Bewertung	max.	tats.
Können			
Für die Arbeitsausführung ist eine abgeschlossene Ausbildung als Werkzeugmechaniker und zusätzlich eine Arbeitserfahrung von mind. 2 Jahren nötig.	Arbeitskenntnisse	8	7
Geschicklichkeit bei zum Teil schwierigen Facharbeiten ist notwendig.	Geschicklichkeit	4	2,5
	Summe	12	9,5

Stufenwertzahlverfahren

Zeitliche Belastung

Auch dieses Verfahren baut auf dem Genfer Schema auf. Grundlage ist daher zunächst auch eine ausführliche Stellenbeschreibung. Zusätzlich zum Rangreihenverfahren wird jede einzelne Anforderungsart nochmals hinsichtlich des Intensitätsgrades und der zeitlichen Belastung untersucht. Das heißt, dass es nicht mehr genügt, z. B. bei der Anforderungsart „Umgebungseinflüsse“ die Schmutzbelästigung global zu bewerten, sondern es erfolgt eine weitere Einteilung:

Stufenwert-zahlverfahren

Belastungsart	Zeitanteil und gewichtete Gesamtbelastung (Zeit · Faktorzahl)									Summe
Körperliche Belastung	Faktor	1	2	3	4	5	6	7	8	
hoch	3	3	~~6~~	9	12	15	18	21	24	6
mittel	2	2	4	6	8	~~10~~	12	14	16	10
gering	1	1	2	3	4	5	6	7	8	
Schmutzarbeit										
hoch	3	3	6	9	12	15	18	~~21~~	24	21
mittel	2	2	4	6	8	10	12	14	16	
gering	1	~~1~~	2	3	4	5	6	7	8	1

Fakten kurz gefasst

Arbeitswertstudien

- Sie beinhalten alle Maßnahmen, die darauf abzielen, dass ein Arbeitsplatz in seinen Anforderungsmerkmalen möglichst genau beschrieben und im Hinblick auf die damit verbundene Entlohnung charakterisiert und eingeordnet wird.
- Die Bewertung bezieht sich auf den Arbeitsplatz, aber nicht auf die Person, die diesen Platz besetzt oder besetzen soll.

Analytisches Verfahren

detaillierte Darstellung aller einzelnen Arbeitsplatzanforderungen und -bedingungen nach den Kriterien:

- Können
- Verantwortung
- Belastung
- Sonstige Arbeitsbedingungen

Summarisches Verfahren

Verzicht auf Betrachtung einzelner Faktoren

Bewertung des Arbeitsplatzes in seiner Gesamtheit

Problem:
Die Bewertung ist objektiv kaum nachvollziehbar.

Im Internet finden Sie unter dem Stichwort „REFA" oder „Verband für Arbeits-Studien e. V." viele weitere Informationen zu diesem Thema.

4 Produktionscontrolling – Kosten, Qualität, Termintreue

Planung

Planung ist immer in die Zukunft gerichtet. Es reicht aber bei weitem nicht aus, sich „blind" darauf zu verlassen, dass die Prognosen auch eintreten. In einem Prozess der ständigen Überwachung muss kontrolliert werden, ob Plandaten eingehalten wurden und welche Konsequenzen aus evtl. Abweichungen zu ziehen sind.

4.1 Fertigungsüberwachung

Störungsursachen

Im Fertigungsprozess können sich Störungen aufgrund sehr verschiedenartiger Ursachen ergeben. Störungen liegen aus betrieblicher Sicht immer dann vor, wenn die Sollvorgaben von den Istwerten abweichen. Die häufigsten Störungsursachen sind:

- fehlerhaftes Material,
- Ausfall einer Fertigungsmaschine,
- hohe Fehlzeiten beim Facharbeiterstamm,
- fehlerhafte Stücklisten und Arbeitspläne,
- schlecht gewartete Maschinen,
- ungenaue Planvorgaben,
- verspätete Lieferung von Ersatzteilen,
- technisch veralteter Maschinenpark,
- Abnutzung von Werkzeugen.

Rückmeldung

Um Störungen erkennen zu können, ist die ständige Rückmeldung von Daten aus der Fertigung erforderlich. Erfolgt deren Weitergabe ohne zeitliche Verzögerung, hat dies den Vorteil, dass bei Abweichungen zwischen Soll- und Istwerten unmittelbar gegengesteuert werden kann. Die Funktionsfähigkeit des betrieblichen Systems kann so, ähnlich wie in einem Regelkreis, nach kurzer Zeit wiederhergestellt werden. Ein solches System von aktuellen Rückmeldungen wird als Betriebsdatenerfassungssystem bezeichnet.

Die Häufigkeit der Datenrückmeldung ist u. a. abhängig von der Art der Fertigungsorganisation. So bedarf z. B. eine Fließfertigung einer ständigen Rückmeldung von Daten.

Eventuelle Störungen können sonst wegen der technischen Verknüpfung der Betriebsmittel weit reichende Auswirkungen auf große Teile der Fertigung haben. Die Rückmeldung von Betriebsdaten dient aber nicht nur dazu, Störungen zu erkennen, sondern auch der Fertigungsfortschrittskontrolle.

Daten für die Fertigungsfortschrittskontrolle

Daten, die hier erfasst und weitergeleitet werden müssen, sind

- Materialdaten (z. B. Verbrauch, Ausschuss),
- Auftragsdaten (z. B. hergestellte Menge, Anfangs- und Endtermine von Arbeitsgängen),
- Personaldaten (z. B. geleistete Arbeitsstunden, Fehlzeiten),
- Arbeitsplatzdaten (z. B. Störungszeiten, auftragsbedingte Zeiten).

Die datentechnische Abwicklung zwischen Planung, Durchführung und Kontrolle (Überwachung) der Fertigung im Sinne eines Regelkreises gehört zum Leistungsumfang eines PPS-Systems.

Wenn Sie mehr über Produktionsplanungssysteme (PPS) wissen wollen, schlagen Sie in diesem Kompendium, Lernfeld 5, Kapitel 3.3.1 nach.

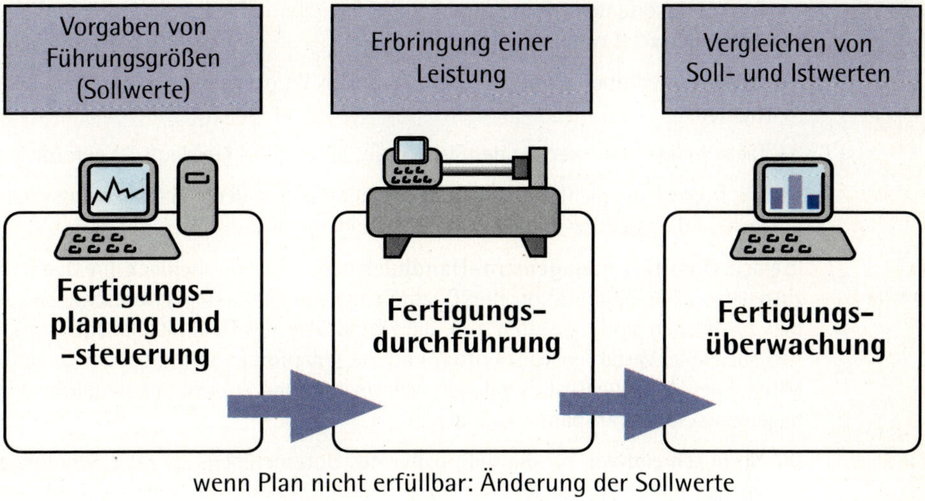

4.1.1 Die Qualitätsüberwachung und -sicherung

Anforderungen an ein Produkt

Erzeugnisse werden produziert, um bestimmten Zwecken zu dienen. Ihre Beschaffenheit muss daher bestimmten Anforderungen entsprechen. Wesentliche Anforderungen an ein Produkt betreffen die Zuverlässigkeit und die Gebrauchstauglichkeit. Die Qualität eines Produkts wird mithilfe von Qualitätsnormen (Qualitätsmerkmalen) ausgedrückt. Diese sollten im Allgemeinen eingehalten werden. Häufig wird aber eine begrenzte Abweichung von den Normen geduldet (Toleranzbereiche).

Normabweichungen können z. B. durch folgende qualitätsbeeinflussende Faktoren (Störgrößen) verursacht werden:

- verminderte Materialqualität,
- mangelhafte Werkzeuge,
- ungenau arbeitende Maschinen und sonstige Geräte,
- schwankende Leistungsfähigkeit der Arbeitskräfte.

Qualitätsmanagement

Für die Einhaltung der Qualitätsnormen in der Unternehmung sorgt das **Qualitätsmanagement**. Damit ist ein Konzept gemeint, bei dem eine Vielzahl betrieblicher Funktionsbereiche (z. B. Konstruktion, Entwicklung, Einkauf, Fertigung, Kundendienst) unter Beteiligung ihrer Mitarbeiter einen Beitrag zu einer kostengünstigen Qualitätssicherung und -verbesserung leisten.

Die neugefasste **Normenreihe DIN EN ISO 9000 : 2000** ersetzt die frühere Reihe DIN EN ISO 9000 : 1994.

ISO-Normenreihe

- Die DIN EN ISO 9001 ist die einzige Zertifizierungsgrundlage. Die Normen 9002 und 9003 sind ersatzlos gestrichen.
- Die frühere Struktur der Norm in Form von 20 Elementen, die insbesondere die betrieblichen Abläufe kleinerer bis mittlerer Unternehmen nicht praxisgerecht abbildete, wurde durch eine den prozess- und systemorientierten Managementansatz unterstreichende Struktur ersetzt.

- Die Kundenorientierung steht im Zentrum der Norm. Die Kundenzufriedenheit muss regelmäßig bewertet werden.
- Die Dokumentation kann der Größe und dem Tätigkeitsfeld des Unternehmens angepasst werden.
- Die ständige Verbesserung des Systems im Sinne eines Kreislaufs ist gefordert.
- Die Norm ermöglicht eine einfachere Einbindung anderer Managementsysteme wie Umwelt-, Arbeitsschutz- und Sicherheitsmanagement.

Qualitätsmanagement-Handbuch

In einem **Qualitätsmanagement-Handbuch** haben die Unternehmen ihre Qualitätspolitik vorzustellen und die Organisation ihres Qualitätsmanagementsystems zu beschreiben. Angaben, die hier zu machen sind, betreffen z. B. die Grundsätze des Qualitätsmanagements, Verantwortungsbereiche, Verfahrensvorschriften und die Ablauforganisation bei der Qualitätssicherung. Mithilfe des Handbuchs ist es möglich, Mitarbeitern und Kunden das eingeführte Qualitätsmanagementsystem transparent zu machen.

Qualitätsbewusstsein

Die Norm schreibt vor, für die Mitarbeiter des Unternehmens spezielle Schulungen durchzuführen, um ihr Qualitätsbewusstsein zu fördern. Laut Norm müssen auch die Zulieferer von Produkten und Dienstleistungen nachweisen, dass sie die Qualitätsansprüche ihrer Abnehmer tatsächlich erfüllen.

Zertifizierungsaudit

Eine regelmäßige Überprüfung des Qualitätsmanagementsystems erfolgt durch eine unabhängige Untersuchung, das so genannte **„Qualitätsaudit"**. Es dient dazu festzustellen, ob die qualitätsbezogenen Tätigkeiten den geplanten Vorgaben entsprechen. Ist dies der Fall, erhalten Unternehmungen ein Zertifikat (Zertifizierungsaudit).

Qualitätsmanagementsysteme

4.1.2 Qualitätsaudit

Das Qualitätsaudit ist heute ein fester Bestandteil der Unternehmenspolitik, da es ein Instrument der permanenten Qualitäts- und Kostenverbesserung ist. Ein Qualitätsaudit wird typischerweise auf ein Qualitätsmanagementsystem (QMS) oder auf dessen Elemente (QME), auf Prozesse und Produkte (auch Dienstleistungen) angewendet, es ist jedoch nicht darauf beschränkt.

Qualitätsaudits für das Qualitätsmanagement werden durch Eigenveranlassung oder durch Vertragspartner für interne oder externe Belange durchgeführt.

- **Interne Qualitätsaudits** sind feste Bestandteile eines Qualitätsmanagementsystems.
- **Externe Qualitätsaudits** werden zur Zertifizierung eines Qualitätsmanagementsystems durchgeführt.
- **Produkt- und Verfahrensaudits** sind interne betriebliche Aktivitäten und unterliegen keiner Zertifizierung durch externe Stellen.

Der Zweck der Qualitätsaudits besteht darin, die Notwendigkeit von Verbesserungen und Korrekturen, insbesondere in der Ablauforganisation des Qualitätsmanagements, zu erkennen und zu beurteilen. Es ist nicht mit einer Überwachungs- oder Prüftätigkeit zu verwechseln.

Systemaudit

Zweck	Grundlagen	Was wird beurteilt?
Beurteilung der Wirksamkeit des Qualitätsmanagementsystems durch Feststellung, ob die notwendigen Bestandteile vorhanden sind	Qualitätsmanagement-Handbuch, Auftragsunterlagen, Richtlinien der Unternehmensleitung, Checklisten, Qualitätsberichte	Alle Bereiche der Unternehmung

Verfahrensaudit

Zweck	Grundlagen	Was wird beurteilt?
Beurteilung der Wirksamkeit der Qualitätsmanagementelemente, Bestätigung der Qualitätsfähigkeit, der Einhaltung und Zweckmäßigkeit bestimmter Prozesse und Tätigkeiten, Ermittlung von Verbesserungsmaßnahmen	Unterlagen für die Durchführung, Überwachung und Prüfung des Verfahrens, Anforderungen an die Personalqualifikation	Spezielle Herstellungsverfahren und Abläufe

Produktaudit

Zweck	Grundlagen	Was wird beurteilt?
Beurteilung der Wirksamkeit der Qualitätsmanagementelemente durch die Untersuchung einer bestimmten Anzahl von Endprodukten oder hergestellten Teilen, Bestätigung der Qualitätsfähigkeit anhand der Produktqualität	Qualitätsrichtlinien, Prüf- und Fertigungsunterlagen	Spezielle Teile, Bauelemente, Endprodukte, Montageergebnisse

Dienstleistungsaudit

Zweck	Grundlagen	Was wird beurteilt?
Beurteilung der Wirksamkeit von Tätigkeiten hinsichtlich der erbrachten Ergebnisse zur Erfüllung der Erfordernisse des Auftraggebers	Pflichtenheft, Lastenheft, Vertragsunterlagen, Verfahrensanweisungen	Die Lieferung und der Gebrauch materieller Produkte, Software

4.1.3 Kosteneinsparung durch Qualitätssicherung

Qualitätssicherung verursacht Kosten. Aber sie spart langfristig mehr als sie kostet.

- **Qualitätssicherungskosten**
  Kosten fallen an durch Fehler verhütende Maßnahmen im Prozess der Qualitätssicherung (Mitarbeiterschulung, Wareneingangskontrolle, qualitätsorientierte Wartung der Maschinen und Werkzeuge).
- **Prüf- und Beurteilungskosten**
  Kosten werden verursacht durch den eigentlichen Vorgang der Qualitätskontrolle und durch die Beurteilung der Prüfergebnisse (Kosten der Prüfgeräte, Personalkosten, Kosten durch Prüfvorgänge, wenn das geprüfte Produkt dadurch zerstört wird).
- **Fehlerfolgekosten**
  Kosten werden hervorgerufen, weil ein Fehler aufgetreten ist (Ausschusskosten, Nachbearbeitung, Erlöseinbußen durch Preisnachlässe).

Die 80:20-Regel

Das ist eine Erfahrungsregel, nach der Aufwand und Ergebnis oft in einem „nichtlinearen" Verhältnis stehen: 80 % der Arbeit lassen sich oft mit 20 % Aufwand erledigen. Wer perfekt sein will, braucht für die restlichen 20 % der Ergebnisse 80 % Aufwand.

Entsprechendes gilt auch für die Fehler: 20 % der Fehlerursachen sind für 80 % der Fehler verantwortlich.

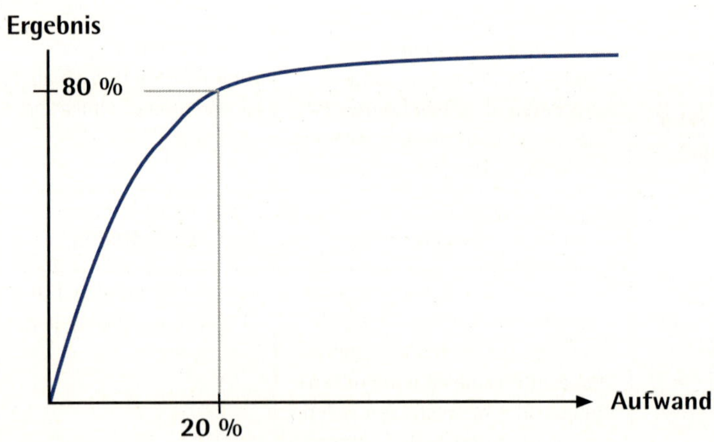

Dr. Burghardt Krems, in: online-Verwaltungslexikon, URL http.//www.olev.de, übernommen am 19. Januar 2003

Die 10er-Regel der Fehlerkosten

Erfahrungsregeln aus dem Qualitätsmanagement belegen, dass die Kosten der Fehlervermeidung bzw. der Fehlerbehebung um den Faktor 10 steigen, wenn Fehler nicht bei der Planung vermieden werden, sondern wenn sie erst bei der Produktion bemerkt werden oder sogar erst beim Kunden.

Die ABC- und XYZ-Analyse

Die ABC-Analyse ist ein Instrument, um auch im Bereich der Qualitätssicherung Prioritäten zu bilden.

- **Kategorie A** sehr wichtig
- **Kategorie B** wichtig
- **Kategorie C** weniger wichtig

Bei der Prioritätenbildung besteht ein Zusammenhang mit der 80:20-Regel. Die ABC-Analyse dient dazu, die begrenzten Kapazitäten auch im Bereich der Qualitätssicherung sinnvoll und effizient einzusetzen.

Wenn man die Fehlerwahrscheinlichkeit mit ABC klassifiziert und die Schwere der Folgen solcher Fehler mit XYZ, so kann man in einer aus neun Felder bestehenden Matrix betriebswirtschaftlich sinnvolle Vorgehensweisen abstecken.

Oberste Priorität haben die als A–X eingestuften Ereignisse, denn hier herrscht die höchste Fehlerwahrscheinlichkeit und die Auswirkungen der Fehler sind am größten.

	Fehlerwahrscheinlichkeit	Folgen eines Fehlers: sehr hoch X	hoch Y	gering Z
A	sehr hoch	●		
B	hoch			
C	gering			●

Handlungsbedarf sehr groß (A–X)

Handlungsbedarf relativ gering (C–Z)

Durch eine effektive Qualitätskontrolle werden Fehlerfolgekosten eingespart. Es werden aber auch Kosten verursacht, und zwar die Qualitätssicherungs- und Prüfkosten. Diese steigen in der Regel umso stärker an, je mehr man sich einer Fehlerquote von 0 % annähert. Je geringer die Fehlerfolgekosten sein sollen, desto großer ist der Aufwand für Qualitätssicherung und Produktprüfung.

4.1.4 Produkthaftung

Accepted Quality Level

Durch das Produkthaftungsgesetz hat der Gesetzgeber festgelegt, dass die Hersteller für Schäden haften, die durch Qualitätsmängel ihrer Produkte entstanden sind. Für ihre Produkte bestimmen die Unternehmen die Zahl der maximal akzeptierten Fehler (Accepted Quality Level), z. B. je Prüflos. Umgerechnet auf 100 Einheiten ergibt sich die Fehlerquote. Bei extrem hohen Ansprüchen an die Produktqualität können nur Fehlerquoten von 0 Prozent akzeptiert werden. Dies ist z. B. im Flugzeugbau der Fall.

Herstellerhaftung

Hersteller müssen für Schäden durch fehlerhafte Produkte verschuldensunabhängig haften. Nach dem Produkthaftungsgesetz müssen Hersteller auch für solche Fehler einstehen, deren Ursache beim Vorlieferanten oder Zulieferer liegen. Diese werden so behandelt, als sei der Fehler in ihrem eigenen Verantwortungsbereich entstanden oder verursacht worden.

4.2 Produktionskosten

Kosten sind der bewertete Verbrauch von Produktionsfaktoren bei der Erstellung der betrieblichen Leistung.

4.2.1 Fixkosten

Unternehmensfixe Kosten

Fixe Kosten fallen als fester Bestandteil der Produktion immer an. Sie sind unabhängig von der Produktionsmenge (Mieten, Versicherungen, Gehälter, Abschreibungen usw.). Viele unternehmensfixe Kosten lassen sich aber mittel- oder langfristig auch abbauen oder zumindest teilweise einer veränderten Absatz- oder Umsatzsituation anpassen (z. B. Kündigung von Versicherungs- oder Arbeitsverträgen, Verkauf von nicht genutzten Maschinen).

Intervallfixe Kosten

Andere als die unternehmensfixen Kosten sind Fixkosten, die vom Einsatz der Betriebsmittel abhängig sind. Werden z. B. Maschinen in Betrieb genommen, so sind die hierdurch verursachten Fixkosten innerhalb eines bestimmten Beschäftigungsintervalls unabhängig von der Ausbringung. Wird die Beschäftigung überschritten und eine weitere Maschine in Betrieb genommen, steigen die Fixkosten sprunghaft an. Man bezeichnet daher diese Art von Fixkosten als Sprungkosten (intervallfixe Kosten).

Werden fixe Kosten durch die Ausbringungsmenge dividiert, ergeben sich die Fixkosten pro Stück, die bei steigender Ausbringungsmenge ständig abnehmen.

Zeichnerisch dargestellt ergibt sich ein degressiver Kurvenverlauf.

Gesetz der Massenproduktion

Fixkostendegression

Die fixen Kosten insgesamt bleiben zwar konstant, aber die fixen Kosten pro Stück verändern sich mit der Ausbringungsmenge. Dies bezeichnet man bei steigendem Output als das „Gesetz der Massenproduktion". Bei rückläufiger Produktion kehrt sich die Fixkostendegression aber um. Zu den ohnehin schwierigen Absatzbedingungen kommen auch noch höhere Fixkostenbelastungen pro Einheit, sodass die Preiskalkulation weiter erschwert wird.

Je höher der Fixkostenanteil, desto schneller steigen die Stückkosten und desto eher werden Verluste erwirtschaftet. Dies erklärt, warum große Unternehmungen bei rückläufiger Nachfrage anfälliger sind als kleinere und mittlere Produzenten.

Nutz- und Leerkosten

Besonderheiten der fixen Kosten:

- Nach dem Auslastungsgrad der betrieblichen Kapazität lassen sich die fixen Kosten einteilen in **Nutz- und Leerkosten**. Der Teil der fixen Kosten, der auf die ausgenutzte Kapazität entfällt, sind Nutzkosten; der auf die nicht genutzte Kapazität entfällt, sind Leerkosten.

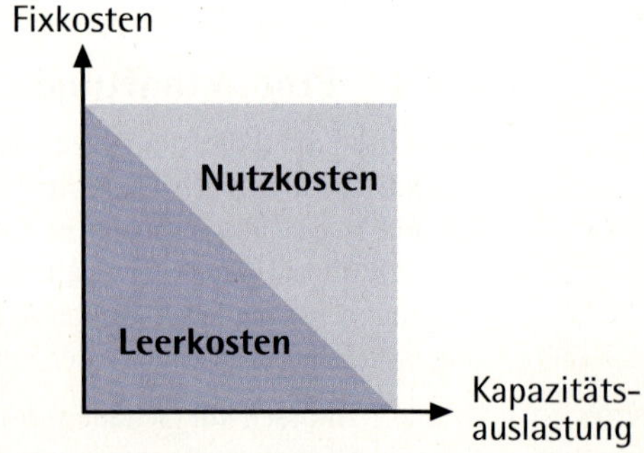

- Sprungfixe Kosten

Die Kapazität kann nicht „gleitend" angepasst werden. Wenn z. B. bisher die Kapazitätsgrenze bei 100 Einheiten lag, die auf 5 Maschinen hergestellt wurden, so steigt sie mit der Beschaffung einer zusätzlichen Maschine sprunghaft auf 120 Einheiten. Die fixen Kosten pro Stück lägen bei einer Produktion von z. B. nur 105 Stück deutlich höher als bei 100 Stück. Daher ist eine Erweiterungsinvestition erst dann sinnvoll, wenn die Stückkosten danach mindestens auf dem Niveau bleiben, das man vorher erreicht hatte.

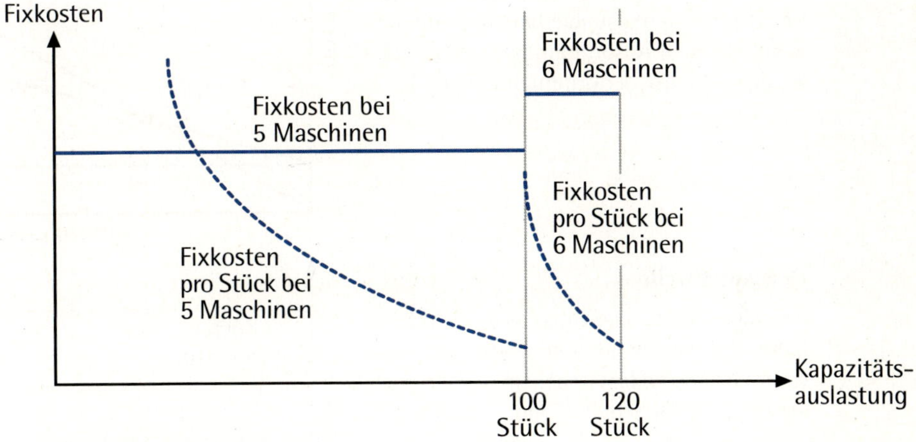

- **Fixkostenremanenz**
  Ist die Beschäftigung in einem Betrieb rückläufig, so bleiben die fixen Kosten trotz rückläufiger Ausbringungsmenge weitgehend unverändert. Dies bezeichnet man als Fixkostenremanenz. Die Folge ist, dass die Fixkostenbelastung pro Stück höher wird.

4.2.2 Variable Kosten

Sie sind abhängig von der Ausbringungsmenge. Man unterscheidet:

Proportionale Kosten

- **proportionale variable Kosten**, die sich in gleichem Maße wie die Ausbringungsmenge verändern; die variablen Kosten pro Stück sind hierbei konstant;

Unterproportionale Kosten

- **unterproportionale variable Kosten**, die sich in geringerem Maße als die Ausbringungsmenge verändern; die variablen Kosten pro Stück sinken bei größerem Output;

Überproportionale Kosten

- **überproportionale variable Kosten**, die stärker steigen als die Ausbringungsmenge und bei denen auch die variablen Stückkosten mit zunehmendem Output größer werden.

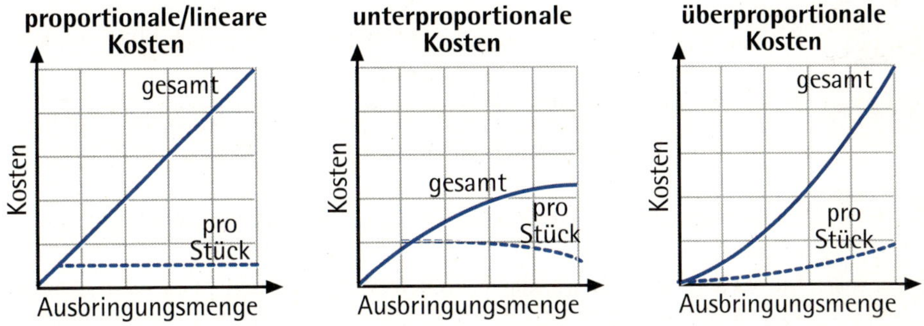

4.2.3 Wirtschaftlicher Gesamterfolg

Gewinnmaximum

Gewinnmaximum

Gewinne errechnen sich als Differenz zwischen Erlösen und Kosten. Bei einem proportionalen Gesamtkostenverlauf liegt die gewinnmaximale Ausbringungsmenge an der Kapazitätsgrenze der Unternehmung.

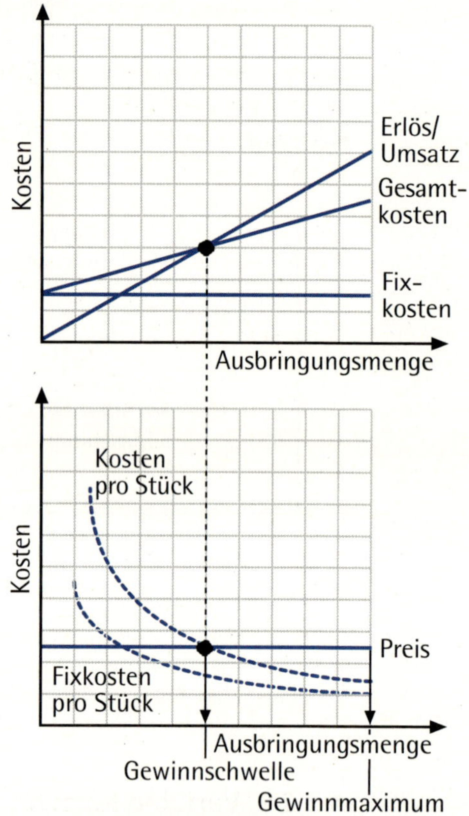

Break-even-Point

Gewinnschwelle

(Nutzenschwelle oder Break-even-Point) Bei dieser Gewinnsituation sind Kosten und Erlöse gleich hoch, sodass weder ein Gewinn noch ein Verlust erwirtschaftet wird.

Bei geringeren Ausbringungsmengen werden Verluste, bei größeren Ausbringungsmengen Gewinne erzielt.

4.3 Leistungsmaßstäbe für die Effektivität betrieblicher Arbeitsvorgänge

Kennzahlen

Die Kostenstruktur und die Marktfähigkeit zwingt die Betriebe zu ständiger Rationalisierung. Gemessen werden deren Erfolge an verschiedenen Kennzahlen, die im Folgenden beschrieben sind.

4.3.1 Produktivität

Kennzahl: Produktivität

Mengenmäßige Ergiebigkeit der Leistungserstellung. Ziel: Maximale Produktivität

$$\textbf{Produktivität} = \frac{\text{Output}}{\text{Input}} \quad \text{oder} \quad \frac{\text{Ausbringungsmenge}}{\text{Faktoreinsatzmenge}}$$

Ökonomisches Prinzip

Die Produktivität wird durch folgende Maßnahmen gesteigert:

- Erhöhung der Ausbringungsmenge bei gleichem Faktoreinsatz (Maximalprinzip);
- Verringerung des Faktoreinsatzes bei gleich bleibender Ausbringungsmenge (Minimalprinzip).

Die Produktivität kann als allgemeine betriebliche Kennzahl nur bedingt ermittelt werden, weil sie immer eine Durchschnittsgröße darstellt. Daher werden für einzelne Bereiche (z. B. Produktionsabschnitte) oder einzelne Maschinen die Produktivitätskennzahlen isoliert berechnet. Aufgrund der hohen Personalkosten steht die Produktivität der Arbeit in der Regel auf einem besonderen Prüfstand:

$$\textbf{Produktivität der Arbeit} = \frac{\text{Ausbringungsmenge}}{\text{Zahl der eingesetzten Arbeitsstunden}}$$

Mangelnde Vergleichbarkeit

Wegen der ausschließlich mengenbezogenen Betrachtung und der Tatsache, dass die Produkte der einzelnen Unternehmungen sehr unterschiedlich und nicht vergleichbar sind, ergibt sich, dass die Produktivität nur vergleichbar ist, wenn es sich um gleich geartete Unternehmen oder einen betriebsinternen Vergleich mehrerer Rechnungsperioden handelt.

4.3.2 Prozesseffektivität

Prozesseffizienz

Die beiden Kennziffern stellen nur ein Abbild einer mathematischen Momentaufnahmen dar. Wichtiger ist aber eigentlich die „Prozesseffizienz der Produktion". Das ist gleichzeitig das Schlüsselwort, das den gesamten Geschäftsprozess in die Betrachtung einbezieht.

Den Ansatz eines geschäftsprozessorientierten Erfolgsmaßstabes zeigt die folgende Betrachtung für die Produktivität bzw. den „echten" wirtschaftlichen Erfolg:

Der Preis eines Produktes abzüglich der Materialkosten, dividiert durch die für die Entwicklung, Herstellung und Vertrieb nötigen Arbeitsstunden ergibt die Einheit „€ pro Stunde" und ist eine abgewandelte Form der Produktivität.

$$\frac{\textbf{Preis}^{1}}{\textbf{Anzahl der Arbeitsstunden}} = \textbf{Ertrag pro Arbeitsstunde}$$

In der Autoindustrie liegt der Ertrag pro Arbeitsstunde in Deutschland bei ca. 47,00 €, in Frankreich bei ca. 49,00 €, in Japan bei ca. 66,00 € und in den USA bei ca. 69,00 €. Damit schneidet Deutschland entgegen vieler Annahmen bei der Prozesseffektivität eher ungünstig ab.

Wenn Sie mehr über die Begriffe „Aufwand, Ertrag, Leistung, Kosten" usw. wissen wollen, schlagen Sie im Lernfeld 2, Kapitel 7 oder im Kompendium Rechnungswesen, Lernfeld 3, Kapitel 5 nach.

4.3.3 Rentabilität

Die Rentabilität ist das prozentuale Verhältnis zwischen Gewinn und dem eingesetzten Kapital. Damit wird die Verzinsung des Kapitals berechnet:

$$\textbf{Rentabilität} = \frac{\text{Gewinn} \cdot 100}{\text{eingesetztes Kapital}}$$

1 abzüglich Entwicklungskosten, Materialkosten, Herstellungskosten, Vertriebskosten, anteiligen Verwaltungskosten

Kennzahl: Rentabilität

Die Grundlage zur wirtschaftlichen Zielerreichung sind folgende Maßnahmen:

- Steigerung des Gewinns bei gleichem Kapitaleinsatz (Maximalprinzip);
- Verringerung des Kapitaleinsatzes bei gleich bleibendem Gewinn (Minimalprinzip).

Je nachdem, welches Kapital bei der Berechnung herangezogen wird, unterscheidet man:

$$\textbf{Rentabilität}\ \text{des Eigenkapitals} = \frac{\text{Gewinn} \cdot 100}{\text{eingesetztes Eigenkapital}}$$

$$\textbf{Rentabilität}\ \text{des Gesamtkapitals} = \frac{(\text{Gewinn} + \text{Fremdkapitalzinsen}) \cdot 100}{\text{eingesetztes Gesamtkapital}}$$

Wenn Sie mehr über den Unterschied der beiden Rentabilitätsarten wissen wollen, sehen Sie im Lernfeld 11, Kapitel 4.4 oder im Kompendium Rechnungswesen Lernfeld 8, Kapitel 4 nach.

5 Abfallvermeidung, Wiederverwertbarkeit

Unternehmen haben ihr Ziel noch nicht erreicht, wenn sie die voranstehenden Kennzahlen zur eigenen Zufriedenheit oder zur Zufriedenheit der Anteilseigner erfüllt haben. Mehr und mehr wird nicht nur den Privatpersonen, sondern auch den Unternehmen klar, dass es neben wirtschaftlichen Interessen auch umweltbezogene Verpflichtungen gibt.

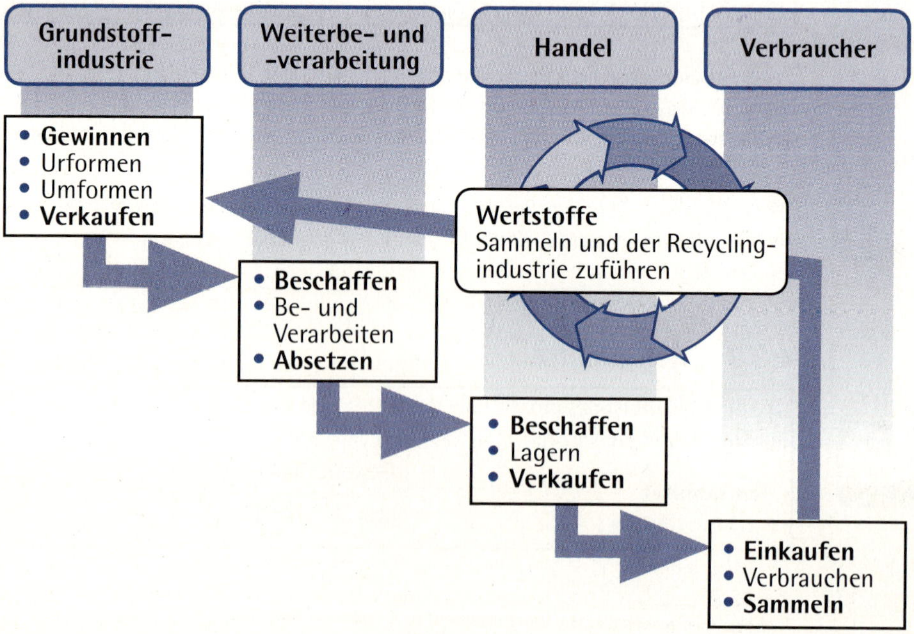

5.1 Ökobilanz – „von der Wiege bis zur Bahre"

Ökobilanzierung ist eine Methode zur Abschätzung der Auswirkungen eines Produktes und seines Herstellungsprozesses auf die Umwelt. Bei der Erstellung einer Ökobilanz werden die Lebensstadien Rohstoffgewinnung, Herstellung, Verarbeitung, Transport, Gebrauch, Nachnutzung und Entsorgung des zu untersuchenden Produktes bzw. Verfahrens auf ihre Umweltrelevanz hin untersucht. Eine Ökobilanz umfasst drei maßgebliche Teile: die **Sachbilanz**, die **Wirkungsbilanz** und die **Bewertung**.

Der Bilanzierungsbereich teilt sich in Bereiche wie Rohstoffeinsatz, Energieeinsatz, Emissionen in Luft, Boden und Wasser, Abfallaufkommen sowie toxikologische und ökologische Bewertungen der verursachten Emissionen. **Ziel der Ökobilanz** ist eine Abwägung der Vor- und Nachteile von Produkten und Verfahren. Aufgrund ihrer unterschiedlichen Methoden und verschiedener Datenquellen und -qualitäten sind Ökobilanzen verschiedener Produkte oder Verfahren kaum direkt miteinander vergleichbar. Für die Erstellung produktbezogener Ökobilanzen wurde daher die **DIN 33926** festgelegt.

DIN 33926

Da Ökobilanzen den Nutzen eines Produktes nicht untersuchen, sind ihre Ergebnisse nur ein Teilbild eines Systems, das umfassender in der **Produktlinienanalyse** untersucht wird.

Produktlinienanalyse

In einer solchen Produktlinienanalyse wird der gesamte Lebensweg eines Produktes betrachtet. Von der Herstellung über die Nutzung bis zur Entsorgung werden die Umweltauswirkungen erfasst. Dabei werden nicht nur die Umweltauswirkungen des eigentlichen Herstellungsprozesses berücksichtigt, sondern auch die Herstellung der Vorprodukte, teilweise sogar der Hilfs- und Betriebsstoffe, der Energieerzeugung sowie die Förderung und Bereitstellung der Rohstoffe. Einbezogen werden auch alle Transporte. Dazu gehören auch die Rücktransporte von Leergut. Bei der Entsorgung wird das Recycling der Wertstoffe ebenso berücksichtigt wie die Umweltbelastung durch die Ablagerung der Abfälle auf Deponien oder ihre Verbrennung.

Wachstum und Wohlstand

Nicht jedes Wachstum bedeutet auch mehr Wohlstand. Es gibt im Gegenteil sogar in zunehmendem Maße in den Augen von namhaften Wissenschaftlern Wachstumsbranchen, die allein schon deshalb sehr kritisch beurteilt werden müssen, weil sich hinter ihnen Maßnahmen, Produkte und Aufwendungen verbergen, die nur nötig sind, um die negativen Folgen des Wachstumsprozesses zu reparieren oder zu vermeiden. Dazu gehört z. B. der gesamte Bereich der Müllverwertung. Dieser „Wohlstandsreparaturbereich" boomt und hat teilweise sehr hohe Wachstumsraten. In Wirklichkeit handelt es sich aber keinesfalls um einen damit verbundenen Segen, sondern eher um ein unter ökologischen Gesichtspunkten verzichtbares Wachstum.

Die Statistiken registrieren nur die Höhe, aber nicht die Art des Wachstums. Nach ökonomischer Logik müsste eigentlich eine Abschreibung vom Wachstumswert erfolgen, wenn im Wald Kalk gestreut, in Kläranlagen das Wasser gesäubert wird oder wenn am Arbeitsplatz Erkrankte zum Arzt gehen. In Wirklichkeit ist aber das Gegenteil der Fall. Je mehr ausgegeben wird, um den früheren, besseren Zustand wieder herzustellen, desto größer ist das Wachstum ...

Funktionen der Ökobilanzen

Ökobilanzen haben mehrere Funktionen:

- Sie können von den Herstellern zur Entwicklung von umweltverträglichen Produkten genutzt werden.
- Sie sind eine Hilfe für politische Entscheidungsprozesse (so zum Beispiel bei der Diskussion über die Verpackungsverordnung und die Mehrwegquote, bei der die Ökobilanz für Getränkeverpackungen eine Rolle spielt).

- Sie können auch das Marketing von Unternehmen beeinflussen (zum Beispiel, indem Unternehmen durch eine Ökobilanz die Umweltverträglichkeit ihrer Produkte bewerten und mit den Ergebnissen werben).

Ökobilanz

Ökobilanzen stellen nur einen Aspekt im Rahmen der komplexen Entscheidungsprozesse in Staat, Wirtschaft und Gesellschaft dar. Sie müssen zusätzlich mit ökonomischen und sozialen Faktoren bewertet werden.

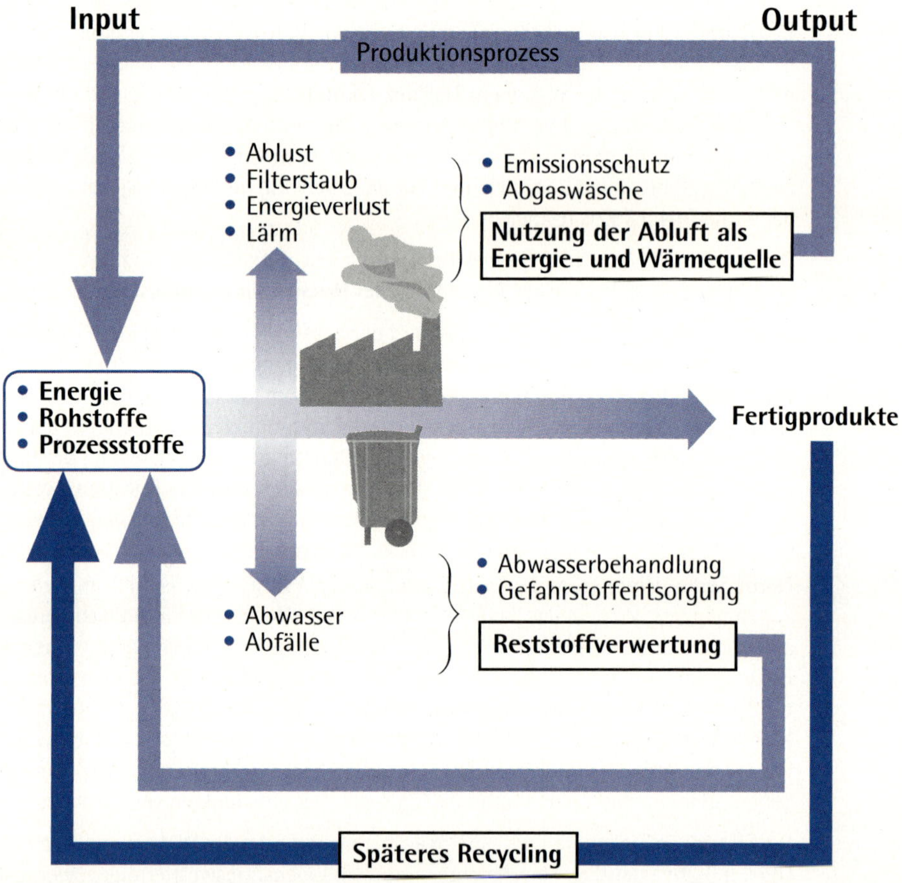

Fakten kurz gefasst

Eine Ökobilanz

- ist ein Umweltprotokoll eines Produktes, eines Herstellungs- oder eines anderen Verfahrensprozesses, einer Dienstleistung oder eines Produktionsstandortes;
- fasst das vorhandene Wissen über die Auswirkungen auf die Umwelt zusammen. In vergleichenden Ökobilanzen werden Produkte, Verfahren oder Dienstleistungen, die demselben Zweck oder derselben Funktion dienen, hinsichtlich der Wirkungen auf die Umwelt verglichen.

5.2 Einzelmaßnahmen im Sinne der ökologischen Ziele

Umweltschonende Produktgestaltung

Produkte gelten als umweltverträglich, wenn bei ihrer Produktion, ihrer Nutzung und auch ihrer Entsorgung eine vergleichsweise geringe Umweltbelastung verursacht wird. Belastende Wirkungen für die Umwelt gehen vor allem von der stofflichen Zusammensetzung der Produkte aus. Wenn es gelingt, diese zu recyceln, kann sich der Verbrauch an natürlichen Ressourcen erheblich vermindern. Schon bei der Entwicklung sollte die Entsorgung der Produkte aber mitbedacht und es sollten keine Materialien verplant werden, die in absehbarer Zeit nicht recycelt werden können.

Umweltschonendes Fertigungsprogramm

Das Fertigungsprogramm beinhaltet die Art und Menge der tatsächlich hergestellten Erzeugnisse. Eine Unternehmung, die sich entschließt nur solche Erzeugnisse aus ihrer Produktpalette in größeren Mengen herzustellen, die eine geringere Umweltbelastung verursachen, leistet einen aktiven Beitrag zum Umweltschutz.

Umweltschonende Produktlebensdauer

Die Lebensdauer eines Produktes wird ausgedrückt durch seine tatsächliche Gebrauchsdauer. Werden Produkte nach ihrem Verschleiß für andere Zwecke noch verwendet, so verlängert sich hierdurch die Nutzungszeit. Die durch die Produktion und Entsorgung des Produkts verursachten Umweltbelastungen werden so auf einen längeren Zeitraum verteilt. Eine längere Produktlebensdauer bewirkt auch, dass die umweltbelastende Ersatzproduktion erst zu einem späteren Zeitpunkt stattfinden muss.

Umweltschonende Verfahrensgestaltung

Bei der Güterherstellung können die Betriebe im Normalfall zwischen alternativen Fertigungsverfahren wählen. Die Verfahrenswahl wirkt sich meist auch auf die Höhe der Umweltbelastung aus. Eine umweltbeeinflussende Verfahrenswahl haben Betriebe aber auch hinsichtlich der Lagerung und des Transports zu treffen.

Auswahl von umweltschonenden Einsatzstoffen

Durch die Wahl der Einsatzstoffe kann ein Industriebetrieb zum einen beeinflussen, ob gefährliche Substanzen (und wenn, in welchen Mengen) die Umwelt belasten. Über die Auswahl der Einsatzstoffe kann zum anderen auch ein wichtiger Beitrag zur Ressourcenschonung geleistet werden.

Standortverlagerung

Manchmal wird auch die Standortverlagerung als Instrument zur Umweltentlastung einer bestimmten Region gesehen. Wird jedoch bei dem Standortwechsel das belastende Technologiepotenzial beibehalten, so wird die Umweltbelastung nur verschoben und nicht vermindert.

Abfallrecycling

Nicht selten sind es strengere Umweltauflagen, die Betriebe veranlassen ihren Standort aus Kostengründen in Gegenden zu verlagern (so z. B. in Entwicklungsländer), wo der Umweltschutz weniger streng gehandhabt wird.

Recycling

Das Recycling von Erzeugnissen macht es möglich, deren Weg über die Produktion, den Gebrauch und die Entsorgung im Idealfall kreislaufmäßig zu schließen.

Produktionsabfallrecycling

Produktionsabfälle sind Reststoffe, die vor allem in der Rohstoff erzeugenden und auch in der verarbeitenden Industrie während des Herstellungsprozesses anfallen.

Altstoffrecycling

„Ausgediente" Produkte werden dem Altstoffrecycling zugeführt. Nicht nur bei metallischen Werkstoffen, sondern auch bei vielen Kunststoffen ist ein Recycling möglich.

Recycling nach dem Produktgebrauch

Benutze Produkte werden nach einer Aufbereitung weiterverwendet. Dies betrifft z. B. wiederauffüllbare Druckerpatronen ebenso wie technische Geräte.

5.3 Umweltorientierte Unternehmensführung

Unternehmen sind darauf angewiesen, wirtschaftliche und umweltbezogene Überlegungen aufeinander abzustimmen. Während eine ganze Reihe von Betrieben und Konzernen dies erkannt haben und aus den ökologischen Erkenntnissen durchaus auch einen wirtschaftlichen Nutzen ziehen, gibt es andererseits noch viele Betriebe, bei denen ökologische Aspekte eher als Kostenfaktor betrachtet werden.

Ökologische Unternehmensführung

Umweltorientierte Unternehmensführung

- ist ein Beitrag zur Sicherung der Zukunft von Umwelt und Unternehmen;
- bildet einen fest integrierten Bestandteil der Unternehmenspolitik;
- hat zum Ziel, durch intelligente Lösungen Umweltbelastungen möglichst niedrig zu halten oder ganz zu vermeiden;
- bezieht die Mitarbeiter/-innen mit ein;
- verlangt nach innen und außen Glaubwürdigkeit;
- nutzt die Marktchancen eines wachsenden Umweltbewusstseins;
- ist Teil der unternehmerischen Selbstverantwortung in der sozialen Marktwirtschaft;
- wird unterstützt durch das Vorantreiben einer internationalen Harmonisierung von Umweltanforderungen.

Umweltschutz/Ökologische Ziele

Eine an der Schonung der Ressourcen und umweltgerechten Unternehmensführung orientierte Unternehmensleitung hat viele Möglichkeiten der Verwirklichung dieser Ziele:

Ökologisches Denken im Betrieb

Beschaffung

Optimierung der Transportwege

- Auswahl günstiger Verkehrszeiten
- Wahl umweltschonender Verkehrsträger

Ökologische Aspekte bei der Lieferantenbeurteilung

- Verpackungsrücknahme oder Wiederverwendungsmöglichkeiten
- ökologisch orientierte Leistungsmaßstäbe
- Bevorzugung standortnaher Lieferer
- ökologischen Interessen entsprechende Lagerhaltung

Produktion

Ökologische Produktionsverfahren

- Einsatz alternativer Energien
- Modernisierung von Produktionsanlagen
- Verringerung des Schadstoffausstoßes
- Wertstoffrückgewinnungssysteme
- Luftreinhaltung, Abwasserreinigung
- Einsatz langlebiger Werkstoffe
- Verzicht auf umweltschädliche Materialien
- Zertifizierung durch ein Ökoaudit nach
- Einhaltung von Schutzvorschriften und Sicherheitsmaßnahmen

Personal

Ökologische Bewusstseinsbildung

- Prämien für Energie sparendes Verhalten
- umweltorientierte Arbeitsbedingungen
- Unterstützung der Nutzung öffentlicher Verkehrsmittel
- fahrgemeinschaftsorientierte Arbeitszeitgestaltung
- Einsatz von Werksbussen

Absatz

Produktionsprogramm

- Verlängerung der Lebenszyklen der Produkte
- ökologisch orientierte Preisdifferenzierung
- Beteiligung an Rohstoffrückführungssystemen
- Zusammenarbeit mit Verbraucherorganisationen

1 Beschaffungsstrategie

Die Beschaffung steht am Beginn des unternehmerischen Wertschöpfungsprozesses. Ein möglichst vollständiges Maß an Informationen über den Einkaufsbereich ist eine wesentliche Beratungs- und Entscheidungsgrundlage für die Geschäftsleitung. Der Angebotsvergleich hinsichtlich Preisen, Liefer- und Zahlungsbedingungen usw. schafft Grundlagen für die Erstellung von Unterlagen zur Eigenkontrolle und zur Rechnungsprüfung.

1.1 Aufgaben der Materialwirtschaft

1.1.1 Traditionelle Tätigkeitsschwerpunkte

Wirtschaftliches Handeln

Die Tätigkeitsschwerpunkte liegen in der Beschaffung und Lagerung von Gütern. Die Materialwirtschaft stellt damit nur einen Teilbereich der betrieblichen Beschaffungsaktivitäten dar, die sich z. B. auch auf den Bereich des Personal- und Finanzwesens erstrecken.

Ökologische Interessen

Natürliche Ressourcen (Rohstoffe) stehen nicht unbegrenzt zur Verfügung. Daher muss ein möglichst hohes Maß an Wiederverwertung oder Weiterverarbeitung erreicht werden. Die bisher rein ökonomisch ausgerichteten Interessen der Materialwirtschaft haben eine Erweiterung um die ökologischen Zielsetzungen erfahren.

Die Einzelaufgaben stehen in einem engen wechselseitigen Abhängigkeitsverhältnis. In modernen Großbetrieben erfolgt die Steuerung von Einzelentscheidungen teilweise automatisch, d. h., dass z. B. bei eingehenden Kundenaufträgen Entscheidungen über den Materialnachschub nach vorgegebenen Programmstrukturen unmittelbar ohne menschliche Einwirkung getroffen werden.

Was wird beschafft?

Beschaffungsgüter

Rohstoffe	Stoffe, die als Hauptbestandteile in das zu fertigende Produkt eingehen (z. B. Blech beim Auto, Leimholz bei Möbeln).
Hilfsstoffe	Stoffe, die mit einem mengen- und wertmäßig deutlich geringeren Anteil in das Produkt eingehen, also keine Haupt-, sondern nur Nebenbestandteile sind, die auch ersetzt werden können (z. B. Schrauben, Nieten, Klebstoffe).
Betriebsstoffe	Sie sind kein Bestandteil des Endproduktes. Sie ermöglichen als Energie- oder Schmierstoff oder z. B. auch als Büromaterial den Produktionsprozess allgemein.
Fremdteile	Produkte, die von externen Zulieferern bezogen werden. Sie gehen ohne weitere Bearbeitung in das Endprodukt ein (z. B. Getriebe bei Pkw, Motoren für Elektrogeräte).
Eigenerzeugnisse	Unfertige oder fertige Erzeugnisse, die im eigenen Unternehmen hergestellt oder von konzerneigenen Zweigbetrieben hinzugekauft werden.
Betriebsmittel	Werkzeuge, die für einzelne Aufträge beschafft werden müssen (z. B. ein spezieller Bohrer) oder Werkzeuge, die allgemein genutzt werden und nach Verbrauch ersetzt werden müssen. Dazu gehören im weiteren Sinne auch Ersatzteile für Maschinen und Anlagen.
Handelswaren	Fremdbezogene Fertigteile, die zur Ergänzung des eigenen Produktprogramms dienen (z. B. Autoradios bei Pkw-Herstellern).

1.1.2 Sonstige Dienstleistungen

Neben den dargestellten traditionellen Beschaffungsbereichen sind zumindest größere Unternehmen auch auf weitere Dienstleistungen angewiesen, die wichtig sind, um die unternehmerischen Kernaufgaben dauerhaft und zuverlässig erfüllen zu können.

Gebäude-management

Dazu gehört insbesondere das Gebäudemanagement oder die Werkinstandhaltung. Das Verwalten, Betreiben und Bewirtschaften sowie die Werterhaltung der Gebäude und der technischen Anlagen stehen im Mittelpunkt des so genannten „Facility-Managements". In vielen Unternehmungen wird das Gebäudemanagement eher als eine kostenintensive Zusatzaufgabe betrachtet. Facility-Management geht einen Schritt weiter und begreift die langfristige Werterhaltung als eine unternehmerische Aufgabe, die die Wahrnehmung von Kernkompetenzen indirekt mit beeinflusst. Es geht nicht nur um die Frage der technischen Funktionsfähigkeit, sondern auch darum, dass ein über diesen Kernbestandteil hinausgehendes Gebäudemanagement einiges dazu beitragen kann, das Wohlbefinden der Mitarbeiter/-innen zu fördern.

Facility Management

Facility-Management Dabei geht es um
- technische
- kaufmännische
- infrastrukturelle Aufgaben.

Vielfach werden mit diesem erweiterten Gebäudemanagement spezialisierte Fremdfirmen beauftragt. Daher kann Facility-Management im weiteren Sinne auch dem Beschaffungsbereich zugeordnet werden.

Vorteile einer solchen Auslagerung können sein:

- ein Ansprechpartner für das gesamte Gebäudemanagement;
- pauschale jährliche Unterhaltungskosten als fest kalkulierbarer Kostenfaktor;
- effiziente und schnelle Bearbeitung von Schadensfällen;
- laufende Instandhaltung;
- kein eigenes Personalmanagement in diesem Bereich.

1.2 Zielsetzungen der Materialwirtschaft

Beschaffungsmarketing ist die bewusst geplante und langfristige Strategie, im Einkaufsbereich günstigste Beschaffungskonditionen zu erhalten. Außerdem dient Beschaffungsmarketing dazu, durch eine genaue Beobachtung des Beschaffungsmarktes nachteilige Beschaffungssituationen und Beschaffungsengpässe zu vermeiden.

Tätigkeitsschwerpunkte der Materialwirtschaft liegen in der Beschaffung und Lagerung von Werkstoffen und sonstigen Gütern, die für die Erstellung der betrieblichen Leistung nötig sind. Der schärfere Wettbewerb zwingt Unternehmen dazu, alle Prozesse entlang der Wertschöpfungskette so effektiv wie möglich zu gestalten. Das bedeutet nichts anderes als alle Möglichkeiten zu nutzen, Kosten zu sparen.

Aufgaben der Beschaffung

Die Beschaffung zählt zu den Aufgaben, die zu erfüllen sind, damit die Produktionsfaktoren für die Fertigung bereitstehen. Die **Aufgaben der Beschaffung sind**:

- Beschaffungsmarktforschung,
- Bedarfsprognose,
- Bedarfsgestaltung,
- Bestellmengen- und Bestellzeitpunktermittlung,
- Lieferantenauswahl,
- Vertragsgestaltung mit Lieferern,
- Bestellabwicklung,
- Wareneingangskontrolle,
- Lagerung und innerbetrieblicher Transport.

Wertschöpfungskette

Im Sinne des Supply-Chain-Management (siehe Lernfeld 2, Kapitel 3.1) ist die Beschaffung maßgebend daran beteiligt, ob und inwieweit die wirtschaftlichen Gesamtziele erreicht werden.

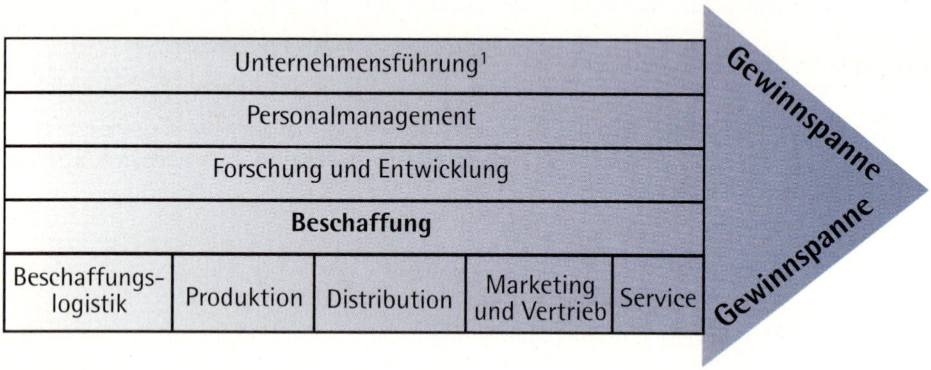

Der Materialfluss ist das sichtbare Zeichen der Logistikkette bzw. der „Supply Chain", also der Kette, in der alle Unternehmensbereiche verzahnt sind. Der gesamte Prozess muss aber auch geplant und geleitet werden. Dazu werden Informationen benötigt, die den Entscheidungsprozess lenkend beeinflussen.

Logistikkette

Supply-Chain-Management

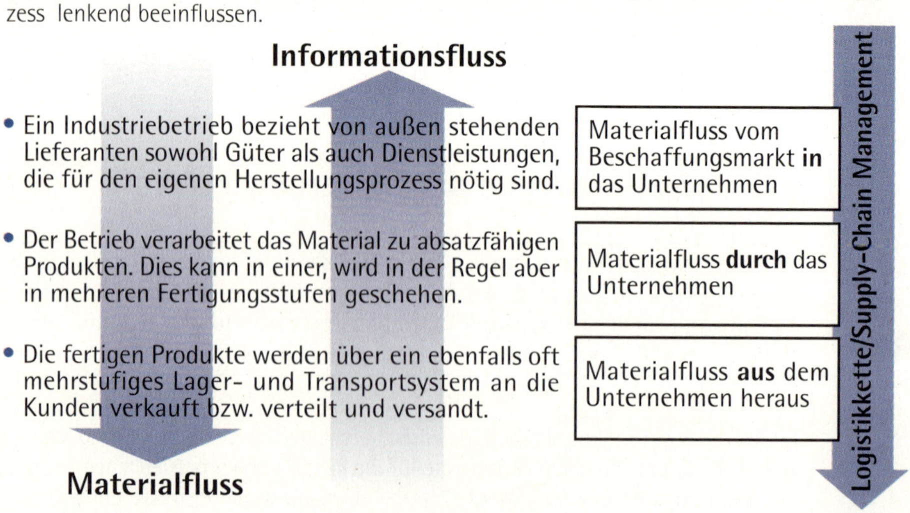

1 aus: Melzer-Ridinger, R.: Materialwirtschaft und Einkauf, München 1994, S. 11 nach: Porter, Michael E.: Competitive Advantage, New York 1985, S. 37

Obwohl die Aussage **„Im Einkauf liegt der halbe Gewinn"** heute eine andere Bedeutung hat als früher, gilt sie noch. Der Bereich der Beschaffung weist große Einsparmöglichkeiten auf. Durch die Nutzung des Internet ergeben sich ganz neue Aspekte.

e-Procurement

Mit dem Fachbegriff **„e-Procurement"** (= elektronische Beschaffung) fasst man die Möglichkeiten zusammen, die sich durch die Nutzung von Informations- und Kommunikationstechnologien für die elektronische Unterstützung des Beschaffungsprozesses ergeben.

Im Wesentlichen hat die Beschaffungsstrategie folgende Aspekte zu berücksichtigen:

Vertragsabschluss

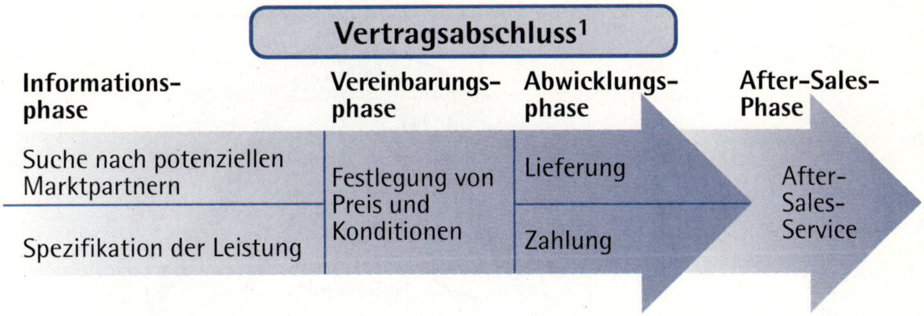

Wann ist eine Beschaffung erfolgreich?

Die Materialwirtschaft hat dafür zu sorgen, dass die Materialien (siehe oben)

- in der richtigen Menge
- zur rechten Zeit
- am rechten Ort

zur Verfügung stehen.

Eine Versorgungssicherheit ist dann erreicht, wenn der Materialbedarf termingerecht bereitgestellt werden kann.

Diese Aufgabe erfährt im Sinne der Wertschöpfungskette eine wichtige Ergänzung durch die ökonomischen Anforderungen, denn es geht nicht nur darum, dass allein die Versorgungssicherheit gewährleistet ist, sondern dass insbesondere auch die ökonomischen Rahmenbedingungen beachtet werden.

Wirtschaftlichkeit im Beschaffungsbereich bedeutet, dass die Bereitstellung der Güter zu geringstmöglichen Kosten zu erfolgen hat.

Wirtschaftliches Handeln

Kostenminimierung

Wirtschaftliches Handeln gehört in diesem unternehmerischen Funktionsbereich zu den obersten Handlungsprinzipien. Es konkretisiert sich in dem Ziel der Kostenminimierung. Dieses Ziel kann unter anderem erreicht werden, wenn

- die Materialkosten reduziert werden (z. B. durch Aushandeln günstiger Preise oder durch die Entscheidung über Eigenfertigung oder Fremdbezug);

1 aus: Melzer-Ridinger, R.: Materialwirtschaft und Einkauf, München1994, S. 8

- die Kosten des Bereichs Materialwirtschaft reduziert werden (z. B. durch Rationalisierungsmaßnahmen oder Übertragung der Lagerhaltung auf die Händler);
- die Bestände optimiert und
- der Materialfluss vom Lieferanten zum Unternehmen und innerhalb des Unternehmens rationalisiert werden.

1.3 Zielkonflikte der Materialwirtschaft

Magisches Dreieck

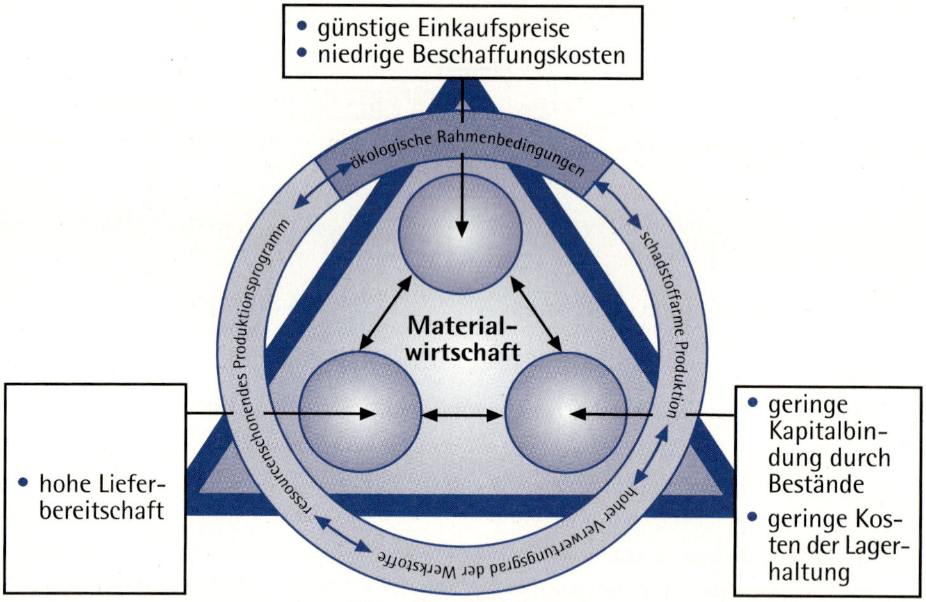

Die früher rein ökonomisch ausgerichteten Interessen der Materialwirtschaft haben vor dem Hintergrund, dass die natürlichen Ressourcen (Rohstoffe) nicht unbegrenzt zur Verfügung stehen und ein möglichst hohes Maß an Wiederverwertung oder Weiterverarbeitung erreicht werden muss, eine Veränderung erfahren. Im Folgenden werden die vier aus heutiger Sicht wichtigsten Anforderungen an die Materialwirtschaft analysiert.

1 Anforderung Nr. 1
Material in der richtigen Menge zur rechten Zeit am rechten Ort

Vermeidung von Fehlmengen

Wenn das nicht der Fall ist, können folgende **Ursachen** vorliegen:

- mangelhafte Materialdisposition;
- mangelhafte Abstimmung zwischen den Bereichen Absatz – Produktion – Arbeitsvorbereitung – Materialwirtschaft;
- Ausfall eines Lieferers (Streikmaßnahmen, Betriebsstillstand, Insolvenz o. Ä.);
- Grenz- und Zollprobleme beim Import von Gütern;
- kurzfristig erhöhter Produktionsbedarf ;
- kurzfristig zu erledigende dringende Aufträge wichtiger Kunden;
- Rücksendung von bezogenen Materialien (z. B. aufgrund mangelnder Qualität);
- sonstige Ursachen.

Und die **Folge** kann sein:

Leerkosten

Opportunitätskosten

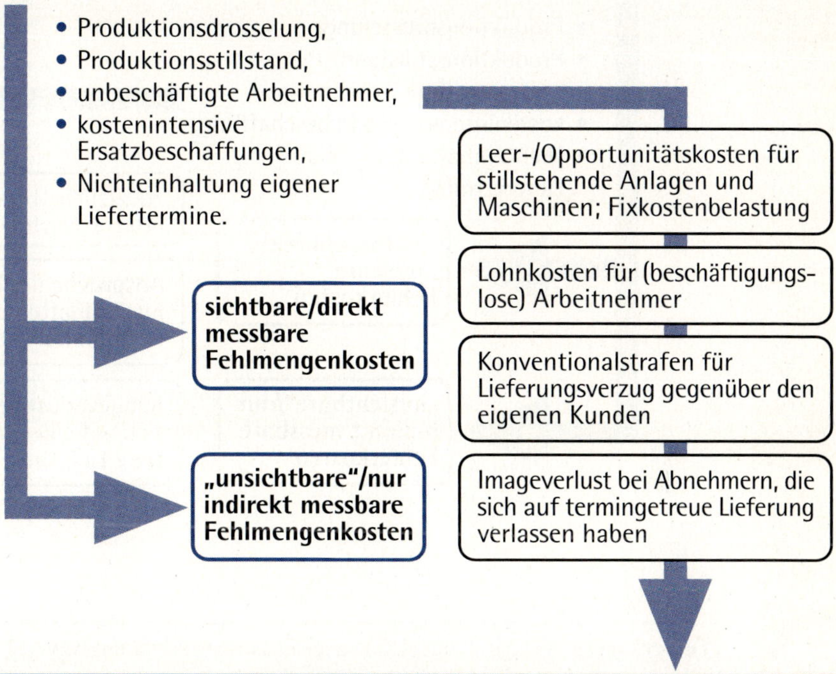

Je früher das Risiko einer drohenden Fehlmenge erkannt wird, desto größer ist die Chance, durch rechtzeitiges Reagieren die Fehlmengenkosten gering zu halten.

Je nachdem, wie groß die Fehlmengen sind und wie lange es dauert, bis der Nachschub „organisiert" ist und eintrifft, verändern sich die Fehlmengenkosten.

Lösungsstrategien:

- Flexibilität und gutes „Engpassmanagement"
- Auswahl „sicherer" Lieferanten
- Vermeidung einseitiger Abhängigkeiten von einem Lieferanten (Streuung des Beschaffungsrisikos)
- ausreichende Sicherheitsbestände
- bedarfsgerechte Einkaufsplanung

Die Flexibilität im Beschaffungsbereich zeigt sich unter anderem darin, wie schnell kurzfristige Änderungen bei Beschaffungsengpässen zufrieden stellend bewältigt werden.

2 **Anforderung Nr. 2**

Material in der richtigen Qualität (Spezifikation)

Richtige Spezifizierung

Wenn das nicht der Fall ist, können folgende **Ursachen** vorliegen:

- mangelhafte Materialdisposition;
- mangelhafte Abstimmung zwischen den Bereichen Absatz – Produktion – Arbeitsvorbereitung – Materialwirtschaft bei besonderen Kundenwünschen;
- Qualitätsprobleme bei Zulieferern;
- Falschlieferungen.

Und die **Folge** kann sein:

- Produktionsdrosselung,
- Produktionsstillstand,
- unbeschäftigte Arbeitnehmer,
- kostenintensive Ersatzbeschaffung,
- Nichteinhaltung eigener Liefertermine.

sichtbare/direkt messbare Fehlerkosten

„unsichtbare"/nur indirekt messbare Fehlerkosten

zusätzliche Lohnkosten durch interne Nachbearbeitung

Ansprüche des Kunden wegen mangelhafter Lieferung; Reklamationsbearbeitung

Imageverlust bei Abnehmern, die sich auf eine qualitativ einwandfreie Lieferung verlassen haben

Fehlerkosten lassen sich durch eine enge Zusammenarbeit mit wenigen (zertifizierten) Lieferanten reduzieren.

Lösungsstrategien:

- Qualitätsbeurteilung der Lieferanten
- eigene Qualitätskontrollen bei den Lieferanten
- Qualitätseingangskontrollen
- Beschaffung bei zertifizierten Unternehmen (z. B. ISO 9001 ff.), um sicherzustellen, dass die Maßnahmen des Qualitätsmanagements in einem Qualitätshandbuch dokumentiert sind

3

Anforderung Nr. 3

Wirtschaftlichkeit in der Beschaffung

Wirtschaftlichkeit

Die Beschaffungskosten werden im Wesentlichen von folgenden Faktoren beeinflusst:

- Einstandspreise (siehe dazu Lernfeld 6, Kapitel 5.1; Lernfeld 10, Kapitel 1.4; Anhang Kaufmännisches Rechnen, Punkt VII)
- Bestellkosten (siehe dazu Lernfeld 6, Kapitel 2.2.2)
- Lagerkosten (siehe dazu Lernfeld 6, Kapitel 2.2.2 und 8.3)

Je niedriger der Einstandspreis, die Bestellkosten und die Lagerkosten, desto wirtschaftlicher ist die Beschaffung.

Aber Vorsicht:

- **Niedrige Einstandspreise** dürfen nicht zulasten der Qualität der Produkte gehen.
- Eine **Minimierung der Bestellkosten** in Form von Personal- und Sachkosten kann dazu führen, dass die Auswahl und Beurteilung der Lieferanten nicht mehr sorgfältig genug erfolgt.
- Sehr **gering gehaltene Lagerkosten** bedeuten geringe Lagervorräte und erhöhen das Fehlmengenrisiko.

Informationsfluss

Materialfluss

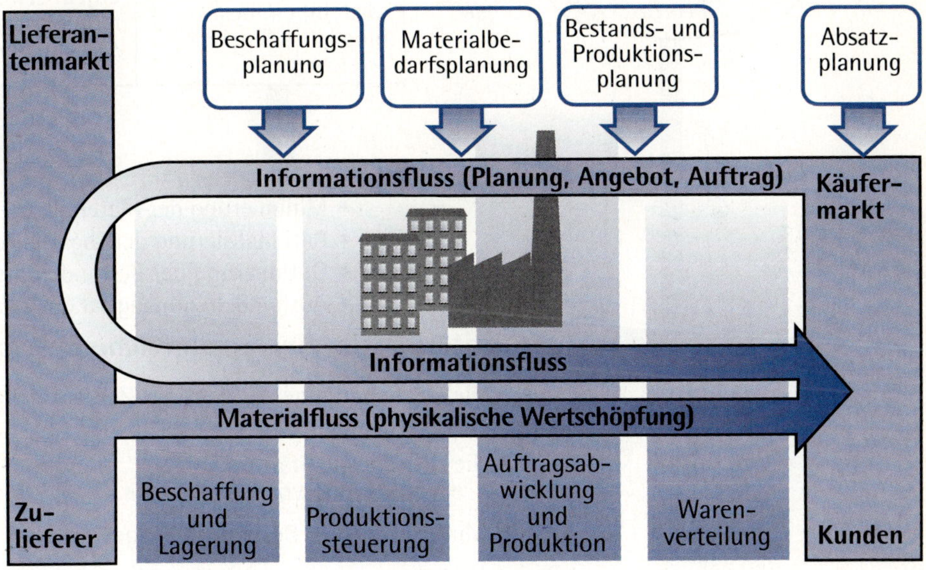

Umweltschutz

4 Anforderung Nr. 4

Angemessene Berücksichtigung des Umweltschutzes

In zunehmendem Maße müssen sich Unternehmen geänderten Rahmenbedingungen stellen, so auch in ihren Entscheidungen, die die Umwelt beeinflussen.

- Ökologische Kriterien fließen in die Unternehmensethik und in konkrete Unternehmensentscheidungen ein.
- Von formalrechtlichen Regelungen gehen zwingende Vorschriften aus, deren Einhaltung (wie z. B. die Entsorgung bestimmter Abfälle oder die Rücknahme von Verpackung) sich zu einem wichtigen Kostenfaktor entwickelt.
- Ökologische Fragen beeinflussen nicht nur den Bereich der Materialwirtschaft, sondern ebenso den Produktions- und Absatzbereich. Zunehmend legen Konsumenten auf die Umweltverträglichkeit der von ihnen gekauften Produkte Wert.

Folge:

- Die Materialwirtschaft muss darauf achten, vorrangig solche Produkte zu beschaffen, die in sehr hohem Maße verwertet und recycelt werden können, die schadstofffrei oder -arm sind und deren Entsorgung problemlos ist. Dadurch bleiben die Rohstoffe im Produktionskreislauf und werden nicht wie früher als „Abfall" entsorgt, sondern im eigenen oder fremden Betrieb weiterverarbeitet.

Fakten kurz gefasst

Materialwirtschaft → Versorgung mit allen zur Produktion und zur Verwaltung benötigten Ge- und Verbrauchsgütern. Dazu gehören insbesondere Werkstoffe, aber auch Maschinen und Anlagegegenstände.

Wirtschaftliches Prinzip →

mit gegebenem Aufwand (gegebenen Mitteln) ein bestmögliches Ergebnis erreichen	ein bestimmtes Ergebnis mit einem möglichst geringen Aufwand erreichen

- Minimierung der Materialkosten
- Rationalisierung der Lagerhaltung
- Optimierung der Bestandsführung
- Aushandeln günstiger Konditionen

Kriterien für eine erfolgreiche Beschaffung:

- die richtige Menge zur richtigen Zeit am richtigen Ort
  = Vermeidung von Fehlmengenkosten
- die richtige Qualität
  = Vermeidung von Fehlerkosten
- Minimierung der Bestell- und Lagerkosten
- Umgehung vermeidbarer Umweltbelastungen/
  Berücksichtigung des Wertekreislaufes

1.4 Beschaffungsstrategische Entscheidungen

Strategische Entscheidungen im Beschaffungsbereich werden von Gedanken getragen, die einen unterschiedlichen Stellenwert haben:

1 **Grundsätzliche Darstellung** dessen, was die Beschaffung zu leisten hat bzw. dessen, was man von ihr verlangt:

- der Aufgaben, die der Beschaffung zugeordnet sind;
- des Entscheidungsrahmens, innerhalb dessen sich die einzelnen Mitarbeiter/-innen bewegen können, dürfen oder müssen;
- der zur Verfügung stehenden Möglichkeiten (räumliche, personelle, apparative Ausstattung);
- des Stellenwertes der Materialwirtschaft in dem Unternehmen;
- der wichtigsten Ziele im Beschaffungsbereich;
- der innerbetrieblichen Steuerung des Informations- und Materialflusses im Beschaffungsbereich.

Arbeitnehmererfindungen

2 **Erläuterung der Faktoren,** die für eine erfolgreiche Beschaffung entscheidend sind:

- alternativer Handlungsmöglichkeiten und sich daraus ergebender Konsequenzen;
- wichtiger unternehmenspolitischer Zielsetzungen und ihrer Auswirkungen auf die Beschaffungsentscheidungen (z. B. Bevorzugung räumlich naher Zulieferer, besondere Wichtigkeit der Qualität, vorrangige Berücksichtigung ökologischer Gesichtspunkte usw.).

3 **Handlungsanleitungen** zur Umsetzung der Vorgaben in konkreten Beschaffungssituationen:

- Beschaffungshandbücher;
- Aufzeichnung konkreter Erfahrungen mit Lieferern;
- Erstellung von Checklisten zur Lieferantenbeurteilung;
- interne Mechanismen zur Rückkopplung zwischen den einzelnen Abteilungen.

1.4.1 Organisationsfragen

Der Beschaffungsbereich wird in größeren Unternehmen nicht nur von einer, sondern von mehreren Personen bearbeitet. Damit entsteht die Frage „wer" für „was" zuständig ist. Die Aufgabenverteilung kann sich an verschiedenen Kriterien orientieren:

Zuständigkeit nach Beschaffungsgegenständen

Objektprinzip, d. h., die/der jeweilige Mitarbeiter/-in ist für sämtliche Aufgaben im Rahmen der Beschaffung der ihm zugeteilten Produkte zuständig.

Objektprinzip

Vorteile:

- hoher produktbezogener Kenntnisstand
- produkttechnische Spezialisierung
- enge Kontakte zu den (wenigen) Lieferanten

Nachteil:

- Einschränkungen durch den Verzicht auf das kaufmännische „Breitenwissen"

Zuständigkeit nach Beschaffungsfunktionen

Funktionsprinzip

Funktionsprinzip, d. h., die/der jeweilige Mitarbeiter/-in ist für viele oder alle Produkte zuständig, aber nur mit einer bestimmten Tätigkeit (z. B. Angebotseinholung und -bearbeitung, Bestellabwicklung, juristische Prüfung, Lagerlogistik, Qualitätskontrolle).

Vorteil:

- hoher tätigkeitsbezogener Spezialisierungsgrad

Nachteile:

- Aufteilung des gesamten Geschäftsprozesses der Beschaffung auf verschiedene Mitarbeiter/-innen
- Schnittstellenproblematik der Arbeitsteilung

Zuständigkeit nach dem Umfang und der Art der Aufgaben

Strategische, leitende und planende Arbeit auf der einen, die operative Ausführung von Vorgaben auf der anderen Seite

Strategische Aufgaben

Operative Aufgaben

Merkmale strategischer Entscheidungen:

- langfristig angelegt, kurzfristig kaum änderbar
- übergreifende Geltung, d. h. für alle Beschaffungen oder Materialgruppen
- Entscheidungsfestlegung als Arbeitsanweisung für nachgelagerte Stellen
- Der grundsätzliche Unternehmensablauf und die generelle Wettbewerbsfähigkeit werden nachhaltig beeinflusst (z. B. durch die Entscheidung die Lagerhaltung völlig aufzugeben und die Lieferanten in Werksnähe anzusiedeln).

Merkmale operativer Arbeit

Die operative Arbeit ist in erster Linie ausführender Art, d. h., sie bewegt sich unterhalb der strategischen Entscheidungen und umfasst die Tätigkeiten

- Disposition,
- Einkauf,
- Prüfung,
- Lagerhaltung.

Einzelfragen:

- **Wie wird der betriebliche Materialfluss gestaltet?**
  Verbrauchsorientierung *kontra* Programmorientierung
- **Wie erfolgt die Bestellung beim Lieferanten?**
  Herkömmliche Auftragsübermittlung *kontra* Lieferabruf/rollierendes Bedarfsinformationssystem
- **Welches Prinzip der Vorratshaltung wird bevorzugt?**
  Lagerhaltung *kontra* fertigungssynchrone Beschaffung
- **Welche Grundsätze werden bei der Lieferantenauswahl verfolgt?**
  Wenige, nach Möglichkeit regional ansässige (Stamm-)Lieferanten *kontra* Beliebigkeit bei der Lieferantenauswahl und ausschließliche Entscheidung nach wirtschaftlichen Prinzipien

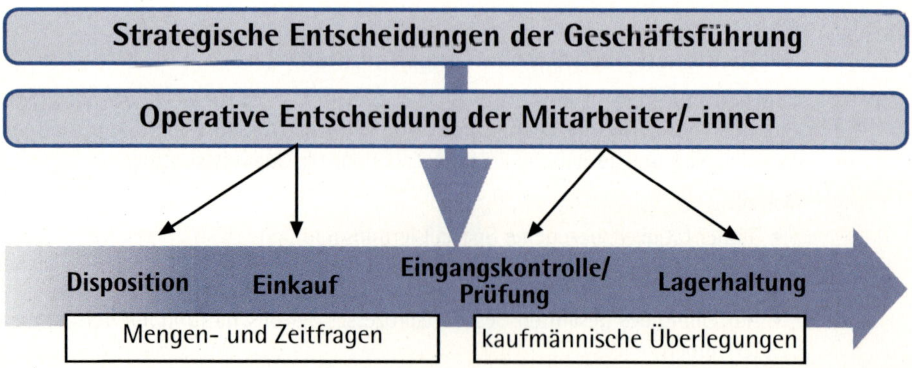

1.4.2 Beschaffungsmarketing

1.4.2.1 Aufgabenumfang

Die vielfältigen Aufgaben im strategischen Beschaffungsbereich lassen sich in vier Kategorien zusammenfassen:

Beschaffungsumfang
Breite und Tiefe des Beschaffungsprogramms

Lieferantenauswahl
Lieferantenbewertung und -bindung

Vertragspolitik
Vertragsinhalte und -laufzeiten

Lagerhaltung
Grundsätze der Vorratshaltung

Die Grundsatzentscheidung des Beschaffungsmarketing liegt in der Frage, was überhaupt beschafft werden soll. Die Herstellung eines Gutes durchläuft verschiedene Fertigungsstufen. In den Fertigungsprozess ist die Be- oder Verarbeitung von Vorprodukten einbezogen. Sie können als Fertigteile bezogen oder im Betrieb selbst hergestellt werden. Dies ist die strategische Frage des **„Make or buy".**

Make or buy?

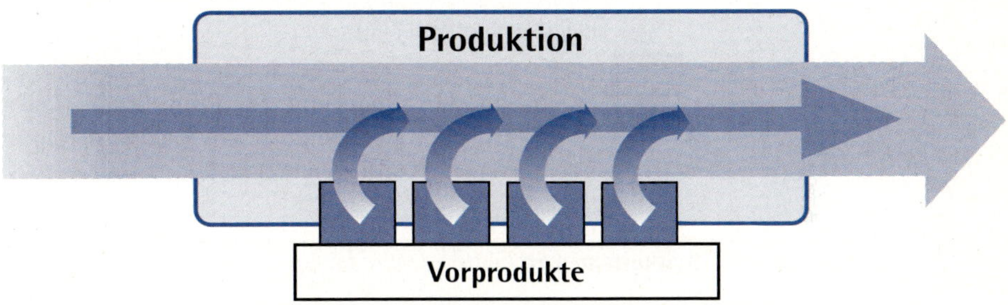

Den Umfang, in dem Vorprodukte im eigenen Unternehmen hergestellt oder ausgelagert werden, bezeichnet man als **Fertigungstiefe.**

1.4.2.2 Eigenfertigung oder Fremdbezug?

Outsourcing

Die Tatsache, dass Zulieferer wegen ihrer Spezialisierung häufig kostengünstiger arbeiten können, unterstützt den Trend zur Auslagerung von Fertigungsgängen **(Outsourcing).** Die Form der Zusammenarbeit mit Zulieferern kann unterschiedlich sein. Handelt es sich bei „Standardteilen" (z. B. genormten Schrauben) ausschließlich um einen reinen Teilezukauf, so kann sich die Zusammenarbeit mit den jeweiligen Zulieferern bei Spezialteilen sogar auch auf die Forschung und Entwicklung erstrecken sowie auf die sonstige technische Zusammenarbeit.

Profitcenter

Bei der Frage der Auslagerung muss es sich nicht zwangsläufig um fremde Zulieferer handeln. Nach dem **„Profitcenter-Konzept"** können innerbetriebliche Abteilungen auch verselbstständigt werden und als **eigenständige Tochterunternehmen** auftreten. Sie müssen dann allerdings auch im Wettbewerb mit „echten" externen Anbietern konkurrieren.

Im Einzelnen sind im Materialfluss der Beschaffung folgende Möglichkeiten denkbar[1]:

1. **Zukauf genormter Einzelteile** ohne besondere herstellertypische Spezifikationen (häufig „Massenware").
2. **Fremdvergabe der Fertigung von Einzelteilen** mit Vorgabe der Spezifikation und des Arbeitsplanes durch den Abnehmer; die Materialbeschaffung für die Vorprodukte übernimmt der Zulieferer; er stellt auch die Produktionsanlagen und -kapazitäten zur Verfügung.
3. **Verlängerte Werkbank** als Fremdvergabe der Fertigung mit Materialbereitstellung und Finanzierung der Anlagen und Werkzeuge durch den Abnehmer.
4. **Modullieferanten** mit einer Fremdvergabe der Fertigung kompletter Baugruppen; Outsourcing der Dienstleistung, Auswahl und Koordination der Vorlieferanten.
5. **Systemlieferanten** mit dem Auftrag der Qualitätsplanung, der kompletten Fertigung, der logistischen Verantwortung und der Qualitätsverantwortung.

Völlige Ausgliederung der Produktion, Umwandlung des Industriebetriebes in eine schwerpunktmäßig als Handelsunternehmen operierende Einheit.

Das **Wirtschaftlichkeitsprinzip** gibt die Leitlinien der Beschaffungsstrategien vor:
- zu einem bestimmten Preis die bestmögliche Qualität oder
- eine festgelegte Qualität zu dem geringstmöglichen Preis.

1 in Anlehnung an: Pepels, Werner (Hrsg): ABWL, Eine praxisorientierte Einführung in die moderne Betriebswirtschaftslehre. Fortis-Verlag, Troisdorf 1999, S. 85

Auslagerung von Fertigungsstufen

Verschiedene Gründe können dazu führen, dass eine Auslagerung von Fertigungsstufen erfolgt:

1. Kostenvergleich eigene Produktion oder Zukauf von Teilen
2. Kapazitätsauslastung; Beschäftigungssituation
3. Gesamtbedarf; Abhängigkeiten
4. technisches Know-how
5. Qualitätsansprüche
6. Kapitalbedarf
7. Risiko (Preis, Menge, Zuverlässigkeit)

Abwägungsfaktoren			
		Eigenproduktion	**Fremdbezug**
1	**Kosten**	• Investitionskosten für Anlagen und Maschinen – ausbringungsunabhängige Fixkostenbelastung • Stückkosten sinken mit steigender Herstellungsmenge • eigene Kalkulation mit eigener Entscheidung über die Höhe der Kostendeckung	• Stückkosten bleiben gleich (feste Größe in der Kalkulation) • Lieferant kalkuliert Transport-, Verpackungs-, Vertriebskosten sowie einen Gewinn mit ein • Kostenvorteile durch den Einsatz von kostengünstigen Spezialmaschinen • Spezialisierung und kostengünstige Fertigung (Gesetz der Massenproduktion) • ggf. geringere Lohn- und Lohnnebenkosten (z. B. bei Auslandsfertigung)
2	**Kapazitätsauslastung**	• vorhandene personelle Kapazitäten lassen sich nutzen, Personalfreistellungen können verhindert werden	• bessere Anpassung an Auftrags- und Kapazitätsschwankungen
3	**Gesamtbedarf**	• je höher der Gesamtbedarf, desto eher „rechnet" sich eine Eigenproduktion • Schwankungen des Bedarfs müssen innerbetrieblich aufgefangen werden	• bei Spezialanfertigungen kann ein externer Lieferer bei großen Mengen evtl. kostengünstiger produzieren als das eigene Unternehmen
4	**Know-how**	• technische Problemstellungen lassen sich umgehend „vor Ort" lösen	• Spezialisten in Zuliefererbetrieben haben bessere Produktkenntnisse
5	**Qualität**	• eigene Kontrollen im Fertigungsprozess • direkte Beeinflussungsmöglichkeit der Qualität von Vormaterialien	• Qualitätsvorteile durch Spezialisierung • Qualitätsgarantie durch Zertifizierung
6	**Kapitalbedarf**	• Beschaffung und Unterhaltung von eigenen Maschinen und Anlagen	• Lieferant finanziert in Anlagen und Maschinen, „übernimmt" aber auch Kosten für Forschung und Entwicklung
7	**Risiko**	• Risiken werden weitgehend intern „gemanagt"	• hohe Abhängigkeit von der Zuverlässigkeit der Vorlieferanten

In der Praxis wird eine genaue Abwägung, aber auch eine Bewertung und Gewichtung der einzelnen Kriterien stattfinden müssen. Es werden gegebenenfalls auch „Mischmodelle" angewandt, d. h., dass einerseits zwar Fremdbezug stattfindet, andererseits aber aus Sicherheitsgründen noch eigene Produktionskapazitäten vorgehalten werden, um z. B. Lieferengpässe zu überbrücken.

Kostenwirtschaftlich ist aber eine klare Entscheidung für die eine oder andere Alternative in jedem Falle sinnvoll. Darüber hinausgehend ist zu klären, ob im Falle des Fremdbezugs von einem oder von mehreren Lieferern bezogen wird (Näheres dazu siehe Kapitel 4.4).

Make or buy

Obwohl alle Faktoren wichtig sind, konzentrieren sich viele Überlegungen doch auf die wirtschaftliche Seite. Modellhaft kann folgende Rechnung eine Entscheidungshilfe für die Frage **„make or buy"** sein:

Beispiel:

Fixkosten für eigene Produktion:	50.000,00 €
variable Kosten pro Einheit bei eigener Produktion	0,60 €
Fremdbezug bei kostengünstigstem Lieferer aus Fernost:	0,80 €

Kritische Menge

Lösung – Ermittlung der „kritischen Menge", bei der die Kosten für Eigenfertigung und Fremdbezug gleich groß sind:

Mathematisch

Kosten für Eigenfertigung = Kosten für Fremdbezug

$$50.000 + 0{,}60 \cdot x = 0{,}80 \cdot x$$

$$0{,}20 \cdot x = 50.000$$

$$x = 250\,000 \text{ Einheiten}$$

Tabellarisch

Menge	Eigenfertigung				Fremdbezug
	Fixkosten	Variable Kosten	Gesamtkosten	Kosten pro Stück	Bezugspreis
50 000	50.000,00	30.000,00	80.000,00	1,60	40.000,00
100 000	50.000,00	60.000,00	110.000,00	1,10	80.000,00
150 000	50.000,00	90.000,00	140.000,00	0,93	120.000,00
200 000	50.000,00	120.000,00	170.000,00	0,85	160.000,00
250 000	50.000,00	150.000,00	**200.000,00**	0,80	**200.000,00**
300 000	50.000,00	120.000,00	230.000,00	0,77	240.000,00

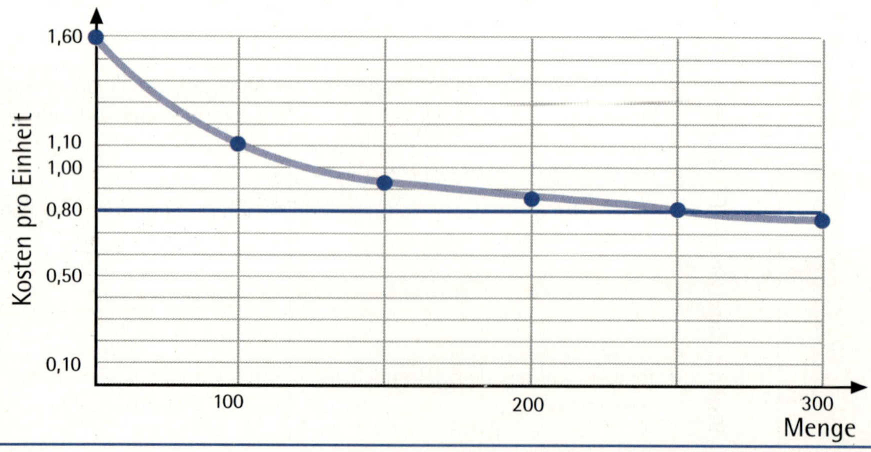

Das Ergebnis ist in allen Fällen gleich: Die so genannte „Kritische Menge" liegt bei 250 000 Stück. Allerdings ist dies nur ein Richtwert, der die Entscheidungsfindung unterstützen kann. Neben der rechnerischen Lösung gibt es eine ganze Reihe von bereits dargestellten kaufmännischen Aspekten. Gerade weil eine exakte Absatzprognose nur sehr eingeschränkt möglich ist und bei einem Fremdbezug mit festen Kosten kalkuliert werden kann, gewinnt das „Outsourcing" jedoch einen immer größeren Stellenwert. Während bei der Kalkulation der Kosten für die Eigenproduktion z. B. die Lohnnebenkosten und personelle Unwägbarkeiten (Krankenstand usw.) einen oft unkalkulierbaren Risikofaktor darstellen, wird dies bei Fremdbezug in vollem Umfang auf den Lieferer abgewälzt.

1.4.2.3 E-Commerce im Einkauf – mehr als B2B ...

Globalisierung per Internet

Global Sourcing[1]

Wo früher nach Bezugsquellen geforscht, Angebote rechnerisch verglichen wurden, wo überlegt wurde, wann, wie oft und bei wem man kauft, treffen die Entscheidungen heute **intelligente Computerprogramme**, die zwar nicht denken können, aber dem Menschen gegenüber eine atemberaubende Schnelligkeit in der Entscheidung voraus haben. Doch nicht alles kann von den Computern übernommen werden. Sie können Entscheidungen allenfalls vorbereiten, das letzte Wort spricht immer noch der Mensch – sofern er es will ...

Was bedeutet E-Commerce?[2]

Verkäufer (Unternehmen, Zulieferer)

- Produkt-/Dienstleistungsangebote
- Anfrage für spezifische Produkte/Dienstleistungen
- für Firma X zugeschnittenes Angebot
- Auftrag
- Rechnung
- Bezahlung
- Bestätigung
- Lieferstatus
- Service, Support, Hotline

Käufer (Unternehmen, Verbraucher)

Elektronische Marktplätze

Grundlage: die Kommunikation erfolgt vollelektronisch

Käufer (Unternehmen, Verbraucher)

Geschlossene Märkte
(Käufer und Lieferanten kennen sich)
Fachbezogene Märkte
(viele Kunden, viele Lieferanten, die sich nicht kennen)
Firmeninterne Märkte
(meist ein Käufer, viele Lieferanten)
Handelsplätze
(Auktionen, Versteigerungen)

Marktplatz

Neue Arbeitsabläufe in der Beschaffung erfordern neue ganzheitliche Denkansätze. Das Informationsmanagement muss im E-Commerce neu organisiert werden. E-Commerce und Business to Business verlangen klare Zielangaben und machen weltweite Standards erforderlich.

1 Global Sourcing = „Nutzung von Quellen", Bezeichnung für weltweit angewandte Strategien zur Erschließung und Nutzung von Rohstoffen und Kapazitäten

2 Abbildungen nach: Zeitschrift des REFA-Bundesverbandes e.V. Verband für Arbeitsgestaltung, Betriebsorganisation und Unternehmensentwicklung, Darmstadt, 55. Jahrgang, Heft 6 / Dezember 2002, S. 11 f.

Gemeinsam einkaufen im Internet

Virtueller Marktplatz

Das Internet bietet die Möglichkeit, die Nachfrage zu bündeln und am Beschaffungsmarkt gemeinsam aufzutreten. Die Unternehmen können dadurch aber auch möglichst alle Zulieferfirmen vereinen und damit einen Weltstandard schaffen. Ergebnis: Preise werden schnell weltweit vergleichbar, Lager- und Managementkosten werden gesenkt. Der „virtuelle Marktplatz" kann auch auf ganz andere Bereiche und andere Branchen ausgedehnt werden. Marktexperten erwarten daher einen weiteren Kostendruck und den Zwang zur Konzentration auf die mittelständische Zuliefererindustrie.

> Unabhängig davon, wie sich ein Unternehmen in der Beschaffungsfrage tatsächlich entscheidet, steht fest, dass die weltweite Suche nach Angeboten in jedem Falle den Druck auf die „heimischen" oder regional näheren Anbieter deutlich erhöht.

Kartellrecht

Kartellrechtsexperten sehen in diesem Vorgehen wegen des enormen Kostendrucks die Gefahr eines möglichen „Super-GAUs" für die kleinen Teilelieferanten. Deshalb werden auch das Kartellamt und die EU-Wettbewerbshüter die geplante Bündelung der Nachfragemacht gegen zigtausende mittelständischer Zulieferer in Europa verschärft prüfen und kritisch beobachten.

E-Commerce und Business to Business

Geschäfte, die über das Internet abgewickelt werden, werden Electronic Commerce (kurz E-Commerce) genannt. Die erste Idee hierbei war, dass Unternehmen (Verkäufer) dem Verbraucher (Käufer) Waren über das Internet anbieten. Hierzu gehören auch die mittlerweile weit verbreiteten Auktionen.

B2B

Eine Weiterentwicklung ist **Business to Business** (kurz genannt B2B). Hier ist sowohl der Verkäufer als auch der Käufer ein Unternehmen. Zusätzlich werden hier ganze Geschäftsprozesse auf B2B abgestimmt. Anbieter- und Beschaffungslösungen im B2B-Bereich sollten alle gängigen Geschäftsmodelle (Ausschreibungen, verschiedene Auktionsarten, personalisierte Kataloge usw.) nutzen.

E-Commerce

Der zentrale Punkt von E-Commerce ist eine durchgängige Kette der elektronischen Information zu schaffen. Ein Internet-Marktplatz darf nicht als isolierte Alternative betrachtet werden, sondern entwickelt erst dann seine eigentliche Stärke, wenn er mit dem eigenen Unternehmenssystem verknüpft ist. Die **Sicherheit** des Prozesses ist daher eine unverzichtbare Voraussetzung für alle Geschäfte im Netz.

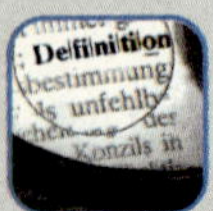

B2B (business to business)
regelt die Kommunikation mit Lieferanten und Geschäftspartnern: Online-Auktionen, webbasiertes Kapazitätsmanagement, Electronic Supplier Link, Online-Bestellprozess für Bürobedarf.

B2C (business to customer)
beschreibt die Kommunikation mit Kunden, im Wesentlichen über die Homepage der Unternehmen, und gibt Informationen zu Unternehmen und Produkten. Daraus können sich auch konkrete Kaufabschlüsse ergeben.

B2E (business to employee)
Unternehmensinterne Kommunikation der Mitarbeiter

Umstrukturierung

B2B kann für Unternehmungen auf beiden Seiten (Verkäufer und Käufer) von Vorteil sein. E-Business und E-Commerce erfordern allerdings tief reichende Umstrukturierungen in den Unternehmen.

Die traditionellen Aufgaben der Ein- und Verkaufsabteilungen werden in einer ganz anderen Form wahrgenommen. Wo früher auf bestimmte Teilaufgaben spezialisierte Mitarbeiter z. B. die Anfragen ausarbeiteten, diese versendeten; auf Angebote warteten, diese sichteten und verglichen; schließlich die Bestellungen ausführten, stehen heute weltweit miteinander vernetzte Computerarbeitsplätze im Mittelpunkt, die viele Zeit raubende Standardtätigkeiten überflüssig machen. B2B funkioniert aber nur durch miteinander verknüpfte Systeme, die die Geschäftsprozesse quer über alle an der Wertschöpfungskette beteiligten Abteilungen durchgängig unterstützen und so die Zulieferer mit den Kunden der Kunden verbinden. Diesen Prozess der unmittelbaren Zusammenarbeit bezeichnet man auch als „time to market".

Time to market

Vernetzung

Die Vernetzung aller betrieblichen Bereiche hat den Vorteil, dass Entscheidungen nicht nacheinander erfolgen, sondern aufeinander abgestimmt sind. Das bedeutet, dass z. B. Aussagen über die Lieferzeit bei einer eingehenden Anfrage nicht isoliert von allen anderen Bereichen getroffen werden, sondern dass bei einer Auftragseingabe direkt auch die Abstimmung mit den Lagerbeständen und den Produktionsplänen erfolgt.

B2B: Vom Büro bis zur Produktion.

Online-Auktionen gehören zu den reizvollsten Varianten des E-Business und zeigen das enorme Potenzial jener Geschäfte im virtuellen Netz, die unter dem Begriff B2B (business to business) zusammengefasst werden. Man spart Zeit, man spart Geld.

Bei vielen Firmen laufen unter dieser Überschrift neben den Online-Auktionen *drei* weitere große Anwendungen:

Katalogbestellprozesse

- **Katalogbestellprozesse,** die die Beschaffung des Bürobedarfs neu regeln. Wurde früher jede Druckerpatrone über einen vergleichsweise langwierigen internen Vertriebsweg bestellt und ausgeliefert, wird sie heute online bei einem Vertragspartner geordert und liegt am nächsten Tag auf dem Schreibtisch.

Electronic Supplier Link

- **Electronic Supplier Links,** bei denen die Lieferanten und Geschäftspartner rund um die Welt miteinander vernetzt sind. Das tägliche Geschäft – Angebote erstellen, Aufträge vergeben – gewinnt dadurch an Effizienz und Geschwindigkeit.

Kapazitätsmanagement

- **Kapazitätsmanagement,** das zu den zentralen Anwendungen des E-Commerce gehört und im Spannungsfeld von Marktbedarf, Lieferantenkapazität und Produktionsprogramm völlig neue Strukturen schafft. Weil Logistiker, Einkäufer und Lieferanten auf einer gemeinsamen Plattform zusammengeschlossen sind, können mögliche Engpässe rechtzeitig und vor allem gleichzeitig erkannt und vermieden werden. Die Produktion läuft ruhiger ab, Pünktlichkeit und Flexibilität erhöhen sich – eine entscheidende Maßnahme, um auf Kundenwünsche schnell reagieren zu können.

Online-Auktionen

Eine Online-Auktion stellt man sich am besten wie die Qualifikation für ein Formel-1-Rennen am Samstagnachmittag vor. Anfangs ist Ruhe in den Boxen, die Teams halten sich so lange wie möglich bedeckt. Und wenn die ersten Autos auf die Strecke rollen, sind es meist jene, die mit der Pole-Position nichts zu tun haben werden – sie nutzen die Gunst der ersten Minuten und den fast leeren Rundkurs, um im Fernsehen präsent zu sein. Gegen Mitte der Qualifikation rollen die Favoriten auf die Strecke. Erst am Ende der für die Startaufstellung entscheidenden Stunde geht es richtig zur Sache: Die schnellsten Teams versuchen ihre schnellsten Runden zu drehen.

Auktions-programm

„Szenenwechsel" in das E-Business-Zentrum eines Großbetriebes. Am Tisch sitzen Einkäufer und IT-Experten, der Rechner ist eingeschaltet, das Auktionsprogramm ist gestartet, die angemeldeten und mit einem Passwort ausgestatteten Teilnehmer sind online. Versteigert werden Aufträge für die Lieferung unterschiedlichster Teile mit unterschiedlichen Volumen und Stückzahlen, die von ein paar tausend bis zu über einer Million reichen. „Versteigert" ist im Grunde das falsche Wort – während einer Onlineverhandlung geht es nicht um das höchste, sondern um das niedrigste Angebot.

Zeitgewinn

Es sind aber nicht nur die erzielbaren Preise, wovon man durch den elektronischen Marktplatz vor allem profitiert, ist der enorme Zeitgewinn. Was früher Tage und Wochen in Anspruch nahm, wird jetzt in wenigen Stunden erledigt. Die Lieferanten schließlich profitieren auch von einer höheren Transparenz des Verfahrens, weil sie zu jedem Zeitpunkt das niedrigste Angebot kennen.

Richtlinien

Richtlinien für E-Commerce in EU-Ländern:

- Unabhängig vom Standort des Servers gilt das Recht des Mitgliedstaats, in dem der Anbieter seine Niederlassung hat.
- Auf elektronischem Wege abgeschlossene Verträge sind rechtsgültig. Unverlangte Werbe-E-Mails (Spam) müssen als solche klar erkennbar sein.
- Werbung darf nicht an Adressaten gesendet werden, die sich in ein Out-Register eingetragen haben.

Digitale Unterschrift

Im Rahmen der Internetgeschäfte werden ebenso wie beim herkömmlichen analogen Beschaffungsprozess Kaufverträge abgeschlossen. Erst die digitale Unterschrift öffnet der Online-Abwicklung völlig neue Möglichkeiten.

Eine digitale Unterschrift ist eine „Gruppe von elektronischen Daten, die mit anderen elektronischen Daten verknüpft oder logisch verbunden ist und als Mittel der Authentifizierung benutzt wird". Die elektronische Unterschrift ist gleichwertig mit der konventionellen Unterschrift.

Rechtsgültigkeit digitaler Unterschriften

Mit einer solchen Unterschrift kann man den Unterschreiber eines auf elektronischem Wege abgeschlossenen Vertrages identifizieren. Die Unterschrift kann nicht aufgrund mangelnder Rechtsgültigkeit oder wegen Unzulässigkeit als gesetzliches Beweismittel abgelehnt werden. Sie ist jedoch erst einer handgeschriebenen Unterschrift gleichgesetzt, wenn bestimmte Sicherheitskriterien erfüllt sind. Man spricht in diesem Fall von einer qualifizierten elektronischen Unterschrift. Die digitale Unterschrift funktioniert wie ein mitgeschickter (Personal-) Ausweis. Das Verfahren garantiert dem Empfänger, dass diese Informationen tatsächlich von Ihnen stammt.

Seit Oktober 2002 wurde mit dem „Dritten Gesetz zur Änderung der verwaltungsverfahrensrechtlichen Vorschriften" die letzte Hürde auf dem Weg zur elektronischen Signatur ausgeräumt. Neben den vielfachen privaten und unternehmerischen Möglichkeiten können auch Steuererklärungen und andere Behördenangelegenheiten komplett online erledigt werden.

Sicherheit und Verschlüsselung

Daten können während ihrer Übertragung auf Leitungen von technisch Versierten mitgelesen oder verfälscht werden. Dies gilt für das Internet genauso wie für herkömmliche Datenver-

Verschlüsselung

bindungen. Besonders dort, wo Daten Geldbeträge betreffen, ist es deswegen notwendig, durch Verschlüsselungstechniken Sicherheitsvorkehrungen zu treffen.

Kryptographie

Von Kryptographie bzw. Kryptologie spricht man, wenn die lesbaren und zu schützenden Daten mittels eines bestimmten mathematischen Verfahrens unter Verwendung eines Schlüssels (Kombination aus Zeichenketten) dermaßen abgeändert werden, dass sie nicht mehr erkannt werden können und bei der Betrachtung keinen Sinn ergeben. Die Entschlüsselung wandelt die Daten wieder zurück in den lesbaren Klartext. Dazu ist ebenfalls ein Schlüssel erforderlich.

Was ein Schlüssel **ver**schlüsselt, kann nur mit dem dazugehörigen anderen Schlüssel wieder **ent**schlüsselt werden: Die Verschlüsselung/Entschlüsselung funktioniert dabei in beide Richtungen.

PIN

Ein Schlüssel des Schlüsselpaares – Private Key genannt – gehört dem Anwender und wird von diesem geheim gehalten. Der Private Key selbst wird entweder mit einem Passwort, einer PIN (personal identification number) oder durch die Verwendung von einer eigens dafür vorgesehenen Smartcard[1] vor den Zugriffen Unberechtigter geschützt.
Der andere dazugehörige Schlüssel – Public Key genannt – ist für alle anderen Teilnehmer gedacht, die mit dem Anwender kommunizieren wollen/sollen; dieser wird offen weitergegeben.

Fakten kurz gefasst

Beschaffungsmarketing

Alle Maßnahmen einer gezielten Bearbeitung der Beschaffungsfragen und der Beschaffungsaufgaben; intensive Beobachtung des Beschaffungsmarktes und der Anforderungen und Möglichkeiten des eigenen Unternehmens.

Ziel: Optimierung des Arbeitskräfteeinsatzes, um im Beschaffungsbereich die Voraussetzungen für einen wirtschaftlichen Einkauf zu schaffen.

Organisation:

- **Objektprinzip** → Spezialisierung der Mitarbeiter auf einzelne Beschaffungsgüter
- **Funktionsprinzip** → Spezialisierung der Mitarbeiter auf einzelne Beschaffungsaufgaben

E-Commerce: Informationsaustausch und **Handel im Internet** in Form des B2B (business to business) oder B2C (business to customer).

2 Beschaffungsplanung

2.1 Zeit-Mengen-Planung

Die Beschaffungsplanung beinhaltet in der ersten Phase eine Entscheidung darüber, wann wie viel zu welchen Bedingungen beschafft werden soll.

1 Smartcard = Plastikkarte mit Mikrochip, die als Zahlungsmittel, Datenträger, Ausweis o. Ä. dient

1. Beschreibung des Sachverhaltes:

Länge der Beschaffungsabstände

Je länger die Beschaffungsabstände sind,

- desto größer sind die pro Bestellvorgang zu beschaffenden Mengen
  und
- desto größer ist der Bedarf an Lagerflächen,
  aber
- desto seltener fallen Bestellkosten an.

2. Erklärung:

Lagerkosten sind in erster Linie variable Kosten, die von der Menge abhängen. Dagegen fallen mit jedem Bestellvorgang fixe Kosten an, da der Bestellaufwand unabhängig von der Bestellmenge ist.

3. Entscheidung:

Die im Beschaffungsbereich zu treffende Entscheidung betrifft sowohl die Mengen als auch damit zusammenhängend die Beschaffungszeiträume und die Beschaffungsintervalle. Im ersten Fall geht es darum, welcher Gesamtbedarf für eine Geschäftsperiode (ein Jahr, eine Saison o. Ä.) prognostiziert wird. Mit den Beschaffungsintervallen wird festgelegt, in welchen Zeitabständen die Zulieferung erfolgen soll. Zeit- und Mengenplanung beeinflussen ihrerseits die Kosten der Beschaffung und Lagerung.

Wenn Sie mehr über Lagerlogistik und Lagerbestandsmanagement wissen wollen, schlagen Sie in diesem Kompendium, Lernfeld 6, Kapitel 8 nach.

Lager- und Bestellkosten

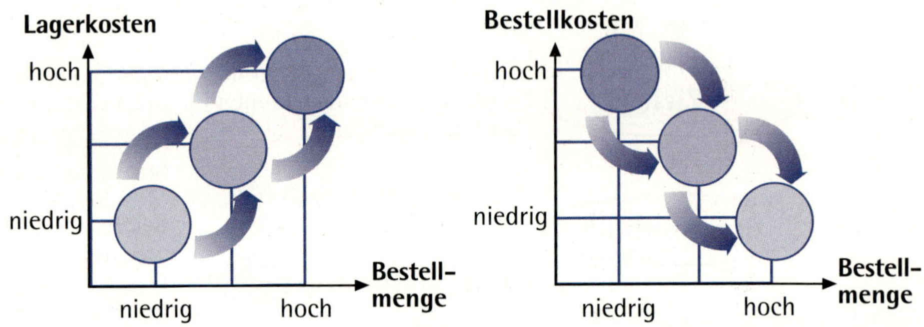

Ziel einer sowohl ökonomischen wie auch ökologischen Gesichtspunkten gerecht werdenden Materialdisposition ist eine Vorrats- und Lagerhaltung, die „umweltverträgliche Produkte ohne unnötige Ressourcenbindung, Emissionen und Abfälle mengen-, termin- und qualitätsgerecht" bereithält.

Beschaffungsmengen

Die Beschaffungspolitik steht zunächst vor der Frage, ob und in welchem Umfang ein Beschaffungslager eingerichtet und unterhalten werden soll. Nachdem die Bedarfsmengen festgestellt sind, muss entschieden werden, wodurch und wie oft ein Beschaffungsvorgang ausgelöst wird. Dabei kommt den Eigenschaften der zu beschaffenden Stoffe ein ebenso großes Gewicht zu wie den vorhandenen betrieblichen Lagerkapazitäten. Insbesondere umweltgefährdende Stoffe sind einer genauen Mengendisposition zu unterwerfen, um eine unnötige Lagerhaltung und evtl. Entsorgung zu vermeiden.

XYZ-Analyse

Die XYZ-Analyse teilt die insgesamt zu beschaffenden Artikel nach den Kriterien Vorhersagegenauigkeit und Regelmäßigkeit des Verbrauchs ein. Damit wird der Tatsache Rechnung getragen, dass nicht alle Güter den gleichen Beschaffungsrhythmen unterliegen.

> Je niedriger die Lagerbestände und je größer der Tagesverbrauch, desto kürzer sind die Lieferabstände bzw. Bestellrhythmen.

X-Güter: konstanter Verbrauch, große Vorhersagegenauigkeit

Y-Güter: schwankender, trendmäßiger Verbrauch, mittlere Vorhersagegenauigkeit

Z-Güter: unregelmäßiger Verbrauch, niedrige Vorhersagegenauigkeit

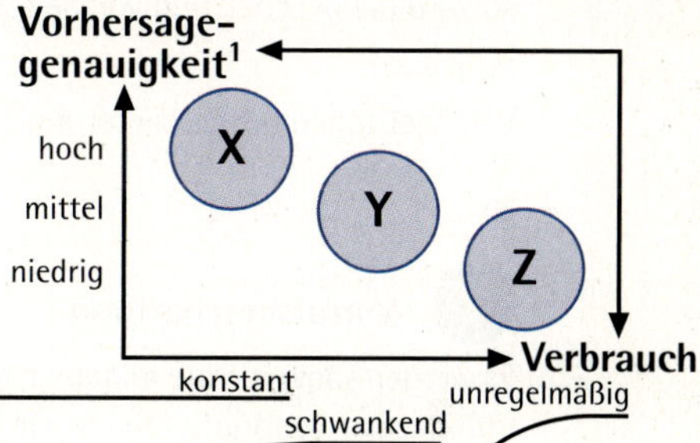

Verbrauchsformen

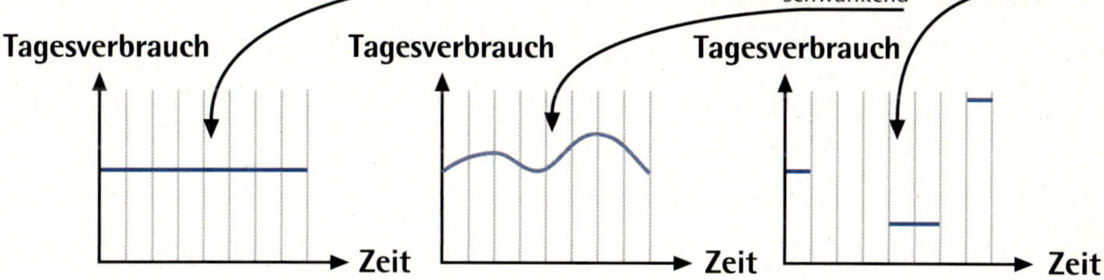

Die ABC-Analyse (siehe Lernfeld 6, Kapitel 5.1) soll dazu dienen, das Wesentliche von dem Unwesentlichen zu trennen. Im Zusammenhang mit der XYZ-Analyse ergeben sich konkret umsetzbare Vorgehensweisen bei der Beschaffungsplanung[2].

ABC/XYZ-Analyse

		Wertigkeit		
		A	**B**	**C**
Vorhersagegenauigkeit	**X**	• hoher gleichmäßiger Bedarf • hohe Vorhersagegenauigkeit	• mittlerer gleichmäßiger Bedarf • hohe Vorhersagegenauigkeit	• niedriger, aber gleichmäßiger Bedarf • hohe Vorhersagegenauigkeit
	Y	• hoher, aber schwankender Bedarf • mittlere Vorhersagegenauigkeit	• mittlerer, aber schwankender Bedarf • mittlere Vorhersagegenauigkeit	• mittlerer, aber schwankender Bedarf • mittlere Vorhersagegenauigkeit
	Z	• hoher, unregelmäßiger, stark schwankender Bedarf • niedrige Vorhersagegenauigkeit	• mittlerer, unregelmäßiger, stark schwankender Bedarf • niedrige Vorhersagegenauigkeit	• niedrieger, unregelmäßiger, stark schwankender Bedarf • niedrige Vorhersagegenauigkeit

1 nach: Jochem Piontek, Beschaffungscontrolling, Oldenbourg Verlag, München 1994, S. 144

2 Grafik nach: http://www.abc-analyse.info/abc-xyz/Information der Armin Pulic-Training & Consulting, 2002

2.1.1 Beschaffungsalternativen

Fallweise Beschaffung

1 Fallweise Beschaffung

Eine Beschaffung erfolgt immer nur dann, wenn von der Produktions- und Absatzseite eine entsprechende Notwendigkeit gemeldet wird. Üblich ist die fallweise Beschaffung beispielsweise in Betrieben, die in Einzelfertigung aufgrund von Sonderwünschen der Kunden produzieren. Ebenso wird die Beschaffung von selten benötigten Ersatzteilen meist von Fall zu Fall betrieben.

Problem:
Verzögerungen bei der Lieferung wirken sich unmittelbar auf die Produktionsplanung aus.

Vorratsbeschaffung

2 Vorratsbeschaffung

Es werden Lagervorräte angelegt, d. h., die Beschaffungsmenge ist größer als die zur Produktion unmittelbar benötigte Menge. Gründe für eine Vorratsbeschaffung können sein:

- erwartete Preissteigerungen („spekulative" Bestandsplanung);
- Lagerkapazitäten sind vorhanden und können nicht anderweitig verplant werden;
- Möglichkeit zur Ausnutzung von Mengenrabatten;
- erwartete Versorgungsengpässe;
- Kunden erwarten kurze Lieferzeiten und haben für evtl. Beschaffungsprobleme des Lieferers kein Verständnis;
- Beschaffungen können nicht produktionssynchron geplant werden;
- drohende hohe Fehlmengenkosten (siehe dazu auch Lernfeld 6, Kapitel 1.3 und 3.3.2);
- Beschaffungsrhythmen sind vorgegeben (Beispiel: Zuckerfabrik, Konservenfabrik o. Ä.).

Fertigungssynchrone Beschaffung

3 Fertigungssynchrone Beschaffung

Der Einkauf erfolgt im gleichen Rhythmus wie die Produktion, d. h., dass die Herstellung direkt die Bestellmengen steuert. Voraussetzung für die fertigungssynchrone Beschaffung ist eine ständige Lieferbereitschaft des Zulieferers.

Die Lagerkosten werden gegenüber der Vorratsbeschaffung deutlich gesenkt. Im Extremfall entfallen sie ganz.

Die Beschaffungsmengen können stark voneinander abweichen, sodass u. U. Mindermengenzuschläge oder höhere Beschaffungskosten für Kleinstmengen anfallen. Dem wird durch so genannte **Rahmenvereinbarungen** entgegengewirkt. Sie enthalten in der Regel

- eine Bedarfsprognose auf Jahresbasis, damit der Zulieferer eine Kalkulationsgrundlage hat. Meistens werden Abweichungsquoten vereinbart.

Bedarfsprognosen

- die voraussichtlichen Einzelabnahmemengen und -zeiten, bezogen auf das jeweils folgende Quartal.
- exakte Qualitätsanforderungen und Zusicherungen über die beim Zulieferer erfolgte Qualitätsprüfung.

Die fertigungssynchrone Beschaffung setzt ein besonders ausgeprägtes Verhältnis zum Zulieferer voraus. Sie beinhaltet ein hohes Fehlmengenrisiko und hängt von der Voraussetzung ab, dass der Lieferer auch räumlich gut und schnell erreichbar ist.

Aus den drei dargestellten Alternativen ergibt sich der Zwang zu wirtschaftlicher Vorratsplanung und -gestaltung. Wesentliche Faktoren werden dabei von der Produktions-, Absatz- und Finanzseite sowie vom Beschaffungsmarkt selbst vorgegeben.

Die Beschaffungsprinzipien sind auch vor dem Hintergrund der möglichen Fertigungstypen (Einzelfertigung, Serienfertigung, Sortenfertigung, Massenfertigung, Fertigung auf Bestellung, Sonderanfertigung, Baustellenfertigung usw.) zu sehen und zu bewerten.

Herkömmliche Beschaffung

1. Stufe

Herkömmliche Beschaffung, Verarbeitung und Fertigung
mit Lagerhaltung und eigenen Bearbeitungsvorgängen

Montage-synchrone Beschaffung

2. Stufe

Montagesynchrone Beschaffung und Fertigung
mit verkürzten Lieferzeiten und einer Beschaffung unmittelbar bei Bedarf

Produktions-synchrone Beschaffung

3. Stufe

Produktionssynchrone Beschaffung und Fertigung
mit einer direkt aus den Kundenaufträgen oder aus der Produktionsplanung hervorgehenden Bedarfsermittlung. Lieferung „just in time", minimale Lagerhaltung.

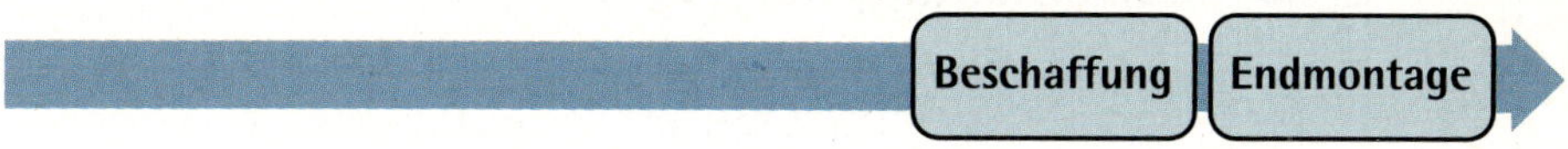

2.1.2 Vernetzung der betrieblichen Funktionen

Moderne Datenverarbeitungsmethoden und innerbetriebliche Vernetzungen stellen einen Informationskreislauf sicher, der nach festen „Spielregeln" abläuft. Auslöser für Beschaffungsaktivitäten können sein:

- das Erreichen von Mindest- oder Meldebeständen im Lager;
- eingehende Neubestellungen;
- innerbetriebliche Entscheidungen über Produktionspläne.

Auslöser für Beschaffungsaktivitäten

Die Vorgehensweise ist in der Praxis sehr unterschiedlich und hängt wesentlich von betriebs- oder produktspezifischen Besonderheiten ab. In Betrieben mit Großserienfertigung der Massenproduktion wird die Materialbewirtschaftung eher routinemäßig ablaufen, während bei Sonderanfertigungen oder in kleinen Betrieben mit Einzelfertigung eher eine auftragsbezogene Beschaffung praktiziert wird. Bei Hilfsstoffen ist die Beschaffung weitgehend unabhängig von Einzelaufträgen, weil hier eine Bevorratung zur Aufrechterhaltung der ständigen Betriebs- und Produktionsbereitschaft nötig ist.
Ähnlich dürfte es bei geringwertigen Massengütern (z. B. Hilfsstoffe: Schrauben, Nägel, Klammern usw.) sein. Ebenso wird bei Werkzeugen und sonstigen Verschleißteilen immer ein Mindestbestand zu bevorraten sein, damit Reparatur- und Austauscharbeiten umgehend vorgenommen werden können.

Einsparpotenziale

Kostenbewusstes Denken und eine detaillierte Bestandssteuerung sind insbesondere bei den Hauptrohstoffen vorzufinden, weil hier einerseits die größten **Einsparungspotenziale** liegen, andererseits hier aber auch die größte Empfindlichkeit für Störungen des Produktionsablaufs durch mangelhafte Mengendisposition gegeben ist.

Die umfangreichen Aufgaben führen dazu, dass die Materialwirtschaft in größeren Betrieben einen eigenen **Funktionsbereich** mit engen Beziehungen zu den übrigen betrieblichen Aufgaben darstellt. In Abhängigkeit von der Unternehmensstruktur und -größe, aber auch von der Art und Lage der einzelnen Produktionsstätten können Materialbeschaffung, -verwaltung, -lagerung und -verteilung zentral von einer Stelle oder dezentral von mehreren Stellen wahrgenommen werden.

Zentrale/dezentrale Materialbeschaffung

Dabei ist nicht ausgeschlossen, dass z. B. der Einkauf zur Ausnutzung von Mengenrabatten zentral getätigt wird, während die Warenanlieferung und die Lagerung dezentralisiert ist. Dies ist insbesondere dann der Fall, wenn es sich um räumlich weit auseinanderliegende Zweigwerke handelt (z. B. verschiedene Produktionsstätten von Autoherstellern). Die Festlegung von Qualitätsnormen oder anderen Grundsätzen der Beschaffung wird als strategische Entscheidung immer zentral von der Unternehmensleitung ausgehen.

2.1.3 Vorratshaltung kontra just in time

Je geringer die Vorratshaltung ist,
desto zuverlässiger muss die Zusammenarbeit mit den Zulieferern sein. Aus einem reinen Vertragsverhältnis entstehen ggf. partnerschaftliche Beziehungen, die sich auch auf die Standortwahl auswirken. Bei neu konzipierten Industrieprojekten werden heute ausreichende Flächen für Zulieferer ausgewiesen, die häufig komplette Baugruppen bereitstellen und teilweise schon eigenständig montieren.

Kanbansystem

Das Just-in-time-Verfahren kommt praktisch **ohne Lagerhaltung** aus. Alle Materialien werden stündlich oder täglich angeliefert und unverzüglich in den Produktionsprozess übernommen **(Kanbansystem).** Der Just-in-time-Gedanke fordert eine Reduzierung der herkömmlichen Lager auf das absolut unvermeidbare Mindestmaß. Zentrale Wareneingangslager, in denen das gesamte Material mit mehrfacher Sicherheit liegt, passen nicht in dieses System.

Lagerhaltung

Herkömmliche Anlieferung

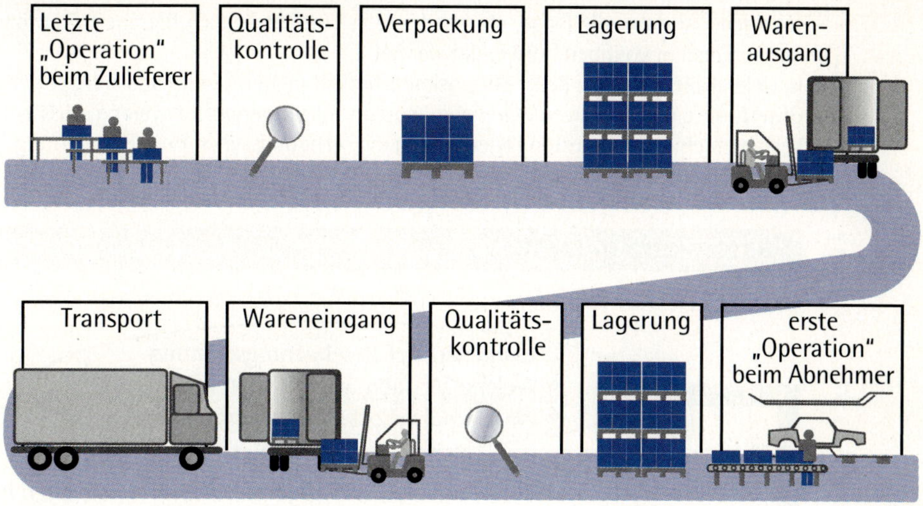

Verschlankte Material-versorgung

Materialanlieferung: JIT

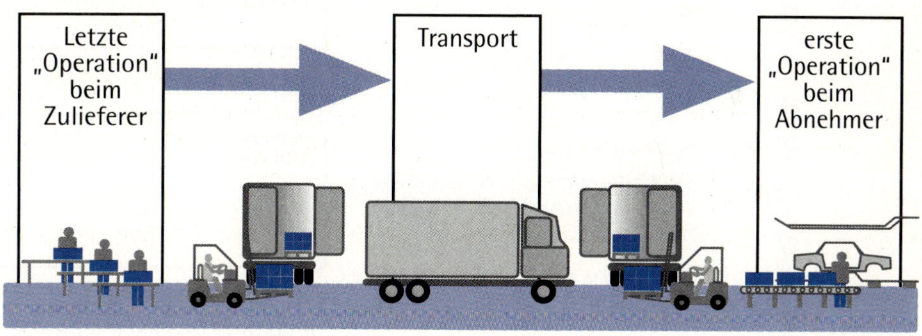

Fertigungs-puffer

Just in time bedeutet, dass statt der großen Lagerkapazitäten dezentrale, vollautomatisierte und **fertigungsintegrierte Puffer** aufgebaut werden, die eine hohe Umschlagsdynamik aufweisen. Diese Puffer haben als Lager nur noch eine kurzfristige Zeitüberbrückungsfunktion, die für den Kapazitätsabgleich aufeinander folgender Fertigungsschritte unumgänglich ist. Just in time kann nur praktiziert werden, wenn das logistische System der Anlieferung reibungslos funktioniert.

Umwelt-belastungen

Obwohl der Gesamtumfang der Zulieferungen nicht von der Art der Vorratshaltung abhängt, gehen von den alternativen Verfahren doch auch erhebliche ökologische Wirkungen aus. Just in time bedeutet trotz aller Optimierung in der Logistik der Speditionsbetriebe in der Regel ein höheres Verkehrsaufkommen mit allen damit verbundenen Umweltbelastungen.

Die Vorratsbeschaffung bindet in hohem Maße Ressourcen und erfordert zum Teil sehr hohe Lagerkapazitäten, die häufig sowohl an kapitalmäßigen Grenzen, aber auch an der mangelnden Verfügbarkeit von Grundstücken und Gebäuden scheitern.

Transport-leistungen

Dagegen weitet das Just-in-time-System u. U. die notwendigen **Transportkapazitäten** aus, weil eine mangelnde Lagerhaltung evtl. durch Tageslieferungen kompensiert werden muss. Entscheidend ist dabei die Frage, ob durch just in time tatsächlich häufigere Transportleistungen mit minimalem Volumen notwendig werden.
In vielen Fällen, z. B. bei Beschaffungsimporten mit langen Liefer- und Transportzeiten oder bei Gütern, die einer intensiven Wareneingangskontrolle unterworfen werden müssen, lässt sich das Verfahren einer minimierten Lagerhaltung mit fertigungssynchroner Beschaffung (just in time) ohnehin nicht verwirklichen.

Fakten kurz gefasst

Grundsatz der Beschaffungsplanung
- Welche Mengen werden bestellt?
- Wann und wie oft soll geliefert werden?

Vorratsbeschaffung → Lagerhaltung mit ausreichenden Vorräten für eine ständige Entnahme

Vorteil:	Flexibilität Unabhängigkeit
Nachteil:	Kapitalbindung Kosten

Fallweise Beschaffung → Bestellung nur bei Bedarf, Lagerhaltung sehr stark reduziert

Vorteil:	minimale Lagerkosten
Nachteil:	geringe Flexibilität bei plötzlichem Bedarf

Fertigungssynchrone Beschaffung → Lieferung im Rhythmus, der von der Produktion vorgegeben wird

Vorteil:	keine Lagerkosten
Nachteil:	hohe Fehlmengenkosten bei Verzögerungen

2.2 Kosten-Mengen-Planung

Wenn Sie sich eingehender über Lagerbestandsmanagement und Lagerumfang informieren möchten, schlagen Sie in diesem Lernfeld, Kapitel 8.3 und 8.4 nach.

2.2.1 Bestellverfahren

Die konkrete Entscheidung, ob und in welcher Höhe Lagervorräte gehalten werden und in welchen Zeitabständen welche Mengen bestellt werden, hängt auch davon ab,

- in welchem zeitlichen Rhythmus Anlieferungen möglich sind;
- ob der von der Produktion ausgehende Bedarf gleichmäßig oder unterschiedlich hoch ist.

Beispiel Nr. 1

Die ElSola AG benötigt pro Tag 100 000 Schrauben. Sie werden von einem Zulieferer bezogen. Die Lieferzeit beträgt 4 Tage. Aus Sicherheitsgründen will man ständig den Vorrat für mindestens 2 Tage (= 200 000 Stück) am Lager haben. Bestellt und geliefert werden zurzeit immer jeweils 1 000 000 Einheiten.

Bestellpunktsystem

Folgende Fragen können sich dadurch für das Bestellwesen ergeben:

a) Wie groß ist der Höchstbestand im Lager?

b) Welcher Bestand müsste im Lager am Ende des 6. Tages vorhanden sein?

c) In welchen Abständen wird jeweils bestellt?

d) Bei welchem Meldebestand muss (nach-)bestellt werden?

e) An welchen Produktionstagen wird bei „normalem" Verbrauch nachbestellt?

f) Was passiert, wenn eine Lieferung erfolgt, obwohl am Vortag wegen eines Maschinenausfalls nicht produziert wurde?

g) Wie wirkt es sich aus, wenn die Entnahmen höher sind als geplant?

Bestandsgrafik

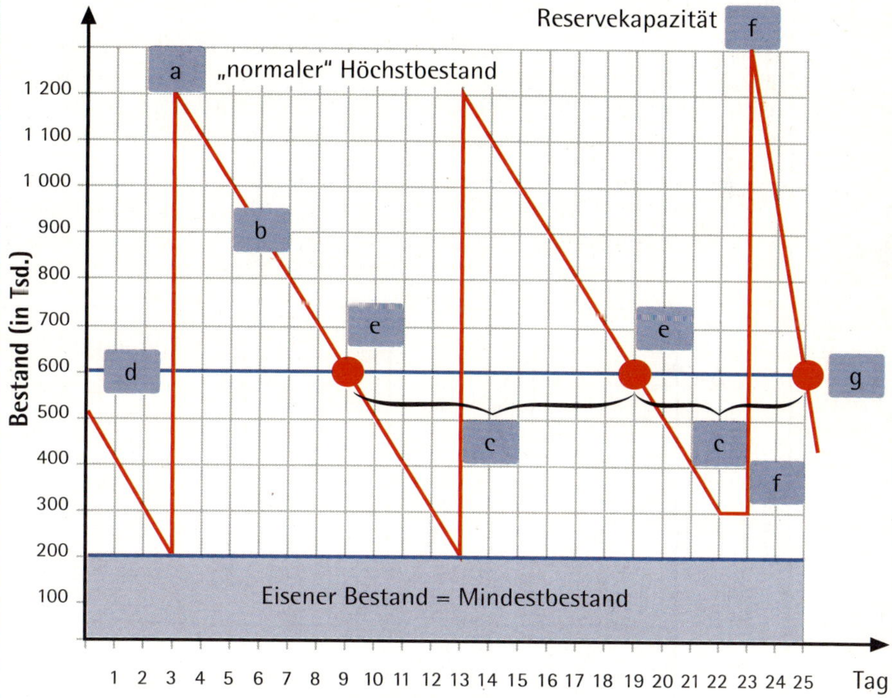

In der Grafik kommt das **Bestellpunktsystem** zur Anwendung, d. h., eine Bestellung wird immer dann veranlasst, wenn der Lagerbestand auf eine bestimmte Höhe abgesunken ist. An dieser Stelle erfolgt die Bedarfsmeldung an den Einkauf.

Erklärung zur Berechnung des Lagerbestandes, bei dem eine Bestellung erfolgen muss:

- **Bestellpunkte**, d. h., wenn dieser Lagerbestand erreicht ist, muss nachbestellt werden.

Meldebestand		**=**	**(Lieferzeit**	**·**	**Tagesverbrauch) +**	**eiserner Bestand**
hier:	MB	=	(4 Tage	·	100 000 Stück) +	200 000 Stück
	MB	=	600 000 Stück			

Es wird immer die gleiche Menge bestellt. Das Verfahren geht davon aus, dass

- die **Lieferzeiten immer gleich** sind und eingehalten werden;
- nach der Bestellung (d. h. während der Lieferzeit) die Lagerentnahme gleichmäßig wie geplant verläuft.

Ist der **Verbrauch nach der Bestellung geringer** als geplant, wird bei dem Wareneingang die Lagerkapazität überschritten, also müssen Lagerpuffer vorhanden sein.

Ist der **Verbrauch nach der Bestellung größer** als geplant oder verzögert sich die Lieferung, sichern eiserne Bestände die Produktionsbereitschaft ab. Die Entnahme aus dem eisernen Bestand muss dann mit der nächsten Bestellung ausgeglichen werden.

Beispiel 2

Die ElSola AG unterhält ein Lager für Büromaterial. Hier wird z. B. Papier für die Fotokopierer gelagert. Im Unterschied zum Produktionsbereich findet hier eine Lagerentnahme nicht regelmäßig, sondern nur bei Bedarf statt. Die Lagervorräte verändern sich daher anders als im Beispiel 1. Demzufolge wird hier auch ein anderes Bestellverfahren angewandt:

Erklärung zur Berechnung des Lagerbestandes, bei dem eine Bestellung erfolgen muss:

- **Bestellzeiten**, d. h., die Bestellung erfolgt in regelmäßigen Zeitabständen.

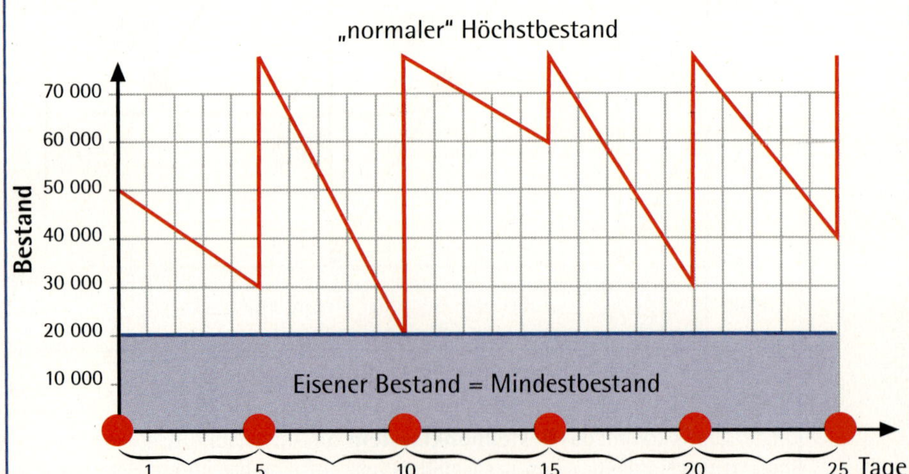

Bestellung erfolgt alle 5 Tage. Bestellmengen sind verschieden.

Bestellrhythmussystem

Zur Anwendung kommt das **Bestellrhythmussystem**, d. h., eine Bestellung erfolgt in festgelegten Zeitabständen.

Die Bestellmenge ist unterschiedlich und hängt sowohl vom Lagervorrat ab, der zum Zeitpunkt der Bestellung noch vorhanden ist als auch von dem absehbaren künftigen Verbrauch. Das Verfahren geht davon aus, dass

- der Verbrauch für den **Zeitraum zwischen Bestellung und Lieferung** exakt vorhersehbar ist, da
- eine **Bestandsauffüllung** auch bei noch vorhandenen hohen Lagerbeständen wirtschaftlich ist.

2.2.2 Optimale Bestellmenge

Bei seltener Bestellung sind die Bestellkosten niedrig, aber die Kosten für die Lagerhaltung sind wegen der großen einzulagernden Mengen hoch.

Je öfter bestellt wird, desto niedriger sind die Lagerkosten, aber desto größer sind die Kosten, die für die häufigen Bestellungen zu kalkulieren sind.

In den vorangegangenen Beispielen wurde von einer feststehenden Bestellmenge ausgegangen. In Wirklichkeit muss die Bestellmenge aber zunächst ermittelt werden.

Produktionsprozess und Lagerhaltung

Jede Unternehmung versucht die Bestellmenge herauszufinden, die sich mit einem reibungslosen Produktionsprozess und den vorhandenen Lagerkapazitäten vereinbaren lässt und gleichzeitig die Kosten minimiert. Ziel ist es, die optimale Bestellmenge zu berechnen. Grundsätzlich gelten folgende Auswirkungen:

hohe Bestellmenge
- = relativ wenige Bestellvorgänge
- = relativ niedrige Gesamtkosten für die Bestellung
- = hohe Lagerbestände
- = hohe Kapitalbindung durch Lagervorräte

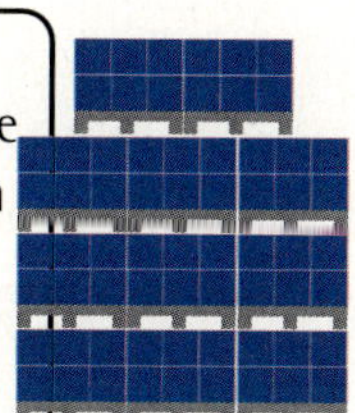

Optimierungsziel:
Es gilt, die Bestellmenge zu finden, bei der die Summe aus Bestell- und Lagerkosten am geringsten ist.

niedrige Bestellmenge
- = häufige Bestellvorgänge
- = hohe Bestellkosten
- = niedrige Lagerbestände
- = niedrige Kapitalbindung durch Lagervorräte

Das Problem von unterschiedlichen Einstandspreisen oder evtl. Mindermengenzuschlägen bzw. Mengenrabatten bleibt in der Modellbetrachtung zunächst ausgeklammert.

Beispiel:

- Die ElSola AG benötigt pro Jahr ca. 36 Millionen verchromte Spezialschrauben.
- Der Einstandpreis beträgt ca. 0,20 € pro Stück.
- Für jeden Bestellvorgang werden ca. 400,00 € an bestellfixen Kosten kalkuliert. Darin sind die Aufwendungen für Bestellung, Terminüberwachung, Wareneingangs- und Qualitätskontrollen sowie für die Einlagerung und alle damit verbundenen Buchungsvorgänge enthalten.
- Für die Lagerhaltung kalkuliert man ca. 10 % des durchschnittlichen Lagerwertes.

Tabellarischer Lösungsansatz

Es wird von einer beliebigen Bestellmenge ausgegangen. Der durchschnittliche Lagerbestand stellt mengen- und wertmäßig jeweils die Hälfte der aus Erfahrungswerten und/oder den betrieblichen und lagertechnischen Möglichkeiten infrage kommenden Bestellmengen dar:

Optimale Bestellmenge

Bestell-menge	Bestell-häufigkeit	Bestell-kosten	Durchschnittlicher Lagerbestand		Lager-haltungs-kosten	Gesamt-kosten
	pro Jahr	Bestellhäufigkeit · 400,00 €	**Stück**	**Wert**	10 % des Lagerwertes	Bestell-kosten + Lagerkosten
100 000	360	144.000,00	50 000	10.000,00	1.000,00	145.000,00
500 000	72	28.800,00	250 000	50.000,00	5.000,00	33.800,00
1 000 000	36	14.400,00	500 000	100.000,00	10.000,00	24.400,00
1 200 000	**30**	**12.000,00**	**600 000**	**120.000,00**	**12.000,00**	**24.000,00**
1 500 000	24	9.600,00	750 000	150.000,00	15.000,00	24.600,00
2 000 000	18	7.200,00	1 000 000	200.000,00	20.000,00	27.200,00
3 000 000	12	4.800,00	1 500 000	300.000,00	30.000,00	34.800,00
12 000 000	3	1.200,00	6 000 000	1.200.000,00	120.000,00	121.200,00

Die optimale Bestellmenge liegt bei 1 200 000 Schrauben, weil hier die Gesamtkosten am niedrigsten sind.

Die Tabelle lässt sich auch **grafisch** umsetzen:
Die optimale Bestellmenge liegt da, wo die Kosten für die Lagerhaltung und die Bestellkosten gleich sind. Hier sind die Gesamtkosten am geringsten.

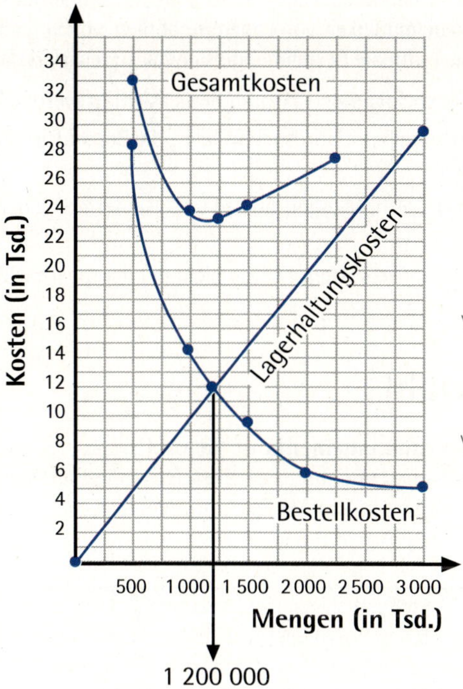

Mathematischer Lösungsansatz:

Mithilfe einer mathematischen Formel lässt sich eine exakte Berechnung durchführen:

$$\sqrt{\frac{200 \cdot \text{Jahresbedarf} \cdot \text{Bestellkosten}}{\text{Einstandspreis} \cdot (\text{Zins- und Lagerkostensatz})}}$$

$$= \sqrt{\frac{200 \cdot 36\,000\,000 \cdot 400}{0{,}20 \cdot 10}}$$

$$= \textbf{1 200 000 Stück}$$

So entsteht die Formel:

Lagerkosten **= Bestellkosten**

$$\frac{\text{Bestellmenge}}{2} \cdot \text{Einstandspreis} \cdot \frac{\text{Lagerkostensatz (\%)}}{\text{Bestellmenge}} = \text{Jahresbedarf} \cdot \text{Bestellkosten}$$

$$\frac{x}{2} \cdot \text{Einstandspreis} \cdot \frac{\text{Lagerkostensatz}}{100} = \frac{\text{Jahresbedarf}}{x} \cdot \text{Bestellkosten}$$

$$\frac{x^2}{2} \cdot \text{Einstandspreis} \cdot \frac{\text{Lagerkostensatz}}{100} = \text{Jahresbedarf} \cdot \text{Bestellkosten}$$

$$\frac{x^2}{200} \cdot \text{Einstandspreis} \cdot \text{Lagerkostensatz} = \text{Jahresbedarf} \cdot \text{Bestellkosten}$$

$$x^2 \cdot \text{Einstandspreis} \cdot \text{Lagerkostensatz} = 200 \cdot \text{Jahresbedarf} \cdot \text{Bestellkosten}$$

$$x^2 = \frac{200 \cdot \text{Jahresbedarf} \cdot \text{Bestellkosten}}{\text{Einstandspreis} \cdot \text{Lagerkostensatz}}$$

$$x = \sqrt{\frac{200 \cdot \text{Jahresbedarf} \cdot \text{Bestellkosten}}{\text{Einstandspreis} \cdot \text{Lagerkostensatz}}}$$

Bewertung

Alle drei Verfahren stellen lediglich **Hilfsgrößen** für die betrieblich evtl. von einer Reihe weiterer Faktoren bestimmten Bestellmenge dar. Letztlich hängt es von der gewünschten/

möglichen Transporthäufigkeit, den vorhandenen Lagerkapazitäten, der Einhaltung von Lieferterminen, evtl. Mengenrabatten, der Regelmäßigkeit von Lagerentnahmen, von verpackungstechnischen Gegebenheiten usw. ab, ob die optimale Bestellmenge sinnvoll zu realisieren ist oder nicht.

Als besondere **Einschränkung** müssen folgende Faktoren berücksichtigt werden:

Praxisnahe Einschränkungen

- In der Realität schwankt der Verbrauch im Jahresbedarf, d. h., die Beschaffungsmengen sind im Jahresverlauf unterschiedlich.
- Einstandspreise können sich verändern, Mengenrabatte und Mindermengenzuschläge sind zu berücksichtigen.
- Im Rahmen der Lagerhaltung gibt es fixe Kosten, die sich nicht mit der Lagermenge verändern.

3 Materialauswahl

Stofffluss-management

Ein bedeutender Bereich des **Umweltmanagements** ist die ökologisch orientierte Materialwirtschaft. Ein effizientes Stoffflussmanagement muss in allen Teilen der Wertschöpfungskette, also von der Materialbedarfsermittlung bis hin zur Verwertung, dem Recycling oder letztlich der Entsorgung wirksam eingreifen.

Die Zielsetzung des nachhaltigen Wirtschaftens macht es notwendig, dass Unternehmen Maßnahmen ergreifen, um das gesamte Management der Stoffströme auf eine bestmögliche Schonung der Umwelt auszurichten und so Ökologie und Ökonomie in Einklang zu bringen.

3.1 Ökologische Orientierung

Mit der verstärkten Einbeziehung des ökologischen Aspekts in das unternehmerische Denken gewinnt auch in der Materialwirtschaft die Ökologieorientierung immer mehr an Bedeutung.[1]

Produktionskoeffizient:

Ressourcen sollen eingespart werden, sodass die Faktorkombination der Produktion möglichst effizient wird. Außerdem soll der Einsatz umweltschädlicher Stoffe minimiert werden.

Rückstandskoeffizient:

Bei jeder Produktion fallen als Output auch Rückstände an. Eine Verringerung des Rückstandskoeffizienten bedeutet also bestmögliche Reduzierung der anfallenden Rückstände, zum Beispiel durch Änderung des Produktionsverfahrens.

Verwertungskoeffizient:

Hierbei geht es um das Aufbereiten und Recycling von bereits angefallenen Rückständen. Werden mehr Rückstände verwertet, können sonst anfallende Entsorgungskosten eingespart werden. So gesehen ist dieser Bereich für ein Unternehmen von großer Bedeutung.

Umwandlungskoeffizient:

Das Ziel ist es, Rückstände, die nicht recycelbar sind, in Substanzen oder Energiearten umzuwandeln, die weniger negative Umweltauswirkungen haben als die ursprünglichen Rückstände.

1 nach: Strebel, H.: Umweltorientiertes Stoffflussmanagement in Industriebetrieben. In: Malinsky, A. H. (Hrsg.): Betriebliche Umweltwirtschaft. Grundzüge und Schwerpunkte. Wiesbaden 1996. S. 142.

Kreislaufwirtschaft kontra Durchlaufwirtschaft

Eine besondere Zielsetzung des ökologieorientierten Stoffflussmanagements ist die Entwicklung weg von einer reinen **Durchlaufwirtschaft**, wie sie in der Vergangenheit üblich war, hin zur **Kreislaufwirtschaft**. Während bei der Durchlaufwirtschaft häufig Rohstoffe vergeudet werden, wird bei der Kreislaufwirtschaft ein Teil der Emissionen dem innerbetrieblichen Stoffstrom durch Recycling wieder zugeführt.

Bei der Betrachtung des Stoffflussmanagements lassen sich zwei verschiedene Ansätze unterscheiden, je nachdem, ob man die Materialwirtschaft von der Seite der Inputs oder der Outputs betrachtet.

Input-/ und output-orientierte Materialwirtschaft

Bei der **inputorientierten Materialwirtschaft** wird beim Produktionsprozess der Einsatz der verschiedenen Stoffe und Materialien berücksichtigt, die in ein Produkt eingehen oder auf andere Art und Weise für die Produktion nötig sind. Hierbei sollen in verstärktem Maße Sekundärstoffe, die aus der Aufbereitung von Rückständen hervorgehen, eingesetzt werden, denn so können ökonomisch knappe Güter eingespart werden.

Die **outputorientierte Materialwirtschaft** befasst sich nicht nur mit den aus einem Produktionsprozess hervorgegangenen Rückstände, sondern auch mit den in den Produkten enthaltenen Stoffen. Denn oft entfalten diese Stoffe schon beim Ge- oder Verbrauch des Produktes oder nach dem Gebrauch bei der Entsorgung umweltrelevante Wirkungen. So ist bereits bei der Auswahl der einzusetzenden Materialien auf diese Auswirkungen Rücksicht zu nehmen und das Produkt möglichst umwelt- bzw. recyclingfreundlich zu gestalten. Das outputorientierte Stoffflussmanagement berücksichtigt sowohl den gesamten Lebenszyklus eines Produktes als auch die Zyklen der Rückstände, die das Produkt hinterlässt. Diese Rückstandszyklen reichen oft bei weitem über den regulären Produktlebenszyklus hinaus und enden erst, wenn die gesamte Rückstandsmenge, die nicht durch Recycling dem Produktionsprozess wieder zugeführt werden kann, in Substanzen ohne negative Umweltauswirkungen umgewandelt worden ist. So bildet auch der Aspekt der Produktverantwortung über den gesamten Lebenszyklus des Produktes hinweg einen wichtigen Teil der ökologieorientierten Materialwirtschaft.

Rückstandszyklen

Energiebilanzen

Innerbetrieblich können **Stoff- und Energiebilanzen** einen vollständigen Überblick über alle relevanten Inputs und Outputs eines Produktionsprozesses liefern und somit die Grundlage für materialwirtschaftliche Entscheidungen bilden.

> Für die **umweltorientierte Materialwirtschaft** ist es wichtig, dass die von Betrieben verursachten Stoffflüsse bestmöglich kontrolliert werden und dass natürliche **Ökosysteme** so wenig wie möglich gestört werden.

3.2 Integriertes Stoffflussmanagement

Umweltorientierte Materialwirtschaft

Da eine umweltorientierte Materialwirtschaft im Unternehmen Einfluss auf die gesamten Prozesse der Entscheidungsfindung hat, ist es notwendig, dem Konzept des innerbetrieblichen Stoffflussmanagements besondere Bedeutung beizumessen. Die Teilaufgaben der Materialwirtschaft müssen in einem Gesamtzusammenhang gesehen werden.[1]

Die Materialwirtschaft greift in alle Teile der Wertschöpfungskette in einem Betrieb ein. Daher muss die ökologische Zielsetzung bereits im **Unternehmensleitbild** verankert sein. So hat die gesamte Belegschaft eines Unternehmens die Möglichkeit, sich mit der ökologischen Orientierung zu identifizieren.

1 vgl. Stahlmann, V.: Umweltorientierte Materialwirtschaft. Das Optimierungskonzept für Ressourcen, Recycling, Rendite. Wiesbaden 1988. S. 24.

Aus der ökologischen Diskussion der letzten Jahre haben sich einige Kernpunkte herauskristallisiert:

- Umweltverträglichkeit der Rohstoffe prüfen und nach Alternativen suchen;
- Ausschaltung von vermeidbaren Umwelt- oder Gesundheitsgefährdungen bei Produktion oder Verbrauch;
- Erstellung ökologischer Bilanzen für den gesamten Produktlebenszyklus (Entstehung, Vertrieb, Entsorgung, Wiederverwertung);
- Umweltaufgaben als unternehmerische Stabsstelle;
- Verbraucheraufklärung und -information über ökologische Vorteile der eigenen Produktpalette.

Unternehmerische **Strategien der Materialwirtschaft** werden folglich darauf angelegt sein, rechtzeitig auf erneuerbare Stoffe umzusteigen und solche zu beschaffen, von denen weder schädliche Neben- noch Folgewirkungen ausgehen und die sich entweder recyceln oder problemlos entsorgen lassen. Im Einzelnen bedeutet das für die Beschaffungsabteilung in enger Zusammenarbeit mit der Produktion/Konstruktion nach Verbesserungsmöglichkeiten wie z. B. in folgenden Bereichen zu suchen:

Ökologische Verbesserungs-möglichkeiten

- Ersatz von Kunststoff durch Pappe,
- Verpackung mit Papier statt mit Styropor,
- Verwendung von Recyclingpapier statt von holzfreiem weißem Papier,
- Vermeidung von Hochglanzdrucken,
- Verwendung umweltfreundlicher Farben,
- Verringerung des Trinkwassereinsatzes,
- Erhöhung der Rohstoffausnutzung,
- Senkung des Materialverbrauches,
- Verringerung des produzierten Ausschusses,
- Reparaturfreundlichkeit der hergestellten Produkte,
- Verringerung der Schadstoffemissionen,
- Verzicht auf größere Moduleinheiten zugunsten kleinerer Austauschteile,
- Aufbau eines reibungslosen Ersatzteilsystems,
- Einsatz schadstoffarmer Rohstoffe.

3.3 Materialbedarfsermittlung

Schon bevor der Primärbedarf in einem Unternehmen umweltorientiert ermittelt wird, kommen der Produktplanung und dem Marketing besondere Bedeutung zu. Denn aufgrund von gesteigerten Qualitätsansprüchen und der Ökologieorientierung vieler Kunden spielen das Produktimage und damit auch die Information der Verbraucher über ökologisch nachhaltige Produkte heute eine immer wichtigere Rolle.

Technologie-entwicklung

Damit die Bedarfsermittlung umweltgerecht durchgeführt werden kann, muss das Unternehmen über laufende **Entwicklungen von Technologien und Stoffen** und deren Qualität und Umweltverträglichkeit informiert sein. So lassen sich Entscheidungen zugunsten von Materialien treffen, die eine möglichst lange Produktlebensdauer garantieren, und deren Recycling oder Verwertung nach Ablauf des Lebenszyklus möglichst einfach und kostengünstig ist.

Auch bei der **Lieferantenauswahl** sollte sich die Materialwirtschaft darauf ausrichten, unter Beachtung aller betrieblichen und produktionstechnischen Gegebenheiten in stärkerem Umfang **ökologische Schwerpunkte** zu setzen. Bei der Auswahl der Lieferanten und der über sie zu beschaffenden Produkte geht es darum, solche Lieferer herauszufiltern, die umweltschonende Produkte anbieten und von denen die Zusammensetzung ihrer Produkte offen gelegt wird, sodass eine **Umwelthaftung für die gelieferten Produkte** in den Vertragsbedingungen vereinbart werden kann. Neben der wirtschaftlichen Vergleichbarkeit muss ein potenzieller Lieferant eine Prüfung der Umweltverträglichkeit seiner Produkte bestehen. Kriterien dafür könnten u. a. sein:

Umwelthaftung

- Wie werden die Rohstoffe gewonnen?
- Wie hoch ist der Verbrauch an Ressourcen?
- Wie wird das Produkt hergestellt, genutzt und verbraucht?
- Lassen sich Abfälle verwerten oder problemlos beseitigen?
- Gehen von dem Produkt schädliche Emissionen für den Menschen aus?
- Belastet das Produkt Luft, Wasser oder Erdreich?

Ökologische Qualitätssteigerung

Im ökologischen Sinne kann eine Qualitätssteigerung der Erzeugnisse zum Beispiel auch durch den verstärkten Einsatz erneuerbarer Rohstoffe erreicht werden.

Über die Bedarfsermittlung hinaus haben auch die Lagerpolitik und das Vorratsmanagement in einem Unternehmen Auswirkungen auf die Ökosphäre. So bedeuten z. B. größere Bestellmengen, dass

Bestellmengenproblem

- die Verpackungsmengen minimiert werden;
- durch die Transporte ggf. weniger Emissionen verursacht werden (es wird weniger häufig geliefert);

aber andererseits auch, dass

- die Lagerkosten steigen (Lagerflächen müssen auch vorgehalten werden - dies bedeutet einen entsprechenden Flächenbedarf);
- die Gefahr des Verfalls bei verderblichen Rohstoffen größer wird.

Deshalb ist die optimale Bestellmenge (siehe Kapitel 2.2.2) auch ein ökologisch verträglicher Kompromiss.[1]

4 Beschaffungsmanagement

4.1 Beschaffungsmarktforschung

Die Beschaffungsmarktforschung hat die Aufgabe, solche Entwicklungen zu erkennen und von den Marktveränderungen zu profitieren.

Substitutionsgüter

Nicht nur der Absatz-, sondern auch der Beschaffungsmarkt befindet sich in einem ständigen Wandel. Wirtschaftliches Ziel ist es, die notwendigen Materialien kostengünstigst zu beschaffen. Dabei geht es auch darum, die Angebote nach evtl. kostengünstigeren Substitutionsgütern zu überprüfen.

1 in Anlehnung an: Institut für Betriebliche und Regionale Umweltwirtschaft, Prof. Dr. A.H. Malinsky, Seminar Betriebliche Umweltwirtschaft I, Diplom-Arbeit: Ökologieorientierte Materialwirtschaft (Gunter Roth)

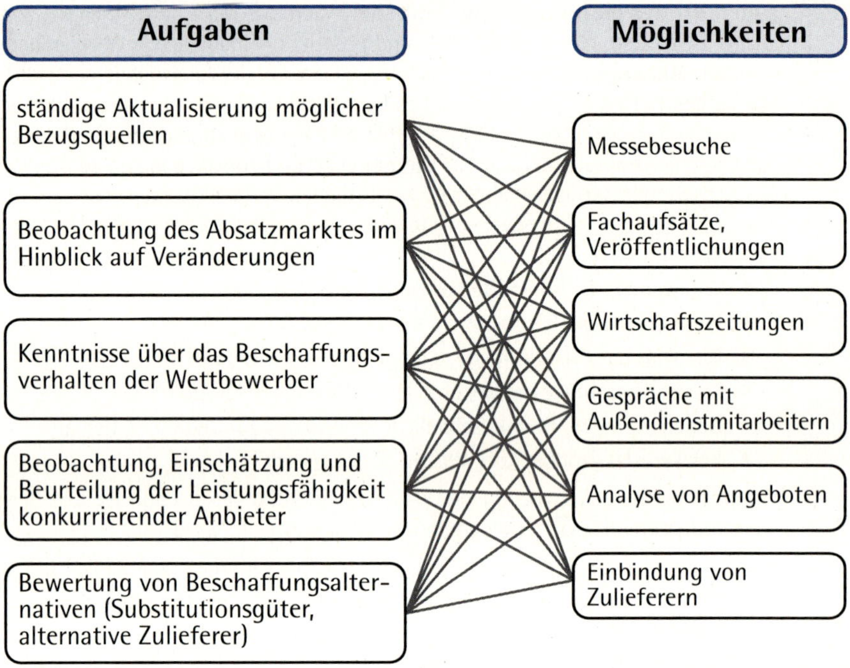

Bezugsquellen-datei

Die Bezugsquellenkartei oder -datei ist ein organisatorisches Hilfsmittel bei Beschaffungsfragen. Sie wird geführt als

Warenkartei/-datei

mit allen benötigten Gütern, deren technischen Eigenschaften, Preisen, Lieferkonditionen sowie den infrage kommenden Lieferern.

Lieferantenkartei/-datei

mit den Namen und Anschriften aller möglichen Zulieferer. Die Lieferantenaufstellung enthält auch Bewertungskriterien, die für eine Auswahl wichtig sind.

Die Kriterien, die bei der Auswahl der Lieferer herangezogen werden, müssen als strategische Grundlage festgelegt sein, damit die Mitarbeiter im operativen Bereich eine klare Handlungsrichtlinie haben.

4.2 ABC-Analyse von Lieferanten und Beschaffungsgütern

Die ABC-Analyse ist ein entscheidungsvorbereitendes Instrument, mit dem eine Reihenfolge der Wertigkeit von einzelnen Beschaffungskriterien verbunden ist.

Nach herkömmlicher Auffassung spielt der Preisvergleich für die Lieferantenauswahl die entscheidende Rolle. Dies ist für einen großen Teil der Güter nach wie vor unstrittig, wenngleich

Lieferantenauswahl

sich insbesondere durch die modernen Methoden der Logistik im Zusammenhang mit der Lagerbestandsminimierung auch eine Wandlung vollzogen hat und weiter vollzieht. Danach ist die Lieferantenauswahl und -beurteilung komplexer, weil der Einstandspreis gegebenenfalls nur eines neben einer Reihe anderer Auswahlkriterien ist. Nur der geringste Teil aller Beurteilungskriterien ist konkret messbar. In den meisten Fällen stehen persönliche Einschätzungen oder Erfahrungen hinter den Entscheidungen für oder gegen einen möglichen Zulieferer. Nicht selten werden Informationen auch über Geschäftskontakte eingeholt.

Tatsache ist, dass nicht alle Kriterien für die Auswahlentscheidung das gleiche Gewicht haben. Häufig ist es nicht so sehr der Preis, sondern es sind andere Merkmale und Sachverhalte, die den Ausschlag geben. In einer Zeit des gesteigerten ökologischen Bewusstseins sowie strengerer gesetzgeberischer Maßnahmen auf der einen Seite und dem Streben nach einer minimierten Lagerhaltung auf der anderen Seite ist der preisgünstigste Anbieter nicht unbedingt auch der beste Anbieter.

Lieferantencheck

Checkliste zur Lieferantenbeurteilung	**Punktewertung** 1	2	3	4	5	6	
Alter, Ruf, Bonität	●						
Zuverlässigkeit				●			
Lieferfristen			●				
Termineinhaltung				●			
Preisniveau, Zahlungsbedingungen					●		
Kulanz, Flexibilität						●	
Kundendienst, Service					●		
Vertragstreue				●			
Erfüllung von Umweltauflagen			●				
Verpackungsrücknahme					●		
Umwelthaftung				●			
Produktqualität			●				

„Hürdenprinzip"

Bei der Auswahl der Lieferanten findet bei vielen Betrieben das „Hürdenprinzip" Anwendung. Dies bedeutet, dass eine schwache Leistung in einem bestimmten wichtigen Bewertungskriterium nur bedingt durch gute Noten in einem anderen ausgeglichen werden kann. Das hat zur Folge, dass diese Lieferanten aus dem „Wettkampf" ausscheiden.

Die einzelnen Kriterien können von unterschiedlicher Bedeutung sein. Möglicherweise hat ein äußerst preisgünstiger Zulieferer aus Fernost das Problem, dass er seine Liefertermine nicht so exakt einplanen kann, wie ein Betrieb in unmittelbarer Nachbarschaft. In einem anderen Fall ist ein höherer Preis eventuell durch eine höhere Qualität der Rohstoffe und durch eine geringere Ausschussquote gerechtfertigt. Vielleicht spielt bei der Beschaffung von Maschinen der Service und die Wartungsfreundlichkeit eine größere Rolle als die Investitionskosten. Die zunehmende Notwendigkeit zur ökologisch orientierten Denkweise im Beschaffungsbereich kann ebenfalls ein Umdenken zur Folge haben.

Im Vordergrund der Beschaffungsentscheidung dürften folgende Faktoren stehen[1]:

Beschaffungsentscheidung

Kosten
- Einstandspreise
- Übernahme von logistischen Leistungen
- Bereitschaft zur Weitergabe von Rationalisierungserfolgen

Beschaffungsrisiko
- Transportrisiko (Transportwege)
- Mengenrisiko (beschränkte Kapazitäten?)
- Terminrisiko (Kapazitätsauslastung, andere Aufträge)
- Bedeutung des Abnehmers

Lieferservice
- Lieferzeit
- Verhalten bei Eilaufträgen
- Flexibilität
- Termin- und Mengenzuverlässigkeit

Produktqualität
- Erfüllung von Spezifikationen des Abnehmers
- Qualitätszuverlässigkeit

Interesse an Zusammenarbeit
- Produktqualität/-entwicklung
- Rationalisierung
- Kompensationsgeschäfte

ABC-Analyse

In jedem Falle muss der Einkauf die unterschiedlichen Kriterien gewichten, um zu einer bestmöglichen Entscheidung für das Unternehmen zu kommen. Mit der ABC-Analyse wird versucht eine Reihenfolge der Bewertungskriterien aufzustellen. Dabei können aus den Einzelkriterien auch Bewertungsgruppen gebildet werden.

A-Güter: sehr hoher Stellenwert

Lediglich ca. 20 % der zu beschaffenden Güter „verzehren" ca. 75 % des gesamten Einkaufbudgets.

Folge: Güter haben große wirtschaftliche Bedeutung; hoher Beschaffungsaufwand „lohnt" sich; intensive Beschäftigung mit den möglichen Lieferern.

1 in Anlehnung an: Pepels, Werner (Hrsg): ABWL, Eine praxisorientierte Einführung in die moderne Betriebswirtschaftslehre. Fortis-Verlag, Troisdorf 1999, S. 90

ABC-Analyse

B-Güter: mittlerer Stellenwert

Ca. 50 % der zu beschaffenden Güter „verzehren" ca. 20 % des gesamten Einkaufbudgets.

Beschaffungsaufwand (Lieferantenvergleich usw.) „rechnet" sich nur eingeschränkt.

C-Güter: niedriger Stellenwert

Ca. 30 % der zu beschaffenden Güter „verzehren" ca. 5 % des gesamten Einkaufbudgets.

Der Beschaffungsaufwand muss minimiert werden, da dessen wirtschaftlicher Erfolg bei diesen Produkten nur unbedeutend ist.

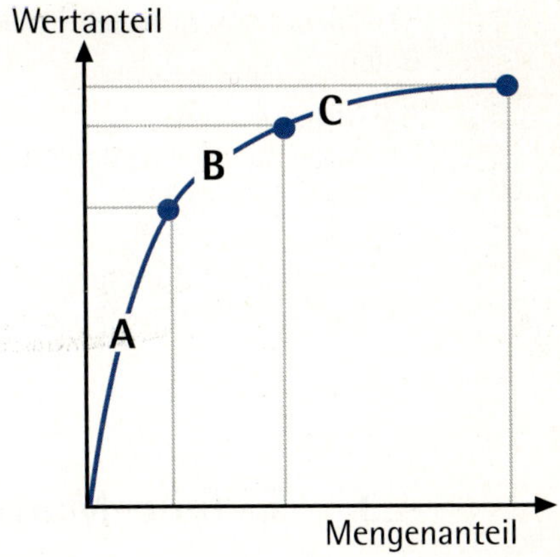

> Nicht allen Beschaffungsgütern kann die gleiche Aufmerksamkeit gewidmet werden. Inwieweit sich Beschaffungsmühe und -aufwand „lohnen", hängt nicht zuletzt vom möglichen wirtschaftlichen Erfolg des Produktes ab.

Im Zusammenhang mit der XYZ-Strategie (siehe Kapitel 2.1) ergeben sich folgende konkreten Überlegungen:[1]

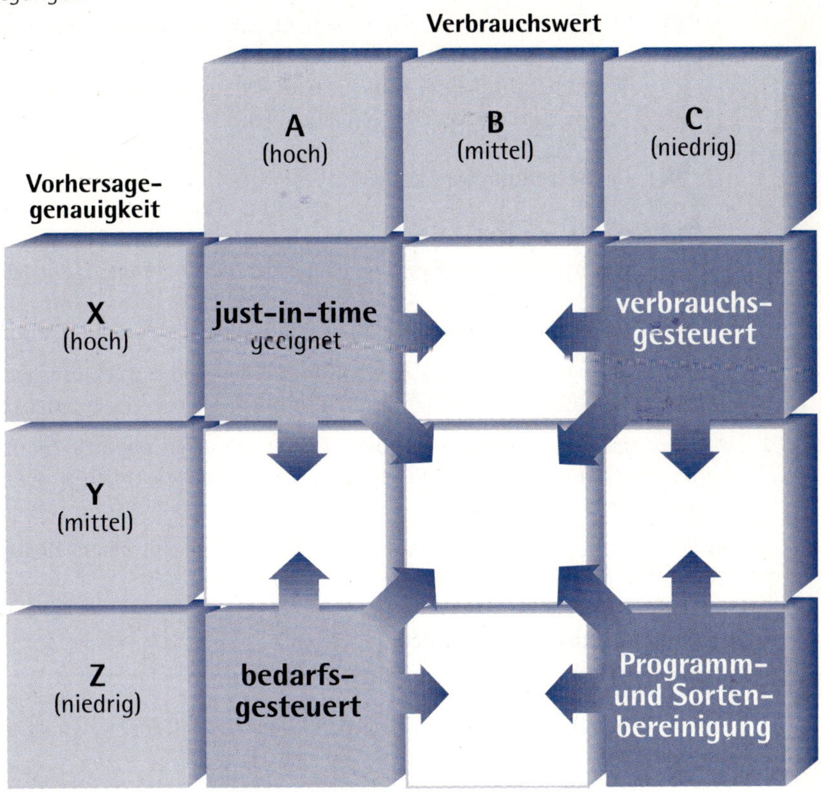

1 nach: http://www.abc-analyse.info/abc-xyz/Information der Armin Pulic-Training & Consulting, 2002

Besonders „kritisch" im Sinne eines optimalen Materialmanagements sind die „AX"- und die „CZ"-Güter:

AX-Güter
- exakte Planung und Disposition der Mengen und Lieferzeitpunkte
- Lieferantenauswahl nach Zuverlässigkeit und Flexibilität
- intensive Marktforschung
- langfristige Verträge (Partnerschaftsverträge)

CZ-Güter
- einfache Bestellabwicklung
- geringer Beschaffungsaufwand
- Lieferantenauswahl nach Einstandspreis und Lieferbereitschaft
- oft Sammelbestellungen

4.3 C-Teile-Management[1]

Trotz voranstehender Erkenntnisse werden die Beschaffungsabläufe auch heute noch in vielen Unternehmungen von folgender Vorgehensweise bestimmt:

1. Der **Bedarf wird festgestellt** und gemeldet.
2. Die **Überprüfung der Bedarfsmeldung** folgt und muss unter Umständen noch genehmigt werden.
3. Der Einkäufer ist in seinem Element, führt **Preisvergleiche** durch und wählt den optimalen Lieferanten aus. Dabei freut sich der Einkäufer, wenn er einen Schraubendreher für 0,33 € statt für 0,37 € bekommt, bemerkt aber evtl. nicht, dass er 0,24 € zum Telefonieren verbraucht hat.
4. Die **Bestellung** wird ausgelöst.
5. Die **Ware trifft ein**, Wareneingangskontrolle und Wareneingangsbuchung werden durchgeführt, die Ware wird eingelagert, verbucht und ausgegeben.
6. **Rechnungsprüfung** erfolgt, Rechnungsbuchung erfolgt, **Zahlung** wird erledigt.

- Für diesen Prozess (d. h. für die Beschaffungskosten) sind laut Studien zwischen 75,00 € und 180,00 € anzusetzen. Zusätzlich kostet die Verwaltung eines Lieferanten ca. 1.500,00 €/Jahr.
- Ferner spielt der Faktor Zeit für diese Artikel eine nicht unerhebliche Rolle; der Beschaffungsaufwand ist mit 70–80 % (und das für vielleicht 10 % des Bestellvolumens) anzusetzen.
- Hieraus ergibt sich, dass eigentlich keine Bestellung mit einem **Bestellwert** von unter 100,00 € den Schreibtisch eines Einkäufers verlassen darf.

Der Einkaufsprozess bei C-Teilen

C-Teile-Management ist ein Begriff für die Abkehr vom traditionellen preispolitischen Denken. Bei dem C-Teile-Management wird der Beschaffungsprozess betrachtet, analysiert und optimiert.

1 in Anlehnung an: www.kerstein-online.de/c_teile.html, Stand: 24. August 2002.

C-Teile sind Güter mit einem geringen Einkaufswert, bei denen kein großer Beschaffungsaufwand gerechtfertigt ist, da die Kosten in keinem angemessenen Verhältnis zum erreichbaren Ertrag stehen.
Für die Beschaffung dieser geringwertigen Teile wird nach dem C-Teile-Management gearbeitet. Dazu werden die C-Teile mit einem Lieferanten definiert und spezifiziert. Es wird ein Abkommen über die Lieferung dieser Teile geschlossen. Hierbei werden der Preis, der Lagerstandort und die Lagermenge festgelegt. In einem bestimmten Rhythmus wird durch Kontrolle eines Mitarbeiters des Lieferanten das Lager wieder aufgefüllt, das Unternehmen erhält vom Lieferanten Monatsrechnungen und Monatsstatistiken über den Materialfluss. Nach dieser einmalig zu erledigenden Arbeit entfallen aus dem sonst nötigen Beschaffungsprozess die Marktsondierung, die Angebotseinholung, der Angebotsvergleich, die Anfertigung eines Bestellschreibens, das Einkaufscontrolling, die Wareneingangsprüfung und ein erheblicher Teil der Rechnungsprüfung.

Das Einsparungspotenzial bei den Prozesskosten wird auf ca. 60 % geschätzt. Ein Einsparungspotenzial bei den zu beschaffenden Artikeln kann durch die „Straffung" der Lieferanten noch verstärkt werden. Das heißt, dass man versucht, den vielleicht nicht bei allen Artikeln günstigen C-Teile-Lieferanten zu einem preisgünstigen (total coast of ownership) Lieferanten zu entwickeln.

Durch den Wegfall der bisherigen traditionellen permanenten Kontrollsysteme ist ein offenes Vertrauensverhältnis zwischen Unternehmung und C-Teile-Lieferant die wichtigste Grundlage für ein funktionierendes C-Teile-Management.

4.4 Ein- oder Mehrliefererstrategie

Beschaffungsmarketing

Die Beschaffungspolitik ist nicht nur ein unternehmerisches Anhängsel, sondern hat in den letzten Jahren ständig an Bedeutung gewonnen. So spricht man heute vom Beschaffungsmarketing und verwendet damit einen Begriff, der ursprünglich nur für den Absatzbereich vorgesehen war. Beschaffung ist damit mehr als eine innerbetriebliche Dienstleistung, bei der gemäß den Materialanforderungen der Fertigungsabteilung bestellt wird. Mit dem Begriff Beschaffungsmarketing verbindet sich das Ziel, auch den Beschaffungsmarkt zu gestalten oder zumindest aktiv auf das Angebot der Zulieferer einzuwirken.

Innovationswettbewerb der Zulieferer

Was für den einen Betrieb die Beschaffung ist, stellt für den anderen Betrieb (den Zulieferer) der Absatz dar. Allein deshalb unterliegen die Beschaffungsmärkte ständigen Veränderungen. Auch hier findet ein Innovations-, Qualitäts- und nicht zuletzt ein Preiswettbewerb der Anbieter statt.

Mit der Lieferantenauswahl tritt die Beschaffung in eine entscheidende Phase. Die Lieferantenauswahl ist ein wichtiger Bestandteil der Lieferantenpolitik, bei der es um folgende Fragen geht:

Kriterien für Lieferanten

1. Was erwarten wir von einem Lieferanten?
2. Welche Maßstäbe legen wir an, wenn wir Lieferanten bewerten?
3. Welche Merkmale hat ein „guter" Lieferer?
4. Wie eng wollen und können wir mit dem/oder den Lieferanten zusammenarbeiten?
5. Welche vertraglichen Bindungen wollen wir mit dem Lieferanten eingehen?
6. Auf wie viele Lieferanten wollen wir die Aufträge verteilen?

Eine Grundsatzentscheidung, die die gesamte Beschaffungsfrage überlagert, ist, ob ein Unternehmen zumindest die A-Güter von einem Hauptlieferer oder bei mehreren oder vielen verschiedenen Lieferern bezieht.

Einlieferer-strategie

Tatsache ist, dass bei einer **Konzentration auf einen Lieferer**

- eine **intensivere Zusammenarbeit** mit diesem möglich ist;
- durch die höheren Bestellmengen **bessere Konditionen** erreicht werden können, sofern der Lieferer bereit ist Einsparpotenziale, die er durch die höhere Produktion und damit verbundene Rationalisierungsmöglichkeiten hat, weiterzugeben (Frage der „Marktmacht");
- langfristige Vereinbarungen und eine **Einbindung in die eigene Produktentwicklung** eher möglich ist als bei einem ständigen Wechsel der Zulieferer;
- die **Bestellkosten verringert** werden können, weil z. B. eine direkte Datenverbindung zwischen der Bedarfsmeldung im Betrieb und dem Zulieferer besteht (automatische Lieferung auf Abruf);
- die dauernden **Angebotsvergleiche weitgehend entfallen** und lediglich von Zeit zu Zeit Kontrollangebote von anderen Lieferern eingeholt werden müssen;
- zwischen der Beschaffungsabteilung und dem Zulieferer ein **Vertrauensverhältnis** mit persönlicher Kenntnis aufgebaut wird, das in Engpasssituationen nutzbringend sein kann, weil der Zulieferer seine Stammkunden **bevorzugt behandelt** und bedient (dies ist bei einem ständigen Wechsel der Lieferer weniger wahrscheinlich);
- der Lieferer ein höheres Maß an langfristiger **Planungssicherheit** hat, was ihm zum Beispiel die Möglichkeit einer **stabilen Preiskalkulation** gibt;

aber auch, dass

- für eine bestimmte Zeit eine **gewisse Abhängigkeit** besteht, die umso größer ist, je genauer die Spezifikationen der Zuliefererprodukte auf unternehmens- oder produktspezifische Belange des eigenen Betriebes zugeschnitten sind (Standard-Normteile können jederzeit bei anderen Lieferern bezogen werden, Spezialteile aber nicht);
- bei einem **Ausfall des Lieferers** hohe Fehlmengenkosten entstehen können oder ein „Ersatzlieferer" die Situation durch deutlich höhere Einstandspreise ausnutzen kann;
- die **Wettbewerber** ggf. nicht mehr bereit sind nur „Scheinangebote" ohne Aussicht auf einen Erfolg abzugeben.

Die Aufteilung des Beschaffungsvolumens auf verschiedene Lieferer erhöht den Wettbewerb, stärkt die Sicherheit, fördert die Unabhängigkeit und senkt gleichzeitig die Beschaffungskosten auf ein betriebswirtschaftliche vertretbares Maß.

Um einseitige Abhängigkeiten zu vermeiden, aber trotzdem die Vorteile einer gewissen Konzentration zu sichern, gehen viele Unternehmen den Weg des Kompromisses und teilen das Beschaffungsvolumen auf einige wenige Zulieferer auf. Damit ist sichergestellt, dass

- die Zulieferer untereinander im Wettbewerb stehen (und dies auch wissen);
- das Unternehmen einen ständigen Vergleich von Preisen und Konditionen hat;
- die Abhängigkeit von einzelnen Lieferern geringer ist.

5591236

Fakten kurz gefasst

1 Kosten-Mengen-Planung

Bestellpunktsystem

Bestellungen erfolgen beim Erreichen eines festgelegten Meldebestandes
- verschiedene Bestellzeitpunkte
- gleiche Bestellmengen

Bestellrhythmussystem

Bestellungen erfolgen in festen Zeitabschnitten
- verschiedene Bestellmengen
- gleiche Bestellzeitpunkte

Optimale Bestellmenge

Die Bestellmenge, bei der die Summe aus den fixen Bestell- und den variablen Lagerkosten am niedrigsten ist.

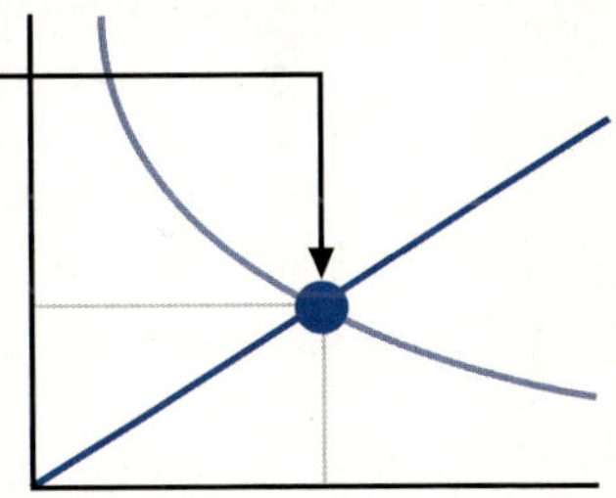

2 Material- und Liefererauswahl

Die Material- und Liefererauswahl wird von wirtschaftlichen Gesichtspunkten bestimmt.
- Quantifizierbare Faktoren (Preis, Zahlungsbedingungen usw.)
- Nicht quantifizierbare Faktoren (Zuverlässigkeit, Termineinhaltung, Qualität usw.)
- Ökologische Kriterien (recycelbare Güter, Verpackungsrücknahme usw.)

Die **ABC-Analyse** gewichtet die einzelnen Faktoren und deren Stellenwert sowie die Einstufung der Lieferanten.

4.5 Vertragspolitik

Vertragsabschluss

Mit den Lieferern werden Verträge geschlossen. Sie unterliegen den allgemeinen kaufvertrags- und handelsrechtlichen Bestimmungen (siehe dazu Kapitel 6). Dem Vertragsabschluss gehen je nach Bedeutung der Beschaffungsmaßnahme (siehe „ABC-Analyse", Kapitel 4.2) Verhandlungen zwischen Käufer und Verkäufer voraus, deren Verlauf und Ergebnis nicht zuletzt von der jeweiligen Markt- und Machtstellung abhängt.
In den meisten Unternehmen wird der Preis der zu beschaffenden Güter beim Angebotsvergleich zwar eine wichtige Rolle spielen, aber es gibt auch andere Faktoren, die neben dem „einfachen" Preisvergleich wichtig sind.

Vertragsinhalte

Jeder Vertrag stellt eine Vereinbarung mit folgenden Inhalten dar:

- **Vertragsgegenstand** (zu lieferndes Produkt),
- **Preis,**
- **Lieferzeit,**
- **sonstige Lieferbedingungen,**
- **Zahlungsbedingungen.**

Die aus einem Vertragsverhältnis hervorgehenden Rechte und Pflichten können weitgehend frei vereinbart werden. In der Regel werden in „Allgemeinen Geschäftsbedingungen" viele Einzelheiten festgelegt, weil man

Allgemeine Geschäfts- bedingungen

a) nicht in jedem Einzelfall alle **Vertragsangelegenheiten** neu verhandeln will (Zeit- und Kostenaspekt) – auch beim Verhandeln und dem Vertragsabschluss gilt es, sich wirtschaftlich zu verhalten; oder

b) die allgemeinen **Regeln des BGB** oder des **HGB,** die immer dann gelten, wenn nichts gesondert vereinbart wurde, im eigenen Sinne geändert haben möchte.

Nicht alle individuellen Vereinbarungen sind uneingeschränkt gültig und nicht alle Festlegungen in den AGBs halten allen rechtlichen Prüfungen stand. Vor jedem Vertragsabschluss und eigentlich schon vor jedem Angebotsvergleich stellen sich daher Fragen:

a) welche Bedeutung neben dem Preis die anderen Vertragsbestandteile haben;

b) ob die allgemeinen Regelungen im BGB oder HGB bzw. die „Allgemeinen Geschäftsbedingungen" des Verkäufers eine akzeptable Grundlage für die Geschäftsbeziehung sind;

c) ob die eigenen ABGs ggf. in abgewandelter Form auch im Einkauf Verwendung finden sollten;

d) wie man eine optimale Grundlage schafft, um die eigenen Ansprüche (z. B. bei Vertragsstörungen) über die gesetzliche Regelung hinaus möglichst reibungslos durchsetzen zu können; dies betrifft z. B. die Frage der Fristen für Mängelrügen;

e) ob und wie sich der Zulieferer in das „Leistungs- und Qualitätsdenken" der Unternehmung einbinden lässt.

4.5.1 Allgemeine Angebotsinhalte

Das Angebot als Willenserklärung des Verkäufers zum Abschluss eines Kaufvertrags informiert über die verschiedensten Sachverhalte eines Rechtsgeschäfts. Es ist für beide vertragschließenden Parteien wichtig zu wissen, welche Inhalte ein Angebot enthalten sollte. Dazu gehören:

Art, Gute, Beschaffenheit

- Art, Güte und Beschaffenheit der Waren.
  Durch Muster, Proben, Typen, Warenzeichen, Handelsklassen, Qualitätsstufen und Prüfzeichen (TÜV, VDE) z. B. werden Waren näher gekennzeichnet und eingestuft. Wenn nichts Besonderes vereinbart wurde, muss der Verkäufer Waren mittlerer Art und Güte liefern (§ 243 BGB).

Preis und Menge

- Preis und Menge.
  Beide Größen hängen eng zusammen, da sich der Preis oft auf eine Mengeneinheit bezieht und in Abhängigkeit von der Gesamtmenge variieren kann. Wenn eine festgesetzte Mindestabnahmemenge unterschritten wird, können Mindermengenzuschläge berechnet werden. Größere Abnahmemengen führen oftmals zu Mengenrabatten (Preisnachlässen). Rabatte werden aber auch aus anderen Gründen gewährt.

Wenn Sie mehr über die Preispolitik in Unternehmungen oder die verschiedenen Rabattarten wissen wollen, schlagen Sie in diesem Kompendium, Lernfeld 10 , Kapitel 1.4.6 nach.

Skonto

Eine besondere Stellung nimmt der **Barzahlungsrabatt**/Skonto ein. Er ist als Vergütung für eine schnelle Zahlung innerhalb einer bestimmten Frist anzusehen. Von daher hat er einen ganz anderen Charakter als die anderen Rabattarten und gehört eigentlich in den finanzwirtschaftlichen Bereich.

Wenn die gesetzlichen Regelungen in den allgemeinen vertraglichen Bestandteilen nicht gelten sollen, muss der Käufer versuchen, individuelle Vereinbarungen mit dem Verkäufer zu treffen. In diesem Falle kann man sich z. B. von der Pflicht zur sofortigen Prüfung offen erkennbarer Mängel (§ 377 HGB) befreien.

4.5.2 Lieferungsbedingungen

Wenn eine Ware von einem Ort zu einem anderen transportiert werden muss, entstehen Beförderungskosten. Sie teilen sich z. B. bei einem Bahntransport auf in

Fracht, Rollgeld

- Rollgeld vom Sitz des Verkäufers bis zum Bahnhof,
- Verladekosten an der Versendungsstation,
- Fracht, Kosten des Bahntransports,
- Entladekosten an der Empfangsstation und
- Rollgeld bis zum Sitz des Käufers.

Ist bezüglich der Beförderungskosten nichts vereinbart, so gelten die gesetzlichen Bestimmungen:
Die Kosten und die Gefahr des Transports der Ware an einen anderen als den Erfüllungsort trägt der Käufer. Das Transportrisiko geht in dem Moment vom Verkäufer auf den Käufer über, wenn die Sache dem Spediteur, dem Frachtführer oder der sonst zur Ausführung der Versendung bestimmten Person übergeben wurde. Die Kosten der Übergabe trägt der Käufer.

Frachtbasis

Abweichend von den gesetzlichen Vorschriften können vertragliche Vereinbarungen getroffen werden. Sie beziehen sich auf die **Frachtbasis** und die damit verbundenen Beförderungskosten. Durch die Frachtbasis ist der Ort festgelegt, von dem aus die Fracht berechnet wird. Wenn zu einem Unternehmen mehrere räumlich getrennte Betriebe gehören, so ist es in manchen Branchen üblich, dass eine einheitliche Grundlage für die Frachtberechnung festgelegt wird. Dieser Basisort muss nicht mit dem tatsächlichen Versandort übereinstimmen. Bezüglich der Beförderungskosten können im inländischen Transport folgende Vereinbarungen getroffen werden:

Beförderungskosten

• ab Werk	Käufer trägt alle Kosten der Lieferung;
• unfrei (gesetzliche Regelung)	Verkäufer zahlt das Rollgeld zur Versandstelle (Bahnhof, Post, Speditionshof usw.), Käufer trägt alle Kosten ab der Versandstelle;
• frachtfrei	Käufer trägt alle Kosten ab dem Empfangsbahnhof;
• frei Haus	Verkäufer trägt alle Transportkosten.

4.5.3 Lieferungsbedingungen im Außenhandel (Incoterms)

Da im Außenhandel für jeden Ausfuhrort unterschiedliche Gesetze und Handelsbräuche gültig sein können, kommen zur Vereinfachung hier die so genannten „Internationalen Regeln für die Auslegung der handelsüblichen Vertragsformeln" (= Incoterms[1]) zur Anwendung. Ihre Aufgabe liegt darin, in verbindlicher und klarer Weise folgende Fragen zu regeln:

- Transportkosten
- Transportrisiko
- Geschäftsabwicklungspflichten (Dokumentenabwicklung usw.)

Der Eigentumsübergang, die Zahlungsbedingungen oder Fragen des Gerichtsstandes werden von den Incoterms nicht geregelt. Sie müssen gesondert vereinbart werden.

Incoterms

E-Klausel

- **„E"-Klausel:** Sie besteht allein aus der so genannten Abholklausel.

EXW = ex works (ab Werk)
Der Exporteur hat die Ware zum vertraglich vereinbarten Zeitpunkt am benannten Lieferort bereitzustellen.

F-Klausel

- **„F"-Klausel:** Darin wird der Verkäufer verpflichtet, die Ware einem vom Käufer benannten Frachtführer zu übergeben.

FCA = free carrier (frei Frachtführer)
Die Ware muss zum vertraglich vereinbarten Zeitpunkt in transportgerechter Verpackung dem Frachtführer übergeben werden.

FAS = free alongside ship (frei längsseits Seeschiff)
Innerhalb der vereinbarten Frist muss die Ware dem Hafenbrauch entsprechend auf dem Ladeplatz längsseits des Schiffs in seefester Verpackung angeliefert werden.

FOB = free on board (frei an Bord)
Wie bei FAS hat der Exporteur die Ware zu liefern, aber auch zu verladen und alle Kosten und Risiken zu tragen, bis die Ware die Reling passiert hat.

C-Klausel

- **„C"-Klausel:** Danach hat der Verkäufer den Beförderungsvertrag abzuschließen, nicht aber das Risiko des Verlustes oder der Beschädigung der Ware oder zusätzlicher Kosten, die auf Ereignissen während des Transportes beruhen, zu tragen.

CIF = cost, insurance, freight (Kosten, Versicherung, Fracht)
Pflichten wie bei FOB, aber zusätzlich sind auch die Kosten und die Risiken des Schifftransportes zu übernehmen, bis die Ware im Bestimmungshafen die Reling passiert hat. Außerdem ist eine Transportversicherung abzuschließen.

CFR = cost and freight (Kosten und Fracht)
Pflichten wie bei CIF, aber ohne notwendigen Abschluss einer Transportversicherung.

CIP = carriage and insurance paid to (frachtfrei versichert)
Ähnlich wie bei CIF hat der Exporteur die Transportkosten, Versicherung und Fracht zu übernehmen, CIP gilt aber nicht nur für die Schifffahrt, sondern für alle Transportarten. Ordnungsmäßigkeit gilt bei Übergabe in transportgerechter Verpackung an ersten Frachtführer.

1 Incoterms, die = **in**ternational **co**mmercial **terms**

CPT =	carriage paid to (frachtfrei) Pflichten wie bei CIF, aber ohne notwendigen Abschluss einer Transportversicherung.

D-Klausel

- **„D"-Klausel:** Danach hat der Verkäufer alle Kosten und Risiken zu tragen, bis die Ware im Bestimmungsland eintrifft.

DAF =	delivered at frontier (geliefert an der Grenze) Der Exporteur hat die Ware zum vereinbarten Zeitpunkt diesseits der Grenze auf eigene Kosten und Gefahr auf dem benannten Platz für den Käufer bereitzuhalten.
DES =	delivered ex ship (geliefert ab Schiff) Der Exporteur verpflichtet sich die Ware für den Importeur innerhalb der vereinbarten Frist auf dem Schiff im Bestimmungshafen bereitzuhalten, ihm rechtzeitig Anzeige über das Einlaufen des Schiffs zu erstatten und alle notwendigen Dokumente zu besorgen.
DEQ =	delivered ex quay (geliefert ab Kai) verzollt, Pflichten wie bei DES, aber es erfolgt auch die Entladung im Bestimmungshafen (Bereithaltung am Kai); Kosten und Risiken bis zur Einfuhrabfertigung.
DDU =	delivered duty unpaid (geliefert unverzollt) Exporteur hat für die fristgerechte Bereitstellung im Einfuhrland zu sorgen. Darin ist die Einfuhrabfertigung nicht enthalten.
DDP =	delivered duty paid (geliefert verzollt) Pflichten nach DDU und zusätzlich die Übernahme der Kosten für die Einfuhrabfertigung; Maximalverpflichtung des Exporteurs.

4.5.4 Lieferzeit

Wenn nichts vereinbart ist, muss sofort geliefert werden. Es können aber auch anders lautende Vereinbarungen getroffen werden:

- **sofort nach Bestellung**
  Die Lieferung hat ohne zeitliche Verzögerung zu erfolgen.
- **innerhalb einer bestimmten Frist**
  Die Auslieferung muss innerhalb einer bestimmten Zeitspanne erfolgen (bis zum 1. April, Mitte Juni, innerhalb von zwei Monaten o. Ä.).

Fixkauf

- **Fixkauf**
  Der Zeitpunkt der Lieferung ist exakt festgelegt (fix). Es kann beispielsweise heißen: „7. August 20.., 16:00 Uhr fix, Domgasse 19, Frankfurt/Main"; oder „am ersten Samstag im Monat April 20..".

Zweckkauf

- **Zweckkauf**
  Ähnlich wie bei einem Fixkauf: Für beide Seiten ist auch ohne Nennung eines konkreten Datums klar erkennbar, wann die zweckgebunden bestellte Ware spätestens geliefert sein muss (Feuerwerkskörper für Silvester, Schokoladenosterhasen, Weihnachtsbaumschmuck usw.)

Kauf auf Abruf

- **Kauf auf Abruf**
  Der Kunde kauft eine größere Warenmenge und behält sich vor, diese in einzelnen Teilmengen nach Bedarf abzurufen.

4.5.5 Verpackungskosten

Ist nichts vereinbart, trägt der Käufer die Verpackungskosten. Mögliche andere Vereinbarungen sind:

- **netto einschließlich Verpackung**
  Das Warengewicht ist alleinige Grundlage des Verkaufspreises. Die Verpackung wird nicht extra berechnet (Beispiel: Apfelsinenkiste).
- **netto ausschließlich Verpackung**
  Das Nettogewicht der Ware bildet die Grundlage für den Preis. Die Verpackung wird zusätzlich (gewichtsunabhängig als Pauschale) berechnet.

Berechnung der Verpackungskosten

- **brutto einschließlich Verpackung (b/n = brutto für netto)**
  Das Warengewicht und das Verpackungsgewicht werden extra ausgewiesen. Die Verpackung wird zusätzlich zum Preis der Ware berechnet.
  (Beispiel: Warengewicht 25 kg zzgl. 2 kg Verpackung = 27 kg · 4,00 € = 108,00 €)
- **brutto ausschließlich Verpackung (b/n + Verpackung)**
  Zusätzlich zu dem Verpackungsgewicht (b/n) werden evtl. weitere gewichtsunabhängige Verpackungskosten (z. B. für zerbrechliche Ware) berechnet.
  (Beispiel: Warengewicht 25 kg zzgl. 2 kg Gewicht Verpackungskiste = 27 kg · 4,00 € = 108,00 € zzgl. 3,00 € luftgepolsterte Schutzverpackung = 111,00 €)

5 Finanzierungsfragen

Der Angebotsvergleich bezieht sich im quantifizierbaren Bereich auf einen Vergleich der Preise sowie der Lieferungs- und Zahlungsbedingungen. Sinnvoll ist dies als Entscheidungsgrundlage nur, wenn es sich um wirklich homogene bzw. absolut gleichwertige Güter handelt.

5.1 Ermittlung der Einstandspreise

Maßgebend für einen Preisvergleich sind die Einstands- oder Bezugspreise:

Bezugskalkulation von Handelswaren

Listeneinkaufspreis
- Rabatt(e)
= **Zieleinkaufspreis**
- Skonto
= **Bareinkaufspreis**
+ Bezugskosten
= **Bezugspreis/Einstandspreis**

5.2 Zahlungsbedingungen

Sind im Kaufvertrag keine Regelungen getroffen, so kann sofortige Zahlung nach der Lieferung verlangt werden. Abweichend davon können verschiedene Zahlungszeitpunkte und -möglichkeiten gewählt werden:

Zahlungszeitpunkt

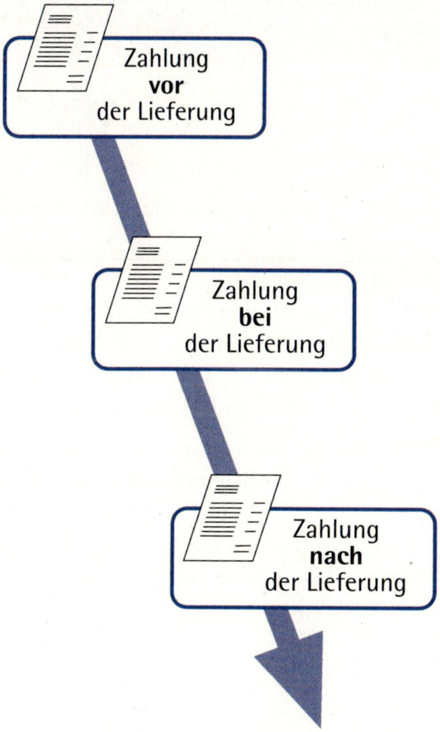

- **Anzahlung**
  Ein Teilbetrag wird vor dem Erhalt der Ware gezahlt, der Rest später.
- **Vorauszahlung**
  Der gesamte Rechnungsbetrag wird vor dem Erhalt der Ware gezahlt.
- **Nachnahme**
  Die Post AG als Beförderer der Ware zieht den Betrag bei Auslieferung sofort ein (Ware gegen Geld).
- **Barzahlung**
  Die Zahlung erfolgt mit der Übergabe der Ware oder unmittelbar danach ohne Frist.
- **Ratenzahlung**
  Die Zahlung erfolgt in Teilbeträgen.
- **Zielkauf**
  Der Zahlungszeitpunkt ist nach einer bestimmten Frist ab erfolgter Lieferung.
- **Kreditkauf**
  Lieferer oder Bank stellen einen länger laufenden Kredit zur Verfügung.

5.3 Skontoabzug – ja oder nein?

Die **Zahlungsfrist** ist in Verbindung mit dem Skontosatz[1] ein Instrument zur Feinsteuerung der Preisgünstigkeit des Angebotes.

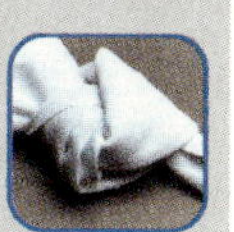

Je höher der **Skontosatz** und je länger das **Zahlungsziel**, desto größer ist der **Finanzierungsvorteil** für den Käufer bei Nutzung der Zahlungsfrist.

Finanzierungsvorteil durch Skontoabzug

Wichtig ist die Frage, ob sich ein Skontoabzug lohnt. In den meisten Fällen ist diese Frage mit „ja" zu beantworten. Eine korrekte Aussage lässt sich aber nur treffen, wenn man den **Skontosatz** in einen **Zinssatz** umwandelt.

- Welchem Zinssatz entspricht der Skontoabzug?
- Wie groß ist der Finanzierungsvorteil bei Skontoabzug?
- Ist es wirtschaftlich vertretbar, evtl. einen Kredit aufzunehmen, um Skonto abziehen zu können?

1 Skonto = Preisnachlass bei Barzahlung

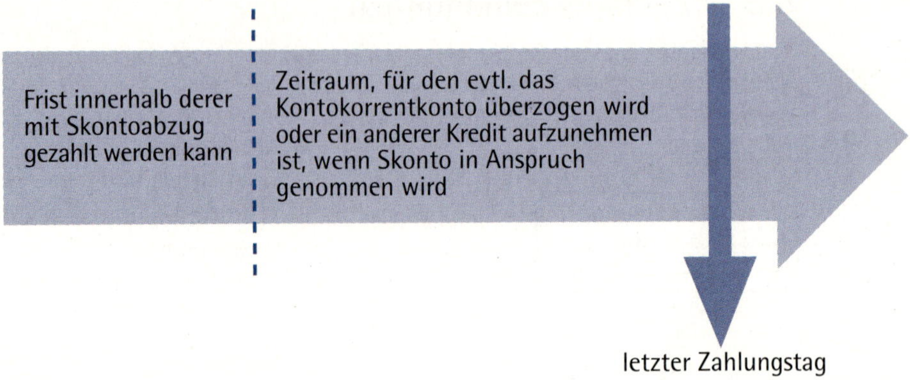

Beispiel:

Zahlung innerhalb von 14 Tagen unter Abzug von 2 % Skonto oder innerhalb von 30 Tagen netto Kasse. Rechnungsbetrag: 1.500,00 €, Überweisung von 1.470,00 € bei Abzug von Skonto spätestens am 14. Tag (2 % = 30,00 €)

a) Umrechnung des Skontosatzes in einen Zinssatz:

16 Tage = 2 %
360 Tage = x %

$$x = \frac{2 \cdot 360}{16} = \mathbf{45\ \%}$$

b) Kosten für die Aufnahme eines Kontokorrentkredites (Kontoüberziehung) – Zinssatz von 15 %

Da nicht 100 % des Rechnungsbetrages, sondern nur 98 % überwiesen werden, muss eine weitere Umrechnung erfolgen:

100 % = 15 %
98 % = x

$$x = \frac{15 \cdot 98}{100} = \mathbf{14{,}7\ \%}$$

Oder **die konkret anfallenden Kreditkosten:**

K = 1.470,00 €
P = 15 %
T = 16 Tage (vom 14. bis 30. Tag)

$$Z = \frac{1470 \cdot 15 \cdot 16}{100 \cdot 360} = \mathbf{9{,}80\ €}$$

Finanzierungsvorteil:

Skontoabzug:	30,00 €
Kreditkosten:	9,80 €
„Gewinn"	**20,20 €**

Skontoabzug lohnt in der Regel immer. Je höher der Skontosatz und je kürzer der Abstand zwischen Skontoabzug und letzter Zahlungsfrist, desto größer ist der Finanzierungsvorteil bei Inanspruchnahme von Skonto.

5.4 Verbindlichkeiten – Geldschulden

Geldschulden sind Bringschulden. Aber es genügt, wenn am Fälligkeitstag das Geld zur Überweisung freigegeben, d. h. angewiesen wurde. Es muss noch nicht auf dem Konto des Gläubigers gebucht worden sein.

Geldschulden sind – wenn nichts anderes vereinbart wurde – spätestens 30 Tage nach Fälligkeit und Zugang einer Rechnung zu leisten. Danach tritt automatisch der Verzug ein. Endverbraucher müssen darauf aber in der Rechnung oder der Zahlungsaufstellung besonders hingewiesen werden (§ 286 (3) BGB)!

Verzugszinsen

Im Falle des Verzugs kann der Gläubiger den Ersatz von Verzugszinsen verlangen. Dies sind ohne Nachweis tatsächlich gezahlter Zinsen bei einem einseitigen Handelskauf und bei einem bürgerlichen Kauf 5 % mehr als der Basiszinssatz der Europäischen Zentralbank. Bei einem zweiseitigen Handelskauf liegen die Verzugszinsen 8 % über diesem Zinssatz.

Basiszinssatz

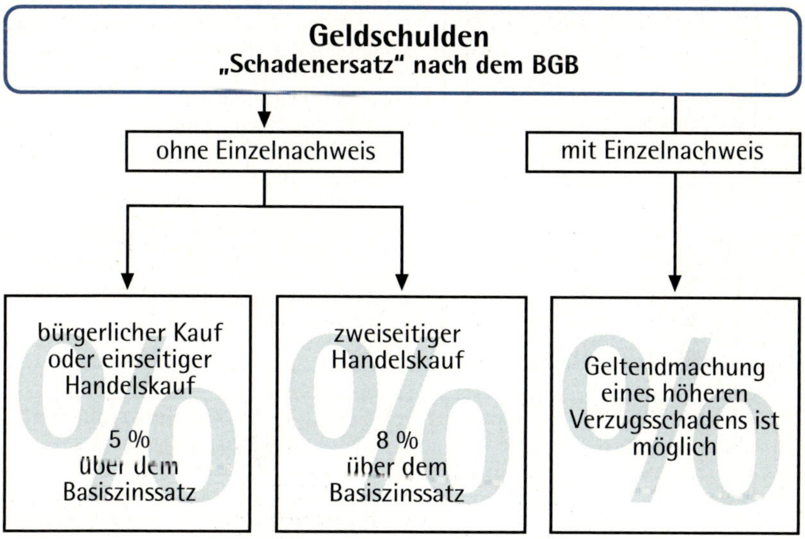

6 Vertragsabschluss

Jeder Vertrag ist eine zweiseitige Willenserklärung, die beide Vertragspartner zu einem bestimmten Handeln verpflichtet. Grundsätzlich gilt die Formfreiheit, d. h., Verträge können sowohl inhaltlich als auch in ihrer äußeren Form frei gestaltet werden.

6.1 Rechtswirksamkeit von Willenserklärungen

Generell gilt für die Abgabe von Willenserklärungen zwar das Prinzip der „Vertragsfreiheit". Aber insbesondere der Schutz der Verbraucher hat den Gesetzgeber veranlasst doch eine Reihe von Einschränkungen festzulegen:

Abschluss-freiheit

Wenn nicht gegen geltendes Recht verstoßen wird, kann jeder Geschäftsfähige Verträge schließen, mit wem er will.

- **Nichtig** sind alle Verträge von und mit geschäftunfähigen Vertragspartnern.

Geschäftsunfähig ist jeder Mensch bis zur Vollendung des 7. Lebensjahres
und
jeder Mensch, bei dem die freie Willensbildung durch eine dauernde Geistesstörung unterbunden ist.

- Rechtsgeschäfte mit beschränkt Geschäftsfähigen bedürfen der **Zustimmung des gesetzlichen Vertreters.**

Aber alle Rechtsgeschäfte sind gültig, die
- auf „Anweisung", d. h. mit einer Vollmacht vorgenommen wurden.
- mit „eigenen Mitteln" bezahlt werden (früher: „Taschengeldparagraf"). Achtung: Darunter fallen keine Ratenverträge o. Ä.!
- keine Verpflichtungen, sondern nur einen rechtlichen Vorteil beinhalten.
- im Rahmen und/oder in der unmittelbaren Folge eines mit Zustimmung der Erziehungsberechtigten abgeschlossenen Arbeits- oder Ausbildungsverhältnisses getätigt werden.

Beschränkt geschäftsfähig ist jeder Mensch vom vollendeten 7. bis vor Vollendung des 18. Lebensjahres

und

jeder Mensch, der wegen Trunk-, Verschwendungssucht oder einer psychischen Erkrankung nur eingeschränkt handlungsfähig ist

und

jede Person, die unter vormundschaftlicher Fürsorge und Betreuung steht.

Rechtsfähig sind alle Menschen von Geburt an. Die **Geschäftsfähigkeit** richtet sich nach dem Alter, aber in gewissem Umfang auch nach geistigen Bedingungsfaktoren.

Inhaltsfreiheit

Wenn nicht gegen geltendes Recht verstoßen wird, können die Inhalte von Verträgen frei ausgehandelt werden.

- **Nichtig** sind Verträge die nur aus Scherz, zum Schein, im Zustand der vorübergehenden Störung der Geistestätigkeit abgeschlossen wurden oder die gegen ein Gesetz bzw. die guten Sitten verstoßen und/oder die Notlage eines Vertragspartners in unzulässiger Weise ausnutzen.

- **Scherzgeschäfte,** bei denen für „jedermann" klar sein müsste, dass eine Willenserklärung nicht ernst gemeint sein kann.
- **Scheingeschäfte,** deren Inhalt der Erreichung eines ganz anderen Zweckes dient.
- **Sittenwidrige Geschäfte**

- **Anfechtbar** sind Verträge, die aufgrund eines offensichtlichen Irrtums,

- **Irrtum in der Erklärung** (z. B. Tippfehler, Versprecher beim Telefonieren)
- **Irrtum im Inhalt** (z. B. Edelstahl statt Kunststoff)

	einer arglistigen Täuschung oder einer widerrechtlichen Drohung zustande gekommen sind.	• **Irrtum in der Übermittlung** (z. B. schreibt eine Sachbearbeiterin in der Telefonzentrale einen falschen Preis auf) • **arglistige Täuschung** (z. B. Verheimlichung eines Unfallschadens) • **widerrechtliche Drohung** (z. B. Androhung von Gewalt)
Formfreiheit Grundsätzlich können Verträge mündlich, schriftlich oder sogar nur durch übereinstimmendes Handeln zustande kommen. In Einzelfällen ist aber eine bestimmte Form vorgeschrieben.	• **Schriftform** d. h., eine nur mündlich abgegebene Willenserklärung ist nichtig	• Kündigungen • Testamente • Mietverträge, die länger als ein Jahr laufen • private Bürgschaftserklärungen
	• **Öffentliche Beglaubigung** d. h., ohne eine Bestätigung der Echtheit der Unterschrift(en) des/der Vertragspartner(s) ist die Willenserklärung nicht gültig	• Anmeldungen in das Handelsregister • Nichtannahme einer Erbschaft
	• **Öffentliche Beurkundung** d. h., dass nicht nur die Unterschrift beglaubigt, sondern der Inhalt eines Schriftstückes bzw. Verhandlungsgegenstandes bestätigt wird: Erklärung, dass – die Beteiligten vor dem Notar erschienen sind; – die in der Urkunde gemachten Erklärungen von ihnen abgegeben wurden; – der Inhalt verlesen wurde, – die Willenserklärungen durch die Unterschrift der Vertragspartner bestätigt wurden.	• Grundstückskaufverträge • Eintragung einer Hypothek • Erbschaftsvertrag

Die Form- und Inhaltsfreiheit von Willenserklärungen wird im Einzelfall eingeschränkt, um den „schwächeren" Vertragspartner zu schützen und der besonderen Bedeutung von Vertragsinhalten Nachdruck zu verleihen.

6.2 Pflichten aus dem vertragsrechtlichen Schuldverhältnis

Privatrechtliche Grundlagen

Verträge sind dem privaten Recht zuzuordnen. Das heißt, dass weitestgehend frei verhandelt werden kann. Die Initiative kann sowohl von dem Käufer als auch von dem Verkäufer ausgehen. Da in der Regel nicht die Betriebsinhaber selbst in die Verhandlungen eingebunden sind, müssen die jeweiligen Sachbearbeiter/-innen die nötigen Vollmachten haben, um rechtsverbindlich handeln zu können (siehe dazu auch Lernfeld 7, Kapitel 3).

Pflichten aus einem Schuldverhältnis

- **Was?** – eine bestimmte Leistung
- **Wo?** – am gesetzlichen oder vereinbarten Erfüllungsort
- **Wann?** – ohne besondere Vereinbarung sofort bzw. wie es nach den Umständen erwartet werden kann
- **Wie?** – nach dem Gebot von „Treu und Glauben", den üblichen Gepflogenheiten oder wie vereinbart

Unmöglichkeit der Leistung

objektiv: Leistung kann nicht erbracht werden, weil z. B. die Ware nicht mehr vorhanden ist und auch nicht mehr beschafft werden kann. (Beispiel: Ein bestelltes Gemälde verbrennt in der Nacht vor der Auslieferung.)

subjektiv/faktisch: Leistung zwar möglich, aber dem Schuldner nicht zumutbar, weil z. B. der Aufwand unverhältnismäßig hoch wäre. (Beispiel: Ein Ersatzteil müsste extra aus Ostasien bestellt werden und wäre damit teurer als das ganze Gerät.)

Die Nichteinhaltung einer Pflicht führt im Normalfall dazu, dass der Schuldner mit einer Mahnung dazu aufgefordert wird, die Leistung zu erbringen.

Wann ist eine Mahnung nicht erforderlich?

- kalendermäßig exakt bestimmte Zeit (Fixkauf)
- kalendermäßig klar einzuordnende Zeit (Zweckkauf)
- Selbstinverzugsetzung des Schuldners bzw. ernsthafte und endgültige Verweigerung der Leistung
- unter Abwägung beiderseitiger Interessen ist ein Bestehen auf Erfüllung nicht sinnvoll

Vertragsbindung und Vertragsverpflichtungen

Feste Vereinbarungen

Die Frage der vertraglichen Pflichten der Vertragspartner beinhaltet neben den voranstehenden gesetzlichen Regelungen und sonstigen Vereinbarungen einige grundsätzliche strategische Entscheidungen:

Zeitdauer der Vertragsbindung

Mit einem Lieferer kann bei jedem Beschaffungsvorgang ein neuer und eigenständiger Vertrag geschlossen werden oder es werden längerfristig gültige Rahmenvereinbarungen getroffen, in denen zumindest die Bestandteile „ein für allemal" festgelegt werden, über die nicht jedesmal neu verhandelt werden muss. So kann man sich dann bei den jeweiligen Beschaffungs- und Bestellvorgängen auf Preise und Lieferzeiten konzentrieren; alle anderen Vertragsbestandteile gelten für beide Seiten so lange als vereinbart, bis eine Seite sie widerruft.

Preisfestlegung

Wenn die Marktpreise weitgehend stabil bleiben, dürfte der Abnehmer daran interessiert sein, einen möglichst langfristigen Kontrakt mit den/dem Lieferer/-n zu schließen (z. B. einen Jahresvertrag). Der Vorteil liegt für beide Seiten darin, dass die Zeit raubenden Vertragsverhandlungen begrenzt werden. Sollten im Laufe des Vertragszeitraumes Preisveränderungen eintreten, trägt der Verkäufer (bei Preiserhöhungen, die er nicht weitergeben kann) bzw. der Käufer (bei Preissenkungen, von denen er nicht profitieren kann) das Risiko. Mit Preisgleitklauseln kann man die Risiken nach beiden Seiten im Sinne einer vertrauensvollen Zusammenarbeit „abzufedern" versuchen.

Der Käufer wird in der Regel ein Angebot anfordern, bevor er einen Kauf tätigt. Die Anfrage nach einem Angebot ist unverbindlich, sie verpflichtet den Käufer zu nichts.

Jede Bestellung unter Abänderung der Angebotsbedingungen gilt als neuer Antrag. Der Verkäufer ist nicht verpflichtet zu den abgeänderten Bedingungen zu liefern. Er kann die „neuen" Bedingungen akzeptieren, muss es aber nicht tun.

Wenn der Verkäufer ein Angebot macht, ist er daran gebunden, sofern er es nicht durch besondere Klauseln eingeschränkt hat.

Wird eine Bestellung ohne ein vorangehendes Angebot abgegeben, so kann der Verkäufer frei entscheiden, ob er liefert oder nicht.

Ein **Schuldverhältnis** kommt dadurch zustande, dass sich mindestens eine Partei zu einer bestimmten Leistung verpflichtet und die andere Partei daraus das Recht auf Erfüllung dieser Schuld ableiten kann.

Schuldverhältnisse

1. Ein Schuldverhältnis führt dazu, dass ein Gläubiger von einem Schuldner eine bestimmte **Leistung fordern** kann. Dies kann eine positive Leistung, aber auch eine Unterlassung sein.

Treu und Glauben

2. Der Schuldner ist verpflichtet, die Leistung gemäß den jeweils üblichen **Gepflogenheiten** („Verkaufssitte") nach **Treu und Glauben** zu erbringen.

Gattungsware

3. Wer eine nur nach der **Gattung** bestimmte Sache schuldet, hat eine Sache mittlerer Art und Güte zu leisten.

4. Durch die Lieferung **unbestellter Ware** oder die Erbringung unbestellter Leistung wird kein Anspruch des Unternehmers gegenüber dem Empfänger der Lieferung oder Leistung begründet.

5

Leistungsort

§§ 269 f. Bürgerliches Gesetzbuch

Als Leistungsort bezeichnet man den Ort, an dem ein Schuldner seine aus dem Vertrags- bzw. Schuldverhältnis entstammende Leistung zu erbringen hat. Sofern nichts anderes vereinbart wurde, ist der gesetzliche Leistungsort grundsätzlich der Ort, an dem der jeweilige Schuldner seinen Wohn- oder Geschäftssitz hat. Bei Warenschulden ist dies auch der so genannte „Gefahrenübergang" (§§ 269, 270 BGB).

Warenlieferung	Geldzahlung
Ort des Lieferers	**Ort des Käufers**
Eine Übernahme der Kosten der Versendung der Ware (z. B. „frei Haus") hat ohne weitere Vereinbarung keinen Einfluss auf den gesetzlichen Erfüllungsort. Er bleibt beim Geschäfts- oder Firmensitz des Lieferers (§ 447 (1) BGB).	Eine Schuld gilt dann (vorläufig) als rechtzeitig erfüllt, wenn die Zahlung zum vereinbarten Zeitpunkt am Wohn- oder Geschäftssitz des Geldschuldners angewiesen wurde.
Eine Schuld (des Verkäufers) gilt dann als erfüllt, wenn die Ware zum vereinbarten Zeitpunkt an dessen Wohn- oder Geschäftssitz zur Abholung bereit gestellt ist. Die Kosten und das Risiko der Versendung der Ware an einen anderen als den Erfüllungsort trägt der Käufer. Warenschulden sind Holschulden (§ 448 (1) BGB).	Unabhängig von dem Erfüllungsort trägt aber hier der Schuldner die Kosten und das Risiko der Geldübermittlung. Geldschulden sind Bringschulden (§ 270 BGB).

Warenschulden

Geldschulden

Die beiden Vertragspartner können von der gesetzlichen Regelung abweichende Bedingungen vereinbaren. Dabei sind aber insbesondere die den Verbraucher schützenden Regelungen (siehe z. B. § 305 BGB – „Einbeziehung Allgemeiner Geschäftsbedingungen in den Vertrag") zu beachten.

6

Leistungszeit

§ 272 Bürgerliches Gesetzbuch

Ist eine Zeit für die Erbringung der Leistung weder festgelegt noch aus den Umständen zu entnehmen, kann der Gläubiger die Leistung sofort verlangen. Ist aber eine konkrete Zeit für die Leistung vereinbart, so kann sie der Gläubiger nicht vorher verlangen. Der Schuldner hat aber das Recht, sie vorher zu erbringen (§ 272 BGB).

7

Ausschluss der Leistungspflicht

Unmöglichkeit der Leistung

Es besteht nach § 275 BGB kein Anspruch auf die Leistung eines Schuldners, wenn diese für den Schuldner oder für „jedermann" **objektiv** oder dem Schuldner **subjektiv** unmöglich ist.

§ 275 Bürgerliches Gesetzbuch

Beispiel: Ein Gebrauchtwagen wird bei der Fahrt zur Zulassungsstelle in einen Verkehrsunfall verwickelt und dabei zerstört. Da feststeht, dass der Schuldner nicht leisten wird, weil er nicht leisten kann – der Autoverkäufer kann dem Kunden nicht das funktionierende Auto liefern –, steht auch die Unmöglichkeit fest.

Die damit verbundenen Folgen treten unabhängig davon ein, ob der Schuldner die „Unmöglichkeit" zu vertreten hat. **Die Schuld gilt,** *soweit* **und** *solange* **die Leistung unmöglich ist**. Das heißt, dass die Leistungspflicht „auflebt", wenn der Leistungsgegenstand evtl. (wieder) zur Verfügung steht.

„Faktische Unmöglichkeit"

Der Schuldner kann die Leistung auch ablehnen, wenn diese einen Aufwand erfordert, der unter Beachtung des Inhaltes der Schuld und des Gebotes von Treu und Glauben in einem „groben Missverhältnis" zum Leistungsinteresse des Gläubigers steht **(„faktische Unmöglichkeit")** und/oder wenn es unzumutbar wäre, die Leistung zu erbringen.

Beispiel: Der Käufer besteht darauf, dass der bei einem Unfall stark zerstörte Gebrauchtwagen repariert wird, damit der Verkäufer seiner vertraglichen Pflicht nachkommen kann. Der Verkäufer dagegen möchte lieber einen anderen baugleichen Neuwagen liefern.

§ 275 ff. *Bürgerliches Gesetzbuch*

8

Schadenersatzpflicht
Der Gläubiger hat bei Pflichtverletzungen immer dann Anspruch auf Schadenersatz, wenn der Schuldner seine Leistung schuldhaft nicht erbringt (§ 275 BGB). Beruht der Schaden auf einer zeitlichen Verzögerung der Leistung, kann der Gläubiger Ersatz nur nach § 280 II BGB verlangen, d. h., es muss vorher gemahnt werden. Wichtig ist, dass Schadenersatzansprüche und der Anspruch auf Erfüllung der Pflichten nebeneinander bestehen können.

Schadensersatzansprüche

- **„Kleiner" Schadenersatzanspruch** (§ 281, I (1) BGB)
  Beim „kleinen" Schadenersatzanspruch behält der Käufer die Ware („Kaufsache") und verlangt Schadenersatz für die Nichterfülllung.
- **„Großer Schadenersatzanspruch"** (§ 281, I (3) BGB)
  Beim „großen" Schadenersatzanspruch stellt der Käufer die Ware dem Verkäufer zur Verfügung und verlangt Schadenersatz nicht nur für den Mangel, sondern für die dann insgesamt ausgebliebene Leistung des Verkäufers.

Neben dem Schadenersatz kann aber auch ein Ersatz „vergeblicher Aufwendungen" verlangt werden (§ 284 BGB).

Schadenersatz kann nicht geltend gemacht werden, wenn der Schuldner die Pflichtverletzung nicht zu vertreten hat (z. B. bei höherer Gewalt).

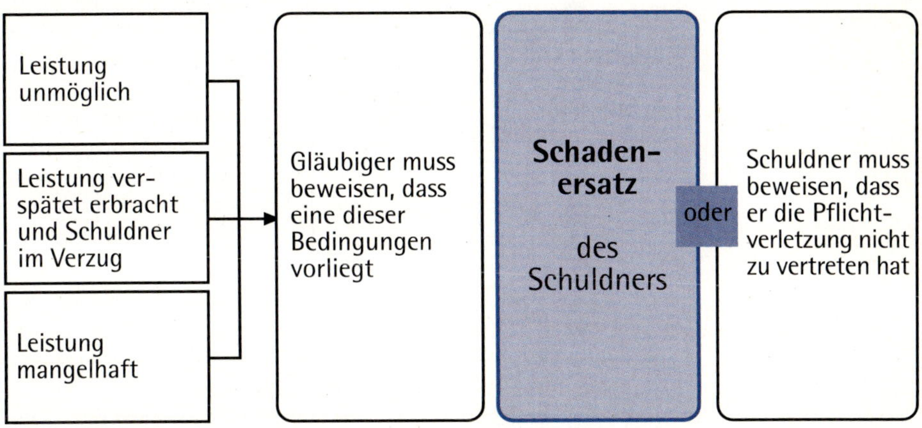

Erfüllungs- und Ersatzanspruch

Der Gläubiger kann wählen, ob er Erfüllung oder Schadenersatz verlangen will.

- Wird Schadenersatz anstelle der Leistung gefordert, so ist der Schuldner berechtigt, die Rückgabe evtl. schon erbrachter Teilleistungen zu verlangen.
- Beim Fixkauf und beim Zweckkauf ist eine Nachfristsetzung nicht nötig.
- Der Gläubiger kann statt der Leistung auch Schadenersatz für Aufwendungen verlangen, die er im Vertrauen auf Erhalt der Leistung hatte (z. B. für die Einrichtung eines Sonderverkaufstisches, wenn die Ware, die dafür bestimmt war, nicht kommt). Dazu gehören auch evtl. Vertragskosten.

Mahnverfahren

9 Verzug des Schuldners

Kommt ein Schuldner seiner Pflicht beim Eintritt der Fälligkeit der Schuld nicht nach, so kommt er durch eine Mahnung in Verzug. Beim Schuldnerverzug unterscheidet man zwischen Lieferungs-, Annahme- und Zahlungsverzug.

Eine Mahnung ist *nicht* erforderlich, wenn

- für die Leistung eine Zeit nach dem Kalender bestimmt ist (Fixkauf);
- die Leistung kalendermäßig genau nach einem damit verbundenen Ereignis zu berechnen ist (Zweckkauf);
- der Schuldner die Leistung ernsthaft und endgültig verweigert;
- aus besonderen Gründen unter Abwägung beiderseitigen Interesses der sofortige Eintritt des Verzuges gerechtfertigt ist.

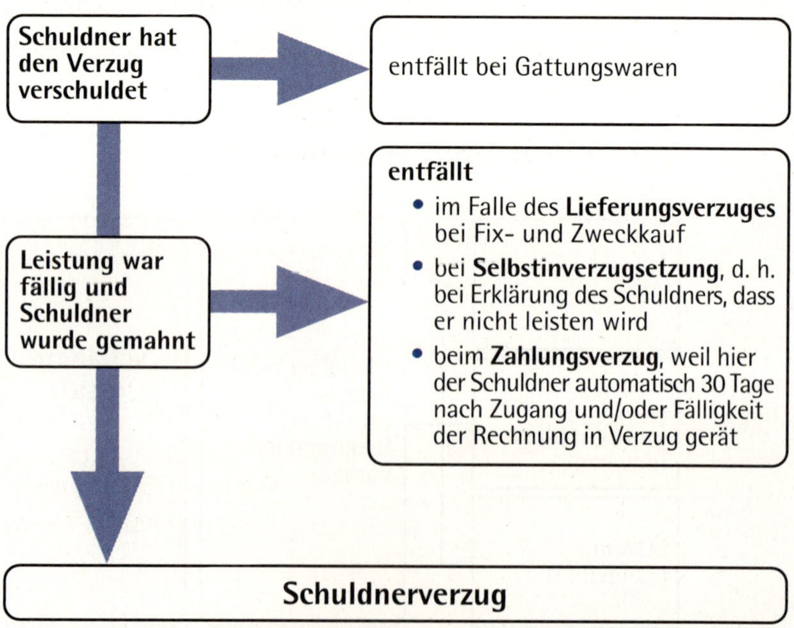

§ 323 *Bürgerliches Gesetzbuch*

10 **Rücktritt von Vertrag**

Das Rücktrittsrecht besteht bei einer Pflichtverletzung des Vertragspartners immer und ist **unabhängig von der Frage des Verschuldens** (§ 323 BGB).

Gründe für einen Vertragsrücktritt

Erbringt der Schuldner bei einem gegenseitigen Vertrag eine fällige Leistung nicht und läuft eine vom Gläubiger gesetzte Nachfrist erfolglos ab, so kann der Gläubiger vom Vertrag zurücktreten. Die Fristsetzung ist entbehrlich bei ernsthafter und endgültiger Erfüllungsverweigerung, aber auch, wenn dies aufgrund „besonderer Umstände" gerechtfertigt ist.

Erbringt der Schuldner eine **Teilleistung**, so kann der Gläubiger zurücktreten, wenn er hieran kein Interesse hat. Allerdings ist der Rücktritt ausgeschlossen, wenn die Pflichtverletzung unerheblich ist.

Wenn eine Leistung **unbehebbar mangelhaft** ist, kann ebenfalls ohne Fristsetzung vom Vertrag zurückgetreten werden.

Wenn der Gläubiger den Rücktrittsgrund allein oder weit überwiegend selbst zu verantworten hat oder wenn der Grund während eines Annahmeverzuges eintritt, kann er nicht zurücktreten (§ 326 BGB).

§ 275 *Bürgerliches Gesetzbuch*

11 **Pflichtverletzungen im Kaufvertragsrecht**

Von einer Pflichtverletzung beim Kaufvertrag spricht man, wenn Folgendes vorliegt:

- eine pflichtwidrige Verzögerung der Leistung;
- eine pflichtwidrige Schlechtleistung;
- eine anfängliche oder nachträgliche Unmöglichkeit der Leistung;
- ein anderes Leistungshindernis.

Mit dieser allgemeinen Fassung werden alle Störungen bei der Erfüllung des Kaufver-

7 Bestellabwicklung

Einen weiteren operativen Teil der Beschaffung stellt die Abwicklung der Bestellung dar. Sie umfasst alle Tätigkeiten vom Abschluss der Lieferantenauswahl bis hin zum Wareneingang, der Qualitätskontrolle und der Einlagerung.

7.1 Von der Bestellung bis zur Zahlung – Ablaufplan

Bestellung bei einem Lieferer
telefonisch, per Fax, E-Mail oder in herkömmlicher Art schriftlich

- Ablage der Bestellkopie bzw. Wiedervorlage zum Lieferdatum
- Überwachung des Liefertermins

Lieferungsverzug siehe Kapitel 6.2

Wareneingang

- Entgegennahme des Lieferscheins
- Sichtkontrolle der Vollständigkeit und des sichtbaren Zustandes der eingegangenen Waren. Dabei kann es sich um Stichproben oder um eine 100 %-Kontrolle handeln (abhängig von der Art und der Bedeutung der gelieferten Güter).

Mangelhafte Lieferung siehe Kapitel 7.2

- Weitergabe des Lieferscheins an den Wareneinkauf
- Vergleich des Lieferscheins mit der Bestellung
- Meldung des Wareneingangs an die Arbeitsvorbereitung

Qualitätskontrolle

- Weitere genaue Untersuchung der Qualität der gelieferten Ware; evtl. Sperrung bis zur endgültigen Freigabe
- Freigabe der geprüften und unbeanstandeten Waren
- Information des Einkaufs bei Beanstandungen der Warenqualität

Rechnungsprüfung

- Freigabe der Zahlung, wenn
  - keine Beanstandungen vorliegen
  - sachliche Prüfung in Ordnung ist, d. h. Art, Qualität und Menge der gelieferten und in der Rechnung aufgeführten Ware mit der Bestellung und dem Lieferschein übereinstimmen
  - rechnerische Prüfung in Ordnung ist, d. h. Preise, Zahlungs- und Lieferungsbedingungen mit den Vertragsvereinbarungen übereinstimmen und die Rechnung fehlerfrei ist

Buchung

- Kontierung und Buchung der Belege
- Zahlungsanweisung am Tag der Fälligkeit

Buchungstechnische Behandlung beim Einkauf von Rohstoffen

Lieferung

1 Lieferung der Rohstoffe

Soll	Rohstoffe		Haben
Verbindl.	1.500,00		

Soll	Verbindlichkeiten		Haben
		Rohst. VSt	1.740,00

Soll	Vorsteuer		Haben
Verbindl.	240,00		

Vorgang:

Aktiv-/Passivtausch ohne Auswirkungen auf das Eigenkapital.

Buchungstechnische Erfassung:

Rohstoffe	1.500,00	
Vorsteuer	240,00	
an Verbindlichkeiten		1.740,00

2 Feststellung eines Mangels und Reklamation/Warenrückgabe oder Preisminderung in Höhe von 20 %

Soll	Rohstoffe		Haben
Verbindl.	1.500,00	Verbindl.	300,00

Soll	Verbindlichkeiten		Haben
Rohst. VSt	348,00	Rohst. VSt	1.740,00

Rücksendung

Soll	Vorsteuer		Haben
Verbindl.	240,00	Verbindl.	48,00

Vorgang:
(Rückwärtiger) Aktiv-/Passivtausch ohne Auswirkungen auf das Eigenkapital.
Die Konten werden dahingehend korrigiert, dass das Ergebnis so aussieht, als wären nur 80 % der Rohstoffe geliefert worden oder als wäre ein entsprechend niedriger Preis vereinbart worden.
Buchungstechnische Erfassung:

Verbindlichkeiten	348,00	
an Rohstoffe		300,00
an Vorsteuer		48,00

3 Zahlung der Rechnung bzw. des Restbetrages unter Abzug von 2 % Skonto

Soll	Rohstoffe		Haben
Verbindl.	1.500,00	Verbindl.	300,00

Soll	Verbindlichkeiten		Haben
Rohst. VSt	348,00	Rohst. VSt	1.740,00
Bank	1.364,16		
Nachlässe	24,00		
VSt	3,84		

Soll	Vorsteuer		Haben
Verbindl.	240,00	Verbindl.	48,00
		VSt	3,84

Soll	Bank		Haben
		Verbindl.	1.364,16

Skonto

Soll	Nachlässe		Haben
		Verbindl.	24,00

Vorgang:
(Rückwärtiger) Aktiv-/Passivtausch ohne Auswirkungen auf das Eigenkapital.
Das Konto Nachlässe wird eingerichtet. Es ist ein Sammelkonto, das später über das Konto Rohstoffe abgeschlossen wird.
Buchungstechnische Erfassung:

Verbindlichkeiten	1.392,00	
an Bank		1.364,16
an Nachlässe		24,00
an Vorsteuer		3,84

7.2 Rechtslage bei mangelhaften Lieferungen

> Durch den Kaufvertrag wird der Verkäufer verpflichtet dem Käufer die Sache frei von Sach- und Rechtsmängeln zu übergeben und das Eigentum daran zu verschaffen.
> Der Käufer ist verpflichtet (bei ordnungsgemäßer Lieferung) dem Verkäufer den vereinbarten Kaufpreis zu zahlen und die gekaufte Sache abzunehmen (§ 433 BGB).

Wann liegt ein Mangel vor?

Sachmängel

Beschaffenheit

Eine Sache ist frei von Sachmängeln, wenn sie bei Gefahrenübergang am Erfüllungsort die vereinbarte Beschaffenheit hat. Ist die Beschaffenheit nicht vereinbart, so muss Ware mit durchschnittlicher Qualität geliefert werden (§ 243 BGB). Die Ware ist nicht frei von Sachmängeln, wenn

- sie sich nicht für die **nach dem Vertrag vorausgesetzte Verwendung** eignet.
- sie sich nicht für eine **gewöhnliche Verwendung** eignet und in der Beschaffenheit nicht dem entspricht, was bei Sachen der gleichen Art üblich ist und vom Käufer nach Art der Sache auch erwartet werden kann.
- eine vereinbarte **Montage** durch den Verkäufer oder einen Erfüllungsgehilfen **unsachgemäß** durchgeführt wurde.
- die **Montageanleitung** für eine Sache **mangelhaft** ist, es sei denn, die Sache ist fehlerfrei montiert worden.
- eine andere Sache oder eine **zu geringe Menge geliefert** wurde.
- der Ware Eigenschaften fehlen, die der Käufer aufgrund von **Werbeaussagen** oder aufgrund der Kennzeichnung über bestimmte Eigenschaften der Sache erwarten kann, es sei denn, dass die Kaufentscheidung dadurch nicht beeinflusst wurde.

Montage-anleitung

Werbeaussagen

Rechtsmängel

Rechte Dritter

liegen vor, wenn eine Sache, die veräußert wird, dem Verkäufer nicht gehört, sondern wenn Dritte Rechte daran haben.

Erkennbarkeit

Offene und versteckte Mängel

Ein offener Mangel ist bei einer Sichtprüfung sofort erkennbar.

Um einen versteckten Mangel handelt es sich, wenn ein Sachmangel auf den ersten Blick nicht erkennbar sind, sondern sich erst im Laufe der Zeit herausstellt. Allerdings darf der Mangel nicht erst im Besitz des Käufers entstanden sein, sondern er muss beim „Gefahrenübergang" schon vorgelegen haben.

Welche Rechte hat der Käufer bei mangelhafter Lieferung?

Wenn eine mangelhafte Sache geliefert wird, kann der Käufer mehrere Rechte geltend machen. Es liegt beim Käufer, welches Recht er in Anspruch nehmen möchte. Dabei ist in einigen Fällen eine Einigung mit dem Verkäufer nicht nur sinnvoll, sondern zwingend erforderlich.

Nacherfüllung ist vorrangiges Recht

1 Nacherfüllung

Der Käufer kann darauf bestehen, dass die Mängel beseitigt werden. Dabei hat der Verkäufer alle dazu erforderlichen Aufwendungen einschließlich der Transport-, Wege-, Arbeits- und Materialkosten zu tragen. Dafür ist dem Verkäufer eine angemessene Frist zu setzen (§ 439 BGB).

Eine Nachbesserung gilt nach dem erfolglosen zweiten Versuch als fehlgeschlagen, sofern sich nicht aus der Art der Sache oder des Mangels oder aus anderen Umständen etwas anderes ergibt (§ 440 BGB).

Ersatz mangelhafter Ware

2 Ersatzlieferung (Umtausch)

Eine Nachbesserung muss nicht unbedingt die Reparatur der mangelhaften Sache sein. Der Käufer kann stattdessen auch die Lieferung einer mangelfreien Sache verlangen (§ 439 (1) BGB).

Der Verkäufer kann die vom Käufer gewählte Art der Nachbesserung verweigern, wenn diese nur mit unverhältnismäßig hohen Kosten verbunden ist. Dabei geht es insbesondere um den Wert der Ware in mangelfreiem Zustand, die Bedeutung des Mangels und die Frage, ob auf die andere Art der Nacherfüllung ohne erhebliche Nachteile für den Käufer zurückgegriffen werden kann (§ 439 (3) BGB).

Angemessene Preisminderung

3 Preisnachlass (Minderung)

Anstelle einer Nachbesserung kann der Käufer auch einen Preisnachlass verlangen. Dabei kann der Verkaufspreis in dem Verhältnis herabgesetzt werden, in welchem der Wert der Sache in mangelfreiem Zustand zu dem tatsächlichen Wert steht. Gibt es hierüber keine Einigung zwischen den beiden Vertragspartnern, so kann die Minderung durch eine Schätzung ermittelt werden (§ 441 BGB).

Rückgängigmachung

4 Rücktritt vom Vertrag (Wandelung)

Wenn eine Nachbesserung wiederholt scheitert oder aus der Sicht des Käufers keinen Sinn bringt, kann der Vertrag auch rückgängig gemacht werden (§§ 437, 440 BGB).

Minderung und Rücktritt sind so genannte Gestaltungsrechte. Damit unterliegen sie ursächlich nicht der Verjährung, weil sich diese nur auf Ansprüche erstreckt. Da aber Preisnachlass und Rücktritt an eine nicht erfolgreiche oder ausgebliebene Nacherfüllung anknüpfen, sind die Ansprüche ausgeschlossen, sobald der Nacherfüllungsanspruch verjährt ist.

4 Schadenersatz

Unabhängig von den vorausgehenden Rechten kann der Käufer zusätzlich auch einen Ersatz des ihm durch die mangelhafte Lieferung entstandenen Schadens verlangen (§ 280, 281 BGB). Voraussetzung ist aber, dass

- ein Schaden entstanden ist, der auch durch die Nachbesserung, Minderung oder den Rücktritt nicht abgedeckt ist. Dabei kann es sich um einen
  - konkreten Schaden handeln.

Ausgleich von entstandenem Schaden

Beispiel:

Der Kunde bezieht die Ware von einem anderen Lieferer, weil der erste Lieferer nicht in der Lage ist, den Mangel nachzubessern. Den Mehrpreis und die sonstigen Beschaffungskosten für die Ersatzlieferung können als Schaden geltend gemacht werden.

Oder es liegt ein abstrakter (immaterieller) Schaden vor. Dies kann z. B. „entgangener Gewinn" bei einem Wiederverkäufer sein.

- Eine weitere Voraussetzung ist, dass der Gläubiger dem Schuldner eine angemessene Frist zur Leistung oder Nacherfüllung gesetzt hat. Dies ist nicht erforderlich, wenn der Schuldner die Leistung ernsthaft und endgültig verweigert oder wenn Umstände vorliegen, die unter Abwägung der beiderseitigen Interessen den sofortigen Schadenersatzanspruch rechtfertigen.

6 **Mängelausschluss**
Die Rechte des Käufers wegen eines Mangels sind ausgeschlossen, wenn er den Mangel bei Vertragsschluss kannte. Ist er ihm infolge grober Fahrlässigkeit unbekannt geblieben, können Rechte nur geltend gemacht werden, wenn der Mangel arglistig verschwiegen wurde oder eine Garantie für die Beschaffenheit der Sache übernommen wurde (§ 442 BGB).

Gekauft wie gesehen

Ebenso ist eine Vereinbarung, die die Rechte des Käufers wegen eines Mangels ausschließt (z. B. „gekauft wie gesehen"), nichtig, wenn ein Mangel arglistig verschwiegen wurde oder der Verkäufer eine Garantie für die Beschaffenheit der Sache übernommen hat (§ 243 BGB).

7 **Fristen für Mängelrügen**
Die Rechte aus mangelhaften Lieferungen müssen **beim Verbauchsgüter- und Handelskauf** innerhalb folgender Fristen geltend gemacht werden (§ 438 BGB):

- 2 Jahre regelmäßige Frist bei allen „üblichen" Geschäften
- 3 Jahre bei arglistig verschwiegenen Mängeln
- 5 Jahre bei einem Bauwerk oder Sachen, die für ein Bauwerk verwendet wurden und dessen Mangelhaftigkeit verursacht haben
- 30 Jahre bei grundbuchlich verankerten Rechten
- 1 Jahr für den Kauf „gebrauchter Sachen" (§ 475 (2) BGB)

Bei **zweiseitigen Handelskäufen** gilt, dass offene Mängel sofort und versteckte Mängel sofort nach Entdeckung, spätestens aber innerhalb der gesetzlichen Frist von zwei Jahren zu rügen sind.

8 **Beweislastumkehr**
Beim Verbauchsgüter- und Handelskauf trägt grundsätzlich der Käufer die „Darlegungs- und Beweislast" für den Mangel der Kaufsache. Er muss beweisen, dass der Mangel bereits beim Kauf bzw. zum Zeitpunkt des Gefahrenüberganges vorhanden war und nicht erst später entstanden ist (§ 476 BGB).
Beim „Verbrauchsgüterkauf" (nicht beim Handelskauf!) wird aber eine Beweislastumkehr angewandt. Hier wird vermutet, dass ein Sachmangel, der sich innerhalb von sechs Monaten seit „Gefahrenübergang" zeigt, bereits bei der Übergabe vorhanden war. Dies gilt aber nicht, wenn die Vermutung mit der Art der Sache oder des Mangels unvereinbar ist.

Interner Unternehmerrückgriff

9 **Rückgriff des Unternehmers**
Wenn ein Unternehmer eine Ware wegen Mangelhaftigkeit zurücknehmen musste oder der Käufer den Kaufpreis gemindert hat, so kann der Unternehmer dies gegenüber seinem Vorlieferanten geltend machen. In dieser „Lieferantenkette" gilt eine Verjährungsfrist von 2 Jahren ab dem Zeitpunkt der „Ablieferung der Sache".

Sonderregelungen nach § 479 (2) sind zu beachten.

Fakten kurz gefasst

Mangelhafte Lieferung

1 Vorrangige Rechte und Pflichten

Wahl des Käufers

- Mängelbeseitigung
- Nachlieferung einer mangelfreien Sache

Verweigerung des Verkäufers bei Unmöglichkeit oder bei Unverhältnismaßigkeit möglich

2 Nachrangige Rechte und Pflichten

erst nach dem erfolglosen Ablauf einer dem Verkäufer zur Nachbesserung gesetzten Frist

Wahl des Käufers

Rücktritt | **Minderung** | **Schadenersatz**

Voraussetzung:

Die Sache muss mangelhaft sein. **und** Eine angemessene Frist muss bestimmt worden und erfolglos abgelaufen sein.

Fristsetzung nicht nötig, wenn mindestens einer der folgenden Sachverhalte vorliegt:

- wenn der Schuldner die Leistung ernsthaft und endgültig verweigert
- wenn die Leistung an Rechtzeitigkeit gebunden ist
- wenn die Nachbesserung auch im zweiten Versuch fehlgeschlagen ist
- wenn die beiden o. g. Arten der Nachbesserung verweigert wurden

oder wenn unter Abwägung beiderseitiger Interessen ein sofortiger Rücktritt sinnvoll scheint

8 Bestandsplanung und Bestandsführung

Grundfragen der Lagerhaltung

Nach Eingang der Beschaffungsgüter erfolgt deren Lagerung. Die Lagerhaltung hat in erster Linie die Aufgabe der zeit- und mengenmäßigen Überbrückung von Bestellung und Verbrauch in der Produktion. Während früher eine sehr ausgeprägte Lagerhaltung betrieben wurde, betrachtet man die Lagerhaltung heute in erster Linie unter dem Kostengesichtspunkt. Dabei geht es nicht nur um die Lagerplätze und -kapazitäten, sondern insbesondere um das im Lager und das mit den Lagervorräten gebundene Kapital. Es wird vielfach auch als „totes Kapital" bezeichnet.

Allerdings haben sehr geringe Lagervorräte auch einen entscheidenden Nachteil: Jede auch noch so kleine Störung bei der Zulieferung – und sei es auch nur ein Unfall oder ein Stau auf der Autobahn – wirkt sich direkt auf die Produktion aus.

8.1 Lagerfunktionen und Lagerarten

Die Vorratswirtschaft erfüllt folgende unterschiedlichen Aufgaben, die je nach Betrieb verschieden wichtig sein können:

Funktionen der Vorratswirtschaft

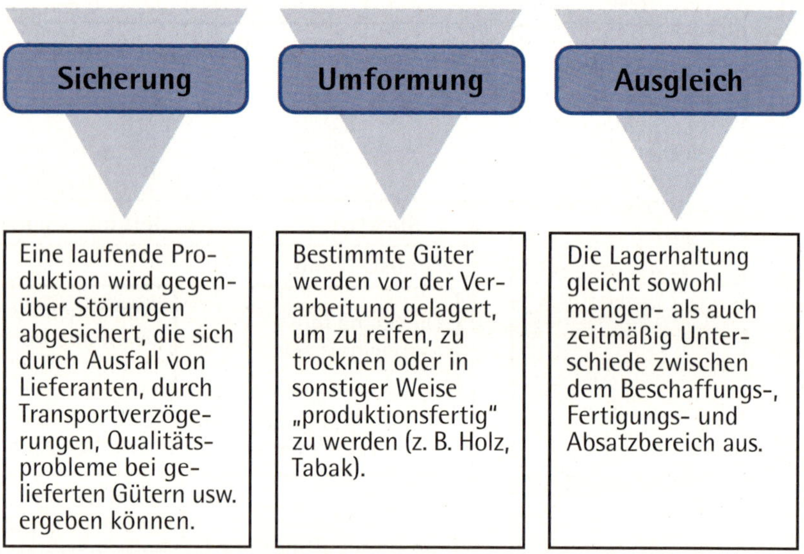

Aufgaben der Lagerhaltung

Die Lagerhaltung hat dabei folgende Aufgaben:

- Ergänzung und Fortschreibung der Lagerbestände;
- Prüfung und Einlagerung der Güter;
- Erfassung der Lagerbewegungen;
- Werterhaltung der eingelagerten Güter;
- Beachtung von wirtschaftlichen Größen;
- Transport und innerbetriebliche Logistik.

In Abhängigkeit von diesen Aufgaben lassen sich Lager in Industriebetrieben danach einteilen, um welche Lagergüter es sich handelt oder an welcher Stelle sich die Lager im Betriebsprozess befinden.

Lagerarten

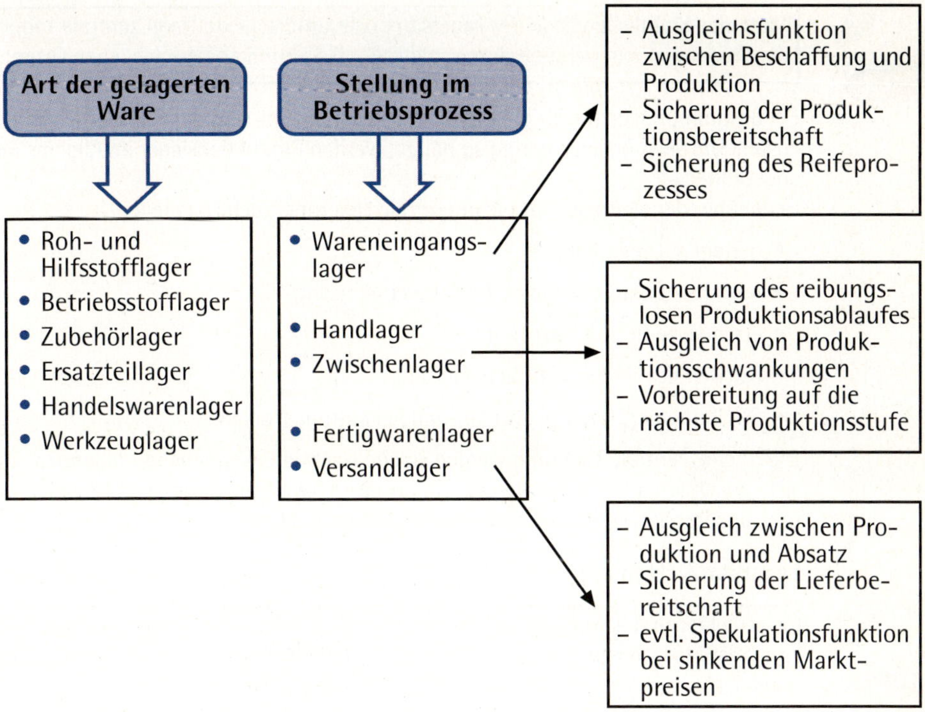

8.2 Lagerlogistik und Lagerstandort

Interner Lagerstandort

Ziel der Standortwahl einer Unternehmung ist letztlich die Bestimmung von möglichst kostengünstigen Lagerstandorten. Die Wahl selbst wird durch eine Vielzahl von Faktoren beeinflusst. Lagerstandorte sind so zu wählen, dass u. a.

- die innerbetrieblichen Transportwege des eingelagerten Materials möglichst kurz sind,
- das ankommende Material unmittelbar in das Wareneingangslager übernommen werden kann,
- die bestellten Waren dem Versandlager entnommen und direkt mit dem jeweiligen Verkehrsmittel abtransportiert werden können,
- eine reibungslose Einordnung in den Fertigungsablauf gegeben ist (diese Forderung gilt vor allem für Produktionsläger),
- die baulichen Gegebenheiten der Unternehmung beachtet werden (z. B. die Tragfähigkeit von Betondecken),
- die Eigenarten des einzulagernden Materials (Wert, Gewicht, Größe, Temperatur) berücksichtigt werden,
- geeignete Transportmittel (z. B. Laufkatzen, Kräne, Rollenbänder) eingesetzt werden können,
- die Vorschriften von Gewerbeaufsichtsämtern, Bauaufsichtsbehörden, Berufsgenossenschaften usw. beachtet werden, die z. B. Sicherheitsvorkehrungen bei der Lagerung von Explosivstoffen oder feuergefährlichen Materialien verlangen.

Nach der räumlichen Lage der Lagerstandorte unterscheidet man zentrale Lager (Lagerung der Ware an einem Ort) und dezentrale Lager (Lagerung an verschiedenen Orten).

Ein Bestimmungsfaktor für die Wahl des Lagerstandorts sind die innerbetrieblichen Transportkosten. Um sie möglichst gering zu halten, werden Produktionsläger im Allgemeinen dezentral angeordnet.
Gegenüber der zentralen hat die dezentrale Lagerung auch Nachteile:

Zentralität oder räumlich verteilte Lager?

- geringere Lagerübersicht,
- weniger effektive Nutzung der Lagereinrichtung,
- erschwerte Bestandskontrolle,
- Notwendigkeit der Mehrfachlagerung,
- Erhöhung der Raum-, Personal- und Verwaltungskosten.

Durch eine zentrale Lagerung werden solche Nachteile weitgehend umgangen. Dabei können sich jedoch längere Transportwege, ein größerer Arbeitsaufwand beim Umladen des Materials und längere Wartezeiten beim Materialempfang ergeben.

Lagerplatzverteilung

Je schwerer und voluminöser ein Beschaffungsgut ist und je häufiger es bestellt und umgeschlagen wird, desto geringer müssen die Lagerwege sein. Das heißt, dass solche Güter in unmittelbarer Nähe des Ein- und Ausganges gelagert werden sollten.

Maßgebend für die Zuweisung einer Lagerplatzes sind u. a.

- Gewicht,
- Volumen,
- Umschlaghäufigkeit eines Stoffes

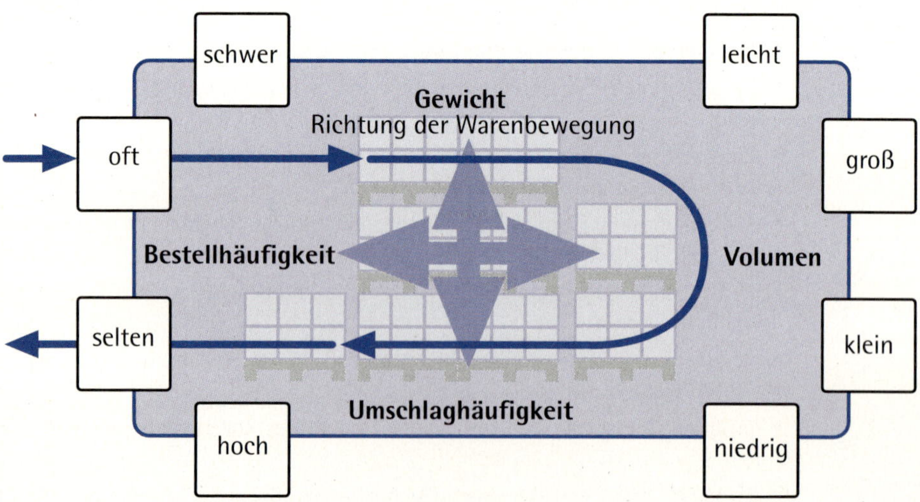

> Man unterscheidet Lager mit festen Plätzen für bestimmte Güter oder aber die so genannten „chaotischen Lager", in denen eine Einlagerung jeweils dort erfolgt, wo gerade Platz ist.

8.3 Lagerumfang

Lagergröße

Die Lagergröße hat Auswirkungen auf die Kostensituation der Betriebe. Faktoren, die die Lagergröße beeinflussen, sind u. a.:

- Abmessung des Materials bzw. der Erzeugnisse,
- Größe des Betriebs,
- Branchenzugehörigkeit,
- Art und Anzahl der im Lager benötigten Transportmittel,
- Abmessungen und Anzahl der erforderlichen Transportwege,
- Umschlaghäufigkeit des eingelagerten Materials bzw. der Erzeugnisse (je schneller sie umgeschlagen werden, desto geringer ist der Bedarf an Lagerraum),
- Fertigungsverfahren (Betriebe mit Einzelfertigung benötigen z. B. nur ein kleines Fertigwarenlager, da die auf Bestellung hergestellten Erzeugnisse sofort ausgeliefert oder aber nur kurze Zeit gelagert werden),
- optimale Bestellmenge,
- Lagerfähigkeit der Werkstoffe.

Zielsetzungen

Im Einzelnen bestimmen folgende Ziele die Lagerverwaltung und -steuerung:

- bestmögliche Ausnutzung aller Lagerräume,
- Minimierung der Durchlaufzeiten,
- optimale Versorgung der betrieblichen Bereiche,
- absatzorientierte Bestandsverwaltung (keine zu hohen oder zu niedrigen Bestände),
- Information über alle Lagerdaten zu jeder Zeit.

Diese Ziele können nur verwirklicht werden, wenn moderne Techniken der elektronischen Datenverarbeitung zum Einsatz kommen.

> Um einen ständigen Überblick über den Materialbestand und den Lagerort zu erreichen, muss für den Bereich der Lagerhaltung ein Organisationssystem geschaffen werden, in das sich alle Vorgänge einordnen lassen.

An die Lagerverwaltung und -steuerung werden immer höhere Ansprüche gestellt, um die Effizienz des Lagers zu verbessern, die Bestände und die Durchlaufzeiten zu minimieren. Die Konsequenz besteht darin, kleinere Läger zu unterhalten, die funktionieren, weil die Informationen über Lagermengen, -bestände, -bewegungen und Bedarfsmengen ständig verfügbar sind. Dabei bedient man sich heute der Datenverarbeitung, die viele der herkömmlichen manuellen Bearbeitungsvorgänge abgelöst hat.

DV-unterstützte Lagerverwaltungssysteme

Die Einsatzmöglichkeiten von EDV-Anlagen reichen von einer rechnerunterstützten Bestandsbuchführung bis hin zur vollautomatischen, elektronisch gesteuerten Lagerhaltung. In Abhängigkeit von den betrieblichen Gegebenheiten und von der Ausstattung mit Hard- und Software lassen sich nahezu alle Probleme der Lagerhaltung mit modernen Datenverarbeitungsanlagen lösen.

8.4 Lagerbestandsmanagement

Lagerkennziffern dienen dazu, die Lagerbestandsführung zu verbessern und den Prozess der Lagerhaltung betriebswirtschaftlich zu optimieren. Zu den wichtigsten Lagerkennziffern zählen:

Eiserner Bestand

Sicherheitsbestände

ist der Lagerbestand, der im Normalfall nicht unterschritten werden darf. Er dient ausschließlich der Absicherung gegenüber Unsicherheiten in der Beschaffung oder unvorhersehbarem Zusatzbedarf:

- Bestandsabweichungen (Differenz zwischen Soll- und Ist-Bestand),
- Verbrauchsschwankungen,
- Lieferverzögerungen,
- Zurückweisung gelieferter mangelhafter Ware,
- Lieferung von Mindermengen.

Sicherheitsbestände unterliegen nicht dem Umsatzprozess und stellen somit „totes Kapital" dar, das so gering wie möglich zu halten ist.

Höchstbestand

ist der Lagerbestand, der durch die vorhandenen Lagerkapazitäten vorgegeben wird oder der aufgrund wirtschaftlicher Überlegungen nicht überschritten werden soll.

Lagerkapazität

Rechnerische Ermittlung des Höchstbestandes:

$$\text{Höchstbestand} = \text{Bestellmenge} + \text{Sicherheitsbestand}$$

Der Höchstbestand beeinflusst die Lagerkosten und hängt seinerseits auch stark von der Lagerfähigkeit der Produkte ab.

Durchschnittlicher Lagerbestand

ist die Kennzahl, die angibt, wie hoch die Vorräte durchschnittlich in einer Periode sind. Die rechnerische Ermittlung hängt davon ab, ob sich die Lagervorräte kontinuierlich abbauen oder nicht:

$$\text{Durchschnittlicher Lagerbestand} = \frac{\text{Anfangsbestand} + \text{Endbestand}}{2}$$

Näherungsformel bei gleichmäßigem Lagerabbau

$$\text{Durchschnittlicher Lagerbestand} = \frac{\text{Anfangsbestand} + 12\ \text{Monatsendbestände}}{13}$$

$$\text{Durchschnittlicher Lagerbestand} = \frac{\text{Tagesbestände}}{365}$$

Umschlaghäufigkeit

ist die Kennzahl, die angibt, wie oft sich der durchschnittliche Lagerbestand pro Jahr „erneuert". Je größer die Umschlaghäufigkeit bei gleichem Verbrauch, desto niedriger werden die durchschnittlichen Lagerbestände, das gebundene Kapital und die Lagerkosten. Rechnerische Ermittlung:

$$\text{Lagerumschlaghäufigkeit} = \frac{\text{Materialverbrauch pro Jahr}}{\text{durchschnittlicher Lagerbestand}}$$

Durchschnittliche Lagerdauer

ist die Kennzahl, die angibt, wie lange die Bestände sich durchschnittlich im Lager befinden:

$$\text{Durchschnittliche Lagerdauer} = \frac{360}{\text{Umschlaghäufigkeit}}$$

Eine geringe Lagerdauer

- senkt die Lagerkosten,
- verringert den Kapitalbedarf,
- spart Zinskosten,
- verbessert die Kostenstruktur,
- erhöht die Wirtschaftlichkeit.

Lagerzinssatz

ist die Kennzahl, die angibt, wie hoch die kalkulatorischen Zinskosten für die Lagerung der vorfinanzierten Waren sind. Rechnerische Ermittlung:

$$\text{Lagerzinssatz} = \frac{\text{Marktzinssatz} \cdot \text{durchschnittliche Lagerdauer}}{360}$$

Berechnung der Zinskosten für die Lagerhaltung:

$$\text{Lagerzinsen} = \frac{\text{durchschnittlicher Lagerbestand} \cdot \text{Lagerzinssatz}}{\text{Jahresverbrauch}}$$

d. h., der durchschnittliche wertmäßige Lagerbestand wird mit dem Marktzinssatz verzinst.

$$\text{Lagerzinsen} = \text{Einstandspreis} \cdot \text{Lagerzinssatz}$$

d. h., der errechnete Prozentsatz wird im Rahmen der Kalkulation auf den Preis jedes Gutes aufgeschlagen.

Meldebestand

Eine Bestellung wird immer dann veranlasst, wenn ein bestimmter Lagerbestand erreicht ist. Unter der Bedingung, dass die Lieferung im Rahmen der normalen Frist eintrifft und kein Mehrbedarf für die Produktion entsteht, ist der eiserne Bestand am Tag der Lieferung gerade erreicht, muss aber nicht angebrochen werden. Rechnerische Ermittlung:

Meldebestand = Tagesverbrauch · Lieferzeit + Eiserner Bestand

Praktisches Anwendungsbeispiel für Lagerkennziffern

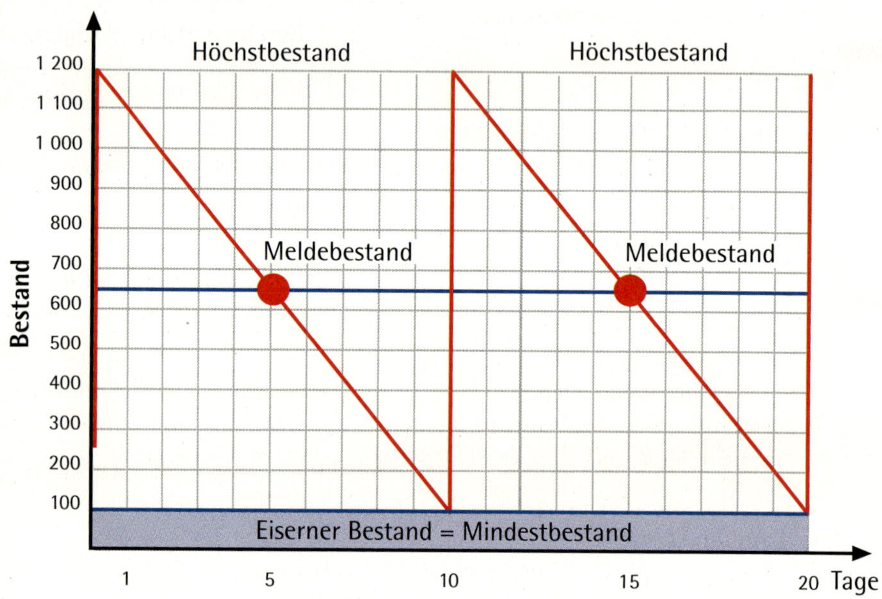

Höchstbestand: 1 200 Stück

Eiserner Bestand: 100 Stück

a) Bestellmenge **1 000 Stück** (Differenz zwischen Höchstbestand und Mindestbestand)

b) Durchschnittlicher Lagerbestand $\frac{\text{(Anfangs- + Endbestand)}}{2} = \frac{(100 + 1\,100)}{2} =$ **600 Stück**

c) Umschlaghäufigkeit $\frac{\text{Verbrauch pro Jahr}}{\text{durchschnittlicher Bestand}} = \frac{36\,000}{600} =$ **60 mal**

d) Durchschnittliche Lagerdauer $\frac{360}{\text{Umschlaghäufigkeit}} = \frac{360}{60} =$ **6 Tage**

e) Lagerzinssatz $\frac{\text{(Marktzinssatz · durchschnittliche Lagerdauer)}}{360} = \frac{12 \cdot 6}{360} =$ **0,2 %**

f) Meldebestand (Tagesverbrauch · Lieferzeit) + Mindestbestand

(100 · 5) + 100 = **600 Stück**

Wenn Sie mehr über Mindest- und Meldebestand wissen wollen, schlagen Sie in diesem Lernfeld, Kapitel 2.2 nach.

9 Beschaffungscontrolling

Eine systematische Entscheidungsfindung ist auch im Beschaffungsbereich dadurch gekennzeichnet, dass sie nach festgelegten Regeln abläuft. Dabei befindet man sich in einem Prozess der ständigen Infragestellung und Verbesserung.

9.1 Problemerkennung und Problemlösung

Die Kennzahlen im Beschaffungsbereich stellen ein internes Kontrollinstrument dar, an dem sich Verbesserungspotenziale messen lassen. Wenn sie durch vergleichbare externe Daten (z. B. aus anderen Unternehmungen) ergänzt werden, rundet sich das Bild ab.

Controlling-verfahren

1 Problemerkennung

Ohne ein Problem erkannt zu haben, gibt es keine Lösung. Gerade weil die Materialwirtschaft am Anfang der Wertschöpfungskette viele Einsparmöglichkeiten aufweist, ist das rechtzeitige und sichere Erkennen von Schwachpunkten ein wichtiger Ansatz.

Eine gewisse Unzufriedenheit mit dem Istzustand gehört daher zur Strategie der Planung. Selbstzufriedenheit über einen Wettbewerbsvorsprung kann zum Stillstand in der Bestrebung führen, besser zu sein und besser zu werden.

Das Beschaffungscontrolling beschäftigt sich mit folgenden Schwerpunkten:

Lieferanten
- Einhaltung der Lieferzeiten
- Qualitätsfragen
- Flexibilität
- Zusammenarbeit

Lagerhaltung
- Lagerbestände/Lagerreichweite
- Lieferbereitschaft
- Lagerdauer
- Lagerzins

2 Handlungsmöglichkeiten

Wenn ein Problem erkannt ist, wird danach gesucht, wie man es unter Kosten- und Leistungsgesichtspunkten am besten lösen kann. In der Regel wird man mehrere Handlungsalternativen erarbeiten.

3 Entscheidung und Erfolgskontrolle

Aus den vorhandenen Alternativen wird diejenige ausgewählt, von der man sich den größten Erfolg verspricht. Dabei müssen mögliche Zielkonflikte bewertet werden. Jede Entscheidung ist immer mit Unsicherheiten verbunden, sodass sich oft schon daraus der Schritt zur nächsten Problemerkennung ableitet.

Wenn Sie mehr über die Entscheidungsfindung auf Managementebene wissen wollen, schlagen Sie in diesem Buch im Lernfeld 2, Kapitel 1 nach. Mehr Informationen über das Controlling finden Sie in Lernfeld 2, Kapitel 4.

9.2 Umweltcontrolling in der Materialwirtschaft – der Öko-Check

Als der Bereich, der am Anfang der Wertschöpfungskette steht, hat die Materialwirtschaft eine Schlüsselstellung bei der Umsetzung ökologischer Ziele. Der folgende Öko-Check[1] ist ein Beispiel, wie mit solchen Fragen in der Praxis umgegangen werden kann.

Bewertung (B):	
realisiert	1
fast realisiert	2
begonnen/geplant	3
nein	4

Nr.	Frage	B
1	**Umweltpolitik, -ziele und -programme**	
1.1	Ist der Umweltschutz ein schriftlich fixiertes Unternehmensziel?	
1.2	Gibt es Umweltleitlinien? Sind sie schriftlich festgelegt und den Mitarbeitern bekannt?	
1.3	Gibt es Umweltziele? Sind sie überprüfbar und messbar?	
2	**Umweltorganisation**	
2.1	Gibt es eine Aufbauorganisation, die den Umweltschutz berücksichtigt?	
2.2	Gibt es Betriebsbeauftragte im Umweltschutz (Abfall, Immissionsschutz u. Ä.)?	
2.3	Sind die Beauftragten gesetzlich vorgeschrieben?	
2.4	Erfolgt die Bestellung der Beauftragten ordnungsgemäß (schriftliche Bestellung bei der Behörde, Nachweis der Sach- und Fachkunde und Zuverlässigkeit, genau festgelegte Aufgaben und Tätigkeiten)?	
2.5	Gibt es eine Ablauforganisation für den Umweltschutz (Verfahrens- und Arbeitsanweisungen)?	
2.6	Gibt es zur Koordination des Umweltschutzes einen Ausschuss?	
3	**Materialwirtschaft**	
3.1	Gibt es Unterlagen, Studien o. Ä. zum Rohstoffeinsatz und ggf. zu Optimierungspotenzialen?	
3.2	Besteht ein Überblick, welche Rohstoffe in welchen Mengen und wofür eingesetzt werden?	
3.3	Sind Maßnahmen geplant oder realisiert worden, um die Materialwirtschaft zu optimieren?	

1 in Anlehnung an: BMU/UBA, Handbuch Umweltcontrolling, 2. Aufl. München 2001, S. 194 ff. Entnommen am 27. Februar 2003 aus: http://www.umweltbundesamt.de/uba-infodaten/daten/uin/download/oekocheck.doc

Nr.	Frage	B
3.4	Wird bei der Logistik auf ökologische Verträglichkeit geachtet?	
4	**Abfallwirtschaft**	
4.1	Gibt es ein Abfallwirtschaftskonzept?	
4.2	Sind die Abfälle und Reststoffe hinsichtlich ihrer Beschaffenheit und Menge an ihrer Entstehungsstelle bekannt?	
4.3	Sind alle Abfälle erfasst und die Abfallschlüsselnummern bekannt?	
4.4	Wurden Maßnahmen zur Abfallvermeidung geprüft und umgesetzt?	
4.5	Sind die Kosten der Entsorgung bekannt?	
4.6	Werden Abfälle recyclinggerecht getrennt erfasst?	
4.7	Sind die Erfassungsbehälter eindeutig gekennzeichnet?	
4.8	Wird die Möglichkeit der Verwertung von Abfällen systematisch überprüft?	
4.9	Liegt für besonders überwachungsbedürftige Abfälle der Entsorgungsnachweis vor?	
4.10	Wird ein Nachweisbuch für besonders überwachungsbedürftige Abfälle ordnungsgemäß geführt?	
4.11	Werden Abfälle nur an zugelassene Beförderer übergeben?	
4.12	Ist die Entsorgung über zuverlässige Entsorger sichergestellt?	
5	**Energie**	
5.1	Gibt es Statistiken über Energieverbrauch (Wärme, Gas, Heizöl, Strom usw.)?	
5.2	Ist Einsicht in die Energiekostenabrechnungen der letzten Jahre für Strom, Gas, Fernwärme, Öl möglich oder gibt es Übersichten über die Kostenentwicklung?	
5.3	Wurden Energiesparmaßnahmen geplant und umgesetzt?	
5.4	Besteht ein Überblick über die wesentlichen Energieverbraucher (Motoren, Maschinen, Kälteanlagen, Beleuchtung, Klima, Kompressoren, Lüftungsanlagen usw.)?	
5.5	Gibt es eine Übersicht über den Energieverbrauch einzelner Gebäude oder Anlagen?	
5.6	Gibt es elektrisch beheizte Nachtspeicheröfen, Heizstrahler, Heizlüfter oder elektrische Warmwasserbereitung?	
5.7	Sind Mängel der Gebäude untersucht und bekannt (Dachdämmung, Wanddämmung, Fensterregelung, Heizkörperstandorte, Isolierung der Flächen hinter den Heizkörpern, Raumtemperaturregelung, Feuchtschäden usw.)?	
5.8	Werden zur Energieeinsparung Energiesparlampen, Bewegungsmelder, Dämmerungsschalter u. Ä. eingesetzt?	
5.9	Wird bei der Planung von Gebäuden oder neuen Anlagen auf niedrigen Energiebedarf geachtet?	

Nr.	Frage	B
5.10	Wird ggf. beim Produktionsprozess entstehende Abwärme genutzt?	
5.11	Werden die Mitarbeiter zur Einsparung von Energie motiviert?	
6	**Gefahrstoffe**	
6.1	Besteht ein Überblick über die im Unternehmen eingesetzten Gefahrstoffe?	
6.2	Sind die rechtlichen Vorschriften für den Umgang und die Lagerung der im Unternehmen gehandhabten Gefahrstoffe bekannt?	
6.3	Ist sichergestellt, dass jeweils nur die notwendige Menge an Gefahrstoffen vorrätig ist?	
6.4	Sind die Gefahrstoffgebinde entsprechend gekennzeichnet?	
6.5	Werden die Lager und der Umgang mit den Gefahrstoffen auf Übereinstimmung mit den gesetzlichen Bestimmungen überprüft?	
6.6	Entsprechen die Lager den Vorschriften?	
6.7	Sind die Sicherheitsdatenblätter der Gefahrstoffe vorhanden?	
6.8	Wird die erforderliche Ersatzstoffprüfung beim Einkauf von Gefahrstoffen durchgeführt?	
6.9	Liegen die Betriebsanweisungen gemäß § 20 Gefahrstoff-Verordnung an den notwendigen Stellen aus?	
6.10	Werden die Mitarbeiter jährlich über den Umgang mit Gefahrstoffen belehrt und wird dies dokumentiert?	
7	**Lärm**	
7.1	Gehen vom Unternehmen relevante Lärmemissionen aus?	
7.2	Wurden Maßnahmen geplant und umgesetzt, um die Lärmemissionen zu reduzieren?	
7.3	Wird darauf geachtet, dass die Mitarbeiter an lauten Arbeitsplätzen Gehörschutz tragen?	
8	**Wassergefährdende Stoffe**	
8.1	Sind alle Anlagen zum Lagern, Abfüllen, Herstellen, Behandeln sowie Verwenden wassergefährdender Stoffe bekannt (VAwS-Anlagen)?	
8.2	Sind die rechtlichen Vorschriften zum Umgang mit wassergefährdenden Stoffen bekannt?	
8.3	Sind für Anlagen zur Lagerung oder zum Umschlagen flüssiger wassergefährdender Stoffe die Grundsatzanforderungen erfüllt (Dichtigkeitsgebot, Rückhaltegebot, schnelle Erkennungsmöglichkeit bei Leckagen, Auffangräume oder Bodenabläufe)?	
8.4	Sind für diese Anlagen die Verantwortlichkeiten eindeutig definiert?	
8.5	Liegen die Merkblätter über die Betriebs- und Verhaltensregeln beim Umgang mit wassergefährdenden Stoffen an den VAwS-Anlagen aus?	

Nr.	Frage	B
9	**Wasserwirtschaft**	
9.1	Gibt es eine Dokumentation über die Wasserverbrauchsmengen und -kosten?	
9.2	Gibt es jahres- oder tageszeitliche Schwankungen im Wasserverbrauch?	
9.3	Werden für weniger anspruchsvolle Nutzungen alternative Möglichkeiten der Wasserversorgung eingesetzt (eigene Brunnenanlage, Regenwasser)?	
9.4	Sind die wesentlichen Wasserverbraucher bekannt, und gibt es eine Übersicht über die spezifischen Verbräuche?	
9.5	Sind Wassersparmaßnahmen geplant oder durchgeführt worden?	
9.6	Werden die Mitarbeiter zum Wassersparen motiviert?	
9.7	Sind die Abwassermengen bekannt?	
9.8	Ist die Belastung des Abwassers bekannt?	
9.9	Ist die Herkunft der belastenden Inhaltsstoffe bekannt?	
9.10	Sind die Einleitbedingungen für das Abwasser bekannt und werden sie eingehalten?	
9.11	Wird das Abwasser direkt in einen Vorfluter eingeleitet und liegen die Genehmigungen dafür vor?	
9.12	Wird anfallendes Niederschlagswasser versickert oder in ein oberirdisches Gewässer eingeleitet?	
9.13	Ist das Alter des Kanalisationsnetzes bekannt?	
9.14	Wurde die Betriebssicherheit des Kanalnetzes geprüft?	
10	**Boden/Altlasten**	
10.1	Ist die Vornutzung des Betriebsstandorts (Firmengeschichte) bekannt?	
10.2	Ist bekannt, ob der Betriebsstandort in einem Altlastenkataster geführt wird?	
10.3	Wurden ggf. Altlastenuntersuchungen auf dem Betriebsstandort durchgeführt?	
10.4	Werden ggf. auf dem Betriebsstandort Sanierungsmaßnahmen durchgeführt?	
11	**Überwachung und Messung, Notfallplanung**	
11.1	Werden in festgelegten Zeitabständen Kontrollgänge hinsichtlich der Einhaltung von Umweltbestimmungen durchgeführt?	
11.2	Gibt es einen Instandhaltungs- und Wartungsplan?	
11.3	Gibt es Verantwortliche für die Einhaltung dieses Plans?	
11.4	Sind die Meldewege für Betriebsstörungen und deren Behebung eindeutig festgelegt?	
11.5	Werden die Anlagen regelmäßig auf Notfallrisiken hin untersucht?	

Nr.	Frage	B
11.6	Besteht eine Notfall- und Gefahrenabwehrplanung?	
11.7	Werden Alarmübungen durchgeführt?	
11.8	Gab es in der Vergangenheit bedeutende Betriebsstörungen?	
12	**Entwicklung**	
12.1	Gibt es ökologische Kriterien für die Entwicklung (umweltfreundliche Materialien, keine Verbundstoffe, Recyclingfähigkeit, Langlebigkeit, Demontagefreundlichkeit)?	
12.2	Gibt es Kriterien zur Auswahl von Verpackungsmaterial im Unternehmen?	
12.3	Gibt es Bestrebungen, die Verpackungsmenge zu reduzieren?	
13	**Personal**	
13.1	Werden die Mitarbeiter über Möglichkeiten und Maßnahmen des Umweltschutzes informiert?	
13.2	Unterstützt das Unternehmen umweltbezogene Weiterbildungsprojekte der Mitarbeiter?	
13.3	Gibt es für die Mitarbeiter Anreize, im Umweltschutz aktiv zu werden (Vorschlagswesen, Einbeziehung in die Mitarbeiterbeurteilung)?	
13.4	Ist die Fortbildung im Umweltschutz Bestandteil eines Schulungsplans?	
14	**Externe Kommunikation**	
14.1	Sind Zuständigkeiten definiert für die Kommunikation mit Kunden, Öffentlichkeit, Behörden und anderen Unternehmen?	
14.2	Werden Außenstehende über umweltrelevante Gegebenheiten informiert?	

1 Personalbestands- und -bedarfsanalyse

1.1 Aufgaben der Personalwirtschaft

> Die Personalwirtschaft behandelt die personellen Entscheidungen aus dem Praxisalltag. Die Erfüllung der betrieblichen Aufgabe mit qualifiziertem Personal und möglichst niedrigen Personalkosten ist die übergeordnete wirtschaftliche Zielsetzung der Personalwirtschaft.

Da wirtschaftliche Ziele auf Dauer effektiv nur mit Mitarbeitern zu verwirklichen sind, die sich an ihrem Arbeitsplatz wohl fühlen, ist es Aufgabe der Personalwirtschaft, wirtschaftliche und soziale Ziele miteinander zu verbinden. Nur optimal betreute Mitarbeiter können die Leistungen erbringen, die notwendig sind, um auf den hart umkämpften Märkten zu bestehen. In der Personalwirtschaft geht es daher nicht nur um Einzelfragen; es ist vielmehr so, dass das Personalmanagement eine komplexe Funktion für den Betrieb darstellt, in dem wirtschaftliche und soziale Funktionen sich nicht gegenüberstehen, sondern sich ergänzen. Dabei spielen sowohl wirtschaftliche als auch soziale, (arbeits-)rechtliche und psychologische Fragen eine Rolle.

> Maßnahmen im Personalbereich zielen auf eine Steigerung sowohl der wirtschaftlichen als auch der sozialen Effektivität ab.

Arbeitszufriedenheit

Nach dem Motto „Nur ein zufriedener Mitarbeiter ist ein guter Mitarbeiter" muss nicht nur von der Unternehmensleitung, sondern auch seitens des Personaleinsatzes und der Personalführung deutlich werden, welchen Stellenwert der „Produktionsfaktor Arbeit" im Unternehmen hat. Dass es dabei auch zu Interessenkollisionen kommen kann, liegt in der Natur der Sache.
Die Mitarbeiter stellen für ein Unternehmen einen der wichtigsten Bausteine zum Erfolg dar. Unbestritten stehen die Personalkosten relativ gesehen zwar an der Spitze der Kosten für Produktionsfaktoren (dies gilt in Hochlohnländern wie der Bundesrepublik in einem besonderen Maße), aber ohne den Faktor Arbeit wären die anderen Produktionsfaktoren gar nicht einsetzbar. Mit dem Faktor Arbeit verbindet sich ein kreatives Erfolgspotenzial, das von „toten" Produktionsfaktoren nicht ausgehen kann.

Qualitätssicherung

Qualität der Ausbildung, Qualifikation im Job und ständige Fort- und Weiterbildung prägen die neuen Managementkonzepte. Dabei wird der Begriff Qualität in einem anderen Licht gesehen. Verstand man lange Zeit Qualität als Zusicherung von bestimmten Produkteigenschaften, so ist Qualität im Sinne neuer Ansätze dann gegeben, wenn der Prozess zum Produkt nicht nur aus technischer Sicht stimmt und das Produkt Qualitätstests standhält, sondern wenn die gesamte Qualität des Arbeitsablaufes den Qualitätsnormen entspricht.

> Die Personalpolitik spielt eine zentrale Rolle für den gesamten **Wertschöpfungsprozess**. Ohne motivierte und gut ausgebildete Mitarbeiter wäre keine (ausreichende) Wertschöpfung möglich.

Die Qualität des Arbeitsergebnisses stellt sich als die Schnittmenge verschiedener Teilqualitäten dar:

Schnittmenge von Teilqualitäten

Personalpolitik ist ein Teil der gesamten Unternehmenspolitik. Sie verfolgt das Ziel, die nötigen Arbeitskräfte zur rechten Zeit am rechten Ort in der benötigten Anzahl und mit den erforderlichen Qualifikationen bereitzustellen. Damit ist auch die Personalwirtschaft mit Planungsfragen verbunden.

Planung der Personalpolitik

Personalbestandsanalyse
Wie viele Arbeitskräfte mit welcher Qualifikation sind in der Unternehmung vorhanden?

Personalbeschaffung
Woher und wie können zusätzliche Arbeitskräfte beschafft werden?

Personalentwicklung
Welche Maßnahmen sind notwendig, um Arbeitskräfte für bestimmte Arbeitsanforderungen zu qualifizieren?

Personalbedarfsbestimmung
Wie viele Mitarbeiter einer bestimmten Qualifikation werden benötigt?

Personaleinsatz
Wo sollen die Mitarbeiter entsprechend ihren Fähigkeiten eingesetzt werden?

Personalfreisetzung
Welche und wie viele Arbeitskräfte sollen abgebaut werden?

Personalinformationsmanagement
Welche Informationen über die Arbeitskräfte sollen auf welche Art verarbeitet werden?

Personalführung
Wie soll das Verhältnis zwischen Vorgesetzten und Untergebenen gestaltet werden?

Personalkostenmanagement
Welche gegenwärtigen und zukünftigen Kosten werden durch den aktuellen bzw. den geplanten Personalbestand verursacht?

Personalentscheidungen

Die betrieblichen Personalentscheidungen sind in einem nicht unerheblichen Maße mit den einzelnen Mitarbeitern verbunden. Der Prozess gestaltet sich dynamisch, mit gegenseitigen Abhängigkeiten zwischen den Angestellten und der Unternehmung, und betrifft Kündigungsabsichten, Versetzungs- oder Urlaubswünsche in dem einen Bereich ebenso wie Fort- und Weiterbildungs- sowie Aufstiegs- und Karriereplanungen in dem anderen Bereich.

1.2 Business Reengineering

„Business Reengineering" sagt aus, dass der gesamte Geschäftsprozess bezüglich seiner Effektivität untersucht und umgestaltet wird.

Leistungsmessung

Die Personalwirtschaft war bis vor wenigen Jahren sowohl im Aufbau- als auch im Ablaufprozess von einem relativ starren Konzept geprägt. Es ging und geht in vielen Betrieben darum, das ökonomische Prinzip auch auf personalwirtschaftliche Konzeptionen anzuwenden, obwohl jedermann weiß, dass man zwar die Arbeitszeit und die Anzahl der Arbeitskräfte feststellen kann, dass man aber gerade im kaufmännischen Bereich die Qualität der Arbeit und damit den Output bzw. die Leistung kaum messen, höchstens über einen längeren Zeitraum beobachten kann.

Der Versuch, die Wettbewerbsfähigkeit zu verbessern, geht oft einher mit dem „Zauberwort" **Personalabbau**. Bis heute wird das personalwirtschaftliche Geschehen gleichgesetzt mit dem tayloristischen Prinzip der Arbeitsteilung. Die Spezialisierung der Tätigkeiten, wie sie Adam Smith in seinem berühmten Beispiel aus der Stecknadelfabrik[1] darstellte, wird in jüngster Zeit durch ein mehr **prozessorientiertes Denken** ersetzt. Bei der Frage der Geschäftsprozesse geht es um die Gesamtheit aller Maßnahmen, die getroffen werden müssen, damit ein für den Kunden zufrieden stellendes Ergebnis erreicht wird.

Die Veränderung von Unternehmensprozessen hat Auswirkungen auf die **Organisationsstruktur** und das Personalwesen.

In der Praxis sieht das so aus, dass der gesamte Arbeitsumfang zunächst in alle Einzelschritte aufgeteilt wird. Danach werden die einzelnen Teilaufgaben in eine sinnvolle Verbindung zueinander gebracht. Dabei können Netzpläne, Flussdiagramme, Betriebsablaufschemata ebenso eine Hilfe sein wie Computerprogramme, die die Betriebsabläufe simulieren.

Unternehmensprozesse

Business Reengineering stellt den **Unternehmensprozess in seiner Gesamtheit** und damit auch in den Einzelprozessen von Grund auf infrage. Erreicht wird damit eine ständige Auseinandersetzung im Sinne einer Verbesserung der Betriebsabläufe:

1. Es wird **nichts als unveränderbar** hingenommen. Es gibt keine Fragen, denen mit der typischen „Das geht sowieso nicht" – Antwort begegnet wird. Selbst das so häufig verwendete und Initiativen erstickende „Wenn-aber" sollte unterbleiben. Das bedeutet nicht, dass erhaltenswerte Abläufe und Organisationsstrukturen nicht auch erhalten bleiben können. Aber dies ist keine Bedingung, sondern – wenn überhaupt – ein Ergebnis der Betrachtung.

1 Smith beobachtete, dass bei Arbeitszerlegung von derselben Anzahl Arbeiter innerhalb desselben Zeitraums ein Vielfaches an Stecknadeln hergestellt werden konnte, als wenn jeder Arbeiter eine Stecknadel vollständig in all ihren Arbeitsgängen angefertigt hätte.

Veränderung und Verbesserung

2. Wenn **Unternehmensprozesse infrage gestellt** werden, lohnt sich das nur, wenn man mit einer gewissen Grundsätzlichkeit an diese Aufgabe herangeht. Eine lediglich an der Oberfläche bleibende Betrachtung kann die Ursachen einer evtl. „Krankheit" nicht beseitigen. Business Reengineering soll vorhandene und eingeschliffene Strukturen nicht nur ansatzweise verbessern und dabei die Kernstruktur möglichst zu erhalten versuchen, sondern der Weg geht über die **grundsätzliche Veränderung**.
3. Das **Ziel für Verbesserungen** muss so hoch gesteckt sein, dass es nur durch Veränderungen erreicht werden kann, die aus althergebrachter Unternehmenssicht **„revolutionär"** sind.

Vor dem Hintergrund, dass auch die Wettbewerber über das nötige technische Know-how verfügen, können echte Marktvorteile nur über geeignete Prozessstrukturen erzielt werden. Hier kann gegenüber der Konkurrenz ein Vorsprung erreicht werden, wenn es den Führungskräften gelingt, dieses neue Denken auf alle am Unternehmensgeschehen beteiligten Mitarbeiter zu übertragen und ihnen auch die nötigen Freiheiten dafür einzuräumen.

Business Reengineering setzt ein sehr hohes Maß an **Risikofreudigkeit** und **Erneuerungsfähigkeit** bei allen Beteiligten voraus. Es hat damit unmittelbare Rückwirkungen auf die **Qualifikation** und die Denkweise des Personals.

1.3 Personalbestandsanalyse und -bedarfsermittlung

Die Personalstatistik ist ein wichtiges Instrument für eine effektive betriebliche Personalarbeit. Im Einzelnen erfüllt sie folgende Aufgaben:

Personalstatistik

- **Information** der Geschäftsleitung über die Altersstruktur der Beschäftigten und über die Höhe der Personalkosten;
- **Kontrolle** der Wirksamkeit unterschiedlicher Personalbeschaffungsmaßnahmen und die Inanspruchnahme betrieblicher Sozialleistungen;
- **Entscheidungshilfe** für den Personalabbau und eine verstärkte Personalförderung durch innerbetriebliche Maßnahmen;
- **Datenerfassung**, deren Beobachtung für einen längeren Zeitraum sinnvoll sind. So ist es z. B. notwendig, Fehlzeiten über mehrere Jahre zu dokumentieren, da so eine bessere Ursachenforschung betrieben werden kann.

Von Nutzen ist die Personalstatistik für die Personalabteilung, die Unternehmensleitung, die Vorgesetzten der anderen betrieblichen Abteilungen und für den Betriebsrat. Neben Personenkreisen im Unternehmen gibt es auch Nutzer außerhalb der Unternehmung, denen Daten aus dem Bereich der Personalstatistik zur Verfügung gestellt werden. Dies ist z. B. der Fall bei den Sozialversicherungsträgern (Daten zur gesetzlichen Unfall-, Kranken- und Rentenversicherung) und den Arbeitsämtern (Meldung über die Zahl der offenen Stellen).

Das Ziel der Personalwirtschaft besteht darin, das Verhältnis des Arbeitsertrages im Vergleich zu den damit verbundenen Personalkosten zu optimieren. Die Personalstatistik leistet hierzu einen wichtigen Beitrag.

Personalinformationssysteme

In vielen Betrieben sind Personalinformationssysteme zu finden. Dies sind in der Regel computergestützte Verfahren, durch die die Daten der Beschäftigten erfasst, gespeichert, bearbeitet und für unterschiedliche betriebliche Zwecke bereitgestellt werden. Personalinformationssysteme gehen weit über die Funktion einfacher Lohn- und Gehaltsabrechnungssysteme hinaus. Sie enthalten Daten für die

- **Personalkostenplanung,**
- **Personalbedarfsermittlung,**
- **Personaleinsatzplanung,**
- **Personalbeschaffung,**
- **Personalfreisetzung,**
- **Personalentwicklung,**
- **Personalverwaltung, einschließlich der Lohn- und Gehaltsabrechnung.**

Datenbanken

Die Grundstruktur eines computergestützten Personalinformationssystems besteht aus drei Komponenten:

- **einer Personaldatenbank:**
  Hier erfolgt die Verwaltung der Stammdaten der Mitarbeiter. Zu diesen Daten zählen Personenmerkmale der Mitarbeiter, die konstant sind oder sich kurzfristig nicht ändern.
- **einer Stellendatenbank:**
  Sie enthält Informationen über Tätigkeitsbereiche und Arbeitsplätze. Auch Arbeitsanforderungen, die eine zu erledigende Sachaufgabe an die Mitarbeiter stellt, sind der Stellendatenbank zu entnehmen.
- **einer Methoden- und Modellbank:**
  Sie dient dazu, die gespeicherten Daten entsprechend dem beabsichtigten Verwendungszweck zu bearbeiten.

Vorteile von Personalinformationssystemen:

- beschleunigte und flexiblere Arbeitsabläufe;
- schnelle Auskunftsbereitschaft für unterschiedliche Interessenten, wie z. B. Geschäftsleitung, Vorgesetzte, Sozialversicherungsträger, Finanzamt, Kammern;
- verbesserte Entscheidungshilfen bei unterschiedlichen Problemen im Personalbereich durch tiefgründigere und nachhaltigere Informationen;
- Kosten sparende Erfassung, Speicherung und Bearbeitung großer Datenmengen; Eindämmung der Papierflut;
- hoher Aktualitätsgrad der Informationen;
- Schaffung von Querverbindungen zwischen voneinander getrennten Informationsbereichen.

Probleme

- Beschäftigte sehen nicht die organisatorischen Vorteile, sondern vor allem die Gefahren, die sich durch die umfassenden Kontrollmöglichkeiten des Systems ergeben können.

Datenschutz

Bei der Erfassung und Verarbeitung von Arbeitnehmerdaten sind die Bestimmungen des **Bundesdatenschutzgesetzes** zu beachten. Sie sehen z. B. vor, dass Mitarbeiter das Recht haben, Auskunft über die von ihnen gespeicherten Daten zu verlangen. Nicht korrekte Daten müssen berichtigt werden. Sie müssen gelöscht werden, wenn ihre Speicherung nicht erfolgen durfte. Weiterhin muss sichergestellt sein, dass Unbefugte keinen Zugang zu den entsprechenden Datenverarbeitungsanlagen haben.

Mitbestimmungsrecht

Eine besondere Bedeutung für den Gebrauch von Personalinformationssystemen hat das **Betriebsverfassungsgesetz**. Es sieht in § 87 Abs. 6 vor, dass der **Betriebsrat** ein Mitbestimmungsrecht bei der Einführung und Auswertung technischer Einrichtungen hat, mit deren Hilfe das Verhalten oder die Leistung überwacht werden kann.

Negativliste

Durch interne Betriebsvereinbarungen werden häufig Negativlisten zwischen Unternehmensleitung und Betriebsrat vereinbart, die festlegen, welche Daten nicht in computergestützten Systemen gespeichert werden dürfen. Informationen, die häufig in diesen Listen stehen, sind z. B.:

- Zugehörigkeit zu Parteien,
- Angaben über gesundheitliche Verhältnisse,
- Daten über frühere Beschäftigungsverhältnisse,
- Informationen über erhaltene Kredite,
- Daten über strafbare Handlungen.

Im modernen Personalmanagement geht es um mehr als nur um Statistiken und Datenbanken.

Von der Stechuhr zur Vertrauenskultur

Vertrauensbasis

An der rein wirtschaftlichen Betrachtung des Faktors Arbeit mit der Konzentration auf die Minimierung der Durchlaufzeiten, der Erhöhung der Produktivität und der ständigen Suche nach Verbesserungsmöglichkeiten wird sich auch in Zukunft nichts ändern. Trotzdem macht sich in vielen Unternehmen die Überzeugung breit, dass Konkurrenzfähigkeit mehr ist, als es sich im reinen Kostendenken ausdrückt.

„Inneres Interesse"

Je besser, attraktiver und sicherer die Beschäftigungsbedingungen in einem Unternehmen sind und je flexibler die Arbeitszeitgestaltung ist, desto mehr kann von den Mitarbeitern erwartet werden. Die Stechuhr hat in vielen Unternehmen als ein Kontrollrelikt der Vergangenheit ausgedient. An ihre Stelle tritt mehr und mehr eine Vertrauenskultur, die von einem gegenseitigen Informationsaustausch gekennzeichnet ist. Mitarbeiter fühlen sich im Unternehmen akzeptiert und in ihren Fähigkeiten anerkannt. Diese Bindung wird noch stärker, wenn auch die privaten Interessen so weit wie möglich durch entsprechende Arbeitszeitmodelle mit berücksichtigt werden. Damit wird die oft von der Stechuhr ausgelöste Motivation der lediglich körperlichen Anwesenheit im Betrieb durch eine Form des „inneren Interesses" an der betrieblichen Aufgabe und Tätigkeit abgelöst.

Zu dieser „Vertrauenskultur" gehört auch, dass Ziele nicht mehr ausschließlich „von oben" vorgegeben werden, sondern dass man versucht sie im gegenseitigen Miteinander zu vereinbaren. Dies setzt ebenso wie die neue Form der Arbeitszeitgestaltung natürlich ein hohes Maß an Vertrauen, Gesprächs- und Kompromissbereitschaft voraus.

Personalbedarfsplanung

Quantitativer und qualitativer Bedarf

Viele Einflussfaktoren bestimmen den Personalbedarf einer Unternehmung. Zu unterscheiden sind hierbei innere Faktoren (die durch das Unternehmen selbst bestimmt werden) und äußere Faktoren (die dem Unternehmen durch seine Umwelt vorgegeben werden).

Die Aufgaben der Personalbedarfsplanung bestehen darin festzulegen, wie viele Arbeitskräfte (quantitativer Personalbedarf) mit welchen Qualifikationen (qualitativer Personalbedarf) zu welchem Zeitpunkt (zeitlicher Personalbedarf) an welchem Ort (örtlicher Personalbedarf) für betriebliche Zwecke zur Verfügung stehen sollten. Der ermittelte Personalbedarf ist der Ausgangspunkt für die Personalbeschaffung, den Personaleinsatz und die Personalentwicklung. Auch für Entscheidungen über etwaige Personalfreistellungen ist die Personalbedarfsermittlung eine wichtige Grundlage.

Einflussfaktoren auf den Personalbedarf

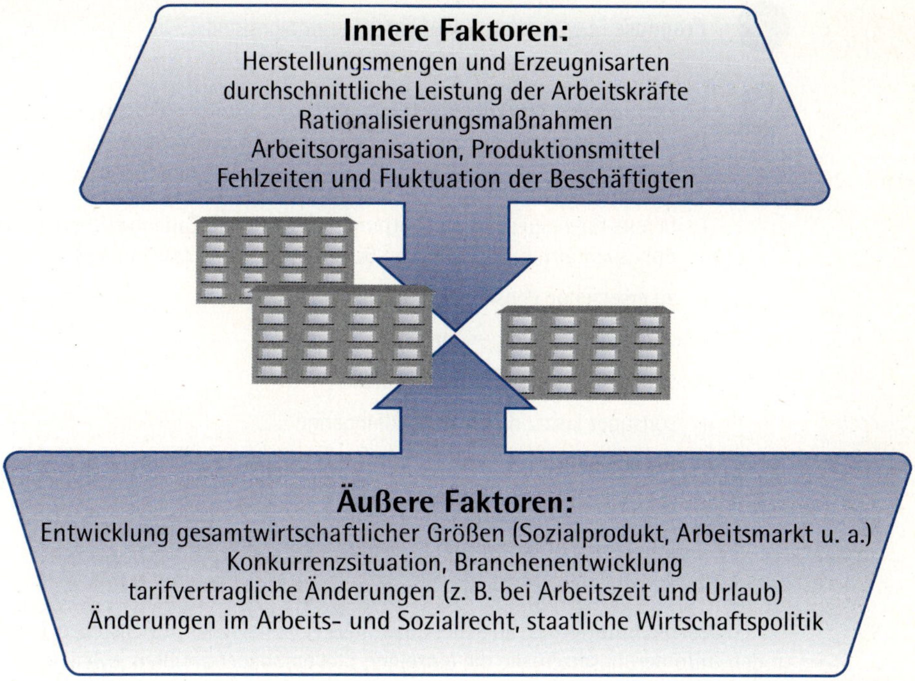

Langfristig ergibt sich der Personalbedarf eher im Rahmen einer **Nachfolgeplanung**, als dass von der Personalplanung eine Leitfunktion für die anderen Bereiche ausgeht. Sie ist den Produktions-, Absatz- und Finanzplänen nachgeordnet.

Die Personalbedarfsplanung vollzieht sich in drei Schritten:

1. Feststellung des **Bruttopersonalbedarfs** (Personalsollbestand);

Betriebe wenden bei dieser Aufgabe unterschiedliche Methoden an:

Schätzverfahren

das Schätzverfahren
Die Bedarfszahlen beruhen auf Schätzwerten der Unternehmensleitung, die auf ihre bisherigen Erfahrungen im Personalbereich zurückgreift.

Kennzahlmethode

die Kennzahlmethode
Hierbei sind zunächst Beziehungen zwischen bestimmten betriebswirtschaftlichen Größen (z. B. Umsatz, Auftragseingänge) und der Anzahl der Mitarbeiter herzustellen. Ausgehend von diesen Kennzahlen werden Zielsetzungen formuliert.

Stellenplanmethode

die Stellenplanmethode
Der zukünftige Personalbedarf wird in den Stellenplänen und Stellenbeschreibungen ermittelt. Stellen sind Aufgabenbereiche, die von einem Aufgabenträger (Arbeiter, Angestellten) wahrgenommen werden.

2 **Prognose** über die Entwicklung des Personalbestands;

3 Ermittlung des **Nettobedarfs** als Differenz zwischen Bruttopersonalbedarf und Personalbestand. Der Nettopersonalbedarf ergibt sich wie folgt:

Nettobedarf

vorhandene Mitarbeiter (Personalbestand)

+ bereits für einen späteren Zeitpunkt feststehende Zugänge (Übernahme aus Ausbildungsverhältnis, Rückkehr von Bundeswehr, Neueinstellungen)
+ zu ersetzende Pensionierungsfälle
+ vorliegende Kündigungen
+ statistisch zu ersetzende Todesfälle
+ sonstiger Ersatz durch Personalabgänge
= **Ersatzbedarf**
+ Neubedarf
– Minderbedarf (entfallende Planstellen)
= **Nettopersonalbedarf**

Genfer Schema

Neben dem quantitativen ist auch der qualitative Personalbedarf festzustellen. Er drückt sich aus in den Anforderungsarten, die die einzelnen Stelleninhaber an ihren jeweiligen Arbeitsplätzen zu erfüllen haben. Anforderungsarten lassen sich mithilfe von Arbeitsanalysen ermitteln. Die Arbeitswissenschaft hat hierzu Listen von Anforderungsmerkmalen erarbeitet. So wird z. B. in dem „Genfer Schema" nach folgenden Basisanforderungen unterschieden: Können, Verantwortung, Belastung und Umgebungseinfluss. Sind gegenwärtige oder auch zukünftige Arbeitsanforderungen durch Mitarbeiter nicht zu erfüllen, sind im Rahmen der Personalentwicklung geeignete Fördermaßnahmen zu ergreifen.

Fakten kurz gefasst

Personalinformationssysteme → Computergestützte Verfahren, mit denen die Daten der Beschäftigten erfasst, gespeichert, bearbeitet und für unterschiedliche betriebliche Zwecke bereitgestellt werden.

Personaldatenbank → Als Bestandteil eines Personalinformationssystems enthält sie vor allem Stammdaten der Mitarbeiter.

Personalinformationsmanagement → Der Aufgabenbereich besteht darin festzulegen, welche Informationen über die Arbeitskräfte auf welche Art und Weise verarbeitet werden sollen.

1.4 Arbeits- und Arbeitsschutzgesetze – Folgen für die Personalplanung

1.4.1 Teilzeitarbeit

Viele Arbeitnehmer können aus familiären oder sonstigen privaten Gründen keine volle Arbeitsstelle ausüben. Lange Zeit waren sie in einem hohen Maße von der Bereitschaft des jeweiligen Unternehmens abhängig, Teilzeitarbeitnehmer zu beschäftigen.

Teilzeitarbeitsgesetz

Im Jahr 2002 gingen in Deutschland rund 6,5 Millionen Menschen einer Teilzeitbeschäftigung nach. Damit arbeiteten rund 20 % der beschäftigten Arbeitnehmer verkürzt. Möglich wurde diese hohe Quote unter anderem auch durch ein Teilzeitarbeitsgesetz, das seit Anfang 2001 in Deutschland gilt und eine EU-Richtlinie samt einer Rahmenvereinbarung der europäischen Sozialpartner in deutsches Recht umsetzt.

Gesetzliche Regeln für die Teilzeitarbeit

Chancengleichheit

In anderen europäischen Ländern – z. B. den Niederlanden, Großbritannien und den skandinavischen Staaten – spielt Teilzeitarbeit bereits eine wesentlich größere Rolle. Mit dem Teilzeitarbeitsgesetz soll der Teilzeitarbeit auch hierzulande stärker zum Durchbruch verholfen werden. Ziel ist es, auf diese Weise das Arbeitspotenzial von Menschen, die eine Teilzeitbeschäftigung anstreben, besser zu nutzen und den Arbeitsmarkt dadurch zu entlasten. Zugleich soll durch den Ausbau der Teilzeitarbeit auch die Chancengleichheit zwischen Männern und Frauen und die Vereinbarkeit beruflicher und familiärer Aufgaben verbessert werden.

Die wichtigsten Regelungen des Gesetzes im Überblick:

Rechtsgrundlagen

- **Stellenausschreibung:** In Stellenanzeigen usw. sind Arbeitsplätze, die sich dafür eignen, auch als Teilzeitarbeitsplätze auszuschreiben. Beschäftigte, die ihr Interesse an einer veränderten Arbeitszeitgestaltung angemeldet haben, müssen vom Arbeitgeber über entsprechende freie Arbeitsplätze im Unternehmen informiert werden.
- **Anspruch auf Teilzeitarbeit:** In Betrieben mit mehr als 15 Beschäftigten kann jeder Arbeitnehmer, der dort seit mehr als einem halben Jahr beschäftigt ist, eine Verringerung seiner Arbeitszeit verlangen. Der Arbeitgeber muss der gewünschten Verkürzung und Verteilung der Arbeitszeit zustimmen, wenn nicht dringende betriebliche Gründe dagegen sprechen. Das wäre z. B. der Fall, wenn Sicherheit, Organisation und Arbeitsabläufe im Betrieb wesentlich beeinträchtigt würden oder unverhältnismäßig hohe Kosten entstünden. Arbeitgeber und Arbeitnehmer müssen versuchen, zu einer Vereinbarung über die neue Arbeitszeit zu gelangen. Spätestens einen Monat vor dem gewünschten Übergang zur Teilzeit hat der Arbeitgeber dem Beschäftigten seine Entscheidung über die Arbeitszeitverteilung (ggf. auch eine Ablehnung) schriftlich mitzuteilen.
- **Verlängerung der Arbeitszeit:** Der Wunsch eines Teilzeitbeschäftigten auf eine Vollzeitstelle ist bei der Neubesetzung eines entsprechenden Arbeitsplatzes bevorzugt zu behandeln.
- **Diskriminierungsverbot:** Teilzeitbeschäftigte dürfen wegen ihrer Teilzeitarbeit nicht schlechter behandelt werden als vergleichbare Vollzeitbeschäftigte, es sei denn, dass sachliche Gründe eine unterschiedliche Behandlung rechtfertigen. Die Entlohnung darf im Verhältnis zur geleisteten Arbeitszeit nicht niedriger sein als bei einer vergleichbaren Vollzeitbeschäftigung.

Betriebliche Abwägung

Je stärker der Wunsch nach Teilzeitarbeit ist, desto stärker muss sich die Personalplanung darauf einstellen. Dabei geht es um folgende Eckpunkte:

- Teilzeitarbeit erhöht den **Personalbedarf** und hat daher Folgen für die Personalbedarfsermittlung.
- Der **Organisationsaufwand** für den Einsatz der Arbeitskräfte wird größer. Dadurch entstehen höhere Organisations- und Personalführungskosten.
- Dem größeren Organisationsaufwand steht eine **höhere Flexibilität** gegenüber.
- Wegen der fixen Lohnkosten, die auf jeden Mitarbeiter – unabhängig von seiner Stundenzahl – entfallen, ist ggf. insgesamt mit höheren **Lohnkosten** zu rechnen.

Fakten kurz gefasst

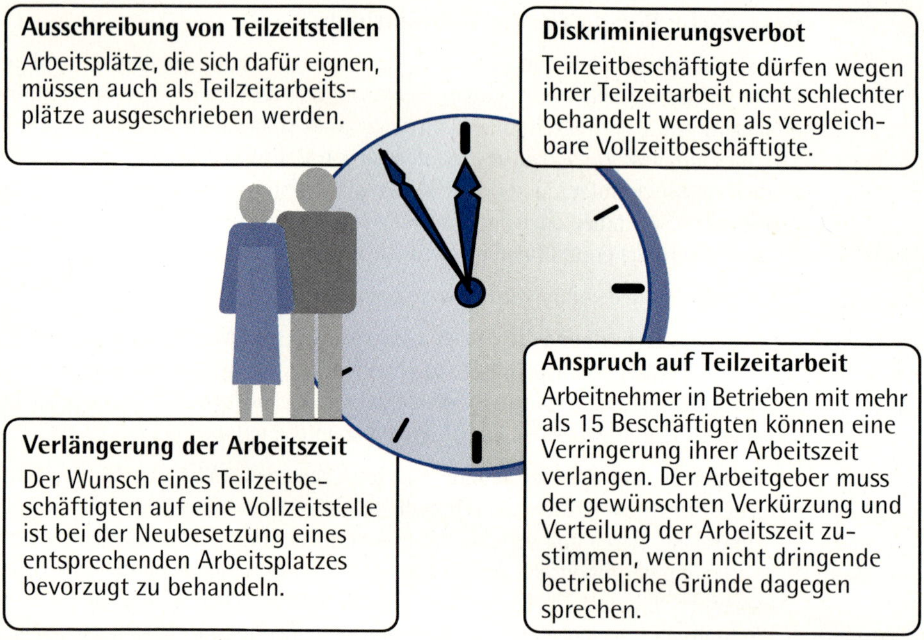

nach: Zahlenbilder 240030, Erich Schmidt Verlag, Berlin

Wenn Sie weitere Informationen zum Thema Teilzeitarbeit benötigen, schauen Sie ins Internet unter www.teilzeit-info.de.

1.4.2 Personalfreisetzung – Kündigungsschutz

Arbeitsverträge

Arbeitsverträge entstehen wie andere Verträge auch durch die Abgabe zweier übereinstimmender Willenserklärungen, in diesem Fall denen von Arbeitgeber und Arbeitnehmer. Obwohl ein Arbeitsvertrag in aller Regel unbefristet ist, muss er nicht für alle Zeiten gelten. Arbeitgeber und Arbeitnehmer haben die Möglichkeit, den Vertrag zu kündigen.

Das Bundesarbeitsgericht hat sich z. B. mit dem Verhalten eines Arbeitnehmers auseinandergesetzt, der wiederholt unentschuldigt der Arbeit fernblieb oder erst zu spät zur Arbeit kam. Anlass zu dem Urteil des Bundesarbeitsgerichts gab die Klage eines 24 Jahre alten Arbeiters in einem Automobilwerk, der wegen Unpünktlichkeit entlassen worden war. Der Mann wandte dagegen ein, er habe an einigen Tagen zum Arzt gemusst und sei an anderen Tagen von seinem Arbeitskollegen, mit dem er regelmäßig zur Arbeit fährt, nicht rechtzeitig abgeholt worden.

1.4.2.1 Kündigungsformen und Kündigungsfristen

Ein bestehendes Arbeitsverhältnis kann durch verschiedene Handlungen beendet werden. Die Kündigung ist nur eine – wenn auch sehr häufige – Form der Auflösung eines Arbeitsvertrages. Andere Formen sind z. B.:

Aufhebungsverträge

- Aufhebungsverträge, in denen beide Vertragsparteien (Arbeitgeber und Arbeitnehmer) einvernehmlich der Beendigung des Arbeitsverhältnisses zustimmen.

Zeitverträge

- der Zeitablauf, der durch Erreichen des Rentenalters oder durch das Verstreichen einer vereinbarten Frist gegeben ist.

Kündigung

Die Kündigung ist eine einseitige, empfangsbedürftige Willenserklärung zur Aufhebung eines Arbeitsverhältnisses. Bei Vorlage eines wichtigen Grundes hat sie sofortige Wirkung, im Übrigen wird sie nach Ablauf einer Kündigungsfrist wirksam.

Eine **ordentliche (fristgerechte) Kündigung** liegt vor, wenn das Arbeitsverhältnis ohne Angabe eines Kündigungsgrundes unter Einhaltung der vereinbarten oder gesetzlichen Kündigungsfristen beendet wird.

Die **außerordentliche (fristlose) Kündigung** bedeutet eine sofortige Auflösung des Arbeitsverhältnisses ohne Einhaltung von Terminen. Sie darf aber nur ausgesprochen werden, wenn ein wichtiger Grund vorliegt. Meist ist in einem solchen Fall die Aufrechterhaltung des Arbeitsverhältnisses einem der beiden Vertragspartner nicht zumutbar, z. B. wegen Straftaten, Beleidigungen, Arbeitsverweigerung, Verletzung der Verschwiegenheitspflicht.

Kündigungsfristen

Für alle Arbeitgeber gilt eine normale, nicht verlängerte **Kündigungsfrist** (Grundkündigungsfrist) von 4 Wochen (28 Tage) zum15. oder zum Ende eines Monats (§ 622 BGB). Über die normalen Kündigungsfristen hinaus genießen Arbeitnehmer in Abhängigkeit von ihrer Betriebszugehörigkeit verlängerte Kündigungsfristen. Berücksichtigt wird dabei die Betriebszugehörigkeit des Arbeitnehmers von seinem 25. Lebensjahr an. Von dieser Regelung nicht betroffen ist die Kündigung durch den Arbeitnehmer, für ihn gilt immer die Grundkündigungs- oder die vertraglich vereinbarte Kündigungsfrist.

Betriebszugehörigkeit	unter 2 Jahre	ab 2 Jahre	ab 5 Jahre	ab 8 Jahre	ab 10 Jahre	ab 12 Jahre	ab 15 Jahre	ab 20 Jahre
Kündigungsfrist	4 Wochen zum 15. des Monats oder zum Monatsende	1 Monat	2 Monate	3 Monate	4 Monate	5 Monate	6 Monate	7 Monate

Je länger die Betriebszugehörigkeit, desto länger ist die Kündigungsfrist und desto größer ist der Kündigungsschutz.

Fristverlängerung

Die Verlängerung der Fristen über die gesetzlichen Vorschriften hinaus ist in individuellen Verträgen problemlos möglich, eine Verkürzung jedoch verstößt gegen arbeitsrechtliche Grundsätze.

1.4.2.2 Das Kündigungsschutzgesetz

Geltungsbereich

Im Kündigungsschutzgesetz sind die Vorschriften für den allgemeinen Kündigungsschutz festgelegt; sie gelten für alle Arbeitnehmer. Für besondere Gruppen (werdende Mütter, Jugendliche, Betriebsratsmitglieder und Schwerbehinderte) gelten zusätzlich noch spezielle Vorschriften. Das Kündigungsschutzgesetz findet Anwendung für Arbeitsverhältnisse, die länger als 6 Monate bestanden haben und für Betriebe mit mehr als 10 ständig beschäftigten Arbeitnehmer/-innen, wobei Auszubildende nicht mitgezählt und teilzeitbeschäftigte Arbeitnehmer/-innen nur teilweise berücksichtigt werden.

Eine Entlassung ist nach dem Kündigungsschutzgesetz § 1 nur dann möglich, wenn eine soziale Rechtfertigung vorliegt. Der Arbeitgeber muss neben der Einhaltung der Kündigungsfrist auch einen Kündigungsgrund haben. Dieser kann in der Person des Arbeitnehmers, seinem Verhalten oder betrieblichen Umständen begründet sein. Ist dies nicht der Fall, so ist eine Kündigung nicht sozial gerechtfertigt und infolgedessen auch nicht wirksam.

Kündigungsgründe

- **Personenbedingte Gründe können sein:**
  - mangelnde Qualifikation,
  - fehlende gesundheitliche oder charakterliche Eignung,
  - Krankheit,
  - Drogen- oder Trunksucht.

- **Verhaltensbedingte Gründe können sein:**
  - Arbeitsverweigerung,
  - Alkoholmissbrauch,
  - fehlender Leistungswille,
  - Verletzung von Vertragspflichten.

Abmahnung

Insbesondere bei einer verhaltensbedingten Kündigung ist aus Gründen der Verhältnismäßigkeit vor der eigentlichen Kündigung oft eine Abmahnung unerlässlich. Hierin wird der Arbeitnehmer aufgefordert ein bestimmtes Verhalten zu unterlassen oder es gerade zu zeigen. Eine Abmahnung soll den Arbeitnehmer warnen, mögliche (Rechts-)Folgen androhen sowie sein Fehlverhalten dokumentieren. Grundsätzlich ist vor einer jeden Kündigung der Betriebsrat anzuhören (§ 102 Betriebsverfassungsgesetz).

- **Betriebsbedingte Gründe können sein:**
  - Absatzprobleme,
  - Rationalisierung,
  - Rohstoffmangel,
  - Änderung der Produktionsmethoden.

Sozialauswahl

Bei einer betriebsbedingten Kündigung darf der **Grundsatz der Verhältnismäßigkeit** nicht außer Acht gelassen werden, d. h., dass einem Arbeitnehmer/einer Arbeitnehmerin nicht gekündigt werden darf, wenn er/sie an einen anderen betrieblichen Arbeitsplatz versetzt werden könnte. Zudem muss eine Sozialauswahl getroffen werden, um im Zweifelsfall die Arbeitnehmer/-innen zu entlassen, für die der Verlust ihres Arbeitsplatzes die geringere soziale Härte ist. Kriterien hierfür sind das Lebensalter, die Betriebszugehörigkeit und die Verpflichtung zur Zahlung von Unterhalt.

Klage

Die Klage gegen eine sozial nicht gerechtfertigte Kündigung ist innerhalb von drei Wochen nach deren Zugang beim Arbeitsgericht zu erheben (vgl. § 4 Kündigungsschutzgesetz).

Schritte eines Kündigungsverfahrens

Kündigungsverlauf

ordentlich/fristgerecht	außerordentlich/fristlos
1. Beachtung von Kündigungsverboten (z. B. Betriebsratsmitglieder) 2. Beachtung besonderer Kündigungsausschlüsse (z. B. Auszubildende) 3. Beachtung von Kündigungsfristen und Kündigungsschutz – soziale Rechtfertigung – Überprüfung der Weiterbeschäftigung – Gründe für personen-, verhaltens- oder betriebsbedingte Kündigung 4. Abmahnung, insbesondere bei verhaltensbedingter Kündigung 5. soziale Auswahl bei betriebsbedingten Kündigungen 6. Anhörung des Betriebsrats 7. Abgabe und Empfang einer Kündigungserklärung 8. Kündigungsschutzklage binnen 3 Wochen nach Zugang der Kündigung möglich	1. Beachtung von Kündigungsverboten (z. B. Betriebsratsmitglieder) 2. Beachtung besonderer Kündigungsausschlüsse (z. B. Auszubildende) 3. Beachtung von Kündigungsfristen und Kündigungsschutz – Einhaltung einer Kündigungsfrist von 2 Wochen ab dem Kündigungsgrund oder -ereignis, innerhalb derer die Kündigung erfolgen muss – Interessenabwägung, ob Fortsetzung des Arbeitsverhältnisses bis zum Ablauf der regulären Frist möglich ist 4. Anhörung des Betriebsrats 5. Abgabe und Empfang einer Kündigungserklärung 6. Kündigungsschutzklage binnen 3 Wochen nach Zugang der Kündigung möglich

1.4.3 Mutterschutz und Elternzeit

1.4.3.1 Das Mutterschutzgesetz

Nach Artikel 6 des Grundgesetzes hat jede Mutter Anspruch auf den Schutz und die Fürsorge der Gemeinschaft. Konkrete Absicherung bringen die gesetzlichen Bestimmungen über den Mutterschutz und die Leistungen der gesetzlichen Krankenkassen bei Schwangerschaft und Mutterschaft.

Beschäftigungsverbote

Das Mutterschutzgesetz legt zugunsten schwangerer Frauen und junger Mütter Beschäftigungsverbote sowie Schutzfristen für die Zeit vor und nach der Entbindung fest. Es gilt für alle Frauen, die in einem Arbeitsverhältnis stehen; entsprechende Vorschriften gibt es auch für Beamtinnen. Das Gesetz verpflichtet den Arbeitgeber, bei der Gestaltung des Arbeitsplatzes auf die Belange der werdenden und stillenden Mütter Rücksicht zu nehmen, und verbietet schwere körperliche Arbeit während der Schwangerschaft sowie Mehr-, Nacht- und Sonntagsarbeit auch für die stillende Mutter.

Gesundheitsschutz

Abgesehen von diesen allgemeinen Beschäftigungsverboten dürfen Schwangere keine Tätigkeiten ausüben, die Leben oder Gesundheit der Mutter oder des Kindes gefährden können. **Sechs Wochen vor der Entbindung** beginnt die Schutzfrist, während der die Schwangere nur noch beschäftigt werden darf, wenn sie es selbst ausdrücklich wünscht.

Kündigungs-verbot

Das Mutterschutzgesetz schützt die schwangere Frau und die Mutter grundsätzlich vor Kündigung (während der Schwangerschaft und vier Monate nach der Entbindung) und in den meisten Fällen auch vor vorübergehender Minderung des Einkommens. Es schützt darüber hinaus die Gesundheit der (werdenden) Mutter und des Kindes vor Gefahren am Arbeitsplatz.

14 Wochen Schutzfrist

Die Mutterschutzfrist endet regulär **acht Wochen**, bei medizinischen Frühgeburten und Mehrlingsgeburten zwölf Wochen **nach der Entbindung**. Bei medizinischen Frühgeburten, also in der Regel bei einem Geburtsgewicht von unter 2 500 Gramm, und seit dem Inkrafttreten des neuen Mutterschutzgesetzes im Jahr 2002 auch bei sonstigen vorzeitigen Entbindungen, verlängert sich die Mutterschutzfrist nach der Geburt um die Tage, die vor der Entbindung nicht in Anspruch genommen werden konnten. Somit haben alle Arbeitnehmerinnen einen Anspruch auf eine Mutterschutzfrist von insgesamt mindestens 14 Wochen.

Mutter-schaftsgeld

Weitere wichtige Bestimmungen des Mutterschutzgesetzes sind, dass im Falle eines Beschäftigungsverbots die werdende Mutter ihren bisherigen Durchschnittsverdienst (Mutterschutzlohn) behält. Während der Mutterschutzfristen vor und nach der Geburt und für den Entbindungstag sind die Frauen finanziell abgesichert, indem sie Mutterschaftsgeld von der Krankenkasse erhalten, das vom Arbeitgeber auf das bisherige Netto-Arbeitsentgelt aufgestockt wird. Bei der Berechnung des Arbeitgeberzuschusses zum Mutterschaftsgeld sind Verdiensterhöhungen, die während der Mutterschutzfristen wirksam werden, zu berücksichtigen.

Arzttermine während der Arbeitszeit

Auch den nicht in der gesetzlichen Krankenkasse versicherten schwangeren Arbeitnehmerinnen muss ohne Kürzung des Arbeitsentgelts die Freizeit für notwendige ärztliche Vorsorgeuntersuchungen, die nur während der Arbeitszeit möglich sind, gewährt werden. Die Mutterschutzfristen und andere mutterschutzrechtliche Beschäftigungsverbote zählen bei der Berechnung des Erholungsurlaubs als Beschäftigungszeiten.

Die Verpflichtung des Arbeitgebers zum Schutz der Mütter am Arbeitsplatz ergibt sich ergänzend aus der Mutterschutzrichtlinienverordnung. **Kleinbetriebe** erhalten danach von der gesetzlichen Krankenkasse 100 % der wesentlichen Arbeitgeberkosten im Mutterschaftsfall erstattet.

Vorsorge-untersuchungen

Die **gesetzlichen Krankenkassen** übernehmen für ihre Versicherten die Kosten der Vorsorgeuntersuchungen während der Schwangerschaft, für die Betreuung durch Ärzte und Hebammen, für den Aufenthalt in der Geburtsklinik und, wenn notwendig, auch für häusliche Pflege und Hilfe. Bei arbeitslosen Frauen zahlen sie das Mutterschaftsgeld, das dem vorher bezogenen Arbeitslosengeld entspricht.

Die derzeit aktuellsten Informationen zum Mutterschutz erhalten Sie vom Bundesministerium für Familie, Senioren, Frauen und Jugend, www.bmfsfk.de.

Mütter und Väter mit gleichem Anspruch

1.4.3.2 Erziehungsgeld – Elternzeit

Um den Eltern die Einteilung ihrer familiären Aufgaben auch nach Ablauf des Mutterschutzes zu erleichtern, haben Mütter und Väter einen Anspruch auf besondere soziale Leistungen.

Erziehungsgeld

- Eltern, die ihr Kind in der ersten Zeit nach der Geburt selbst betreuen und währenddessen keine oder keine volle Erwerbstätigkeit ausüben, d. h. nicht mehr als 30 Wochenstunden arbeiten, haben einen Anspruch auf **Erziehungsgeld**. Das Erziehungsgeld beläuft sich auf (zurzeit 307,00 €) im Monat und wird bis zum 2. Geburtstag des Kindes gezahlt. Eltern, die von der Wahlmöglichkeit Gebrauch machen, nur während der ersten 12 Monate Erziehungsgeld zu beziehen, erhalten monatlich 460,00 €.

Anspruch auf Erziehungsgeld besteht allerdings nur bis zu einer bestimmten Einkommensgrenze. Während der ersten sechs Lebensmonate des Kindes sind auch Eltern mit höherem Jahreseinkommen (bis 51.130,00 €) anspruchsberechtigt. Daran anschließend gilt eine niedrigere Einkommensschwelle (für Elternpaare mit einem Kind: 16.470,00 €; für allein Erziehende mit einem Kind 13.498,00 €); wird sie überschritten, verringert sich das Erziehungsgeld stufenweise entsprechend der Höhe des Einkommens und entfällt schließlich ganz.

Einkommensgrenzen

- Beide Elternteile haben Anspruch auf Elternzeit, wenn sie als Arbeitnehmer beschäftigt sind und ihr Kind selbst betreuen wollen. Sie können sich diese Aufgabe teilen und sich dafür nicht nur einzeln, sondern auch gemeinsam beurlauben lassen. Die Elternzeit endet spätestens drei Jahre nach der Geburt des Kindes.

Verlegung der Elternzeit

Mit Zustimmung des Arbeitgebers kann aber ein Teil der **Elternzeit** (bis zu 12 Monate) auch auf eine spätere Zeit – z. B. den Schulbeginn – verlegt werden. Während der Elternzeit dürfen die Eltern einer Teilzeitbeschäftigung mit bis zu 30 Wochenstunden nachgehen, sodass sich zeitliche und finanzielle Erfordernisse besser miteinander in Einklang bringen lassen. Arbeiten die Eltern in einem Betrieb mit mehr als 15 Beschäftigten, haben sie einen Anspruch darauf, ihre Arbeitszeit während der Elternzeit auf 15 bis 30 Wochenstunden zu verkürzen, sofern nicht dringende betriebliche Gründe dagegen stehen. Die soziale Absicherung der Mütter oder Väter bleibt während der Elternzeit weitgehend erhalten; das Arbeitsverhältnis und die Betriebszugehörigkeit bleiben bestehen.

Fakten kurz gefasst

Erziehungsgeld

Mütter oder Väter

- die ihr Kind selbst betreuen und nicht voll erwerbstätig sind (maximal 30 Stunden pro Woche);
- Höhe des Erziehungsgeldes 307,00 € für die Dauer von 24 Monaten nach der Geburt des Kindes oder 460,00 € für die Dauer von 12 Monaten.

Der Anspruch auf Erziehungsgeld ist an Einkommensgrenzen gebunden.

Elternzeit

Mütter oder Väter

- die ihr Kind selbst betreuen und als Arbeitnehmer/-innen beschäftigt sind;
- Dauer der Elternzeit nach Wunsch der Eltern – auch gemeinsam – bis zum dritten Geburtstag des Kindes; stimmt der Arbeitgeber zu, können davon bis zu 12 Monate auf spätere Zeiten (z. B. das erste Schuljahr) übertragen werden.
- Während der Elternzeit ist Teilzeitarbeit (bis zu 30 Wochenstunden) möglich.

nach: Zahlenbilder 141214, Erich Schmidt Verlag, Berlin 2003

1.4.4 Schwerbehindertenschutz

Pflichtquote

Jeder Arbeitgeber mit mehr als 20 Arbeitnehmern hat die Pflicht Schwerbehinderte einzustellen. Die Pflichtquote liegt bei 5 % (Stand Februar 2003). Den Grad der Behinderung stellt das Versorgungsamt fest.

Pflichtabgabe

Kommt der Unternehmer dieser Pflicht nicht nach, so muss er nach dem „Gesetz zur Bekämpfung der Arbeitslosigkeit Schwerbehinderter" Ausgleichsabgaben zahlen:

260,00 €	pro fehlendem Arbeitsplatz	bei einer jahresdurchschnittlichen Beschäftigungsquote	von weniger als 2 %
180,00 €	"	"	von 2 % bis 3 %
105,00 €	"	"	von 3 % bis 5 %

Sonderregelung für Kleinbetriebe:

Kleinbetriebe

- Arbeitgeber mit bis zu 39 Arbeitsplätzen, die weniger als einen Schwerbehinderten beschäftigen, zahlen monatlich 180,00 € pro unbesetztem Platz.
- Arbeitgeber mit bis zu 59 Arbeitsplätzen, die weniger als zwei Schwerbehinderte beschäftigen, zahlen monatlich 180,00 € pro Platz bzw. 260 €, wenn sie weniger als einen Arbeitsplatz mit einer schwer behinderten Person besetzen.

1.4.5 Altersteilzeit

Die Altersteilzeitarbeit ermöglicht älteren Arbeitnehmern durch Reduzierung der Arbeitszeit einen gleitenden Übergang vom Erwerbsleben in den Ruhestand.

Inanspruchnahme

Altersteilzeitarbeit in Anspruch nehmen können Arbeitnehmer, die das 55. Lebensjahr vollendet haben und innerhalb der letzten 5 Jahre mindestens 1 080 Kalendertage versicherungspflichtig beschäftigt gewesen sind. Ihren Beschäftigungszeiten gleich stehen Zeiten des Bezugs von Krankengeld, Arbeitslosengeld und Arbeitslosenhilfe. Während der Altersteilzeitarbeit reduziert sich die bisherige Arbeitsvergütung des Arbeitnehmers um 50 %.

Vergütung

Arbeitgebern gibt die Altersteilzeitregelung die Möglichkeit zur früheren Verjüngung des Personalbestands.

Sozialbeiträge

Die damit für den Arbeitnehmer verbundene finanzielle Einbuße hält sich in Grenzen, weil der Arbeitgeber das Altersteilzeitentgelt steuer- und sozialabgabenfrei um 20 %, mindestens aber auf 70 % des früheren Nettoverdienstes anhebt und die Rentenbeiträge auf der Basis von 90 % des früheren Einkommens aufstockt.

Zuschüsse des Arbeitsamts

Der Arbeitgeber, der sich durch Tarifvertrag, Betriebs- oder Einzelvereinbarung zu diesen Aufwendungen verpflichtet hat, bekommt sie vom Arbeitsamt wieder erstattet, wenn er für jeden Mitarbeiter, der in Altersteilzeit geht, mindestens vier Jahre lang einen Arbeitslosen, einen fertig Ausgebildeten oder (in Kleinbetrieben mit bis zu 50 Arbeitnehmern) einen Auszubildenden einstellt. Die Zuschüsse des Arbeitsamts werden maximal sechs Jahre lang gezahlt. Spätestens Ende 2009 muss mit der Altersteilzeitarbeit begonnen worden sein.

Altersteilzeitarbeit kann nur auf freiwilliger Basis zwischen Arbeitnehmer und Arbeitgeber vereinbart werden.

Es stehen **zwei Altersteilzeitmodelle** zur Auswahl:

Modelle der Altersteilzeit

Gleichmäßige Reduzierung der Arbeitszeit während der gesamten Förderdauer von sechs Jahren um 50 %. Dieses Modell ist für Arbeitnehmer interessant, die vor ihrer Rente die Arbeitsbelastung reduzieren wollen.

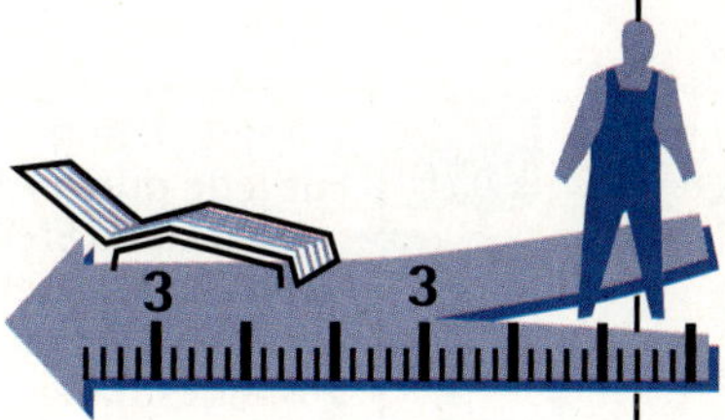

Blockmodell: Nach einer ersten 3-jährigen Phase mit *nicht* reduzierter Arbeitzeit folgt eine 3-jährige Freistellungsphase. Die Entgeltzahlung ist auch beim Blockmodell monatlich gleich bleibend, d. h., die Entgeltzahlung erfolgt auch während der Freistellungsphase. Der Arbeitgeber hat beim Blockmodell sozialversicherungsrechtliche Besonderheiten zu beachten.

Während der ersten Hälfte des Altersteilzeitvertrages (Arbeitsphase) erhalten Teilzeitbeschäftigte im Blockmodell dann die Hälfte ihrer bisherigen Bruttobezüge, sodass infolge der nicht reduzierten Arbeitszeit der tatsächliche Entgeltanspruch höher ist als das gewährte Altersteilzeit-Bruttogehalt. Aus dieser Differenz baut sich während der Arbeitsphase ein Wertguthaben auf, aus dem dann die Fortzahlung des Altersteilzeit-Bruttoentgeltes während der Freistellungsphase finanziert wird.

Arbeitnehmer, die sich für Altersteilzeitarbeit interessieren, sollten sich in jedem Fall beraten lassen. Dazu gehören auch Berechnungen im Hinblick auf das Einkommen während der Altersteilzeitarbeit und die Auswirkungen auf die Höhe der Altersrente. Nachteilig für die Altersteilzeit-Arbeitnehmer ist nämlich, dass in vielen Fällen die Altersteilzeitverträge so geschlossen werden, dass mit der Vollendung des 60. Lebensjahres das Altersteilarbeitsverhältnis beendet wird, da dann der Zeitpunkt des frühestmöglichen Rentenbezuges (unter Beachtung der jeweiligen rentenrechtlichen Voraussetzungen) erreicht ist.

Renten-auswirkung

Allerdings ist die Inanspruchnahme der vorgezogenen Altersrente wegen Altersteilzeit mit einem wesentlichen Nachteil gegenüber dem normalen Eintritt in die gesetzliche Rente nach Vollendung des 65. Lebensjahres verbunden: Für jeden Monat des vorzeitigen Rentenbezuges wird eine Rentenminderung in Höhe von 0,03 % auf den bisher erworbenen Rentenanspruch in Abzug gebracht. Dieser wirtschaftliche Nachteil kann z. B. durch eine Abfindungszahlung ausgeglichen werden. Um eine Minderung der Altersrente gänzlich auszuschließen, können Arbeitnehmer aber auch zusätzliche Beiträge zahlen. Informationen darüber sollten bei der jeweiligen Rentenversicherungsanstalt[1] eingeholt werden.

1 für Angestellte: Bundesversicherungsanstalt für Angestellte (BfA) in Berlin
für Arbeiter: Landesversicherungsanstalt (LVA) des Bundeslandes, in dem er wohnt

Fakten kurz gefasst

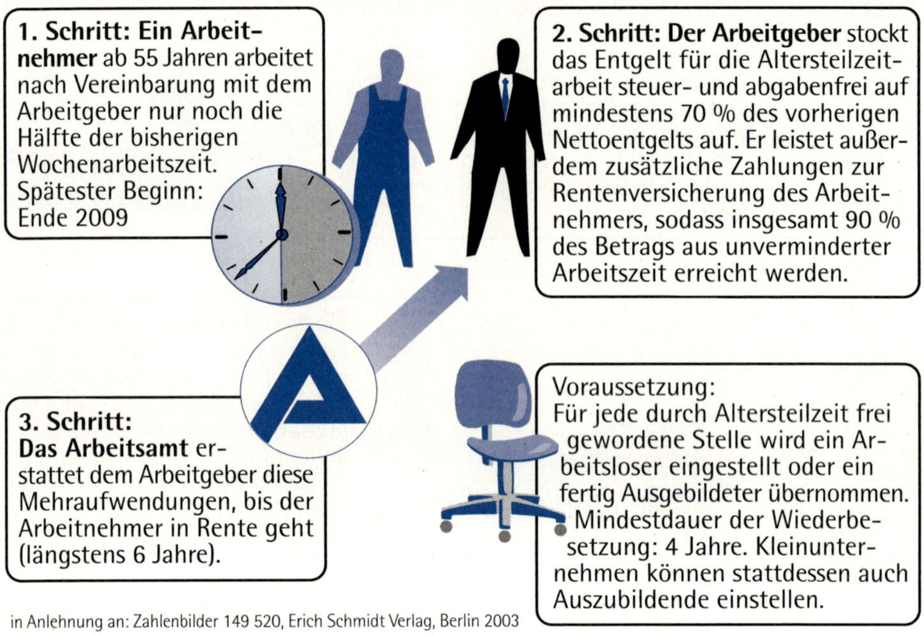

in Anlehnung an: Zahlenbilder 149 520, Erich Schmidt Verlag, Berlin 2003

1.5 Personalcontrolling

Personalcontrolling bedeutet, dass versucht wird, ein optimales Verhältnis der Personalleistungen zu den Personalaufwendungen zu erreichen. Dazu werden statistische Kennzahlen erhoben und ausgewertet. Strategisches Personalcontrolling hat eine unterstützende Funktion für das Personalmanagement.

1.5.1 Wertschöpfung im Personalbereich

Kennzahlen im Personalwesen

Das Personalwesen bzw. die Personalabteilung hat eine administrative Tradition. Mit dem Schwerpunkt auf der Verwaltung werden die angestellten und gewerblichen Mitarbeiter erfasst, kontrolliert und in der Regel quantitativ beurteilt. Die Erfassung konzentriert sich auf operative Input-Größen wie z. B. Lohnkosten pro Mitarbeiter, Kostenstelle und Kostenträger; Personalbestände und -bewegungen; Fehlzeiten und Anwesenheit; oder jubilarträchtige Jahrzehnte. Mit diesen Daten allein kann aber kein Unternehmen gesteuert werden.

Wertschöpfung durch Arbeit

Globalisierung, Wettbewerbsdruck und Mitarbeiterorientierung fordern vom Personalmanagement entscheidende **Beiträge zur unternehmerischen Wertschöpfung**. Für die dafür Verantwortlichen besteht die Schwierigkeit darin, den Beitrag messbar und in einer eigenständigen Rechnungslegung erkennbar zu machen.

Die Wertschöpfung der Arbeit und die damit verbundenen Gewinne spielen die entscheidende Rolle. Durch moderne Personalcontrollingsysteme können wertschöpfungsorientierte Analysen zur Unternehmenssteuerung gefahren werden. Beim quantitativen und qualitativen Personalcontrolling geht es um Indikatoren und Instrumente zur Wertschöpfungsmessung. Ein Modell zum Personal-

EFQM-Modell

controlling mit integrierten Bewertungsmodellen ist z. B. das europäische EFQM-Modell[1]. Nach diesem Modell sind die Mitarbeiter ein wichtiger Baustein in einem erfolgsorientierten Unternehmensprozess. Positive Ergebnisse lassen sich nur erreichen, wenn auch die Prozessabläufe in dem Unternehmen eine positive Ausrichtung haben. Ein Mitarbeiter, der sich nicht in den unternehmerischen Prozess eingebunden fühlt, wird nicht die Ergebnisse erreichen, die ihm bei einer besseren Organisation möglich wären. Entscheidend sind also nicht nur die Ziele selbst, sondern die Mittel und Wege, die dazu führen, dass man die Ziele erreicht.

Wege zum Ziel

Das EFQM-Modell ist in zwei große Abschnitte geteilt: „Mittel und Wege" und „Ergebnisse". Die wichtigste Erkenntnis daraus ist, dass Ergebnisse nicht einfach „gemanagt" werden können. Gute Ergebnisse hängen davon ab, wie man sie zu erreichen versucht. Mit den Prozentzahlen gewichtet man die einzelnen Kriterien je nachdem, wie stark man ihren Einfluss auf das Gesamtergebnis einschätzt. Die Kundenzufriedenheit nimmt dabei mit 20 % den höchsten Einzelwert ein.

EFQM-Prozessablauf

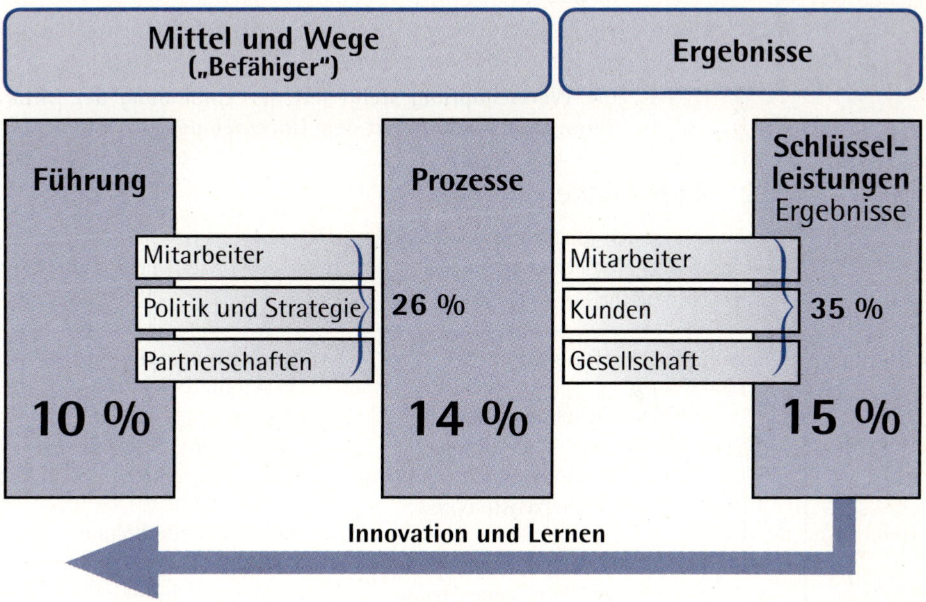

Vorwärtsdenken

Ein Unternehmen kann nie dadurch geführt werden, dass man den Blick nur nach hinten richtet. Dies ist aber bei der Betrachtung von Bilanzen, Umsätzen, Betriebsergebnissen, Absatzzahlen usw. immer der Fall. Mit dem Blick nach vorn werden die Wege betrachtet, die man gehen will, um die Zukunft zu bestehen. Bei dieser Prozessbetrachtung geht es unter anderen um: Konkurrenzfähigkeit, Markttrends und sonstige Benchmarking-Daten (siehe dazu Lernfeld 2, Kapitel 4.4)[2].

Human Resources

In den letzten Jahren hat sich das Personalwesen stark gewandelt. Die Personalabteilung heißt heute in vielen Organisationen **Human Resources**. Die Übersetzung von „human" stellt sich mit dem Wort menschlich noch sehr einfach dar. Der englische Begriff „resources" kann viele Bedeutungen haben, von „Hilfsmittel" über „Naturreichtümer" bis hin zu „Talent". Heute werden nicht mehr Stunden und Kosten im Rahmen einer Kontrolle betrachtet, sondern das Personalcontrolling bezieht sich auf die Analyse geeigneter Output-Größen wie Ertrag, Gewinn, Cashflow, Dienstleistungs- und Beziehungsqualität, Motivation und Identifikation, Potenziale,

1 EFQM = **E**uropean **F**oundation for **Q**uality **M**anagement
2 In Anlehnung an: www.deming.de/efqm/efqm-auswahl.html-4k, entnommen Februar 2003

Leistungsverhalten oder -ergebnisse, Loyalität usw. Mit diesen Inhalten im Personalcontrolling stellt sich der einzelne **Mitarbeiter als die Quelle der Wertschöpfung** im Unternehmen dar, was ja auch absolut zutreffend ist. Ohne den einzelnen Menschen, der jeden Tag im Unternehmen seine Arbeit tut – ob nun in der Produktion, im Lager, der Kantine, der Buchhaltung, in Vertrieb oder Vorstand – würde keinerlei Wertschöpfung stattfinden. Somit könnte auch kein Ertrag erwirtschaftet werden.

Fakten kurz gefasst

EFQM = **European Foundation for Quality Management**

- Ergebnisse können nicht besser sein als die Prozesse, die zu ihnen führen.
- Die Einbindung von Mitarbeitern macht einen großen Teil des Erfolges aus.
- Kundenzufriedenheit ist ein wichtiger Faktor für die Sicherung der Unternehmensergebnisse.

→ **Die Wertschöpfung steigt mit der Einbindung der Mitarbeiter und deren Identifikation mit dem Unternehmen.**

1.5.2 Personalkennzahlen

Unabhängig von den modernen Überlegungen einer zeitgemäßen Personalführung und eines darauf ausgerichteten Personalcontrolling sind Kennzahlen nach wie vor eine wichtige Größe für unternehmerische Entscheidungen:[1]

- **Personalbeschaffung und Personaleinsatz**
  - Bewerber pro Ausbildungsplatz
  - Vorstellungsquote
  - Effizienz der Personalbeschaffungswege
  - Personalbeschaffungskosten pro Eintritt
  - Effektivität der Personalbeschaffung
  - Zeitdauer bis zur Personalbesetzung
  - Durchschnittsalter der Belegschaft
- **Ausbildung und Personalentwicklung**
  - Qualifikationsstruktur
  - Ausbildungsquote
  - Struktur der Bildungsmaßnahmen
  - Weiterbildungskosten pro Tag und Teilnehmer
  - Verbesserte soziale Kompetenz und Teamwork
- **Arbeitsbewertung und Personalentwicklung**
  - Leistungsgrade
  - Arbeitsproduktivität
  - Planabweichungen (Zeit, Material, Produktion)
  - Arbeitswiederholung
  - Akzeptanz der Leistungsbewertung bei den Mitarbeitern
  - Personalkosten je Zeiteinheit
- **Partizipation und Vorschlagswesen**
  - Zahl und Qualität der Verbesserungsvorschläge
  - Einsparungsquote
  - Innovationsbereitschaft
  - Realisierungsquote

Commitment

- **Arbeitsbezogene Einstellungen (Commitment) und Arbeitssicherheit**
  - Fluktuationsquote
  - Fehlzeitenquote
  - Arbeitszufriedenheit
  - Leistungsmotivation

1 nach: www.datamart.de/presse/hr serv.htm, Mai 2001.

2 Personalbeschaffung und -auswahl

Die Planung der Personalbeschaffung beginnt häufig mit Personalanforderungen aus anderen Abteilungen, die der Personalabteilung zugehen. Unternehmen haben grundsätzlich zwei verschiedene Möglichkeiten ihren Bedarf zu decken. Durch eine inner- oder eine außerbetriebliche Personalbeschaffung. Beide haben Vor- und Nachteile.

2.1 Ressourcen für die Personalversorgung

Sicherstellung der Personalversorgung

Der Arbeitskräftebedarf kann aus den eigenen Reihen entweder durch Umsetzung, Qualifizierung durch Fort- und Weiterbildung oder andere Maßnahmen sichergestellt werden. Sind diese Möglichkeiten nicht gegeben, erfolgt eine Anwerbung auf dem allgemeinen Arbeitsmarkt.

Interne und externe Personalbeschaffung

Vorteile interner Maßnahmen

- Motivation der Mitarbeiter durch vorhandene Aufstiegschancen
- Nachwuchskräften wird eine Chance eingeräumt
- vorhandene Kenntnisse unternehmerischer Abläufe und Zusammenhänge erleichtern die Einarbeitung in neue Aufgaben
- keine besonderen Personalbeschaffungskosten, keine Probezeit
- Sicherheit durch Personenkenntnis

Vorteile externer Maßnahmen

- keine interne Auseinandersetzungen um die „beste" Aufstiegsposition
- größere Auswahl unter geeigneten Bewerbern
- von außerhalb kommende Mitarbeiter können neue Impulse bringen und vorhandene Strukturen verbessern, keine „Betriebsblindheit"
- keine neuen Personallücken an anderer Stelle des Betriebes
- keine eventuell die neue Position beeinträchtigenden starken kollegialen Bindungen innerhalb des Betriebs

Stellenbeschreibungen

Maßgebend für die Entscheidung sind zum einen die vorhandenen inneren Ressourcen, zum anderen aber auch die strategischen Ziele. Je präziser die Stellenbeschreibungen das Anforderungsprofil festlegen, desto leichter fällt die Entscheidung für eine der genannten Besetzungsalternativen.

2.2 Personalauswahl

Objektive und subjektive Kriterien

Ohne eine klare Definition der mit einem Arbeitsplatz verbundenen Anforderungen ist eine zielgerichtete Besetzung nicht möglich. Dabei wird zwischen dem Arbeitsinhalt und der Arbeitsausführung differenziert. Damit wird dem Tatbestand Rechnung getragen, dass es neben den so genannten objektiven Voraussetzungen eines Arbeitsplatzes auch subjektive Kriterien gibt, die allein mit der Person des Arbeitnehmers verbunden sind. Mit dem Einsatzwillen und der persönlichen Einstellung zur Arbeit kommen die entscheidenden Faktoren dazu, den Arbeitsplatz tatsächlich auszufüllen.

In einer **Arbeitsanalyse** werden die Arbeitsbedingungen, die Arbeitssituation und die persönlichen Qualifikationen festgehalten. Dabei geht es um Arbeitsplatz-, Tätigkeits-, Aufgaben- und Anforderungsanalysen.

Die Personalauswahl wird von vielen Kriterien beeinflusst. Je nach Art des zu besetzenden Arbeitsplatzes gibt es erhebliche Unterschiede, welche Kriterien im Einzelfall herangezogen werden. Eine Übersicht über die Entscheidungsmerkmale sind der folgenden Aufstellung zu entnehmen:

Fachkenntnis

- **Fachliche Kriterien**
  Hierzu zählen alle Merkmale, die durch Ausbildung und/oder durch Erfahrung erworben werden können, z. B. Wissen, Kenntnisse, fachliches Können.

Physische Belastbarkeit

- **Physis**
  Hierunter fallen alle objektivierbaren Merkmale, die die körperlichen Anforderungen einer Arbeit kennzeichnen, z. B. Anforderungen an die Muskelkraft, Sinnesorgane, an die allgemeine Widerstandsfähigkeit und Ähnliches.

Teamfähigkeit

- **Sozialpsychologische Kriterien**
  Hier geht es um Merkmale, die die Anforderungen an das zwischenmenschliche Verhalten kennzeichnen, z. B. die Fähigkeit zur Zusammenarbeit, das Führungsverhalten und Ähnliches. Ferner soll mit diesen Kriterien die soziale Situation am Arbeitsplatz beschrieben werden, die möglicherweise die Arbeitsleistung beeinflussen kann, z. B. Alter und Qualifikation der Kollegen, Untergebenen, aber auch der Vorgesetzten.

Psychische Belastbarkeit

- **Psychische Kriterien**
  Darunter sind Merkmale zu verstehen, die die geistigen und sonstigen nicht körperlichen Anforderungen einer Arbeit bezeichnen, wie Anforderungen an die Intelligenz, Reaktions-, Konzentrations- und Entscheidungsfähigkeit sowie Monotonieempfindlichkeit und Ähnliches. Ferner zählen dazu Kriterien, die die Voraussetzungen hinsichtlich der Leistungs- und Einsatzbereitschaft sowie die Belastbarkeit des Menschen aufzeigen.

  Fragen, wie sich ein Bewerber beispielsweise in eine vorhandene Arbeitsgruppe einfügen wird, wie sich die Zusammenarbeit mit Kollegen, das Verhältnis zu seinem Vorgesetzten und umgekehrt gestalten wird, sind letztlich für die Auswahlentscheidung ebenfalls wichtige Kriterien.

2.3 Bewerbungsverfahren

2.3.1 Informationsquellen

Eine fundierte Personalauswahl kommt ohne aussagefähige Informationsquellen nicht aus. Dazu gehören:

- Bewerbungsschreiben
- Lichtbild
- Lebenslauf
- Personalfragebogen
- Schulzeugnisse
- Werdegang vor Eintritt in das Unternehmen
- Arbeitszeugnisse

Eine Stelle ist die „kleinste organisatorische Einheit" im Betrieb.

Einstellungsverfahren

Das Verfahren von der Feststellung des Personalbedarfs bis zur Besetzung der Stelle erfolgt in mehreren Stufen. Dahinter steht – von spontanen Entscheidungen abgesehen – ein fester Prozessablauf:

Auswahlentscheidung

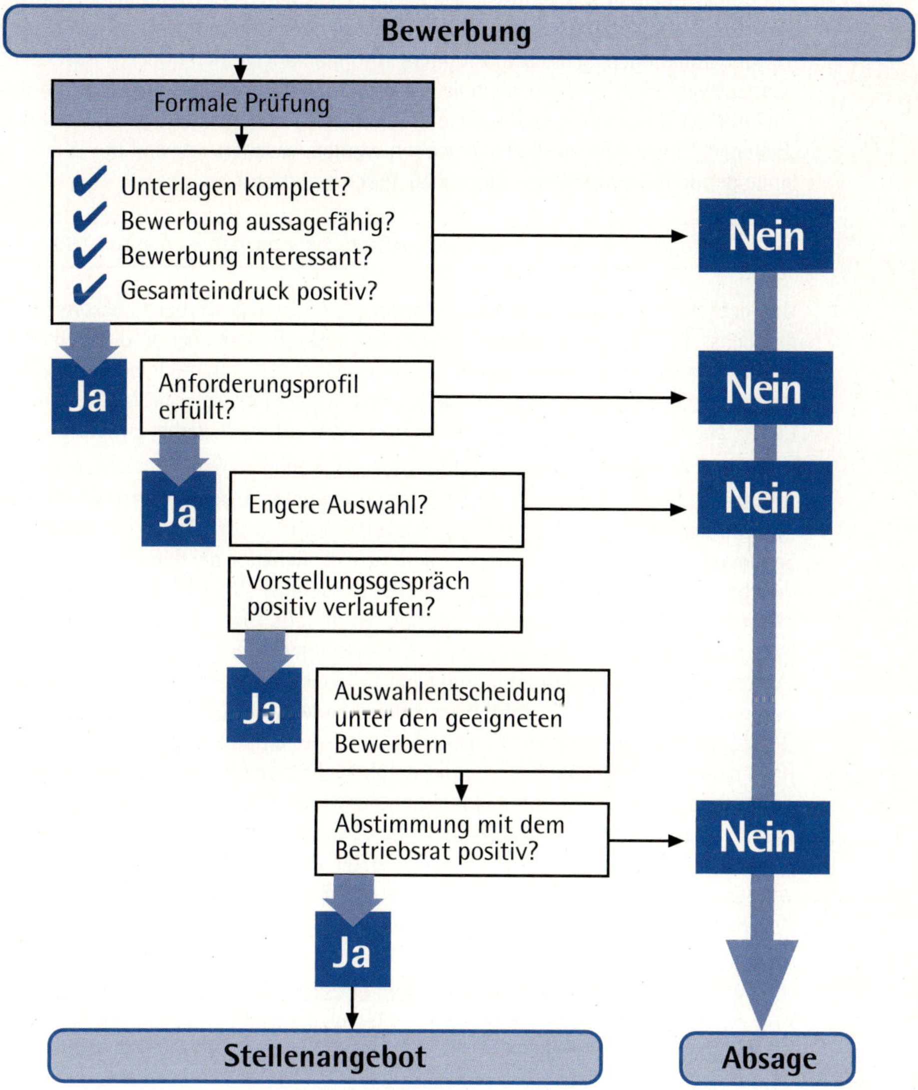

2.3.2 Beurteilung der Eignung – Assessment-Center

Je höher man in der Stellenhierarchie kommt und je größer die Bindungen, die durch einen Arbeitsvertrag eingegangen werden, desto sorgfältiger muss die Personalauswahl erfolgen.

ABC-Analyse

Für die Frage, ob ein Bewerber geeignet ist oder nicht, gibt es keine allgemein gültigen Kriterien und Vorschriften. Der für eine Einstellung gerechtfertigte Aufwand ist nicht bei allen Stellen gleich („ABC-Analyse").

Das heißt, dass man einem Bewerbungs- und Auswahlverfahren z. B. für leitende Positionen eine andere Bedeutung beimisst, als wenn es im anderen Extremfall nur um die befristete Einstellung von Arbeitnehmern (z. B. Inventur- oder Urlaubsaushilfen) geht. Im „A-Bereich" (Leitungsfunktionen, Schlüsselpositionen) wird man auch einen höheren Aufwand bei der Personalauswahl nicht scheuen, weil die Stelle dies rechtfertigt. Im „C-Bereich" (Stellen am unteren Ende der Unternehmenshierarchie) ist ein hoher Aufwand nicht gerechtfertigt. Im mittleren „B-Bereich" muss im Einzelfall abgewogen werden, welcher Aufwand der Personalauswahl im Sinne der damit verbundenen Ziele noch angemessen ist.

Zum Thema „ABC-Analyse" finden Sie ausführliche Informationen in Lernfeld 6, Kapitel 4.

Um nicht nur einen „papiermäßigen" Eindruck von einem Bewerber zu bekommen, sondern um möglichst dicht an die wirklichen Fähigkeiten, insbesondere aber an die menschlichen Eigenheiten heranzukommen, wird bei in der Unternehmenshierarchie höher angesiedelten Stellen, aber auch schon bei der Besetzung qualifizierter Ausbildungsplätze die Methode des Assessment-Center angewandt. Voraussetzung dafür ist, dass mehrere Bewerber zur Verfügung stehen.

Persönliche Beurteilung

Der Begriff Assessment-Center (AC) bedeutet „Beurteilungs- oder Einschätzungs-Zentrum". Auswahltests, die bei einem Assessment-Center durchgeführt werden, unterscheiden sich wesentlich von den gängigen Testverfahren. Sie verlaufen in großen Teilen nicht nach dem üblichen Schema „Frage-Antwort-Lösung". Vielmehr wird die Reaktion der Kandidaten in bestimmten vorgegebenen Situationen beobachtet. Hierbei ist weniger Wissen, sondern vor allem das angemessene Verhalten in bestimmten Situationen gefragt. Andere Testverfahren (z. B. Merkfähigkeit- oder Logiktests) werden häufig in ein Assessment-Center einbezogen. Je nach Stellenanforderungen sollen die Bewerber ihre Schlüsselqualifikationen unter Beweis stellen. Flexibilität, Kommunikations- und Teamfähigkeit, Belastbarkeit, Einfühlungsvermögen, Kritikfähigkeit, Durchsetzungs- und Organisationsvermögen sowie Kontaktfähigkeit sind die Qualifikationen, nach denen die Testkandidaten häufig durchleuchtet werden. Sie werden bei der Bearbeitung der Aufgaben von Beobachtern (Assessoren) bewertet. Dies können Führungskräfte des Unternehmens oder auch externe Fachleute (z. B. speziell geschulte Mitarbeiter einer Unternehmensberatungsgesellschaft) sein. Um das Urteil über die Kandidaten objektiver zu gestalten, werden die einzelnen Bewerber meist von mehreren Fachleuten beobachtet. Die Einzelurteile fließen später in ein Gesamturteil ein.

Schlüsselqualifikationen

Assessoren

Im Assessment-Center werden insbesondere die Qualifikationen zu überprüfen versucht, die man mit herkömmlichen Auswahlverfahren nicht erfassen kann. Dazu gehören die Kompetenzen, die nötig sind, um sich eigenständig in einem Team zu entfalten und sich im Sinne der Unternehmensstrategie zu entwickeln.

Das Assessment-Center soll ein hohes Maß an **Praxisnähe** sicherstellen und damit das Risiko einer Fehlbesetzung mindern.

2.3.3 Informationen und Mitwirkung des Betriebsrates bei Personalentscheidungen

Unternehmensgröße

Welche und wie viele Mitarbeiter sie beschäftigen, hängt für Unternehmen unter anderem davon ab, welche Rechte und Pflichten sie beachten müssen. Dabei spielt auch die Betriebsgröße eine Rolle. Verschiedene Bestimmungen des Arbeitsrechts und des Arbeitsschutzrechts orientieren sich an der Größe der Unternehmensbelegschaft. Eine zusätzliche Einstellung hat mitunter gravierende Folgen.

Dies gilt etwa für das Betriebsverfassungsgesetz, das Kündigungsschutzgesetz oder die Arbeitsstättenverordnung. Die Auflagen werden wirksam, wenn die Beschäftigtenzahl bestimmte als Schwellenwerte bezeichnete Grenzen überschreitet.

Kündigungsschutz

- In Firmen, deren Belegschaft mehr als 100 Köpfe umfasst, darf der Betriebsrat Vorschläge zur Sicherung und Förderung der Beschäftigung abgeben. Die Unternehmensführung muss sich damit befassen und schriftlich begründen, wenn sie auf die Vorschläge nicht eingehen will.
- Erhöht ein Betrieb seine Mitarbeiterzahl von fünf auf sechs, greift das Kündigungsschutzgesetz.

Teilzeitarbeit

- In Unternehmen mit mehr als 15 Beschäftigten hat jeder Mitarbeiter einen gesetzlichen Anspruch auf einen Teilzeitarbeitsplatz.

Freistellung

- Ab 200 Mitarbeitern muss ein Betriebsratsmitglied völlig von seiner normalen Arbeit freigestellt werden.

Schwerbehinderte

- Ab einer Betriebsgröße von 20 Mitarbeitern sind grundsätzlich 5 Prozent der Arbeitsplätze mit schwer behinderten Menschen zu besetzen. Wird diese Quote nicht erreicht, muss eine monatliche Ausgleichsabgabe gezahlt werden.

Arbeitsstättenverordnung

- Vorkommen kann es auch, dass ein zusätzlicher Arbeitnehmer Umbaumaßnahmen im Betrieb erforderlich macht. Die Arbeitsstättenverordnung sieht vor, dass es ab sechs Mitarbeitern nach Geschlechtern getrennte Toilettenräume geben muss. Vom elften Beschäftigten an ist ein Pausenraum vorgeschrieben.

Sanitätsraum

- Falls besondere Unfallgefahren bestehen, benötigen Unternehmen mit mehr als 100 Mitarbeitern einen eigens dafür hergerichteten Sanitätsraum.

Gemäß dem Betriebsverfassungsgesetz (BetrVG) hat der Betriebsrat bei der Arbeitsplatzbesetzung und Personalplanung ein Informationsrecht, das bis zur Mitbestimmung geht.

Im Einzelnen gilt:

§ 92 *Betriebsverfassungsgesetz*

- „Der Arbeitgeber hat den Betriebsrat über die **Personalplanung**, insbesondere aber den gegenwärtigen und künftigen Personalbedarf ... rechtzeitig und umfassend zu unterrichten. Er hat mit dem Betriebsrat über Art und Umfang der erforderlichen Maßnahmen ... zu beraten. Der Betriebsrat kann dem Arbeitgeber Vorschläge für die Einführung einer Personalplanung und ihre Durchführung machen."

§ 93 *Betriebsverfassungsgesetz*

- „Der Betriebsrat kann verlangen, dass Arbeitsplätze, die besetzt werden sollen, ... vor ihrer Besetzung innerhalb des Betriebes **ausgeschrieben** werden."

§§ 94, 95 Betriebsverfassungsgesetz

- „**Personalfragebögen** bedürfen der Zustimmung des Betriebsrates ... Richtlinien über die personelle Auswahl bei Einstellungen, Versetzungen, Umgruppierungen und Kündigungen bedürfen der Zustimmung des Betriebsrates ..."

§ 99 Betriebsverfassungsgesetz

- „In Betrieben mit mehr als zwanzig wahlberechtigten Arbeitnehmern hat der Arbeitgeber den Betriebsrat vor jeder Einstellung, Eingruppierung, Umgruppierung und Versetzung zu unterrichten ... und die **Zustimmung des Betriebsrates** ... einzuholen ..."

§ 102 Betriebsverfassungsgesetz

- Der Betriebsrat ist vor jeder **Kündigung** zu hören ... Eine ohne Anhörung des Betriebsrates ausgesprochene Kündigung ist unwirksam ..."

3 Personaleinsatz – Vollmachten

Über Stellenbeschreibungen werden die Aufgaben- und Zuständigkeitsbereiche der Mitarbeiter festgelegt. Ohne ein arbeitsorganisatorisches Konzept ist ein zielgerichteter Personaleinsatz nicht möglich. Aber je höher der Organisationsgrad und je perfekter das System ist, desto mehr steht es sich oftmals auch selbst im Wege.

3.1 Der Arbeitnehmerbegriff

Personalbestand und -struktur sind in jedem Betrieb verschieden. Insofern lassen sich allgemein gültige Feststellungen zunächst nur für die Gesamtwirtschaft treffen. Man unterscheidet verschiedene Arbeitnehmergruppen. Wer gehört zu den Arbeitgebern und Arbeitnehmern, wer ist Arbeiter, Angestellter, Beamter oder „nur" freier Mitarbeiter, Heimarbeiter o. Ä.?

- **Arbeitgeber** ist, wer auf privatrechtlicher Grundlage wenigstens einen in abhängiger Stellung Tätigen beschäftigt und diesem für seine Tätigkeit eine Gegenleistung (Vergütung) erbringt.
- **Arbeitnehmer** ist, wer auf der Grundlage eines Arbeitsvertrags beschäftigt wird und dafür Lohn oder Gehalt empfängt.
- **Arbeiter** ist, wer vorwiegend körperliche Arbeit ausführt.
- **Angestellter** ist, wer vorwiegend geistige Tätigkeit zu leisten hat. Kaufmännische Angestellte sind solche, die in einem Handelsgewerbe kaufmännische Dienste erbringen. Technische Angestellte sind mit der Leitung oder Beaufsichtigung des Betriebes oder einer Abteilung beauftragt oder erbringen technische Dienstleistungen. Besteht die Tätigkeit in erheblichem Umfang sowohl aus geistiger als auch körperlicher Arbeit, so ist für die gehaltsmäßige Eingruppierung diejenige Arbeit entscheidend, die der Tätigkeit des Arbeitnehmers nach der „Verkehrsanschauung" das Gepräge gibt. Ein wichtiger Hinweis dafür ist die Bewertung durch Tarifverträge.
- **Beamte** sind nicht auf privatrechtlicher, sondern auf öffentlich-rechtlicher Grundlage tätig. Der Beamte steht zu seinem Dienstherrn in einem besonderen Dienst- und Treueverhältnis und hat ihm gegenüber Anspruch auf Fürsorge und Schutz.

- **Heimarbeiter** ist, wer in selbst gewählter Arbeitsstätte im Auftrag von Gewerbetreibenden gewerblich arbeitet, aber die Verwertung des Arbeitsergebnisses dem Auftraggeber überlässt. Der Heimarbeiter ist weder in einen Betrieb eingegliedert noch ist er einem Weisungsrecht unterworfen. Deshalb ist er kein Arbeitnehmer.

Freie Dienstverträge

- **Freie Mitarbeiter** stehen zu ihrem Vertragspartner in keinem persönlichen Abhängigkeitsverhältnis. Der freie Dienstvertrag begründet i. d. R. kein Arbeitsverhältnis. Werden allerdings Dienste ständig für einen Auftraggeber erbracht, wird die Abgrenzung zu einem angestellten Arbeitsverhältnis aufgrund der wirtschaftlichen Abhängigkeit problematisch. Man spricht dann auch von „Scheinselbstständigkeit". Bei der Abgrenzung sind folgende Umstände heranzuziehen:

Scheinselbstständigkeit

  - Weisungsgebundenheit
  - Bindung an feste Arbeitszeiten
  - Rechtspflicht zum regelmäßigen Erscheinen
  - Zulässigkeit von Nebentätigkeiten
  - Vergütungsform
  - Abführung von Steuern oder Sozialversicherungsbeiträgen
  - Urlaubsgewährung ...

3.2 Die Befugnisse der leitenden Mitarbeiter

Leitende Tätigkeiten beinhalten das Recht, anderen Mitarbeitern Anweisungen zu erteilen.

Je größer die Kompetenz und die übertragene Verantwortung, desto größer ist die Weisungsbefugnis und desto weniger Mitarbeiter dürfen sie ausüben.

Die Weisungsbefugnis kann unterschiedlich ausgeprägt sein. Die Betriebshierarchie spiegelt einen Teilbereich der innerbetrieblichen Arbeitsteilung wider. Das obere Management widmet sich den wirklich entscheidenden Fragen der Unternehmensführung und überlässt den täglichen Betriebs- und Geschäftsablauf den untergeordneten Stellen.

Vertretungsvollmacht

Je höher also die Position in der Hierarchie eines Unternehmens ist, desto größer sind i. d. R. die Vollmachten, die mit der beruflichen Stellung verbunden sind. Vertretungsvollmacht bedeutet, dass ein Angestellter für den Vollkaufmann (als Inhaber) rechtlich gültige Willenserklärungen abgeben oder Anweisungen erteilen kann.

3.2.1 Die Prokura

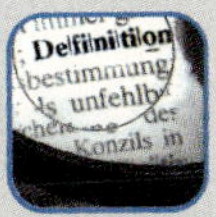

Die weitestgehende Vollmacht ist die Prokura. Sie ermächtigt den Inhaber, alle gewöhnlichen und (fast) alle außergewöhnlichen Geschäfte vorzunehmen, die der Betrieb eines Handelsgewerbes mit sich bringt. Diese handelsrechtliche Vollmacht kann nur von einem Vollkaufmann erteilt werden.

- **Einzelprokura** – die Berechtigung, die Vertretung allein auszuüben;
- **Gesamtprokura** – die Berechtigung mehrerer Personen, die Firma gemeinsam zu vertreten.
- **Filialprokura** – die Beschränkung der Vertretungsbefugnis auf Zweigniederlassungen. Filialprokura ist als Einzel- und Gesamtvertretungsbefugnis möglich.

Prokura / Handlungsvollmacht

Der Hauptunterschied der Prokura zur Handlungsvollmacht liegt darin, dass der Prokurist auch außergewöhnliche Geschäfte tätigen kann.

Rechtsstellung von Prokuristen

Der Prokurist

- wird persönlich und ausdrücklich vom Inhaber (der Vollkaufmann sein muss) ernannt;
- handelt im Namen des Inhabers;
- zeichnet mit dem Zusatz „pp" oder „ppa";
- wird in das Handelsregister eingetragen;
- darf alle gewöhnlichen und (fast) alle außergewöhnlichen Handlungen vornehmen.

Folgende Handlungen dürfen von einem Prokuristen nicht vorgenommen werden:

- Bilanz und Steuererklärungen unterschreiben
- selbst Prokura erteilen, entziehen, übertragen
- Auflösung der Unternehmung
- Grundstücksverkauf oder -belastung (nur mit ausdrücklicher Ermächtigung möglich)
- Aufnahme neuer Gesellschafter
- Anmeldungen oder Änderungen im Handelsregister
- Eid für den Inhaber leisten

Deklaratorische / konstitutive Wirkung

Die Prokura kann nur von dem Inhaber eines Handelsgeschäftes oder seinem gesetzlichen Vertreter erteilt werden. Die **Erteilung der Prokura** kann nur durch eine ausdrückliche Erklärung (schriftlich oder mündlich) erfolgen (§ 48,1 HGB). Die Erteilung der Prokura ist vom Geschäftsinhaber zur Eintragung in das Handelsregister anzumelden (§ 53,1 HGB). Die Eintragung hat nur **rechtsbekundende** (deklaratorische) Wirkung. Erst mit der Löschung im Handelsregister gilt die Prokura gegenüber gutgläubigen Außenstehenden als beendet. Die Löschung hat daher im Gegensatz zur Eintragung **rechtserzeugende** (konstitutive) Wirkung. Allerdings bleibt die Möglichkeit offen, wichtige Geschäftspartner von der Beendigung einer Prokura vorab zu unterrichten.

Innen- und Außenverhältnis

Im **Innenverhältnis** ist die Prokura bereits mit der Eintragung ins Handelsregister wirksam. Eine Prokura kann innerhalb des Betriebs z. B. dadurch beschränkt sein, dass die übliche Weisungsbefugnis auf bestimmte Bereiche oder Personen eingeengt ist. Dies darf jedoch keine Konsequenzen für die Vertretungsbefugnis eines Prokuristen nach außen haben. Die Prokura erlischt im Innenverhältnis durch Widerruf, Beendigung des Arbeitsverhältnisses, durch Auflösung der Unternehmung, durch Tod des Prokuristen.

Im **Außenverhältnis** ist die Prokura erst wirksam, wenn sie Dritten gegenüber bekannt gemacht wird oder wenn die Prokura bereits im Handelsregister eingetragen wurde. Sie besteht im Außenverhältnis so lange, bis sie im Handelsregister gelöscht und diese Tatsache bekannt gemacht worden ist. Über die Maßnahmen hinaus, die nur der Geschäftsleitung vorbehalten sind, ist eine Beschränkung der Prokura gegenüber Dritten unwirksam. Dies bezieht sich allein auf das Außenverhältnis einer Unternehmung, also z. B. auf Handlungen gegenüber Lieferanten und Kunden.

3.2.2 Handlungsvollmachten

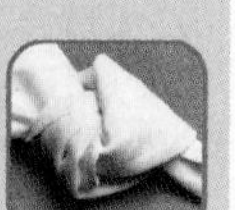

Die **Handlungsvollmacht** berechtigt den Bevollmächtigten alle Geschäfte vorzunehmen, die der Betrieb des Gewerbes gewöhnlich mit sich bringt. Sie wird nicht im Handelsregister eingetragen.

Neben der Prokura unterscheidet man verschiedene Handlungsvollmachten. Die gesetzliche Beschränkung der Handlungsvollmacht auf gewöhnliche Geschäfte und Rechtshandlungen engt den Umfang der Handlungsvollmacht ein. Als „gewöhnlich" sind solche Geschäfte anzusehen, die typisch für die jeweilige Art des Unternehmens sind. Die Erteilung der Handlungsvollmacht muss nicht ausdrücklich vorgenommen werden. Sie kann auch stillschweigend erfolgen, indem der Arbeitgeber z. B. bestimmte Handlungen seiner Angestellten ohne Widerspruch duldet.

Rechtsstellung von Handlungsbevollmächtigten

Der Handlungsbevollmächtigte

- handelt im Namen des Inhabers,
- zeichnet mit dem Zusatz „i. V." oder „i. A." (Einzelvollmacht),
- wird nicht ins Handelsregister eingetragen,
- wird nur im Fall der Generalhandlungsvollmacht direkt vom Inhaber ernannt, kann seinerseits Untervollmachten erteilen.

Das HGB § 54,2 nennt eine Reihe von Geschäften, zu denen der Handlungsbevollmächtigte in jedem Fall eine besondere Ermächtigung bedarf. **Ausgeschlossen** bleiben folgende Handlungen:

- Grundstücksbelastung oder -verkauf,
- Prozessführung für den Betrieb,
- Darlehensaufnahme,
- Wechselverbindlichkeiten,
- Übertragung der gleichen Vollmacht.

Unterschrift: Bevollmächtigte unterschreiben mit einem Zusatz, der die Vollmacht ausdrückt (§ 57 HGB). Die Unterschrift wird dabei unter den Namen der Firma gesetzt.

Fakten kurz gefasst

Verschiedene Formen der Handlungsvollmacht

Arten und Beendigung

- **Generalhandlungsvollmacht** ist eine Vertretungsbefugnis, die zu allen Rechtshandlungen ermächtigt, die der Betrieb eines solchen Handelsgewerbes gewöhnlich mit sich bringt. Sie wird auch als Gesamtvollmacht oder allgemeine Handlungsvollmacht bezeichnet.

- **Arthandlungsvollmachten** berechtigen zur dauernden Vornahme von genau bestimmten oder abgegrenzten Tätigkeiten (z. B. Einkauf, Verkauf, Kassieren ...).

- **Spezialhandlungsvollmachten** ermächtigen lediglich zur Vornahme einer einzigen Rechtshandlung.

Die Vollmacht erlischt bei

- Geschäftsauflösung oder -veräußerung,
- Ausscheiden des Bevollmächtigten,
- Widerruf,
- einer Einzelvollmacht nach Durchführung des Auftrages.

4 Personalführung und -entwicklung

Kommunikationsregeln, Konfliktregelung, Argumentation und Rhetorik

Lange Zeit stand die menschliche Arbeitskraft im Vordergrund aller Produktionstätigkeiten. Das Rollenverhältnis zwischen Mensch und Maschine änderte sich jedoch umso stärker, je mehr neue Produktionsmethoden eingeführt wurden.

4.1 Arbeitsplatzgegebenheiten

4.1.1 Äußere Arbeitsplatzbedingungen

Unternehmenskultur

Unabhängig von den Überlegungen der Unternehmenskultur (siehe auch Lernfeld 2, Kapitel 1) gibt es eine Reihe von Faktoren, die den Arbeitsprozess beeinflussen. Die objektiven Voraussetzungen für zufriedene und damit leistungsbereite Mitarbeiter sind die Gegebenheiten, die der Arbeitnehmer am Arbeitsplatz vorfindet.

- **Arbeitsplatzgestaltung**

Humanisierung

Unter „Humanisierung" der Arbeitswelt versteht man, dass die Arbeitsbedingungen menschlicher gestaltet werden sollen und dass die Arbeit den Menschen nicht in seiner Gesundheit gefährdet.

Im Einzelnen geht es um

Arbeitsplatzumfeld

- eine Anpassung von Geräten, Werkzeugen und Maschinen an den arbeitenden Menschen,
- die Beseitigung von schädigenden Umgebungseinflüssen (gefährliche Arbeitsstoffe, Lärm, Hitze, Kälte usw.)
- Produktionsverfahren, die sicherstellen, dass der Wert der eigenen Leistung für das Gesamtprojekt sichtbar bleibt,
- die Schaffung sozialer Einrichtungen wie Pausenräume, ordentliche sanitäre Anlagen usw.

- **Arbeitsorganisation**

Fertigungsverfahren

Hier geht es um die angewandten Fertigungsverfahren, die in engem Zusammenhang mit dem Begriff Arbeitsplatzgestaltung und Arbeitsteilung stehen (siehe auch Lernfeld 5, Kapitel 3.4).

Über Jahrzehnte war in industriellen Produktionsprozessen vorwiegend die verrichtungsorientierte Arbeitsorganisation zu finden. Die Gesamtaufgabe der Produktion war in Arbeitsgänge zerlegt, die von den Arbeitskräften häufig nur noch in Form kleinster Handgriffe zu erledigen waren. Ein weiteres Merkmal dieser Arbeitsorganisation war: Entscheidende und ausführende Arbeiten waren streng getrennt.

Die Nachteile dieser Fertigungsverfahren (z. B. monotone Arbeit, schwierige Anpassung an sich ändernde Produktionsaufgaben) wurden im Laufe der Zeit so groß, dass man sich gezwungen sah die Arbeitsorganisation zu ändern. Ansatzpunkt hierfür war der Handlungsspielraum der Arbeitskräfte.

Mit Gruppen- und Teamarbeit versucht man der „Vereinsamung" der Arbeitnehmer und der Abkopplung vom eigentlichen Tätigkeitszweck entgegenzusteuern. Auch dies ist ein Teil des **„Business Reengineering"**.

Aber es gibt auch „Gegenstimmen" zu Gruppen- und Teamarbeit. Beispiel:

Das Institut Arbeit und Technik des Stuttgarter Fraunhofer-Institutes hat festgestellt, dass die Gruppenarbeit zwar in den letzten fünf Jahren um 70 % zugenommen hat, im Ergebnis aber gerade mal 6,9 % der Beschäftigten in Gruppen arbeiten. Bei der Beratung vor Ort entdecke man gerade in vielen kleinen und mittleren Betrieben Sättigungs- und sogar „Sterbenseffekte", was die Teamarbeit angeht. In einigen Branchen wie z. B. der Autoindustrie sind Ansätze, Mitarbeitern in Arbeitsgruppen bei der Gestaltung ihrer Tätigkeit ein bestimmtes Maß an Freiheit zu überlassen, rückläufig.

Die Unternehmen haben offenbar die Vorbehalte langjähriger Mitarbeiter unterschätzt, denn von früheren Einzelkämpfern werde nun verlangt, kreativ mitzugestalten und ihre Kollegen nicht weiter zu beaufsichtigen, sondern als gleichberechtigte Teammitglieder zu akzeptieren.

Gruppen- und Teamarbeit

Bei der Einführung von Gruppenarbeit werden häufig vermeidbare Fehler gemacht:

- Mitarbeiter werden nicht ausreichend über Veränderungen informiert.
- Schulungen der neuen Gruppenmitglieder bleiben aus.
- Zentrale Büros der (Fertigungs-)Steuerung bleiben trotz Gruppenarbeit bestehen.
- Gruppengrößen mit mehr als 10 Personen verhindern die Effizienz und fördern die Cliquenbildung.
- Teamarbeit wird nur aus Prestige- und Marketinggründen eingeführt (Modetrend).
- Gruppenarbeit wird selbst dort eingeführt, wo nachweislich ein Einzelarbeitsplatz effizienter wäre.
- Gruppenarbeit wird eingeführt ohne die Bereitschaft, auch die übrige Organisationsstruktur zu ändern.

Virtuelle Organisation

Dabei steht den meisten Betrieben die wirkliche Herausforderung bezüglich der Teamarbeit erst noch bevor. Die große Bewährungsprobe ist die virtuelle Organisation in Form einer offenen Kooperation mit Firmen, die ausgelagerte Leistungen übernommen haben.

- **Betriebsklima**

Hierbei geht es um das Zusammenspiel zwischen Unternehmensleitung und Belegschaft, aber auch um die Zusammenarbeit zwischen den Arbeitskollegen. Die betriebliche Atmosphäre hängt ganz wesentlich davon ab, welcher Führungsstil vorherrscht und inwieweit der einzelne Arbeitnehmer in die betriebliche Organisation eingebunden ist.

- **Arbeitszeit**

Leistungsfähigkeit

Die Leistungsfähigkeit des Menschen ist im Tages- und Wochenverlauf nicht gleichmäßig verteilt. Das Maximum menschlicher Leistungsdisposition liegt in den Vormittagsstunden. Am Nachmittag sinkt die Leistungsfähigkeit ab, um in den Abendstunden ein zweites Maximum zu erreichen. Dann sinkt sie fortlaufend und erreicht gegen 3:00 Uhr nachts ihr Minimum.

Gesetzgeber und Tarifpartner haben Rahmenbedingungen erlassen, die Arbeitszeit, Pausen und Urlaub regeln. Den Arbeitgebern bleibt darüber hinaus einen Gestaltungsspielraum, die besonderen Belange der Belegschaft zu berücksichtigen, z. B. durch gleitende Arbeitszeit, Vermeidung unnötiger Schichtarbeiten, jahreszeitlich angepassten Arbeitsbeginn usw. Die gängigsten Arbeitszeitmodelle sind:

Arbeitszeitmodelle

- **Schichtarbeit**
  Dies ist die älteste Form einer flexibel gestalteten Arbeitszeit. Bei der Schichtarbeit wird die Lage, nicht aber die Dauer der Arbeitszeit verändert. Bevorzugt wird diese Form der Arbeitszeitgestaltung vor allem von größeren Betrieben. Schichtarbeit gibt es in verschiedenen Gestaltungsformen, und zwar vom Ein- bis zum Vierschichtmodell. Wenn keine schwer wiegenden technologischen Gründe (z. B. Hochöfen, Papiermaschinen, die nicht zu beliebigen Zeiten abgestellt werden können) oder wirtschaftliche Gründe (sehr kapitalintensive Arbeitsplätze) vorliegen, vermeidet man es, Schichtzeiten in die Phasen des Minimums der Leistungsdisposition zu legen.
- **Jobsharing (Arbeitsplatzteilung)**
  Das ist eine spezielle Form der Teilzeitarbeit, bei der sich zwei Arbeitnehmer einen Arbeitsplatz teilen. Diese bestimmen selbst, wer zu welcher Zeit dort anwesend zu sein hat. Eine besondere Vereinbarung hierüber mit dem Arbeitgeber ist nicht erforderlich.
- **Jobsplitting**
  Bei dieser Regelung wird ein Vollzeitarbeitsplatz vom Arbeitgeber in mehrere voneinander unabhängige Arbeitsplätze aufgeteilt.
- **Gleitzeit**
  Bei der einfachen Gleitzeit hat der Arbeitnehmer die Möglichkeit Anfang und Ende seiner täglichen Arbeitszeit selbst zu bestimmen. Anwesenheitspflicht besteht zu bestimmten Kernzeiten. Dies ist notwendig, um die innerbetriebliche Kommunikation zu sichern. Bei der qualifizierten Gleitzeit kann der Arbeitnehmer nicht nur die Lage, sondern auch die Dauer der Arbeitszeit bestimmen. Zeitguthaben, die bei höherem Arbeitsanfall entstehen, können entweder finanziell ausgeglichen oder mit der Arbeitszeit des Folgemonats verrechnet werden (Zeitausgleich).
- **Altersteilzeit**
  Arbeitszeitmodell, durch das der gleitende Übergang in den Ruhestand erleichtert werden soll. Nicht mehr das kalendarische Alter bestimmt den Ruhestand, sondern der Arbeitnehmer bestimmt eigenverantwortlich seine Arbeitszeit. Bis zum Ausscheiden aus dem Erwerbsleben kann er über eine längere „Gleitphase" seine Arbeitszeit in Stufen mehrfach verkürzen. Dieses Modell der flexiblen Altersgrenze ist dann nicht mehr gegeben, wenn die Arbeitsvertragsparteien eine einmalige Arbeitsreduzierung vereinbaren (z. B. Halbtagsarbeit), die bis zum Ruhestand des Arbeitnehmers beibehalten wird.

  Die Altersteilzeit ist gedacht für Arbeitnehmer über 55, die ihre Arbeitszeit bis auf die Hälfte verringern möchten. Solchermaßen umstrukturierte Arbeitsplätze können von der Bundesanstalt für Arbeit bezuschusst werden, wenn die dadurch notwendig gewordenen zusätzlichen Stellen mit Arbeitslosen oder Auszubildenden besetzt werden (siehe auch Kapitel 1.4.5).

4.1.2 Innere Arbeitsbedingungen

Unter inneren Arbeitsbedingungen versteht man die persönlichen Voraussetzungen eines Arbeitnehmers. Dazu gehören:

Individuelle Leistungsfähigkeit

- **Leistungsfähigkeit**
  Sie hängt u. a. ab von der Schulbildung, der körperlichen Verfassung, dem Alter, dem Gesundheitszustand, der Berufsausbildung und -erfahrung, teilweise auch vom Geschlecht. Die Arbeitsteilung schafft die Voraussetzung dafür, dass die Arbeitnehmer entsprechend ihren Fähigkeiten eingesetzt werden können.

- **Leistungsbereitschaft**
  Wille und Ehrgeiz des einzelnen Arbeitnehmers, die an ihn gestellten Herausforderungen anzunehmen und seine Arbeit bestmöglich auszuführen.
- **Soziale Kompetenzen**
  Ein Arbeitnehmer ist in der heutigen Arbeitswelt nahezu immer Mitglied eines Teams, das eine gemeinsame Aufgabe zu bewältigen hat. Damit wird die Fähigkeit, das eigene Wissen in den Gesamtprozess einzubringen und an andere weiterzugeben, zum entscheidenden Wettbewerbsfaktor.

4.2 Unternehmenskultur

Jede Unternehmung muss geführt werden. Führung ist dabei als die „zielgerichtete Gestaltung" zu sehen und kann sich sowohl auf Personen (Personalführung) als auch auf ganze Unternehmen (Unternehmensführung) beziehen.

Dabei geht es im Wesentlichen um die Frage des Führungsstils und der Führungsmethode. Beide machen einen nicht unerheblichen Teil des Betriebsklimas aus und bestimmen mit über den unternehmerischen Erfolg.

Als **Führungsstil** bezeichnet man das Verhaltensmuster eines Vorgesetzten gegenüber seinem Untergebenen. Dieses Verhaltensmuster, das sich meist vom aktuellen und situativen Führungsverhalten unterscheidet, kann von demokratisch-kooperativ bis autoritär reichen.

4.2.1 Einflussfaktoren für die Leitungsspanne

Unter Leitungsspanne versteht man die Anzahl der Mitarbeiter, die in einem hierarchischen Unternehmensaufbau von einer jeweils direkt vorgesetzten Führungskraft zu „betreuen" ist. Dies ist abhängig von

- der Art und dem Umfang der zu bearbeitenden Aufgabenbereiche;
- der Struktur der Weisungsbeziehungen und der Qualifikation der Mitarbeiter/-innen;
- dem Führungsstil und den Führungsmethoden des/r Vorgesetzten;
- der Art des Planungs-, Kontroll- und Informationssystems;
- den eingesetzten Instrumenten für die Koordination der Arbeitsabläufe;
- den persönlichen Eigenschaften von Vorgesetzten und Mitarbeitern.

Je tiefer die Leitungsspanne, desto schwerfälliger kann die Leitungsstruktur werden. Dies gilt zumindest dann, wenn das Unternehmen streng hierarchisch in Form eines Liniensystems (siehe dazu auch Lernfeld 2, Kapitel 3.2) geführt wird.

Je flacher die Leitungsspanne, desto größer werden die Verantwortungsbereiche der Mitarbeiter „untergeordneter" Hierarchieebenen.

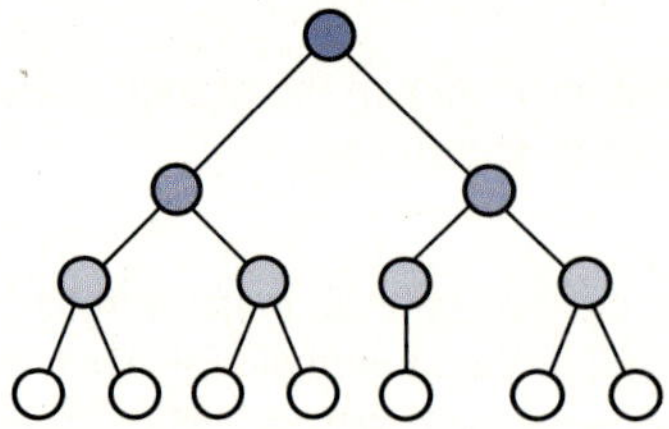

Tiefe Leitungsspanne

über **3 Ebenen**

- differenzierte Aufgabenverteilung
- lange Weisungswege
- mangelnde Flexibilität; Schwerfälligkeit des Systems

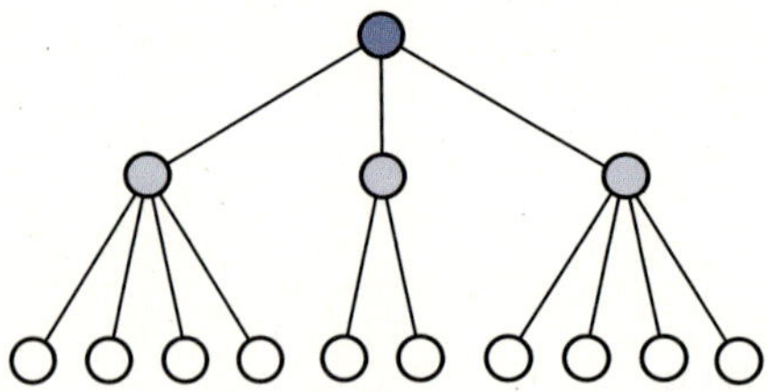

Mittlere Leitungsspanne

über **2 Ebenen**

- komplexere Aufgabenzuordnung
- verkürzte Weisungswege
- größere Flexibilität in der Zusammenarbeit

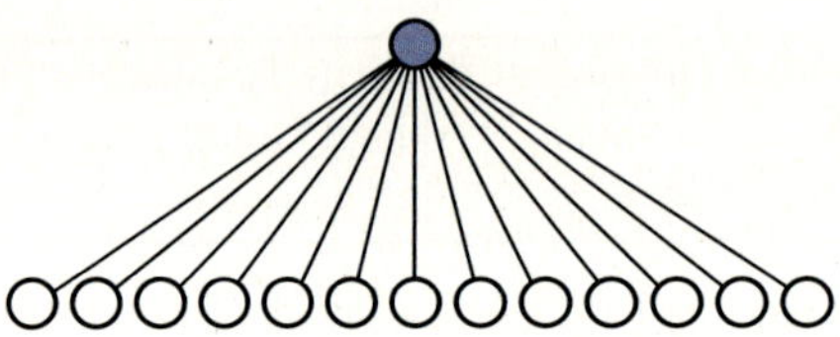

Flache Leitungsspanne

über **1 Ebene**

- sehr komplexe Aufgabenzuordnung
- direkter Weisungsweg
- direkte Zusammenarbeit mit der Geschäftsführung

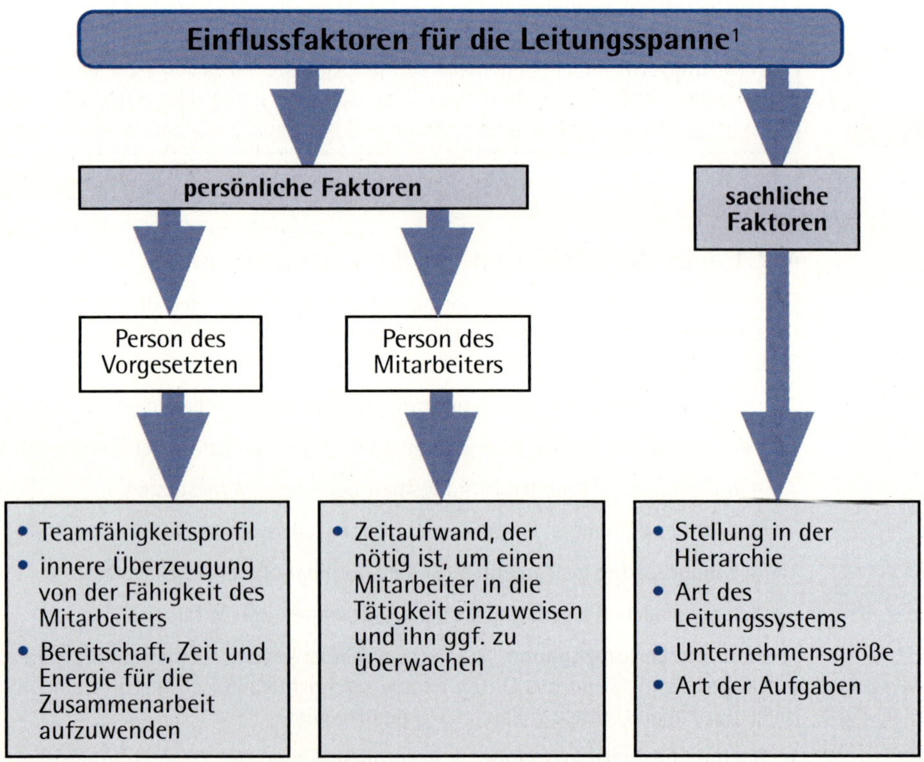

1 in Anlehnung an: www2.hs-harz.de/mmiller/ss02/pw1pdf, Sommersemester 2002, entnommen am 10. November 2002

4.2.2 Führungsstile

> Unternehmerische Führung ist darauf ausgerichtet, das Verhalten der Mitarbeiter so zu steuern, dass sowohl die wirtschaftlichen Ziele der Unternehmung als auch die persönlichen Ziele der im Betrieb arbeitenden Menschen verwirklicht werden.

Führungskultur

Die Unternehmungsführung liegt in den Händen der Betriebsleitung. Sie ist die oberste Instanz, von der alle Weisungs- und Entscheidungsbefugnis ausgeht. Deshalb trägt sie auch das Risiko und die Verantwortung für den gesamten Betrieb. Die Notwendigkeit einer unternehmerischen Führung ergibt sich aus mehreren Gründen:

Fähigkeiten

- Die Fähigkeiten der einzelnen Mitarbeiter liegen auf unterschiedlichen Gebieten.
- Es liegen verschiedenartige Fachkenntnisse der Mitarbeiter vor.
- Die Motivation ist bei den Mitarbeitern unterschiedlich stark ausgeprägt.
- Bei den sonstigen Persönlichkeitsmerkmalen der Mitarbeiter sind Unterschiede zu finden.

Führungsstil

Der Führungsstil ist sehr eng mit der Person des Vorgesetzten verbunden. Er drückt die persönliche Art und Weise aus, mit der eine Weisungsbefugnis ausgeübt wird. Grundsätzlich unterscheidet man drei Möglichkeiten des Führungsstils:

- **Laissez-faire-Stil**, d. h., der zu führende Mitarbeiter entscheidet nach eigenem Gutdünken;
- **autoritärer Stil** mit alleiniger, starker, oft selbstherrlicher Lenkung der Mitarbeiter; Grundlagen der Machtausübung können sein:
  - Macht durch Belohnung (höherer oder niedriger Lohn),
  - Macht durch Druck (Drohungen in Form von Versetzungen, Entlassungen u. Ä.),
  - Macht durch Wissen (Überlegenheit an Kenntnissen),
  - Macht durch Legitimation (aus einer übergeordneten betrieblichen Position heraus);
- **demokratischer oder kooperativer Stil** mit der Bereitschaft zur Anerkennung erbrachter Leistungen und zur Zusammenarbeit.

Völlige Freiheit

Für den betrieblichen Bereich hat der Laissez-faire-Stil, der durch weitgehende Planlosigkeit und wenig Kooperationsbereitschaft gekennzeichnet ist, keine Bedeutung. Eine straffe Führung fehlt, Mitarbeiter werden teilweise sich selbst überlassen und Anordnungen werden nicht überwacht. Gleichgültigkeit führt zu unrationeller Arbeitsweise. Von daher ist dieser Stil wenig empfehlenswert.

Autorität

Das andere Extrem ist der autokratische oder autoritäre Führungsstil. Er bevormundet die Mitarbeiter, lässt ihnen keine bzw. wenig Entscheidungsfreiheit. Die Kontrolle ist sehr stark und die Führung straff und hierarchisch organisiert, sodass eine Eigeninitiative der Mitarbeiter kaum zum Tragen kommt. Auch dieser Führungsstil eignet sich wenig, um den heutigen betrieblichen Problemen gerecht zu werden.

Kooperative Führung

Der demokratische oder kooperative Führungsstil orientiert sich an den Bedürfnissen der Mitarbeiter und den Erkenntnissen über die soziale Struktur eines Betriebes. Er fördert die Zusammenarbeit, bezieht die Mitarbeiter in die Verantwortung mit ein, verlangt konstruktive Kritik und sieht Vertrauen als wichtige Grundlage an. Der kooperative Stil geht von der Erkenntnis aus, dass Anerkennung des Einzelnen im Betrieb und bestimmte Formen der Machtausübung das Betriebsklima, den sozialen Frieden und nicht zuletzt die Leistungsbereitschaft der Arbeitnehmer positiv beeinflussen. In Abhängigkeit davon, wie Macht überwiegend ausgeübt wird, fällt oder steigt der Erfolg des kooperativen Führungsstils (siehe dazu auch Lernfeld 5, Kapitel 1.1).

Typische Verhaltensweisen für den kooperativen Führungsstil sind:

- Ermunterung der Mitarbeiter zur Einbringung eigener Vorschläge,
- Beteiligung der Mitarbeiter an Entscheidungen und Planungen,
- Aussprache über Ziele und Vorstellungen des Unternehmens,
- Gespräche über Verfahren und Methoden,
- Entgegennahme von Vorschlägen und Anregungen der Mitarbeiter,
- Anerkennung und Bestätigung sowie sachbezogene Kritik mit Nennung der Ursachen,
- Offenheit und Gesprächsbereitschaft,
- gemeinsame Suche nach Gründen und Ursachen für Fehlverhalten der Mitarbeiter,
- Durchführung sachbezogener Kontrollen als Mittel zur Ergebnisverbesserung.

Erwartete Auswirkungen auf die Mitarbeiter:

- sachliche Arbeitsatmosphäre, gegenseitige Unterstützung,
- Gruppenbewusstsein,
- selbstständige und verantwortungsbewusste Arbeit,
- Offenheit und Vertrauen,
- Ausprägung von Spontaneität und Kreativität,
- Informationsbereitschaft und Selbstkontrolle,
- positive Verarbeitung von Kritik.

Soziale Beziehungen

Führung und spezielle Führungserfolge sind eng verknüpft mit der Bereitschaft, soziale Kontakte und Verbindungen wahrzunehmen, soziale Beziehungen aufzunehmen und sie zu analysieren. Eine Führungspersönlichkeit benötigt daher

- **Feinfühligkeit** (Gespür für Bedürfnisse und Probleme einer Gruppe),
- **Flexibilität** (Fähigkeit, eigenes Verhalten geänderten Situationen anzupassen),
- **Verantwortlichkeit** (Bereitschaft zur Übernahme von Verantwortung).

Diese drei Charaktereigenschaften müssen aber immer unter den besonderen Bedingungen der Gruppe, ihrer Aktivitäten, Ziele und Konflikte gesehen und zu diesen in Beziehung gesetzt werden.

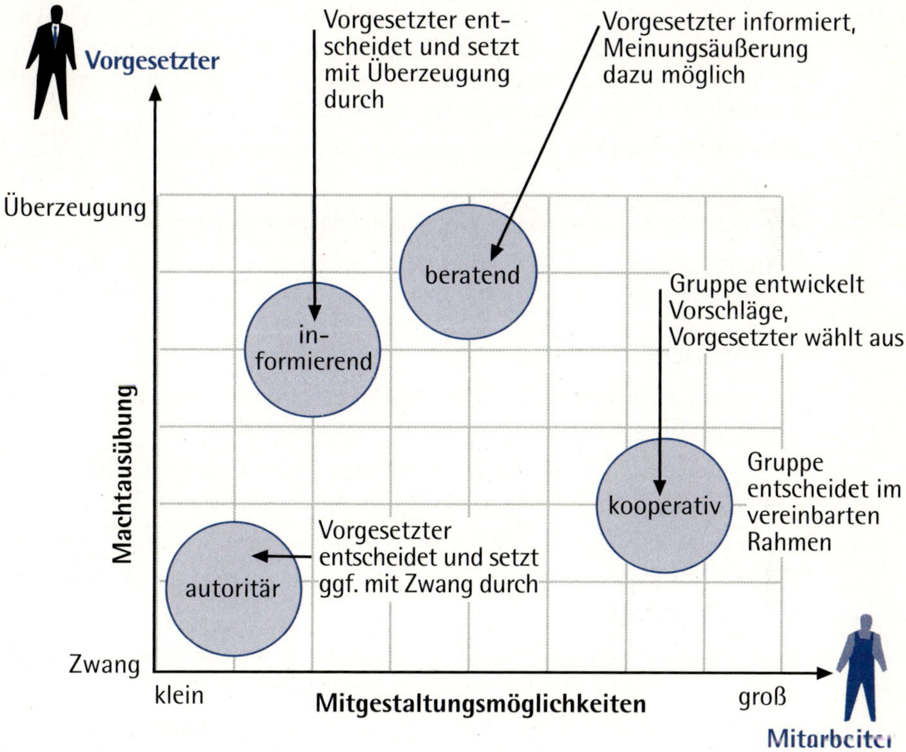

Harzburger Modell

Das nach der Führungsakademie in Bad Harzburg benannte **Harzburger Führungsmodell** wird als „Führung im Mitarbeiterverhältnis" bezeichnet. Es ist dadurch gekennzeichnet, dass die Motivation der Mitarbeiter durch Delegation von Verantwortung und durch die Übertragung von selbstständigen Aufgabenbereichen gefördert werden kann.

- Jeder Mitarbeiter erhält ein fest umgrenztes Aufgabengebiet mit Kompetenzen und eigenverantwortlicher Entscheidungs- und Handlungsbefugnis.
- Für diesen Aufgabenbereich trägt der Mitarbeiter die volle Verantwortung.
- Der Vorgesetzte darf – abgesehen von Ausnahmen – in den Bereich des Mitarbeiters nicht eingreifen.
- Umfangreiche Führungsanweisungen und Stellenbeschreibungen grenzen die Aufgaben ab.

Führen heißt: Erfolge durch andere erzielen. Führungskräfte haben es mit zumindest drei Bedingungen zu tun:

Bedingungen der Führung

- mit **Personen** (sich selbst und den Geführten),
- mit **Umständen** (dazu zählen Aufgaben, Vorgaben, Ressourcen, Regeln, Strukturen),
- mit **Kriterien** (oder Erfolgsmaßen, zum Beispiel Qualität, Kosten, Schnelligkeit, Profit).

Der Führungsstil ist die charakteristische und dauerhafte Eigenart, mit der eine Person diese drei Bedingungen organisiert und bewältigt. Von Führungskräften wird heute erwartet, dass sie begeistern, mitreißen, über den Tag hinaus („strategisch") und vernetzt denken und handeln. Dem steht allerdings der oft „stumpf-graue" Alltag des Unternehmens gegenüber. Es ist bislang auch nicht eindeutig und überzeugend gelungen nachzuweisen, dass es den optimalen Führungsstil als Garant für Erfolg überhaupt gibt. Das hat drei Gründe:

- Erstens gibt es sehr verschiedene Vorstellungen darüber, was Erfolg ist und wie man ihn feststellt;
- zweitens kann man auf vielen Wegen zum Erfolg kommen;
- drittens wird das, was jemand tut (Führungsverhalten), von verschiedenen Personen sehr unterschiedlich erlebt.

Es gibt **Manager**,

- die einen sehr kooperativen Führungsstil pflegen und gleichzeitig ausgezeichnete Resultate vorlegen können. Dies ist die ideale Führungspersönlichkeit.
- die autoritär führen und miserable Ergebnisse haben. Diese Situation ist auch klar: Sie ist untragbar.

Diese beiden Varianten geben keinen Anlass zu Diskussionen. So einfach liegen die Dinge aber meistens nicht, denn

es gibt auch **Manager**,

- die zwar sehr kooperativ führen und angenehm und kultiviert auftreten. Das Problem ist aber, dass sie keine Resultate vorweisen können.
- die ziemlich strikt führen und daher landläufig als autoritär gelten. Aber sie können positive Ergebnisse vorweisen.

Im Zweifel müssen die Resultate der Führungsarbeit höher gewichtet werden als der Führungsstil.

Führung ist eine Kunst. Die Techniken und das Handwerk kann man lernen, Könner sind jedoch noch lange nicht Künstler. Aber lieber ein solider Handwerksmeister als ein Dilettant, der sich für Michelangelo hält. Das aber kommt in der Managementausbildung kaum zur Sprache: Wirklich entscheidend sind elementare Manieren. Man kann es auch Anstand oder Kinderstube nennen. Dabei geht es um schlichte Dinge. Zum Beispiel darum, dass man gelegentlich „bitte" und „danke" sagt – auch zu seinen Mitarbeitern. Darum, dass man die Leute ausreden lässt, ihnen zuhört, ihnen nicht ins Wort fällt, sie nicht anschreit, seine Launen nicht zeigt usw.[1]

1 Auszüge aus: Oswald Neuberger in www.junge Karriere.com und www.flexible-unternehmen.de/news 2/6/20-03 htm, entnommen November 2002

Fakten kurz gefasst

	Autoritärer Führungsstil	Kooperativer Führungsstil
Person	• starkes Niveaugefälle zwischen Vorgesetzten und Mitarbeitern • Mitarbeiter mit Autoritätsbewusstsein, sicherheitsorientiert	• geringes Niveaugefälle zwischen Vorgesetzten und Mitarbeitern • Mitarbeiter mit hoher Leistungsbereitschaft, Aufgeschlossenheit, Kreativität, Initiative
Situation	• Situationen, die eine schnelle Entscheidung verlangen • stabile Verhältnisse in der unternehmerischen Umwelt (Rahmenbedingungen)	• Situationen, die ideenreiche Entscheidungen verlangen • dynamische Entwicklung der unternehmerischen Rahmenbedingungen, starker Innovationszwang
Aufgabe	• Aufgaben, die eine geringe Eigeninitiative erfordern • Aufgaben, die Pflichtbewusstsein, Zuverlässigkeit voraussetzen • Aufgaben mit hoher Routine (Wiederholungseffekte)	• Aufgaben, die schöpferische Eigengestaltung, Flexibilität und unkonventionelles Vorgehen erfordern • nichtstandardisierte Aufgaben mit innovativen Problemlösungen
Organisationsstruktur	• strenge Hierarchie mit Betonung vertikaler Informationskanäle • hoher Organisationsgrad und geringer Dispositionsspielraum	• aufgelockerte Hierarchie mit Tendenz zum Kollegialprinzip • freie Kommunikation • geringer Organisationsgrad

4.2.3 Führungsmethoden

Managementmethoden

Während der Führungsstil die persönliche Art der Mitarbeiterführung eines Vorgesetzten beschreibt, sollen Führungsmethoden ein geschlossenes Konzept für alle Weisungsbefugten einer Unternehmung bilden. Solche Führungsmethoden bezeichnet man vielfach auch als „Management-Systeme". Die wichtigsten Formen werden nachfolgend kurz beschrieben:

Zielvereinbarung

- **Management by Objectives** (Führung durch Zielvereinbarungen)

  Ausgehend von obersten Unternehmungszielen, die die Unternehmensleitung formuliert, setzen Angestellte mit ihren Vorgesetzten diese Ziele in ihrem Arbeitsbereich um. Es werden Aufgaben für die einzelnen Stellen festgelegt. Da der einzelne Stelleninhaber an der Aufgabenerstellung mitbeteiligt war, wird er besonderen Ehrgeiz entwickeln, diese Aufgaben zu bewältigen. Um das Ziel zu erreichen, kann er selbstverständlich auf das Wissen und die Erfahrungen des Vorgesetzten zurückgreifen, der ihn informiert und berät.

Verantwortungsübertragung

- **Management by Delegation** (Führung durch Übertragung von Verantwortung und Entscheidungsbefugnis)
  Die Mitarbeiter dürfen hierbei innerhalb ihres Aufgabenbereichs selbstständig Entscheidungen treffen. Sie unterliegen zwar der Kontrolle des Vorgesetzten, dieser soll aber nicht in den Entscheidungsprozess eingreifen, es sei denn, er könnte Fehlentwicklungen verhindern. Basis dieser Führungsmethode ist eindeutig ein kooperativer Führungsstil.

Ausnahmeprinzip

- **Management by Exception** (Führung nach dem Ausnahmeprinzip)
  Alle üblicherweise anfallenden Entscheidungen werden von den zuständigen Stellen selbstständig getroffen. Die Vorgesetzten greifen nur dann ein, wenn über außergewöhnliche Maßnahmen entschieden werden soll. Durch diese Führungstechnik wird die Unternehmensleitung von alltäglichen Arbeiten befreit. Ihr obliegen nur noch die Anordnungen und die Kontrolle über diese Tätigkeiten.

Selbstregelung

- **Management by Systems** (Führung durch Systemsteuerung)
  Ähnlich wie bei dem Management by Objectives handelt es sich hier um eine Führung mit Delegation und weitestgehender Selbstregelung, hier aber auf der Grundlage computergestützter Informations- und Steuerungssysteme. Routine-Management-Prozesse werden durch Computereinsatz quasi automatisch gesteuert. Dadurch wird gleichzeitig eine bessere Informationsversorgung aller Führungsebenen gewährleistet, Managementprozesse können beschleunigt werden. Zudem sind abteilungsübergreifende Wirkungen von Entscheidungen schnell erkennbar.

4.2.4 Corporate Identity

Im Rahmen des Business Reengineering ist das Personalwesen gefordert, von der bislang eher funktionalen Denkweise einzulenken auf eine Personalpolitik, die dem Mitarbeiter eine aktive Rolle bei der Gestaltung der Unternehmensprozesse einräumt. Dabei geht es um mehr als das, was man bisher mit dem innerbetrieblichen Vorschlagswesen zu erreichen versucht hat.

Identifikation mit dem Unternehmen

Die Einbeziehung der Mitarbeiter in den Geschäftsprozess ist ein Stück gelebte Unternehmenskultur. Das Bewusstsein, dass es nicht die Maschinen, sondern die Menschen sind, die sicherstellen, dass der Betrieb „läuft", kann die für eine erfolgreiche Entwicklung erforderlichen innovativen Kräfte in einem höheren Maße freisetzen als in herkömmlichen Prozessen.

Leitbild

Das Leitbild ist Bestandteil einer ganzheitlichen Unternehmenspolitik, durch die sich das Unternehmen mit all seinen Aktivitäten gegenüber den Mitarbeitern, Kunden, Lieferanten, Konkurrenten und der Öffentlichkeit präsentiert. In der englischen Sprache wird dies als „Corporate Identity" bezeichnet. Ein schriftlich niedergelegtes Unternehmensleitbild hat Programmcharakter.

Wenn Sie mehr über die Entwicklung und die Inhalte von Unternehmensleitlinien wissen wollen, schlagen Sie in diesem Kompendium Lernfeld 2, Kapitel 1.2 nach.

Dazu müssen die entsprechenden Rahmenbedingungen gegeben sein: Es muss

Unternehmensbild

- eine einheitliche **Unternehmensphilosophie** geben, die auch von den Führungsgremien sichtbar „gelebt" und umgesetzt wird.
- sichergestellt sein, dass Mitarbeiter ihre **Ideen einbringen** können.
- ein **funktionierendes „Vorschlagswesen"** geben.
- ein **kooperativer Führungsstil** angewandt werden, der das Vertrauen der Mitarbeiter sicherstellt.
- regelmäßige individuelle **Mitarbeitergespräche** und nicht nur formelle Betriebsversammlungen geben.
- dafür Sorge getragen werden, dass es **Personalentwicklungskonzepte** gibt, die auf die **Förderung des Nachwuchses** ausgerichtet sind und die **Perspektiven** für die Mitarbeiter eröffnen.
- eine umfassende und **offene Informationspolitik** betrieben werden, denn nichts ist schlimmer, als wenn betroffene Belegschaftsmitglieder unter Umständen Informationen über den Betrieb erst aus der Presse erfahren.

Eine Unternehmenskultur ist die Summe aller Werte und Einstellungen, die das Handeln und die Orientierung der Mitarbeiter einer Unternehmung prägen. Durch ihre Beachtung soll die Wettbewerbsfähigkeit der Unternehmung gestärkt werden:

- Förderung der Mitarbeitermotivation,
- Verbesserung der Einstellung zum Produkt,
- Förderung des Zusammengehörigkeitsgefühls der Mitarbeiter,
- Erzeugung von Identifikationsmöglichkeiten der Mitarbeiter mit dem Betrieb.

4.2.3 Coaching und Kompetenzentwicklung

Führungsprofil

Der Vorgesetzte hat durch seine Aufgabe, die Unternehmung zu führen, eine Schlüsselposition inne. Zum Führungsprofil gehört nicht nur die Tatsache, dass man führt, sondern wie es gelingt, die Mitarbeiter zu motivieren und sich selbst weiter zu qualifizieren. Damit wird Führung nicht mehr ausschließlich als Instrument der Anweisung von oberen in niedrigere Hierarchieebenen angesehen. Es geht darum, dass sich auch das Führungspersonal unabhängig von seiner herausgehobenen Stellung mit den Mitarbeitern identifiziert.

Coaching wird als eine neue Form der Führung angewandt. Dabei handelt es sich um eine „Betreuung" der eigenständig arbeitenden Teams. Die Übernahme größerer Verantwortung durch die Teams erfordert ihrerseits besondere Qualifikationen im menschlichen Bereich. **Soziale, konzeptionelle, aber auch methodische Fähigkeiten** müssen ebenso vorhanden sein um sich in den Teamprozess einzubringen wie die Fähigkeit, sowohl schriftlich als auch mündlich die eigenen Vorstellungen zu äußern.

Führungskräfte sollten daher in der Lage sein, die Mitarbeiter zu einer ständigen Weiterentwicklung zu veranlassen, ohne dass dafür externe Impulse benötigt würden:

Lernkonzeptionen

• Lernen lernen	(arbeitsmethodische Kompetenz)
• Lernen lehren	(pädagogische Kompetenz)
• Helfen zu lernen	(soziale Kompetenz)
• Lernen zu helfen	(soziale Kompetenz)
• Lernen sich helfen zu lassen	(persönliche Kompetenz)
• Lernen loszulassen	(Coachingkompetenz)
• Lernen permanent zu lernen	(Weiterbildungskompetenz)
• Lernen zu entscheiden	(Persönlichkeits- und Entscheidungskompetenz)

5 Personalentlohnung – Lohnnebenkosten

Entlohnung

Die Entlohnung stellt für die Arbeitnehmer das Einkommen, für die Arbeitgeber aber einen Kostenfaktor dar. Damit ist das Spannungsfeld vorgegeben. Während die Arbeitnehmer ein möglichst hohes Arbeitsentgelt beanspruchen, will der Arbeitgeber für eine bestimmte Leistung die Lohnkosten möglichst gering halten. Entscheidend ist die Frage, ob der gezahlte bzw. für eine bestimmte Leistung zu zahlende Lohn als angemessen, gerecht oder wirtschaftlich tragbar empfunden wird. Zwischen Lohn und Leistung sollte ein ausgeglichenes Verhältnis bestehen.

5.1 Entlohnungsformen

Zeitlohn	Leistungslohn
Ausschlaggebend ist die Zeit der Anwesenheit im Betrieb bzw. die Zeit, in der der Arbeitnehmer seine Arbeitskraft am Arbeitsplatz zur Verfügung stellt. • Zur Arbeitsleistung besteht kein unmittelbarer Bezug. Leistungsfähigkeit und -bereitschaft können allerdings in unterschiedlichen Stundenlöhnen oder Gehältern zum Ausdruck kommen. Diese Entlohnungsform ist besonders zweckmäßig, wenn • der Arbeitsablauf eine bestimmte Leistung voraussetzt, wie es z. B. bei der Fließbandfertigung der Fall ist; • die zu verrichtende Tätigkeit besonders schwierig oder gefährlich ist und daher große Sorgfalt voraussetzt; • der Arbeitsgang nicht in Einzelschritte zerlegbar ist.	Es handelt sich um ein leistungsbezogenes Entgeltsystem. Der Arbeitnehmer erhält nur das mengenmäßige Arbeitsergebnis vergütet. • Je höher die erbrachte Leistung ist, desto höher ist der Verdienst. Diese Entlohnungsform ist besonders zweckmäßig, wenn • der Arbeitsauftrag in einzelne, zeitlich bewertbare Tätigkeiten oder Arbeitsgänge zerlegbar ist; • sich die Tätigkeiten sehr oft wiederholen, sodass sich der Aufwand für die Festlegung der Arbeitszeiten der einzelnen Tätigkeiten lohnt; • die Arbeitsgeschwindigkeit nicht fest vorgegeben ist, sondern sich individuell steuern lässt.

Zeitlohn	Leistungslohn
Es gibt verschiedene Möglichkeiten, die Anwesenheit im Betrieb zu erfassen. Eine der bekanntesten Formen ist die Stechuhr, die vom Arbeitnehmer bei Beginn und Ende der Arbeitszeit bedient werden muss.	Auf eine Erfassung der Anwesenheit im Betrieb kann auch hier nicht verzichtet werden, sie hat aber keine direkten Auswirkungen auf den Lohn.
Kosten:	**Kosten:**
Der Lohn bleibt bei unterschiedlichen Leistungen immer gleich. Die Lohnkosten pro Stück steigen, wenn die Leistung sinkt und sie sinken, wenn die Leistung steigt.	Je höher die Leistung, desto höher der Lohn und umgekehrt. Die Lohnkosten pro Stück bleiben aber immer gleich.

Kostenentwicklung bei Zeitlohn und Leistungslohn

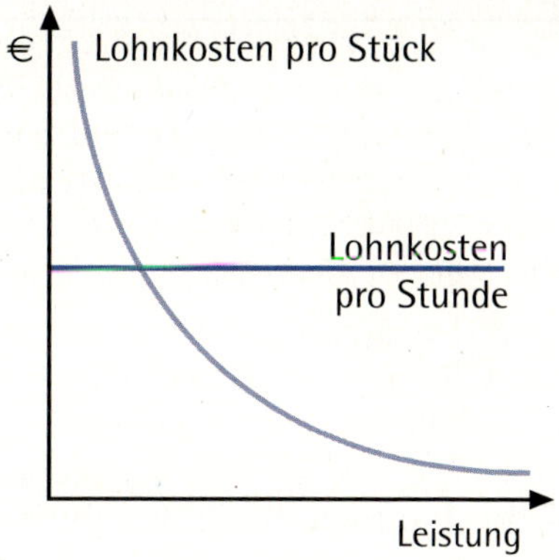

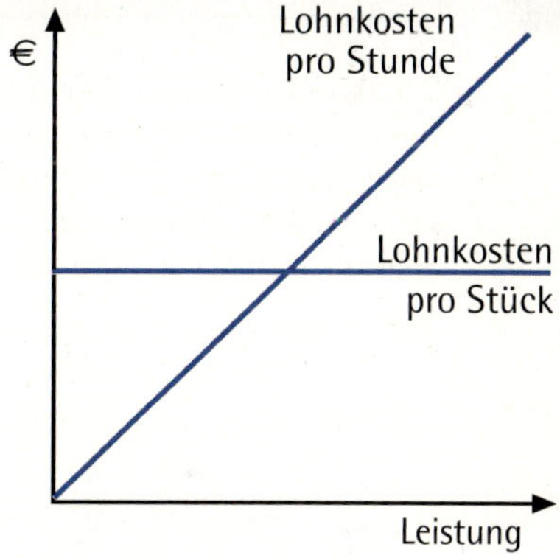

Prämienlohn

Beim Prämienlohn werden dem Arbeitnehmer Zuschläge für besondere Leistungen bezahlt. Damit sind die Prämien Ergänzungszahlungen zum Zeit- oder Akkordlohn. Prämien stellen qualitative und/oder quantitative Leistungsanreize dar. Die Prämienzahlung erfolgt nur dann, wenn eine bestimmte Normalleistung überschritten, d. h., wenn besser oder schneller gearbeitet wurde.

Man unterscheidet verschiedene Prämienarten:

Prämienarten

- **Qualitätsleistungsprämien** (geringe Ausschussquoten, wenig Garantiefälle, keine Reklamationen usw.)
- **Ersparnisprämien** (hohe Materialausbeute, geringer Energieverbrauch, sparsamer Rohstoffeinsatz usw.)
- **Nutzungsgradprämien** (Reduzierung der Reparaturzeiten, Herabsetzung der Rüstzeiten usw.)

Sonstige Anlässe zur Prämienzahlung können Termineinhaltung, vorzeitige Fertigstellung, Unfallverhütung usw. sein.

5.2 Formen des Leistungslohnes

5.2.1 Bewertung einzelner Arbeitsgänge in Geldeinheiten (Geldakkord)

Geldakkord

Beim Geldakkord erhalten die Arbeiter für jedes hergestellte Teil oder für jeden Arbeitsgang, der an einem Werkstück verrichtet wird, einen festen Geldbetrag vergütet. Mit der vorausberechneten Zeitdauer des Arbeitsgangs liegt auch die erwartete Normalleistung eines Arbeitnehmers fest. Sie drückt sich in der Anzahl der Leistungseinheiten pro Stunde oder Arbeitstag aus. Auf der Grundlage eines vorgegebenen Akkordrichtsatzes und der errechneten Normalleistung wird der Stückakkordsatz ermittelt. Er ist das Arbeitsentgelt pro Stück, Tätigkeit oder Arbeitsgang.

$$\text{Stückakkordsatz} = \frac{\text{Akkordrichtsatz}}{\text{Normalleistung/Std.}}$$

Der Stückakkordsatz ist von Tätigkeit zu Tätigkeit verschieden. Er wird von der Arbeitsvorbereitung jeweils errechnet und dem Arbeiter vorgegeben. Dazu muss zunächst der Zeitbedarf für die entsprechende Tätigkeit festgestellt werden. Je länger der Arbeitsvorgang dauert, desto höher ist der Stückakkordsatz (und umgekehrt). Der Akkordarbeiter kann seinen Lohn unmittelbar errechnen, indem er den Stückakkordsatz mit seiner Arbeitsleistung multipliziert.

Tarifveränderungen bei Stückakkord

Jede Tätigkeit hat einen anderen Stückakkordsatz, dadurch wird die Lohnberechnung bei sehr unterschiedlichen Arbeitseinsätzen erschwert. Bei einer veränderten Entlohnungsgrundlage (Tariferhöhung o. Ä.) müssen sämtliche Stückakkordsätze geändert werden.

5.2.2 Bewertung einzelner Arbeitsgänge in Zeiteinheiten (Zeitakkord)

Minutenfaktor

Im Gegensatz zum Stückakkord erhält der Arbeiter für jeden beendeten Arbeitsgang keinen festen Geldbetrag, sondern einen Zeitwert angerechnet. Jede Minute hat dabei den Wert des festgelegten Minutenfaktors. Der Lohn errechnet sich aus der Summe der geleisteten Akkordminuten multipliziert mit dem Minutenfaktor: Eine Arbeits- oder Akkordminute hat dabei den Wert von 1/60 des Akkordrichtsatzes.

Auch beim Zeitakkord wird vor Beginn der Tätigkeit ermittelt, welcher Zeitaufwand für sie erforderlich sein wird. Die Vorgabezeit wird i. d. R. in Minuten und Sekunden ausgedrückt. Die Vorgabezeit wird mithilfe von Arbeitszeitstudien sowie durch direkte Beobachtungen des Arbeitsablaufes am Arbeitsplatz ermittelt (siehe dazu auch Lernfeld 5, Kapitel 3.5).

$$\text{Minutenfaktor} = \frac{\text{Akkordrichtsatz}}{60}$$

$$\text{Vorgabezeit} = \frac{\text{60 Minuten}}{\text{Normalleistung/(Std.}}$$

Tarifveränderungen bei Zeitakkord

Wie beim Geldakkord gibt es auch hier den Akkordrichtsatz als Stundenlohn für eine durchschnittliche Akkordleistung. Eine Leistungssteigerung hat zur Folge, dass der Arbeiter pro Stunde oder Tag mehr Stück und damit mehr Akkordminuten erbringt. Der Arbeiter kann seinen Lohn ohne größere Umrechnungen direkt aus seiner Leistung ermitteln und erkennt offen die direkte Abhängigkeit von Leistung und Lohn.

Bei Tarifveränderungen braucht lediglich der Minutenfaktor angepasst zu werden und nicht die Vielzahl einzelner Stückakkordsätze. Der Minutenfaktor ist für alle Tätigkeiten gleich. Bei der Lohnberechnung müssen die Akkordminuten addiert und mit dem Minutenfaktor multipliziert werden.

5.2.3 Ermittlung des Leistungsgrades

Sowohl beim Geld- wie auch beim Zeitakkord wird zwischen der Normalleistung und der tatsächlichen Arbeitsleistung unterschieden.

- Die Normalleistung wird beim Geldakkord durch die Vorgabe einer bestimmten Stückzahl pro Stunde festgelegt.
- Beim Zeitakkord wird nicht die Anzahl der Leistungseinheiten, sondern die Vorgabezeit als Normalleistung angegeben.
- *Ist- und Soll-Leistung* Das Verhältnis zwischen Ist- und Soll-Leistung eines Arbeiters ergibt den Leistungsgrad (100 % = Normalleistung). Unter- oder überschreitet der Leistungsgrad diese Grenzen in erheblichem Maße, sollte die vorgegebene Normalleistung kontrolliert werden.

$$\text{Leistungsgrad} = \frac{\text{Ist-Leistung} \cdot 100}{\text{Normalleistung}}$$

- Berechnet werden kann auch das Verhältnis von Vorgabezeit und der tatsächlich benötigten Zeit. Das Ergebnis ist der Zeitgrad.

$$\text{Zeitgrad} = \frac{\text{Vorgabezeit} \cdot 100}{\text{Ist-Zeit}}$$

Maximal- und Minimalprinzip

Beide Berechnungen führen zum gleichen Ergebnis. Im übertragenen Sinne spiegelt sich im Leistungsgrad das Maximalprinzip wider, denn je größer die tatsächlich erbrachte Leistung im Verhältnis zur Normalleistung ist, desto größer ist der Leistungsgrad. Im Falle des Zeitgrades „greift" das Minimalprinzip, denn es geht darum, die Vorgabezeit möglichst zu unterschreiten, um zu einem höheren Zeitgrad zu kommen.

Beispiel:

Vorgabezeit: 5 Minuten/Stück → Normalleistung: 12 Stück/Stunde

Ist-Leistung: 15 Stück/Stunde → Tatsächlich benötigte Zeit/Stück 4 Minuten

Leistungsgrad $\frac{15 \cdot 100}{12} = 125\ \%$ → Zeitgrad = $\frac{5 \cdot 100}{4} = 125\ \%$

5.2.4 Ermittlung des Arbeitsentgeltes

Vor Beginn und nach Ablauf der eigentlichen Arbeitsverrichtung erhält der Arbeitnehmer eine so genannte „Rüstzeit" (siehe auch Lernfeld 5, Kapitel 3.5.2). Sie muss zu den reinen Akkordminuten hinzugerechnet werden.

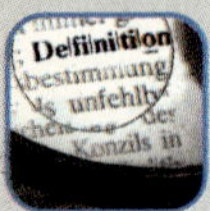

Bruttolohn = (Vorgabezeit · Stückzahl + Rüstzeit) · Minutenfaktor

Beispiel:

Arbeitszeit:	8 Std.	Akkordmin.:	600 Min.
Vorgabezeit:	2 Min. pro Sück	Rüstzeit:	24 Min.
Normalleistung	30 Stück pro Std.	Verrechnete Min.:	624 Min.
Akkordrichtsatz	12,00 €		
Minutenfaktor:	0,20 €	**Bruttolohn:**	624 Min. · 0,20 € = 124,80 € pro Tag
Ist-Leistung	300 Stück	**Leistungsgrad:**	624 : 480 · 100 = 130 %

5.3 Lohnnebenkosten

Sozialleistungen

Die sozialen Verpflichtungen des Arbeitgebers gehen über die reine Lohnzahlung hinaus. Regulär beschäftigte Arbeitnehmer haben neben einer Vielzahl von weiteren Einzelregelungen insbesondere einen Anspruch auf

- Urlaub und Urlaubsgeld,
- Weihnachtsgeld,
- Kündigungsschutz,
- anteilige Übernahme der Sozialversicherungsbeiträge,
- Zahlung vermögenswirksamer Leistungen.

Dabei handelt es um die so genannten „Lohnnebenkosten". Sie machen einen hohen Anteil zusätzlich zu kalkulierender bzw. zu verrechnender Kosten aus. Nachfolgend werden die wichtigsten Eckpunkte der Lohnnebenkosten dargestellt.

Um nähere, vor allem aber auch aktuelle Einzelheiten zu den Arbeitsschutzgesetzen in Erfahrung zu bringen, empfehlen wir Ihnen die Nutzung des Internet **(www.div.koeln.de oder www.baua.de oder www.dpg-hv.de/soz_pflichtenheft/teil9/grund.htm-12k).**

nach: Zahlenbilder 287310, Erich Schmidt Verlag, Berlin

5.3.1 Sozialversicherungspflicht

Die soziale Sicherung gehört zu den Grundsäulen des Arbeitsverhältnisses. Versicherungspflichtig sind bis auf wenige Ausnahmen alle dauerhaft im Ausbildungs-, Arbeiter- oder Angestelltenverhältnis tätigen Arbeitnehmer.

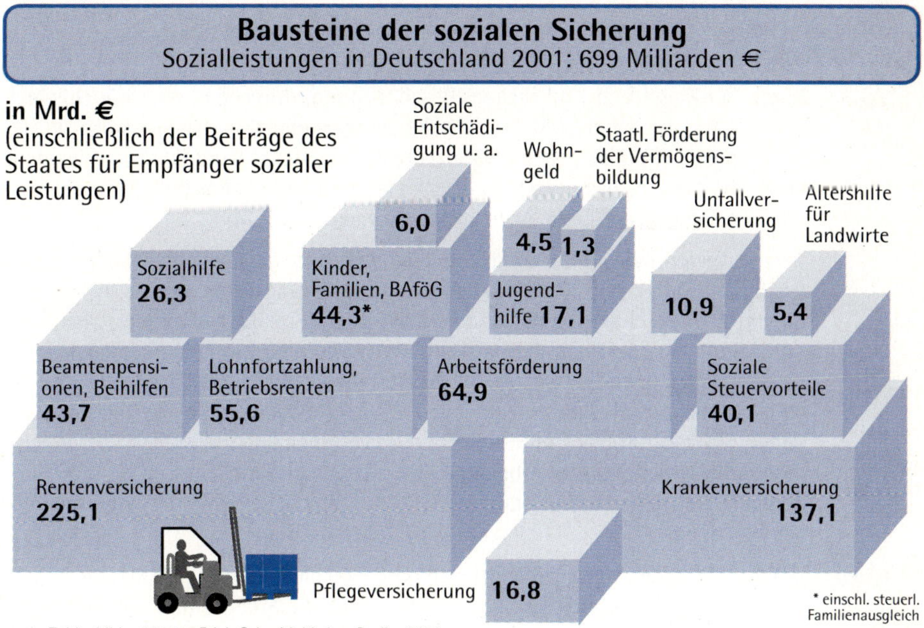

nach: Zahlenbilder 141131, Erich Schmidt Verlag, Berlin, 2002

Prinzipien der sozialen Sicherung

Leistungen nach dem ...	**Versicherungsprinzip**	**Versorgungsprinzip**	**Fürsorgeprinzip**
durch die ...	**Sozialversicherung**	**öffentliche Versorgung**	**Sozialhilfe**
erhalten ...	Mitglieder der Sozialversicherung, wenn sie Versicherungsbeiträge gezahlt haben	bestimmte Bevölkerungsgruppen, wenn sie besondere Opfer oder Leistungen für die Gemeinschaft erbracht haben	alle Bürgerinnen und Bürger, wenn sie bedürftig sind
finanziert durch ...	Versicherungsbeiträge und Staatszuschüsse	Steuermittel	Steuermittel

nach: Zahlenbilder 141050, Erich Schmidt Verlag, Berlin 2003

5.3.1.1 Der Sozialversicherungsausweis

Durch Schwarzarbeit und illegale Beschäftigung, durch den missbräuchlichen Bezug von Sozialleistungen und die Missachtung der Verdienstgrenzen, ab denen auch ein „Job" sozialversicherungspflichtig ist, gehen den Sozialkassen in Deutschland jährlich Milliardenbeträge verloren. Um solchen Missbrauch zu erschweren und bessere Kontrollmöglichkeiten zu schaffen, erhalten alle Beschäftigten einen Sozialversicherungsausweis.

Vorlegungspflicht

Der Ausweis enthält den Vor- und Familiennamen (dazu gegebenenfalls auch den Geburtsnamen) des Beschäftigten und die von der Rentenversicherung vergebene Versicherungsnummer. Bei Beginn einer Beschäftigung muss der Ausweis dem Arbeitgeber vorgelegt werden, der dann die Anmeldung zur Sozialversicherung vornimmt. Wer in bestimmten, für illegale Praktiken besonders anfälligen Wirtschaftsbereichen arbeitet (dazu zählen das Baugewerbe, die Gebäudereinigung, das Schaustellergewerbe und der Auf- und Abbau von Messen und Ausstellungen), muss seinen Ausweis zusätzlich mit einem Passbild versehen und ihn während der Arbeit ständig mitführen. Außerdem hat der Arbeitgeber die zuständige Krankenkasse zu informieren, wenn ein Beschäftigter seinen Sozialversicherungsausweis nicht innerhalb von drei Tagen nach Arbeitsbeginn vorlegt.

Informationspflicht

Um zu verhindern, dass jemand bestimmte Sozialleistungen in Anspruch nimmt, obwohl er gleichzeitig einer Beschäftigung nachgeht, sollen die Arbeitsämter und Sozialämter und können die Krankenkassen verlangen, dass der Sozialversicherungsausweis bei ihnen hinterlegt wird, solange sie z. B. Arbeitslosengeld, Arbeitslosenhilfe, Unterhaltsgeld, Sozialhilfe, Krankengeld oder Verletztengeld zahlen. Auch der Arbeitgeber hat das Recht, den Ausweis für die Dauer der Lohn- oder Gehaltsfortzahlung an einen erkrankten Arbeitnehmer einzuziehen.

Geringfügige Beschäftigungsverhältnisse

In das Meldeverfahren sind auch geringfügig Beschäftigte in Privathaushalten einbezogen. Daher benötigen alle Arbeitgeber eine Betriebsnummer, die beim Arbeitsamt beantragt wird. Damit und mit der Sozialversicherungsnummer muss der Beschäftigte bei einer gesetzlichen Krankenkasse gemeldet sein. Jeder geringfügig Beschäftigte muss seinem Arbeitgeber eine Lohnsteuerkarte vorlegen.

5.3.1.2 Beitragsberechnung

Die Sozialversicherungsbeträge richten sich innerhalb bestimmter Höchstgrenzen bei der Kranken-, Renten-, Arbeitslosen- und Pflegeversicherung nach dem Einkommen.

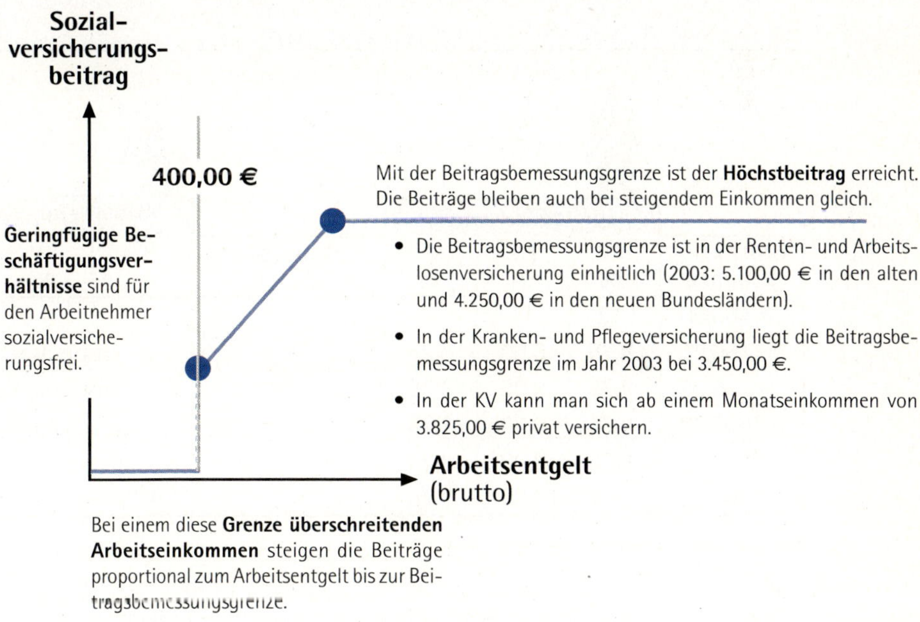

5.3.1.3 Geringfügige Beschäftigungsverhältnisse

Die Grenze für steuer- und sozialabgabenbegünstigte „Mini-Jobs" liegt seit 1. April 2003 bei 400,00 € monatlich.

- Der Arbeitnehmer zahlt bis zu diesem Einkommen keine Sozialabgaben.
- Der Arbeitgeber zahlt hingegen 25 % des bis zu dieser Grenze erzielten Einkommens als Pauschale an die Kranken- und Rentenversicherung. Er kann aber diese Kosten bis zur Höhe von 510,00 € pro Jahr von der Steuer absetzen.

Steigt das Einkommen auf mehr als 400,00 € bis maximal 800,00 €, so muss auch der Arbeitnehmer Sozialabgaben zahlen. Diese beginnen bei 4 % und steigen bis auf die normale, für alle anderen Arbeitnehmer geltende Beitragslast von gut 21 %, wenn sich das „Nettoeinkommen" der 800,00 €-Grenze nähert.
Für „haushaltsnahe" Minijobs (Haushaltshilfen usw.) sind entgegen der normalen 25 % nur 12 % Sozialabgaben fällig.

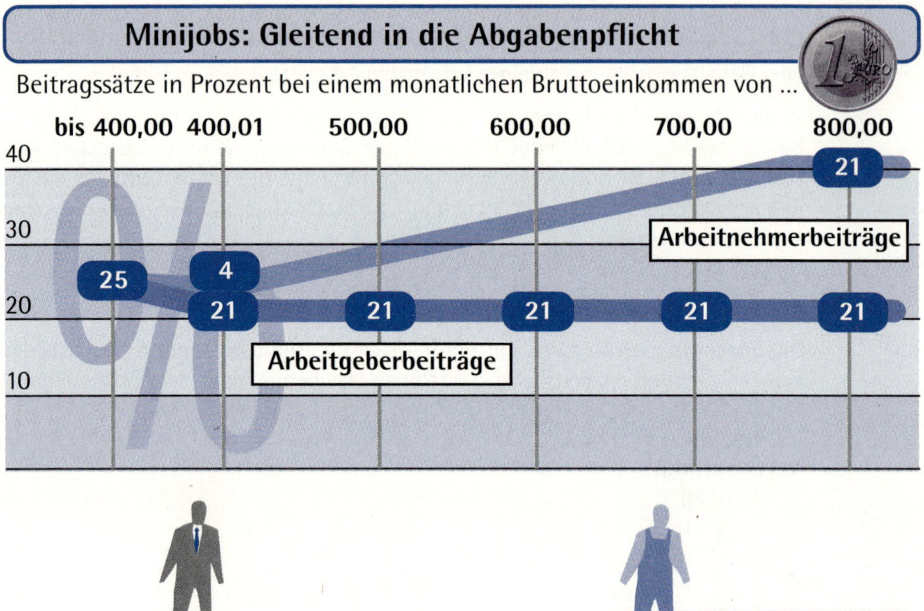

Bruttoeinkommen	Arbeitgeberbeiträge RV %	KV %	AV %	Pauschalsteuer	Arbeitnehmerbeiträge RV %	KV %	AV %
bis 400,00	12	11		2	–	–	–
400,01	9,75	8,00	3,25		insgesamt 4,00		
500,00	9,75	8,00	3,25		insgesamt 8,25		
600,00	9,75	8,00	3,25		insgesamt 12,50		
700,00	9,75	8,00	3,25		insgesamt 16,75		
800,00	9,75	8,00	3,25		9,75	8,00	3,25

nach: iwd-Institut der Deutschen Wirtschaft, Nr. 3/2003, 16. Januar 2003, Seite 5

Unabhängig von dieser Regelung sind auch bei einem höheren Entgelt die „Jobs" von der Versicherungspflicht befreit, wenn die Beschäftigung nicht länger als 2 Monate bzw. 50 Tage im Jahr dauert (Saisonbeschäftigung, Ferienjob usw.).

5.3.2 Versicherungszweige

5.3.2.1 Krankenversicherung

Die Krankenversicherung gehört zu den ältesten Sozialversicherungen. Praktisch ist jeder gegen Folgen von Krankheit versichert. Die Versicherten haben die Wahl zwischen verschiedenen Krankenkassen, die sich nicht nur durch ihre Beiträge, sondern auch in ihren Leistungen unterscheiden können.

Pflichtversichert sind rund 90 % der Bevölkerung. Dazu gehören u. a. alle Arbeiter und außerdem Angestellte bis zu einer bestimmten Einkommensgrenze. Diese Grenze ist seit 2003 nicht mehr identisch mit der Beitragsbemessungsgrenze. Außerdem sind alle Arbeitslosen, Auszubildenden, Landwirte, selbstständigen Künstler, Studenten und Rentner pflichtversichert (soweit sie schon vorher eine bestimmte Zeit pflichtversichert waren). Ehepartner und Kinder sind im Rahmen der Familienversicherung beitragsfrei mitversichert, sofern sie nicht selbst berufstätig sind.

Krankenversicherung

Versicherungsträger

Pflichtkassen
z. B. AOK, BKK, IKK, Seekasse, Landwirtschaftliche Kassen, Bundesknappschaft

Ersatzkassen
z. B. BEK, DAK

Mitgliedschaft in Ersatzkassen befreit von der Versicherung in einer Pflichtkasse.

Versicherungspflicht

- alle Arbeiter und außerdem Angestellte bis zu einer bestimmten Einkommensgrenze (in 2003: 3.825,00 €)
- alle Arbeitslosen, Auszubildenden, Landwirte, selbstsständigen Künstler, Studenten und Rentner

Beiträge

- Beiträge liegen bei den einzelnen Kassen zwischen ca. 12 und 15 % des beitragspflichtigen Arbeitsentgeltes.
- Arbeitnehmer und Arbeitgeber zahlen jeweils 50 %.
- Für Rentner zahlt die Rentenkasse die Beiträge, für Arbeitslose die Bundesanstalt für Arbeit. Schüler, Studenten, Hausfrauen bzw. Hausmänner sind über die Familie mitversichert.

Leistungen

- Förderung der Gesundheit
- Früherkennungsmaßnahmen,
- Krankenhilfe, Rehabilitationsmaßnahmen,
- Leistungen bei Schwangerschaft, Mutterschaftsgeld,
- Sterbegeld.
- Krankengeld in Höhe von 70 % des regelmäßigen Arbeitsentgelts, wird nach Ende der 6-wöchigen Lohnfortzahlung maximal 78 Wochen innerhalb von 3 Jahren für ein und dieselbe Krankheit gezahlt.

nach: Zahlenbilder 145 150, Erich Schmidt Verlag, Berlin 2003

5.3.2.2 Rentenversicherung

Generationenvertrag

Die Rentenversicherung soll eine ausreichende Lebensgrundlage für die Jahre nach dem Ausscheiden aus dem Erwerbsleben sicherstellen. Dahinter steht der „Generationenvertrag", der bedeutet, dass die im Erwerbsleben stehenden Arbeitnehmer die Beträge aufbringen, die nötig sind, um die Renten der vorausgehenden Generation zu zahlen.

Es werden also keine Rentenbeiträge für die jeweiligen Beitragszahler angelegt, sondern das System finanziert sich über die jeweils erwerbstätigen Generationen. Weil aufgrund der heutigen höheren Lebenserwartung über einen längeren Zeitraum Renten zu zahlen sind und gleichzeitig durch Rationalisierungen und insgesamt geringere Beschäftigtenzahlen auch die Beitragsleistungen nicht in dem erforderlichen Maß zunehmen, kommt die Rentenversicherung in Bedrängnis. Die Arbeitnehmer sind gefordert selbst etwas für ihre Altersvorsorge zu tun, d. h. zusätzlich zur gesetzlichen Rentenversicherung private Versicherungen o. Ä. abzuschließen.

Rentenversicherung
Versicherungsträger
• Bundesversicherungsanstalt für Angestellte (BfA) in Berlin 17 Landesversicherungsanstalten für Arbeiter

Rentenversicherung

Versicherungspflicht

- unabhängig vom Einkommen alle Angestellten, Arbeiter, Auszubildenden, Rentner, Schüler/-innen, Studenten, selbstständigen Landwirte, Arbeitslosen
- Ausnahme: geringfügige Beschäftigungsverhältnisse.

Beiträge

- Der Beitragssatz liegt einheitlich bei 19,5 %. Die Beitragsbemessungsgrenze liegt im Jahr 2003 bei 5.100,00/4.250,00 €, d. h., der Beitrag wird höchstens von diesem Einkommen berechnet.
- Die Beiträge werden durch die Krankenkassen eingezogen und jeweils zur Hälfte von Arbeitnehmern und Arbeitgebern aufgebracht.
- Für die in so genannten „400-€-Jobs" gelten Sonderregelungen (siehe Kapitel 5.3.1.3).

Leistungen

- Rentenzahlung aufgrund von Berufsunfähigkeit,
- Altersruhegelder, Witwen- und Waisenrenten,
- Leistungen zur Rehabilitation (Kuren, Spezialbehandlungen), Umschulungsmaßnahmen

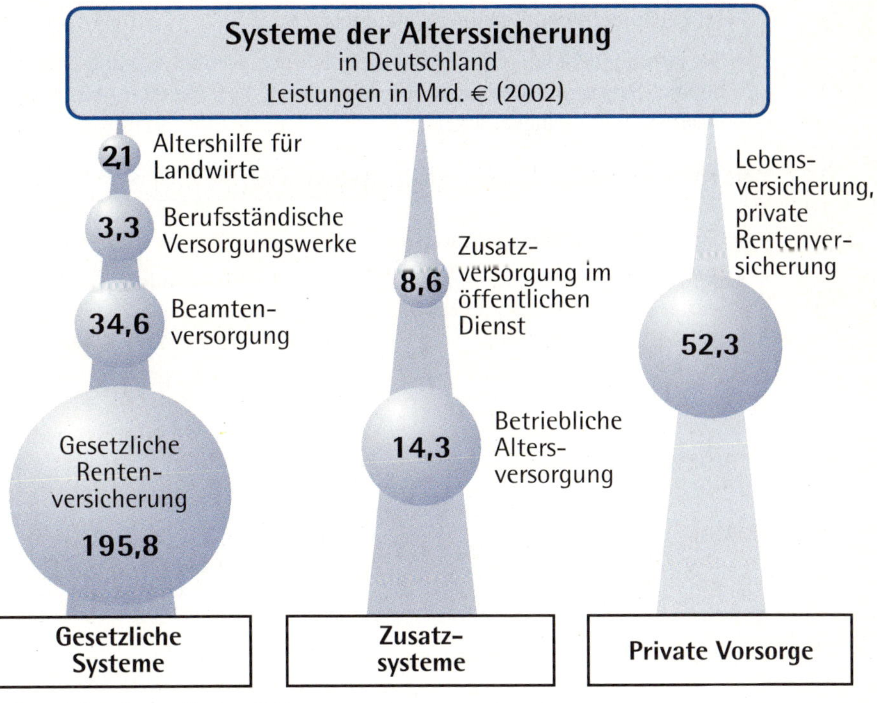

nach: Globus infografik 8165, Hamburg 2003

5.3.2.3 Pflegeversicherung

Die Pflegeversicherung ist der bisher jüngste Zweig der Sozialversicherung. Sie hat die Aufgabe, den Pflegenotstand abzubauen, der sich unter anderem durch die geänderten Familien- und Sozialstrukturen ergeben hat, bzw. die nachteiligen Folgen dieses gesellschaftlichen Wandels aufzufangen.

Pflegeversicherung
Versicherungsträger
• die jeweils zuständige Krankenkasse
Versicherungspflicht
• unabhängig vom Einkommen alle Angestellten, Arbeiter, Auszubildenden, bis zur Versicherungspflichtgrenze eines monatlichen Einkommens von maximal 3.450,00 € (Jahr 2003) • Ausnahme: geringfügige Beschäftigungsverhältnisse • Arbeitslose sind pflichtversichert.
Beiträge
• Beitragssatz von 1,7 % wird höchstens gemäß der Versicherungspflichtgrenze von einem Einkommen berechnet. • Die Beiträge werden durch die Krankenkassen eingezogen und jeweils zur Hälfte von Arbeitnehmern und Arbeitgebern aufgebracht. • Der Arbeitgeberanteil wird allerdings durch den Wegfall des Buß- und Bettages (Ausnahme: Sachsen) als früherer Feiertag (und jetziger Werktag) kostenneutral von den Arbeitnehmern „eingearbeitet".
Leistungen
• häusliche Ambulanz und stationäre Pflege • Der Leistungsumfang richtet sich nach drei verschiedenen Pflegestufen.

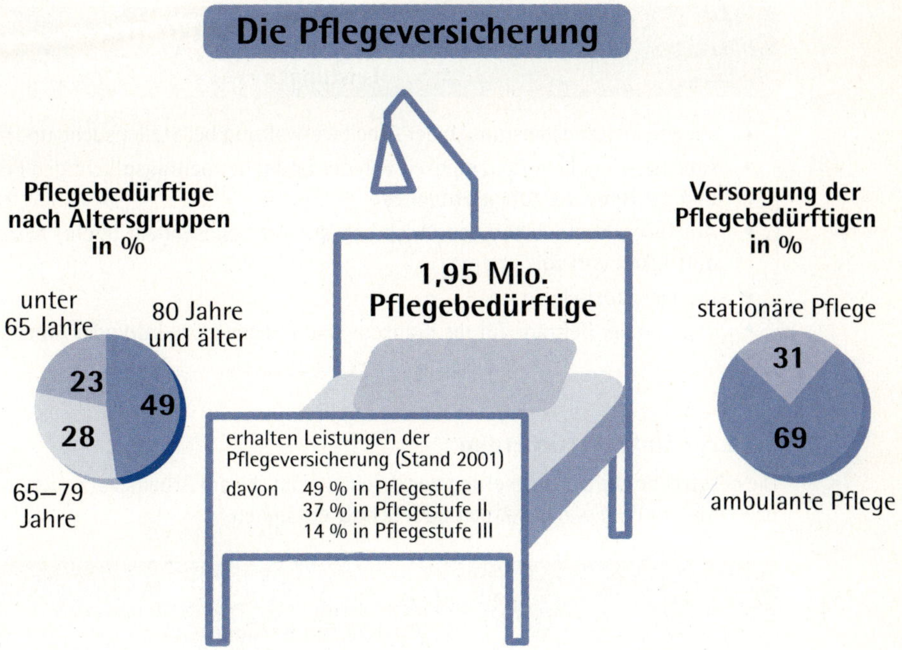

nach: Zahlenbilder 179 010, Erich Schmidt Verlag, Berlin 2003

5.3.2.4 Arbeitslosenversicherung

Von dem Ziel der Vollbeschäftigung ist der Staat weit entfernt. Umso wichtiger ist es, dass die Arbeitnehmer und deren Familien gegen die Folgen der Arbeitslosigkeit abgesichert sind.

Arbeitslosenversicherung
Versicherungsträger
• Bundesanstalt für Arbeit (Nürnberg)
Versicherungspflicht
• alle Angestellten, Arbeiter, Auszubildende • Ausnahme: geringfügige Beschäftigungsverhältnisse • Beamte sind nicht versicherungspflichtig.
Beiträge
• Der Beitrag liegt bei 6,5 % des beitragspflichtigen Einkommens und wird höchstens von der mit der Rentenversicherung übereinstimmenden Beitragsbemessungsgrenze berechnet. • Die Beiträge werden durch die Krankenkassen eingezogen und jeweils zur Hälfte von Arbeitnehmern und Arbeitgebern aufgebracht.

Arbeitslosenversicherung
Leistungen
• allgemeine Dienstleistungen der Arbeitsverwaltung bei Stellensuche und -vermittlung • Arbeitslosengeld in Abhängigkeit von der Dauer der beitragspflichtigen Beschäftigung und der Höhe des Arbeitsentgeltes • Arbeitslosenhilfe, wenn kein Anspruch auf Arbeitslosengeld (mehr) besteht und Bedürftigkeit vorliegt • Insolvenzausfallgeld • Zahlung der Beiträge für die Kranken- und Pflegeversicherung der Arbeitslosen

5.3.2.5 Unfallversicherung

Die gesetzliche Unfallversicherung deckt Schäden ab, die am Arbeitsplatz oder auf dem Weg zur bzw. auf dem Weg von der Arbeit oder Schule entstehen.

Unfallversicherung
Versicherungsträger
• Berufsgenossenschaften, Gemeindeunfallversicherungsverbände
Versicherungspflicht
• Versichert sind alle aufgrund eines Arbeits-, Dienst- oder Ausbildungsverhältnisses Beschäftigten sowie Kinder in Kindergärten, Schüler und Studenten.
Beiträge
• Beiträge sind abhängig von der Gefahrenklasse und der Unfallhäufigkeit sowie der Lohnsumme. • Die Beitragszahlung erfolgt allein durch den Arbeitgeber.
Leistungen
• Versicherungsschutz für alle Unfälle, die sich auf dem direkten Weg zur Arbeit, am Arbeitsplatz oder auf dem direkten Weg vom Arbeitsplatz nach Hause ereignen • Maßnahmen zur Verhütung von Arbeitsunfällen • Früherkennung von Berufskrankheiten • Umschulungsmaßnahmen • Renten an Verletzte oder Hinterbliebene • Sterbegeld

5.3.3 Vermögenswirksame Leistungen

Fünftes Vermögensbildungsgesetz

Mit dem „Gesetz zur Förderung der Vermögensbildung der Arbeitnehmer" wird schon seit mehreren Jahrzehnten aktive Vermögenspolitik betrieben. Das heißt, dass die Arbeitnehmer sowohl vom Arbeitgeber als auch vom Staat Zuschüsse erhalten, wenn sie einen Teil ihres Einkommens in bestimmten Anlageformen sparen. Das Geld muss für mindestens sieben Jahre angelegt werden. Die gängigsten Anlageformen sind

- Bausparverträge und
- Aktienfonds.

Sparzulage

Diese Sparformen werden von Staat besonders gefördert. Für Bausparverträge bis 480,00 € zahlt der Staat 10 % Sparzulage pro Jahr. Zusätzlich werden Aktienfonds bis 408,00 € mit 20 % Sparzulage begünstigt. Das bedeutet, dass bei Ausnutzung beider Sparformen pro Monat bis zu 129,60 € vom Staat „kassiert" werden können. In den neuen Bundesländern liegt der Höchstsatz sogar bei 150,00 €, weil bis zum Jahr 2004 statt 20 % bei Aktienfonds eine Sparzulage von 25 % gezahlt wird .

Allerdings ist die Leistung an Einkommensgrenzen gekoppelt:

Einkommensgrenzen

Einkommensgrenze für staatliche Sparzulage		... entspricht bei der gegenwärtigen Steuergesetzgebung einem Jahresverdienst (brutto) von	
allein Stehende	17.900,00 €	allein Stehende Arbeitnehmer ohne Kinder	ca.21.000,00 €
Verheiratete	35.800,00 €	Verheiratete Alleinverdiener ohne Kinder	ca.41.000,00 €
		Verheiratete Alleinverdiener mit 2 Kindern	ca. 48.000,00 €

Höchstzuschuss

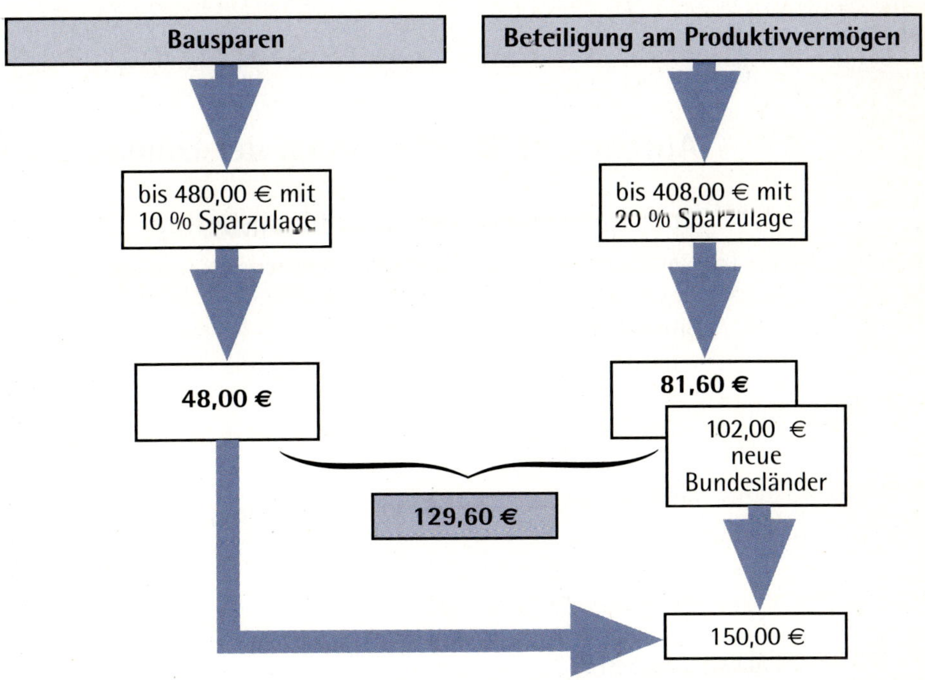

Arbeitgeberzuschuss

Hinzu kommen Beteiligungen des Arbeitgebers, die mindestens 13,00 € pro Monat betragen. Da es branchenmäßige und tarifvertragliche Unterschiede gibt, empfiehlt es sich hier, sich zu erkundigen, mit welchem Zuschuss des Arbeitgebers zu rechnen ist.

nach: Zahlenbilder 468 180, Erich Schmidt Verlag, Berlin

5.4 Aufbau und Durchführung der Lohnabrechnung

5.4.1 Vom Bruttolohn zum Auszahlungsbetrag

Lohnabrechnung

In der Lohnabrechnung sind alle Bestandteile enthalten, die zu berücksichtigen sind, um zu ermitteln, wie viel dem Arbeitnehmer vergütet werden muss:

Bruttolohn
\+ vermögenswirksame Leistungen des Arbeitgebers
\- Lohnsteuer
\- Solidaritätszuschlag
\- Kirchensteuer
\- Arbeitnehmeranteil Sozialversicherung
= Nettoentgelt
\- gesamte vermögenswirksame Leistungen (Arbeitgeber + Arbeitnehmer)
\- individuelle Abzüge (Vorschüsse, Pfändungen usw.)
= **Auszahlungsbetrag**

Der Bruttolohn setzt sich zusammen aus dem vereinbarten Grund- oder Leistungslohn. Er wird ggf. ergänzt durch weitere Geldleistungen des Arbeitgebers. Dazu gehören z. B.

Zusatzleistungen

- Urlaubs- und Weihnachtsgeld,
- Zuschüsse für Weiterbildungsmaßnahmen,
- Fahrkostenzuschüsse,
- Prämien für Verbesserungsvorschläge,
- Erfolgsbeteiligungen.

Hinzu kommt die Verrechnung so genannter „geldwerter Vorteile". Es handelt sich um Leistungen, die der Arbeitnehmer zusätzlich zum Lohn erhält. Sie stellen kein direktes Entgelt dar, sind aber Leistungen, die mit zu versteuern sind, wie z. B.:

Geldwerte Vorteile

- Zurverfügungstellung von Arbeitskleidung,
- Überlassung preisgünstiger Werkswohnungen,
- Dienstwagen.

Die Sozialbeiträge werden an die Krankenkassen abgeführt, die ihrerseits die Beiträge an die anderen Versicherungsträger weiterleitet. Die Einkommensteuer wird an das örtliche Finanzamt abgeführt.

5.4.2 Grundzüge der Lohn- und Einkommensteuer

Der Einkommensteuer unterliegen verschiedene Einkünfte:

- Einkünfte aus Land- und Forstwirtschaft,
- Einkünfte aus einem Gewerbebetrieb,
- Einkünfte aus selbstständiger Arbeit,
- Einkünfte aus nicht selbstständiger Arbeit,
- Einkünfte aus Kapitalvermögen,
- Einkünfte aus Vermietung und Verpachtung,
- sonstige Einkünfte, z. B. Abfindungen, Auslösungen, Zuschüsse für Altersversorgungen, Beitragsleistungen des Arbeitgebers für Pensionskassen, Fahrtkostenzuschüsse, Sonderzahlungen bei Heirat oder Geburten, Dienstwagennutzung.

Einkommensteuerfreie Einnahmen

Zu den **einkommensteuerfreien Einnahmen** zählen u. a. Leistungen von Kranken- oder gesetzlichen Unfallversicherungen, Arbeitslosengeld, Kindergeld und Wohngeld.

Grundsätzlich besteht für natürliche Personen, die im Inland einen Wohnsitz oder ihren gewöhnlichen Aufenthalt haben, unbeschränkte Einkommensteuerpflicht unabhängig von der Staatsangehörigkeit und vom Lebensalter. Daneben gilt für nicht in Deutschland lebende Personen eine beschränkte Steuerpflicht auf das Einkommen, das in Deutschland erzielt wurde.

Einkünfte aus nicht selbstständiger Tätigkeit

Bei **Einkünften aus nicht selbstständiger Tätigkeit** wird Einkommensteuer durch Abzug vom Arbeitslohn erhoben (Lohnsteuer). Der Arbeitgeber behält die Lohnsteuer vom Arbeitslohn ein und führt diese an das Finanzamt ab. Lohnsteuer ist damit der Teil der Einkommensteuer, der auf der Grundlage der Einkünfte aus abhängiger Beschäftigung erhoben wird.
Von einer abhängigen Beschäftigung geht man im Zweifelsfall immer dann aus, wenn folgende Tatbestände vorliegen:

- persönliche Abhängigkeit,
- Weisungsgebundenheit,

- feste Arbeitszeiten,
- feste Bezüge,
- Urlaubsanspruch,
- Anspruch auf Sozialleistungen,
- Lohnfortzahlung im Krankheitsfall,
- kein Kapitaleinsatz,
- kein Unternehmerrisiko.

Hat ein Arbeitnehmer neben dem Lohn aus dem Arbeitsverhältnis weitere Einkünfte, so unterliegen diese selbstverständlich auch der Besteuerung. Alle diese Einkünfte müssen im Rahmen einer Einkommensteuererklärung extra gemeldet werden. Die darauf entfallende Einkommensteuer wird dem Steuerpflichtigen mitgeteilt und muss vierteljährlich im Voraus jeweils zum 10. der Monate März, Juni, September und Dezember an das Finanzamt abgeführt werden.

Kirchensteuer

Die **Kirchensteuer** beträgt in Baden-Württemberg, Bayern, Bremen, Hamburg 8 % der Lohnsteuer. In den übrigen Bundesländern liegt die Kirchensteuer bei 9 % der Lohnsteuer. Sie wird ebenfalls vom Lohn oder Gehalt einbehalten und an die Religionsgemeinschaft weitergeleitet, der der Arbeitnehmer angehört.

Grundlagen des Lohnsteuerabzuges

Die Höhe der lohnsteuerlichen Belastung hängt von drei Faktoren ab:

- der Höhe des Bruttolohnes,
- der eingetragenen Lohnsteuerklasse,
- den eingetragenen Freibeträgen.

Lohnsteuerkarte

Alle für die Lohnsteuerberechnung maßgeblichen Daten werden auf einer Lohnsteuerkarte vermerkt. Die zuständige Gemeindeverwaltung trägt die persönlichen Daten und die Steuerklasse in diesem Dokument ein. Eventuelle steuermindernde Freibeträge müssen vom Finanzamt nachgetragen werden und alle lohnbezogenen Angaben werden vom Arbeitgeber vorgenommen.

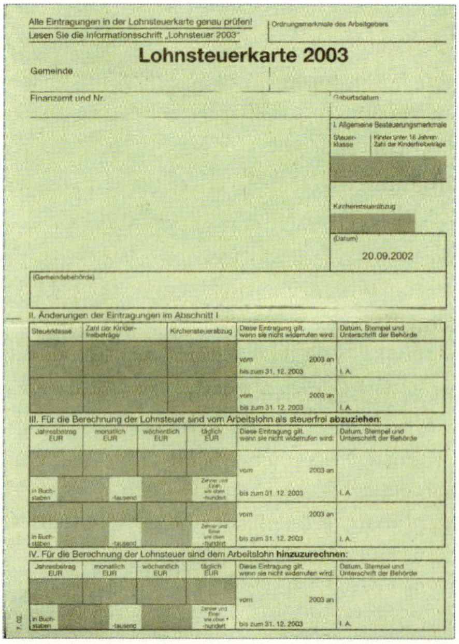

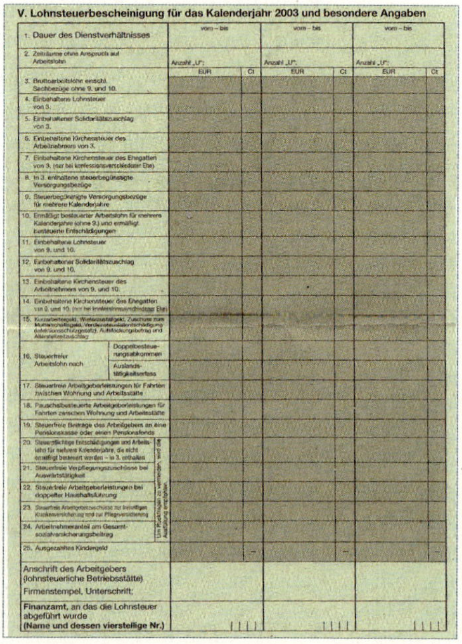

Für die Einordnung der Arbeitnehmer stehen 6 Steuerklassen zur Verfügung:

Steuerklassen

Steuerklasse **I**	ledige, verheiratete, verwitwete oder geschiedene Arbeitnehmer, sofern sie nicht in die Steuerklasse II oder III fallen.
Steuerklasse **II**	ledige, geschiedene und verwitwete Arbeitnehmer, die mindestens ein Kind haben, das zu ihrem Haushalt gehört.
Steuerklasse **III**	verheiratete Arbeitnehmer, wenn der Ehegatte nicht in einem Arbeitsverhältnis steht oder in der Steuerklasse V ist; verwitwete Arbeitnehmer für das auf das Todesjahr des Ehegatten folgende Kalenderjahr.
Steuerklasse **IV**	verheiratete Arbeitnehmer, wenn beide Ehegatten Arbeitslohn beziehen und nicht dauernd getrennt leben.
Steuerklasse **V**	Wenn beide Ehegatten Lohn beziehen, kann auf Antrag bei einem die Steuerklasse V, bei dem anderen die Steuerklasse III eingetragen werden.
Steuerklasse **VI**	Arbeitnehmer, die gleichzeitig von mehreren Arbeitgebern Lohn beziehen, werden mit ihrer zweiten und allen weiteren Lohnsteuerkarten in Steuerklasse VI erfasst, ebenso alle Arbeitnehmer, die bei ihrem Arbeitgeber keine Lohnsteuerkarte vorlegen.

Freibeträge

Durch Freibeträge ermäßigt sich die Lohnsteuer, die der Arbeitgeber vom Arbeitslohn einbehalten muss. Grundfreibeträge sind in die Lohnsteuertabellen eingearbeitet, weitere Freibeträge können beim Finanzamt beantragt werden, wenn bestimmte Aufwendungen anfallen wie erhöhte Werbungskosten und Sonderausgaben oder Förderung des Wohneigentums.

Der Lohnsteuerabzug wird ermittelt mithilfe von Lohnsteuertabellen, die in Abhängigkeit vom Bruttoverdienst und der jeweiligen Steuerklasse die abzuziehende Lohnsteuer auflisten.

Möglichkeiten der Steuerermäßigung

Die Einkommensbesteuerung verfolgt – scheinbar abweichend von dem Prinzip der Steuergerechtigkeit – den Grundsatz der ungleichen Besteuerung. Das bedeutet, dass

Existenzminimum

- ein steuerfreies Existenzminimum zugesichert wird. Nach § 32 a EStG ergibt sich für die Besteuerung des Einkommens ein spezieller Tarif. Ausgangspunkt dieses Tarifwerkes ist ein steuerfreies Existenzminimum. Nach einem Urteil des Bundesverfassungsgerichtes zur Steuerfreistellung des Existenzminimums bleibt ein bestimmtes Bruttojahreseinkommen, das sich an der Sozialhilfe orientiert, steuerfrei.
- der Einkommensteuertarif zu großen Teilen progressiv aufgebaut ist.
- persönliche Verhältnisse wie der Familienstand berücksichtigt werden.

Dadurch soll in besonderer Weise Gerechtigkeit bei der Einkommensbesteuerung erreicht werden.

Die Einkommensteuererklärung (früher: „Lohnsteuerjahresausgleich")

Alle Steuerpflichtigen haben nach Ablauf eines Kalenderjahres das Recht, eine Einkommensteuererklärung beim zuständigen Finanzamt abzugeben, um gegebenenfalls eine Erstattung zu viel gezahlter Einkommensteuer zu erlangen. Vom Einkommen können abgezogen werden:

- alle Aufwendungen, die zur Erwerbung, Sicherung und Erhaltung des Arbeitslohnes dienen. Dazu gehören:

Werbungskosten

- Fahrten zur Arbeit,
- Beiträge zu Berufsverbänden,
- Reisekosten,
- Aufwendungen für Arbeitsmittel,
- Mehraufwendungen für doppelte Haushaltsführung.

- Aufwendungen, die weder zu den Betriebsausgaben noch zu Werbungskosten gehören. Dazu gehören Vorsorgeaufwendungen und andere soziale Pflichten wie:

Sonderausgaben

- Versicherungsbeiträge für Sozial- und Lebensversicherungen,
- Bausparbeiträge,
- Unterhaltsleistungen,
- Rentenzahlungen,
- Kirchensteuer,
- Ausbildungskosten.

- Kosten der privaten Lebensführung, die die Mehrzahl vergleichbarer Steuerpflichtiger nicht haben und die die zumutbare eigene Belastung übersteigen:

außergewöhnliche Belastungen

- Krankheitskosten,
- Kosten bei Sterbefällen,
- Scheidungskosten.

Für die anzurechnenden Werbungskosten und Sonderausgaben gibt es einerseits Pauschalbeträge, die ohne Nachweis angesetzt werden, andererseits dürfen von der Finanzbehörde festgelegte Höchstbeträge nicht überschritten werden. Für die Anerkennung als außergewöhnliche Belastung muss eine zumutbare (Eigen-)Belastung, deren Höhe vom persönlichen Einkommen abhängt, überschritten sein.

Berechnung des zu versteuernden Einkommens:

  Bruttolohn
– Grundfreibetrag
– sonstige Freibeträge
– Werbungskosten
– Sonderausgaben
– außergewöhnliche Belastungen
= **zu versteuerndes Einkommen**
– Einkommensteuer
– Solidaritätszuschlag
= **Nettoeinkommen**

5.4.3 Lohnfortzahlung

6 Wochen Lohnfortzahlung

Lohnfortzahlung im Krankheitsfall wird bis zu 6 Wochen nach 4-wöchiger ununterbrochener Dauer des Arbeitsverhältnisses gewährt. Für diesen Zeitraum ist dem Arbeitnehmer das ihm für seine regelmäßige Arbeitszeit zustehende Arbeitsentgelt fortzuzahlen. Sind die 6 Wochen ausgeschöpft und dauert die Krankheit länger, wird Krankengeld gezahlt.

Wer dauerhaft Überstunden leistet, kann im Krankheitsfall mit einer entsprechend höheren Lohnfortzahlung rechnen. Ausschlaggebend ist die **tatsächliche** und nicht die vertragliche oder tarifvertragliche Arbeitszeit, entschied das Bundesarbeitsgericht. Für die höhere Lohnfortzahlung muss ein Arbeitnehmer „mit einer gewissen Dauer" mehr als die normale Arbeitszeit gearbeitet haben.

Ländervergleich in Europa

Bei der Lohnfortzahlung im Krankheitsfall handelt es sich in Deutschland nicht um eine Sozialversicherung, sondern um eine arbeitsrechtliche Regelung, die von den Arbeitgebern finanziert wird. In den Niederlanden ist sie gesetzlich geregelt, in Belgien liegt ihr ein landesweiter Tarifvertrag zugrunde, ebenso besteht sie in Spanien, Irland und Portugal aus tarifvertraglichen Regelungen. In Großbritannien garantiert der Staat einen Sockelbetrag, der oft tarifvertraglich aufgestockt wird.

Die Leistungen sind in den einzelnen Ländern recht unterschiedlich. Sie reichen von einer hundertprozentigen Lohn- und Gehaltfortzahlung in Belgien, Dänemark, Deutschland, den Niederlanden und Luxemburg (nur die Angestellten), über eine neunzigprozentige (Frankreich) bis zu einer fünfzigprozentigen (Griechenland). Tarifvertragliche Leistungen fallen gleichfalls unterschiedlich aus. Auch die Dauer der Entgeltfortzahlung schwankt beträchtlich. Die hundertprozentige Zahlung erhalten Arbeiter in Belgien nur eine, in Dänemark zwei Wochen. In der Bundesrepublik Deutschland und in den Niederlanden wird in der Regel für die ersten sechs Krankheitswochen, in Luxemburg (für die Angestellten) sogar bis zu drei Monaten gezahlt.

5.4.4 Buchung von Lohn- und Lohnnebenkosten

Die Lohnbuchhaltung erfasst alle Lohn- und Lohnnebenkosten. Sie sind eine Abrechnungs- und eine wichtige Kalkulationsgrundlage.

Zahlung von Löhnen

Löhne

Soll		Haben	
Bank	2.000,00		

Bank

Soll		Haben	
AB	5.000,00	Löhne/	
SB	2.400,00	Soz.-Vers.	2.600,00

AG-Anteil Soz.-Vers.

Soll		Haben	
Bank	600,00		

Vorgang: Die Löhne werden überwiesen. Danach werden die Konten abgeschlossen.

Abschluss der Konten

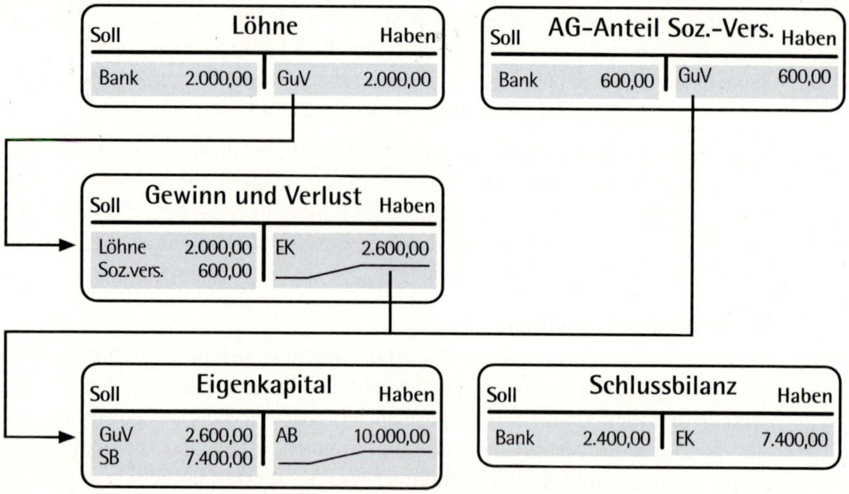

AG = Arbeitgeber; AB = Anfangsbestand; SB = Schlussbestand; EK = Eigenkapital

Vorgang:

- Die Löhne werden überwiesen:

Löhne	2.000,00	
AG-Anteil Soz. Vers.	600,00	
an Bank		2.600,00

- Die Konten werden abgeschlossen:
  - „Lohnkonto" und Konto „AG-Anteil Soz. Vers." sind Aufwandskonten, die über GuV abgeschlossen werden.
  - Das Konto „Bank" geht als Bestandskonto über die Schlussbilanz

GuV	2.600,00	
an Löhne		2.000,00
an AG-Anteil Soz. Vers.		600,00
Eigenkapital	2.600,00	
an GuV		2.600,00
Schlusssbilanz	2.400,00	
an Bank		2.400,00

Ergebnis:

Unter ausschließlicher Betrachtung dieses Vorgangs wird ein **Verlust von 2.600,00 €** erwirtschaftet. Er ergibt sich auf dem GuV-Konto ebenso wie auf dem EK-Konto und er spiegelt sich darin wider, dass das Bankguthaben-Konto um diesen Betrag verringert wird.

Wenn Sie mehr über die Buchung von Lohnkosten und -nebenkosten wissen wollen, schlagen Sie im Kompendium Rechnungswesen, Lernfeld 3, Kapitel 12 nach.

In der Kosten- und Leistungsrechnung werden Lohnkosten und -nebenkosten erfasst. Dazu gehören auch die Kosten, denen keine konkrete Zahlung gegenübersteht. Hier handelt es sich z. B. um kalkulatorische Unternehmerlöhne.

1 Standortfaktoren

Als **klassische** Standortfaktoren galten noch bis vor ca. einem Jahrzehnt:

Klassische Standortfaktoren

- Arbeitskräfteorientierung,
- Rohstofforientierung,
- Verkehrsorientierung,
- Absatzorientierung.

Diese Faktoren gelten zwar auch noch heute, aber ihr Gewicht hat sich in den letzten Jahren teilweise völlig verlagert. Waren es früher fast ausschließlich regionale Fragen, wo sich Betriebe ansiedelten, stehen heute bei geöffneten europäischen Grenzen weit größere Möglichkeiten zur Verfügung.

1.1 Standortentscheidungen

Standortentscheidungen stehen insbesondere dann an, wenn ein Unternehmen

- neu gegründet oder in seiner Produktionsstrategie neu ausgerichtet wird;
- Erweiterungsinvestitionen plant;
- von einem anderen Wettbewerber übernommen wird oder selbst einen Wettbewerber übernimmt.

Standortverlagerungen

Es gibt viele **Fakten**, die im internationalen Wettbewerb **für Deutschland** sprechen: gute Infrastruktur, differenziertes und gutes Bildungssystem, hohe Kaufkraft, qualitativ hochwertige Arbeit, Innovationskraft, gute Forschungsarbeit, Standortförderung durch die Politik usw. Standortverlagerungen ins Ausland werden aus vielerlei Gründen immer häufiger auch für alteingesessene Unternehmen zu einer echten Alternative:

Standort Deutschland

- Deutschland zählt zu den Ländern mit den höchsten **Tariflöhnen,** dem teuersten Sozialsystem und den höchsten Lohnnebenkosten.
- Im Ausland sind die **Arbeits- und Maschinenlaufzeiten** deutlich länger und flexibler. Der Einfluss der Gewerkschaften, aber auch die gesetzgeberischen Reglementierungen des Staates ist geringer.
- Die sozialen Errungenschaften im **Arbeitsrecht** (z. B. Kündigungsschutz, Mitbestimmung) wirken sich im internationalen Vergleich eher investitionshemmend aus.
- Unternehmen haben im Ausland nicht unerhebliche **Kostenvorteile** aufgrund wesentlich geringerer oder (z. B. in ehemaligen Ostblockstaaten) teilweise gar nicht vorhandener Umweltauflagen.
- Vielfach wird behauptet, dass mit der „Aufbruchstimmung" in bisher industriell unterentwickelten Ländern ein besonderer **Leistungswille** bei den Arbeitnehmern vorliege, der in einer Wohlstandsgesellschaft nicht mehr in dieser Form vorhanden sei.

1.2 Standortanalyse

Den besten oder *den* einzig geeigneten Standort wird es nicht geben. Meist steht ein Unternehmen vor dem Problem, aus einer Vielzahl von Gründen diejenigen herauszusuchen, von denen man annimmt, dass sie besonders wichtig seien. Es kann ohne weiteres sein, dass bei Standortentscheidungen familiäre Bindungen und schulische Möglichkeiten hinter Kostengesichtspunkten zurückstehen.

Standortbindung

Globalisierung

Die Standortwahl ist auch abhängig von unveränderbaren Sachzwängen. Dies gilt ganz besonders für die Unternehmen, die auf vorhandene Rohstoffe angewiesen sind. Hingegen ist die weiterbe- und -verarbeitende Industrie weitgehend standortunabhängig. Die weltweite Globalisierung hat die Standortwahl zum Teil völlig verändert, weil die Entfernung offenbar kein Problem mehr ist.

Standortwahl

Der Standort des Industriebetriebes

Materialorientiert

Abhängig von Rohstoff und Material

Arbeits- und lohnorientiert

Abhängig von Verfügbarkeit, Kosten und Qualifikation der Arbeitskräfte

Absatzorientiert

Abhängig von Absatzgebieten

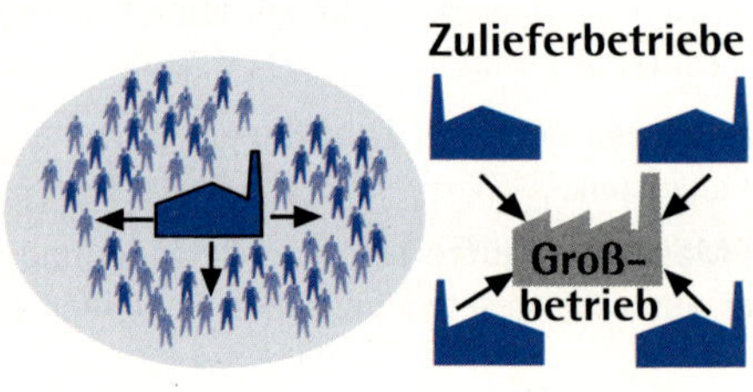

Verkehrsorientiert

Abhängig von Verkehrsverhältnissen

nach: Zahlenbilder 201 105, Erich Schmidt Verlag, Berlin 2003

1.3 Virtuelle Unternehmen

Während man noch bis vor wenigen Jahren mit der betrieblichen Leistungserstellung einen festen Ort verband, hat sich diese Vorstellung in manchen Branchen grundlegend verändert. Mit virtuellen Unternehmen werden die klassischen Unternehmensgrenzen nicht nur in räumlicher und zeitlicher, sondern auch in rechtlicher Hinsicht völlig umgestaltet. Die betriebliche Aufgabenbewältigung findet hier nicht mehr in festen, vordefinierten Strukturen statt. Es erfolgt vielmehr eine problembezogene, dynamische Verknüpfung realer Ressourcen zur Bewältigung spezifischer Aufgabenstellungen.

Ressourcenverknüpfung

„Virtuell" bedeutet, dass etwas möglich ist, dass etwas der Kraft oder der Möglichkeit nach vorhanden ist, dass es scheinbar ist oder in der Kraft der Vorstellung existiert.

Wettbewerbschancen

Bei einer virtuellen Unternehmung oder einer virtuellen Fabrik handelt es sich um eine zeitlich begrenzte Kooperationsform rechtlich unabhängiger, realer Unternehmen, Produktionsstätten oder Unternehmensbereichen mit dem Ziel, ein bestimmtes Produkt oder eine Dienstleistung zu erstellen und Wettbewerbschancen gemeinsam besser zu nutzen. Jedes Unternehmen bringt nur die Aktivitäten in die virtuelle Leistungserstellung ein, die es besser als andere beherrscht.

Kooperationen

Es handelt sich bei virtuellen Unternehmen um Organisationsformen, die in Teilen, aber auch als Ganzes flüchtig sein können. Die virtuelle Organisation bildet einen Gegenpol zu den klassischen Unternehmensformen mit eigentums- und vertragsmäßig relativ klar definierten Grenzen, einem stabilen Standort, einer relativ dauerhaften Ressourcenzuordnung und geregelten Ablaufstrukturen. Wenn das geforderte Wissen zur Bewältigung eines Auftrags bei einer Unternehmung allein kurzfristig nicht zur Verfügung steht, dann kann bei sich schnell verändernden Märkten die Notwendigkeit bestehen, innerhalb kürzester Zeit eine Kooperation mit anderen Unternehmen einzugehen, um das notwendige Wissen verfügbar zu haben und eventuell Kosten und Risiken zu teilen.

Komparativer Vorteil

Unternehmen arbeiten zusammen, indem jedes Unternehmen seinen speziellen Vorteil einbringt, also das anbietet, was es einzig oder am besten kann (komparativer Vorteil). Ein entscheidender Erfolgsfaktor ist hierbei eine hoch entwickelte Informationsstruktur, um die beteiligten Unternehmen auch über große Entfernungen miteinander zu verbinden.

2 Wirtschaftsförderung

Wirtschaftsförderung bedeutet, dass das unternehmerische Geschehen durch Maßnahmen des Staates positiv beeinflusst wird. Dabei kann es sich um eine aktive Unterstützung finanzieller Art (Subventionen) handeln. Es kann aber auch eine nichtmaterielle Förderung sein, indem Anliegen der Wirtschaftsbetriebe gefördert werden (z. B. Ausbau des Verkehrswegesystems).

2.1 Unterschiede der Wirtschaftsleistung der Bundesländer

Strukturunterschiede

Die Wirtschaftskraft (siehe dazu Kapitel 3.3) pro Einwohner ist in den einzelnen Bundesländern bei weitem nicht gleich. Die Ursachen dafür sind verschieden. In der Bundesrepublik gibt es gewachsene Standorte mit einer entsprechenden betrieblichen Infrastruktur, während andere Regionen diesbezüglich deutlich schlechter gestellt sind. Dies gilt in besonderem Maße für die neuen Bundesländer. Die Schwierigkeiten beim Abbau dieser Unterschiede sind aber auch ein Zeichen dafür, dass man allein durch Wirtschaftsfördermaßnahmen kurzfristig mit Sicherheit keinen Ausgleich erzielen kann. Hinzu kommt, dass die einen Länder zwar aufzuholen versuchen, aber die anderen alles daran setzen, ihre Position zu festigen.

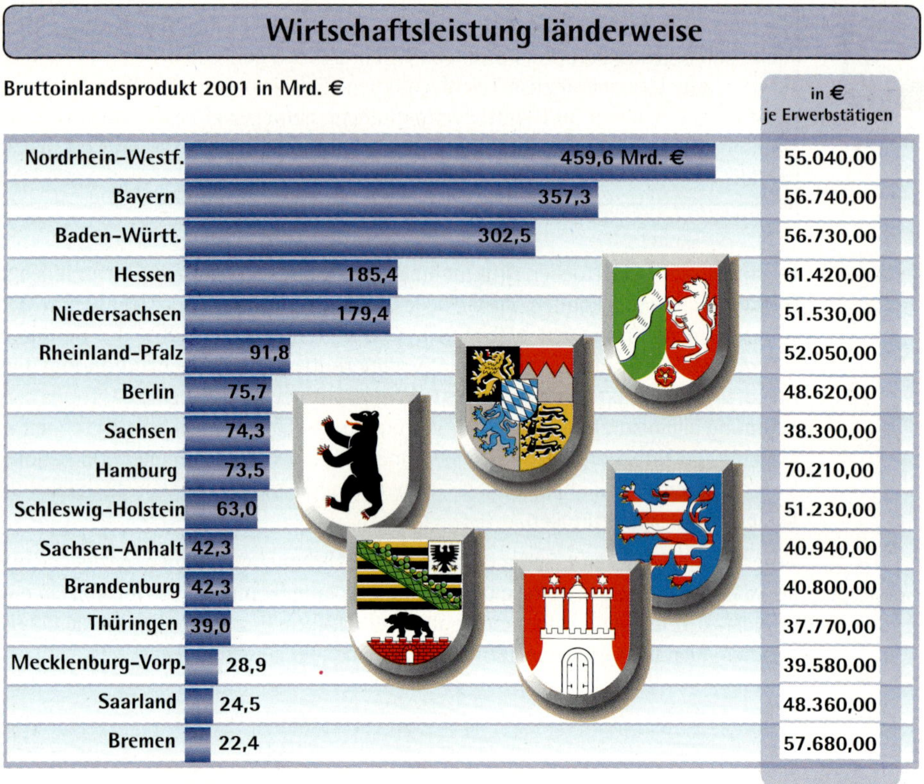

Brutto-inlands-produkt

nach: Globus infografik 7718, Hamburg 2002

2.2 Maßnahmen zur Wirtschaftsförderung

Die Wirtschaftsförderung steht zwangsläufig immer im Spannungsfeld zwischen privatwirtschaftlicher Eigenregie und staatlicher Einflussnahme. Dies können gezielte Hilfestellungen für einzelne Betriebe sein (z. B. Beschleunigung der Bearbeitung eines Bauantrages) oder auch globale Maßnahmen (z. B. Unterstützung der Forderung an eine Gemeinde nach einer Verbesserung der Verkehrsinfrastruktur).

Staatlicher Einfluss

Nicht wenige sehen allerdings in der fördernden Einflussnahme des Staates ein nicht marktkonformes Vorgehen, das die selbstregulierenden Kräfte einer gesunden Wirtschaft stört.

Lesen Sie dazu in diesem Lernfeld auch die Kapitel 4.4.4, 5.1, 6 und 7.

Wettbewerbs-kontrolle

Wirtschaftsförderungen laufen unter den kritischen Augen der europäischen Wettbewerbskommissare ab. Die Maßnahmen dürfen daher nicht dazu führen, den Wettbewerb unter den freien Unternehmern dahingehend zu beeinflussen, dass die einseitige Bevorteilung der geförderten Unternehmen und/oder Regionen zu einer unmittelbaren Benachteiligung der Wettbewerber führt.

Davon unberührt sind alle Maßnahmen, die eine Region, eine Stadt oder ein Kreis in „eigener Regie" und mit eigenen Mitteln z. B. über so genannte „Wirtschaftsförderungsgesellschaften" durchführen.

Europäische Wirtschaftsförderungsprogramme

Regional- und Strukturpolitik

Die europäische Währungsunion verändert die Märkte und somit ist es nicht verwunderlich, dass die Europäische Union einen Schwerpunkt auf die Regional- und Strukturpolitik setzt. Gemäß Artikel 130 a des EG-Vertrages entwickelt und verfolgt die Gemeinschaft eine Politik „zur Stärkung ihres wirtschaftlichen und sozialen Zusammenhalts, um eine harmonische Entwicklung der Gemeinschaft als Ganzes zu fördern". Sie setzt sich insbesondere zum Ziel, „die Unterschiede im Entwicklungsstand der verschiedenen Regionen und den Rückstand der am stärksten benachteiligten Gebiete einschließlich der ländlichen Gebiete zu verringern".

Der EU stehen zahlreiche Instrumente zur Verfügung, um die wirtschaftliche Situation in den Mitgliedstaaten zu verbessern. Zu diesen Instrumenten gehören vier große Strukturfonds, über deren Einsatz die EU-Kommission verfügt:

EFRE

- **Strukturfonds für regionale Entwicklung (EFRE)**
  Aus ihm erhalten vor allem die wirtschaftlich rückständigen Regionen in der Gemeinschaft Mittel. Gefördert werden Investitionen zur Schaffung von Arbeitsplätzen und zur Verbesserung der Infrastruktur. Er bietet Förderhilfen im Rahmen so genannter Gemeinschaftsinitiativen. Die Fördermittel werden nicht unmittelbar an Investoren, sondern an die EU-Mitgliedstaaten – in Deutschland auch an die Bundesländer – vergeben, die diese Mittel zusammen mit eigenen Fördermitteln über Förderprogramme gewähren.

ESF

- **Europäischer Sozialfonds (ESF)**
  Er bietet Förderhilfen zu Kofinanzierung von Arbeitsplätze schaffenden und erhaltenden Maßnahmen der EU-Mitgliedstaaten. Dies können u. a. sein: Programme zur beruflichen Aus- und Weiterbildung, zur Eingliederung von Langzeitarbeitslosen in das Erwerbsleben, zu Ausbildungs- und Beschäftigungsstrukturen. Die ESF-Mittel-Vergabe erfolgt wie beim EFRE (s. o.).

EAGFL

- **Europäischer Ausrichtungs- und Garantiefonds – Abteilung Ausrichtung (EAGFL-A)**
  Dieser Fonds unterstützt die Anpassung der Landwirtschaft an die gemeinsame Agrarpolitik (GAP). Er fördert u. a. ländliche Infrastruktur, die Effizienz von Betriebsstrukturen, Erzeugervereinigungen, Fremdenverkehrsinvestitionen, die Niederlassung von Junglandwirten. Ansprechpartner sind die jeweiligen Landwirtschaftsministerien der Länder.

EIF

TEN

- Zu den Aufgaben des **Europäischen Investitionsfonds (EIF)** zählt insbesondere die Förderung mittel- und langfristiger Investitionen in zwei für die Entwicklung der europäischen Wirtschaft wesentlichen Bereiche, nämlich den Transeuropäischen Netzen (TEN) und den Klein- und Mittelunternehmen (KMU). Zur Erfüllung dieser Aufgaben übernimmt der EIF Garantien für von Banken und anderen Finanzinstituten gewährte Darlehen, die Investitionen in den zwei genannten Bereichen finanzieren. Die Förderung im TEN-Bereich bezieht sich auf Projekte, die hinsichtlich ihres Umfanges sowie ihrer Art dazu beitragen, den Binnenmarkt und die Leistungsfähigkeit der europäischen Wirtschaft insgesamt zu stärken.

EIB

Die Europäische Investitionsbank (EIB) vergibt zinsgünstige Darlehen für produktive Investitionen an Kommunen und Unternehmen vor allem in den Bereichen Infrastruktur und Umweltschutz. Anteilseigner der EIB in Luxemburg sind die 15 Mitgliedstaaten. Außerdem gehört die EIB mit privaten Banken zu den Trägern des 1994 gegründeten Europäischen Investitionsfonds.

FIAF

Das Finanzinstrument für die Ausrichtung der Fischerei (FIAF) wurde geschaffen, um die Umstrukturierung und die Modernisierung der Fischereiflotte, die Ausrüstung der Fischereihäfen sowie die Verbesserung der Vermarktung und Verarbeitung von Fischereierzeugnissen zu intensivieren und zu fördern.

Existenzgründer und Unternehmen können die Fördermittel der Europäischen Union nicht selbst in Anspruch nehmen. Die Förderung ist eine unmittelbare, d. h., unterstützt werden nicht einzelne Unternehmen, sondern die sie umgebenden Infrastrukturen, die für ein erfolgreiches Wirtschaften wichtig sind. **Die Fördermittel gelangen somit über zwischengeschaltete Institutionen (Bund, Länder) an die Unternehmen.**

3 Volkswirtschaftliche Gesamtrechnung

Das Bruttoinlandsprodukt ist die Größe, die für Beschäftigungsgrad, Wachstum und Wohlstand schlechthin steht.

Das „Wirtschaftswunderland" Deutschland kannte in seiner Aufbauphase nach dem Zweiten Weltkrieg keine ökonomischen Probleme. Bei der boomenden und ständig wachsenden Wirtschaft blieb für alle Beteiligten „etwas übrig". Unternehmer/-innen verbuchten steigende Gewinne, Gewerkschaften sorgten für vollere Lohntüten, Arbeitnehmer/-innen hatten mehr oder weniger die freie Wahl des Arbeitsplatzes und auch den Rentnerinnen und Rentnern ging es aufgrund der dynamischen (d. h.: an die wirtschaftliche Entwicklung angepassten) Rentenerhöhungen finanziell immer besser. Und heute? Die Situation sieht anders aus.

3.1 Ermittlung der Bruttowertschöpfung

Das Ergebnis des gesamten Wirtschaftsprozesses ist der Wert aller in einem Jahr hergestellten Güter und bereitgestellten Dienstleistungen, sofern diese in offiziellen Statistiken erfasst wurden. Grundlage für die Ermittlung sind die Produktionsmeldungen der Unternehmen (Umsätze ohne Umsatzsteuer, Lagerbestandsveränderungen, selbst erstellte Anlagen).

In der Gesamtleistung der Wirtschaft enthalten sind

- Güter aller Art, von der Stecknadel bis zum Fernsehturm, gleichgültig, ob sie für den Verbrauch, für Investitionen, für das Inland oder für den Export bestimmt sind. Erfasst werden auch Rohstoffe und Zwischenprodukte.
- Dienstleistungen aller Art, vom Ortsgespräch bis zur Herzverpflanzung; dazu gehören auch der Unterricht in öffentlichen und privaten Schulen, privater Klavierunterricht, Segel- und Tanzschulen, Transportleistungen, Rundfunk und Fernsehen, Bank- und Versicherungsdienste; Diskotheken, Urlaubsreisen sowie insbesondere die Nutzung von Wohnraum.

Bruttoproduktionswert

Um Doppelzählungen zu vermeiden, zieht man vom Bruttoproduktionswert die darin enthaltenen „Vorleistungen" (eingekaufte Waren und erbrachte Dienstleistungen) ab. Man erhält mit der „Bruttowertschöpfung" den von den einzelnen Unternehmen geschaffenen Mehrwert.

Der **Bruttoproduktionswert** ist das zu Verkaufspreisen bewertete Ergebnis der Produktion. Die eigentliche Wertschöpfung ergibt sich nach Abzug der Vorleistungen.

3.2 Vom Inlandsprodukt zum Nationaleinkommen

Seit 1999 werden die Ergebnisse der Volkswirtschaftlichen Gesamtrechnungen (VGR) nach dem Europäischen System Volkswirtschaftlicher Gesamtrechnungen vorgenommen.

Die Summe aller Bruttowertschöpfungen in den einzelnen Betrieben ergibt das Bruttoinlandsprodukt. Es erfasst damit alle im Inland erbrachten Leistungen, egal, von wem sie erbracht wurden. Hierin nicht enthalten sind aber z. B. die Leistungen, die deutsche Arbeitnehmer/-innen oder Unternehmungen im Ausland erbringen.

Addiert man die von Deutschen im Ausland erzielten Einkommen und subtrahiert man andererseits die Einkommen, die Ausländer in Deutschland erwirtschaften, so kommt man vom Bruttoinlandsprodukt zum **Bruttonationaleinkommen.**

Bruttoinlandsprodukt

→ alle von In- und Ausländern in Deutschland erbrachten Leistungen

–	Erwerbs- und Vermögenseinkommen vom Ausland	Saldo der Erwerbs- und Vermögenseinkommen
+	Erwerbs- und Vermögenseinkommen an das Ausland	
=	**Bruttonationaleinkommen**	

→ alle von Deutschen im In- und Ausland erbrachten Leistungen

Das Nationaleinkommen kann größer oder kleiner sein als das Inlandsprodukt, je nachdem, ob der „Saldo der Erwerbs- und Vermögenseinkommen zwischen In- und Ausland" positiv oder negativ ist.

Primäreinkommen

Bruttoinlandsprodukt und Bruttonationaleinkommen unterscheiden sich letztlich nur durch die Verrechnung der so genannten Primäreinkommen mit dem Ausland.

- Das Bruttoinlandsprodukt erfasst die im Inland entstandenen Leistungen. Es ist daher der geeignete Maßstab zur Darstellung der Wirtschaftsleistung eines Landes.
- Das Bruttonationaleinkommen stellt fest, wie hoch das von Deutschen erwirtschaftete Einkommen ist. Dabei spielt es keine Rolle, ob der Arbeitsplatz im Inland oder im Ausland liegt. Entscheidend ist, dass das Einkommen nach Deutschland fließt.

Die im In- und Ausland an der Erbringung der volkswirtschaftlichen Leistung beteiligten Personen, Institutionen und Unternehmen werden in fünf Bereiche gegliedert:

- nichtfinanzielle Produktions- und Dienstleistungsbetriebe;
- finanzielle Unternehmen des Banken- und Versicherungsbereiches;
- private Haushalte;
- private Organisationen ohne Erwerbscharakter wie z. B. Kirchen, Parteien;
- staatliche Institutionen und Sozialversicherungen.

Nettonationaleinkommen

„Brutto" bedeutet in diesem Zusammenhang, dass Abschreibungen auf das Produktionsvermögen nicht berücksichtigt sind. Zieht man diese Abschreibungen vom Bruttonationaleinkommen ab, so erhält man das **Nettonationaleinkommen.**

Beispiel:

1		Bruttoinlandsprodukt	1.000,00
	+	Saldo der Einkommen aus dem Ausland	+ 50,00
2	=	Bruttonationaleinkommen	= 1.050,00
	–	Abschreibungen	– 250,00
3	=	Nettonationaleinkommen (Primäreinkommen)	= 800,00
	–	Steuern und Abgaben	– 150,00
	+	Subventionen	+ 50,00
4	=	Volkseinkommen	= 700,00

Entwicklung des Inlandsproduktes

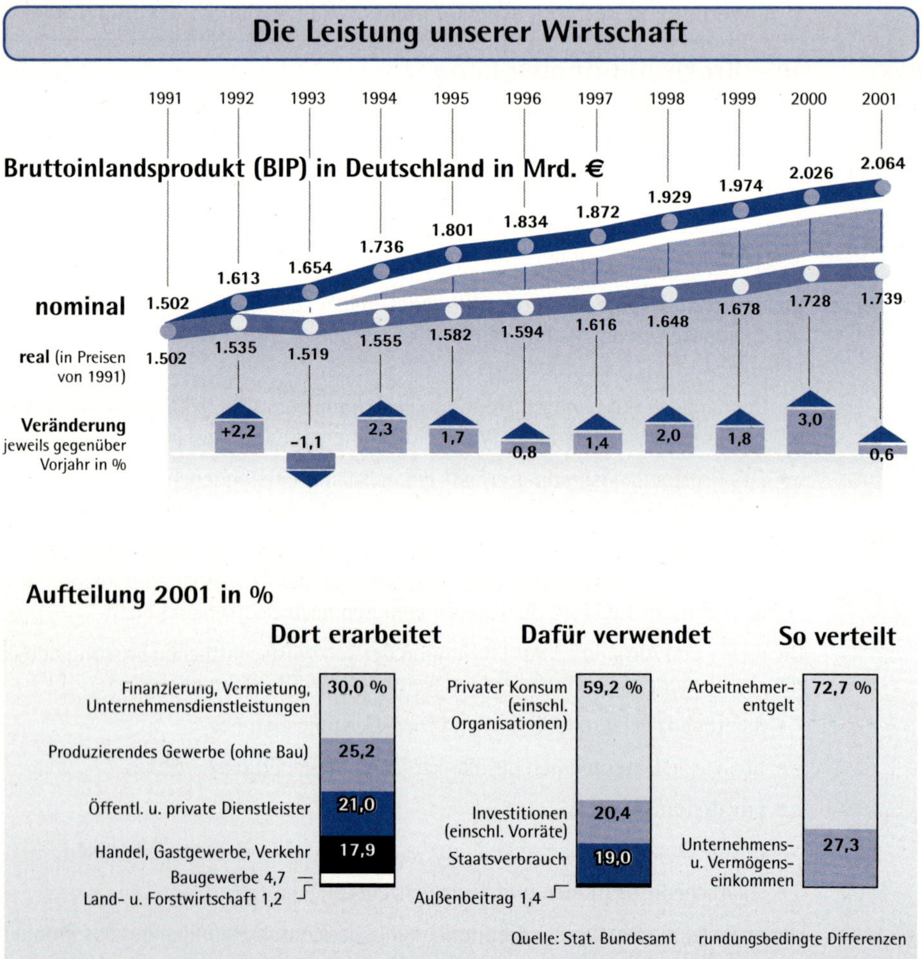

nach: Globus infografik 7546, Hamburg 2002

3.3 Entstehung, Verteilung und Verwendung des Nationaleinkommens

3.3.1 Entstehungsrechnung

Im Allgemeinen unterscheidet man vier Wirtschaftsbereiche, in denen das Bruttoinlandsprodukt erwirtschaftet wird:

- Land- und Forstwirtschaft,
- Industrie und Baugewerbe,
- Handel und Verkehr,
- sonstige Dienstleistungen.

Selbstversorgungswirtschaft

Schattenwirtschaft

Zahlreiche wirtschaftliche Leistungen werden statistisch nicht erfasst. Hierzu gehört einerseits die legale „Selbstversorgungswirtschaft" der privaten Haushalte und Selbsthilfeorganisationen (Haus- und Gartenarbeit, Kindererziehung, Hobby-Arbeiten, Altenhilfe usw.), andererseits aber auch die „Schattenwirtschaft" mit Abgabenhinterziehung (Schwarzarbeit, nicht deklarierte Untervermietung usw.). Schätzungen gehen mittlerweile davon aus, dass der Umfang der Schattenwirtschaft in der Bundesrepublik bei ca. 15 % des („offiziellen") Bruttonationaleinkommens liegt.

Nominale und preisbereinigte reale Veränderung

Preisbereinigung

In das **nominale** Wachstum gehen sowohl Mengen- als auch Preisänderungen ein, denn die produzierten Güter werden grundsätzlich zum tatsächlich erzielten jeweiligen Verkaufspreis bewertet. Ein Teil des nominalen Wachstums ist aufgrund der enthaltenen Preissteigerungen deshalb lediglich ein Ausdruck der Teuerung ohne „realen" Hintergrund.

In der statistischen Praxis werden diese Preiseffekte ausgeschaltet, indem man das Bruttoinlandsprodukt auf konstante Preise eines Basisjahres zurückrechnet. Die dann verbleibende Änderungsrate gegenüber dem Vorjahr weist das **reale** („preisbereinigte") Wachstum aus.

Werden aus der nominalen Veränderung des Bruttoinlandsprodukts die Preisveränderungen herausgerechnet, erhält man die reale Veränderung der Wirtschaftsleistung

Veränderungsrate als Indikator

Wirtschafts- und Finanzmärkte orientieren sich insbesondere an der meist vierteljährlich geschätzten und jährlich veröffentlichten Veränderungsrate des Bruttoinlandsproduktes. Sie ist der umfassende Indikator für wirtschaftliche Veränderungen und wird auch in der Produktions- und Absatzplanung als Ausgangsdatum herangezogen.

3.3.2 Verteilung – Volkseinkommen

Buchhalterisch ist das Volkseinkommen die „Gegenbuchung" zur Entstehungsrechnung. Die Wertschöpfung der Betriebe besteht einerseits aus Produkten und Dienstleistungen, andererseits aus den dafür erzielten Erlösen, aus denen die Produktionsfaktoren Arbeit, Kapital und Boden bezahlt werden (= Faktoreinkommen).

Das Volkseinkommen lässt sich deshalb als Größe aus dem Bruttonationaleinkommen ableiten:

Steuern
Subventionen

	Bruttonationaleinkommen zu Marktpreisen
-	Abschreibungen
=	Nettonationaleinkommen zu Marktpreisen
-	Indirekte Steuern
+	Subventionen
=	Volkseinkommen

Indirekte Steuern werden abgezogen, da sie zwar im Marktpreis enthalten sind, aber kein Faktoreinkommen schaffen. Umgekehrt werden Subventionen addiert, weil sie Faktoreinkommen schaffen, aber im Marktpreis nicht enthalten sind.

Primär- und Sekundärverteilung

Während das Bruttonationaleinkommen aus der Produktionsstatistik entwickelt wird, errechnet man das Volkseinkommen primär aus der Einkommensstatistik. Man erhält dadurch vor allem einen Einblick in die Verteilung der Einkommen auf die verschiedenen Produktionsfaktoren (Arbeitnehmer, Unternehmer, Kapitalgeber).

Die weitere Verteilung des Volkseinkommens auf die Faktoren Arbeit und Kapital vollzieht sich nach einem komplizierten Prozess der Lohn-, Zins- und Güterpreisbildung („Primärverteilung"). Statistisch werden dabei zwei Einkommensgruppen unterschieden: die Einkommen aus unselbstständiger Arbeit und die Einkommen aus Unternehmertätigkeit und Vermögen.

Lohnquote
Gewinnquote

Nach der Korrektur dieser „Primärverteilung" durch die Steuer- und Sozialpolitik des Staates („Sekundärverteilung") erhält man das verfügbare Arbeitnehmer- und Unternehmereinkommen. Die Lohnquote liegt in Deutschland bei etwa 70 % des Volkseinkommens, der Anteil der Unternehmer liegt mit der Gewinnquote bei ca. 30 %.

Der Arbeitnehmeranteil
Anteil der Arbeitnehmerentgelte am Volkseinkommen* in %.

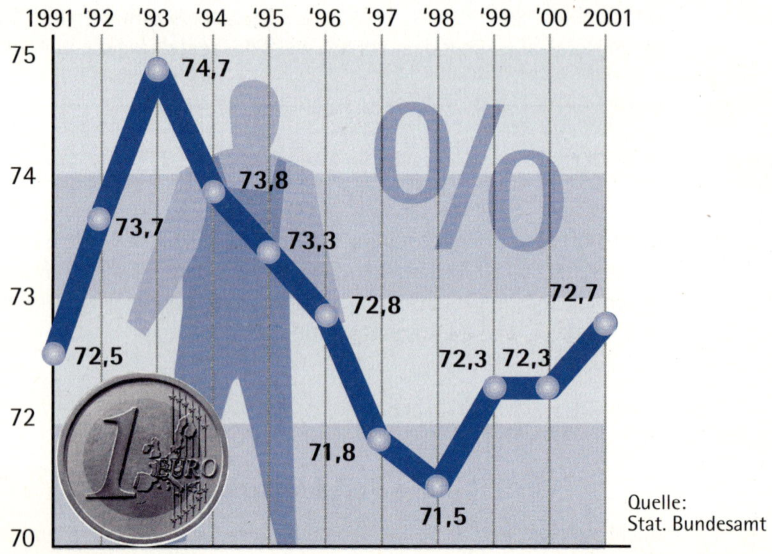

Volkseinkommen = Arbeitnehmerentgelte + Unternehmens- und Vermögenseinkommen

nach: Globus infografik 7620, Hamburg 2002

3.3.3 Verwendung – Konsum, Investition, Staatsverbrauch

Verwendungsrechnung

Neben der Entstehung und Verteilung wird auch die Verwendung des Nationaleinkommens statistisch erfasst. Die in einer Volkswirtschaft erstellten Waren und Dienstleistungen lassen sich in verschiedener Weise verwenden:

- für den privaten und öffentlichen Verbrauch,
- für Investitionen des Staates und der privaten Haushalte sowie
- für den Außenhandel (Export/Import).

> Je geringer der Anteil der Investitionen zur Erhaltung und Erweiterung der Produktionsanlagen ist, desto schwächer sind die künftigen Wachstumskräfte.

Folgende Sachverhalte sind wichtige Indikatoren für Struktur und Entwicklung der Güternachfrage in einer Volkswirtschaft. Sie dienen deshalb ebenso wie die Entstehungs- und Verteilungsrechnung als Orientierungsdaten für die Wirtschaftspolitik und für unternehmerische Entscheidungen.

Privatverbrauch

1 Privater Verbrauch

Der private Verbrauch umfasst alle Waren und Dienstleistungen, die inländische Privatpersonen (Haushalte) für Konsumzwecke kaufen. Gleichgültig ist dabei, ob es sich um Verbrauchs- oder Gebrauchsgüter handelt. In der Praxis gibt es allerdings eine Reihe von privaten Ausgaben, die nicht von den Umsatzstatistiken erfasst werden wie z. B. Eigenverbrauch der Landwirte, Nutzung von Eigentumswohnungen und Eigenheimen, Löhne und Gehälter für privates Hauspersonal.

Nicht zum privaten Verbrauch gehören dagegen z. B. Ausgaben für den Wohnungsbau; Untermieten (sonst Doppelzählung); der Kauf gebrauchter Güter von privat an privat; Reparaturausgaben für Eigenheime und Eigentumswohnungen; Geldstrafen.

taatsverrauch

2 Staatsverbrauch

Der Staatsverbrauch ist die Summe aller Sach- und Dienstleistungen, die öffentliche Einrichtungen unentgeltlich zur Verfügung stellen. Dazu gehören z. B. die Ausgaben für Bundeswehr und Bundesgrenzschutz, die Erziehungs- und Gesundheitsbehörden, aber auch der gesamte Verwaltungsapparat einschließlich Gesetzgebung und Justiz.

„Betriebsverrauch"

3 Investitionen

Gemeint sind hier Anlageinvestitionen als Sammelbegriff für alle Güter, die von Unternehmen oder dem Staat gekauft werden, um sie im Produktionsprozess einzusetzen. Dabei handelt es sich um Gebrauchsgüter, die einen Wert von mehr als 410,00 € haben.

Dabei kann es sich handeln um

- **Ausrüstungsinvestitionen** (Maschinen, Großanlagen, Fahrzeuge usw.)

oder um

- **Bauinvestitionen** (Wohngebäude, Fabrikgebäude, Straßen, Kanäle, Sportplätze, Kindergärten usw.).

Ist der Wert geringer als 410,00 €, fallen die Investitionen unter die „geringwertigen Wirtschaftsgüter".

Wenn Sie mehr über Anlageinvestitionen oder geringwertige Wirtschaftsgüter wissen wollen, schlagen Sie im Kompendium Rechnungswesen, Lernfeld 3, Kapitel 13 oder im Lernfeld 8, Kapitel 1 nach.

Der „echte" Zuwachs an Produktionsanlagen (Nettoanlageinvestition) und öffentlichen Einrichtungen ergibt sich erst durch Saldierung[1] der Neuzugänge (Bruttoanlageinvestitionen) mit den jährlichen Abschreibungen auf diese Vermögenswerte. Vorratsinvestitionen stellen einen relativ kleinen Teil des Bruttoinlandsproduktes dar; sie werden zur Lageraufstockung verwendet.

Außenbeitrag

4 Außenbeitrag

Der Saldo aus Handels- und Dienstleistungsbilanz wird als Außenbeitrag bezeichnet. Ist er positiv, bedeutet das, dass der Wert von Lieferungen und Leistungen von Inländern an Ausländern größer gewesen ist als der Wert der vom Ausland erhaltenen Güter und Dienstleistungen.

4 Das marktwirtschaftliche System

4.1 Die freie Marktwirtschaft

Ordnungspolitische Funktion

Die freie Marktwirtschaft überlässt den gesamten Wirtschaftsprozess dem freien Spiel der Kräfte auf dem Markt. Der Staat hat ausschließlich eine ordnungspolitische Funktion.

„Nachtwächterstaat"

Wirtschaftsprinzip

Marktmechanismen

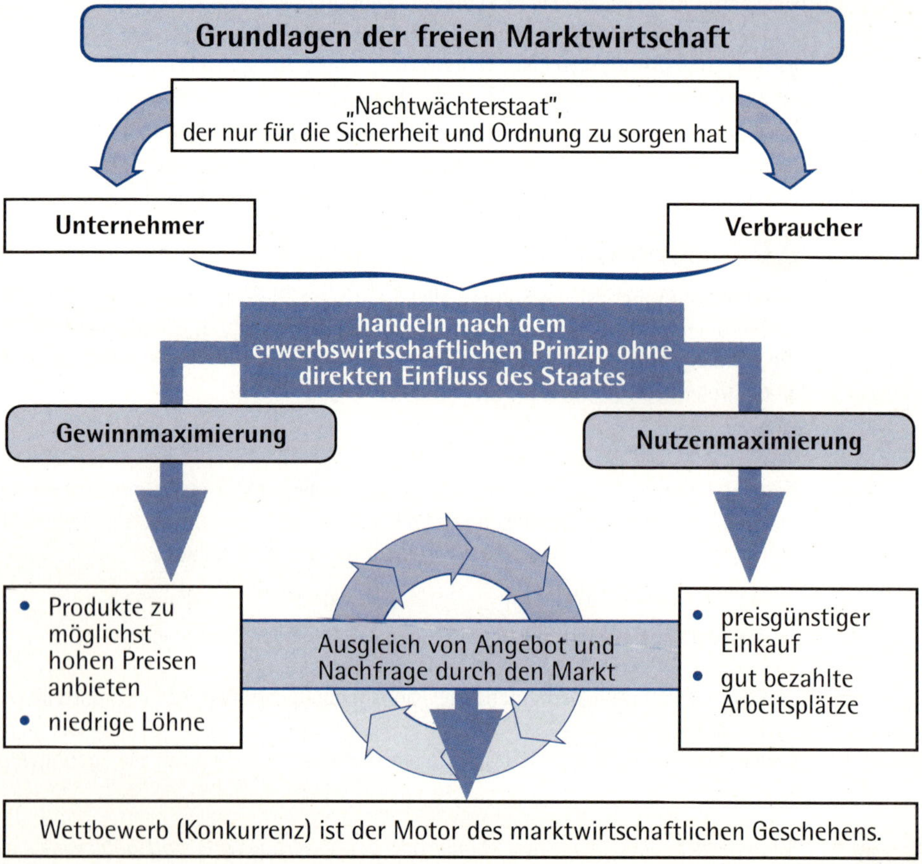

1 Saldieren = den Saldo (Unterschiedsbetrag zwischen der Soll- und Habenseite eines Kontos) ermitteln.

4.2 Grundgesetz und Wirtschaftsordnung – die soziale Marktwirtschaft

Ludwig Erhard Alfred Müller-Armack

Als Väter der sozialen Marktwirtschaft gelten der frühere Bundeswirtschaftsminister Prof. Dr. Ludwig Erhard (1897–1977) und sein Staatssekretär Prof. Dr. Alfred Müller-Armack (1901–1978). Der Begriff „Soziale Marktwirtschaft" wird meist mit der realen Wirtschaftsordnung der Bundesrepublik Deutschland gleichgesetzt. Diese Vorstellung greift allerdings zu kurz. Die soziale Marktwirtschaft wurde vielmehr als **längerfristig gültiges ordnungspolitisches Leitbild für die Wirtschafts- und Gesellschaftspolitik** verstanden, dessen Grundidee es ist, das **Prinzip der Marktfreiheit mit dem des sozialen Ausgleichs zu verbinden.**

Leitbild

Im politischen Streit zwischen den politischen Parteien konnte Erhard (CDU) 1948 die Idee der sozialen Marktwirtschaft durchsetzen. Der Plan von Erhard sah vor eine Wirtschaftsordnung zu schaffen, die eine Synthese von Elementen einer liberalen Wirtschaft mit planwirtschaftlichen Elementen darstellt. Die Nachteile beider Konzepte sollten vermieden und deren Vorteile in eine neuartige Wirtschaftsordnung mit sozialen Komponenten eingebracht werden. Vor allem Freiheit und soziale Sicherheit für breite Schichten der Bevölkerung sollten kombiniert werden. Dabei verstand vor allem Müller-Armack die soziale Marktwirtschaft nie als ein fertiges System, das – einmal eingeführt – für alle Zeiten gleichermaßen unverändert gilt, sondern als ein Leitbild, das die wirtschafts- und gesellschaftspolitischen Ziele und Instrumente anpassungsfähig lässt, sich jedoch stets an festen ordnungspolitischen Grundsätzen orientiert.

> Das Grundgesetz enthält keine ausdrückliche Aussage zu einer Wirtschaftsordnung. Die Verfassung steckt lediglich einen Rahmen ab, die konkrete Ausgestaltung wird den Organen der politischen Willensbildung überlassen.

Grundgesetz

Das Grundgesetz enthält freiheitliche und soziale Grundelemente. Einerseits wird in dem Gesetz die grundlegende Freiheit des Einzelnen verankert, andererseits werden ihm durch die sozialen Ordnungselemente auch Schranken seiner Handlungsfreiheit aufgezeigt (Artikel 20 GG, Sozialstaatsprinzip). Die Absicht des Gesetzgebers war es, eine annähernd gleichmäßige Förderung des Wohles aller Bürger und die annähernd gleichmäßige Verteilung der Lasten zu erreichen.

Jeder hat das Recht ...

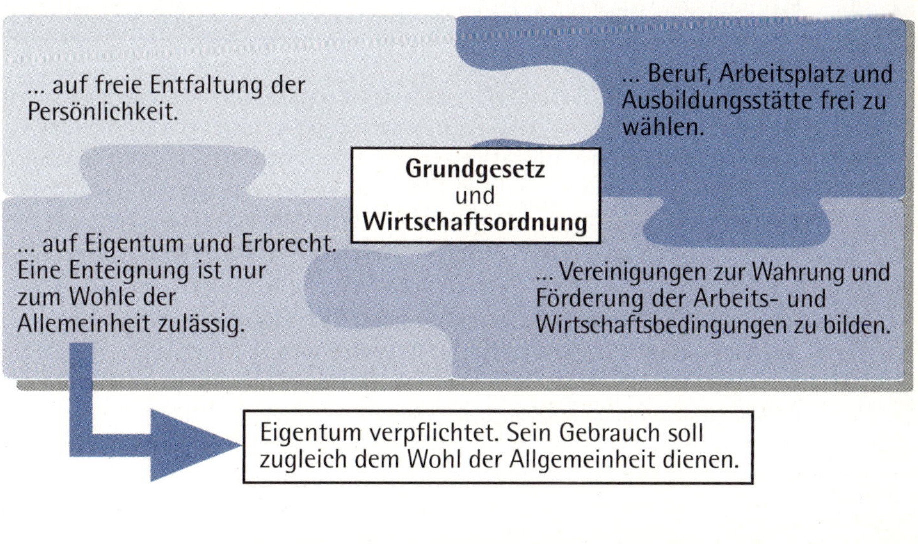

Gewerbeordnung/Kartellgesetz

Die Rahmenvorgaben des Grundgesetzes, die dort durch eine Reihe von Artikeln markiert sind, werden ergänzt durch weitere Wirtschaftsgesetze, z. B. die Gewerbeordnung und das Kartellgesetz.

Zielkonflikte sind in der sozialen Marktwirtschaft an der Tagesordnung. **Fast jedes Ziel ist nur mit Abstrichen bei anderen Zielen zu erreichen.** Damit beispielsweise bei der Umverteilung von den Leistungsfähigeren zu den weniger Leistungsfähigen keine wirtschaftlich nachteiligen Effekte entstehen und die Anreize zerstört werden, zusätzliche Leistungen zu erbringen, muss der Staat behutsam vorgehen.

Übermäßige Sozialleistungen und übertriebene Fürsorge des Staates können die Leistungsfähigkeit einer Marktwirtschaft gefährden.

Verspricht der Staat also zu viele soziale Leistungen, ändert er die am Markt erzielbare Einkommensverteilung. Erhebt er aber zu hohe Steuern, vermindern die Steuerzahler ihren Arbeitseinsatz, weil ihre zusätzliche Leistung sich finanziell nicht mehr lohnt. Greift der Staat zu sehr korrigierend in Märkte ein, verlieren diese die Fähigkeit zur optimalen Ressourcensteuerung. Zu viele staatliche Auflagen, Vorschriften oder Sozialleistungen gefährden die Funktionsfähigkeit der Märkte. Ohne funktionsfähige Märkte aber können nicht die Einkommen erwirtschaftet werden, mit denen über Steuern und Abgaben wichtige soziale Aufgaben finanziert werden sollen. Die Folge: Weniger Wohlstand für alle.

Wohlstandssicherung

Soziale Marktwirtschaft lebt immer in einem Spannungsverhältnis zwischen den Zielen

- möglichst großer individueller Freiheit und
- sozialem Ausgleich und sozialer Gerechtigkeit.

Die Unternehmer und die lohn- und gehaltsabhängige Bevölkerung sind aufeinander angewiesen. Die Unternehmer stellen die Produktionsmittel zur Verfügung, mit deren Hilfe die Arbeitnehmer ihren Lebensunterhalt verdienen können. Der Unternehmer muss nicht nur Geld verdienen, um seinen Lebensunterhalt zu finanzieren, sondern auch um investieren zu können.

Nur der innovative Unternehmer mit ständig neuen Ideen und verbesserten Produktionsmethoden hat im Wettbewerb mit Konkurrenten auf Dauer eine Überlebenschance.

Löhne und Gewinne

Auch hier liegen die Zielkonflikte zwischen Arbeitgeber und Arbeitnehmer auf der Hand. Ein Unternehmer will aus Wettbewerbsgründen möglichst kostengünstig produzieren, die Arbeitnehmer jedoch wollen möglichst viel verdienen. Den Interessensausgleich überlässt der Staat den Beteiligten. Er stellt lediglich die Institutionen und Regeln, die sich als Rahmen für Konfliktsituationen bewährt haben. Der Staat kann keinen Unternehmer anweisen, wie er sein Lohngefüge gestalten muss, und keiner Gewerkschaft vorschreiben, wie viel Lohn sie höchstens verlangen darf.

Staatliche Auflagen

Trotzdem gibt der Staat über Gesetze Vorgaben – wie etwa den gesetzlichen Mindesturlaub oder den Kündigungsschutz –, an die sich die Unternehmer zu halten haben und die für Arbeitnehmer einen sozialen Schutz darstellen. Das freie Spiel der Kräfte entscheidet dann, wie zum Beispiel Lohnverhandlungen ausgehen. Kommen Verhandlungen zwischen Arbeitgebern und Arbeitnehmern zu keinen befriedigenden Ergebnissen, können die Arbeitnehmer ihren Interessen in einem Arbeitskampf Nachdruck verleihen.

> Die soziale Marktwirtschaft hat also bis zu einem gewissen Grad auch immer eine Ausgleichsfunktion zwischen Einzelinteressen und der Abfederung sozialer Härten.

4.3 Das ordnungspolitische Leitbild

Für Müller-Armack und Erhard war die freie Entfaltung des Menschen das oberste Gut. Sie waren davon überzeugt, dass alles Wirtschaften das freiheitliche Menschenbild fördern muss. Das umfassende Recht an der eigenen Sache soll es dem Einzelnen ermöglichen, in wirtschaftlicher und gesellschaftlicher Eigenverantwortung zu handeln, oder wie der Urvater der klassischen Volkswirtschaftslehre, **Adam Smith** (1723 – 1790), es sinngemäß formuliert hat: „Es ist nicht das Wohlwollen des Fleischers, Brauers oder Bäckers, dem wir unser Abendessen verdanken, sondern nur deren Rücksicht auf die eigenen Interessen. Wir appellieren nicht an ihre Menschlichkeit, sondern an ihre Eigenliebe."

Adam Smith

> Das Recht auf **Privateigentum** ist die wichtigste Grundlage der Marktwirtschaft.

Zu den wichtigsten Elementen einer sozialen Marktwirtschaft gehören:

Wettbewerb und Preisbildung	Ein funktionierender Wettbewerb stellt sicher, dass der Verbraucher gute Qualitäten zu den günstigsten Preisen kaufen kann. Damit der Wettbewerb aber auf Dauer fair bleibt, muss der Staat klare „Spielregeln" aufstellen und deren Einhaltung überwachen.
Eigentumsordnung	Gewinne sind der Motor für das wirtschaftliche Handeln. Nur wer Gefahr läuft durch Verluste sein eingesetztes Kapital zu verlieren, handelt risikobewusst und vermeidet Verschwendung. Deshalb ist Privateigentum an den Produktionsmitteln auf jeden Fall unumgänglich.
Sozialordnung	Am Markt lassen sich nur leistungsgerechte Einkommen erzielen. Damit aber diejenigen, die nur begrenzt am Leistungswettbewerb teilnehmen können, nicht ins soziale Abseits geraten, muss die Marktwirtschaft durch eine Sozialordnung ergänzt werden.
Geld- und Währungsordnung	Ebenso wie der menschliche Organismus für sein einwandfreies Funktionieren einen stabilen Blutkreislauf benötigt, erfordert das Funktionieren einer modernen Volkswirtschaft stabiles Geld. Nur eine von den Regierungen wirklich unabhängige Institution – eine autonome Zentralbank – kann auf Dauer die Geldwertstabilität garantieren.
Tarifautonomie	Die eigenverantwortliche Regelung der Arbeitsbedingungen durch die Tarifpartner hält den Staat aus Verteilungskonflikten heraus. Außerdem sind Arbeitgeberverbände und Gewerkschaften aufgrund ihrer Sachnähe kompetenter als staatliche Institutionen, einen fairen Interessenausgleich auszuloten.

Fakten kurz gefasst

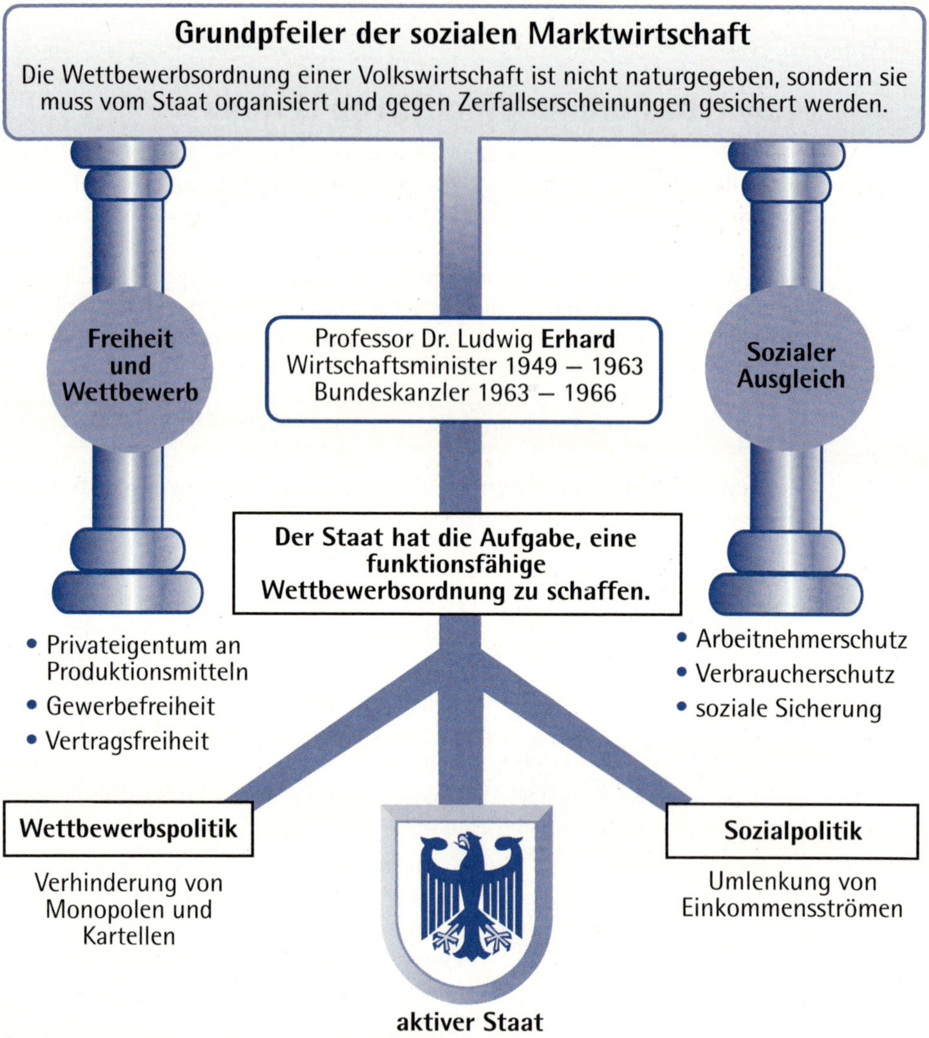

Staatliche Eingriffe
erfolgen nur, um einen funktionierenden Wettbewerb zu erhalten und um die wirtschaftlich Schwächeren zu schützen.

- sozial gerechtere Einkommens- und Vermögensverteilung
- Konjunktur- und Strukturpolitik
- Steuerung des Wirtschaftswachstums

nach: Schneider/Zindel, Kopier- und Folienvorlagen, Heft 2: „Wirtschaftsordnungen und Wirtschaftspolitik", Darmstadt 1999, S. 8

4.3.1 Die Rolle von Privateigentum und Preis

Die freie Preisbildung ist das „A und O" der Marktwirtschaft. Im Wesentlichen hat sie folgende Funktionen:

- **Die Informationsfunktion**
  Die Preise informieren über den relativen Knappheitsgrad der einzelnen Güter und Dienstleistungen. Volkswirtschaftler bezeichnen die Preise deshalb auch als Knappheitsindikatoren. Sie spiegeln die Wertschätzung einzelner Güter wider. Der Preismechanismus bewertet die wirtschaftlichen Leistungen für eine Gesellschaft. Unternehmen, die Gewinne machen, verbessern die Knappheitssituation. Unternehmen, die Verluste machen, verzehren mehr Werte, als sie herstellen.
- **Die Koordinations- und Ausgleichsfunktion**
  Preisveränderungen sorgen tendenziell dafür, dass sich das Angebot und die Nachfrage angleichen. Da sich die Bedürfnisse und Knappheitsverhältnisse ständig verändern, ist die Preisbildung ein fortlaufender Prozess.
- **Die Anreiz- und Lenkungsfunktion**
  Die Preise lenken die Produktionsfaktoren (Arbeit, Rohstoffe und Maschinen) dahin, wo die Nachfrage und damit die erzielbaren Einkommen am höchsten sind. Damit ist ein ständiger Anreiz gegeben, sich in der Produktion knapper Güter besonders zu engagieren und knappe Produktionsfaktoren – wie zum Beispiel zur Produktion benötigte Energie – besonders sparsam einzusetzen. Gleichzeitig stellen hohe Preise einen Anreiz dar das Angebot ständig zu verbessern und Neues herzustellen.
- **Die Zuteilungs- und Auslesefunktion**
  Auf der Nachfrageseite teilen die Preise das Angebot den Nachfragern zu, die bereit sind, den Angebotspreis zu akzeptieren. Auf der Angebotsseite können nur diejenigen überleben, die ihre Produkte zumindest kostendeckend anbieten. Damit hat der Preis sowohl auf der Nachfrage- als auf der Angebotsseite eine Auslesefunktion.

Effizienz des Handelns

Privateigentum garantiert zielgerichtetes Handeln. Unternehmer produzieren dort, wo sie die für ihre Unternehmensziele günstigsten Bedingungen vorfinden – wie etwa bezüglich der Materialkosten und -qualität, der Arbeitskosten oder der Zinsen. Jeder Unternehmer konzentriert sich auf das, was er am besten kann. Die damit verbundene Arbeitsteilung fördert die Effizienz des gesamten wirtschaftlichen Handelns. Weil sich letztlich derjenige am Markt durchsetzt, dessen Angebote von der Nachfrage angenommen werden, sorgt „die unsichtbare Hand des Wettbewerbs" (Adam Smith) dafür, den Wohlstand des Volkes insgesamt zu mehren.

Das **Privateigentum** an den Produktionsmitteln sorgt dafür, dass Kapital an den Stellen eingesetzt wird, wo es den größten Ertrag bringt.

4.3.2 Der Druck des Wettbewerbs

Viele Kaufentscheidungen, die über Erfolg oder Misserfolg von Unternehmen entscheiden, werden durch den Preis bestimmt. Deshalb liefern sich die Unternehmen hier einen harten Wettbewerb; sie gewähren ihren Kunden Rabatte, Skonti, nehmen Altgeräte in Zahlung oder geben günstige Kredite, damit bei ihnen und nicht bei einem Konkurrenten gekauft wird.

Der Unternehmer wird bestrebt sein den Preis langfristig so festzulegen, dass er die Herstellungskosten, einen Lohn für seine eigene Leistung sowie einen Gewinn zum Investieren erwirtschaftet. Auf dem freien Markt gibt es aber keine Garantie, dass sich ein Produkt zu dem so kalkulierten Preis absetzen lässt. Bleibt die Nachfrage hinter der Produktion zurück, weil sich die Kunden das Produkt nicht leisten können oder wollen oder weil die Wettbewerber günstiger anbieten, wird der Unternehmer den Preis senken oder die Produktion einstellen müssen. Umgekehrt können auch die Möglichkeiten von Preiserhöhungen ausgeschöpft werden, wenn der Markt sie „hergibt".

Die Anbieter versuchen einen möglichst hohen Preis zu erzielen, die Nachfrager wollen preisgünstig einkaufen.

Wettbewerbs-mittel

Der Preiswettbewerb ist aber nur eines von vielen Wettbewerbsmitteln, die auf die Nachfrager und die Mitbewerber einwirken. Bei den Produkten beispielsweise kommt es auf Qualität, Gestaltung und Modernität des Angebots an. Der größte Wettbewerbsvorsprung lässt sich naturgemäß durch gänzlich neue, patent- oder gebrauchsmustergeschützte Produkte erreichen.

Wenn Sie mehr über die verschiedenen Sozialversicherungen oder die Lohnsteuerberechnung wissen wollen, schlagen Sie in diesem Kompendium, Lernfeld 5, Kapitel 5.3.2 und 5.4 nach.

Wer für sein Unternehmen nur eine ungenügende Nachfrage schaffen kann, der muss aus dem Markt ausscheiden.

Auch beim Service suchen sich die Unternehmen im Ringen um die Gunst des Kunden gegenseitig zu übertreffen, sei es etwa durch besonders kundenfreundlich ausgestattete Verkaufsräume und Schaufensterauslagen, durch die Bereitstellung von Parkmöglichkeiten oder die Übernahme von Fremdserviceleistungen wie durch Schuh-Bars, Friseur- und Kosmetiksalons, Erfrischungsräume und Kindergärten in Kaufhäusern; oder aber die Unternehmen versprechen die verkauften Geräte zu pflegen, zu überwachen oder zu reparieren.

4.3.3 Der Zwang zur Leistung

Leistung ist nicht alles, aber ohne Leistung ist alles nichts.

Das dritte Erfolgsrezept der Marktwirtschaft besteht darin, dass sie das Eigeninteresse der Menschen mit der tatsächlichen Erfüllung einer volkswirtschaftlichen Aufgabe auf das Beste verbindet. Für den Einzelnen heißt das: Er muss möglichst viel leisten, um viel zu verdienen. Das Gleiche gilt für die Unternehmen. Je leistungsfähiger sie sind, je attraktiver ihre Produkte, desto rentabler werden sie sein, desto höher sind ihre Gewinne, desto mehr können sie in neue Produkte oder Kosten sparende Produktionsverfahren investieren; desto besser verdienen auch die bei ihnen beschäftigten Arbeitnehmer und desto sicherer sind ihre Arbeitsplätze.

Mit dem Bekenntnis zur Leistung verbindet sich auch der Zwang zu einer wirtschaftlichen Produktionsweise, im Klartext: zur Kostensenkung, zur Rationalisierung, zum Einsatz Kosten sparender Verfahren und Arbeitsorganisation. Leistung, das ist außerdem „Prozessinnovation", die konsequente Nutzung des technischen Fortschritts durch leistungsfähigere Maschinen und Anlagen. Und Leistung zwingt drittens dazu, immer wieder neue oder verbesserte Produkte und Dienstleistungen zu entwickeln (Produktinnovation), um auf diese Weise einen Vorsprung vor der Konkurrenz zu bekommen.

Der **Leistungswettbewerb** soll dazu anreizen, neue Vorsprungssituationen und damit neue Gewinnsituationen zu schaffen, damit Leistung sich lohnt und das Leistungsprinzip stets zur bestmöglichen Versorgung der Bevölkerung führt.

4.4 Ziele der Wirtschaftspolitik

Die wirtschaftspolitischen Ziele sind im so genannten „Stabilitätsgesetz" festgelegt. In der Urform (1967) war es das „magische Viereck", heute spricht man von noch mehr Zielen, die miteinander konkurrieren, weil sie nicht alle miteinander vereinbar sind.

Die grundsätzlichen Ziele der Wirtschaftspolitik sind so definiert:

Wirtschaftswachstum	Der Wert aller Güter und Leistungen (Bruttoinlandsprodukt) soll im Zeitablauf zunehmen. Es sollen so viele Güter wie möglich zur Verfügung stehen.
„Vollbeschäftigung"	Ein möglichst hoher Beschäftigungsgrad ist anzustreben. Arbeitslosigkeit soll vermieden oder auf ein Minimum reduziert werden.
Stabilität	Die Wirtschaft soll keinen übermäßigen Schwankungen der Konjunktur unterliegen und der Geldwert soll stabil sein, sodass eine Inflation ausgeschlossen wird.
Außenwirtschaftliches Gleichgewicht	Der Außenhandel soll möglichst ausgeglichen sein. Das bedeutet, dass sich Importe und Exporte die Waage halten. Ein wichtiger Grund ist, dass über dieses Gleichgewicht auch die Geldwertstabilität gesichert wird. Je stärker z. B. die Exportüberschüsse sind, desto größer werden die Devisenzuflüsse, denen aber gleichzeitig weniger Waren gegenüberstehen. Dies könnte zur stärkeren Geldentwertung (Inflation) führen.
Verteilungs- und soziale Gerechtigkeit	Der Lebensstandard der Menschen soll nicht nur von ihrer Leistungsfähigkeit abhängen. Eine Umverteilung der am Markt erzielten Einkommen und Erträge soll zum Beispiel durch unterschiedliche Steuersätze nach bestimmten Gerechtigkeitsvorstellungen erzielt werden. Leistungsschwache erhalten einen besonderen Schutz.
Umweltschutz	Die natürlichen Lebensgrundlagen sollen möglichst vollkommen erhalten bleiben und auch für zukünftige Generationen nicht zerstört werden. Die Erfolge der Marktwirtschaft machen es möglich, jene Aufwendungen zu finanzieren, die für einen wirksamen Umweltschutz erforderlich sind.

Staat kann Anreize schaffen

In einer sozialen Marktwirtschaft kann der Staat diese Ziele nicht direkt erreichen oder sogar anordnen. Ziel der Wirtschaftspolitik ist es, für die genannten Ziele Rahmenbedingungen zu schaffen, die für die Wirtschaftssubjekte Anreiz genug bieten sich selbst in die gewünschte Richtung zu entwickeln.

Im Unterschied zur reinen Marktwirtschaft hat der Staat in der sozialen Marktwirtschaft also vor allem eine **Ordnungsaufgabe.** Er stellt das Regelwerk und greift bei Bedarf behutsam ein. So wird er zwar dem Strukturwandel so weit wie möglich seinen freien Lauf lassen, gleichzeitig soll er sozialverträglich gestaltet werden – wie beispielsweise in den vergangenen Jahrzehnten im Ruhrgebiet beim Wechsel von der Kohle- und Stahlproduktion hin zum Standort für innovative Technologien und Dienstleistungen.
Gleichzeitig aber wurden und werden jährlich Milliardensubventionen in die Steinkohleförderung gesteckt, obwohl das „schwarze Gold aus dem Kohlenpott" doppelt so viel kostet wie eine vergleichbare Qualität auf dem Weltmarkt. Man mag darüber streiten, ob die Aufrechterhaltung des Kohlestandortes wirtschaftlich überhaupt einen Sinn hat, doch spielen bei solchen Entscheidungen immer auch soziale Gesichtspunkte eine Rolle.

Dazu zählen beispielsweise:

Soziale Ziele

- die Sicherung des Existenzminimums und einer Grundversorgung mit lebensnotwendigen Gütern;
- die Bewahrung möglichst großer Chancengleichheit;
- die Sicherung von Kultur und Lebensweisen, wie etwa der Schutz der Familie;
- die Verhinderung des Missbrauchs von Marktmacht und die Sicherung des Wettbewerbs;
- die Wahrung einheitlicher Lebensverhältnisse in allen Teilen Deutschlands;
- die Finanzierung der Staatsausgaben weitgehend nach dem Prinzip der Leistungsfähigkeit.

Grundsätzlich sind regulierende **Eingriffe** in den Wirtschaftsablauf aber nur zu rechtfertigen, wenn sie gesellschaftlichen Kriterien genügen.

4.4.1 Wachstum und stabile Konjunktur

Wachstum als Motor der Wirtschaft

Maßstab für das Wachstum ist die Veränderung des Bruttoinlandsproduktes. Die Wachstumsrate wird jeweils im Vergleich zum Vorjahr festgestellt. Wachstum wird allgemein als der „Motor" der Wirtschaft angesehen.

$$\text{Wachstum} = \frac{\text{Veränderung des Bruttoinlandsproduktes} \cdot 100}{\text{Bruttoinlandsprodukt des Vorjahres}}$$

War früher ein ausreichendes Wachstum eine der wichtigsten Grundlagen für einen möglichst hohen Beschäftigungsstand, so besteht ein Minimalziel heute schon darin, durch ein angemessenes Wachstum wenigstens sicherzustellen, dass die Arbeitslosigkeit nicht weiter ansteigt. Man geht davon aus, dass dies nur dann zu erreichen ist, wenn das Wachstum mindestens 3 % beträgt. Andererseits gibt es in einer Volkswirtschaft auch große strukturelle Unterschiede. Mit dem Begriff „Konjunktur" verbindet sich der Versuch, die wirtschaftliche Gesamtsituation einer Volkswirtschaft **zu** einem bestimmten Zeitpunkt bzw. **in** einem bestimmten Zeitraum zu beschreiben.

Konjunktur

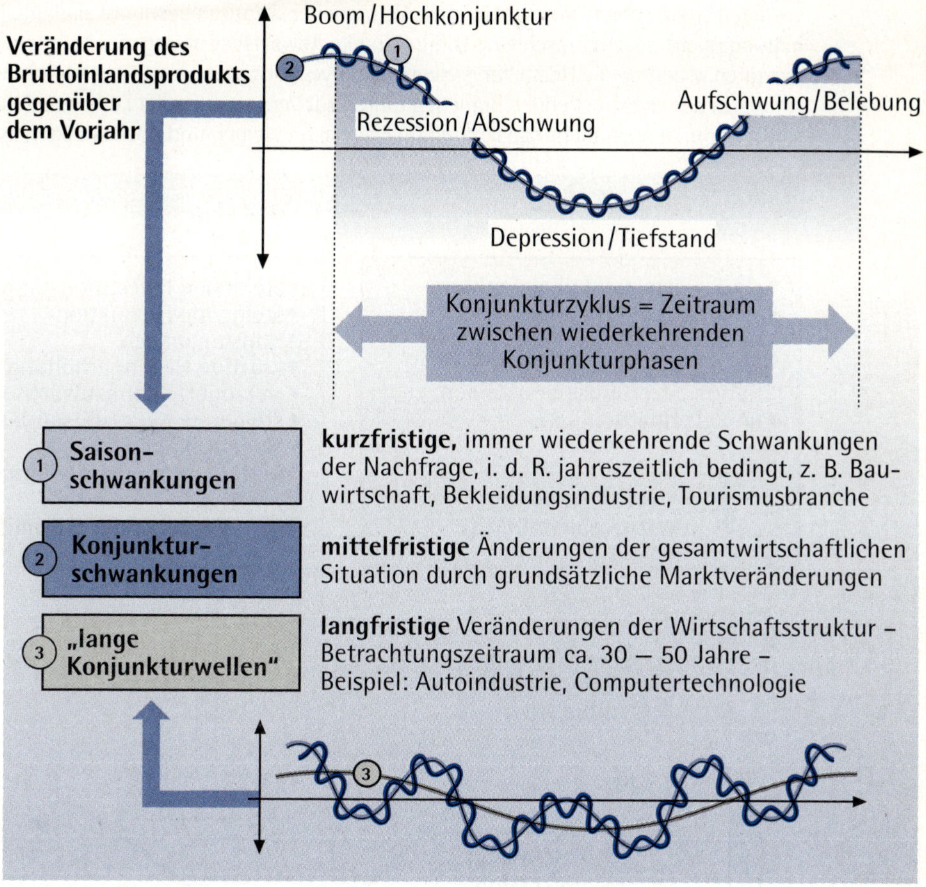

nach: Schneider/Zindel, Kopier- und Folienvorlagen, Heft 2: „Wirtschaftsordnungen und Wirtschaftspolitik", Darmstadt 1999, S. 14

Konjunkturtheorien

Krisentheorie

Mit Beginn der Industrialisierung gestaltete sich die gesamtwirtschaftliche Entwicklung nicht mehr so übersichtlich wie in der vorindustriellen Zeit. Daraufhin bildete sich eine größere Anzahl von „Krisentheorien". Ihnen gemeinsam war die Vorstellung, dass in der Wirtschaft selbst eine gewisse Unruhe angelegt ist, die für die mehr oder weniger regelmäßig wiederkehrenden Krisen der Wirtschaftstätigkeit verantwortlich sein sollten.

John Maynard Keynes, Nationalökonom

Eine entscheidende Wende erfuhren diese Theorien aber durch den britischen Nationalökonomen John Maynard Keynes (1883 – 1946). Im Gegensatz zu vielen seiner Vorgänger versuchte er sich von den allzu einfach dargebotenen Erklärungen des Konjunkturphänomens zu lösen und die ökonomischen Abläufe mit psychologischen Hintergründen anzureichern (siehe dazu auch Kapitel 7.1 „Deficitspending").

Investitions-/ Sparquote

Investieren, Sparen und Konsumieren hängen in erster Linie von den Erwartungen, Hoffnungen und Ängsten ab, die die Verbraucher und Unternehmer in ihren Entscheidungen beeinflussen. Kommt es zu Missverständnissen zwischen den Entscheidungen der Verbraucher und Investoren (zum Beispiel: rechnen die Investoren mit einer guten Absatzentwicklung und investieren entsprechend viel, während die Verbraucher skeptisch gestimmt sind und Kaufzurückhaltung üben), so setzt rasch eine konjunkturelle Abwärtsbewegung ein. Es entstehen Überkapazitäten, wodurch die Herstellung von neuen Investitionsgütern zurückgedrängt wird. Entlassungen in den entsprechenden Branchen führen zur Verringerung der Einkommen und des Konsums, wodurch noch mehr Kapazitäten unausgelastet bleiben und noch weniger investiert wird

Fakten kurz gefasst

- stark ausgelastete Kapazitäten
- Nachfrageüberhänge (zum Teil lange Lieferzeiten)
- Erweiterungs- und Rationalisierungsinvestitionen
- hohe Lohnabschlüsse

Gefährdung der Preisniveaustabilität

- steigende Investitionstätigkeit
- steigende Produktion
- Konsumanstieg
- kräftige Gewinnerhöhungen
- verzögerte Lohnzuwächse
- steigende Kapazitätsauslastung
- Überstunden
- verhaltene Neueinstellungen

Wachsender Optimismus

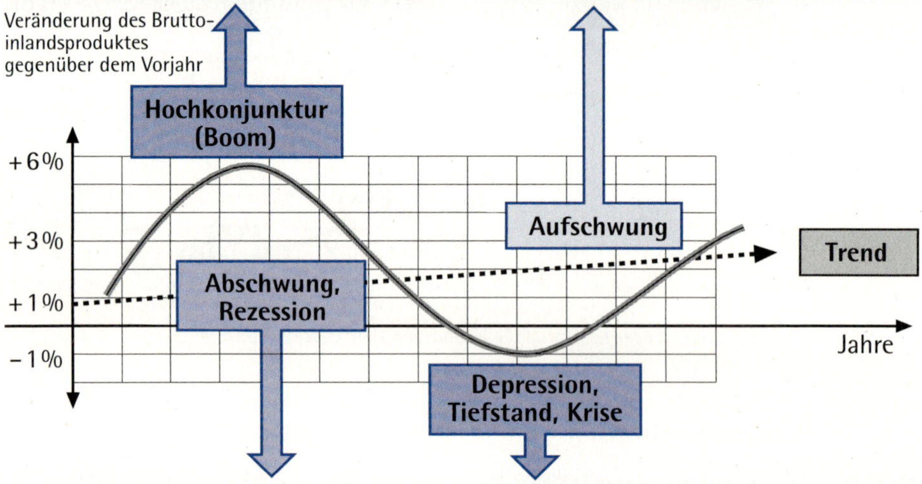

- erste Sättigungserscheinungen
- fallende Produktion
- sinkende Investitionen
- Gewinnrückgänge
- geringe Lohnzuwächse
- sinkende Kapazitätsauslastung
- Aufbau von Lagervorräten
- Kurzarbeit und Entlassungen
- Kürzung freiwilliger Sozialleistungen

Zunehmende Skepsis mit vorsichtigem Konsum- und Investitionsverhalten

- stark eingeschränkte Investitionstätigkeit
- verunsicherte Konsumenten mit extrem niedrigen privaten Investitionen
- große Angst um Arbeitsplatzerhalt
- Lohneinbußen
- Einbußen bei der Kaufkraft
- geringeres Steueraufkommen des Staates

Problem der Massenarbeitslosigkeit

Konjunkturindikatoren

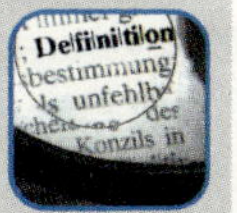

Konjunkturindikatoren sind Kennziffern oder wirtschaftliche Messgrößen, die Veränderungen von volkswirtschaftlich wichtigen Sachverhalten widerspiegeln.

Es gibt eine Reihe von so genannten „Konjunkturindikatoren", die die gesamtwirtschaftliche Lage anzeigen. Sie bestehen meist in Form statistischer Zahlen zu folgenden Sachverhalten:

- Auftragslage bei den Unternehmern,
- Auftragseingänge im Investitionsgüterbereich,
- Geschäftsabschlüsse auf Messen,
- Situation auf dem Arbeitsmarkt (Anzahl und Entwicklung von offenen Stellen),
- Anzahl von Insolvenzen, Zahlungsschwierigkeiten,
- Spartätigkeit und Konsumbereitschaft,
- Entwicklung von Preissteigerungsraten und Zinsniveau der Banken,
- allgemein feststellbare wirtschaftliche Erwartungshaltung,
- zur Verfügung stehende Geldmenge bzw. die Höhe des Geldumlaufs,
- Situation in Wachstums- und Krisenbranchen.

4.4.2 Wirtschaftswachstum und Umweltschutz

Ökobilanz

Das Wirtschaftswachstum kommt immer mehr auf den Prüfstand der Ökologie. Ein Grund dafür ist, dass die natürlichen Ressourcen keine unerschöpfliche Quelle sind, aus der man sich grenzen- und bedenkenlos bedienen kann. Mittlerweile hat man aber auch in so genannten Umweltsystemen und daraus abgeleiteten Ökobilanzen eine ganz andere Betrachtungs- und Sichtweise für wirtschaftliche Prozesse gewonnen (siehe dazu auch Lernfeld 5, Kapitel 5).
Viele menschliche Tätigkeiten verändern den Umweltzustand qualitativ und quantitativ; Boden, Wasser, Luft, Natur und Landschaft, Tiere und Pflanzen werden für Ernährung, Wohnen, Energieerzeugung, Güterproduktion, Vorratshaltung, Kommunikation und Freizeitgestaltung genutzt. Mit der Nutzung verbunden sind Abfälle, Geräusche, Abwärme und Strahlen, die an die Umwelt abgegeben werden. Da der Mensch selbst Bestandteil der Natur ist, wirken diese Umweltveränderungen auf ihn zurück.

Ökonomisches Wachstum bedeutet auch einen höheren Verbrauch an Rohstoffen und die Produktion von Schadstoffen und Abfällen. Die Wohlstandsmehrung wird daher zu einer ökologischen Belastung.

„Wohlstands-reparaturen"

Nicht jedes Wachstum bedeutet auch mehr Wohlstand. Es gibt im Gegenteil sogar in zunehmendem Maße in den Augen von namhaften Wissenschaftlern Wachstumsbranchen, die allein schon deshalb sehr kritisch beurteilt werden müssen, weil sich dahinter Maßnahmen, Produkte und Aufwendungen verbergen, die nur nötig sind, um die negativen Folgen des Wachstumsprozesses zu reparieren oder zu vermeiden. Dazu gehört z. B. der gesamte Bereich der Müllverwertung. Dieser „Wohlstandsreparaturbereich" boomt und hat teilweise sehr hohe Wachstumsraten. In Wirklichkeit handelt es sich aber keinesfalls um einen damit verbundenen Segen, sondern eher um ein unter ökologischen Gesichtspunkten verzichtbares Wachstum.

Die Statistiken registrieren nur die Höhe, aber nicht die Art des Wachstums. In anderen Untersuchungen wird aber z. B. festgestellt, ob und in welchem Umfang Wachstum die Ursache von Krankheit, Umweltverschmutzung, Waldsterben und Gewässerverschmutzung ist. Nach ökonomischer Logik müsste eigentlich eine Abschreibung vom Wachstumswert erfolgen, wenn in Kläranlagen das Wasser gesäubert wird oder wenn am Arbeitsplatz Erkrankte zum Arzt gehen. In Wirklichkeit ist aber das Gegenteil der Fall. Je mehr ausgegeben wird, um den früheren, besseren Zustand wieder herzustellen, desto größer ist das Wachstum

4.4.3 Ausgeglichener Arbeitsmarkt

Eigentlich müsste das Ziel „Vollbeschäftigung" heißen. Dies ist aber realistisch nicht zu verwirklichen. Die Faktoren, die Arbeitslosigkeit verursachen, sind zu vielfältig. Vor allem kann aber auch niemand zur Aufnahme einer Arbeit gezwungen werden. Daher kann das Ziel eigentlich nur lauten, dass ein **möglichst hoher Beschäftigungsstand** erreicht wird.

Begriff der Arbeitslosigkeit

Als arbeitslos gilt jeder, der sich im erwerbsfähigen Alter befindet, keinen Arbeitsplatz hat, aber Arbeit sucht und dem Arbeitsmarkt zur Verfügung steht.

Auf diesen kurzen Nenner könnte man unabhängig von allen sonstigen Anforderungen, die seitens der Arbeitsverwaltung (Arbeitsämter) noch herangezogen werden, den Begriff der Arbeitslosigkeit bringen. Nach den (im Zeitablauf wechselnden) Kriterien der Arbeitsmarktstatistik werden nur diejenigen Personen als arbeitslos geführt, die

- sich im erwerbsfähigen Alter befinden (also keine Kinder oder Frührentner),
- als Arbeit suchend bei dem zuständigen Arbeitsamt registriert sind,
- zum Zeitpunkt der Meldung und Erhebung ohne Erwerbseinkommen sind (ausgenommen Kurzzeittätigkeiten),
- zur Arbeitsaufnahme bereit sind und zur Verfügung stehen,
- nicht arbeitsunfähig erkrankt sind,
- sich nicht in einer Arbeitsbeschaffungs- oder -fördermaßnahme befinden.

Die Arbeitslosenquote misst das Verhältnis von registrierten Arbeitslosen zu den abhängigen Erwerbspersonen.

$$\textbf{Arbeitslosenquote} = \frac{\textbf{registrierte Arbeitslose} \cdot 100}{\textbf{abhängig Erwerbstätige}}$$

In den offiziellen Statistiken der Bundesanstalt für Arbeit wird anstelle des Begriffes „abhängige Erwerbstätige" der Begriff „sämtliche zivile Erwerbspersonen" gebraucht. Damit sind z. B. alle Soldaten, die ihren Dienst bei der Bundeswehr über die Wehrpflicht hinaus erfüllen (Zeitsoldaten), nicht als Erwerbstätige im Sinne der Arbeitslosenstatistik erfasst.

Solange man für die Berechnungen die gleichen Grundlagen beibehält, ist dies für eine Interpretation der errechneten Quoten aber nur von geringer Bedeutung. Anders ist es, wenn die Definitionsgrundlage verändert wird und sich dadurch die Anteile von Arbeitslosen und Arbeitsplatzinhabern verschieben. Dies gilt im Übrigen auch dann, wenn z. B. durch gesetzliche Änderungen oder staatliche Beschäftigungsprogramme bisher als arbeitslos geführte Personen „aus der Statistik herausfallen". Außerdem ist die tatsächliche Arbeitslosigkeit vermutlich noch höher, weil in vielen Fällen keine Meldung beim Arbeitsamt erfolgt ist. Mögliche Gründe:

- Die Suche nach Arbeit wurde aufgegeben.
- Der Anspruch auf Arbeitslosenunterstützung ist abgelaufen.

Tatsächliche Arbeitslosigkeit

- Die Chancen auf einen Arbeitsplatz werden als gering eingeschätzt.
- Der Gang zum Arbeitsamt wird wegen des vermeintlichen sozialen Abstieges vermieden.

Die Anwendung der Formel zur Bestimmung der Arbeitslosigkeit ist nicht unumstritten und keineswegs international gleich. Das bedeutet, dass die Arbeitslosenquoten in verschiedenen Ländern nicht ohne weiteres miteinander verglichen werden können.

Formen der Arbeitslosigkeit

Ursachen und Formen und Dauer der Arbeitslosigkeit können sehr unterschiedlich sein. Zwei Theorien bestimmen die Diskussion über die Ursachen:

Ursachen der Arbeitslosigkeit

These 1

Die gesamtwirtschaftliche Nachfrage ist zu gering.

Daraus folgt:

- Die betrieblichen Kapazitäten sind nicht genügend ausgelastet.
- Es wird weniger investiert.
- Firmen werden übernommen, schließen sich zusammen oder lösen sich auf.
- **Arbeitskräfte werden freigesetzt.**

These 2

Die marktwirtschaftlichen Bedingungen im Inland sind gestört.

- Der Staat versucht durch immer mehr Gesetze zu regulieren.
- Unternehmer werden zu Investitionen und Abgaben gezwungen, die es in Wettbewerbsländern nicht gibt.
- Gewerkschaften setzen kostenintensive Lohnabschlüsse durch.
- Die Produktionskosten steigen.
- Rationalisierungen und Unternehmenszusammenschlüsse sind unausweichlich.
- Unternehmen leiten die Aufträge an ausländische Produktionsstandorte um.
- **Arbeitskräfte im Inland werden freigesetzt.**

Formen der Arbeitslosigkeit		
Strukturelle Arbeitslosigkeit branchenbezogene, oft regional unterschiedliche Probleme am Arbeitsmarkt	**Technologische Arbeitslosigkeit** Beschäftigungsrückgang wegen Rationalisierungen	**Konjunkturelle Arbeitslosigkeit** allgemeiner Rückgang der Wirtschaftstätigkeit
Saisonale Arbeitslosigkeit brachenbezogene Beschäftigungsveränderungen im Jahresrhythmus	**Friktionelle Arbeitslosigkeit** vorübergehende Arbeitslosigkeit wegen Arbeitsplatzwechsel	**Demografische Arbeitslosigkeit** Arbeitsmarktprobleme aufgrund sich verändernder Altersstrukturen (z. B. geburtenstarke Jahrgänge)

Strukturelle Arbeitslosigkeit

Die strukturelle Arbeitslosigkeit stellt sich als das größte Problem moderner Industriegesellschaften dar und ist auch am schwersten zu bekämpfen, weil es sich hier noch mehr als bei der technologischen Arbeitslosigkeit um grundlegende Veränderungen im Wirtschaftsgeschehen handelt, die mit staatlichen/politischen Mitteln kaum zu bewältigen sind.

Fakten kurz gefasst

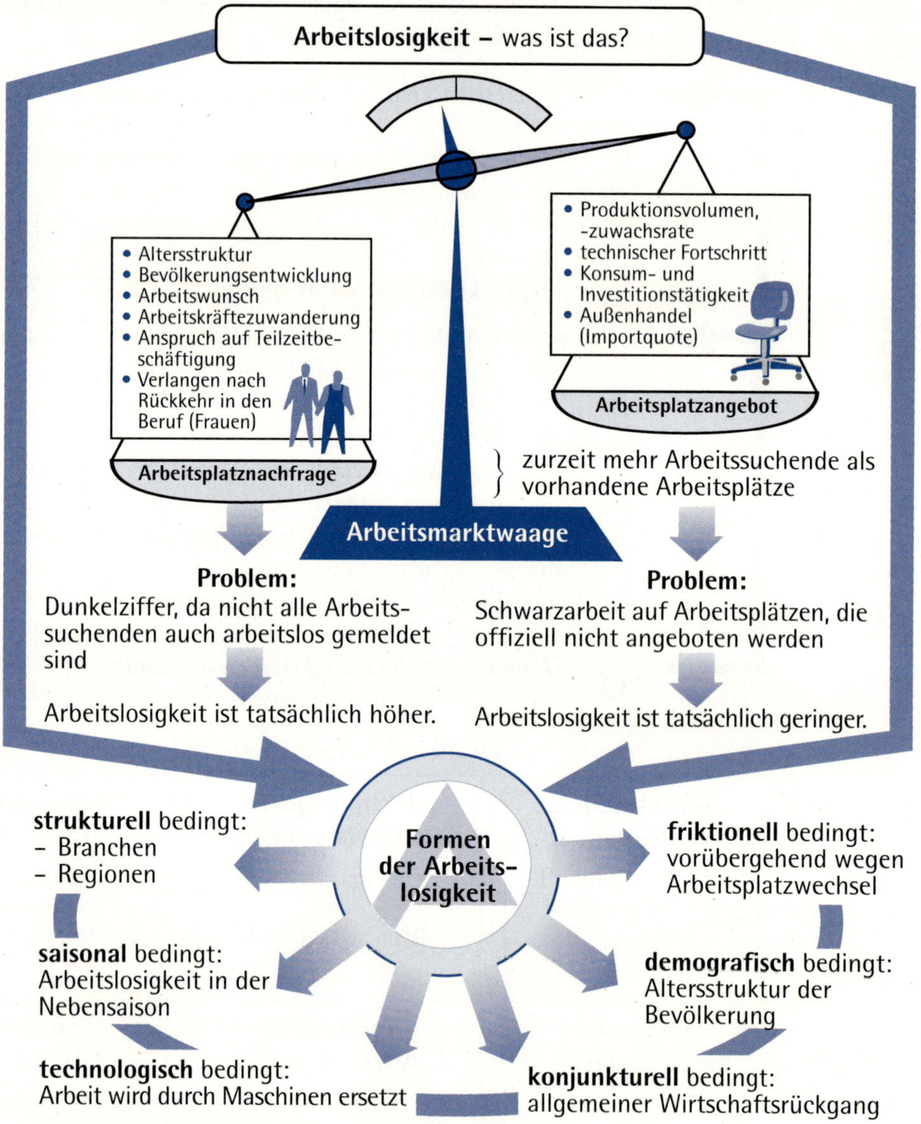

nach: Schneider/Zindel, Kopier- und Folienvorlagen, Heft 2: „Wirtschaftsordnungen und Wirtschaftspolitik", Darmstadt 1999, S. 23

4.4.4 Geldwertstabilität

Von einem wirklich stabilen Geldwert kann man nur träumen. Der Wert des Geldes unterliegt einem ständigen Wandel.

Als **„Inflation"** wird ein Geldwertverfall aber erst dann bezeichnet, wenn es zu wirklich drastischen Preissteigerungen kommt oder wenn man einen Geldwertschwund über einen längeren Zeitraum feststellen kann.

Das Heimtückische daran ist, dass sich die Inflation zumindest in der ersten Phase hinter einem scheinbaren wirtschaftlichen Boom verbirgt. Weil genügend Geld im Umlauf ist, steigt die Nachfrage, wächst die Produktion, erhöhen sich die Einkommen und es herrscht Vollbeschäftigung. Erst mit fortschreitendem wirtschaftlichem und sozialem Verfall wird der „Pferdefuß" sichtbar: Preise und Löhne „jagen" sich gegenseitig, die Preissteigerung lässt die Ersparnisse verfallen, die Flucht in die Sachwerte beginnt: Man kauft um jeden Preis, ob man die Güter braucht oder nicht.

1 Der Warenkorb

750 Güter im Warenkorb

Gemessen wird die Preissteigerungsrate am so genannten Warenkorb. Es handelt sich dabei um ca. 750 Güter, anhand derer das Statistische Bundesamt versucht repräsentative Preisveränderungen zu ermitteln. Dabei spielen nicht nur die gekauften Güter und deren Qualität eine Rolle, sondern auch die Frage, wo und wie oft diese Güter gekauft werden.

Der **Warenkorb** orientiert sich an den Konsumgewohnheiten eines durchschnittlichen Haushaltes mit zwei Erwachsenen und zwei Kindern.

Die Zusammensetzung des Warenkorbes wird über **stichprobenartige Erhebungen** festgestellt. Weil die Konsumgewohnheiten nicht gleich bleiben, geschieht die Überprüfung und Anpassung des Warenkorbes im Abstand von jeweils fünf Jahren. Ein bestimmtes Gut wird aufgenommen, wenn man feststellt, dass ein bestimmter Prozentsatz der Haushalte dieses Gut besitzt. Der unterschiedlichen Bedeutung der Güter wird mit so genannten Wägungszahlen Rechnung getragen.

2 Geld- und Gütermenge

Was ist Geld wert?

Je größer die Geldmenge im Vergleich zur vorhandenen Gütermenge, desto stärker wird der Inflationsdruck. Grund: Weder die Münze noch der Geldschein haben einen materiellen Wert, der dem aufgedruckten oder aufgeprägten Wert auch nur annähernd entspricht. Wie viel ist ein 500-Euro-Schein wert? So gut wie nichts, wenn dahinter keine materiellen Werte stehen.

Handels- und Geldvolumen

Je mehr Geld bei knappen Waren im Umlauf ist, desto stärker überbieten sich die Käufer. Ein typisches Beispiel hierfür ist der Schwarzmarkt, wo allein aufgrund der Warenknappheit ein Vielfaches des eigentlichen Warenwertes bezahlt wird. Ein Schwarzmarkt kann deshalb auch nur in einer Wirtschaft entstehen, in der nicht jede gewünschte Ware in der gewünschten Menge auf dem regulären Markt angeboten wird.

Verkehrsgleichung des Geldes

Die Theorie von Geld- und Güterwerten spiegelt sich in der so genannten „Fischer'schen Verkehrsgleichung des Geldes" wider. Diese Theorie geht von der einfachen Erkenntnis aus, dass **in einer Volkswirtschaft Geld- und Güterstrom in entgegengesetzter Richtung laufen.**

Haushalte stellen den Unternehmen ihre Arbeitskraft zur Verfügung und erhalten dafür Einkommen. Im „Gegenzug" wird das Einkommen für Konsumzwecke verwendet, d. h., die Unternehmen erhalten das Geld indirekt wieder zurück und liefern dafür an die Haushalte Konsumgüter. Der Kreislauf wird von vier wichtigen Größen bestimmt:

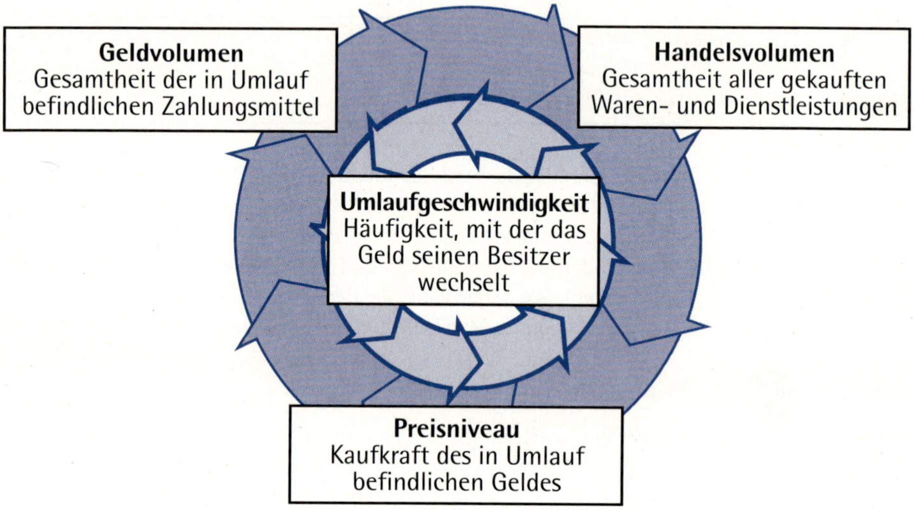

Preisniveau

Kaufkraft

Die Verkehrsgleichung zeigt in vereinfachter Form wichtige Zusammenhänge zwischen Geld- und Gütermenge in der Wirtschaft.
Die Kaufkraft des Geldes steht in umgekehrtem Verhältnis zum Preisniveau. Je höher die Preise, desto geringer ist die Kaufkraft, d.h. das, was man für eine Geldeinheit als Gegenwert erhält.

$$\text{Preisniveau} = \frac{\text{Geldvolumen} \cdot \text{Umlaufgeschwindigkeit}}{\text{Handelsvolumen}}$$

$$\text{Kaufkraft} = \frac{1}{\text{Preisniveau}}$$

3 Wie entsteht eine Inflation?

- **Staatlich verursachte Preissteigerung**
  Preise entstehen am Markt. Der Staat hat in einem marktwirtschaftlichen System kaum direkten Einfluss auf die Preisentwicklung. Trotzdem können auch staatliche Maßnahmen inflationsfördernd wirken. So beeinflusst jede Erhöhung von Verbrauchssteuern (z. B. Mineralölsteuer, Mehrwertsteuer) ebenso wie die gesetzliche Anhebung von Sozialversicherungsbeiträgen die Kosten und damit die Preise. In diesem Fall spricht man von einer staatlich verursachten Steuer- und Abgabeninflation.

Staat als Preistreiber?

- **Gewinnbedingte Preissteigerung**
  Je dringender das Konsumbedürfnis und je größer der Nachfrageüberhang ist, desto eher sind die Unternehmen in Verbindung mit einer entsprechenden Marktmacht in der Lage, höhere Preise durchzusetzen. In diesem Fall sind die eigentliche Ursache für Preisanhebungen nicht die Kosten, sondern das Streben nach einem möglichst hohen Gewinn. Zwei Gründe sind dafür maßgebend, dass diese Ursache immer mehr an Bedeutung gewinnt:

Gewinnstreben als Preistreiber?

- Die fortschreitende Unternehmenskonzentration setzt den Wettbewerb immer weiter außer Kraft. Je weniger Unternehmen miteinander konkurrieren, desto eher können die marktbeherrschenden Firmen ihre Preisvorstellungen durchsetzen.
- Wachsender Wohlstand führte lange Zeit dazu, dass sich die Nachfrage ständig erhöhte und immer mehr Güter zur „Normalausstattung" des Haushaltes gehörten. Auch dieses konsumorientierte Nachfrageverhalten, das durch aktives Marketing stark gefördert wurde, führt zu einem höheren Preisniveau.

- **Kostenbedingte Preissteigerung**

Kostendruck als Inflationsfaktor?

Für den Käufer spielt es keine Rolle, wie viel Arbeit und Mühe der Produzent in das Gut gesteckt hat; er kauft nur, wenn er den Preis für angemessen hält und kein Wettbewerber billiger anbietet. Der Anbieter hat sich aber nicht nur nach der Marktsituation, sondern auch nach seinen Kosten zu richten. Die Preisuntergrenze wird im Rahmen einer Kostenkalkulation ermittelt.

Je stärker die Kostenbelastung oder der Kostendruck (Löhne, Lohnnebenkosten, Steuern usw.), desto schwieriger ist es, die Preise stabil zu halten. Ein Unternehmen muss langfristig die Gesamtkosten decken und einen Gewinn erwirtschaften. Kurzfristig kann es ausreichen, wenn mindestens die variablen Kosten gedeckt sind (Deckungsbeitragsrechnung).

Wenn Sie mehr über Kostenkalkulation und Deckungsbeitragsrechnung wissen wollen, schlagen Sie im Kompendium Rechnungswesen, Lernfeld 8, Kapitel 3.2 nach.

Der Kostendruck wird insbesondere von folgenden Faktoren ausgelöst:

Lohnnebenkosten als Inflationsfaktor?

- Tariferhöhungen von **Löhnen und Gehältern.** Die Unternehmen versuchen diese höheren Kosten durch eine höhere Produktivität auszugleichen. Wenn dies nicht gelingt, müssen die den Produktivitätsfortschritt übersteigenden Kosten über Preiserhöhungen an die Käufer weitergegeben werden.
- Erhöhungen der Zinsen am Kapitalmarkt. Unternehmen arbeiten nicht nur mit Eigen-, sondern auch mit Fremdkapital. Die zu zahlenden **Zinsen** stellen Kosten dar, die im Preis mit einkalkuliert werden müssen.
- Erhöhung der zu kalkulierenden **Steuern** und der **Lohnnebenkosten.**
- steigende Stückkosten bei geringerer **Kapazitätsauslastung** (siehe Grafik).

Kapazität und Kosten

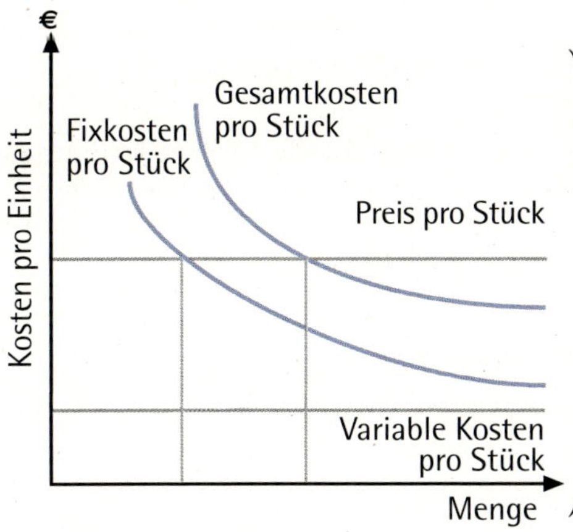

Bei schlechter Absatzlage:
Der Absatz stagniert oder fällt. Die Kosten pro Stück werden durch die Fixkostenbelastung größer. Die Preise geraten unter Kostendruck. Um die Kosten zu decken, müssten sie eigentlich steigen.

Bei guter Absatzlage:
Die Produktion bleibt hinter der Nachfrage zurück; die Folge des Nachfrageüberhanges sind Lieferzeiten oder kostenintensive Sonderschichten.

Außenhandel als Inflationsfaktor?

- **Importierte Preissteigerung**
  Für den Fall, dass die Preissteigerung durch höhere Einfuhrpreise (z. B. für Rohstoffe) verursacht wird, handelt es sich um eine importierte Inflation. Sie kann auch die Folge einer erhöhten Exporttätigkeit sein. Wenn Unternehmen ihre Waren problemlos im Ausland absetzen können, haben sie bei der Preisgestaltung im Inland größere Spielräume, als wenn sie darauf angewiesen wären, die Waren hier zu verkaufen. Im Übrigen entsteht durch hohe Exportüberschüsse im Inland eine zwar für den Konsumenten nicht unbedingt spürbare, aber dennoch vorhandene relative Warenverknappung, der gleichzeitig durch die hohen Deviseneinnahmen eine wachsende Geldmenge gegenübersteht.
  Da es in einem marktwirtschaftlichen System nie eine absolute Preisstabilität geben kann, besteht das Ziel laut Gesetz zur Förderung des Wachstums und der Stabilität der Wirtschaft („Stabilitätsgesetz") eher in einer relativen Preisstabilität. Hiervon spricht man, wenn die Preissteigerung zwischen 1 % und maximal ca. 3 % liegt.

4 Arten der Inflation

Versteckte/ offene Inflation

Sind die Preissteigerungen problemlos zu erkennen (z. B. höhere Benzinpreise), so ist dies eine **offene Inflation.** Sie unterscheidet sich von der **versteckten Inflation,** bei der die Preise zwar scheinbar stabil bleiben, aber der Gegenwert eines Gutes geringer wird (z. B. gleicher Preis, aber dünneres Material oder geringwertigerer Stoff).

Dauer und Intensität der Inflationserscheinungen hängen von deren Ursachen ab. Es ist möglich, dass größere Preissteigerungen nur vorübergehender Art sind, z. B. bei typischen Saisonprodukten: Wer in einer Kälteperiode Heizöl nachtanken muss, wird einen deutlich höheren Preis als im Sommer bezahlen müssen.

Schleichende/ galoppierende und Hyperinflation

Sind die Preissteigerungen von Jahr zu Jahr nur gering, so handelt es sich um eine **schleichende Inflation.** Verstärkt sich der Preisanstieg rasant, so geht die schleichende in eine **galoppierende Inflation** über.

Wenn die Preissteigerung völlig unkontrollierbar wird, spricht man von einer **Super-** oder **Hyperinflation.** In diesem Fall kommen die staatlichen Druckerpressen der Geldentwertung kaum nach. Geld hat keinen Wert mehr. Die Folge kann ein so genannter Währungsschnitt sein, bei dem konsequent einige Nullen gestrichen werden, um die Preise für die Güter wieder auf ein normales Maß zurückzuschrauben. Bei einer Währungsreform als Möglichkeit eines Neubeginns wird die bisherige Währung völlig abgeschafft und durch neue Geld- und Verrechnungseinheiten ersetzt.

5 Deflation und Stagflation

Preisrückgang

Es ist auch möglich, dass die Preise sinken oder bei steigender Qualität der Güter oder höheren Ausstattungsmerkmalen bei Gebrauchsgütern konstant bleiben. In diesem Falle handelt es sich um eine Deflation. Während dies bei einzelnen Gütern schon der Fall sein kann, findet man eine generelle Deflation nur in der volkswirtschaftlichen Theorie.

Von einer Stagflation spricht man dann, wenn trotz wirtschaftlichen Rückganges (bei dem die Preise eigentlich fallen müssten) ein Preisanstieg gemessen wird.

Grafik der gegenüberliegenden Seite nach: Schneider/Zindel, Kopier- und Folienvorlagen, Heft 2: „Wirtschaftsordnungen und Wirtschaftspolitik", Darmstadt 1999, S. 24

Fakten kurz gefasst

Inflation
= Verringerung des Geldwertes

Entwicklung des Preisniveaus

$$P = \frac{\text{Geldeinheiten} \cdot 100}{\text{Wareneinheiten}}$$

Entwicklung der Kaufkraft

$$K = \frac{\text{Wareneinheiten} \cdot 100}{\text{Geldeinheiten}}$$

Ursachen der Inflation

Geldmengeninflation (monetäre Inflation) – Geldmenge übersteigt das Waren- und Dienstleistungsangebot

Nachfrageinflation – Nachfrage ist deutlich größer als das Angebot

Kostendruckinflation – Kalkulation gestiegener Produktionskosten (Lohn-Preis-Spiralen)

Gewinndruckinflation – Ausnutzung günstiger Marktpositionen

Preisanstieg → **Geldwertverfall**

Inflationsarten

- schleichende Inflation (jährlich max. 5 %)
- galoppierende Inflation
- Hyperinflation (Superinflation)

Inflationserscheinungen

- offene Inflation (sichtbare Preiserhöhungen oder Geldentwertung)
- verdeckte Inflation (scheinbare Preisstabilität, aber Verringerung des Gegenwertes)

Auswirkungen

- Verlust der Wettbewerbsfähigkeit
- Gefährdung der sozialen Gerechtigkeit
- Veränderung der Vermögensverteilung

4.4.5 Soziale Stabilität

Der soziale Ausgleich ist eine besondere Herausforderung für die soziale Marktwirtschaft. Der Staat hat im Rahmen seiner Fürsorgepflicht ein ganzes Bündel von Aufgaben und Möglichkeiten.

> Wenn der Staat seine Handlungsfähigkeit erhalten will, muss er Mindereinnahmen auf der einen Seite durch Mehreinnahmen auf der anderen Seite kompensieren.

Steuerpolitik

Differenzierte Besteuerung

Dazu gehört im Einnahmebereich in erster Linie die Möglichkeit der unterschiedlichen steuerlichen Belastung. Es gilt der Grundsatz, dass einkommensschwächere Personen geringer besteuert werden als einkommensstärkere Personen. Das Einkommensteuerrecht unterscheidet dazu sechs verschiedene Steuerklassen, innerhalb derer nach weiteren sozialen Kriterien abgestuft wird. So spielen für die Höhe der erhobenen Lohnsteuer z. B. die Zahl der Kinder bzw. der eingetragenen Kinderfreibeträge ebenso wie der Familienstand eine Rolle.

Für die gesamtwirtschaftliche Entwicklung ergeben sich klare Konsequenzen: Je höher die Steuereinnahmen sind, desto geringer wird der private Ausgabenspielraum oder der Investitionsrahmen für die Unternehmer, aber desto größer wird der Finanz- und Umverteilungsspielraum des Staates. Wird die Steuerlast gesenkt, haben private Verbraucher ebenso wie Unternehmer mehr eigene Mittel zur eigenen Verwendung zur Verfügung.

Sozialpolitik

Soziale Umverteilung

Die Bandbreite der sozialen Aufgaben des Staates ist umfassend. Im Bereich der Sozialpolitik geht es

- um finanzielle Unterstützung sozial Bedürftiger, aber auch
- um eine sozial orientierte Gesetzgebung. Beide Bereiche sind direkt oder indirekt mit der Verteilung finanzieller Mittel verbunden. Im ersten Falle sind es direkte Geldleistungen, die z. B. neben den o. a. strukturellen Förderungen (die auch einen sozialen Charakter haben) im Rahmen von
  - Sozialhilfe,
  - Kindergeld,
  - allgemeiner Wohlfahrtspflege usw.

zu erbringen sind.

Im zweiten Fall geht es um zahlreiche gesetzgeberische Maßnahmen, die nicht zuletzt für die Arbeitgeber einen sozialen Kostenfaktor darstellen, wie z. B.

- Kündigungsschutz,
- Mutterschutz,
- Urlaubsgeld usw.

Die Möglichkeiten des Staates stehen in unmittelbarer Verbindung zu den ihm zur Verfügung stehenden Mitteln. Das heißt: Je niedriger die Einnahmen aus Steuern, desto geringer sind die Möglichkeiten des Staates, die Wirtschaft mit Staatsaufträgen zu steuern, und desto geringer sind auch die Möglichkeiten der sozialen Umverteilung.

5 Wettbewerbspolitik

Das weltweite Zusammenwachsen von Märkten sorgt dafür, dass die Wettbewerbspolitik und -aufsicht schon lange keine nationale Angelegenheit mehr ist. Im Prinzip sollen Unternehmen durch den Wettbewerb gezwungen werden ständig nach besseren Lösungen wie beispielsweise nach neuen Produkten, neuen Verfahren, geringeren Kosten oder besserem Service zu suchen.

Joseph Schumpeter

Produktfreiheit

Konsumfreiheit

Der dynamische Unternehmer – wie ihn beispielsweise der Nationalökonom Joseph Alois Schumpeter (1883–1950) forderte – entwickelt Aktivitäten, die nicht nur kleine (marginale) Leistungsverbesserungen zur Folge haben, sondern auch zu erheblichen Kostenersparnissen (Prozessinnovationen) oder völlig neuen Gütern (Produktinnovationen) führen. Denn ein Grundpfeiler einer Wettbewerbsordnung in der sozialen Marktwirtschaft ist die Produktfreiheit, der die Konsumfreiheit des Verbrauchers gegenübersteht.

5.1 Allgemeine Aufgaben des Staates

Es gibt eine Reihe direkter Auswirkungen aktiven staatlichen Handelns und staatlicher Rahmensetzung auf allen Märkten.

Je mehr der Staat per Gesetz und Verordnungen, durch Subventionen und Transferzahlungen (Sozialhilfe) auf das Wirtschaftsgeschehen Einfluss nimmt oder je häufiger er als Großunternehmer auftritt, umso mehr wird das freie Spiel der Kräfte beeinflusst.

Der Staat setzt Regeln und ist als Unternehmer zugleich Mitspieler. Der Staat

- erhebt Steuern und Abgaben;
- erzielt eigene Einnahmen;
- leistet Zahlungen an Haushalte – auch Transfers genannt – (z. B. Kindergeld) und Subventionen (z. B. Landwirtschaft) an Unternehmen;
- beeinflusst beispielsweise über Gesetze, Verordnungen, Steuern und Auflagen das Angebot und die Nachfrage im privaten Sektor (z. B. Umweltschutz);
- ist Anbieter und Nachfrager zugleich. Er bietet z. B. die schulische Ausbildung als Dienstleistung an und fragt für die Errichtung von Schulen Sachleistungen nach.

Verschärft der Staat also beispielsweise Umweltschutzgesetze, können dadurch Arbeitsplätze wegfallen, weil einige Unternehmen nicht genug Geld für entsprechende Investitionen haben. Das kann negative Auswirkungen auf den Arbeitsmarkt haben, wenn zum Beispiel die verloren gegangenen Arbeitsplätze nicht durch eine neue Nachfrage nach Gütern aus dem Umweltschutzbereich kompensiert werden. Auf jeden Fall ändert sich die Nachfragestruktur auf dem Gütermarkt.

5.2 Missbrauchskontrolle und Kartellrecht

Synergieeffekte

Weil Entfernungen und die Informationsbeschaffung in einer computerisierten Welt immer schneller bewältigt werden können, schließen sich überall da Allianzen zusammen, wo jedes Unternehmen genau das macht, was es besonders gut kann, und wo größere Unternehmenseinheiten Kosten sparen können. Im Rahmen der Globalisierung entstehen so genannte Synergieeffekte[1].

1 Synergieeffekt = positive Wirkung, die sich aus der Zusammenarbeit von Unternehmen bzw. aus einem geschickten Zusammenwirken der Produktionsfaktoren (von der Forschung und Entwicklung über die Produktion bis hin zum Marketing) ergibt.

Letztlich sollen durch effizientere Produktionsweisen und Dienstleistungen auch preisgünstigere Angebote möglich sein. Firmenzusammenbrüche sollen durch Fusion verhindert werden, wo das einzelne Unternehmen kurz-, mittel- oder langfristig nicht überlebensfähig wäre.

Missbrauchsaufsicht

Damit eine solche Konzentration nicht ausufert, mittelständische und kleine Firmen auch weiterhin wettbewerbsfähig sein können und um zu verhindern, dass nur noch wenige Unternehmen (Kartell) oder gar nur ein Unternehmen (Monopol) die Preise und das Arbeitsangebot bestimmen, gibt es Kartellbehörden und Fusionskontrolleure. Diese unterbinden, dass Absprachen von Unternehmen und Unternehmenszusammenschlüsse zu einer marktbeherrschenden Stellung führen.

1 Missbrauchskontrolle

Kartellverbot, Fusionskontrolle und Missbrauchsaufsicht sind deshalb die Eckpfeiler jeder marktwirtschaftlichen Wettbewerbsverfassung. Leitbild des Wettbewerbsrechts und der staatlichen Wettbewerbspolitik ist nicht die „vollständige Konkurrenz", sondern der funktionsfähige Wettbewerb zwischen einer größeren Zahl leistungsstarker, dynamischer Unternehmen. Um Wettbewerbsbeschränkungen und -verfälschungen zu verhindern, hat der Gesetzgeber verschiedene wettbewerbsordnende Gesetze erlassen, u. a.:

- Das **Gesetz gegen den unlauteren Wettbewerb** (UWG) verbietet alle Wettbewerbshandlungen, die gegen die guten Sitten verstoßen.
- Das **Gesetz gegen Wettbewerbsbeschränkungen** (GWB, Kartellgesetz) soll die missbräuchliche Ausnutzung von Marktmacht verhindern. Missbrauch liegt beispielsweise dann vor, wenn die Wettbewerbsmöglichkeiten anderer Unternehmen ohne sachlich gerechtfertigten Grund beeinträchtigt werden; oder wenn Entgelte oder sonstige Geschäftsbedingungen gefordert werden, die sich bei wirksamem Wettbewerb mit hoher Wahrscheinlichkeit nicht ergeben würden. Zuständig für die Aufsicht ist das Bundeskartellamt in Berlin.

Bundeskartellamt

- Das **Gesetz zur Förderung der Stabilität und des Wachstums der Wirtschaft** (Stabilitätsgesetz) soll ebenfalls missbräuchliche Marktmacht verhindern und die Freiheit des Wettbewerbs sicherstellen.

Wann Kartelle ausnahmsweise erlaubt sind

- **Rationalisierungskartelle** sind erlaubt, wenn der mit ihnen erreichte Rationalisierungserfolg in einem angemessenen Verhältnis zur damit verbundenen Wettbewerbsbeschränkung steht. Die Kartellteilnehmer ergreifen einheitliche Maßnahmen zur Steigerung der Leistungsfähigkeit oder Wirtschaftlichkeit.

Erlaubte Kartellarten

- In **Konditionenkartellen** ist die einheitliche Anwendung allgemeiner Geschäfts-, Liefer- und Zahlungsbedingungen erlaubt. Die im Kartell vereinbarten Regelungen dürfen sich nicht auf Preise oder Preisbestandteile beziehen.
- In **Strukturkrisenkartellen** ist bei nachhaltigem Absatzrückgang die planmäßige Anpassung der Kapazitäten an den niedrigeren Bedarf erlaubt. Der Kapazitätsvertrag muss für Gesamtwirtschaft und Gemeinwohl nützlich sein.
- Zum Nutzen der Gesamtwirtschaft und des Gemeinwohls kann der Bundeswirtschaftsminister auch **Notstandskartelle** zulassen.

2 Ermessensspielräume

In den Wettbewerbsgesetzen gibt es für die Politik Ermessensspielräume, Kartelle oder Fusionen trotz wettbewerbsbeschränkender Wirkung zuzulassen. Denn externes Wachstum durch Fusionen oder Konzernbildung kann auch Chancen eröffnen, die bei allein internem Wachstum versagt blieben. Erst das Hineinwachsen in größere Betriebs- und Unternehmenseinheiten ermöglicht häufig Kostenvorteile, die bei der Beschaffung, der Produktion, dem Absatz und der Finanzierung genutzt werden können.

Abwägung volkswirtschaftlicher Auswirkungen

Die Wettbewerbspolitik muss in einem solchen Fall abwägen, wie hoch die durch Zusammenschlüsse von Unternehmen ermöglichten Kosteneinsparungen im Vergleich zur hinzunehmenden Beeinträchtigung des Wettbewerbs zu veranschlagen ist. Es sind vor allem die langfristigen Konsequenzen für die Anpassungs- und Innovationsfähigkeit der verbleibenden Marktteilnehmer zu berücksichtigen. Denn schließlich besteht auch die Gefahr, dass die Kostenvorteile nicht oder nur teilweise in Form von Preissenkungen und/oder Qualitätssteigerungen an die Verbraucher weitergegeben werden.

3 Fusionskontrolle

Für eine Genehmigung müssen die volkswirtschaftlichen Vorteile überwiegen. Das Grundprinzip der Wettbewerbsordnung ist also das Verbot wettbewerbsbeschränkender Praktiken bei gleichzeitig fest definierten Ausnahmen wie zum Beispiel bei Kartellen.

Die Fusionskontrolle sieht zwei wichtige Ausnahmen vor:

- Es dürfen nur solche Unternehmenszusammenschlüsse untersagt werden, durch die eine marktbeherrschende Stellung begründet oder verstärkt wird. Können die Unternehmen den Nachweis führen, dass durch den Zusammenschluss eine Verbesserung von Wettbewerbsbedingungen eintritt, ist der Zusammenschluss zulässig.
- Wird ein solcher Nachweis nicht erbracht, kann der Bundesminister für Wirtschaft auf Antrag die Erlaubnis zum Zusammenschluss der Unternehmen dennoch erteilen (Ministererlaubnis). Voraussetzung ist, dass die Wettbewerbsbeschränkung von gesamtwirtschaftlichen Vorteilen des Zusammenschlusses aufgewogen wird oder die Fusion durch ein überragendes Interesse der Allgemeinheit gerechtfertigt ist. Damit hat der Wirtschaftsminister einen erheblichen Ermessensspielraum. Das Ausmaß der Wettbewerbsbeschränkung darf nämlich lediglich die marktwirtschaftliche Ordnung nicht gefährden.

4 Europäisches Kartellrecht

Kartelle in Europa

Ziel eines novellierten deutschen Kartellrechts wird es sein, das Wettbewerbsrecht zu stärken und das nationale mit dem europäischen Kartellrecht zu harmonisieren

Fakten kurz gefasst

Kartellkontrolle | **Fusionskontrolle**

Kartellkontrolle

Kartelle sind Absprachen zwecks gemeinsamen Vorgehens.

Genehmigungspflicht

Zustimmung durch das Kartellamt

- Importkartelle
- Exportkartelle

Anmeldepflicht

Anmeldung beim Kartellamt/ Überwachung der Arbeit des Kartells

- Normenkartelle
- Typenkartelle

Verbot

- Preiskartelle
- Kalkulationskartelle
- Gebietskartelle

Fusionskontrolle

Fusionen sind Zusammenschlüsse/ Verschmelzungen von Unternehmen.

Anzeigepflicht

- Marktanteil wird insgesamt größer als 20 %.
- Ein Unternehmen hat vorher schon einen Marktanteil von mehr als 20 %.
- Umsatz erreicht 250 Mio. €
- Beschäftigtenzahl steigt auf mehr als 10 000.

Fusionsverbot

- Marktbeherrschung

aber

- Ausnahme dann, wenn der volkswirtschaftliche Schaden geringer ist als der Vorteil, der durch die Marktbeherrschung entsteht

Missbrauchsaufsicht
für marktbeherrschende Unternehmen

- kein oder nur unwesentlicher Wettbewerb
- überragende Marktstellung (Marktanteil größer als $^1/_3$)

6 Die Struktur- und Steuerpolitik des Staates

In der freien Marktwirtschaft hält sich der Staat aus dem wirtschaftlichen Geschehen heraus. Der freie Markt „regiert" ohne Rücksicht auf Verluste für die Schwachen. Er arbeitet wie eine gewaltige Maschine, die ohne Ansehen der Person und ohne Rücksicht auf soziale Fragen für einige Wirtschaftsteilnehmer Gewinn und Reichtum, für andere aber Verluste und Armut produziert.

Subventionen

Sonderabschreibungen

Ziel staatlicher Strukturpolitik ist es, Nachteile für Not leidende Wirtschaftsbereiche oder strukturell benachteiligte Gebiete abzubauen. Massive Strukturpolitik wird z. B. seit vielen Jahren in den neuen Bundesländern betrieben. Über Subventionen in Form von Sonderabschreibungen und zusätzlichen Investitionszuschüssen greift der Staat strukturgestaltend in den Wirtschaftsaufbau ein, um den Anpassungsprozess an das wirtschaftliche Niveau der alten Bundesländer zu beschleunigen. Wettbewerb und freie Preisbildung sind kein Selbstzweck. Auch wenn immer wieder neue Unternehmenszusammenschlüsse die Schlagzeilen beherrschen, braucht das nicht unbedingt zu Wettbewerbsverzerrungen und damit zu Preisnachteilen bei den Verbrauchern oder einer Gefährdung von Arbeitsplätzen zu führen.

6.1 Ordnungsmaßnahmen und Subventionspolitik

Im Unterschied zur freien Marktwirtschaft übernimmt es der Staat in unserer Wirtschaftsordnung, die sozialen Härten des freien Wettbewerbs zu mildern und die Selbstzerstörung der Märkte und rücksichtsloses Verhalten der Mächtigen zu verhindern. Staatliche Aktivitäten erstrecken sich im Rahmen der sozialen Marktwirtschaft auf verschiedene Bereiche: Der Staat

- wird bei öffentlichen Aufgaben selbst als Unternehmer tätig (oder zieht sich aus diesen Bereichen zurück).
- finanziert öffentliche Aufgaben und unterstützt wirtschaftlich Schwache über Sozialleistungen.
- gestaltet die Wirtschaftsordnung und sichert den Wettbewerb gesetzlich ab.
- beeinflusst Wirtschaftsabläufe, um Schwankungen mithilfe von wirtschaftspolitischen Maßnahmen auszugleichen.

Staatliche Strukturpolitik umfasst alle Maßnahmen, die darauf ausgerichtet sind, langfristige Änderungen der Wirtschaftsstruktur rechtzeitig zu erkennen und negativen Entwicklungen entgegenzuwirken.

Die Berechtigung für staatliche Eingriffe in das Wirtschaftsgeschehen und die Strukturpolitik liegt unter anderem darin, dass der Staat in einer sozialen Marktwirtschaft nicht nur eine soziale Grundversorgung sicherzustellen hat, sondern sich auch annähernd gleiche Lebensverhältnisse im Staatsgebiet im Sinne eines sozialen Ausgleichs zum Ziel setzen sollte.

Subventionen sind Zuschüsse, die der Staat oder Einrichtungen der Europäischen Gemeinschaft im Rahmen der Wirtschafts- und Sozialpolitik an Unternehmen für laufende Produktionszwecke gewähren, sei es zur Beeinflussung der Marktpreise oder zur Stützung von Produkten und Einkommen. Der folgende „Katalog" an Zuschüssen ist nicht vollständig und zeigt doch, wie sehr hier in den Wettbewerb eingegriffen wird.[1]

1 nach: Zeitreihenservice, Statistisches Bundesamt, Wiesbaden 2002, in zr.destatis.de/def/def/1146.htm, entnommen am 10. Februar 2003

- Zuschüsse an die Landwirtschaft wie zum Beispiel
  - zur Förderung der Eier- und Geflügelwirtschaft,
- Zuschüsse an die Fischwirtschaft wie zum Beispiel
  - Fangprämien an die Fischerei,
- Zuschüsse an die Energiewirtschaft und an den Bergbau wie zum Beispiel
  - Zahlungen der Europäischen Gemeinschaft für Kohle und Stahl (EGKS) an den Bergbau;
- Zuschüsse an das verarbeitende Gewerbe wie zum Beispiel
  - Währungsausgleichsbeträge bei der Ein- und Ausfuhr;
- Zuschüsse an den Handel wie zum Beispiel
  - Zahlungen zum Ausgleich von Preisverlusten;
- Zuschüsse an den Verkehr und die Nachrichtenübermittlung wie zum Beispiel
  - an die Deutsche Bahn AG und sonstige Verkehrsträger zu den Kosten im Personennahverkehr;
- Zuschüsse auf dem Gebiet des Wohnungswesens wie zum Beispiel
  - Zinsverbilligungszuschüsse.

Fakten kurz gefasst

Subventionspolitik

Einnahmepolitik
- Steuererleichterungen
- Abschreibungsmöglichkeiten

Ausgabenpolitik
- Finanzhilfen
- Zuschüsse
- Öffentliche Aufträge

↓

Abhängigkeit einzelner Betriebe, Wirtschaftszweige und -regionen **vom Staat** nimmt zu.

Ordnungspolitik

- **Privatisierung** öffentlicher Unterenehmen
- **Verkauf** von Unternehmensbeteiligungen

↓

Einfluss des Staates **nimmt ab.**

- **Beteiligung** an privaten Unternehmen
- **Verbot und Auflagen** z. B. Gentechnik, Atomwirtschaft

↓

Einfluss des Staates **nimmt zu.**

6.1.1 Infrastrukturpolitik und sektorale Strukturpolitik

Der Begriff **Infrastruktur** beinhaltet die Gesamtheit aller öffentlichen Einrichtungen, die zum reibungslosen wirtschaftlichen und sozialen Geschehen beitragen. Im Einzelnen sind dies:

- Verkehrswege,
- öffentliche Ämter und Institutionen,
- Gesundheitswesen,
- staatliche Bildungseinrichtungen,
- Maßnahmen zur Sicherheit und Ordnung,
- Wirtschaftsförderungsgesellschaften,
- Kommunikationsnetze,
- Energieversorgung,
- Entsorgungssysteme (Müll, Abwasser usw.).

Eine der wichtigsten und aufwändigsten Infrastrukturmaßnahmen war z. B. der „Verkehrswegeplan deutsche Einheit". Hier handelte es sich gleichzeitig auch um eine besonders stark ausgeprägte regionale Strukturförderung, von der alle neuen Bundesländer profitierten. Mit dreistelligem Milliardenaufwand wurde hier dafür Sorge getragen, dass das Verkehrswegesystem in den neuen Bundesländern (angefangen von Landstraßen bis hin zu Bundesautobahnen) erneuert und ausgebaut wurde, um damit die Mindestvoraussetzungen für einen wirtschaftlichen Aufbau zu sichern.

Sektorale Strukturpolitik

Wenn staatliche Maßnahmen nicht flächenbezogen eingesetzt werden, sondern gezielt auf Probleme einzelner Wirtschaftsbereiche abgestellt sind, handelt es sich um so genannte sektorale Maßnahmen. Hier wird in der Regel in Form von Subventionen versucht Branchen oder Betriebe, die dem Wettbewerb aus eigener Kraft nicht gewachsen sind, finanziell zu stützen. Dazu gehört nicht nur die Landwirtschaft, sondern auch der Bergbau sowie die Werftindustrie.

Nicht ohne Zustimmung der EU

Ohne die Zustimmung der Europäischen Kommission dürfen die Mitgliedsländer der EU keine Bürgschaften, Kredite oder Investitionszuschüsse an Unternehmen zahlen. Die Kommission stützt sich dabei auf Regeln, die bereits 1957 im Vertrag zur Gründung der EWG (= Europäische Wirtschaftsgemeinschaft) festgelegt wurden, und achtet besonders darauf, dass Zahlungen, die Betrieben oder Branchen von ihren Regierungen gewährt werden, dem Wettbewerb im gemeinsamen Markt nicht schaden.

6.1.2 Subventionen

Pro Subventionen

Die Befürworter von Subventionen sind zahlreich. Sie finden leicht Argumente: Der Wohnungsbau müsse angekurbelt werden, die Vermögensbildung sei dringend notwendig, die Versorgungssicherheit mit heimischer Steinkohle solle gewahrt bleiben, der Auf- und Ausbau von modernen Technologien habe erste Priorität, die Landwirtschaft betreibe schließlich auch Landschaftspflege und, und, und.

Außerdem habe der Staat auch den Strukturwandel aktiv zu gestalten: Unternehmen, deren Investitionen mit hohen Risiken behaftet sind (z. B. die Raumfahrttechnologie, Hochgeschwindigkeitszüge usw.) seien finanziell zu unterstützen, weil sie einen wesentlichen Beitrag zur Fortentwicklung der ganzen Volkswirtschaft leisten.

Aber: Ist es wirklich sinnvoll, z. B. im Ruhrgebiet jeden Arbeitsplatz im Steinkohlebergbau mit im Durchschnitt 40.000,00 € pro Jahr zu subventionieren, um die unrentable Produktion aufrecht zu erhalten, während der Marktpreis australischer Steinkohle in Deutschland weit unter den hiesigen Förderkosten liegt? In seinen ca. 35 Jahren Lebensarbeitszeit kostet jeder Bergmann damit ca. 1,5 Millionen € an Subventionen.

Kontra Subventionen

Subventionen können nutzen, wenn sie als zeitlich begrenzte Hilfe zur Selbsthilfe in Ausnahmefällen gewährt werden. Eine dauerhafte Sicherung von Arbeitsplätzen durch Subventionen verzerrt den unternehmerischen Preis- und Leistungswettbewerb und verzögert den unverzichtbaren Strukturwandel der Wirtschaft.

Der staatliche Geldregen entfaltet oft gar nicht die erhofften Wirkungen. Leer stehende Büroflächen oder Einkaufszentren auf der grünen Wiese in der Bundesrepublik sind Beispiele für fehlgeleitete Fördermittel und Steuervergünstigungen.

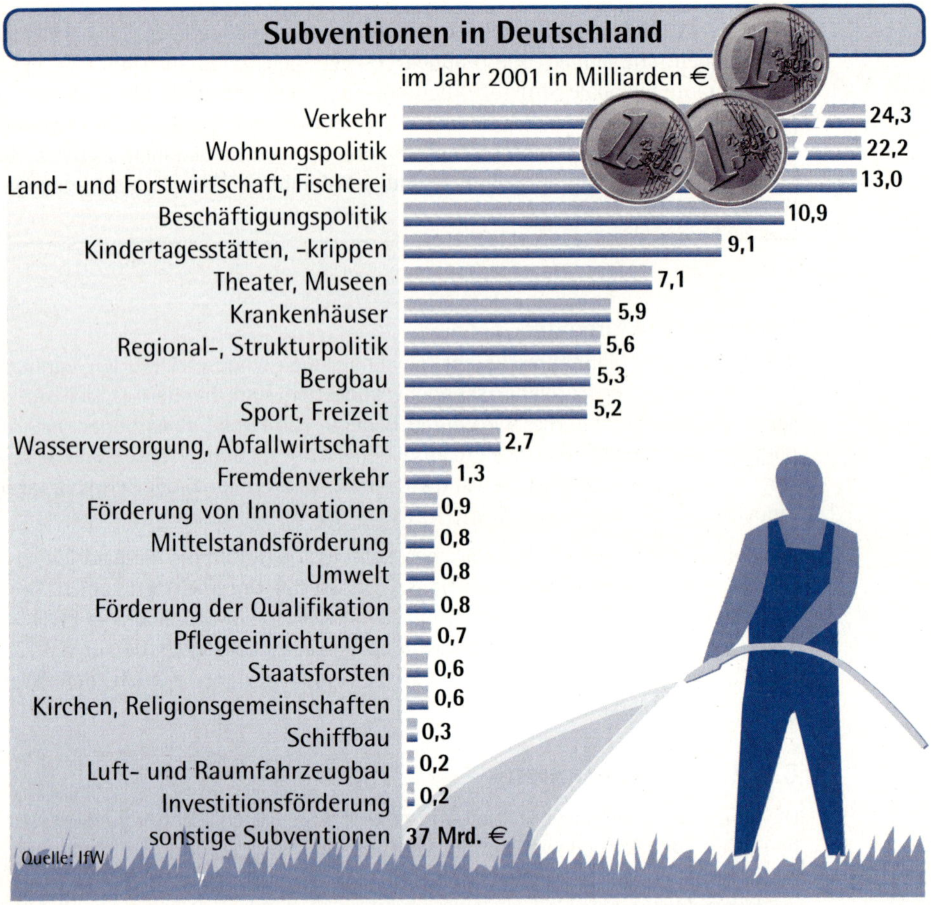

nach: Globus infografik 8088, Hamburg 2002

Grenzen staatlicher „Verschuldungspolitik"

Der Staat sieht sich allerdings auch anderen Zwängen ausgesetzt, sodass die Maßnahmen nicht immer konjunkturkonform ausfallen können. Dazu gehört insbesondere, dass die Staatshaushalte überhaupt nicht mehr die finanziellen Spielräume haben, um z. B. in konjunkturschwachen Zeiten öffentliche Aufträge über zusätzliche Kredite finanzieren zu können. Außerdem setzen staatliche Entscheidungen auch politische Prozesse und Mehrheiten voraus, die mitunter nicht nur schwer zu erreichen sind, sondern gerade deswegen auch sehr lange dauern und damit als schnelles konjunkturpolitisches Instrument fast untauglich sind.

Es wird z. B. auch angezweifelt, ob der Staat flexibel und schnell genug auf Konjunkturveränderungen reagieren kann und der Staatshaushalt überhaupt eine solche Reaktion in Form der antizyklischen Politik (siehe auch Kapitel 4.4) über eine längere Zeit zulässt, wenn der „Konjunkturmotor" nicht gleich wieder anspringt. Die Kritiker sehen sich dadurch bestätigt, dass die Staatshaushalte mittlerweile eine solch massive Verschuldung ausweisen, dass das Deficitspending[1] zum Alltag geworden ist und vom Staat kaum mehr positive Konjunkturimpulse ausgehen können.

1 Deficitspending = Finanzierung, die nicht durch vorhandene Mittel abgedeckt ist.

6.2 Steuern als „Konjunkturfaktor"

Das deutsche System der Besteuerung ist vielfältig und es treibt zum Teil exotische und verfassungswidrige Blüten. Das Dilemma des Staates besteht unzweifelhaft darin, dass die konjunkturpolitischen Notwendigkeiten und die finanzpolitischen Möglichkeiten oft weit auseinander klaffen und der Staat unter Umständen zu steuerpolitischen Maßnahmen gezwungen wird, die konjunkturwidrig sind (z. B. Mehrwertsteuererhöhung).

Die Verteilung des Steueraufkommens

Nicht nur der Bund, sondern auch die Länder, Städte und Gemeinden benötigen Einnahmen aus Steuern, um ihre vielfältigen Aufgaben zu bewältigen.

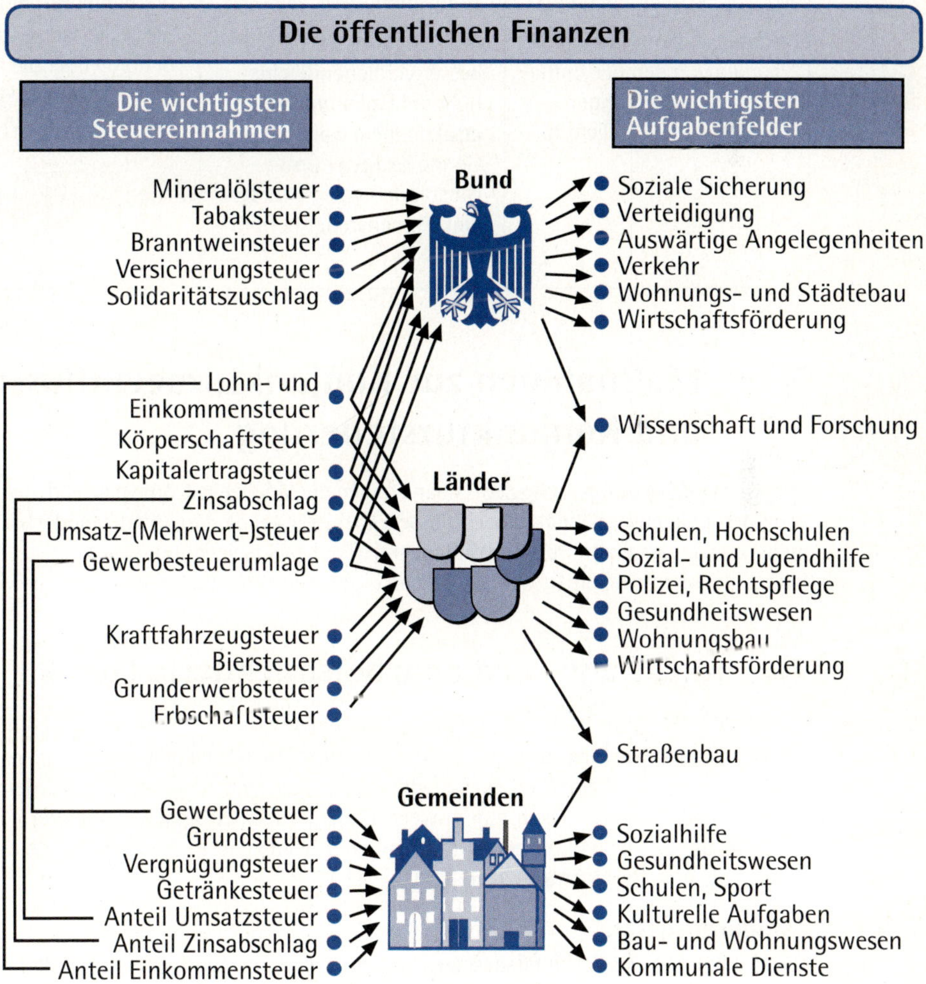

nach: Zahlenbilder 185051, Erich Schmidt Verlag, Berlin 2003

Niemand zahlt gern Abgaben an den Staat. Dass sie notwendig sind, ist aber unumstritten. Umso wichtiger ist, dass ein Steuersystem folgenden Anforderungen genügt:

Allgemeinheit	Leistungsfähigkeit	Gleichmäßigkeit
Steuern werden für einen bestimmten Gegenstand, für bestimmte Betätigungen oder auf der Grundlage vorhandener Werte erhoben. Alle Personen, die den jeweiligen Steuertatbestand erfüllen, sind unabhängig von den persönlichen Voraussetzungen zunächst steuerpflichtig.	Unabhängig von der allgemeinen Erhebung von Steuern hat der Staat auch die Pflicht, die Steuern von der objektiven Leistungsfähigkeit der Steuerschuldner abhängig zu machen. Das bedeutet, dass z. B. besser Verdienende einen höheren Einkommensteuersatz haben, während Geringverdiener unter Umständen völlig von der Einkommensteuer befreit sind.	Zur Steuergerechtigkeit gehört auch, dass alle, die die gleiche Besteuerungsgrundlage erfüllen, auch mit der gleichen steuerlichen Belastung belegt werden. Damit ist eine „Verhandlung" mit der die Steuer festsetzenden Behörde über die Höhe und den Zeitpunkt der Zahlung nicht möglich.

7 Maßnahmen zur Konjunkturbeeinflussung und Konjunktursteuerung

Der Staat und die Europäische Zentralbank haben die Möglichkeit, auf verschiedenen Wegen die konjunkturelle Entwicklung zu beeinflussen. Ziel ist, dass die Konjunktur möglichst von extremen Schwankungen frei bleibt. Maßgebend für die Entscheidung, welche Instrumente zum Einsatz kommen, sind die Ursachen, die man hinter einer konjunkturellen Fehlentwicklung sieht.

7.1 Nachfrage- und angebotsorientierte Politik

Keynes kontra Friedman

Ob der Staat angesichts der hohen Verschuldung überhaupt noch aktive Konjunkturpolitik betreiben kann, wird mehr und mehr bezweifelt. Insofern ist die Konjunkturpolitik nach Keynes[1] mit Vorbehalten zu beurteilen, weil er dem Staat hier eine zentrale Rolle bei dem Ausgleich einer fehlenden privaten Nachfrage zuweist. Dagegen setzt die angebotsorientierte Politik nach Friedman auf die Geldpolitik der Zentralbank. Entscheidend ist in beiden Fällen, ob es überhaupt gelingt, die private Nachfrage zu steuern.

„Stabilitätsgesetz"

Die Maßnahmen des Stabilitätsgesetzes (siehe dazu Kapitel 4.4) lassen sich in drei große Bereiche gliedern: die Ausgabenpolitik, die Einnahmepolitik, die Koordinierung in der Wirtschaftspolitik.

1 Die wirtschaftstheoretischen Ansätze von John Maynard Keynes und Milton Friedman finden Sie unter „Fakten kurz gefasst" am Ende dieses Kapitels.

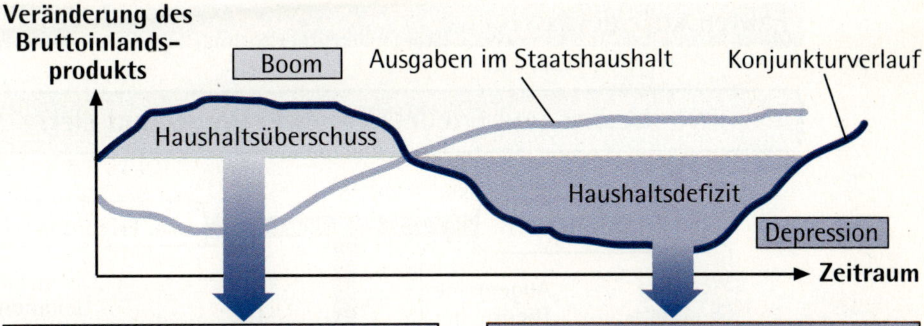

Konjunkturausgleich

Konjunkturdämpfung	Konjunkturförderung

Bei zu starker Nachfrageausweitung sollen die Mittel aus dem Staatshaushalt zur zusätzlichen Schuldentilgung verwendet werden oder es soll eine Konjunkturausgleichsrücklage gebildet werden. Diese Rücklage darf nur für konjunkturfördernde Maßnahmen verwendet werden.

Konjunkturausgleichsrücklage

Wirkung:

Die gesamtwirtschaftliche Nachfrage sinkt, weil

- der Staat weniger direkte Ausgaben tätigt;
- die Konjunkturausgleichsrücklage dem Wirtschaftskreislauf entzogen ist.

Außerdem kann die Bundesregierung anordnen, dass Bund und Länder bis zu höchstens 3 % ihrer Steuereinnahmen der Konjunkturausgleichsrücklage zuzuführen haben.

Sonderabschreibungsmöglichkeiten

Die Bundesregierung ist ermächtigt die Inanspruchnahme von Sonderabschreibungen oder die degressive Abschreibung auszusetzen. Damit steigen mit den steuerpflichtigen Gewinnen die Einnahmen des Staates. Dazu gehört auch, dass z. B. zur Kaufkraftabschöpfung für höchstens ein Jahr die Einkommen- und Körperschaftsteuern um 10 % erhöht werden können.

Der Staat dämpft die Konjunktur und erwirtschaftet Haushaltsüberschüsse oder tilgt Schulden.

Die ausgabepolitischen Maßnahmen von Bund und Ländern richten sich auf eine Ausweitung der Nachfrage. Zu den wichtigsten Instrumenten gehört z. B. die Auflösung der Konjunkturausgleichsrücklage (sofern sie gebildet wurde ...). Hieraus sind zunächst die Mittel für zusätzliche Staatsausgaben zu nehmen. Außerdem ist die Planung von geeigneten konjunkturfördernden Investitionsmaßnahmen so zu beschleunigen, dass mit ihrer Durchführung kurzfristig begonnen werden kann. Es können im Rahmen des Wettbewerbsrechtes und der EU-Vorschriften auch Subventionen zur Erhaltung von Betrieben oder wirtschaftlichen Strukturen gezahlt werden.

Die Abschreibungsmöglichkeiten können verbessert werden. Außerdem ist die auf maximal 1 Jahr befristete Senkung der Einkommen- und Körperschaftsteuern bis zu 10 % denkbar. Es gibt auch Sonderabschreibungsmöglichkeiten wie sie z. B. im Programm „Aufbau Ost" (mit bis zu 50 %) verwirklicht wurden.

Wirkung: Die gesamtwirtschaftliche Nachfrage steigt, weil

- der Staat vermehrt als Nachfrager auftritt,
- die Investitionsbereitschaft zunimmt,
- mehr Kaufkraft zur Verfügung steht.

Der Staat fördert die Konjunktur und nimmt Haushaltsdefizite in Kauf („Deficitspending").

Fakten kurz gefasst

Keynes und Friedman – Zwei Wege zum Ziel?

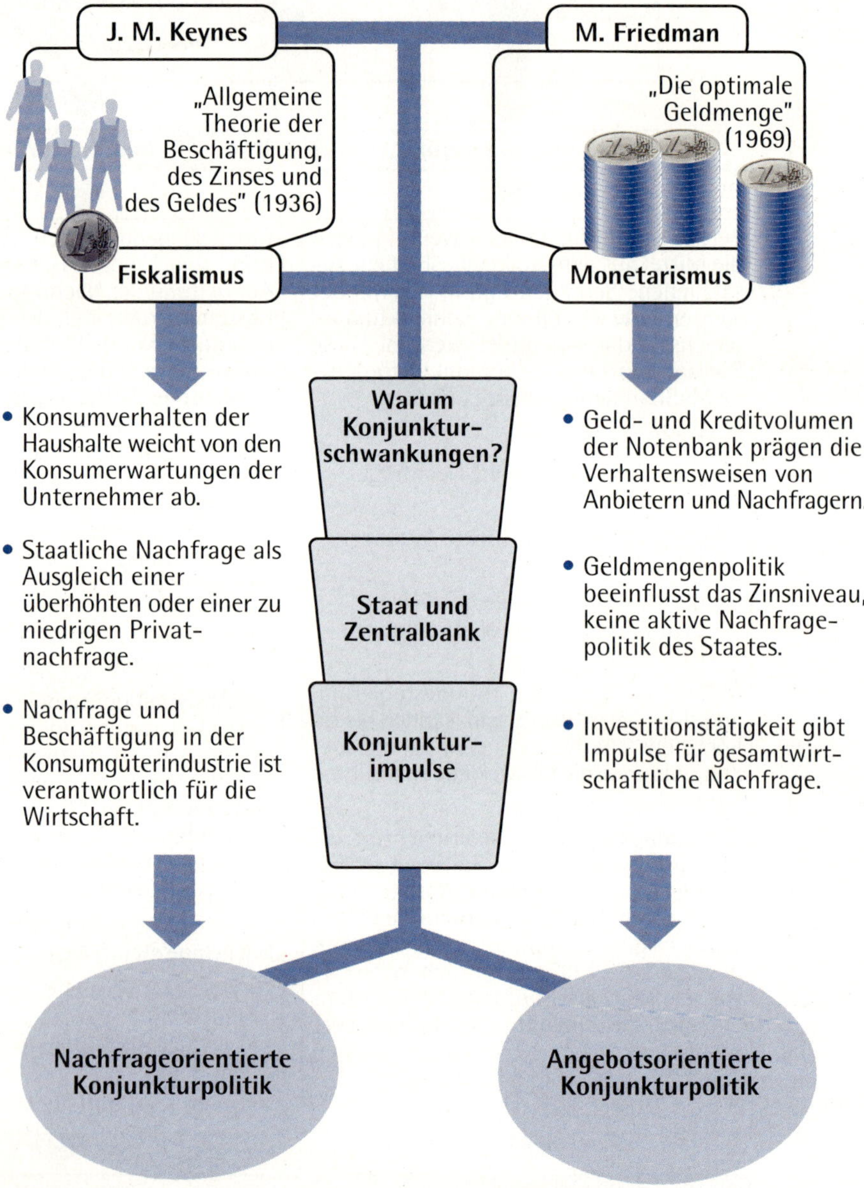

Grafik nach: Schneider/Zindel, Kopier- und Folienvorlagen, Heft 2: „Wirtschaftsordnungen und Wirtschaftspolitik", Darmstadt 1999, S. 17

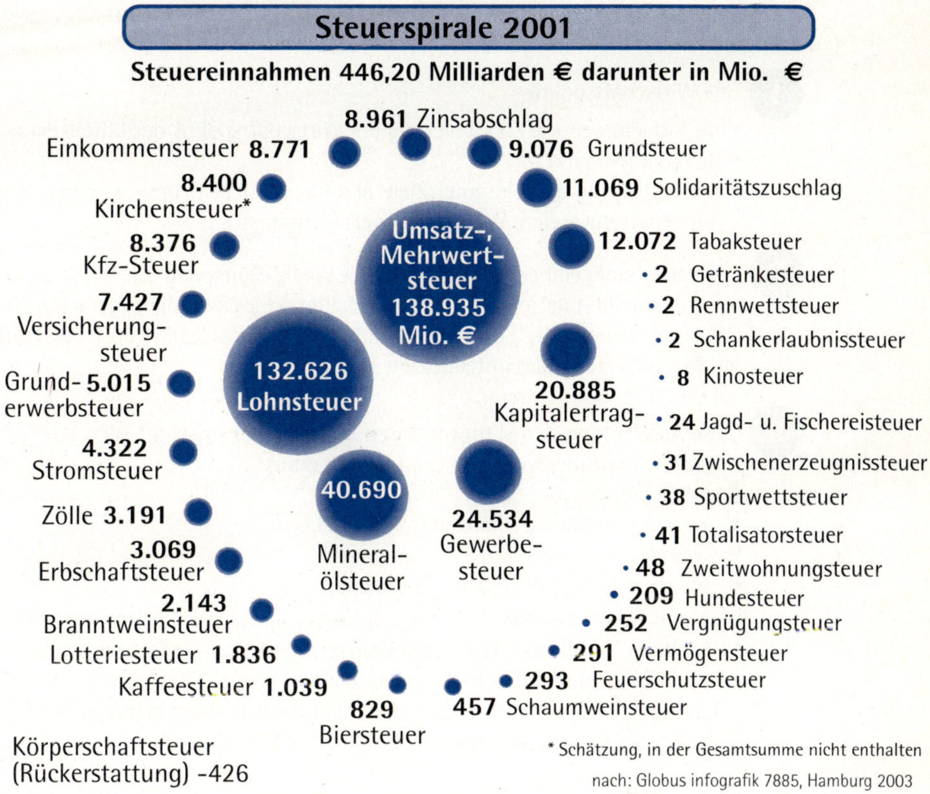

* Schätzung, in der Gesamtsumme nicht enthalten

nach: Globus infografik 7885, Hamburg 2003

7.2 Wirtschaftspolitische Leitlinien für die EU-Staaten – der Vertrag von Maastricht

Am 2. Dezember 1992 wurde der Vertrag von Maastricht unterzeichnet, nachdem ein Jahr vorher ein Gipfeltreffen des Europäischen Rates stattfand, auf dem die Staats- und Regierungschefs der damals zwölf Mitgliedsländer übereinkamen, die politische Zusammenarbeit stärker zu fördern. Aus der in erster Linie wirtschaftlichen Kooperation der Europäischen Wirtschaftsgemeinschaft (EWG) wurde die Europäische Union (EU).

In dem Vertrag wurden die Leitlinien der europäischen Entwicklung festgeschrieben:
„Aufgabe der Gemeinschaft ist es, ...

- eine harmonische und ausgewogene Entwicklung des Wirtschaftslebens innerhalb der Gemeinschaft,
- ein beständiges, nichtinflationäres, umweltverträgliches Wachstum,
- einen hohen Grad der Konvergenz der Wirtschaftsleistungen,
- ein hohes Beschäftigungsniveau,
- ein hohes Maß an sozialem Schutz,
- die Hebung der Lebenshaltung und der Lebensqualität,
- den wirtschaftlichen und sozialen Zusammenhalt
- und die Solidarität zwischen den Mitgliedstaaten zu fördern."

Nach dem Vertrag von Maastricht soll in den Mitgliedstaaten eine Wirtschaftspolitik betrieben werden, die möglichst viele Gemeinsamkeiten aufweist:

Wirtschaftspolitik in der EU

1 Eine Wirtschaftspolitik,
- die auf einer engen Koordinierung der Wirtschaftspolitik der Mitgliedstaaten,
- dem Binnenmarkt,
- der Festlegung gemeinsamer Ziele beruht und dem Grundsatz einer offenen Marktwirtschaft mit freiem Wettbewerb verpflichtet ist.

2 Festlegung einer einheitlichen Geld- sowie Wechselkurspolitik, die beide vorrangig das Ziel der Preisstabilität verfolgen, und unbeschadet dieses Ziels die allgemeine Wirtschaftspolitik in der Gemeinschaft unter Beachtung des Grundsatzes einer offenen Marktwirtschaft mit freiem Wettbewerb unterstützen sollen.

3 Diese Ausrichtung der Mitgliedstaaten und der Gemeinschaft setzt die Einhaltung der folgenden richtungweisenden Grundsätze voraus:
- stabile Preise,
- gesunde öffentliche Finanzen,
- gesunde monetäre Rahmenbedingungen,
- eine dauerhaft finanzierbare Zahlungsbilanz.

Finanzpolitik in der EU

Die Finanzpolitik der Mitgliedstaaten muss vor allem zwei Bedingungen erfüllen:
- Von den öffentlichen Haushalten darf kein Risiko für die Geldwertstabilität ausgehen.
- In den Teilnehmerländern muss eine solide Finanzpolitik gewährleistet sein, um zu verhindern, dass durch übermäßige Verschuldung eines oder mehrerer Mitgliedsländer der Zusammenhalt der Währungsunion gefährdet wird.

7.3 Die Geldpolitik der Europäischen Zentralbank

Vertrag von Maastricht

Die Finanzierung von Staatsschulden durch das „Drucken von Geld" war in der Vergangenheit die Hauptursache großer Inflationen. Um dieses Risiko auszuschließen, verbietet der Maastricht-Vertrag, dass die öffentlichen Haushalte in der EU über die Notenbanken finanziert werden.

Die nationalen Zentralbanken blieben zwar erhalten, gaben aber wesentliche Kompetenzen an die Europäische Zentralbank ab, die ihren Sitz in Frankfurt/Main hat. Im Maastricht-Vertrag wird die größte Bedeutung der Sicherung solider Staatsfinanzen beigemessen; das erklärt sich durch den Einfluss, den die Entwicklung der Staatsverschuldung auf die Geldwertstabilität ausüben kann. Grundlegende Bedingung ist die Einhaltung von vier Konvergenzkriterien:

- **Preisstabilität:** Die Inflationsrate eines Landes soll dauerhaft nicht mehr als 1,5 Prozentpunkte über der Inflationsrate der drei preisstabilsten EU-Länder liegen.
- **Niedrige langfristige Zinsen:** Die langfristigen Zinssätze für Staatsschuldverschreibungen sollen um nicht mehr als 2 Prozentpunkte über den Zinssätzen der drei preisstabilsten Länder liegen.
- **Stabile Wechselkurse:** Die Währung eines Landes muss die vorgegebenen Bandbreiten im europäischen Währungssystem seit mindestens zwei Jahren ohne Abwertung gegenüber der Währung einen anderen Mitgliedstaates eingehalten haben.
- **Solide Staatsfinanzen:** Der gesamte Schuldenstand des Staates soll 60 % des Bruttoinlandsproduktes (BIP) nicht überschreiten und die jährliche Neuverschuldung, also das Haushaltsdefizit, soll nicht mehr als 3 % des BIP betragen.

Die Steuerung der Geldmenge über den Geldmarkt

Giralgeldschöpfung

Ausgangspunkt für die Beeinflussung der Kreditgewährung und Giralgeldschöpfung[1] der Banken ist der Bedarf an Zentralbankgeld, der mit der Geldschöpfung einhergeht. Die Kreditinstitute müssen stets darauf vorbereitet sein, dass sich ihre Kundschaft einen Teil ihrer Einlagen wieder bar ausbezahlen lässt. Außerdem sind sie verpflichtet in Höhe eines bestimmten Prozentsatzes dieser Einlagen Guthaben beim ESZB als Mindestreserve zu unterhalten. Beides ist Zentralbankgeld, das die Banken nicht selbst schaffen können. Sie können es sich nur durch Geschäfte mit der Zentralbank besorgen. Das Monopol der Zentralbank auf Zentralbankgeld ist somit der Hebel, mit dem sie auf die Geschäftstätigkeit der nationalen Kreditinstitute Einfluss nimmt.

Zentralbankgeld

Das heißt nicht, dass jedes einzelne Geldinstitut auf die Bereitstellung von **Zentralbankguthaben** durch die Notenbank angewiesen wäre. Banken haben nämlich auch die Möglichkeit, Zentralbankgeld bei anderen Kreditinstituten aufzunehmen, die über eine überschüssige Liquidität verfügen. Man nennt diesen Markt, der dem kurzfristigen Ausgleich von Liquiditätsüberschüssen und -defiziten im Bankensystem dient, den Geldmarkt. Er wird nicht an einem bestimmten Ort abgehalten. Vielmehr werden Zentralbankguthaben telefonisch zwischen den einzelnen Banken gehandelt. Je nach der Fristigkeit unterscheidet man Märkte für Tagesgeld, für Monatsgeld, für Dreimonatsgeld usw.

Tagesgeldmarkt

Eine zentrale Rolle spielt dabei der **Tagesgeldmarkt.** Er steht gleichsam in Konkurrenz zu Geschäften mit der Zentralbank. Die Sätze am Geldmarkt richten sich deshalb in starkem Maße nach den Bedingungen, zu welchen den einzelnen Kreditinstituten Zentralbankguthaben angeboten werden. Je knapper und teurer diese im „Direktverkehr" mit der Zentralbank oder den nationalen Notenbanken zu haben sind, desto mehr Zinsen müssen dafür auch am Geldmarkt entrichtet werden. Je reichlicher und zinsgünstiger sie von der Zentralbank angeboten werden, desto billiger werden sie am Geldmarkt zu haben sein.

Zinsübertragung auf andere Finanzmärkte

Die Knappheitsverhältnisse und die Zinsen am Geldmarkt bleiben nicht ohne Einfluss auf die Zinsen im Einlagen- und Kreditgeschäft der Geld- und Kreditinstitute mit Nichtbanken (Unternehmen, Privatkunden). So versuchen die Institute z. B. bei knapper Bankenliquidität, Einlagen von Nichtbanken an sich zu ziehen. Dafür zahlen sie den Anlegern höhere Zinsen, die sie ihrerseits in Form von steigenden Kreditzinsen an ihre Kunden weitergeben. Die kürzerfristigen Bankenzinsen folgen deshalb in der Regel den Geldmarktsätzen. Im Gefolge des Zinsanstiegs lässt die Kreditvergabe der Banken nach, da sie bei weiteren Zinssteigerungen befürchten müssen, dass ausgeliehene Gelder auf die Dauer weniger Zinsen bringen, als sie letztlich kosten. Schließlich schränken die Banken ihren Wertpapiererwerb ein, denn steigende Zinsen führen häufig zu fallenden Wertpapierkursen. Die Zinssteigerungen übertragen sich dadurch auf die langfristigen Finanzmärkte.

Zinspolitik der Banken

Der Einfluss der Notenbank auf die Kapitalmarktzinsen ist begrenzt. Sofern eine Senkung der Notenbankzinsen etwa zu einer höheren Inflationserwartung führt, werden die Kapitalmarktzinsen nicht sinken, sondern steigen.

ESZB

Das vorrangige Ziel des <u>E</u>uropäischen <u>S</u>ystems der <u>Z</u>entral<u>b</u>anken (ESZB) ist es, die Preisstabilität zu gewährleisten. Sofern es mit diesem Ziel vereinbar ist, sollen geldpolitische Maßnahmen auch zur Erfüllung der anderen Ziele beitragen. Von Preisstabilität spricht man, wenn der Preisanstieg maximal 2 % gegenüber dem Vorjahr beträgt. Maßgebend für die Preisstabilität ist das Verhältnis zwischen Geld- und Warenmenge. Je mehr Geld im Umlauf ist und/oder je weniger Waren dem gegenüberstehen, desto problematischer ist es, die Geldwertstabilität zu erhalten.

---

1 Giralgeld = (Buch-)Geld des Giroverkehrs, des bargeldlosen Zahlungsverkehrs der Banken

Da es verschiedene Geldmengenbegriffe gibt, richtet sich die Europäische Zentralbank nach der Geldmenge M3:

Geldmengenbegriff

	• Bargeldumlauf • Täglich fällige Einlagen	M 1
+	• Einlagen mit vereinbarter Laufzeit bis zu 2 Jahren • Einlagen mit vereinbarter Kündigungsfrist bis zu 3 Monaten	= M 2
+	• Geldmarktfondsanteile und Geldmarktpapiere • Schuldverschreibungen mit einer Laufzeit bis zu 2 Jahren	= M 3

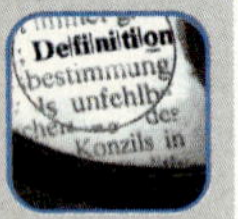

Die Europäische Zentralbank ist die Hüterin der Währung und der Geldwertstabilität. Sie ist unabhängig von der Politik. Ihre oberste Aufgabe ist die Preisstabilität.

ESZB

Das Europäische System der Zentralbanken

trägt seit dem 1. Januar 1999 die Verantwortung für die Geldpolitik in der Europäischen Wirtschafts- und Währungsunion

Oberstes Ziel: Preisstabilität

Unterziel: Unterstützung der Wirtschaftspolitik der EU im Rahmen einer freien Marktwirtschaft

Aufgaben: Geldpolitik: Wechselkursgeschäfte; Halten und Verwalten der Fremdwährungsreserven; Zahlungssysteme in der EU

Hier fallen die Entscheidungen

EZB-Rat

Aufgaben:
Formulierung der Geldpolitik (u. a. Leitzinsen, Mindestreserven)

EZB

Europäische Zentralbank
Direktorium:

Präsident
Vizepräsident
bis zu vier
weitere Mitglieder

Beratendes Gremium:
Erweiterter Rat
Präsident und Vizepräsident der EZB

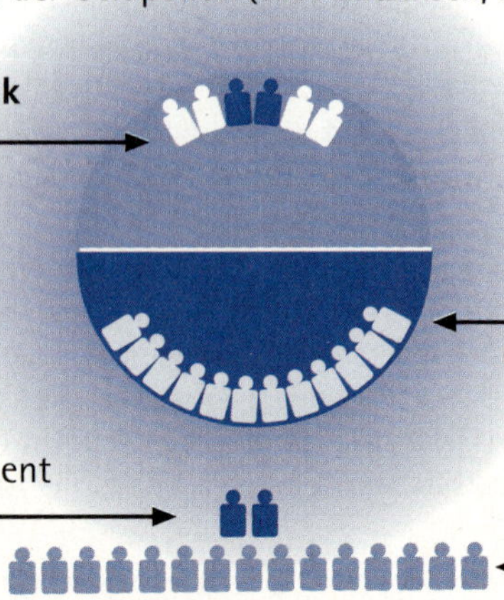

NZB

Nationale Zentralbanken

Präsidenten der NZB, die an Euroland teilnehmen

Präsidenten aller NZB der EU

7.3.1 Der Leitzins der Europäischen Zentralbank

Mengentender

Zinstender

Der Zinssatz beim Mengentender[1] bzw. der Mindestzinssatz, der beim Zinstender[1] geboten werden muss, hat die Funktion des Leitzinses. Er signalisiert den Kurs der EZB und legt gleichzeitig auch fest, zu welchen Konditionen die einzelnen Geschäftsbanken Kredite bei der Zentralbank aufnehmen können. Damit sind die Banken zumindest bei einer Erhöhung des Leitzinses faktisch gezwungen, diese Verteuerung auch an ihre eigenen Kreditnehmer weiterzugeben.

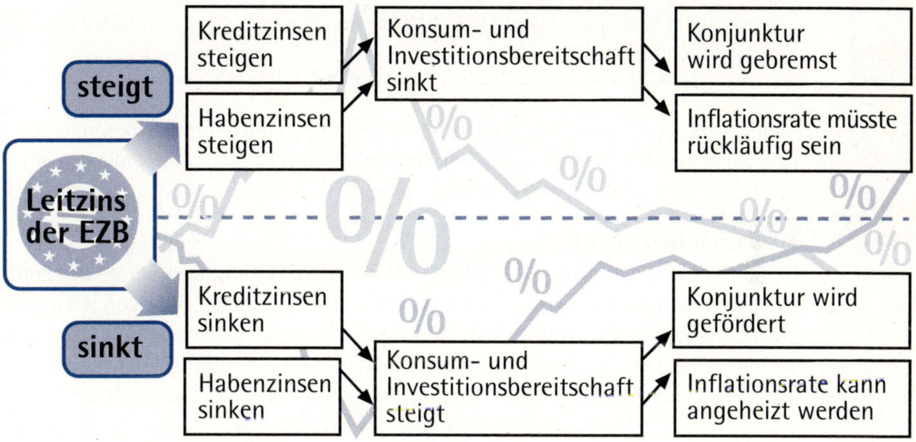

Wird der Leitzins gesenkt, dann verbilligen sich die Kredite für die Geschäftsbanken, die ihrerseits diese Senkung an die Kunden in Form niedrigerer Sollzinsen weitergeben können. Die Kreditaufnahme wird erleichtert. Dadurch erhofft man sich, dass der private Verbrauch und die Investitionen angekurbelt werden, zumal in der Folge niedrigerer Sollzinsen auch die Habenzinsen sinken, sodass die Anlage- und Sparbereitschaft eher abnimmt.

Kreditgewährung und Geldkapitalbildung

Auswirkungen steigender und fallender Zinsen

Als Folge eines Zinsanstiegs schwächt sich nicht nur die Kreditbereitschaft der Banken, sondern auch die Kreditnachfrage der Wirtschaft nimmt ab. Geschäfte, die sich bisher noch lohnten, werden bei hohen Zinsen uninteressant. Außerdem regen höhere Zinsen die Geldkapitalbildung bei den Kreditinstituten an. Bei hohen Zinsen für längerfristige Anlagen lohnt es sich, mehr zu sparen und die Ersparnisse längerfristig anzulegen. Dies „bremst" das Geldmengenwachstum und die Ausgabentätigkeit. Umgekehrt läuft der Vorgang bei fallenden Zinsen ab: Die Kreditvergabebereitschaft der Banken und die Kreditnachfrage der Wirtschaft nehmen zu. Gleichzeitig lässt die Neigung nach, Geldvermögen längerfristig anzulegen.

Geld- und Kreditnachfrage

Allerdings braucht dieser Übertragungsprozess Zeit. Zudem lässt er sich nicht exakt steuern. Die zur Verfügung stehende bzw. die benötigte Geldmenge steht in einer wechselseitigen Abhängigkeit zu der gesamtwirtschaftlichen Nachfrage. Die Geld- und Kreditnachfrage der Wirtschaft wird nicht nur von den Zinsen, sondern auch von vielen anderen Faktoren beeinflusst, z. B. von der Konjunkturlage und den Inflationserwartungen. Wenn die Konjunktur „boomt" und die Inflationserwartungen hoch sind, bremsen steigende Zinsen weniger als im umgekehrten Fall. In ähnlicher Weise können fallende und niedrige Zinsen die Konjunktur bei ausgeprägtem Pessimismus unter Umständen nur sehr langsam anregen.

1 Mengentender und Zinstender werden im Schaubild „Offenmarktpolitik" am Ende dieses Lernfeldes ausführlich erklärt.

7.3.2 Mindestreserven

Die einzelnen Geschäftsbanken sind verpflichtet einen Teil der bei ihnen angelegten Kundengelder (Einlagen) bei der Zentralbank zu hinterlegen. Die Höhe der Mindestreserve wird von der Zentralbank festgelegt. Mindestreserven runden das geldpolitische Instrumentarium des ESZB ab. Sie dienen in erster Linie dazu, die Geldmarktzinsen zu stabilisieren und eine strukturelle Liquiditätslücke des Bankensystems herbeizuführen oder zu vergrößern.

Die Reservepflicht der Kreditinstitute richtet sich zum einen nach der Höhe ihrer Nichtbankeneinlagen, zum anderen nach dem Mindestreservesatz, der vom ESZB einheitlich auf zwei Prozent festgelegt wurde.

Mindestreservepflichtig sind täglich fällige Einlagen, Einlagen mit einer vereinbarten Laufzeit bzw. Kündigungsfrist von bis zu zwei Jahren, Schuldverschreibungen mit vereinbarter Laufzeit von bis zu zwei Jahren und Geldmarktpapiere.

Puffer am Geldmarkt

Bankengeld-schöpfung

Die Mindestreserve stärkt die Bindung der Bankengeldschöpfung an die der Zentralbank. Vor allem aber wirken die Mindestreserveguthaben bei Liquiditätsschwankungen am Geldmarkt als Puffer, weil die Kreditinstitute die Mindestreserveguthaben auch für ihren laufenden Zahlungsverkehr nutzen können und die Mindestreserve nur im Durchschnitt der Reserveerfüllungsperiode, nicht aber täglich erfüllen müssen. Sie können deshalb Liquiditätsausschläge über ihre Mindestreserveguthaben ausgleichen. Bei einem Geldzufluss stocken sie diese auf und halten quasi vorsorglich höhere Reserveguthaben. Bei einem Geldabfluss lassen sie ihre Guthaben umgekehrt abschmelzen.

Verzinsung

Die Mindestreserven bei der ESZB werden verzinst - und zwar zum Hauptrefinanzierungssatz des ESZB. Die Banken haben somit keine Zinsverluste und keine Wettbewerbsnachteile gegenüber anderen Kredit- und Finanzinstituten außerhalb des europäischen Währungsraums, die keine Mindestreserven unterhalten müssen.

Offenmarktgeschäfte

Fazilitäten

Leitzins

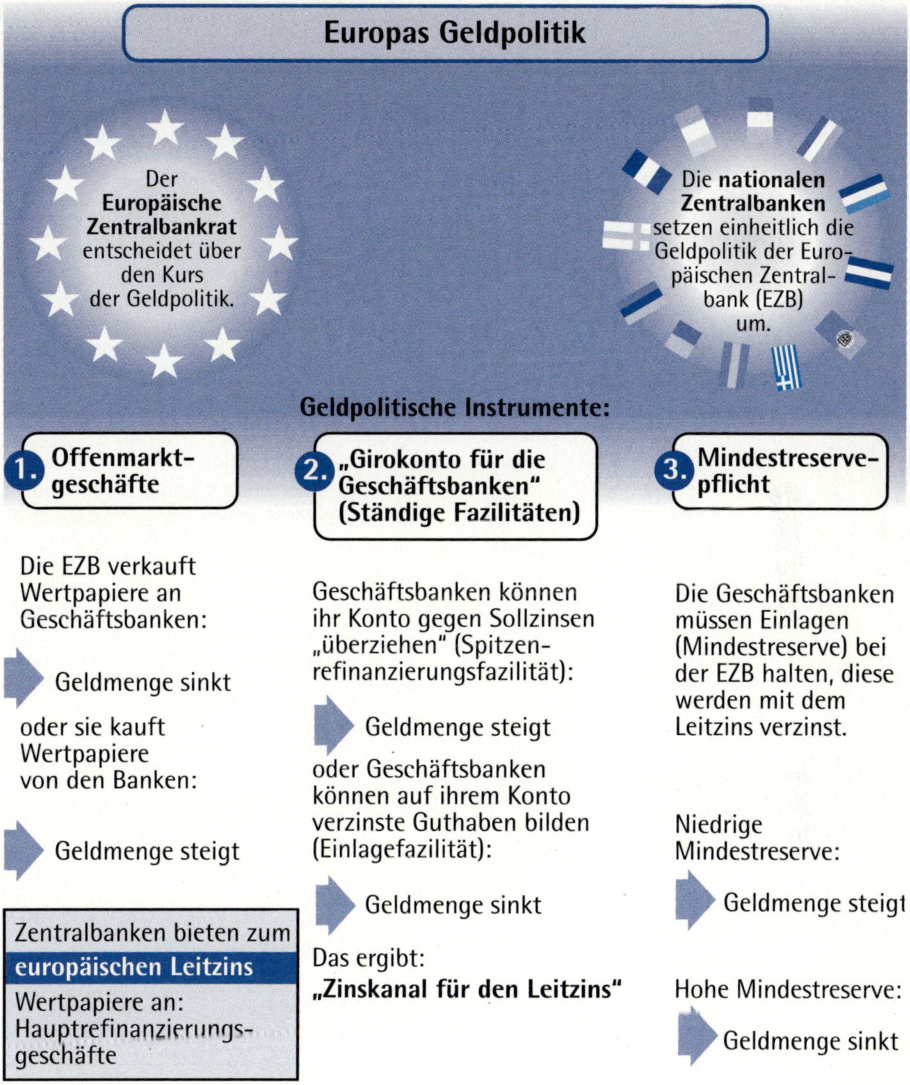

nach: Globus infografik 5228, Hamburg 2003

7.3.3 Offenmarktpolitik

Die Offenmarktpolitik hängt eng mit der Zinspolitik zusammen. Mithilfe so genannter Zins- und Mengentender wird den Banken die Möglichkeit geboten sich mit Finanzmitteln zu versorgen. Die Initiative kann dabei sowohl von der Zentralbank als auch von den Geschäftsbanken ausgehen. Das bedeutet, dass sowohl ein allgemeines Angebot von Finanzmitteln seitens der Zentralbank als auch die gezielte Nachfrage seitens der Geschäftsbanken möglich ist.

Mengentender

Zinstender

Fazilitäten

Offenmarktpolitik
Initiative geht von der Zentralbank aus

Art der Geschäfte	Bedingungen	Wirkungsweise
Hauptrefinanzierungsgeschäfte	wöchentliche Mengen- oder Zinstender mit zweiwöchiger Laufzeit	**Mengentender:** EZB schreibt die Zuteilung einer unbekannten Geldmenge zu einem vorgegebenen Zinssatz aus. Die Geschäftsbanken können eine Zuteilung „zeichnen", d. h. sich um die Zuteilung bewerben. Die Zuteilung erfolgt dann im Verhältnis der von der EZB zur Verfügung gestellten Geldmenge zur von den Banken gezeichneten Geldmenge. Wollen die Banken z. B. doppelt so viel haben wie die EZB zur Verfügung stellt, erhält jede Bank nur 50 % des gezeichneten Betrages. **Zinstender:** Der Zinssatz wird in der Ausschreibung der EZB nicht vorgegeben. Die Geschäftsbanken sind aufgefordert den Zinssatz zu nenne, zu dem sie bereit sind eine bestimmte Geldmenge für eine befristete Zeit gegen die Verpfändung von Sicherheiten aufzunehmen. Geschäftsbanken mit einem hohen Angebot werden bei der Zuteilung zuerst berücksichtigt, Banken mit niedrigem Angebot müssen damit rechnen, kein Geld zugeteilt zu bekommen.
Längerfristige Refinanzierungsgeschäfte	monatliche Zinstender mit dreimonatiger Laufzeit (früher Rediskontpolitik)	
Feinsteuerungsoperationen	befristete Tender mit wenigen Tagen Laufzeit	Begrenzter Kreis an Geschäftspartnern, Einsatz bei unerwartet auftretender Liquiditätsschwankung am Markt.
Strukturelle Operationen	befristete Tender, Käufe und Verkäufe von Wertpapieren	Einsatz, um die Liquidität des Finanzsektors dem des Europäischen Systems der Zentralbanken anzupassen.

Ständige Fazilitäten
Initiative geht von den Geschäftsbanken aus

Spitzenrefinanzierungsfazilität	Kreditgewährung für einen Geschäftstag (Übernachtkredit) zu einem vorgegebenen Zinssatz. Eine bestehende Kontoüberziehung gilt als ein solcher Antrag.
Einlagefazilität	Überschüssige Habensalden können zu einem vorgegebenen Zinssatz jeweils zu Beginn des nächsten Geschäftstages bei der Zentralbank angelegt werden.

Fazilität bedeutet so viel wie „Leichtigkeit". Das heißt, dass es sich um Kredite handelt, die von Banken ohne größere Formalitäten bei der EZB in Anspruch genommen werden können. Daher ist der Zinssatz hier auch höher als bei den Tendern und den Hauptrefinanzierungsgeschäften. Der Zins für die Einlagefazilität ist hingegen sehr niedrig. Diese Möglichkeit nehmen die Banken nur in Anspruch, wenn sie am Geldmarkt keine andere Anlage zu einem höheren Zins finden.

1 Marketing als Führungsprozess

Preispolitik, Produktpolitik, Kommunikationspolitik

Wettbewerb

Viele traditionelle Betriebe sehen zunehmend ihre Marktanteile bedroht. Immer häufiger werden sie von Großabnehmern unter Druck gesetzt, die es verstehen, ihre Marktmacht auszunutzen. Trotz aller Rationalisierungen wird oft dicht unter der „Schmerzgrenze" gearbeitet. Die Hauptursachen werden darin gesehen, dass zum einen der Wettbewerb bei den Standardprodukten immer schärfer wird und dass zum anderen die Entwicklungszeiten für neue Produkte zu lang und die Kosten zu hoch sind.

Preisdruck

Wenn dann noch der Preisdruck dazukommt und man ihm nicht dadurch ausweichen kann, dass man sich durch technisch und optisch „einzigartige" Produkte auszeichnet, wird es schnell kritisch. Heute hat man es mit immer kürzeren Produktlebenszyklen zu tun. Unternehmerische Erfolge haben nur denkbar kurzfristigen Bestand, wenn man nicht ständig auf der Hut ist. Am besten ist es, wenn man sich den Markt, den man bedienen und versorgen will, selbst formen kann und damit die eigene Nachfrage schafft.

„A-Kunden"

Ziel vieler Unternehmen ist es, nicht nur den Massenmarkt zu bedienen. Besonderes Interesse gilt den Großkunden, die als „A-Kunden" für die Unternehmensentscheidungen eine existenzielle Bedeutung haben. Meist wird durch nur wenige große Kunden ein „Löwenanteil" des Umsatzes erzielt. Eine starke Marktstellung ist so mit einer großen Abhängigkeit verbunden.

Unternehmen, die versuchen nur im absoluten Preiswettbewerb Sieger zu bleiben, können langfristig Probleme bekommen, denn es gibt immer jemanden, der billiger anbieten kann.

1.1 Der Marketingbegriff

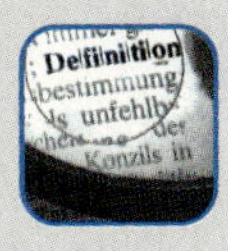

Marketing ist die bewusste Gestaltung des Absatzmarktes mit dem Ziel, Verkaufsabschlüsse tätigen zu können.

Die unternehmerischen Funktionen sind von einer gewissen Gleichrangigkeit geprägt, weil die Gesamtheit des Unternehmensgeschehens davon abhängt, dass alle einzelnen Elemente ineinander greifen. Gleichwohl gehen die entscheidenden Impulse davon aus, was am Markt abgesetzt werden kann. Damit kommt dem Bereich „Marketing" eine unbestrittene Führungsrolle zu.

Was verlangt der Markt?

Um in turbulenten und häufig stagnierenden Märkten die Wettbewerbsfähigkeit zu erhalten, muss eine stärkere Marktorientierung und Kundennähe systematisch geplant und weiterentwickelt werden. Die heutige Marktsituation erfordert deshalb ein Umdenken. Aus der Frage „Was können wir?" ist die Frage „Was verlangt der Markt?" geworden. Dies kennzeichnet den Übergang von der Produktionsorientierung zur Marktorientierung der Unternehmen.

Die **Marktchancen** eines Unternehmens hängen im Kern davon ab, ob es in der Lage ist, sich an den Erfordernissen des Marktes zu orientieren und die Nachfrage aktiv zu gestalten und zu beeinflussen.

Zugleich steigen damit auch die Anforderungen an das Marketing, über eine marktorientierte Unternehmensführung die erforderliche Anpassungsfähigkeit zu sichern.

Marketing bedeutet, dass sich der gesamte Geschäftsprozess daran orientiert,

Kunden-orientierung

- den **Kunden** das anzubieten, was sie vom Markt verlangen und sie gleichzeitig von den Besonderheiten der eigenen Produkte zu überzeugen;

Markt-beobachtung

- den Markt und insbesondere den **Wettbewerb** ständig zu beobachten und daraus die richtigen Schlüsse abzuleiten, um besser zu sein als die Konkurrenz.

Lebenszyklus für Produkte und Strategien

Marketing wird davon geprägt, dass es sowohl für die einzelnen Produkte als auch für unternehmerische Strategien einen „Lebenszyklus" gibt, der durch einen ständigen Verdrängungswettbewerb gekennzeichnet ist.

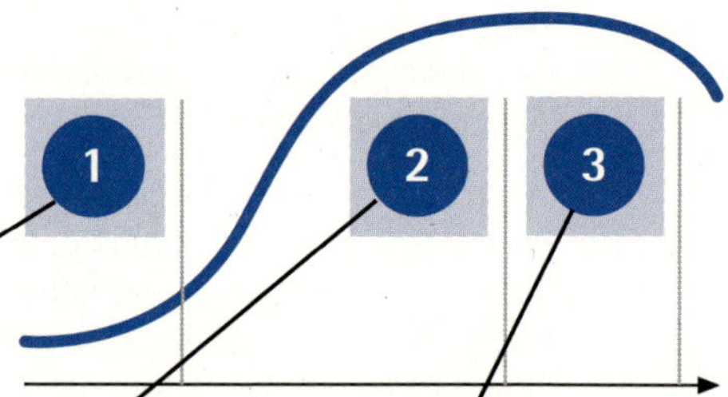

Point of no Return

1. **Eine Idee wird „geboren".** Im Rahmen interner Überlegungen und Abwägungen werden die Chancen und Risiken einer Umsetzung erörtert. Danach fällt die Entscheidung, ob die Idee verwirklicht werden soll oder nicht. Je genauer die Informationen sind, desto geringer ist das Risiko einer Fehlentscheidung.

2. **Die Idee wird umgesetzt.** Im Findungsprozess muss irgendwann eine Entscheidung getroffen werden. Ist dies getan, wird aus dem Plan die Realität. Ab einem bestimmten Punkt gibt es kein Zurück mehr, weil die Entscheidung nach außen dringt und im Unternehmen selbst die nötigen organisatorischen und investiven Maßnahmen eingeleitet worden sind (Point of no Return).

3. **Die umgesetzte Idee muss sich bewähren.** Ob die Prognosen tatsächlich eintreffen, stellt sich erst nach der Umsetzung der Marketingidee heraus. In einem ständigen Soll-Ist-Vergleich muss im Rahmen des Controlling geprüft werden, ob die Situation insbesondere unter Kosten- und Ertragsgesichtspunkten vertretbar ist oder nicht. Aus Abweichungen müssen betriebswirtschaftlich richtige Schlussfolgerungen abgeleitet werden.

1.2 Marktforschung und Marktsegmentierung

Auf dem Markt gibt es „den" Kunden ebenso wenig wie „den" Wettbewerber. Jedes Unternehmen muss sich „seinen" Markt suchen. Dies gilt für alle Bereiche der Unternehmenstätigkeit. Der Markt, der bearbeitet werden soll, lässt sich nach verschiedenen Kriterien „abstecken".

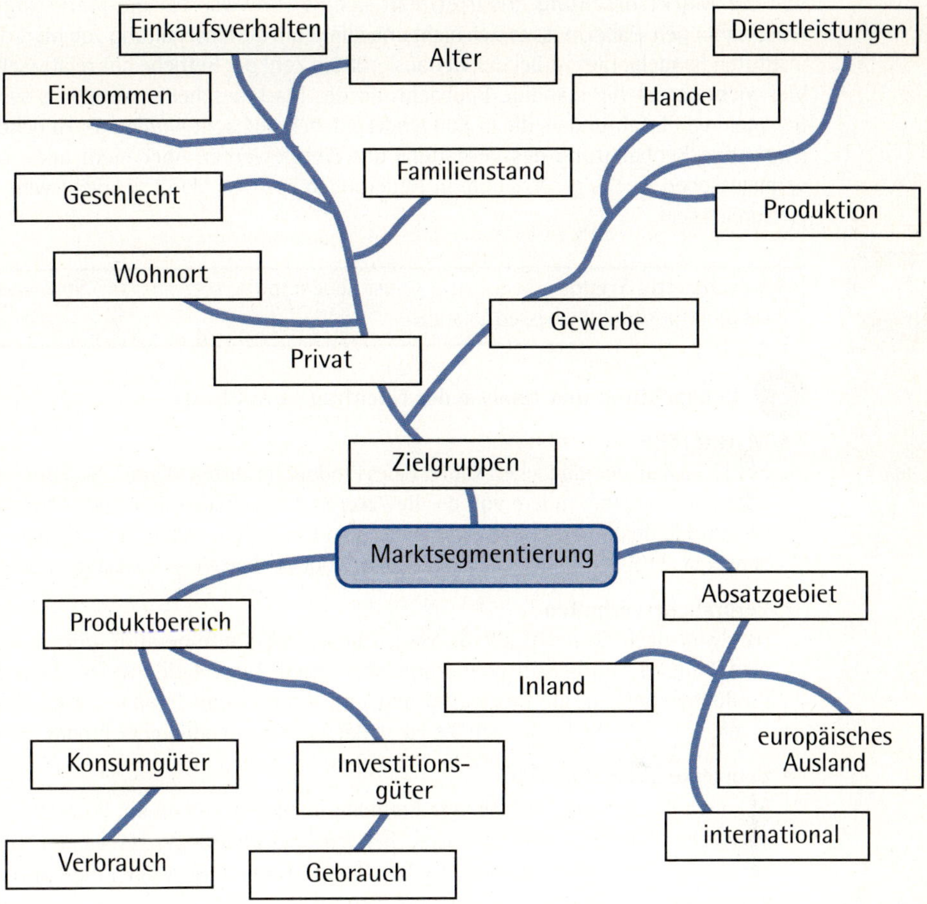

Marktsegmentierung

Bedürfnisorientierung

Der Sinn der Marktsegmentierung besteht darin, dass das Unternehmen damit die Möglichkeit hat, sich auf die Bedürfnisse der Kundengruppe gezielt einzustellen. Marketing bedeutet nach moderner Auffassung, dass Unternehmen versuchen gezielt Problemlösungen für die Abnehmer der Produkte anzubieten.

Je präziser die Beschreibung der Zielgruppe erfolgen kann, desto weniger **„Streuverluste"** gibt es bei den Marketingaktivitäten.

Instrumentarium

Das gesamte **marketingpolitische Instrumentarium** ist auf die Zielgruppen abzustellen.

- Was soll produziert und angeboten werden? – **Produktpolitik**
- Wie erreichen wir die Kunden? – **Kommunikationspolitik**
- Welche Absatzkanäle können genutzt werden? – **Distributionspolitik**
- Zu welchen Konditionen bieten wir an? – **Preispolitik**

Marktforschung

Von der **Marktforschung** erwartet man sichere Hinweise für die marketingpolitischen Entscheidungen. Dabei muss es sich nicht unbedingt um die Einschaltung von Marktforschungsinstituten handeln. Dies ist bei der weitaus größten Zahl der Betriebe nur relativ selten der Fall. Viel wichtiger ist die ständige Beobachtung des Marktgeschehens und das systematische Sammeln von Erfahrungen, die in Kundengesprächen gemacht wurden. Dazu gehört auch die sorgfältige Beobachtung des Verhaltens der Wettbewerber. Aber nicht alles, was hier an vermeintlichen Trends gesetzt und an Neuerungen auf den Markt gebracht wird, muss auch erfolgreich sein.

Marktbeobachtung

> Wer **rechtzeitig Trends** erkennt oder selbst neue Impulse setzt, hat im Wettbewerb um die beste Marktposition die besten Chancen.

1 Beobachtung und Analyse der Nachfrageverhältnisse

- **Marktgröße**

  Marktgröße

  Es soll die Zahl der möglichen Käufer eines Produkts ermittelt werden. Sie hängt im Konsumgüterbereich insbesondere von der Bevölkerungszahl eines Landes oder Absatzgebiets ab. Die am häufigsten erhobenen Merkmale sind Geschlecht, Alter, Beruf, Einkommen, Familienstand, Zahl der Kinder, soziale Stellung, Hobbys, finanzielle Rücklagen usw.

- **Verbraucherverhalten**

  Kaufmotivation

  Hier wird nach Motiven gefragt, wegen denen die Käufe getätigt wurden oder die den bestehenden Käuferwünschen zugrunde liegen. Diese Erkenntnisse beeinflussen die Produktgestaltung, die Preisgestaltung und die zu veranlassenden Werbemaßnahmen. In alle drei Bereiche fließt auch die Frage nach der Verwendung der Produkte ein.

- **Beurteilung der Produkte**

  Produktbeurteilung

  Käufermarkt

  In einem Käufermarkt[1] müssen die Produkte möglichst nah an die Wünsche und Vorstellungen der mit dem Produkt anzusprechenden Zielgruppe angepasst werden. Die Marktforschung versucht daher herauszufinden, welche Qualität sich der potenzielle Käufer von einem Produkt wünscht, welche Funktionen, welches Design usw., aber auch, welchen Preis er dafür zu zahlen bereit ist. Außerdem werden Kritiken, Verbesserungsvorschläge und positive Stellungnahmen von den eigenen Käufern und von Verwendern von Wettbewerbsprodukten erfasst.

2 Beobachtung und Analyse der Wettbewerbsverhältnisse

Eine Unternehmung darf ihre Marketingentscheidungen nicht isoliert betrachten, sondern sie muss auch die Aktivitäten der Wettbewerber in ihre Planungen mit einbeziehen.

- **Konkurrenten**

  Konkurrenz

  Marktanteil, Gesamtumsatz und Größe von Wettbewerbern können wichtige Aufschlüsse für das eigene Marktverhalten geben.

- **Konkurrenzprodukte**

  Substitutionsgüter

  Es wird festgestellt, welche artgleichen oder Substitutionsprodukte[2] die jeweiligen Konkurrenten anbieten. Diese werden auf ihre Vor- und Nachteile (z. B. Gebrauch, technische Entwicklung, Design, Preis) mit den eigenen Produkten verglichen.

---

1 Käufermarkt: Der Verbraucher hat die Auswahl aus einem Überangebot; im Gegensatz dazu der Verkäufermarkt: sehr große Nachfrage, kleines Angebot an Waren (siehe auch Kapitel 1.3.4)

2 Substitutionsprodukte = Ersatzprodukte, z. B. Margarine statt Butter

- **Marktverhalten**
  Neben den Produkten liefert auch die Kenntnis vom Marktverhalten der Konkurrenz wichtige Aufschlüsse für eigene Unternehmensentscheidungen. Deren Produkt-, Preis- und Vertriebspolitik, ihre Werbemaßnahmen und Verkaufsförderung können die eigenen absatzpolitischen Planungen erheblich beeinflussen.

3 Methoden der Marktforschung

Marktanalyse

Zeitpunkt-analyse

Mit ihr werden die Marktverhältnisse zu bestimmten Zeitpunkten untersucht. Es handelt sich um eine **zeitpunkt**bezogene Erforschung der Marktstruktur. Dies kann vor der Einführung einer Produktinnovation oder aber auch während des Lebenszyklusses eines Produktes geschehen. Marktanalysen sollen über grundsätzliche Gegebenheiten informieren. Dazu gehören z. B.

- Untersuchungen über vorhandene **Bedarfsstrukturen,**
- **Kaufkraftuntersuchungen** in verschiedenen Regionen,
- **Versorgungsgrad** mit bestimmten Produkten,
- **Bewertung** von Erzeugnissen, die sich auf dem Markt befinden,
- **Konsum- u. Kaufgewohnheiten,**
- **Wettbewerbssituation.**

Marktbeobachtung

Zeitraum-bezogene Veränderungen

Wird eine Marktanalyse über einen längeren Zeitraum hinweg durchgeführt, so spricht man von einer **zeitraum**bezogenen Marktbeobachtung. Dabei geht es um die Erfassung laufender Veränderungen am Markt, z. B.:

- Mode- und Geschmacksveränderungen,
- saisonale Schwankungen,
- konjunkturelle Schwankungen,
- Reaktion auf neue Produkte und/oder auf Marketingmaßnahmen der Konkurrenz oder des eigenen Unternehmens.

In die Marktbeobachtung werden häufig die eigenen Absatzorgane (z. B. Vertreterberichte) aktiv einbezogen. Hierzu gehören auch Informationen aus Kundengesprächen.

Primär- und Sekundärforschung

field research

desk research

Werden neue Daten auf dem Markt erhoben, so spricht man von Primärforschung, „field research" (Feldforschung). Greift man auf bereits vorhandene Materialien und Veröffentlichungen zurück (z. B. Absatzstatistiken, Berichte von Außendienstmitarbeitern, Reklamationen, Kostenrechnung), so handelt es sich um „desk research" (Schreibtischforschung). Es können aber auch außerbetriebliche Materialien analysiert werden, z. B. statistische Jahrbücher, Berichte von Kammern und Verbänden, Fachzeitschriften, Veröffentlichungen oder Prospekte der Konkurrenz, Testberichte.

1.3 Marktsituation und Wettbewerbsstrategien

Markt-orientierung

Der Unternehmer ist heute mehr denn je nicht nur Produzent, sondern Problemlöser. Je enger die Verbindung zwischen Produzent, Handel und Verbraucher, desto reibungsloser kann diese Aufgabe erfüllt werden. **Marktorientierung** bedeutet nicht nur die richtigen Produkte zur richtigen Zeit auf den Markt zu bringen, sondern es bedeutet auch, eine Vertriebsorganisation aufzubauen oder Vertriebspartner zu finden, die Interesse am Produktions- und Absatzprogramm des Herstellers haben.

1.3.1 Engpassfaktor Handel

Unternehmens-profil

Sich am Verbraucher zu orientieren heißt, den Verbraucher in den Mittelpunkt sämtlicher unternehmerischer Überlegungen zu stellen. Tatsache ist, dass die Märkte im Konsumgüterbereich weitgehend gesättigt sind, kein Kunde steht Schlange, kein Käufer muss um Ware „betteln". Für den Unternehmer heißt dies, sich ein eigenes, möglichst **unverwechselbares Profil** und damit einen eigenen Markt zu schaffen.

Je gleichartiger die Produkte und je größer die Zahl der Anbieter, desto schwieriger ist es, ohne ein eigenständiges Profil im Wettbewerb zu bestehen.

Marktlücken

Der Handel als Mittler zwischen Hersteller und Verbraucher muss vom Unternehmenskonzept und/oder vom Produkt überzeugt sein. Verspricht er sich keinen Gewinn, wird er kaum motiviert sein, neue Produkte in sein Sortiment aufzunehmen. Ziel der Produktentwicklung und -innovation ist es daher, Erfolg versprechende Produkte für bestehende Märkte zu entwickeln, neue Marktlücken zu entdecken oder bestehende Produkte durch Variationen und Modifikationen zu verändern bzw. neuen Trends anzupassen oder selbst neue Trends zu setzen. In jedem Falle erfolgt mit der Produktdifferenzierung eine Einstellung auf die Wünsche der Verbraucher.

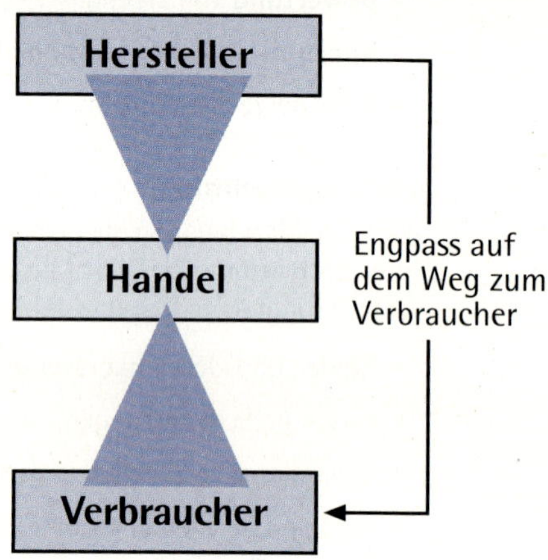

1.3.2 Allgemeine Wettbewerbsstrategien

Portfolio

Unternehmen, die sich im Wettbewerb befinden, versuchen ihre Marktposition zu verbessern. In einem „Neun-Felder-Portfolio"[1] lässt sich die Wettbewerbsposition darstellen:

Aus der jeweiligen Position in der Portfolio-Matrix lassen sich verschiedene Unternehmensstrategien ableiten.

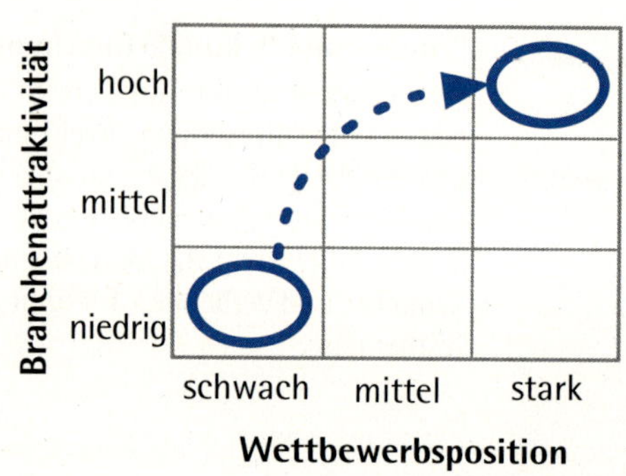

1 Portfolio = schematische Abbildung zusammenhängender Faktoren im Bereich der strategischen Unternehmensplanung

Niedrige Kosten

Preisführerschaft:
Ziel ist es, mit niedrigeren Kosten als die Wettbewerber zu produzieren und die Produkte preislich niedrig anzubieten. Hohe Produktivität, Massenproduktion, Kosteneinsparungen in allen Funktionen sind dafür Voraussetzungen. Mit modernen Methoden wie Just-in-time-Produktion und -Lieferung, Leanmanagement, aber auch der Produktionsverlagerung in Billiglohnländer versucht man diesem Ziel näher zu kommen.

Mehrwert-strategie

Differenzierung:
Es wird versucht, die eigenen Produkte von denen der Konkurrenz positiv abzuheben. Der Kunde erhält durch das (z. B. exklusive) Produktimage einen Zusatznutzen.

Strategie der Konzentration:
Hier konzentriert sich der Hersteller auf eine begrenzte Zahl von Kunden oder Produkten. In vielen Unternehmungen wird diese Strategie als Mischform angewendet. Alle Kunden werden zwar bedient, besonders wichtige Großkunden erfahren jedoch eine bevorzugte Behandlung. Mitarbeiter, die speziell für diese wichtigen Kunden zuständig sind, nennt man „Key-Account-Manager".

Key-Account-Management

Die **Wettbewerbssituation** wird durch verschiedene Faktoren nachhaltig beeinflusst:

- Vorhandene **Produktionskapazitäten** im eigenen Unternehmen und bei den Wettbewerbern:
  Je höher die **Produktionskapazitäten**, desto wahrscheinlicher ist, dass der Wettbewerb von einem hohen Kostendruck bestimmt wird. Die Kostenführerschaft wird zu einem wichtigen Wettbewerbsvorteil.

Kosten-führerschaft

- Anzahl und **Innovationskraft** der Wettbewerber:
  Je mehr Wettbewerber vorhanden sind, desto größer ist die „Gefahr", dass der Markt nicht „einschläft", sondern von einer ständigen innovativen Unruhe geprägt ist.

Innovationen

- Verteilung der **Marktanteile:**
  Ähnlich große Unternehmen haben in der Regel ähnliche Geschäftsstrategien und arbeiten mit ähnlichen Ressourcen. Die hohe Abhängigkeit von den Aktivitäten der Wettbewerber hat eine intensive Konkurrenzbeobachtung zur Folge. Oft herrscht ein „Stillhalteabkommen" zwischen den Wettbewerbern.

Marktanteile

- Entwicklung der **Nachfrage:**
  Je langsamer sich die Nachfrage entwickelt, desto intensiver wird der Wettbewerb. Umgekehrt eröffnen sich in einem stark expandierenden Markt genügend Absatzchancen für alle Anbieter.

Markt-entwicklung

- **Preisverhalten** der Wettbewerber:
  Aggressives Preisverhalten der Wettbewerber ist oft das Ergebnis unausgelasteter Produktionskapazitäten. Anbieter mit einer geringeren Fixkostenbelastung sind gegenüber Produktions- und Absatzrückgängen unanfälliger. Je aggressiver die Preispolitik der Wettbewerber, desto größer ist der Konkurrenzkampf.

Preispolitik

- **Gleichartigkeit der Produkte:**
  Je weniger sich die Produkte voneinander unterscheiden, je größer die Markttransparenz für die Kunden und je geringer deren Markentreue ist, desto größer wird der Wettbewerbsdruck.
- **Unternehmerische Alternativen:**
  Wenn trotz eines nicht rentablen Geschäfts ein völliger Rückzug aus dem Markt kostenintensiver ist als ein weiterer Verbleib, dann wird der Wettbewerber zum aktiven Handeln gezwungen.[1]

1 in Anlehnung an: Werner Papels (Hrsg.), ABWL, Fortis Verlag, Köln 1999, S. 572

Vollkommenheit des Marktes

Je vollkommener ein Markt ist[1], desto härter ist der Preiswettbewerb. Ziel muss es sein, sich durch besondere Produkte oder besondere Produkteigenschaften, aber auch durch sonstige „flankierende" Maßnahmen von den Wettbewerbern abzuheben. Dazu gehören z. B. Serviceleistungen, kundenorientierte Problemlösungen oder auch nur ein besonderer Zusatznutzen, der bei Konsumgütern auch im irrationalen Bereich liegen kann. So werden viele Produkte von den Herstellern geradezu künstlich voneinander abgehoben: Oft bewirken nur das Produktäußere oder die Verpackung, dass man nicht mehr erkennt, dass „dahinter" ein in seinen technischen Eigenschaften oder in den Bestandteilen völlig gleiches Produkt steht.

Fakten kurz gefasst

Marketing

ist die bewusste Gestaltung des Absatzmarktes mit dem Ziel eines Verkaufsabschlusses

Marktforschung

Alle Maßnahmen zur Feststellung des Absatzpotenzials für ein Gut

- **Primärforschung**: Sammlung und Auswertung neuer Daten
- **Sekundärforschung**: Auswertung schon vorhandenen Datenmaterials

Marktsegmentierung

Festlegung der Zielgruppe(n) für die zu vermarktenden Güter

Alter, Geschlecht, Einkommen, Familienstand, Region, Konfession, Bildungsstand

Marktstrategien

Summe der Überlegungen, wie ein Markt erfolgreich bearbeitet werden kann.

- **Preisführerschaft**: Ziel: Anerkennung als der preisgünstigste Anbieter
- **Produktführerschaft**: Ziel: Abhebung der eigenen Produkte von denen der Konkurrenz („Mehrwertstrategie")
- **Marktkonzentration**: Ziel: Intensive Bearbeitung ausgewählter Marktsegmente, aber nicht des Gesamtmarktes.

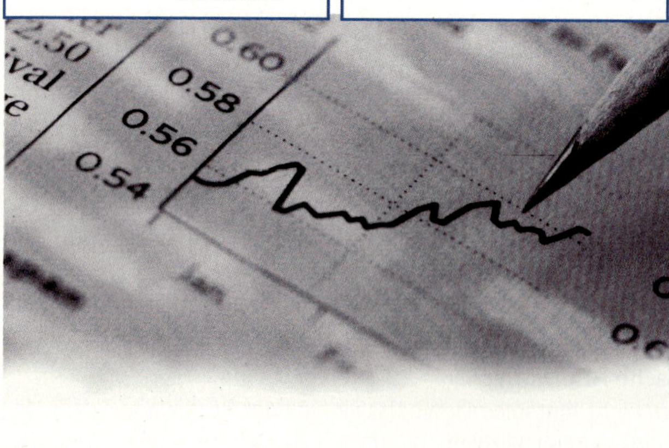

1 Vollkommene und unvollkommene Märkte: siehe unter „Fakten kurz gefasst", Kapitel 1.3.6

1.3.3 Marktbearbeitung

Marketingstrategien

Nur ein planvolles, zielgerichtetes Handeln wird langfristig am Markt erfolgreich sein. In der Unternehmens- oder Marketingstrategie wird festgelegt, wie sich die Unternehmung langfristig verhalten und damit ihre Ziele erreichen will. Die Strategien sind von Unternehmung zu Unternehmung verschieden:

Marketingziele

- **quantitative Ziele**
  - Umsatz sichern oder steigern
  - Gewinn erzielen
  - Wachstumsraten
  - Marktanteile steigern oder verteidigen
  - Kosten senken
  - Marktführerschaft erreichen
- **qualitative Ziele**
  - Bekanntheitsgrad von Firma oder Produkten erhöhen
  - Image (Firmenprofil) verbessern
  - Innerbetriebliche Corporate Identity
  - Vertrauen der Kunden gewinnen und ausbauen
  - Qualität der Produkte verbessern
  - Zuverlässigkeit erhöhen

1.3.4 Marktarten

Käufer- und Verkäufermarkt

Käufermarkt:
Die Verbraucher haben die Auswahl aus einem Überangebot von Produkten und sie besitzen auch die Kaufkraft, diese zu erwerben. Die Käufer sind in einer solchen Marktsituation in einer vergleichsweise starken Position. Aktivitäten zu Geschäftsabschlüssen (z. B. in Form von Werbemaßnahmen) gehen vor allem von den Verkäufern aus. Märkte der heutigen Zeit werden häufig als Käufermärkte bezeichnet. Ihre Merkmale: Starker Konkurrenzdruck zwischen den Mitbewerbern, Marktsättigung, starker Absatzdruck.

Angebotsüberhang

Nachfrageüberhang

Verkäufermarkt:
Es gibt nur ein kleines Angebot an Produkten und eine sehr große Nachfrage. Verkäufer haben damit eine stärkere Machtposition als die Käufer. Die Versorgung mit Waren und Dienstleistungen ist keine Selbstverständlichkeit, da die Nachfrage größer ist als das Angebot. Märkte der Nachkriegszeit waren vielfach Verkäufermärkte. Aufgrund des großen Nachholbedarfs konnten manche Unternehmen gar nicht so schnell produzieren, wie sie ihre Erzeugnisse hätten verkaufen können.

1.3.5 Marktformen und Marktmacht

Marktanteile

Marktformen ergeben sich aus dem Zusammenspiel bestimmter Angebots- und Nachfragestrukturen. Entscheidend für deren Unterscheidung ist dabei die Anzahl der Anbieter und Nachfrager sowie deren Größe. Diese kommt in ihrem Marktanteil zum Ausdruck. Die wirtschaftlichen Ziele von Anbietern und Nachfragern sind unterschiedlich.

> Während der Anbieter versucht einen möglichst hohen Preis für seine Produkte oder Leistungen zu erzielen, will der Nachfrager möglichst wenig bezahlen.
> Das Ergebnis des Preisbildungsprozesses hängt davon ab, welche Macht die einzelnen Marktpartner besitzen, d. h. wie dringend die Kauf- oder Verkaufswünsche sind.

Marktformenschema

Anzahl der Marktteilnehmer

Nach **Anzahl der Marktteilnehmer** sind grob drei grundlegende Marktformen zu unterscheiden. Diese Grundformen können dabei sowohl auf der Angebots- als auch auf der Nachfrageseite auftreten. Zu unterscheiden ist deshalb zwischen einem Angebots- und Nachfragemonopol, einem Angebots- und Nachfrageoligopol und einem Angebots- und Nachfragepolypol. Die Begriffe Monopol, Oligopol und Polypol geben dabei an, auf wie viele Marktteilnehmer sich ein gesamter Marktanteil aufteilt. Da die Anzahl der Anbieter (viele, wenige, einer) mit der jeweiligen Anzahl der Nachfrager (viele, wenige, einer) kombiniert werden können, ergibt sich das folgende komplette Marktformenschema:

Monopol

Oligopol

Polypol

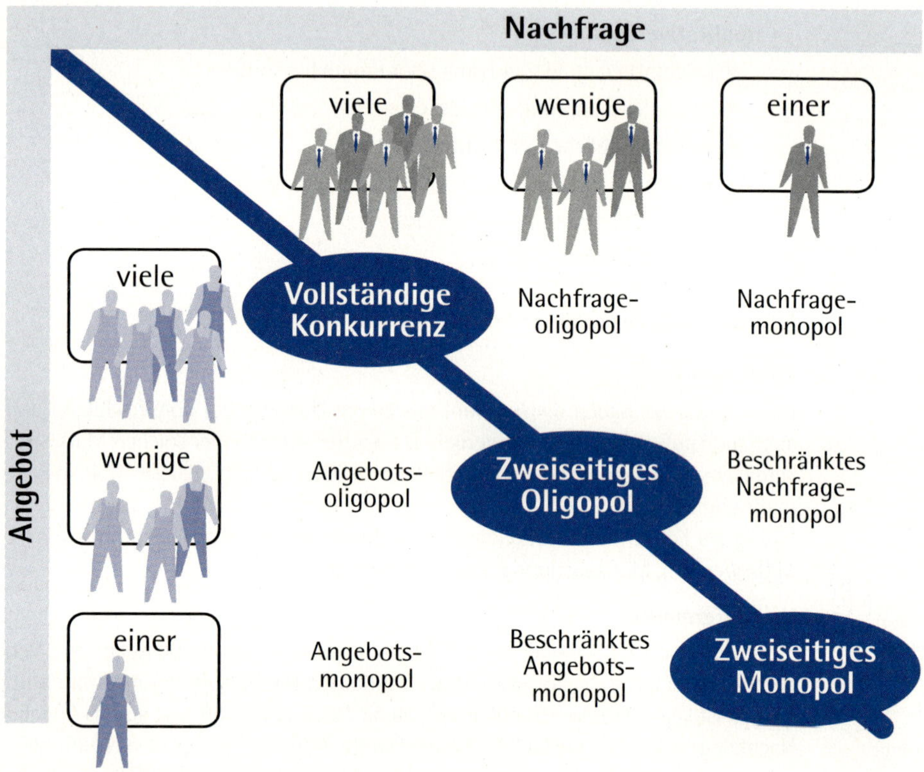

Beschränkt man sich bei seiner Betrachtung auf die Konsumgütermärkte, so vermindern sich die zu berücksichtigenden Marktformen erheblich. Der Grund: Die Nachfrageseite besteht aus vielen kleinen Marktteilnehmern.

Marktmacht

Die Marktmacht eines Anbieters ist vor allem von dem Marktanteil abhängig, den er auf sich vereinigen kann. Die größte Marktmacht haben Monopole.

$$\text{Marktanteil} = \frac{\text{Umsatz eines Betriebes auf einem bestimmten Markt}}{\text{Volumen des Marktes}}$$

$$\text{relativer Marktanteil} = \frac{\text{Umsatz eines Betriebes auf einem bestimmten Markt}}{\text{Umsatz des stärksten Anbieters}}$$

Monopol:

Angebots und Nachfragemonopol

Ein Angebotsmonopol liegt dann vor, wenn auf einem Markt ein einziger Anbieter sehr vielen Nachfragern gegenübersteht. Entsprechendes gilt für Nachfragemonopole. Beherrscht ein Monopolist seinen Markt, kann er starken Einfluss auf eine Reihe wirtschaftlicher Größen nehmen, die man als seine Aktionsparameter bezeichnet. Hierzu zählen Preise, Mengen, Qualitäten sowie die Auswahl seiner Vertriebswege.

Steht der Macht eines Alleinanbieters eine gewisse Gegenmacht gegenüber, die z. B. aus wenigen starken Nachfragern besteht, so wird seine Marktmacht hierdurch eingeschränkt. Seine Aktionsparameter kann er nicht mehr so flexibel handhaben wie bei vielen kleinen Nachfragern. Dabei handelt es sich um ein oligopolistisch beschränktes Angebotsmonopol.

Monopolisten haben besonders dann eine starke Marktstellung, wenn sie ein lebensnotwendiges Gut anbieten, für das es keinen Ersatz gibt. So wird z. B. die Macht eines Pharmaunternehmers dann besonders groß sein, wenn er als einziger Hersteller ein Medikament zur Bekämpfung einer lebensbedrohlichen Krankheit auf den Markt bringt.

Marktmacht durch Patent- und Markenschutz

Monopole und damit Marktmacht kommen vor allem aufgrund von Patent- und Markenschutzbestimmungen zustande. Erfinder von Produkten oder auch neuen Fertigungsverfahren haben die Möglichkeit, sich ihre Idee für einen Zeitraum von 18 Jahren schützen zu lassen. Während dieses Zeitraums verfügen sie über eine monopolartige Stellung. Ähnliches gilt für den Markenschutz.

Oligopol:

Marktmechanismus eingeschränkt

Wenige Anbieter und/oder Nachfrager treten auf dem Markt auf. In dieser Marktform ist zwar Konkurrenz vorhanden, aber die gegenseitige Abhängigkeit erlaubt kein freies Handeln. So kann z. B. ein Mineralölhersteller seine Preise nicht völlig frei gestalten. Zieht die Konkurrenz z. B. bei einer Preiserhöhung nicht mit, sind Absatzschwierigkeiten die Folge. Das Ergebnis ist, dass häufig auf oligopolistischen Märkten ein abgestimmtes Anbieterverhalten zu beobachten ist. Neben der Mineralölindustrie ist z. B. auch der Markt der Autoproduzenten einem Oligopol ähnlich.

Polypol:

ollkommener Markt

Viele Anbieter und/oder Nachfrager treten auf dem Markt auf. In der Idealvorstellung befinden sich auf einem Markt viele Anbieter und viele Nachfrager (vollkommener Markt). Die freie Konkurrenz erlaubt keine Abstimmung der Marktteilnehmer untereinander. Diese Marktform bietet insbesondere für den Nachfrager die besten Voraussetzungen, durch einen Angebotsvergleich günstig einzukaufen. Aber auch die Anbieter haben im Wettbewerb um den Nachfrager grundsätzlich die gleichen Chancen, da keiner von ihnen marktbestimmend oder deutlich marktführend ist.

Leistungswettbewerb

Vollkommenheit der Märkte

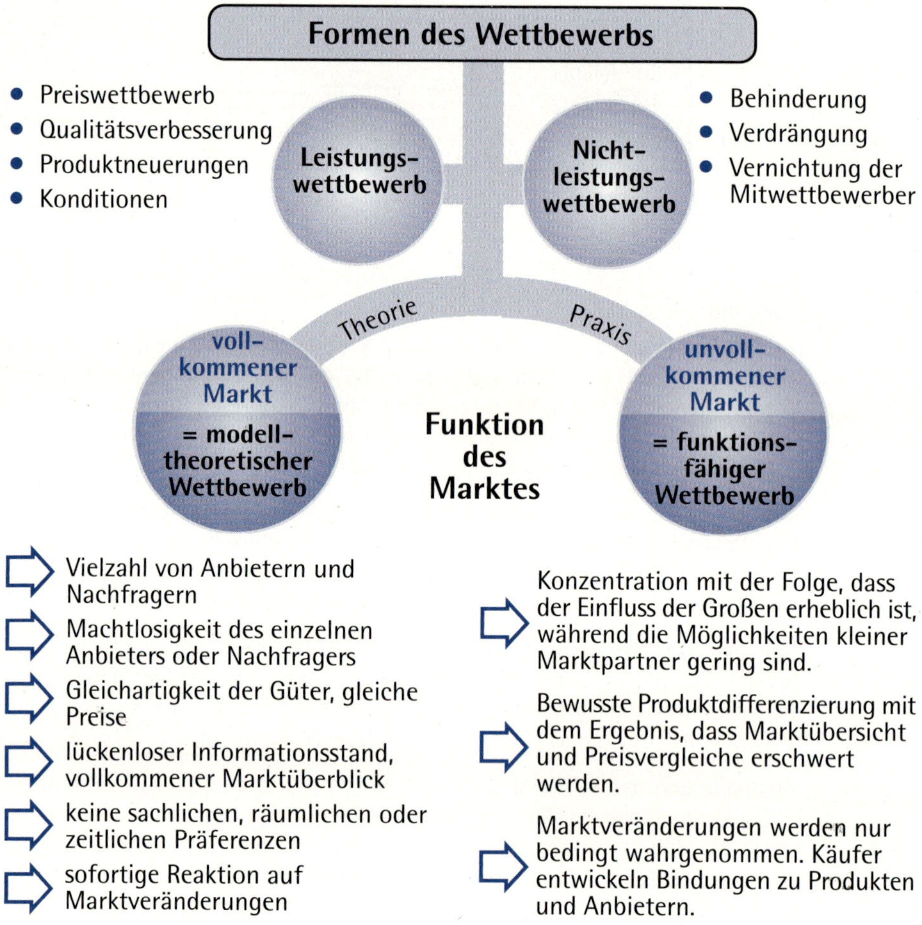

1.3.6 Markteintritt

Vor einem Eintritt in den Markt muss das Unternehmen die strategische Position prüfen.

Chancen und Risiken

- **Gefahr des Markteintritts**
  - kein Zugang zu Vertriebskanälen
  - Lizenzzwänge mangels Besitz an eigenen Produkttechnologien
  - Loyalität der Käufer zu Konkurrenzprodukten
  - „Kriegskassen" bei Wettbewerbern
  - mangelndes Branchenwachstum
- **Rivalität der Wettbewerber**
  - Anzahl der Wettbewerber
  - vorhandene Kapazitäten bei den Wettbewerbern

- evtl. Nichteinhaltung von „Spielregeln" der Branche
- finanzielle Ressourcen der Konkurrenten

- **Druck durch Substitutionsgüter**
  - Einschätzung des Preis-/Leistungsverhältnisses
  - Preiselastizität der Nachfrage
- **Stärke der Kunden**
  - Großabnehmer haben einen großen Anteil am Gesamtumsatz der Lieferanten.
  - Produkte der verschiedenen Anbieter sind standardisiert oder nicht differenziert.
  - Umstellungskosten der Abnehmer bei einem Wechsel des Lieferers sind niedrig.
  - Abnehmer drohen mit Eigenproduktion (Rückwärtsintegration).
- **Stärke der Lieferanten**
  - Lieferantengruppe wird von wenigen Unternehmen beherrscht.
  - Branche ist als Kunde für Lieferanten relativ unwichtig.
  - Produkt des Lieferers ist für das Geschäft des Abnehmers sehr wichtig.
  - Wechsel des Lieferers verursacht hohe Umstellungskosten.
  - Lieferantengruppe droht mit Vorwärtsintegration, d. h., sie wird zum Konkurrenten.

Wichtige Wettbewerbsfaktoren – fünf Kräfte („five forces")[1]:

Der Wettbewerb hängt davon ab,

1. wie viele **Wettbewerber** miteinander konkurrieren.
2. wie viele **neue Anbieter** „auf dem Sprung" in dieses Marktsegment sind.
3. welche **Substitutionsprodukte** (Ersatzprodukte) vorhanden sind und ein einzelnes Produkt oder ggf. sogar eine ganze Branche bedrohen.
4. ob **Lieferanten** durch ihre Verhandlungsstärke den Markt beeinflussen können.
5. welche Marktmacht die **Abnehmer** haben.

Wettbewerbsfaktoren

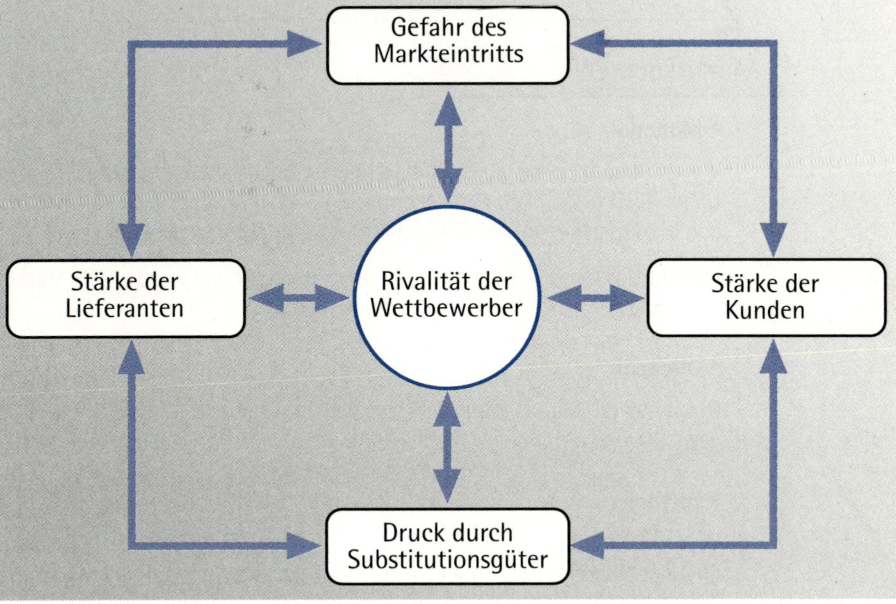

1 nach: Porter, M. E: Wettbewerbsstrategie, Methoden und Analyse von Branchen und Konkurrenten, Frankfurt/New York 1992

Fakten kurz gefasst

Marktvollkommenheit

- **Vollkommener Markt**
  - **Homogene Güter,** d. h., alle Wettbewerber haben die gleichen Produkte.
  - Käufer haben **keinerlei Präferenzen**, d. h., es ist ihnen völlig gleich, von wem sie ihre Güter erhalten (keine räumlichen, zeitlichen oder persönlichen Vorlieben).
  - totaler **Marktüberblick** mit **schnellen Reaktionen** auf Marktveränderungen

  → Wettbewerbsvorteile nur über die Preis- und Konditionenpolitik möglich. Folge: Wettbewerber mit ungünstigen Kostenstrukturen scheiden aus.

- **Unvollkommener Markt**

Anbieter setzen sich mithilfe von produktpolitischen oder sonstigen Maßnahmen voneinander ab (z. B. besonderer Service, Pünktlichkeit, Zuverlässigkeit, Kooperationsbereitschaft).

Preiswettbewerb wird durch andere Maßnahmen zum Teil überlagert; Anbieter erhalten Kalkulationsspielräume.

Marktformen

- **Monopol**

Völlige Beherrschung eines Marktes bei nur einem Anbieter und/oder nur einem Nachfrager. Die Wirksamkeit eines Monopols hängt davon ab, in welchem Maß die jeweiligen Marktpartner von dem Angebot des Monopolisten abhängig sind.

Substitutionsprodukte stellen eine Alternative dar und weichen die Marktstellung des Monopolisten auf.

- **Oligopol**

Relativ starke Marktstellung bei nur wenigen Anbietern und/oder wenigen Nachfragern. Oligopole ziehen oft ein abgestimmtes Verhalten der Anbieter nach sich.

- **Polypol**

Viele Anbieter und/oder viele Nachfrager teilen sich die Marktmacht. Konkret bedeutet dies, dass ein einzelner Anbieter ebenso wenig Einfluss auf das Marktgeschehen hat, wie ein einzelner Nachfrager das Verhalten eines Anbieters beeinflussen kann.

Marktelastizität

Elastische Nachfrage

Die Nachfrage reagiert sehr empfindlich auf Preisveränderungen. Der Anbieter hat daher kaum Möglichkeiten zur Preiserhöhung.

Beispiel: Anbieter im vollkommenen Markt; Güter, auf die verzichtet werden kann (Konsumgüter).

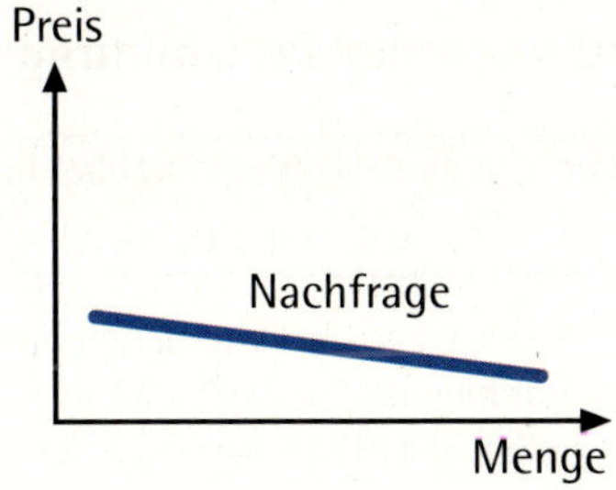

Unelastische Nachfrage

Die Nachfrage reagiert kaum auf Preisveränderungen. Der Anbieter hat daher große preispolitische Spielräume.

Beispiel: Monopolanbieter; Güter aus dem Bereich der Grundbedürfnisse (Nahrungsmittel).

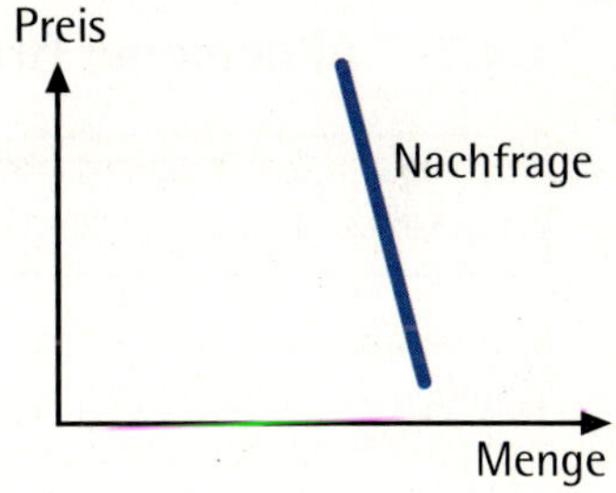

1.4 Preispolitik

1.4.1 Marktorientiertes Verhalten

Geschäftsgespräche

Marktorientiertes Verhalten drückt sich insbesondere darin aus, wie stark sich Anbieter und Kunden in ihren Zielen entgegenkommen. Jeder versucht auf seine Weise, sein „eigenes" Geschäft zu machen". Trotzdem müssen weder die Ziele noch die eingesetzten Mittel beider Seiten gegenläufig sein. Die Positionen von Käufer und Verkäufer sind zwar verschieden, können sich aber im Idealfall durchaus ergänzen.

Verkäufer als Berater

Die „Geschäftsgespräche" werden von dem jeweils Stärkeren bestimmt. ***„Entweder Sie akzeptieren die von mir genannten Bedingungen oder wir kommen nicht ins Geschäft"*** ist ein Satz, den viele Außendienstmitarbeiter täglich zu hören bekommen, weil es ihnen nicht gelungen ist, sich in die Rolle des Kunden zu versetzen und von diesem nicht als Verkäufer mit eigenen Interessen, sondern als Berater mit gemeinsamen Interessen anerkannt zu werden.

Offensiver Verkäufer – defensiver Kunde: Der Verkäufer bewegt sich in „seinem" strategischen Gesprächsfeld, das fast ausschließlich durch die eigenen Leistungsangebote geprägt wird. Er versucht den Kunden von der Vorteilhaftigkeit seines Angebots zu überzeugen.
Defensiver Verkäufer – offensiver Kunde: Der Kunde bestimmt den Preis, die Konditionen, die Lieferbedingungen, die Zahlungsziele, die Rabatte ... letzten Endes die Unternehmensstrategie des Verkäufers.

Verkaufs- und Markterfolge lassen sich mit dieser Gesprächsführung nur schwer erringen. Vor allem für Markteinsteiger oder neue Produkte ist die Überzeugungsarbeit sehr schwierig. Ganz anders kann die Situation sein, wenn sich das Unternehmen bzw. der Verkäufer als „Ertragsberater" bzw. als ein vom Kunden (Handel) ernst genommener Partner versteht und

Kommunikationsstrategien

diese Einstellung auch vermitteln kann. Der **marktorientierte Verkäufer** setzt mit seiner Gesprächsstrategie nicht im eigenen Unternehmen, sondern direkt im Gesprächsfeld des Kunden an.

Der Kunde akzeptiert die Beratungsleistung des Lieferers und vertraut auf dessen umfassende Marktkenntnis und die damit verbundenen Informationen. Er erkennt, dass der Lieferer nur dann erfolgreich ist, wenn er die Probleme seines Kunden kennt und seine Leistungsfähigkeit darauf einstellt. **Kundenorientierte Unternehmenskonzepte** schlagen sich auch in der Aufbauorganisation nieder. Die Tätigkeit aller Abteilungen (und nicht nur die des Verkaufs) richtet sich an den Bedürfnissen und Wünschen des Kunden aus. Dabei geht es nicht nur um Sachkenntnisse, sondern auch um die allgemeinen Regeln der Kommunikation. Kundenorientiertes Handeln bedeutet die Erfahrungen, die mit Kunden gemacht werden, systematisch zusammenzufassen und daraus betriebliche Handlungskonzepte zu entwickeln.[1]

Kundenorientierung

1.4.2 Allgemeine Grundlagen der Preisbildung

Die Preise müssen die entstandenen Kosten decken und darüber hinaus auch noch einen als angemessen anzusehenden Gewinn beinhalten.

Angemessener Gewinn

Dieser Maßstab ist immer dann anzulegen, wenn ein Unternehmen frei von allen anderen Überlegungen ist. Das bedeutet, dass im Rahmen der Preiskalkulation alle anfallenden Kosten, aber auch die gewährten und zu gewährenden Nachlässe zu berücksichtigen sind (siehe dazu auch Lernfeld 2, Kapitel 4.2 und zum Thema „Deckungsbeitrag" Kompendium Rechnungswesen, Lernfeld 4, Kapitel 3.2).

Allgemein wird davon ausgegangen, dass die Höhe des Preises maßgebend für die Absatzchancen eines Produktes ist. Dass dies nicht immer so sein muss, zeigen Beispiele aus der Praxis.

Je „einmaliger" ein Produkt ist und je größer der Kaufwunsch oder die Dringlichkeit der Bedürfnisbefriedigung, desto größer sind die unternehmerischen Spielräume bei der Preisgestaltung.

Kein Hersteller will zu viel Ware auf den Markt bringen, aber es soll auch nicht zu Versorgungsengpässen kommen, wenn die Nachfrage größer ist als das Angebot. Angestrebt wird ein Ausgleich. Je genauer die Marktforschungsergebnisse und die Absatzprognosen sind, desto eher wird es gelingen, dieses Marktgleichgewicht zu erreichen.

Preisbildung als Ergebnis von Angebot und Nachfrage

Mit steigendem Preis wachsen in der Regel auch die Gewinnaussichten. Das bedeutet, dass zum einen die Bereitschaft der bisherigen Anbieter größer wird ihre Ware zu verkaufen, zum anderen finden sich aber auch neue Anbieter. Gleichzeitig sinkt jedoch mit steigendem Preis die Nachfrage. Wird der „Gleichgewichtspreis" überschritten, entsteht ein Überangebot, das die Anbieter zu Preissenkungen veranlasst.

Je niedriger der Preis, desto geringer wird das Angebot auf dem Markt, aber desto höher wird die Nachfrage. Wird der „Gleichgewichtspreis" unterschritten, entsteht ein Nachfrageüberhang, welcher die Anbieter zu Preiserhöhungen veranlasst.

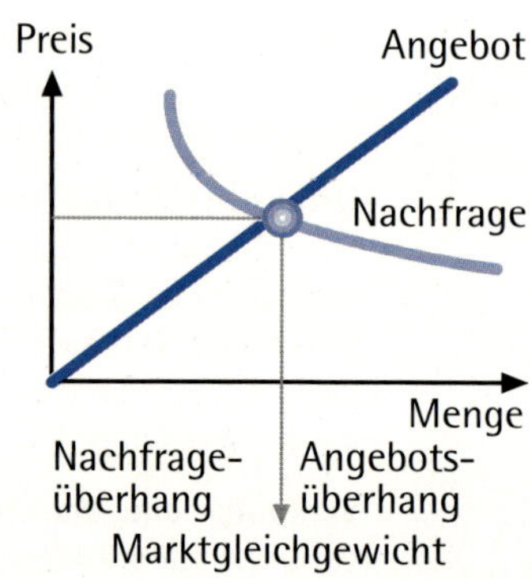

1 nach: W. Maderthaner, Der Kundenmanager – das Erfolgskonzept im Verdrängungswettbewerb, Gabler Verlag, Wiesbaden 1987, S. 16 – 21

Anomale (unregelmäßige) Nachfrage

Im Einzelfall kann es sogar sein, dass Preis und Absatzmenge in einem gegensätzlichen (umgekehrten) Verhältnis stehen. Dies ist z. B. bei Gütern der Fall, die erst mit einem hohen Preis ihre Exklusivität erfahren. Wird der Preis gesenkt, kann es passieren, dass der Absatz nicht steigt, sondern eher fällt.

Das Verhältnis von Preis- und Absatzveränderung ist in der Realität nicht immer gleich groß. Es wird als Elastizität der Nachfrage bezeichnet. Die Grundregel lautet: Je höher der Preis, desto geringer ist die Nachfrage. Entscheidend für den Preisbildungsprozess ist aber, dass der Unternehmer weiß, wie stark der Preis die Nachfrage beeinflusst. Dies sagt die Preiselastizität der Nachfrage aus:

Preiselastizität der Nachfrage

$$\textbf{Preiselastizität} = \frac{\text{prozentuale Mengenänderung}}{\text{prozentuale Preisänderung}}$$

Elastizitätskoeffizienten

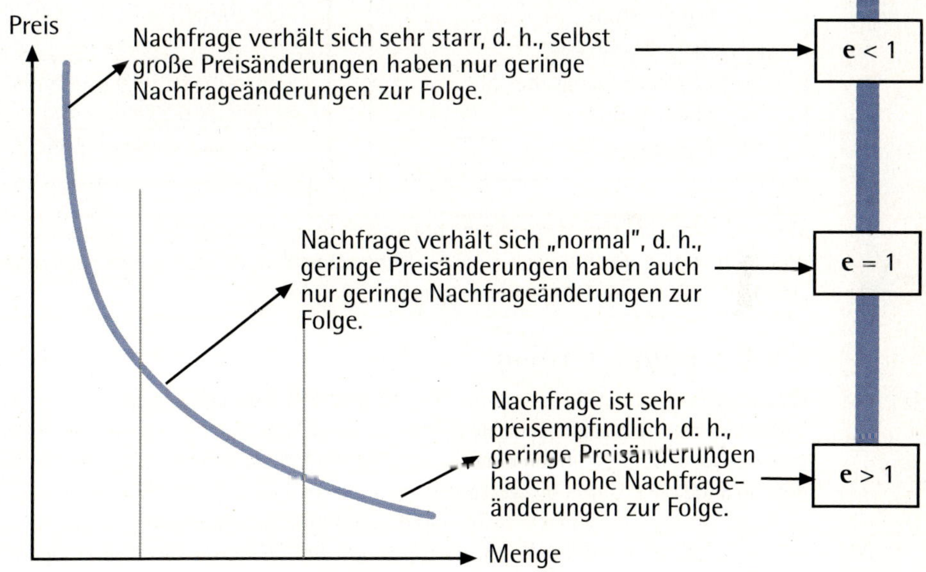

1.4.3 Kalkulationsschema

Ein Unternehmen vertreibt nicht nur selbst hergestellte Produkte, sondern auch Handelsware oder Zukaufteile. In beiden Fällen wird unterschiedlich kalkuliert:

Kalkulation des Verkaufspreises

	Kalkulation von hergestellten Erzeugnissen
	Materialeinzelkosten
+	Materialgemeinkosten
=	Materialkosten
+	Fertigungslöhne
+	Fertigungsgemeinkosten
+	Sondereinzelkosten der Fertigung
=	Fertigungskosten
=	Herstellkosten
+	Verwaltungsgemeinkosten
+	Vertriebsgemeinkosten
+	Sondereinzelkosten des Vertriebs
=	Selbstkosten
+	Gewinn
=	Barverkaufspreis (netto)
+	Kundenskonto
+	Vertriebsprovision
=	Zielverkaufspreis (netto)
+	Kundenrabatt
=	**Listenpreis** (netto)

	Kalkulation von Handelsware
	Listeneinkaufspreis
-	Lieferrabatte
=	Zieleinkaufspreis
-	Liefererskonto
=	Bareinkaufspreis
+	Bezugskosten
=	Einstandspreis (Bezugspreis)
+	Handelswarengemeinkosten
=	Selbstkostenpreis
+	Gewinnzuschlag
=	Barverkaufspreis
+	Kundenskonto
+	Vertriebsprovision
=	Zielverkaufspreis (netto)
+	Kundenrabatt
=	**Listenverkaufspreis** (netto)

Wenn Sie mehr über die Verrechnung der Kosten bei der Kalkulation wissen wollen, nehmen Sie das Kompendium Rechnungswesen zur Hand und schlagen Sie im Lernfeld 4, Kapitel 2 unter „Kalkulation" bzw. „Kosten- und Leistungsrechnung" nach.

1.4.4 Target Costing

Vollkostenrechnung

Die klassische Kalkulation geht progressiv vor. Das heißt: Aufbauend auf der Vollkostenrechnung bilden die Kosten einschließlich eines „angemessenen" Gewinnzuschlages den Preis, der am Markt verlangt wird. Ob die Kunden einen so ermittelten Preis überhaupt akzeptieren, bleibt verborgen. Solange die Position der Verkäufers so stark ist, dass der kalkulierte Preis durchsetzbar ist, ist diese Strategie erfolgreich. Selbst nicht genutzte Effizienzreserven, die die Kalkulation kostenmäßig belasten und die Wettbewerbsposition eines Unternehmens gefährden können, bleiben ohne Folgen.

In einem Käufermarkt[2] stellen sich die Verhältnisse anders dar. Der Preis wird hier vom Markt bestimmt. Mit „Target[1] Costing" wird eine Verbindung zwischen dem Markt bzw. dem Kunden einerseits und der internen Leistungserstellung andererseits hergestellt.

Target Costing bedeutet den durch den Kunden vorgegebenen Preis als Ausgangspunkt für die zulässigen Kosten der Leistungserstellung zu erfassen.
Das vom Kunden definierte Preis-Leistungs-Verhältnis ist maßgebend für die betriebliche Prozessoptimierung.

1 „Target" heißt in der wörtlichen Übersetzung „Zielscheibe, Ziel".
2 Käufermarkt: siehe Kapitel 1.3.4

Target Costing ist nicht nur ein Prinzip der Kalkulation von marktgerechten Verkaufspreisen. Das gleiche Vorgehen wird auch angewandt, wenn es um die Frage der Kosten für intern hergestellte Vorprodukte oder erforderliche Dienstleistungen geht – Target Costing betrifft dabei die gesamten Prozesskosten.

Vorwärts- und Rückwärts-kalkulation

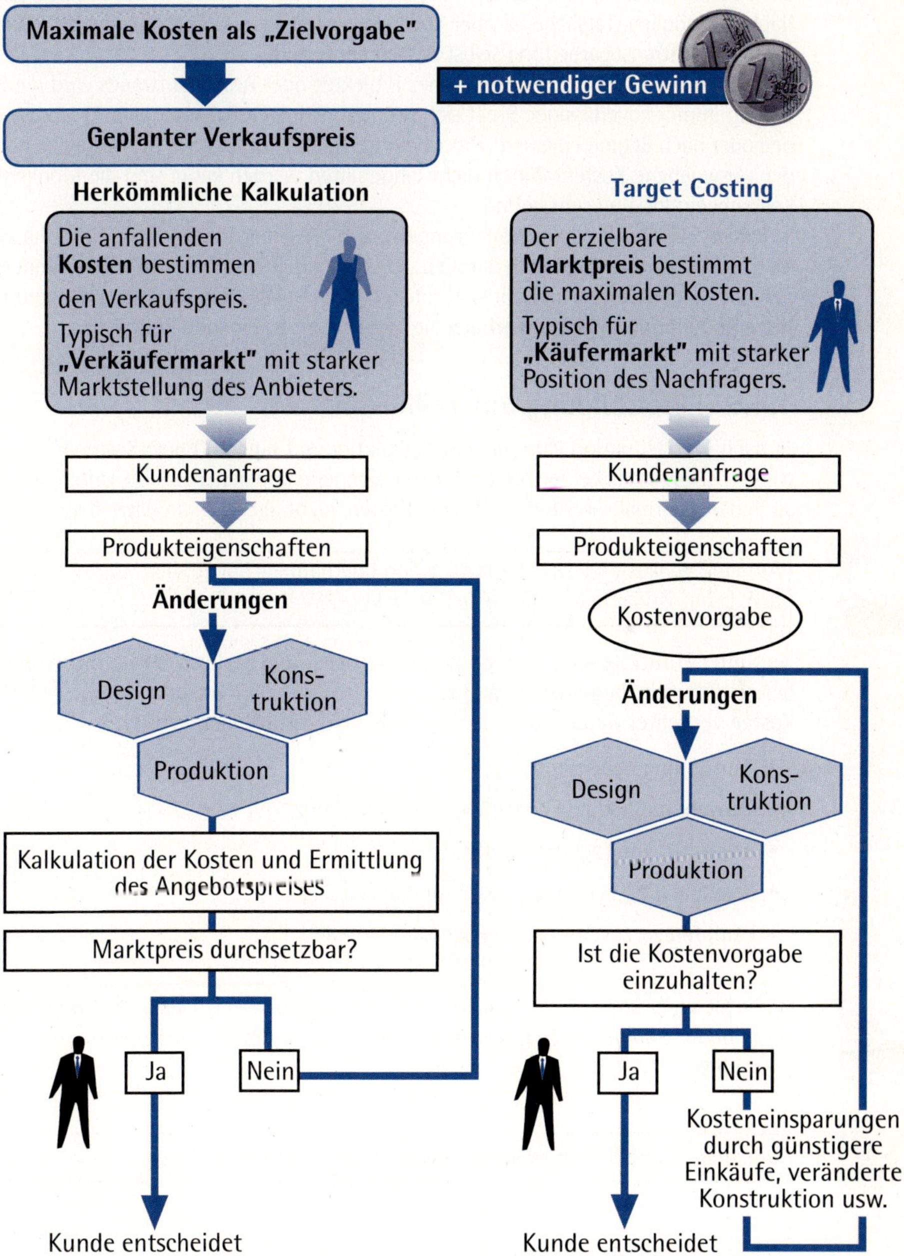

Marktpreis

in grundsätzlicher Anlehnung an: Töpfer, Armin, Geschäftsprozesse analysieren & optimieren, Luchterhand-Verlag, München 1996, S. 38.

Erst wenn das vorgegebene Kostenbudget eingehalten werden kann, wird mit der Produktion begonnen.

Ohne **Kalkulation** ist eine Kostenbeurteilung bei neuen Produkten nur ansatzweise und oberflächlich möglich. Tatsache ist aber auch, dass die Kalkulation zu Beginn einer internen oder externen Auftragsbearbeitung selbst Kosten verursacht.
Mit zunehmender Konkretisierung eines Projektes oder Arbeitsauftrages wird die Kostenbeurteilung immer zuverlässiger. Stellt sich im ungünstigsten Fall erst nach Abschluss der Planungen oder nach Beginn einer evtl. Prototypenfertigung heraus, dass die Kosten zu hoch sind oder der vorgegebene Kostenrahmen nicht eingehalten werden kann, sind die Möglichkeiten einer Kostenbeeinflussung sehr gering.
In jedem Fall sind Produktveränderungen nach Abschluss der Konstruktionsphase mit unverhältnismäßig hohen **Kosten** verbunden. Zu spät eingeleitete Konstruktionsveränderungen bringen auch einen **Zeitverlust** mit sich. Eine verspätete Markteinführung verursacht **Umsatzverluste** und gibt den **Wettbewerbern** die Möglichkeit zu eigenen Reaktionen.

1.4.5 Preisbildung auf Teilkostenbasis

Je nach Marktsituation kann bei der Kalkulation auf eine 100%ige Kostendeckung verzichtet werden. Dies ist z. B. bei zeitlich begrenzten Sonderaktionen der Fall. Die Unterdeckung darf aber auch dann normalerweise nur die fixen Kosten, nicht aber die variablen Kosten betreffen.

Auf eine Vollkostendeckung kann – wenn überhaupt – nur zeitlich begrenzt verzichtet werden. Langfristig müssen alle Kosten gedeckt sein.

Deckungsbeitrag

Nur unter Zurückstellung grundsätzlicher betriebs- und kostenwirtschaftlicher Bedenken kann bei zeitlich sehr begrenzten Maßnahmen auch auf die Deckung der (gesamten) variablen Kosten verzichtet werden, um z. B. folgende Ziele zu verfolgen:

- Einführung neuer Produkte,
- Abwehrmaßnahmen gegenüber der Konkurrenz,
- Abverkauf von Lagerbeständen,
- Bereitstellung von Aktionsware für den Handel,
- Kampfpreise zur Ausweitung des Marktanteiles.

Wenn Sie mehr über die Deckungsbeitragsrechnung wissen wollen, nehmen Sie den Informationsband Rechnungswesen (Lernfeld 4, Kapitel 3.2) zur Hand und schlagen unter diesem Stichwort nach.

Außerdem finden Sie genauere Informationen zum Thema in diesem Lernfeld in Kapitel 1.5.4.

1.4.6 Preisdifferenzierungsmaßnahmen

Obwohl die Unternehmen in der Regel bestrebt sind die Verkaufspreise stabil zu halten, gibt es doch eine Reihe innerer Maßnahmen zur Preisdifferenzierung.

- **zeitliche Preisdifferenzierung** (Einführungsrabatt/Saisonrabatt/Skonto):
  Die Verkaufspreise schwanken im Zeitablauf.

Einführungs-, Saisonrabatt, Skonto

Grund: Saisonrabatt
  - bessere/gleichmäßige Kapazitätsauslastung;
  - Ausgleich saisonaler Absatzschwankungen;
  - Anreiz für den Handel, damit er Waren, die Absatzschwankungen unterworfen sind, kontinuierlich ordert;

Grund: Skonto
  - Anreiz für schnellere Bezahlung der Rechnung;

Grund: Einführungsrabatt
  - Gewährung, damit sich der Handel verstärkt dem Absatz der noch unbekannten Artikel widmet. Der Einführungsrabatt wird oft nicht als Barrabatt (Abzug vom Preis), sondern als Naturalrabatt gewährt: Bei der Draufgabe werden mehr Produkte geliefert (z. B. 60 Stück) als bestellt und berechnet (50 Stück), bei der Dreingabe werden weniger Produkte berechnet (40 Stück) als bestellt und geliefert (50 Stück).

Regionale Rabatte

- **räumliche Preisdifferenzierung:**
  Die Verkaufspreise unterscheiden sich nach Absatzgebieten.

Gründe:
  - in räumlich abgegrenzten Gebieten lassen sich verschiedene Preise realisieren;
  - verschiedene Absatzstrategien in einzelnen Regionen.

Zielgruppenrabatte

- **personelle Preisdifferenzierung**
  Die Verkaufspreise unterscheiden sich nach den Zielgruppen.

Grund: Verschiedene Zielgruppen müssen oder sollten unterschiedlich behandelt werden, um das Marktpotenzial bestmöglich auszuschöpfen;
  - Er dient als Anreiz für den Abnehmer, eine Ware möglichst ausschließlich von einem Lieferanten zu beziehen. Er soll eine Auftragskonzentration herbeiführen und das Eindringen von Konkurrenten in bestehende Geschäftsbeziehungen erschweren (Treuerabatt).
  - Mitarbeiter werden bevorzugt (Personalrabatt).

Mengenrabatte

- **mengenbezogene Preisdifferenzierung:**
  Die Preise pro Stück sinken mit steigender Abnahmemenge.

Grund: Die Fixkostenbelastung pro Stück sinkt mit höherer Absatzmenge.
  - Aus großen Aufträgen entstehen dem Produzenten Produktions- und Dispositionsvorteile (Kostenersparnis). Dagegen übernimmt der Käufer durch die Bestellung größerer Mengen auch größere Risiken (Preisrisiko, Lagerhaltung, Absatz). Der Mengenrabatt soll einen Ausgleich für diese höheren Risiken des Abnehmers bieten.

Der Bonus ist eine Zusammenfassung des Treue- und des Mengenrabatts. Er wird i. d. R. nachträglich am Ende eines Jahres gewährt.

Produkt- und Preisdifferenzierung

- **produktbezogene Preisdifferenzierung**

  Produkte werden in verschiedenen Varianten angeboten. Die Preisunterschiede der einzelnen Ausführungen sind darauf ausgerichtet, das unterschiedliche Kaufkraftpotenzial bestmöglich auszuschöpfen.

Grund: Die Käufer haben vielfach kein echtes Preisbewusstsein, d. h., sie können den Wert einer Ware nicht exakt einschätzen.

Funktionsrabatte

- **Funktions- oder Stufendifferenzierung**
  Wenn empfohlene Preise dem Käufer auf den Preislisten zugänglich sind, wird dem Handel dieser Rabatt gewährt. Er umfasst die Handlungskosten und den Gewinn, sonst hätte der Händler keine Veranlassung, diese Produkte in seinem Sortiment zu führen.

Fakten kurz gefasst

Preisbildung

Der Preis ist abhängig von ...

... dem Markt, also von Angebot und Nachfrage

- Der Preis wird als „Gleichgewichtspreis" vorgegeben, wenn es sich um einen vollkommenen Markt handelt.

→ **Käufermarkt** → Marktpreis muss als gegeben akzeptiert werden. „Target Costing" muss ermitteln, ob zu diesem Preis angeboten werden kann.

- Der Preis kann relativ frei kalkuliert werden, wenn ein Unternehmen ein Produkt ohne (nennenswerte) Konkurrenz anbietet und es gelingt, dafür die entsprechenden Bedürfnisse zu wecken.

→ **Verkäufermarkt** → Preis wird unter der Verrechnung der Kosten und eines Gewinnzuschlags festgelegt und an den Markt weitergegeben.

... der Kostensituation im Unternehmen

- Das Unternehmen strebt die Deckung der gesamten Kosten an oder
- es wird versucht, zumindest die variablen Kosten zu decken und kurzfristig die fixen Kosten ungedeckt zu lassen (Deckungsbeitragsrechnung).

1.5 Produktpolitik

1.5.1 Bedürfnis- und Bedarfsanalysen

Mangelgefühle

Konsumbedürfnisse wecken

Als wirtschaftliche Bedürfnisse bezeichnet man allgemein „Mangelgefühle" des Menschen, die durch den Konsum von Gütern beseitigt werden können. Durch Bereitstellung von entsprechenden Gütern und Dienstleistungen wird ein Angebot geschaffen, um diesen Mangel zu beseitigen. Dazu gehört bei den Kunden die nötige Kaufkraft. Eine besondere Herausforderung für die Unternehmen besteht aber auch darin, ständig für den entsprechenden „Nachschub" an Bedürfnissen zu sorgen, indem immer wieder neue Konsumwünsche erzeugt werden. Nicht nur die Forschungs- und Entwicklungsabteilungen, sondern insbesondere die Maßnahmen im Bereich der Werbung sorgen für eine ständige „Unruhe" unter den Verbrauchern.

Ein Blick in die Ausstattung deutscher Haushalte zeigt, was darunter zu verstehen ist:

Ausstattung der Haushalte

Von je 100 Haushalten in Deutschland sind ausgestattet mit

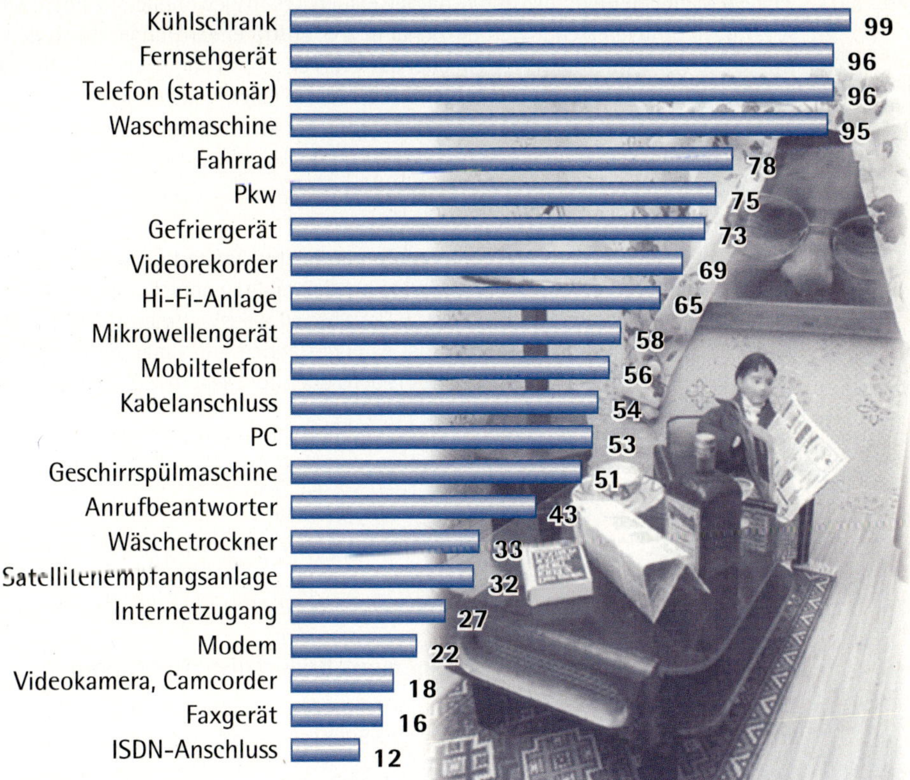

Kühlschrank, Fernsehgerät, Telefon und Waschmaschine gehören heutzutage zur Grundausstattung der Haushalte in Deutschland. Das zeigt eine aktuelle Erhebung des Statistischen Bundesamtes. Zwischen 95 und 99 Prozent aller Haushalte verfügen über diese „Basics". Zugenommen hat in den vergangenen Jahren besonders die Ausstattung mit Unterhaltungs- und Telekommunikationselektronik. So besitzen jetzt zwei Drittel aller Haushalte einen Videorekorder; mobil telefonieren können 56 Prozent und in jedem zweiten Haushalt (53 Prozent) gehört ein PC zum Inventar.

nach: Globus infografik 7881, Hamburg 2002

Alle Bedürfnisse sind davon abhängig, wie die Bedürfnisträger, d. h. die Konsumenten damit umgehen und wie dringend sie das Bedürfnis empfinden. Man versucht die Bedürfnisse in Kategorien einzuteilen:

1 Bedürfniskategorien

Existenzbedürfnisse

Absolute Existenzbedürfnisse

Hierbei handelt es sich um die Grundanforderungen des Lebens. Diese Bedürfnisse müssen befriedigt werden, um leben zu können. Für den Marketingbereich spielen sie, zumindest in Industrienationen, keine oder nur eine sehr untergeordnete Rolle.

Kulturbedürfnisse

Relative Existenzbedürfnisse/Kulturbedürfnisse

So wie der Begriff „Existenzbedürfnis" eigentlich nicht so eng gefasst werden kann, dass es tatsächlich nur um die „nackte Existenz" geht, versteht man unter den „Kulturbedürfnissen" diejenigen Mangelgefühle, die durch die jeweiligen Lebensgewohnheiten und/oder das gesellschaftliche Umfeld erzeugt werden. So kann z. B. auftretender Hunger durch den Verzehr von einfachsten Grundnahrungsmitteln oder auch das Bedürfnis nach „einem Dach über dem Kopf" durch eine einfache Behausung befriedigt werden. In einer Industriegesellschaft gehören allerdings viele Dinge zu den Selbstverständlichkeiten der Existenz, von denen man in anderen Ländern nicht einmal zu träumen wagt.

Luxusbedürfnisse

Verzichtbare Bedürfnisse/Luxusbedürfnisse

Die Übergangsproblematik, die für absolute und relative Existenzbedürfnisse gilt, gibt es auch für die Frage, wann es sich um Bedürfnisse handelt, auf die ohne Einbußen der Lebensqualität völlig verzichtet werden könnte. Ist es die Urlaubs- oder die Weltreise, die man eigentlich überhaupt nicht durchführen muss? Oder ist es etwas anderes, das man gerne möchte, was aber keinesfalls ein wichtiger Bestandteil des Lebens oder der Existenz ist? Die Frage kann nur individuell beantwortet werden.

Individuelle Bedürfnisse

Unterschiedliche Wahrnehmung von Bedürfnissen

Es hängt von den jeweiligen Lebensumständen und der individuellen Situation ab, welche Bedeutung das eine oder andere Bedürfnis für den Konsumenten hat. Die Bedürfnisse können sich auch im Zeitablauf verändern.

2 Güter und Dienstleistungen zur Bedürfnisbefriedigung

Das unternehmerische Angebot an Gütern und Dienstleistungen ist darauf ausgerichtet, die vorhandenen Bedürfnisse zu befriedigen. Man unterscheidet folgende Güterkategorien:

Güter zur Bedürfnisbefriedigung

Konsum- und Investitionsgüter

Alles, was dem Endverbrauch dient, wird als Konsumgut bezeichnet. Werden Güter benötigt, um ihrerseits wiederum andere Güter zu erzeugen, so handelt es sich definitionsgemäß um Investitions- oder Produktivgüter. Je nach dem Verwendungszweck kann ein- und dasselbe Produkt sowohl Konsum- als auch Produktivgut sein. So ist z. B. ein Privat-Pkw ein Konsumgut, während dasselbe als Pizza-Taxi eingesetzte Auto die Rolle eines Investitionsgutes einnimmt, weil es eine unternehmerische Dienstleistung erbringt.

Ge- und Verbrauchsgüter

Bedarf

Bei dieser Unterscheidung geht es darum, wie oft ein Gut benutzt oder genutzt werden kann. Verbrauchsgüter verlieren ihre Substanz bei der Nutzung (z. B. Lebensmittel, Rohstoffe), während Gebrauchsgüter mehrmals und oft sogar sehr lange genutzt werden können, ehe sie unbrauchbar geworden sind.

Dienstleistungen

Nichtmaterielle Güter

Zu den Dienstleistungen zählen alle nichtmateriellen Güter. Dienstleistungen können sehr allgemeiner Art sein (z. B. Transportunternehmen, Reisebüros, Behörden); sie können aber auch individuell zugeschnitten sein (z. B. Nachhilfeeinrichtungen, Handwerksleistungen).

3 Vom Bedürfnis zum Bedarf

Bedürfnisse werden allgemein als nahezu unbegrenzt eingestuft. Im Gegensatz dazu sind die finanziellen Mittel eher knapp und begrenzt. Damit steht der Verbraucher vor dem Entscheidungsproblem, mit welcher Dringlichkeit die einzelnen Bedürfnisse zu befriedigen sind.

Engpass Kaufkraft

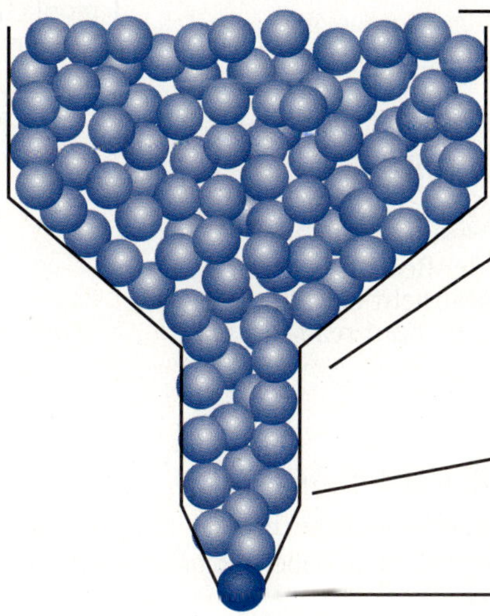

- Bedürfnisse sind sehr zahlreich vorhanden. Die Wunschvorstellungen sind fast unbegrenzt.
- Die Kaufkraft bzw. die vorhandenen finanziellen Mittel bilden sowohl in den Haushalten als auch in den Unternehmen (Budgets) einen einengenden Rahmen für die Umsetzung der Bedürfnisse.
- Die Folge ist ein Entscheidungsproblem über die Dringlichkeit der Bedürfnisbefriedigung.
- Auswahlentscheidung

Ökonomisches Prinzip

Nach der Grundregel des Wirtschaftlichkeitsprinzips werden die Bedürfnisse vorrangig befriedigt, von denen man sich den größten Nutzen verspricht.

- mit den gegebenen Mitteln das Bestmögliche oder
- ein bestimmtes Ziel mit einem möglichst geringen Einsatz an Mitteln zu erreichen.

Maximalprinzip

Minimalprinzip

Im ersten Fall handelt es sich um das Maximalprinzip, im zweiten Fall um die Anwendung des Minimalprinzips. Während Haushalte in erster Linie den Nutzen eines Gutes und das vorhandene Einkommen als Kriterium für ihre Entscheidung heranziehen, sind es für Unternehmungen Kosten- und Ertragsgesichtspunkte, die die Entscheidungen bestimmen.

Wettbewerb um die Kaufkraft

Im Wettbewerb um die Kaufkraft der privaten Nachfragen oder die Budgets der Investoren werden die Auswahlentscheidungen zum Teil massiv durch entsprechende Informations- und Werbemaßnahmen der Anbieter beeinflusst (siehe dazu auch Kapitel 1.6).

Fakten kurz gefasst

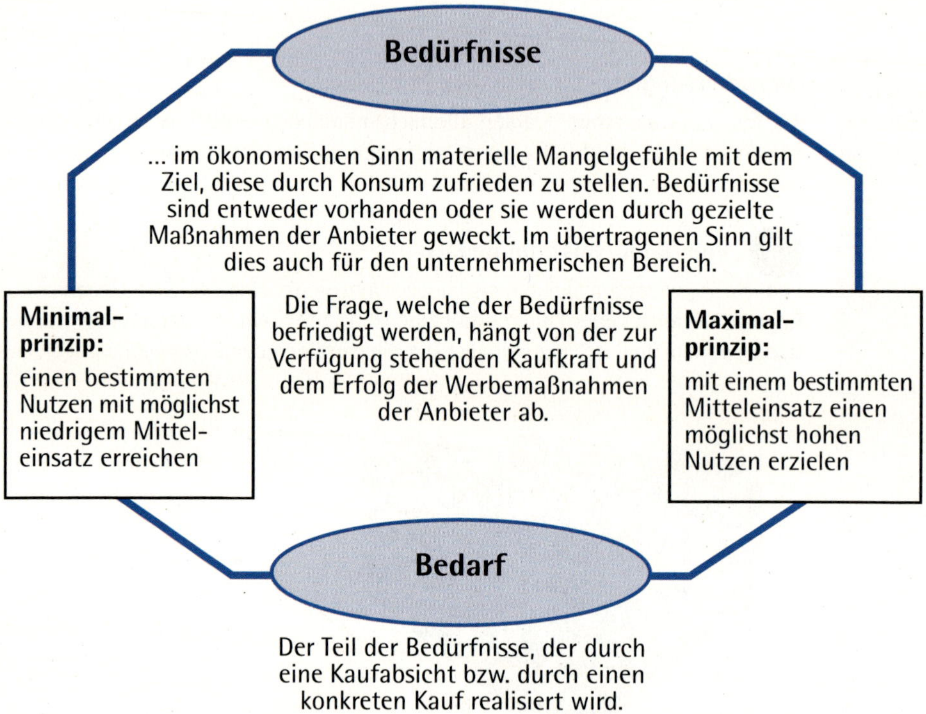

1.5.2 Lebenszyklus- und Portfoliostrategien[1]

Absatzprogramm

Einproduktunternehmen sind sehr selten. In der Regel hat eine Unternehmung ein Programm, das aus mehreren oder vielen Produkten besteht. Dabei durchlaufen alle Güter einen Lebenszyklus, der aus mehreren Phasen besteht:

Lebenszyklusphasen

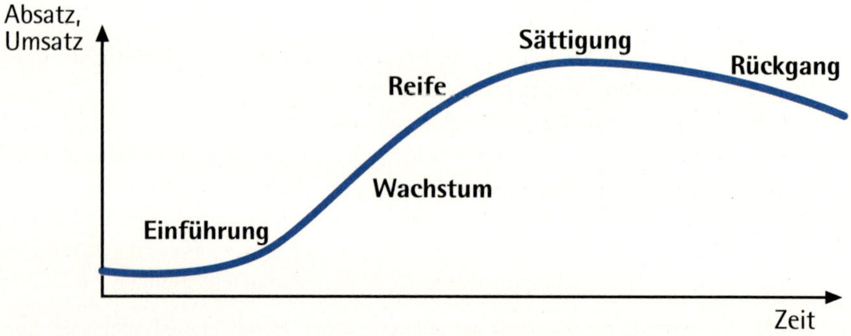

1 Portfolio = schematische Abbildung zusammenhängender Faktoren im Bereich der strategischen Unternehmensplanung

Dauer des Lebenszyklus

Wie steil und wie lang der Lebenszyklus verläuft, hängt von vielen Faktoren ab. Erfolgreiche modische Produkte haben einen sehr steilen, aber auch sehr kurzen Lebenszyklus. Langlebige Gebrauchsgüter zeichnen sich hingegen dadurch aus, dass es länger dauert, bis sie sich im Markt durchsetzen, dass sie aber auch länger weitgehend unverändert im Markt bleiben und lediglich in größeren Zeitabständen einer „Produktpflege" unterzogen werden müssen.

Es gibt sowohl im Konsum- als auch im Investitionsgüterbereich Produkte, die scheinbar gar keinem Lebenszyklus unterliegen und „unverwundbar" erscheinen. Häufig sind dies Güter, die weder einem modischem Wandel unterliegen noch technisch erneuerungsbedürftig sind (z. B. Schrauben, Nägel o. Ä.).

Je kürzer und ausgeprägter der Lebenszyklus eines Produktes verläuft, desto größer sind die Herausforderungen für die Marketingabteilung.

Kapazitätsauslastung

Ein Unternehmen muss seine produktpolitischen Aktivitäten darauf ausrichten, dass die Produktionskapazitäten möglichst gleichmäßig ausgelastet sind. Ist man weitgehend von einem Produkt abhängig, bedeutet dies, rechtzeitig die Sättigungsphase und einen evtl. Rückgang des Absatzes vorherzusehen und die entsprechenden Maßnahmen einzuleiten.

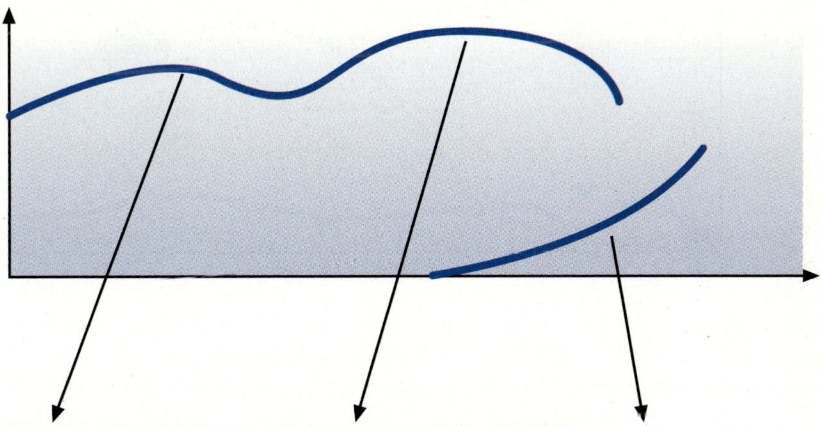

Produkt A nähert sich der Sättigungsphase. Es werden leichte Produktveränderungen (Modifikationen) vorgenommen, die den Absatz vorübergehend neu beleben.

Nach einem erfolgreichen Aufwärtstrend ist der Grad der Sättigung wieder relativ schnell erreicht. Die Zyklen werden kürzer und es ist an der Zeit, über ein völlig neues Ersatzprodukt oder ein Zusatzprodukt nachzudenken.

Das Nachfolgeprodukt wird als „Hoffnungsträger" in den Markt eingeführt.

Nachfolgeprodukte

Entscheidend ist, dass die produktpolitischen Maßnahmen rechtzeitig getroffen werden. Mit der Entwicklung eines neuen oder eines Nachfolgeproduktes erst dann beginnen zu wollen, wenn man merkt, dass das jetzige Produkt nicht mehr „läuft" und erste Absatzeinbußen zu verzeichnen sind, kann insbesondere bei einer Einproduktunternehmung zu einer Gesamtgefährdung des Unternehmens führen.

Saisonartikel

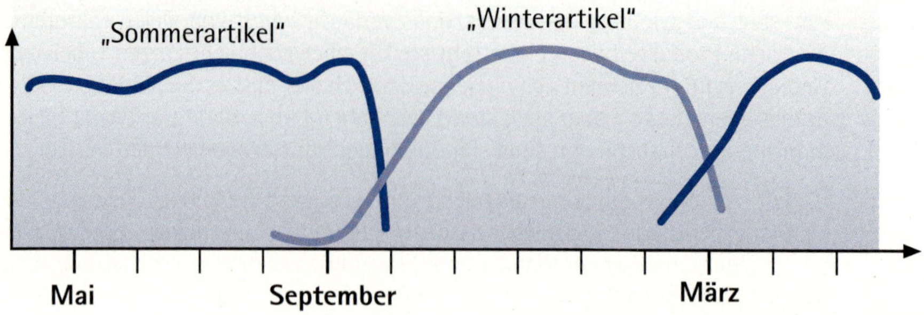

Konstanter Gesamtumsatz

Bei einem Mehrproduktunternehmen ist es wichtig, dass der Absatz oder Umsatz insgesamt stabil bleibt. Hier können sich die Schwankungen einzelner Produkte gegenseitig ausgleichen. Gerade bei saisonal bedingten Schwankungen hat es Vorteile, wenn „gegenläufige" Produkte im Programm sind.

Ein Unternehmen kann auch nicht nur Produkte im Programm haben, die die Umsatz- und Gewinnerwartungen in jeder Hinsicht voll erfüllen. Es wird auch Produkte geben, die zur Komplettierung des Programmes „mitlaufen", auch ohne dass sie sich in jeder Hinsicht „rechnen".

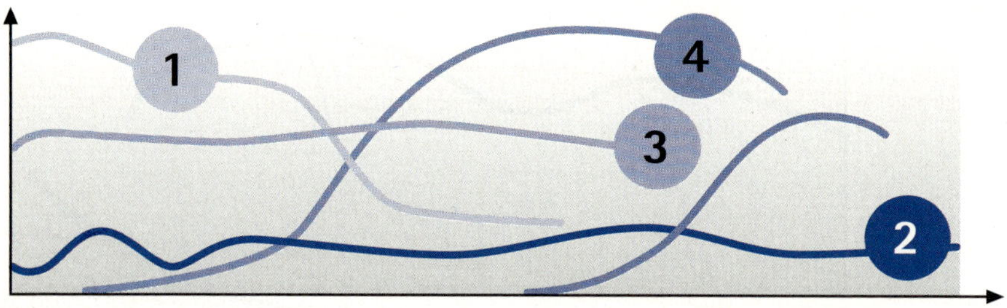

1 Dies können z. B. Produkte sein, die zwar den ertragreichen Teil des Lebenszyklus hinter sich haben und für die schon Nachfolgeprodukte bestehen, die aber im Programm bleiben, weil man z. B. die Unternehmung nach wie vor damit identifiziert.

2 Es können aber auch Produkte sein, die man anbieten muss, um z. B. Großkunden das nötige Komplettangebot zu bieten und ihnen keinen Anlass zu geben, sich bei Wettbewerbern Angebote einholen zu müssen. Bei umsatzschwachen Produkten kann es sich aber auch durchaus um Nischenprodukte handeln, bei denen der relative Deckungsbeitrag oder der relative Gewinn größer ist als bei den anderen Produkten.

Nischenprodukte

3 Möglich ist auch, dass bei der Einführung eines neuen Produktes der Absatz des bisherigen Produkts bewusst heruntergefahren oder dessen Herstellung sogar eingestellt wird. Dies ist bei vielen Konsumgütern der Fall (z. B. Nachfolgemodelle bei Autos).

4 Es können aber auch Produkte sein, die völlig neu im Programm sind und keine Konkurrenz zum bisherigen Programm darstellen.

Wenn Sie mehr über die Bedeutung des Deckungsbeitrages wissen wollen, schlagen Sie im Kapitel 1.5.4 oder im Kompendium Rechnungswesen, Lernfeld 4, Kapitel 3.2 nach.

Portfolio-Matrix

Mit einer so genannten Portfolio-Analyse wird versucht das Produktions- und Absatzprogramm einer Unternehmung zu optimieren. Eine Portfolio-Analyse ist eine in die Zukunft gerichtete Betrachtungsweise, bei der es darum geht, die strategische Stellung des Produktionsprogrammes in den Kategorien „Marktanteil" und „Wachstumschancen" zu erfassen.

Cash cows

Stars

Question marks

Poor dogs

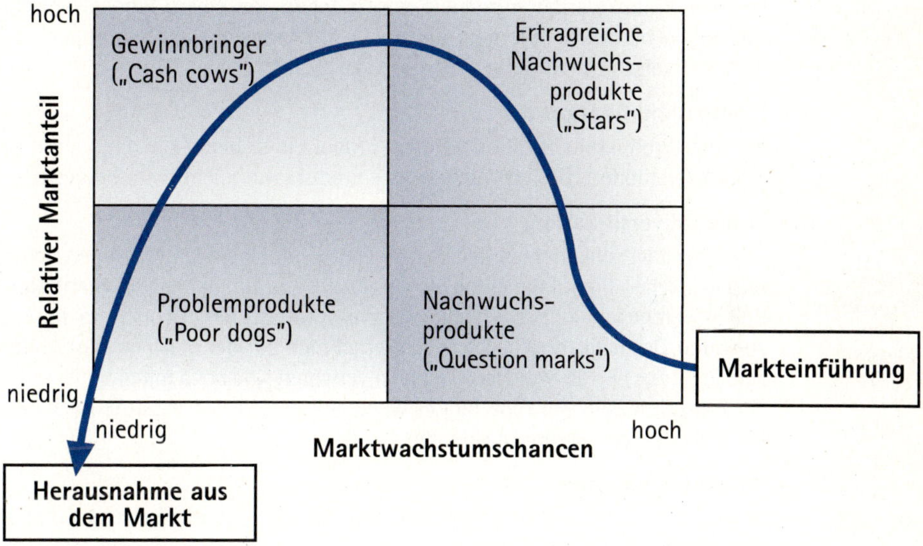

Tipps für die Ausbildung und Prüfung

Suchen Sie in Ihrem Ausbildungs- oder Praktikumsbetrieb nach Beispielen für eine aktive Produktpolitik und erkundigen Sie sich bei den zuständigen Ausbildern oder in der Marketingabteilung, nach welchen Zielsetzungen produktpolitische Entscheidungen getroffen werden.

1.5.3 Produkt- und Produktionsprogrammpolitik

Breites oder tiefes Produktionsprogramm

Das Produktionsprogramm ist die Gesamtheit aller hergestellten Güter. Ein **breites** Programm liegt vor, wenn viele unterschiedliche Produktgruppen/-linien hergestellt werden. Von einem **tiefen** Programm spricht man, wenn ein Unternehmen entweder viele Fertigungsgänge bei sich zusammengefasst hat (also z. B. auch vorgelagerte Produktionsstufen) oder wenn innerhalb einer Produktlinie viele unterschiedliche Produktausführungen hergestellt werden.

Innovation

- **Produktinnovation**
  Um eine Innovation handelt es sich immer dann, wenn ein Unternehmen ein neues Produkt auf den Markt bringt. Dabei kann es sich um ein völlig neues Produkt, um die Bereicherung des Programms um weitere Produktsorten oder um Änderungen des/der bisherigen Produkte/s handeln.
  Eine „echte" Innovation ist es, wenn es sich um Neuheiten handelt, die es auf dem Markt oder im Programm der Unternehmung bisher nicht gab. Produkte dieser Art können auf ei-

Lizenzprodukte

genen Entwicklungen beruhen, es können aber auch Produkte sein, für die die Rechte zur Herstellung und zum Vertrieb erst erworben werden mussten (Lizenzproduktion). In Einzelfällen werden nach intensiver Marktbeobachtung aber auch erfolgreiche Produkte anderer Unternehmen in abgewandelter Form nachgeahmt (so genannte „Me-too-Produkte").

Variation

- **Produktvariation bzw. Produktdifferenzierung**

  Um eine Produktvariation handelt es sich, wenn von einem Produkt verschiedene Ausführungen hergestellt werden, um damit unterschiedliche Zielgruppen zu befriedigen und/oder verschiedene Verwendungszwecke abzudecken.

Modifikation

- **Produktmodifikation**

  Bei einer Produktmodifikation wird ein Produkt in seinem Äußeren oder in seinen Eigenschaften verändert. Das vorangegangene Produkt wird nicht mehr hergestellt.

- **Produktdiversifikation**

  Vertikale, horizontale und laterale Diversifikation

  Von einer Diversifikation spricht man, wenn die in einem Unternehmen hergestellten unterschiedlichen Produktlinien nichts miteinander zu tun haben. Bei **vertikalen** Diversifikationen werden vor- oder nachgelagerte Wirtschaftsstufen integriert. Im Rahmen der **horizontalen** Diversifikation bleibt ein Unternehmen auf der gleichen Wirtschaftsstufe, stellt aber Produkte her, die weder miteinander verwandt sind noch miteinander konkurrieren. Bei der **lateralen** Diversifikation gibt es weder auf der Wirtschaftsstufe noch bei der Produktart irgendwelche Berührungspunkte.

- **Produktelimination**

  Elimination

  Wenn ein Produkt aus dem Produktions- oder Absatzprogramm herausgenommen wird, handelt es sich um eine Elimination.

Exkurs: Gewerbliche Schutzrechte

Um eine Erfindung, ein Markenzeichen oder ein Produktdesign als wirtschaftlich verwertbares Erzeugnis geistiger Arbeit gegen den unberechtigten Zugriff anderer zu sichern, kann der Urheber (oder sein Rechtsnachfolger) gewerbliche Schutzrechte dafür in Anspruch nehmen.

Für eine öffentlich noch nicht bekannte, gewerblich anwendbare Erfindung, die den Stand der Technik deutlich verbessert, erteilt das Deutsche Patent- und Markenamt auf Antrag ein Patent. Der **Patentinhaber** sichert sich damit für einen Zeitraum von 20 Jahren das alleinige Recht, über seine Erfindung zu verfügen. Stellt das Amt nach eingehender Prüfung fest, dass die Erfindung schutzfähig ist, gibt es die Patenterteilung im Patentblatt bekannt und veröffentlicht die Patentschrift mit den Schutzansprüchen und der genauen Beschreibung der Erfindung. Alle Patentanmeldungen und -erteilungen werden in einem Patentregister verzeichnet. Der **Patentschutz** ist territorial auf die Bundesrepublik Deutschland begrenzt; soll die Erfindung auch in anderen Ländern geschützt werden, sind gesonderte nationale Anmeldungen in diesen Ländern erforderlich – ein Weg, der z. B. durch Anmeldung eines europäischen Patents abgekürzt werden kann.

Patentschutz

Auch für den Schutz als Gebrauchsmuster muss eine Erfindung neu sein und über den bisherigen Kenntnisstand deutlich hinausgehen. Anders als im Patentverfahren prüft das Patentamt diese Voraussetzungen aber nicht schon vor Eintragung ins Gebrauchsmusterregister, sondern erst, wenn ihr Vorhandensein bestritten wird. Der **Gebrauchsmusterschutz** ist da-

Gebrauchsmusterschutz

her einfacher und kostengünstiger zu erwirken als ein Patent, aber auch mit gewissen Unsicherheiten behaftet. Seine Laufzeit beträgt 3 Jahre und kann bis auf 10 Jahre verlängert werden. Als Gebrauchsmuster kommen vor allem kleinere technische Erfindungen infrage, jedoch z. B. keine Produktionsverfahren.

Markenschutz

Eine **Marke** soll die Waren oder Dienstleistungen eines Unternehmens unverwechselbar kennzeichnen und dadurch von Konkurrenzangeboten abheben. Mit ihrer Eintragung beim Patent- und Markenamt wird ein Schutz für 10 Jahre erworben, der beliebig oft verlängert werden kann. Gewerbliche Modelle und Muster, die eine neue und eigentümliche Gestaltung aufweisen (z. B. Geräte, Tapeten), können durch Eintragung als **Geschmacksmuster** gegen Nachahmung geschützt werden, die Schutzfrist dafür beläuft sich auf 5 bis höchstens 20 Jahre. Typografische Zeichen lassen sich nach dem Schriftzeichengesetz bis zu 25 Jahre lang schützen.

Wenn Sie mehr zum Thema Patentschutz wissen wollen, können Sie sich im Internet unter www.dpma.de oder www.european-patent-office.org *informieren.*

	Patent	**Marke**	**Gebrauchsmuster**	**Geschmacksmuster**
Gegenstand	Erfindungen Gegenstände Stoffe Herstellungs- und Arbeitsverfahren	Erfindungen Neuerungen an Gegenständen (keine Verfahren)	Wort-, Bild-, Hör- und 3-D-Marken Kennzeichnung und Unterscheidung von Waren oder Dienstleistungen	Muster und Modelle in gewerblicher Verwendung
Voraussetzungen	Neuheit Erfindungshöhe gewerbliche Anwendbarkeit		Unterscheidungskraft	Neuheit und Eigentümlichkeit der Gestaltung
Schutzdauer	**Deutsches Patent- und Markenamt**			
	20 Jahre	**3 Jahre** Verlängerung bis höchstens 10 Jahre	**10 Jahre** Verlängerung um jeweils weitere 10 Jahre	**5 Jahre** Verlängerung bis höchstens 20 Jahre

nach: Zahlenbilder 128710, Erich Schmidt Verlag, Berlin, Februar 2002

Fakten kurz gefasst

Lebenszyklus → zeit**punkt**bezogene Analyse der Absatzzahlen der einzelnen Produkte eines Unternehmens

Portfolioanalyse → zeit**raum**bezogene Entwicklungsverläufe und -perspektiven des Absatzprogramms einer Unternehmung

Strategie → Sicherstellung, dass das Absatzprogramm eine positive Absatz- und Umsatzentwicklung gewährleistet
- rechtzeitige Innovationen
- Produktpflege durch Variation und Modifikationen
- evtl. völlig neue Produkte (Diversifikation)
- rechtzeitige Elimination

1.5.4 Der Deckungsbeitrag als Kriterium der Produktionsprogrammpolitik

Kurzfristige Preisuntergrenze

Aufgrund unterschiedlicher Markt- und Nachfrageverhältnisse, aber auch verschiedener Kostensituationen kann nicht mit jedem Produkt der gleiche Gewinnbeitrag erwirtschaftet werden. Darüber hinaus kann es auch erforderlich sein, im Rahmen einer Teilkostenbetrachtung zu untersuchen, wo die absoluten Preisuntergrenzen liegen (siehe auch Kapitel 1.4.5). Langfristig ist es unumgänglich, dass sämtliche Kosten gedeckt sind. Kurzfristig kann es ausreichend sein, wenn zumindest die variablen Kosten gedeckt sind. Der Deckungsbeitrag wird dann zum wichtigen Kriterium, ob und wie lange eine Leistung erbracht werden kann.

Der **Deckungsbeitrag** ist die Differenz zwischen Verkaufserlös (Preis) und variablen Kosten (pro Stück).

Gesamtkosten und Umsatz

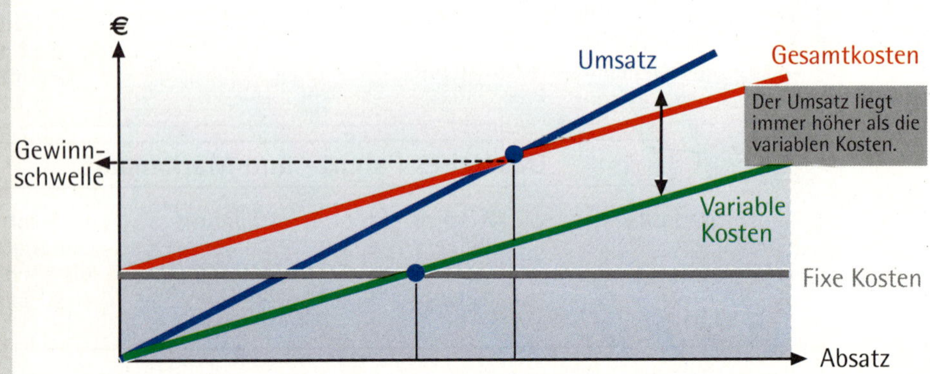

Stückkosten und Preise

Break-even-Point

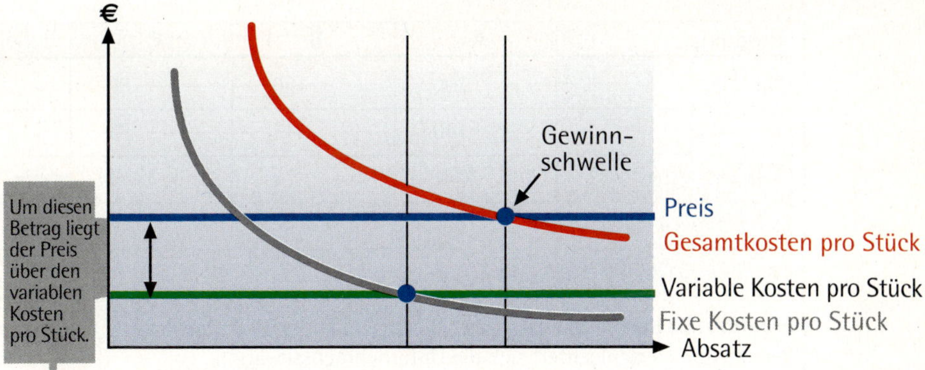

Preisuntergrenze

Der Preis darf nicht unter die variablen Kosten pro Stück sinken. Tut er dies, dann wird der Verlust mit jeder produzierten und abgesetzten Einheit größer, d. h., der Gesamtverlust steigt mit wachsendem Output. Sind „nur" die fixen Kosten nicht gedeckt, so bleibt der Verlust bei steigender Menge gleich, sind die fixen Kosten teilweise gedeckt, nimmt der Gesamtverlust bei steigender Menge ab.

Beispiel

Ein Unternehmen stellt die Produkte A, B und C her. Aus Kapazitäts- und Ertragsgründen soll eine Straffung des Produktionsprogrammes erfolgen. Mithilfe der Deckungsbeitragsrechnung soll ermittelt werden, wie sich die Ertragssituation verändert, wenn die Produkte, die keine Vollkostendeckung erbringen, eliminiert werden.

Die Produkte werden auf einer Fertigungslinie hergestellt. Die fixen Kosten dieser Fertigungsanlage sind unabhängig von der Produktionsmenge und der Art der hergestellten Produkte. Wenn Produkte ausscheiden, bleiben die Fixkosten bestehen und müssen von den anderen Produkten „übernommen" werden.

Ausgangssituation:

Produkte	A	B	C	Gesamt
Umsatz	200	120	80	400
– variable Kosten	– 140	– 115	– 83	= 338
= Deckungsbeitrag I	= 60	= 5	= – 3	= 62
– fixe Kosten		– 52		– 52
= Deckungsbeitrag II				= 10

Möglichkeit I **Elimination von B und C**

Produkte	A	B	C	Gesamt
Umsatz	200	~~120~~	~~80~~	200
- variable Kosten	– 140	~~– 115~~	~~– 83~~	– 140
= Deckungsbeitrag I	= 60	~~= 5~~	~~= – 3~~	= 60
- fixe Kosten		– 52		– 52
= Deckungsbeitrag II				= 8

Ergebnis: Da die Fixkosten bestehen bleiben und nun allein vom Produkt A übernommen werden müssen, verschlechtert sich die Unternehmenssituation.

Möglichkeit II **Elimination von C**

Produkte	A	B	C	Gesamt
Umsatz	200	120	~~80~~	320
- variable Kosten	– 140	– 115	~~– 83~~	– 255
= Deckungsbeitrag I	= 60	= 5	~~= – 3~~	= 65
- fixe Kosten		– 52		– 52
= Deckungsbeitrag II				= 13

Ergebnis: Da das Produkt C nicht einmal die variablen Kosten decken konnte, verbessert sich die Unternehmenssituation gegenüber der Ausgangssituation um den Betrag von 3 Geldeinheiten und gegenüber der Möglichkeit I sogar um 5 Geldeinheiten.

Möglichkeit I a **Elimination von B und C bei gleichzeitiger Erhöhung des Umsatzes bei A**

Produkte	A	B	C	Gesamt
Umsatz	300	~~120~~	~~80~~	300
- variable Kosten	– 210	~~– 115~~	~~– 83~~	– 210
= Deckungsbeitrag I	= 90	~~= 5~~	~~= – 3~~	= 90
- fixe Kosten		– 52		– 52
= Deckungsbeitrag II				= 38

Ergebnis: Die Fixkosten bleiben bestehen und müssen allein vom Produkt A übernommen werden. Da sich hier aber der Umsatz um 50 % erhöht hat, verbessert sich die Unternehmenssituation.

Möglichkeit III **Rationalisierung unter Beibehaltung des bisherigen Produktionsprogramms**

Produkte	A	B	C	Gesamt
Umsatz	200	120	80	400
– variable Kosten	– 130	– 90	– 60	– 280
= Deckungsbeitrag I	= 70	= 30	= 20	= 120
– fixe Kosten		– 77		– 77
= Deckungsbeitrag II				= 43

Ergebnis:

Die Rationalisierung verbessert die Unternehmenssituation.

In dem voranstehenden Beispiel wird von einer Gesamtbetrachtung der fixen Kosten ausgegangen. Man kann auch eine Stückkostenanalyse vornehmen. Dann gilt, dass ein Produkt so lange im Programm bleiben kann, wie es die variablen Kosten deckt. Bis zu diesem Punkt bringt es noch einen **positiven Deckungsbeitrag.** Selbst wenn die fixen Stückkosten nicht oder nicht ganz abgedeckt sind, würde sich die ertragswirtschaftliche Gesamtsituation verschlechtern, wenn das Produkt ersatzlos herausgenommen würde. Erst wenn die variablen Stückkosten nicht mehr ganz durch den erzielbaren Preis abgedeckt werden, erhöht sich der Verlust mit jeder produzierten oder verkauften Einheit. Dann ist es „höchste Zeit", die Herstellung des jeweiligen Produktes einzustellen und es aus dem Programm zu nehmen, sofern keine anderen Marketinggesichtspunkte dagegensprechen.

Fakten kurz gefasst

Vollkostenrechnung	Preis muss sowohl die variablen als auch die fixen Kosten decken (= langfristige Preisuntergrenze)
Teilkostenrechnung	Preis deckt mindestens die variablen Kosten (= kurzfristige Preisuntergrenze)
Deckungsbeitrag	der im Preis oder Umsatz enthaltene Bestandteil, der über die Deckung der variablen Kosten hinaus die fixen Kosten ganz oder teilweise abdeckt und im Normalfall noch zur Erzielung eines Gewinnes beiträgt

1.6 Kommunikationspolitik

Kommunikationspolitik umfasst nicht nur die Werbung, sondern alle Kontakte, die ein Unternehmen zu den Kunden unterhält. Dazu gehören

- Öffentlichkeitsarbeit,
- Werbung,
- Verkaufsförderung.

PR-Maßnahmen

1.6.1 Öffentlichkeitsarbeit/Public Relations

Im Rahmen der Öffentlichkeitsarbeit präsentieren sich Unternehmen in einer allgemeinen Form, ohne dass dies direkt auf den Absatz von Waren ausgerichtet ist. Es geht darum, ein möglichst positives Bild (Image) des Unternehmens zu vermitteln. Dazu gehören z. B. Sponsoring, die Beteiligung an wohltätigen Veranstaltungen, die Durchführung von „Tagen der offenen Tür" usw. Langfristig kann eine gezielte Öffentlichkeitsarbeit auch positive Auswirkungen auf dem Umsatz haben. Nicht unterschätzt werden darf aber der nach innen wirkende Effekt. Eine Unternehmung, die sich nach außen gut präsentiert, erhöht mit allen positiven Auswirkungen auch den inneren Stolz der Belegschaft „dazuzugehören".

Öffentlichkeitsarbeit beschäftigt sich mit unternehmensstrategischen Aufgaben und konzipiert die Kommunikationsprozesse zwischen Unternehmen, Organisationen oder Personen und deren Umwelt in Form einer bewussten, zielgerichteten und systematischen Gestaltung der Kommunikationsaktivitäten.

Positives Image

Unternehmen, Organisationen und Institutionen betreiben gewaltige Anstrengungen, um einen hohen Bekanntheitsgrad und ein positives Image für sich und ihre Produkte und Dienstleistungen zu erreichen. Sie werben um Vertrauen bei ihren Kunden, bei ihren Investoren oder den Bürgern in ihrer Nachbarschaft. Besonders in Krisenzeiten sind sie darum bemüht, durch Dialoge mit Kritikern und Befürwortern Interessen auszutauschen und Akzeptanz für ihr Verhalten zu schaffen. Heute ist der Begriff „Öffentlichkeitsarbeit" die gängigste Übersetzung für Public Relations und wird gleichbedeutend dafür verwendet. Die wichtigsten Tätigkeiten praktischer Öffentlichkeitsarbeit sind die Herstellung und Pflege von Kontakten zu so genannten Multiplikatoren, wie beispielsweise zu den Medien, über die die tatsächlichen Zielgruppen angesprochen und informiert werden sollen.

Inhouse oder extern?

Dazu gehört auch die Redaktion von Pressemitteilungen, Hintergrundinformationen und interner sowie externer Publikationen. Öffentlichkeitsarbeit für Unternehmen und Organisationen ist entweder „inhouse" in einer eigenen Abteilung angesiedelt oder wird als eingekaufte Dienstleistung beispielsweise von PR-Agenturen übernommen.

1.6.2 Werbemaßnahmen

Werbung verfolgt das Ziel, den Absatz oder den Umsatz zu erhöhen. Umworben werden können einzelne Produkte oder Produktgruppen.

Produktwerbung
Firmenwerbung

Werbeobjekte

Bei der **Sach- oder Produktwerbung** tritt der Name des Werbetreibenden kaum in Erscheinung. Anders dagegen die **Firmenwerbung,** bei der – in Anlehnung an die Öffentlichkeitsarbeit – nicht ein einzelnes Produkt, sondern das gesamte Unternehmen beworben wird.

Alleinwerbung

Kollektivwerbung

Werbesubjekte

Im Rahmen der **Alleinwerbung** tritt eine einzelne Unternehmung auf. Bei der **Kollektivwerbung** schließen sich mehrere Partner zusammen und betreiben Sammelwerbung (die Namen der beteiligten Firmen werden genannt) oder Gemeinschaftswerbung (es erfolgt keine Nennung der einzelnen Firmennamen, z. B. bei der Werbung „Trinkt mehr Milch").

Werbegebiet

Mit dem Streukreis wird die **Fläche** umschrieben, die beworben wird. Dabei kann es sich um eine räumlich stark konzentrierte Maßnahme handeln, die Werbung kann aber auch bundesweit erfolgen (z. B. über Fernsehsender).

Zielgruppe

Die Zielgruppe umschreibt den Personenkreis, der umworben wird. Sie lässt sich nach verschiedenen Merkmalen einteilen. Mit der anvisierten Zielgruppe steht auch die Auswahl der **Werbeträger** (Zeitung, Werbebroschüre, Radio usw.) in unmittelbarem Zusammenhang.

Massenwerbung

Direktwerbung

Massenumwerbung richtet sich an sehr breite Bevölkerungsschichten. Sie ist für Produkte sinnvoll, die für bestimmte Personengruppen interessant sind. Ganz anders die **Direktwerbung,** die versucht ganz gezielt einzelne Personen anzusprechen.
Werbung kann sich unmittelbar an die Verbraucher oder Verwender richten, sie kann aber auch die **Bedarfsberater** im Handel oder Dienstleistungsbereich ansprechen.

Werbeinhalt

Der Werbeinhalt kann in einfachen Appellen und kurzen, eindringlichen Aussagen zum Kauf auffordern; er kann aber auch aus inhaltlich aussagefähigen Argumentationen bestehen. Welche Form gewählt wird, hängt in erster Linie von der anzusprechenden Zielgruppe ab.

Werbestufen, AIDA-Formel

In der Regel ist die Werbung darauf angelegt, verschiedene Stufen zu durchlaufen:

Attention

Die Umworbenen nehmen die Werbung zunächst einmal wahr. Vielfach wird gesagt, dass dies die wichtigste Stufe der Werbung sei. Nur dann, wenn eine Werbebotschaft diese Hürde überwindet, wird überhaupt die nächste Stufe erreicht, auf der sich der Umworbene für das Produkt interessiert.

$$\textbf{Aufmerksamkeitserfolg} = \frac{\textbf{Zahl der Werbeberührten} \cdot 100}{\textbf{Zahl der Umworbenen (Größe der Zielgruppe)}}$$

Interest

Die zweite Stufe bedeutet, dass man sich mit dem beworbenen Produkt zu beschäftigen beginnt. Es erfolgt eine erste Auseinandersetzung damit, ob man das Produkt gebrauchen kann oder nicht. Möglicherweise finden jetzt auch erste Vergleiche mit anderen Angeboten statt.

AIDA-Formel

Desire

Der Kaufwunsch entsteht. Nunmehr ist der Werbetreibende dicht am Ziel. Was jetzt entscheidet, sind in der Regel „nüchterne" Kaufkraftüberlegungen.

Action

Die Werbung ist am Ziel. Die Ware wird gekauft.

$$\text{Werbeerfolg} = \frac{\text{Zahl der zusätzlichen Käufer} \cdot 100}{\text{Zahl der Umworbenen (Größe der Zielgruppe)}}$$

Messbarkeit des Werbeerfolges

Werbeerfolg

Der Werbeerfolg ist nur bedingt messbar, weil zwischen der ersten Werbeberührung und dem Kauf unter Umständen sehr lange Zeiträume liegen können, die eine Zurechenbarkeit nicht mehr zulassen.
Ein Kauf kann zwar durch eine Werbung ausgelöst worden sein, er muss aber nicht sofort realisiert werden. Neben dem „ökonomischen Werbeerfolg" misst man auch den „außerökonomischen Werbeerfolg", bei dem man feststellt, ob die Umworbenen zwar noch nicht gekauft haben, sich aber an die Werbung erinnern können.

Werberendite

Der wirtschaftliche Erfolg der Werbung drückt sich im Verhältnis der Umsatzsteigerung zu den Kosten der Werbeaktion aus.

$$\text{Werberendite} = \frac{\text{Umsatzsteigerung} \cdot 100}{\text{Werbekosten}}$$

Je nach der Lebenszyklusphase, in der sich ein Produkt befindet, oder auch je nach Wettbewerbssituation unterscheidet man verschiedene **Werbestrategien:**

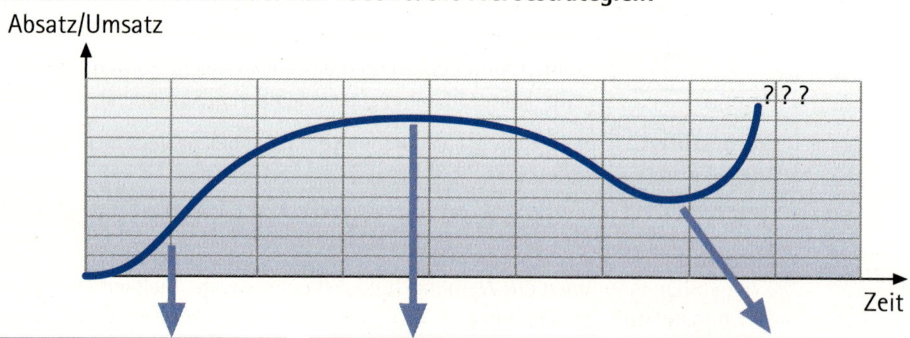

Werbestrategien

Einführungswerbung

Ziel:

- Produkt wird den Verbrauchern vorgestellt
- Bedürfnis wird geweckt
- Überzeugungsarbeit wird geleistet
- Kaufwiderstände werden überwunden

Erinnerungswerbung/ Abwehrwerbung

Ziel:

- Produkt soll im Gedächtnis verankert bleiben
- Abwehrmaßnahmen gegenüber Maßnahmen der Konkurrenz (z. B. nachgeahmte „Mee-too-Produkte")
- Stabilisierung des Absatzes bzw. des Umsatzes

Expansionswerbung/ Relaunch[1]

Ziel:

- Produkt soll neu belebt werden
- Produktaufwertungen werden dem Verbraucher nahe gebracht
- Absatz/Umsatz soll auf altes Niveau gebracht werden
- Lebenszyklusphase wird verlängert
- Oft begleitet durch preispolitische Maßnahmen (Sonderaktionen)

1 Relaunch = „Wiederingangsetzung" (Werbesprache)

1.6.3 Weitere verkaufsfördernde Maßnahmen

Verkaufsförderung

- **Salespromotion**

  Verkaufsfördernde Maßnahmen gehen aber auch noch einen Schritt weiter als „normale" Werbung. Mit „Salespromotion" verbinden sich Maßnahmen, die unmittelbar am Verkaufsort („Point of Sale") umgesetzt werden. Dazu gehören u. a.
  - Schulungen des Verkaufspersonals,
  - Unterstützung der Verkäufer mit Verkaufsmaterialien,
  - Verkaufsveranstaltungen „vor Ort",
  - Unterstützung bei der Ausgestaltung von Verkaufsräumen,
  - Preisberatungen, Sonderpreisaktionen,
  - Zurverfügungstellung von Displaymaterialien.

- **Productplacement**

  Da herkömmliche Werbung zum Teil gar nicht wahrgenommen wird, versuchen Unternehmen, die Konsumgüter für den Massenmarkt anbieten, sich häufig durch die „Hintertür in das Bewusstsein der Konsumenten einzuschleichen", indem sie Werbung betreiben, die man nicht abschalten kann. Dies geschieht z. B. dadurch, dass Werbeträger benutzt werden, die Werbebotschaften auf eine andere als die bei Werbung übliche Weise transportieren. Es gibt z. B. kaum einen Fußballverein, der keine Trikotwerbung hat. Die Formel-1-Piloten tragen auf ihrem Overall Zigarettenwerbung, die sonst im Fernsehen verboten ist.

  Schleichwerbung?

  Productplacement geht noch einen anderen Weg. Hier werden die Produkte für Fernseh- oder Filmaufnahmen oder aber für besondere Anlässe kostenlos oder zu außergewöhnlichen Konditionen zur Verfügung gestellt. So steht dann in einer Fernsehserie eine Whiskyflasche mit deutlich erkennbarem Markenlabel auf dem Tisch oder in einem Film steigt die Hauptdarstellerin mit den Tragetüten eines berühmtes Modehauses ins Auto. Und es ist für einen Autohersteller von erheblicher Bedeutung, welche Marke ein Filmstar fährt oder welche z. B. der Bundeskanzler als Dienstwagen bevorzugt.

- **Sponsoring**

  Beim Sponsoring handelt es sich um die finanzielle Unterstützung von Vereinen, Verbänden und sonstigen Organisationen. Sponsoring dient zum einen dazu, ein positives Image aufzubauen, trägt aber andererseits auch konkrete Züge der Werbung. Was Sponsoring von der Werbung unterscheidet, ist die zielgerichtete Auswahl der Werbemittel und Werbeträger in Abstimmung mit der Zielgruppe. Sponsoring ist eine Maßnahme, die im Gegensatz zu zielgerichteter Werbung einen großen Kreis von Adressaten anspricht. Sponsoring will

  Positives Firmenimage

  - das Firmenimage positiv beeinflussen;
  - dokumentieren, dass sich die Unternehmung einer gewissen gesellschaftlichen Verantwortung nicht entzieht;
  - den Bekanntheitsgrad erhöhen;
  - das Leistungsvermögen der Unternehmung nachhaltig unterstreichen;
  - einen positiven Kontakt zur Bevölkerung im Nahbereich des Unternehmensstandortes herstellen.

Fakten kurz gefasst

Kommunikationspolitik

alle Maßnahmen, die ein Unternehmen ergreift, um den Absatzmarkt und die Marktteilnehmer in ihrem Verhalten zu beeinflussen

Werbung	gezielte Maßnahmen, um Verkaufsabschlüsse zu erreichen • Einführungswerbung • Erinnerungswerbung • Expansionswerbung
Öffentlichkeitsarbeit	alle Maßnahmen, mit denen ein Unternehmen versucht, sich ein positives Image zu verschaffen
Sponsoring	finanzielle Unterstützung von Vereinen, Schulen und sonstigen Organisationen mit dem Ziel der Imageaufwertung, aber auch konkreter Verkaufsvorteile durch die mit dem Sponsoring verbundene Werbung (z. B. Trikotwerbung)
Productplacement	kostenlose Zurverfügungstellung einzelner Produkte in visuellen Massenmedien (Fernsehen, Filme)
Salespromotion	Verkaufsveranstaltungen mit intensiven und direkten Kundenkontakten; direkte persönliche Ansprache der Kunden am Verkaufsort (Point of Sale)

1.7 Distributionspolitik

Absatzwege

Die Wahl der Absatzwege nimmt eine Sonderstellung im Rahmen des absatzpolitischen Instrumentariums ein, weil sie langfristig angelegt und nur schwer zu ändern ist.

1.7.1 Direkter und indirekter Absatz

Direkter Absatz liegt vor, wenn ein Hersteller seine Produkte (ohne fremde Absatzorgane einzuschalten) direkt dem Verbraucher oder Verwender anbietet. Dabei ist ein Wiederverwender nicht gleichzusetzen mit einem Wiederverkäufer; Letzteres entspräche dem indirekten Absatz.

Verteilerfunktion

Der Industriebetrieb übernimmt beim direkten Absatz alle Verteilerfunktionen. Möglicherweise wird der gesamte Verkauf zentral vom Unternehmen aus geregelt. Es kann aber auch zum Einsatz von Außendienstmitarbeitern kommen. Diese arbeiten aber nicht selbstständig, sondern als Angestellte des Unternehmens und sind damit als Mitarbeiter in vollem Umfang weisungsabhängig.

5591428

Absatzorgane

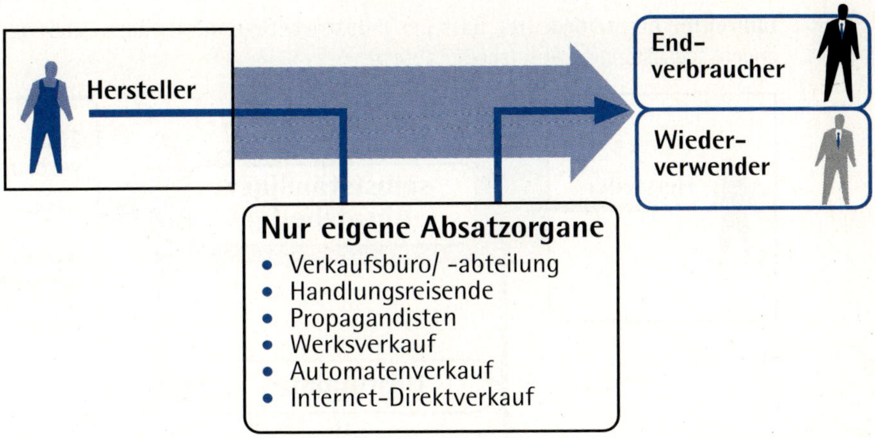

Direkter Absatz

Zwischenhandel ja oder nein?

Was spricht für den direkten Absatz?

Kundenkontakt

- **Kontakt zu den Kunden:** Die Produkte können besser vorgestellt und die Kunden intensiver beraten werden.
- **Kundendienst:** Werkseigene Mitarbeiter, die auf die selbst hergestellten Produkte spezialisiert sind, können die Kundendienstleistungen optimal wahrnehmen.
- **Schnelle Belieferung:** Durch die Ausschaltung des Zwischenhandels kann die Belieferung unmittelbar erfolgen.
- **Einsparung der Handelsspannen:** Die Handlungskosten und Gewinne des Zwischenhandels können eingespart werden.
- **Unabhängigkeit:** Alle absatzpolitischen Maßnahmen wie Werbung, Preisfestlegung usw. kann der Hersteller für seine Produkte unabhängig vom Handel durchführen.

Was spricht gegen den direkten Absatz?

Lagerhaltung

Handelsspanne

Liquidität

- **Unvollständige Markterfassung:** Die Produkte sind nicht immer und nicht an jedem Platz erhältlich. Dadurch können nicht alle Absatzchancen wahrgenommen werden.
- **Erhöhte Lagerhaltung:** Den Ausgleich zwischen Produktion und Verbrauch muss ein Hersteller mit direktem Absatz durch erhöhte Lagerhaltung selbst übernehmen.
- **Kleinere Auftragsgrößen:** Vor allem für Artikel der Massenproduktion ist (wegen der vielen kleinen Bestellungen der Endverbraucher) ein aufwändiger Vertriebsapparat nötig.
- **Erhöhte Kosten:** Produkte mit niedrigen Preisen werden mit relativ hohen Absatzkosten belastet.
- **Verminderte Liquidität:** Die Verkaufserlöse fließen dem Hersteller vom Handel in der Regel schon zu, bevor dieser selbst die Waren weiterverkauft hat, beim direkten Absatz dagegen erst nach dem Verkauf.

Indirekter Absatz bedeutet, dass der Industriebetrieb die Produkte über den Handel oder andere selbstständige Absatzhelfer absetzt.

Absatzwege

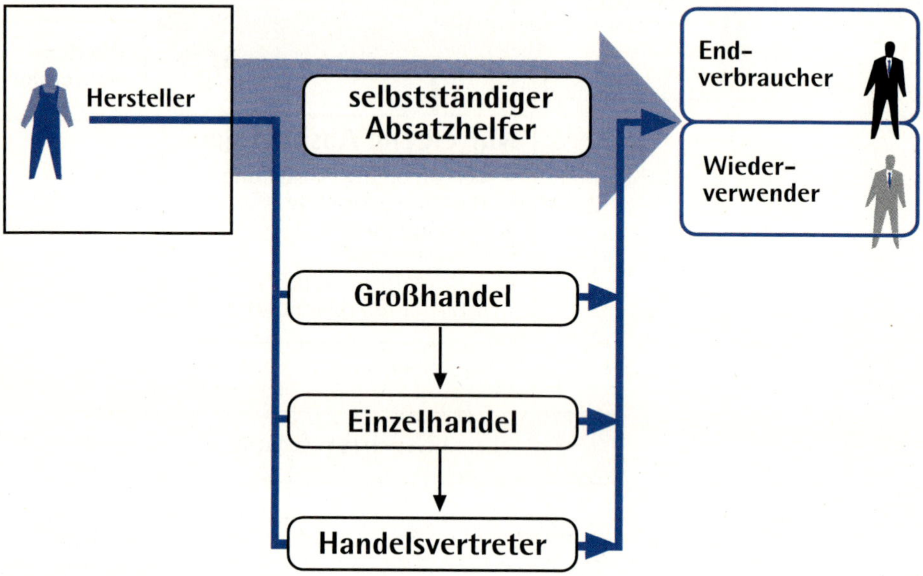

Indirekter Absatz

Indirekter Absatz ja oder nein?

Marktkompetenz

Gewinnmargen

Was spricht **für** den indirekten Absatz?	Was spricht **gegen** den indirekten Absatz?
• Der Handel übernimmt beim indirekten Absatz zum großen Teil die Funktionen des Raum-, Zeit- und Mengenausgleichs. • Durch die Zusammenstellung eines Sortiments erreicht der Handel ein auf die Kundenbelange bestmöglich zugschnittenes Komplettangebot. • Der Handel ist „näher" am Kunden und dessen Bedarf. Er hat eine hohe „Marktkompetenz".	• Gewinnmargen müssen geteilt oder die Preise um die Spanne des Handels erhöht werden. • Der Handel kann ein Machtfaktor auf dem Weg zum Verbraucher sein (Engpassfaktor), d. h. gelistet wird nur, was dem Handel „passt".

Kommissionsware

Sonderfall Kommissionsgeschäfte

Wenn der Hersteller den Verkaufserlös erst bekommt, sobald die Ware weiterverkauft wurde, handelt es sich um Kommissionsware. Sie kann zurückgegeben werden, wenn ein Verkauf nicht möglich ist. Der Kommissionär ist also nur Besitzer der Ware, Eigentümer bleibt bis zum Verkauf

Kommittent

der Kommittent als Hersteller bzw. Lieferer. Als solcher kann er natürlich auch unmittelbaren Einfluss auf die Verkaufskonditionen nehmen, da der Kommissionär zwar in seinem eigenen Namen, aber auf fremde Rechnung verkauft.

Kommissionsgeschäfte werden in eigenem Namen und auf fremde Rechnung ausgeführt.

1.7.2 Vertragshändler

Werks-vertretung

Sind feste Absatzverbindungen mit ausgewählten Handelsbetrieben eingegangen worden und wird nicht jeder interessierte Abnehmer beliefert, so handelt es sich um **Vertragshändler** oder um eine **Werksvertretung.**

Der **Vertragshändler** ist ein rechtlich und wirtschaftlich selbstständiger Kaufmann, der Waren im eigenen Namen und auf eigene Rechnung verkauft.

Allein-vertriebsrecht

Kompli-mentär-produkte

Diesen Vertriebsweg findet man insbesondere beim Absatz höherwertiger Konsumgüter (wie z. B. bei Pkws, Schmuck und Uhren, Elektroartikeln). Mit einem meist langfristigen Vertrag bindet sich der Vertragshändler an den Industriebetrieb. Er erhält für seinen Bezirk i. d. R. ein Alleinvertriebsrecht und profitiert von evtl. gemeinsamen Marketingmaßnahmen. Dafür bietet er nur Produkte aus dem Programm des Vertragspartners an, bzw. von diesem genehmigte Konkurrenz- oder Komplementärprodukte[1] (Sortimentsbindung). Oftmals werden dabei auch Mindestabnahmemengen (z. B. bei Pkw-Vertragshändlern) und Serviceleistungen sowie Mindeststandards bei der Verkaufsraumgestaltung vorgeschrieben.

1.7.3 Verkaufssyndikate

Selbst-ständige Verkaufs-unternehmen

Das Syndikat ist ein rechtlich und wirtschaftlich selbstständiges Verkaufsunternehmen. In ihm haben sich mehrere Herstellungsbetriebe derselben Branche durch einen Kartellvertrag zusammengeschlossen, um ihre Produkte über ein gemeinsames Verkaufsbüro zu vertreiben. Mit diesem Zusammenschluss haben die weiterhin wirtschaftlich und rechtlich selbstständigen Industriebetriebe lediglich die Absatzfunktion ausgegliedert. Alle anderen Funktionen werden getrennt von den einzelnen Betrieben wahrgenommen.

Gemeinsame Absatz-organisation

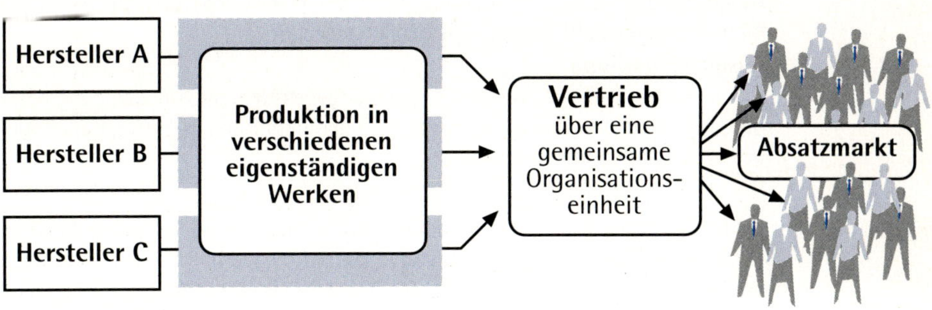

1 Komplementärprodukte = Produkte, die das Angebot ergänzen, ohne direkt konkurrieren zu wollen

1.7.4 Selbstständige Absatzmittler und -helfer

Handelsvertreter und Handelsmakler gehören zu den wichtigsten selbstständigen Absatzmittlern bzw. -helfern.

Handelsvertreter

Der **Handelsvertreter** ist ein selbstständiger Kaufmann, der mit seinem Auftraggeber einen Agenturvertrag abschließt, in dem alle Tätigkeiten und seine Rechte und Pflichten, soweit sie über die (im Folgenden beschriebenen) Bestimmungen des HGB hinausgehen, geregelt sind.

- **Bemühung**
  Der Handelsvertreter muss sich um den Abschluss oder die Vermittlung von Verträgen bemühen und dabei die Interessen seines Auftraggebers wahren.
- **Sorgfalt**
  Er muss die Aufgaben mit der Sorgfalt eines ordentlichen Kaufmannes wahrnehmen.
- **Benachrichtigung**
  Der Auftraggeber muss von jedem Abschluss oder jeder Vermittlung unverzüglich benachrichtigt werden. Auch andere wichtige Mitteilungen sind dem Auftraggeber zuzuleiten.
- **Verschwiegenheit**
  Während und besonders auch nach Beendigung seiner Tätigkeit dürfen Betriebsgeheimnisse weder von dem Handelsvertreter selbst verwertet noch an Dritte weitergegeben werden.
- **Wettbewerbsverbot**
  Konkurrenzausschluss
  Dem Handelsvertreter ist es untersagt, Artikel von Wettbewerbern in sein Sortiment aufzunehmen (Konkurrenzausschlussklausel).
- **Provision**
  Provisionen
  Für seine Tätigkeiten hat der Handelsvertreter Anspruch auf Provisionszahlungen.
  Abschlussprovision erhält er für alle ausgeführten, von ihm vermittelten oder abgeschlossenen Aufträge sowie für selbstständige Nachbestellungen der von ihm betreuten Kunden. Gebiets- oder Bezirksvertreter erhalten außerdem von allen Aufträgen aus dem Bezirk Provision, auch wenn die Aufträge von einem Dritten vermittelt oder abgeschlossen worden sind.

  Inkassoprovision: Ein mit Inkassovollmacht ausgestatteter Handelsvertreter erhält zusätzlich für eingezogene Rechnungsbeträge eine Inkassoprovision.
  Delkredereprovision wird gezahlt, wenn der Handelsvertreter die Garantie dafür übernimmt, dass die Zahlung auch tatsächlich geleistet wird.
- **Ausgleichszahlung**
  Ausgleichszahlung
  Wenn Kunden ohne Mitwirkung des Handelsvertreters nach Beendigung des Vertragsverhältnisses noch Geschäfte abschließen, stehen dem Handelsvertreter auch für diese in begrenztem Maße Provisionen zu.

Handelsmakler

Der **Handelsmakler** ist ein selbstständiger Kaufmann, der gewerbsmäßig die Vermittlung von Verträgen übernimmt, ohne in einem ständigen Vertragsverhältnis zu seinem Auftraggeber zu stehen. Er ist nur von Fall zu Fall tätig. Ein Handelsmakler hat folgende Pflichten und Rechte (§ 93 ff. HGB):

- **Sorgfalt**
  Der Handelsmakler muss die Geschäfte mit der Sorgfalt eines ordentlichen Kaufmanns ausführen. Er hat die Interessen beider Parteien wahrzunehmen und haftet für einen Schaden, den er verursacht hat.

- **Befolgung**
  Er ist an die ihm erteilten Aufträge gebunden und muss sich an die vorgeschriebenen Preise halten.
- **Beurkundung**
  Unverzüglich nach Abschluss des Geschäfts muss er eine Schlussnote ausstellen und beiden Parteien zusenden mit dem Namen der Gegenpartei, dem Inhalt des Vertragsabschlusses, dem Ort, dem Datum und seiner Unterschrift. Der Makler ist verpflichtet täglich alle abgeschlossenen Geschäfte zu dokumentieren.

Courtage

- **Courtage**
  Die Abschlussprovision (Courtage) steht dem Makler zu. Sie wird von beiden Vertragsparteien je zur Hälfte getragen.

2 Bestimmung des Leistungsangebots

Produktions- und Absatzprogramm

Viele Unternehmen stehen vor dem Problem, dass sie nicht alle Teile selbst entwickeln und produzieren können. Genauso, wie man für andere Firmen im Auftrag optisch leicht abgewandelte, aber technisch im Grunde genommen baugleiche Produkte herstellt, ohne dass der Kunde dies später erkennen kann, besteht auch das eigene Absatzprogramm nicht nur aus eigener Produktion. Produktions- und Absatzprogramm weichen vielfach voneinander ab. Mit der Produktion oder dem Vertrieb allein ist es aber noch lange nicht getan: Das Bündel des Leistungsangebotes eines Unternehmens ist deutlich umfangreicher.

2.1 Handelswaren

Handelswaren runden das Sortiment eines Unternehmens ab. Diese Güter werden nicht selbst produziert, weil

Sortimentsabrundung

- das **Know-how** und entsprechende Maschinen fehlen;
- die **Kapazitäten** nicht ausreichen, um alles selbst zu produzieren;
- die **Kostenstruktur** des eigenen Unternehmens ungünstiger ist, sodass ein Zukauf im Vergleich zur Eigenproduktion günstiger ist;
- mit einem Fremdkauf die **Kapitalbindung** für eigene Produktionsmittel verringert wird;
- man von **Absatzschwankungen** nicht so stark betroffen wird wie bei einer Eigenproduktion.

Zukaufteile

Handelswaren sind oft „Zukaufteile", die zur Abrundung des Absatzprogramms benötigt werden, aber nur einen unwesentlichen Teil des Umsatzes oder des Betriebsergebnisses ausmachen. Je mehr Handelswaren ein Betrieb führt und je weniger im Rahmen des „Outsourcing" selbst produziert wird, desto mehr rückt ein Industriebetrieb in Richtung eines Großhandelsbetriebs.

Im Investitionsgüterbereich ist die Tatsache, dass ein Hersteller zum Problemlöser für seine Kunden wird, vielfach wichtiger als ein kalkulatorischer Preisvorteil. Ein Lieferer, der mehr kann als nur Standardprodukte herzustellen, der zusätzlich seine Kompetenz darin zeigt, dass er die betrieblichen und technischen Belange seiner Kunden kennt und sich darauf einstellen kann, entzieht sich auf diesem Wege ein Stück der ausschließlich über den Preis ausgefochtenen Konkurrenz.

> Das **Leistungsangebot** umfasst mehr als die reine Produktpolitik. Zusatzleistungen ergänzen das Kernangebot und schaffen Wettbewerbsvorteile.

Im Konsum- wie auch Investitionsgüterbereich spielen Beratungs-, Service- und Finanzdienstleistungen eine zunehmend wichtige Rolle.

Tipps für die Ausbildung und Prüfung

Handelswaren werden anders kalkuliert als selbst hergestellte Produkte. Nähere Informationen dazu finden Sie in diesem Lernfeld unter Kapitel 1.4.3.

2.2 Finanzdienstleistungen

Kundenskonto

Zu den „einfachen" Finanzdienstleistungen gehört die Gewährung von Kundenskonto. In größeren Unternehmen können aber auch mittel- oder langfristige Kredite zu einem wirksamen Marketinginstrument werden. Mit günstigen Konditionen wird z. B. von der Auto-, aber auch von der Möbelindustrie geworben. Für den Kunden hat dies den Vorteil, dass er sich den umständlicheren Weg der Finanzierung über ein Kreditinstitut spart. Der Hersteller trägt als Verkäufer aber damit auch das Kreditausfallrisiko und wird demzufolge versuchen, dieses durch andere Maßnahmen abzusichern (Bürgschaften, Wechsel usw.).

Kreditausfallrisiko

Wenn Sie mehr über die Absicherung gegen einen Kreditausfall wissen wollen, schlagen Sie in diesem Kompendium, Lernfeld 11, Kapitel 3.3 und 3.4 nach. Informationen über das Riskmanagement finden Sie hier im Lernfeld 10 in Kapitel 5.1.

2.3 Franchising

> **Franchising** bedeutet, dass ein rechtlich selbstständiger Händler vertraglich eng an einen Hersteller gebunden ist und die Waren unter einem einheitlichen Absatzkonzept vertrieben werden.

Einheitliches Absatzkonzept

Hier gibt es enge Vertragsbeziehungen zwischen den Herstellern als Franchisegebern und den Händlern als Franchisenehmern. Obwohl sie rechtlich und wirtschaftlich selbstständig sind und auch das Geschäftsrisiko tragen, hat sich der Franchisegeber einen vertraglich festgelegten Einfluss auf die Absatzpolitik der Franchisenehmer gesichert:

Gemeinsames Marketing

- Der Verkauf erfolgt unter dem gemeinsamen werbewirksamen Emblem des Herstellers.
- Die Verkaufsräume aller Franchisenehmer eines Herstellers haben die gleiche Ausstattung.
- Es werden nur die Produkte des Franchisegebers, und diese zu einheitlichen Preisen angeboten.
- Der Franchisegeber entwickelt die Produkte, ihre Aufmachung, Verpackung und deren Namen und gestaltet und finanziert die Werbung.

Der Franchisenehmer profitiert von den einheitlichen Marketingmaßnahmen des Franchisegebers. Außerdem genießt er auch Konkurrenzschutz, da der Franchisegeber jeweils nur einen Franchisenehmer in einem Absatzgebiet beliefert. Dafür muss dieser dem Franchisegeber eine Umsatzbeteiligung entrichten.

Das Franchise-System ist in der Reinform im Gaststättengewerbe, in Imbissbetrieben, in Bäckereiketten, in der Modebranche, auf dem Tankstellensektor, aber auch in der Möbel- und Kosmetikbranche zu finden. Unter ähnlichen Voraussetzungen arbeiten ebenfalls Vertragshändler großer Autohäuser.

Nutzungsrechte

Der Franchisegeber

- gewährt dem Franchisenehmer Nutzungsrechte, wie z. B. an Namen, Symbolen, Waren- und Dienstleistungszeichen, Gebrauchsmustern, Patenten und Know-how;
- stellt neben Vermarktungs-Know-how auch Erfahrungswissen, Betriebs- und Geschäftsgeheimnisse und allgemeine Unterstützung und Betreuung zur Verfügung;
- initiiert eine einheitliche Werbung;
- behält sich Kontrollrechte vor;
- prüft vor Vertragsabschluss die Vertrauenswürdigkeit des Partners;
- prüft die Rentabilität seines Engagements;
- stellt Einrichtungsgegenstände zur Verfügung;
- verhilft seinem Partner zu Kapital (entweder Eigenkredit oder Vermittlung eines Bankkredits);
- bildet den Franchise-Nehmer und dessen Mitarbeiter aus;
- unterstützt ihn bei der Unternehmensgründung.

Franchise-Gebühr

Der Franchisenehmer

- begleicht Einrichtungs- oder Anfangsinvestitionen;
- entrichtet als Gegenleistung für die Nutzungsrechte ein Entgelt (Franchisegebühr), das umsatzabhängig berechnet wird oder in der übernommenen Ware einkalkuliert ist;
- verkauft Waren oder Leistungen nach den vom Franchisegeber vorgegebenen Richtlinien;
- verkauft in eigenem Namen, auf eigene Rechnung und auf eigenes Risiko;
- hat mit den anderen Franchisenehmern dieses Herstellers ein einheitliches Auftreten nach außen, z. B. gleiche Geschäftsbezeichnungen sowie gleiche Vermarktung durch gleiche Aufmachung und Ausstattung;
- eignet sich das notwendige Fachwissen an;
- ist in seinen Entscheidungen abhängig vom Franchisegeber.

3 Kundenakquisition

Mit „herkömmlichen Methoden" allein ist es oft nicht getan, wenn man neue Kunden dazu gewinnen und bisherige Kunden erhalten will. Kundenakquisition ist ein neues Schlagwort im Vertriebsmanagement der Unternehmung. „Alter Wein in neuen Schläuchen" oder mehr ...?

3.1 Kundenwerbung, Kundenbindung

„Markteroberung"

Jedes Unternehmen muss Produkte oder Leistungen verkaufen. Dafür reicht es nicht aus (wie immer wieder zu beobachten), dass ein junges Unternehmen irgendwo einen Laden eröffnet, dort Produkte oder Leistungen bereithält und darauf wartet, dass Kundschaft vorbeikommt oder Aufträge von allein eingehen. Produkte und Leistungen müssen kostengerecht und zu Wettbewerbspreisen „an den Mann" gebracht werden. Vor allem junge Unternehmen müssen erste Kunden finden. Ein etabliertes Unternehmen mit bestehendem Kundenstamm hat dagegen auch an die Bindung von bestehenden Kunden zu denken.

Wichtig ist: Feste Kunden bringen eine gewisse Planbarkeit und Sicherheit mit. Dazu kommt, dass bei festem Kundenstamm die Marketingkosten pro Kunde deutlich geringer sind als bei der aufwändigen Neukundengewinnung. Dies wirkt sich natürlich positiv auf das Unternehmensergebnis aus.

Marktkonformes Angebot

1. Das richtige Angebot

Produkte oder Leistungen müssen zu einem akzeptablen Preis einen Bedarf befriedigen und sie müssen einen Nutzen bringen. Dieser Nutzen muss für die Kunden deutlich werden.

2. Der richtige Kunde

Um ein nützliches Produkt nun tatsächlich verkaufen zu können, bedarf es Kunden mit

- passendem Bedarf und
- ausreichenden finanziellen Möglichkeiten (kaufkräftige Nachfrage).

Wettbewerbsvorteile

3. Der entscheidende Unterschied

Es ist wahrscheinlich, dass die Konkurrenz bereits ähnliche Angebote bereithält und die passende Kundschaft bereits identifiziert hat. Ob sich diese Kundschaft nun für Ihr Angebot oder ein anderes entscheidet, hängt vom so genannten USP („unique selling proposition" = einzigartiger Vorteil gegenüber den Wettbewerbern) ab. Dieser kann z. B. im besonderen Produktnutzen, in der räumlichen Nähe Ihres Unternehmens zum Kunden, einem besonderen Service oder aber im Preis liegen.

4. Der heiße Draht

Ob ein Kunde kauft, hängt dabei nicht zuletzt von der persönlichen Beziehung Verkäuferkunde ab. Wie wichtig diese Beziehung ist, spiegelt sich treffend wider in dem englischen Verkaufsgrundsatz: „people buy from people" (Menschen kaufen von Menschen). Unternehmer und Verkäufer, ihre Persönlichkeit und Kommunikationsfähigkeit spielen eine entscheidende Rolle für die Entwicklung und den Erhalt einer hohen Kundenzufriedenheit.

Planung und Strategie

5. Verkaufsplanung

Ob man nun das richtige Angebot, den richtigen Kunden und den entscheidenden Unterschied getroffen hat, ist – im Idealfall – nicht dem Zufall überlassen. „Kunden gewinnen" ist planbar. Grundlage jeder Planung ist dabei die möglichst detaillierte und aktuelle Kenntnis des Marktes.

Verkaufstaktik

Wichtige Fragen sind u. a.:

- Wie groß ist das Marktpotenzial für mein Angebot?
- Welche Bedürfnisse haben die Kunden?
- Wo sind wichtige Kundengruppen zu finden?
- Welche Angebote sind auf dem Markt?
- Welche technischen/fachlichen Anforderungen stellen die Kunden?
- Welchen maximalen Preis bezahlen die Kunden?
- Welche technischen/technologischen Entwicklungen sind zu berücksichtigen?
- Wie wird sich der Markt entwickeln?

3.1.1 Möglichkeiten der Kundengewinnung

Kundengewinnung ist für Existenzgründer und junge Unternehmen – anders als für etablierte Betriebe – die unternehmerische „Aufgabe Nr. 1". Leichter gesagt als getan: Denn die Akquisition verbraucht mehr als die Hälfte, die Kundenbindung ein Drittel der Arbeitszeit.

Zielgerechte Instrumente

Wer mit seinen Produkten oder Leistungen in den Markt will, dem steht eine Reihe von Instrumenten zur Kundengewinnung und Kundenbindung zur Verfügung, die im Folgenden dargestellt werden[1]. Achtung: Die Instrumente lassen sich nicht einfach „rezeptartig" einsetzen. Es muss jeweils geprüft werden, was für welche Branche und mit welchem Ziel infrage kommt. Welche Maßnahme die richtige ist und welche Instrumente miteinander kombiniert werden sollen, hängt immer davon ab, welche Vorteile sie jeweils bieten und für wen sie besonders geeignet sind.

Werbung

1 Medienwerbung

Anzeigen in Tages-, Wochen-, Fachzeitschriften und Anzeigenblättern, Fernseh-, Hörfunk- und Kinowerbung, Plakate, Anschläge, Lichtwerbung

Vorteil: gutes Preis-Leistungs-Verhältnis

Für wen: für fast alle Branchen geeignet; weniger für sehr technisch orientierte (erklärungsbedürftige) Produkte und Dienstleistungen bzw. für einen sehr kleinen, speziellen Kundenkreis: Dort sind die Streuverluste zu hoch.

Schulung

2 Informationen/Schulungen/Handelswerbung

z. B. Schulung von Verkäuferinnen im Handel zu den eigenen Produkten

Vorteil: gezielte und ausführliche Kundeninformation über Angebote

Für wen: kommt für Unternehmen infrage, die beratungsintensive Waren über den Handel anbieten

Außendienst

3 Verkaufsgespräche

sind die älteste und teuerste Form der Kundengewinnung, Weitergabe der Informationen an Kunden im Verkaufsgespräch

Vorteil: direkteste Form der Kundenansprache; kann schnell zu Verkaufserfolgen führen; aber: Die Kosten für einen einzigen Kundenbesuch eines Außendienstmitarbeiters sind sehr hoch. Gerade beim Außendienst ist daher eine gute Vorauswahl der Kunden unerlässlich.

Für wen: bei erklärungsbedürftigen Produkten, Industrie- und Konsumgütern sowie Dienstleistungen

Telefon-marketing

4 Telefongespräch

Verkaufsgespräch, Kontaktaufnahme (häufig erster Kontakt zum Kunden)

Vorteil: schneller und leichter Kontakt zum Kunden. Vorsicht: Der erste Eindruck ist der entscheidende, daher bedarf das erste Telefongespräch einer guten Vorbereitung. Die Gesprächseröffnung, Fragetechniken und vorgebrachter Kundennutzen, aber auch Stimme und Verbindlichkeit in der Gesprächsführung sind besonders wichtig.

Für wen: vornehmlich bei Dienstleistungen und Industriegütern

1 nach: Universität St. Gallen: Best Practice in Marketing, 1997. In: BMWL: „Gründerzeiten – Nachrichten zur Existenzgründung und -sicherung" Nr. 32, aktualisierte Ausgabe 5/2002, Thema: Kunden gewinnen – der Weg in den Markt, Hrsg. Bundesminister für Wirtschaft und Technologie, Referat Öffentlichkeitsarbeit, Berlin 2002

Mailing/ Wurf- sendungen

5 Direktmarketing

Mailing, Wurfsendungen; Antwortmöglichkeit für die Zielpersonen: Antwortkarten, Coupons, Hotline, Fax, E-Mail

Vorteil: wendet sich im Gegensatz zur Medienwerbung nicht an eine anonyme Masse, sondern an einzelne Kunden; wichtige Voraussetzung für den Erfolg ist, potenzielle Kunden möglichst genau zu kennen; deshalb: Vorher nach „Zielgruppen" und „Zielpersonen" suchen und diese möglichst in eine Datenbank aufnehmen. Mit ihrer Hilfe werden Erfolg versprechende Zieladressen ausgewählt und für Direktmarketing-Maßnahmen genutzt.

Für wen: besonders im Handel, aber auch bei Dienstleistungen (z. B. Frisöre, Fachgeschäfte, Fastfood-Service) und für viele Konsumgüter. Für erklärungsbedürftige Produkte und Dienstleistungen kann ein Mailing Interesse wecken und auf Termine für Vorführungen oder mögliche Verkaufsgespräche hinweisen.

Waren- präsentation

6 Merchandising

Speziell auf das Produkt abgestellte Warenpräsentation (z. B. zum Produkt passende Regale oder Vitrinen, passendes Shop-Design)

Vorteil: stimmiges Gesamtbild (Corporate Identity)

Für wen: Hersteller von Mode, Kosmetik; bekannte weitere Beispiele: Telefon- und Mobilfunkläden

Vorträge/ Präsentationen

7 Messen, Präsentationen, Tagungen, Kongresse

Angebotspräsentation, Verkaufsgespräche, Vorträge

Vorteil: erreicht eine große Zahl interessierter potenzieller Kunden; aber: sehr aufwändig

Für wen: vor allem Hersteller von Industriegütern, aber auch für junge Technologieunternehmen. Kostengünstiger und effektiv sind z. B. Hausmessen. Deren Durchführung setzt aber voraus, dass eine gute Werbung stattgefunden hat. Hausmessen haben den Vorteil, dass man die Kunden direkt am Verkaufsort in einer Atmosphäre anspricht, die weitgehend frei von Konkurrenzeinflüssen ist.

Preisnachlässe

8 Aktionen/Rabatte/Sonderangebote

Preisnachlass, saisonale Angebote

Vorteil: Günstige Preise sind für einen Kauf mit entscheidend.

Für wen: vor allem Handel. Sie können aber auch in der Hotellerie und Gastronomie (saisonale Angebote) und in vielen anderen Dienstleistungen eingesetzt werden.

Prospekte

9 Verkaufsförderung/Verkaufsunterlagen

Broschüren, Prospekte, Faltblätter

Vorteil: Produktinformation und Imagewerbung für das ganze Unternehmen

Für wen: alle Unternehmen

10 Exklusivangebote

Ausdrückliche Einhaltung ausgewählter Absatzkanäle („Nur bei uns ...")

Vorteil: entscheidender Vorsprung vor der Konkurrenz

Für wen: fast ausschließlich im Handel

Zusatzleistungen

11 Garantien/Service

Reparatur-/Umtauschgarantie, Stellung von Ersatzgeräten während evtl. Reparaturen, Abhol- und Bringservice

Vorteil: zusätzlicher Kundennutzen, entscheidender Vorsprung vor der Konkurrenz

Für wen: vornehmlich im Handel

12 Mailing (E-Mail)

Internet, Homepage, Internetshop

E-Commerce

Vorteil: sehr große Erreichbarkeit relevanter Zielgruppen, genaue Abstimmungen zwischen Angebot und Kundenwunsch möglich. Unternehmensinformationen im Internet (z. B. ein Warenkatalog) sind schnell auf den neuesten Stand zu bringen, große Informationsmengen können ansprechend und übersichtlich präsentiert werden. Es gibt gezielte Suchmöglichkeiten für den Kunden. Komplexe und erklärungsbedürftige Produkte oder Dienstleistungen lassen sich multimedial (mit Text, Bild und Ton) visualisieren. Wie intensiv Kunden die Internet-Präsenz nutzen, lässt sich durch Zugriffsstatistiken exakt ermitteln. Es gibt keine Ladenschlusszeiten.

3.1.2 Kundenorientiertes Verhalten

Das Kundenverhalten ist ein wichtiges Zeichen dafür, ob ein Unternehmen „rund" läuft oder aber womöglich Probleme hat. Wenn Sie nicht genügend neue Kunden gewinnen können (oder Stammkunden „abspringen"), so lassen sich daran Unternehmensrisiken frühzeitig ablesen. Woran kann das liegen? Stimmen Produkt oder Leistung nicht mehr? Sind Sie zu teuer? Sind Ihre Kunden unzufrieden?

Umsatzregel: Erfahrungsgemäß werden rund 80 Prozent des Umsatzes mit 20 Prozent der Kunden erzielt. Diese Kern-Kunden müssen ermittelt werden und bei allen Bemühungen im Vordergrund stehen.

A-Kunden

Wesentliche Erfolgsfaktoren für die Bindung von Kunden sind Kundenzufriedenheit vor allem durch das Besondere der Leistung, Mitarbeiterfreundlichkeit, Servicequalität, individuelle Bedienung, gutes Preis-/Leistungsverhältnis; Vertrauen durch Seriosität, Verlässlichkeit, Kompetenz und Referenzen (gerade bei Industrie- und höherwertigen Konsumgütern).

Die folgenden Instrumente haben sich bei dem Versuch, Kunden zu binden, bewährt:

Kundenbindung

- **Beschwerdemanagement:** Es dient der Stabilisierung gefährdeter Beziehungen zu Kunden. Etwa 82 % der Kunden, deren Reklamationen schnell gelöst worden sind, würden wieder bei demselben Anbieter kaufen.
- **Laufende Kundeninformation und Kundenkontakte:** Aktionen und Sonderangebote, nützliche Tipps um die angebotenen Produkte und Dienstleistungen herum, Erweiterungen des Angebotes u. Ä.
- **Service:** zum Beispiel Hilfen bei Anschluss und Wartung von Geräten.
- **Kundenzeitschriften:** Sie sollten redaktionell so gestaltet sein, dass sie den Kunden Informationen über Unternehmen und Angebote geben, unterhalten und Sympathie erzeugen, Kontakte mit anderen Kunden z. B. über Leserhotlines und Leserrubriken ermöglichen.

- **Persönliche Telefonate, Hotlines, Mailing:** Regelmäßige Telefonate mit den Kunden sollen ermitteln: Fehlt etwas? Kann man helfen? Hotlines ermöglichen die Erledigung aktueller Kundenprobleme oder Kundenfragen, gerade bei technisch komplizierten Produkten. Mailing gibt den Kunden das Gefühl, dass man sich um sie kümmert.
- **Bonusprogramme, Kundenkontakt-Programme:** möglich sind Rabatte, Zugang zu Zusatzleistungen, ein kostenloses Parkticket. Diese Programme machen vor allem in der Dienstleistungs- und Konsumgüterbranche (Restaurants und Hotels, Kinos, Handel usw.) Sinn.
- **Zusatzangebote:** Denkbar sind die Rücknahme von Produkten zwecks Recycling, ein Abhol- und Bringservice, Parkplätze und Spielecken für Kinder.
- **Schaffung von Kundenkompetenz:** persönliche Einweisungen, Bedienungsanleitungen und Benutzerhandbücher usw., besonders bei Hi-Fi-Geräten, Kameras, Computern. In Kundenkompetenz zu investieren erhöht nachweislich den Kundennutzen der erworbenen Produkte und damit die Kundenzufriedenheit, den Wiederkauf bzw. den Kauf von Zubehör usw.

Kunden-orientierung am Telefon

Viele Kundengespräche laufen über das Telefon ab. Gerade hier werden die meisten Fehler gemacht. Solche Telefongespräche müssen daher gut vorbereitet werden. Das Ganze gilt natürlich auch für den umgekehrten Fall, wenn der Kunde von sich aus anruft. Diese Chance wird oft verspielt. Kaum hat der Kunde „Guten Tag" gesagt, heißt es: „Da brauche ich erst einmal Ihre Kundennumme." Ohne zu hören, was der Kunde überhaupt will, wird er von vornherein als Nummer abgestempelt. Und wenn der Mitarbeiter die Kundennummer hat, schaut er in den PC und liest dort, während der Kunde über sein Problem spricht, mit dem Ergebnis, dass viele Kunden ihre Probleme zwei Mal vortragen müssen. Und das ist genau einmal zu viel.[1]

Probleme bei der Kundengewinnung

Nach Einschätzung von Experten gibt es typische Fehler und Probleme bei der Kundengewinnung:

1 Anlaufzeit falsch kalkuliert

Kunden in ausreichender Zahl stellen sich für die meisten Unternehmen erst nach einiger Zeit ein. Wer also Produkte oder Dienstleistungen am Markt etablieren will, braucht einen langen (finanziellen) Atem – im Durchschnitt für mehrere Jahre.

2 Verkauf vernachlässigt

Viele Gründer lassen den Verkauf schleifen, weil sie fachliche oder technische Experten sind. Sie richten ihre Aufmerksamkeit und Energie begeistert ausschließlich auf das Angebot. Der Verkauf wird vernachlässigt und in manchen Fällen sogar als unbequem oder gar lästig empfunden.

3 Zu früh am Markt

Viele Unternehmen schießen beim Versuch, Kunden so schnell wie möglich zu „bedienen", übers Ziel hinaus. Die Zeit, die benötigt wird, ein Angebot „kundenfähig" zu machen, wird dabei nicht selten unterschätzt.

4 Fehlendes oder unzureichendes Marketingkonzept

Die meisten Gründer-Business-Pläne enthalten zwar Gedanken zu „Markt und Marketing". Die hier enthaltenen Ausführungen sind jedoch oft vage. Die Themen Akquisition, Vertrieb und Werbung bedürfen einer Konkretisierung.

1 nach: Helga Schuler, Prisma Unternehmensberatung für Kunden-Interaktions-Management GmbH, Neu-Isenburg. In: Gründerzeiten-Nachrichten zur Existenzgründung und -sicherung, Nr. 32, aktualisierte Ausgabe 5/2002, S. 3

5 Kein Geld für Marketing

Vielfach ist die Finanzdecke für ein professionelles Marketing mit konsequenter Kundenansprache zu dünn. Dabei sind junge Unternehmen in besonderer Weise gezwungen, Marketing zu betreiben. Bekanntermaßen ist das Gewinnen von Neukunden und der Aufbau eines Kundenstamms aufwändig.

6 Falsche Personalentwicklung

Viele junge Unternehmen investieren beim Personal lieber in Fachleute mit fachlich-technischer Qualifikation als in eine professionelle Besetzung von Marketing und Verkauf.

7 Falsche Kundensuche

Viele Gründer und junge Unternehmen suchen den Kunden ausschließlich in der Region, der Blick auf überregionale Märkte bleibt aus. Oftmals – gerade in der Frühphase – kein Problem; bei technologischen Nischenunternehmen allerdings ist es fatal, die überregionalen Märkte nicht zu berücksichtigen.

8 Kundenakquisition blockiert

Erste Aufträge binden häufig die betrieblichen Kapazitäten und blockieren physisch und mental eine kontinuierliche Kundensuche. Häufige Folgen sind Auftragslöcher, Ertragseinbrüche und nicht selten auch die Insolvenz des Unternehmens.

9 Zu intensive Kundensuche

Wer umgekehrt zu viel Zeit für die Kundensuche verwendet, dem bleibt zu wenig Zeit für Bestandspflege. So kann unter dem Zwang, neue Aufträge von neuen Kunden zu bekommen, die Zufriedenheit der mühsam schon gewonnenen Kundschaft gefährdet werden.

10 Schlechte Arbeitsergebnisse durch Überforderung

Gerade in der Aufbauphase kommt es immer wieder zu einer Überforderung von Unternehmer und Mitarbeitern. Mangel an Zeit und Konzentration führen zu schlechten Arbeitsergebnissen. Darunter leidet vor allem die Kundenbindung[1].

3.2 Vertragsabschluss

Für den Vertragsabschluss und die Vertragserfüllung gelten dieselben Bestimmungen wie für den Wareneinkauf. Siehe Kapitel 6 in Lernfeld 6.

Dem Vertrag geht in der Regel eine **Anfrage** an den Lieferer voraus. Diese ist völlig unverbindlich und verpflichtet zu nichts. Ein (daraufhin) abgegebenes **Angebot** ist so lange **gültig**, „wie unter üblichen Umständen eine Antwort erwartet werden kann". Bei einem schriftlichen Angebot per Brief ist dies ca. eine Woche, Fax und Mail müssten innerhalb von zwei Tagen beantwortet sein, telefonische Angebote sind sogar nur bis zum Gesprächsende gültig.

3.2.1 Allgemeine Geschäftsbedingungen

Formvorschriften

Die überwältigende Mehrzahl von Kaufverträgen ist an keine besondere Form gebunden. Sie können schriftlich, aber auch mündlich oder einfach durch ein so genanntes „übereinstimmen

1 nach: Gründerzeiten, Nachrichten zur Existenzgründung und -sicherung, Nr. 37, Mai 2002. Ausschnitt S. 1 ff. Bernd Geisen/Regine Hebestreit, PID Arbeiten für Wissenschaft und Öffentlichkeit GbR, Menzenberg 9, 53604 Bad Honnef, 02224 90034-1 geisen@pid-net-delimpressum

des Handeln" geschlossen werden. Im Bereich der täglichen Geschäfte überwiegt dieses „konkludente Handeln" bei weitem. Jeder Kauf in einen Supermarkt oder Discountgeschäft, der Einwurf eines passenden Geldbetrages in einem Automaten, das Benzintanken usw. läuft vielfach ohne ein einziges Wort ab und dennoch ist ein Kaufvertrag mit allen rechtlichen Konsequenzen zustande gekommen.

Beweisbarkeit

Bei Kaufverträgen geht es nicht nur um die Frage der Beweisbarkeit bei evtl. Rechtsstreitigkeiten. Es geht auch darum, dass überhaupt eine Rechtsgrundlage für evtl. Ansprüche vorhanden ist. Wird zwischen Käufer und Verkäufer bzw. den beiden Vertragspartnern nichts vereinbart, gilt immer das Gesetz. Im Schuldrecht ist dies das Bürgerliche Gesetzbuch.

Gestaltungs-spielräume

Obwohl „Allgemeine Geschäftsbedingungen" häufig als das „klein Gedruckte" gebrandmarkt werden, haben sie doch für beide Seiten den Vorteil, dass man aus ihnen die Bedingungen eines Vertrages entnehmen kann. Die Wirklichkeit zeigt nämlich, dass gerade die privaten Endverbraucher die gesetzlichen Regelungen des Bürgerlichen Gesetzbuches kaum kennen. Natürlich versucht der Unternehmer, die Gestaltungsspielräume der gesetzlichen Vorgaben in den AGBs zu seinen Gunsten zu nutzen.

Zwischen zwei Vollkaufleuten können die AGBs relativ frei vereinbart werden, weil für sie die Beschränkungen des BGB nicht gelten.

Wegzudenken sind die AGBs aus dem Geschäftsleben in keinem Fall. Aber es muss aufgepasst werden, was in ihnen enthalten ist. Zum Schutz des Verbrauchers sind im BGB Regelungen über die Gestaltung der ABGs und deren Wirksamkeit enthalten:

§ 305

Einbeziehung Allgemeiner Geschäftsbedingungen in den Vertrag

(1) Allgemeine Geschäftsbedingungen sind alle für eine Vielzahl von Verträgen vorformulierten Vertragsbedingungen, die eine Vertragspartei (Verwender) der anderen Vertragspartei bei Abschluss eines Vertrags stellt. Gleichgültig ist, ob die Bestimmungen einen äußerlich gesonderten Bestandteil des Vertrages bilden oder in die Vertragsurkunde selbst aufgenommen werden, welchen Umfang sie haben, in welcher Schriftart sie verfasst sind und welche Form der Vertrag hat. Allgemeine Geschäftsbedingungen liegen nicht vor, soweit die Vertragsbedingungen zwischen den Vertragsparteien im Einzelnen ausgehandelt sind.

§ 305
BGB AGBs

(2) Allgemeine Geschäftsbedingungen werden nur dann Bestandteil eines Vertrags, wenn der Verwender bei Vertragsschluss

1. die andere Vertragspartei ausdrücklich oder, wenn ein ausdrücklicher Hinweis wegen der Art des Vertragsschlusses nur unter unverhältnismäßigen Schwierigkeiten möglich ist, durch deutlich sichtbaren Aushang am Ort des Vertragsschlusses auf sie hinweist und
2. der anderen Vertragspartei die Möglichkeit verschafft in zumutbarer Weise, die auch eine für den Verwender erkennbare körperliche Behinderung der anderen Vertragspartei angemessen berücksichtigt, von ihrem Inhalt Kenntnis zu nehmen,

und wenn die andere Vertragspartei mit ihrer Geltung einverstanden ist.

(3) Die Vertragsparteien können für eine bestimmte Art von Rechtsgeschäften die Geltung bestimmter Allgemeiner Geschäftsbedingungen unter Beachtung der in Absatz 2 bezeichneten Erfordernisse im Voraus vereinbaren.

AGBs werden dann Vertragsbestandteil, wenn		
ausdrücklich auf sie hingewiesen wurde	**und**	die Möglichkeit verschafft wird (auch bei erkennbaren körperlichen Behinderungen) von ihrem Inhalt Kenntnis zu nehmen
oder		**und**
wenn das wegen der Art des Vertragsschlusses nur unter unverhältnismäßig großen Umständen möglich ist, durch einen deutlich sichtbaren Aushang auf sie hingewiesen wird	**und**	wenn die andere Vertragspartei damit einverstanden ist.

Besondere Regelungen:

- Für Verträge im Telekommunikationsbereich, für Beförderungsverträge durch den Einwurf von Postsendungen in Briefkästen, für die Beförderung in öffentlichen Verkehrsmitteln usw. gelten die AGBs auch ohne Einhaltung der o. g. Erfordernisse.
- Individuelle Absprachen haben Vorrang vor den AGBs.

Ungewöhnliche Klauseln

- Bestimmungen in den AGBs, die so ungewöhnlich sind, dass der Vertragspartner damit nicht zu rechnen brauchte, werden nicht Vertragsbestandteil.

Zweifelhafte Auslegung

- Zweifel bei der Auslegung der AGBs gehen zulasten dessen, der die AGBs verwendet, also zulasten des Verkäufers.
- Was passiert, wenn AGBs ganz oder teilweise **nicht Bestandteil des Vertrages** geworden sind:
    - Der Vertrag bleibt **wirksam.**
    - Der Vertrag richtet sich nach den gesetzlichen Vorschriften. Dies gilt auch für die Teile des Vertrags, die Allgemeine Geschäftsbedingungen enthalten, die unwirksam sind; aber
    - der Vertrag ist **unwirksam**, wenn die nötigen Änderungen der unwirksamen Bestandteile für eine Vertragspartei eine unzumutbare Härte darstellen würden.

Verbraucherschutz

Verbraucherschutz und Allgemeine Geschäftsbedingungen

Nicht alles, was in Allgemeinen Geschäftsbedingungen festzulegen versucht wird, ist auch rechtlich in Ordnung. Der Gesetzgeber hat eine ganze Reihe von Vorgaben erlassen, die insbesondere dem Verbraucherschutz dienen.

Klein Gedrucktes

Allgemeine Geschäftsbedingungen sind im Geschäftsleben unabdingbar. Sie müssen in Geschäften auch an deutlich sichtbarer Stelle aushängen oder ausliegen. Allgemeine Geschäftsbedingungen enthalten aber oft so viele Regelungen, dass man sie auf engem Raum sehr klein gedruckt den Verträgen beifügt. Der „normale" Verbraucher kann sie kaum lesen und verstehen, bevor es zum Vertragsabschluss kommt. Ihn gerade deshalb vor einer „Übervorteilung" zu schützen und „cleveren" Geschäftemachern das Handwerk zu legen, ist der eigentliche Sinn der folgenden Regelungen:

§ 307
BGB Grundsatz der AGBs

Grundsatz

§ 307 BGB (Inhaltskontrolle)

Bestimmungen in AGBs sind unwirksam, wenn sie den Vertragspartner entgegen den Geboten von Treu und Glauben unangemessen benachteiligen:

- Bestimmungen sind nicht klar und verständlich.
- Wesentliche Grundgedanken der gesetzlichen Regelung, von der abgewichen wird, werden verletzt.
- Wesentliche Rechte oder Pflichten, die sich aus der Natur des Vertrags ergeben, werden so eingeschränkt, dass die Erreichung des Vertragszwecks gefährdet ist.

Bei der Frage der „unangemessenen Benachteiligung" sind auch die den Vertragsabschluss begleitenden Umstände zu berücksichtigen (§ 310 Abs. 10 3/3).

Vertragsklauseln

Es muss im Einzelnen beurteilt werden, ob Klauseln der AGBs in Ordnung sind oder nicht.

Preiserhöhungen

Fristen

Leistungsverweigerungsrecht

Rücktritt

Aufrechnung

Vertragsklauseln <u>mit</u> Wertungsmöglichkeit Das bedeutet, hier sind juristische Abwägungen möglich (was heißt z. B. „unangemessen lange"?). Folgende Bestimmungen sind in AGBs insbesondere deshalb **unwirksam, weil sie gesetzlichen Vorschriften widersprechen:**	**Vertragsklauseln <u>ohne</u> Wertungsmöglichkeit** Das bedeutet, hier sind keine juristischen Abwägungen möglich, da klare Aussagen getroffen werden. Auch **wenn eine Abweichung von gesetzlichen Vorschriften möglich** ist, sind folgende Bestimmungen in AGBs trotzdem **unwirksam:**
• **Unangemessen lange oder nicht hinreichend bestimmte Fristen** für die Annahme oder Ablehnung eines Angebotes oder die Erbringung einer Leistung. *Beispiel:* Bestellung einer Wohnzimmergarnitur. Bestimmung in den AGBs: „Der Lieferzeitpunkt liegt allein im Ermessen des Verkäufers."	• **Kurzfristige Preiserhöhungen** für Waren oder Leistungen, die innerhalb von 4 Monaten nach Vertragsabschluss geliefert oder erbracht werden. • Das **Leistungsverweigerungsrecht**, das nach § 320 BGB vorsieht, dass eine vertragsmäßige Leistung bis zur Erbringung der Gegenleistung verweigert werden kann, darf nicht eingeschränkt werden.
• **Rücktrittsvorbehalt**, d. h., dass der Verwender der AGBs das Recht in Anspruch zu nehmen versucht sich ohne sachlich gerechtfertigten Grund von seiner Leistungspflicht zu lösen. *Beispiel:* „Der Lieferer hat das Recht, ohne Begründung innerhalb von 4 Wochen	• **Aufrechnungsverbot**, d. h., dass eine Minderleistung des Verwenders der AGBs in einem Fall mit der unbestrittenen Forderung in einem anderen Fall nicht verrechnet werden darf. *Beispiel:* Gegenüber einem Lieferer besteht eine Verbindlichkeit in Höhe von 500,00 €.

nach Vertragsabschluss vom Vertrag zurückzutreten."

Dies gilt nicht, wenn die Leistung tatsächlich unmöglich wird.

Beispiel:
Zerstörung der Produktionsanlagen oder Verkaufsräume.

Änderungsvorbehalt

Schadenersatz

Ausschluss von Rechten

- **Änderungsvorbehalt**, d. h., Vereinbarungen, nach denen der Verwender der AGBs von der vereinbarten Leistung in einer für den Vertragspartner unzumutbaren Weise abweichen kann.

  Beispiel:
  Ein in der Farbe „Rot" bestellter Pkw wird nach vier Wochen in der Farbe „Schwarz" geliefert. Der Pkw-Händler besteht auf Abnahme, der Käufer weigert sich.

- Abwicklung von Verträgen im Falle von Vertragsrücktritten mit **unangemessen hohen Forderungen für den Ersatz von Aufwendungen.**

  Beispiel:
  Aufgrund eines Todesfalles wollen die Hinterbliebenen eines Familienvaters den Kauf einer neuen Küche stornieren. Die Küche ist noch nicht angefertigt. Trotzdem will der Verkäufer eine Stornogebühr von 50 %, weil dies in seinen AGBs so enthalten ist.

Der Käufer braucht aber nur 350,00 € zu zahlen, wenn er aus einem anderen Vertrag
eine Forderung von 150,00 € gegenüber dem Lieferer hat.

- **Mahnungen, Fristsetzungen dürfen vom Verwender der AGBs nicht ausgeschlossen werden,** d. h., dass z. B. bei einem Zahlungsverzug nicht sofort ohne Mahnung eine Zwangsvollstreckung betrieben werden kann.

- **Pauschale Schadenersatzansprüche** dürfen den „nach gewöhnlichem Lauf der Dinge" eintretenden Schaden oder die „gewöhnlich" eintretende Wertminderung nicht (wesentlich) übersteigen.

  Beispiel 1:
  Ein bestellter, aber aus persönlichen, nachvollziehbaren Gründen nicht abgenommener Neuwagen soll mit einem Wertverlust von 40 % angesetzt werden.

  Beispiel 2:
  Während die Stornogebühr für eine Urlaubsreise zwei Tage vor Reiseantritt 100 % betragen kann, wäre eine Regelung, dass z. B. auch sechs Monate vorher 100 % Ausfallgebühr zu zahlen ist, nichtig.

- **Vertragsrücktritt,** wenn der Verwender der AGBs seine Leistung nicht oder nicht in der vereinbarten Form erbringen kann.

- **Ausschluss der Rechte, die aus mangelhaften Lieferungen** geltend gemacht werden können.

3.2.2 Haustürgeschäfte und Fernabsatzverträge

Haustürgeschäfte

Unter „Haustürgeschäften" versteht man im Sinne der Rechtsvorschriften des BGB Verträge zwischen einem Unternehmer und einem Verbraucher, die eine „entgeltliche Leistung" zum Gegenstand haben (d. h. der Kauf von Gegenständen, Abonnementverpflichtungen usw.) und zu deren Abschluss der Verbraucher gekommen ist:

- durch mündliche Gespräche („Verhandlungen") an seinem Arbeitsplatz
  oder
- im Bereich seiner Privatwohnung
  oder

„Kaffee-fahrten"

- anlässlich einer von einem Unternehmer oder dessen Beauftragten durchgeführten Freizeitveranstaltung (Stichwort „Kaffeefahrt")
  oder
- im Anschluss an ein überraschendes Ansprechen in Verkehrsmitteln oder im Bereich öffentlicher Plätze.

Fernkommunikationsmittel

Fernabsatzverträge

Unter einem Fernabsatzvertrag versteht man eine Übereinkunft zwischen einem Unternehmer und einem Verbraucher über die Lieferung von Waren oder Erbringung von Dienstleistungen, die ausschließlich über „Fernkommunikationsmittel" erfolgt. Zu den „Fernkommunikationsmitteln" gehören insbesondere Briefe, Kataloge, Telefonanrufe, Telekopien, E-Mails, Rundfunk-, Tele- und Mediendienste.

§ 312 b
Absatz 3
BGB

Die **Vorschriften** über Fernabsatzverträge **gelten nicht** für den Fernunterricht, Finanz- und Wertpapierdienstleistungen, Bankgeschäfte, die Lieferung von Lebensmitteln, Getränken oder sonstigen Haushaltsgegenständen des täglichen Bedarfs, sofern diese häufiger und regelmäßig erfolgen. Ausführliche Erläuterungen siehe § 312 b, Absatz 3 BGB.

Welche Rechte hat der Verbraucher?

Sowohl bei Haustürgeschäften als auch bei Fernabsatzverträgen wird dem Verbraucher ein

Widerruf

Rückgabe

- **Widerrufsrecht** und/oder ein
- **Rückgaberecht**

eingeräumt. Das Rückgaberecht greift, wenn die Waren vor dem Widerruf schon geliefert oder die Leistung schon erbracht wurde. Voraussetzung für ein Rückgaberecht ist aber, dass der Verbraucher die Ware noch nicht genutzt bzw. die Leistung noch nicht in Anspruch genommen hat.

Wenn der Verbraucher von seinem Widerrufsrecht Gebrauch macht, ist er an seine auf den Abschluss des Vertrages ausgerichtete Willenserklärung nicht mehr gebunden.

Der Widerruf

- muss **keine Begründung** enthalten und erfolgt schriftlich oder durch Rücksendung der Sache;
- ist **innerhalb von zwei Wochen** gegenüber dem Unternehmer zu erklären. Zur Fristwahrung genügt die rechtzeitige Absendung.

Widerrufsschreiben als entsprechendes Einschreiben (mit Übergabeerklärung oder mit Rückschein) verfassen und absenden. Dies ist zwar teurer, aber sicherer: Bei einem einfachen Brief hat man keinerlei Beweis dafür in der Hand, dass man einen Widerruf rechtzeitig (oder überhaupt) abgesendet hat.

Die Frist des Widerrufs

- beginnt mit dem Zeitpunkt der schriftlichen Information (Belehrung) des Verbrauchers über sein Widerrufsrecht. Diese Information muss auch Namen und Anschrift desjenigen enthalten, gegenüber dem der Widerruf zu erklären ist.

- endet spätestens 6 Monate nach Vertragsschluss. Diese Bestimmung ist z. B. dann von Bedeutung, wenn Name und Anschrift desjenigen, gegen den sich der Widerspruch zu richten hätte, nicht bekannt sind bzw. erst herausgefunden werden müssen.

Passen Sie auf, dass Verträge nicht so weit rückdatiert werden, dass die Widerspruchsfrist schon bei Vertragsabschluss abgelaufen ist!

Rechtsfolgen des Widerrufs

Auf das Widerrufs- und Rückgaberecht finden die Vorschriften über den gesetzlichen Rücktritt Anwendung:

Rücksendung

- **Kosten und Gefahr der Rücksendung** trägt bei Widerruf und Rückgabe der Unternehmer.
- Bei einer **Bestellung von bis zu 40,00 €** dürfen dem Verbraucher die Kosten der Rücksendung vertraglich auferlegt werden. Dies gilt nicht, wenn die gelieferte Ware nicht der bestellten entspricht.

Minimalbeträge

- Der Widerruf für eine bestellte Ware oder Leistung **schließt auch den Widerruf eines damit ggf. verbundenen Vertrages** (z. B. ein Verbraucherdarlehen) ein.

4 Leistungsvertrieb – Absatzlogistik

Bei der Abwicklung von Kundenaufträgen gibt es verschiedene Wege. Die Wahl des Wegs hängt entscheidend davon ab, ob es sich um Sonderaufträge oder Anfragen handelt, denen eine Angebotsbearbeitung vorausgeht, oder ob die Kunden Standardware aus dem normalen Absatzprogramm bestellen. In jedem Fall werden alle Anfragen, Angebote und eingehenden Aufträge mit DV-Programmen verarbeitet und verwaltet, denen ein Produktions-Planungs-System (PPS) angeschlossen ist, sodass jederzeit von jeder zugriffsberechtigten Stelle abgerufen werden kann, auf welchem Stand sich die Auftragsbearbeitung befindet.

Wenn Sie mehr über die Produktionsplanung wissen wollen, schlagen Sie in diesem Kompendium, Lernfeld 5 nach. Spezielle Informationen zum PPS-System finden Sie dort unter Kapitel 3.3.

4.1 Prüfung der Lieferbereitschaft

Unter Lieferbereitschaft (Lieferwilligkeit) versteht man die Entscheidung, ob ein eingegangener Auftrag ausgeführt werden soll oder ob man darauf verzichtet.

Gründe für die Prüfung der Lieferbereitschaft

- politische Vorgaben: keine Lieferung von Waffen in Spannungsgebiete, keine technischen Anlagen, mit denen Waffen produziert werden können (z. B. Geräte zur Herstellung von Giftgas in den Irak).

Lieferungsausschluss

- rechtliche Vorschriften: Bestellung von Produkten, die gegen Umwelt- oder andere Gesetze verstoßen (die „Pille danach" wurde z. B. von einem deutschen Pharmakonzern hergestellt und in EU-Ländern bis November 1999, nicht aber in Deutschland vertrieben – wegen strengerer Gesetze und religiöser Bedenken).

- keine Lieferung mittel- oder unmittelbar an die Konkurrenz oder in Regionen, für die mit anderen Kunden Gebietsschutz vereinbart wurde.
- zu kleine Liefermengen, bei denen die Kosten der Auftragsabwicklung den Erlös übersteigen.
- Die vom Kunden geforderten Preise, Rabatte oder Lieferungs- und Zahlungsbedingungen lassen keinen (ausreichenden) Gewinn mehr zu oder würden gar einen Verlust bringen.
- Der häufigste Grund einer Nichtlieferung ist allerdings ein zu großes wirtschaftliches Risiko bei Lieferungen an Kunden, die nicht kreditwürdig sind. Eine zunehmende Zahl von Firmenpleiten und eine abnehmende Zahlungsmoral sind die Gründe.

Preis-Kosten-Check

Enthält die Anfrage (oder Bestellung) keine Preise, Rabatte, Lieferungs- und Zahlungsbedingungen, dann gelten die bestehenden Preislisten und Lieferungs- und Zahlungsbedingungen. Bei Stammkunden ist aus der Kundenkartei zu ersehen, welche Preise, Preisnachlässe usw. gewährt wurden.
Auf Anfragen für größere Projekte oder Sonderanfertigungen, Einzel- oder Auftragsfertigung werden Angebotskalkulationen (evtl. eine Vorkalkulation mit der Produktionsabteilung) erstellt. Unter Umständen werden auch Mindestmengen festgelegt.
Macht der Kunde bestimmte Preise, Rabatte, Lieferungs- und Zahlungsbedingungen geltend, dann müssen diese auf ihre Umsetzbarkeit überprüft werden.

4.2 Auftragsabwicklung

Aufträge werden in der Regel nach einem festen Ablaufschema bearbeitet:

Kundenanfrage

1. **Anfrage** eines Kunden bearbeiten,
2. Lieferwilligkeit prüfen,
3. Lieferfähigkeit prüfen,
4. Liefertermine mit Lagerhaltung und/oder Arbeitsvorbereitung festlegen,
5. Angebot versenden,

Auftrags-eingang

6. **Auftragseingang,**
7. Weitergabe an die Arbeitsvorbereitung oder an den Versand,
8. Fertigung der Ware und/oder Kommissionierung,
9. Erstellung der Warenbegleitpapiere,
10. Buchung und Rechnungsversand,
11. Überprüfung des Zahlungseingangs.

Geht ein Auftrag ein, ohne dass vorher ein Angebot abgegeben wurde, muss über die Lieferwilligkeit und -fähigkeit entschieden werden. Sind diese Entscheidungen positiv, dann kann der Kaufantrag angenommen werden, ansonsten ist er abzulehnen. Dies ist möglich, weil ein Kaufvertrag erst durch Annahme des Auftrags zustande kommt. Erfolgt der Auftrag auf ein Angebot, so müssen diese verglichen werden. Bei Abweichungen muss ein neues Angebot gemacht werden, das der Kunde akzeptieren oder ablehnen muss.

Absatzlogistik

Akzeptiert der Lieferant aber die Abweichung vom Angebot, so ist ebenfalls ein Kaufvertrag zustande gekommen. Danach wird der Kundenauftrag erfasst und erhält eine Kundenauftragsnummer. Lieferdatum, Anschrift des Kunden, Art und mögliche Besonderheiten der Ware, Farbe, Ausstattung usw. werden für die Produktion oder das Lager angegeben. Dem Kunden wird eine Auftragsbestätigung geschickt.

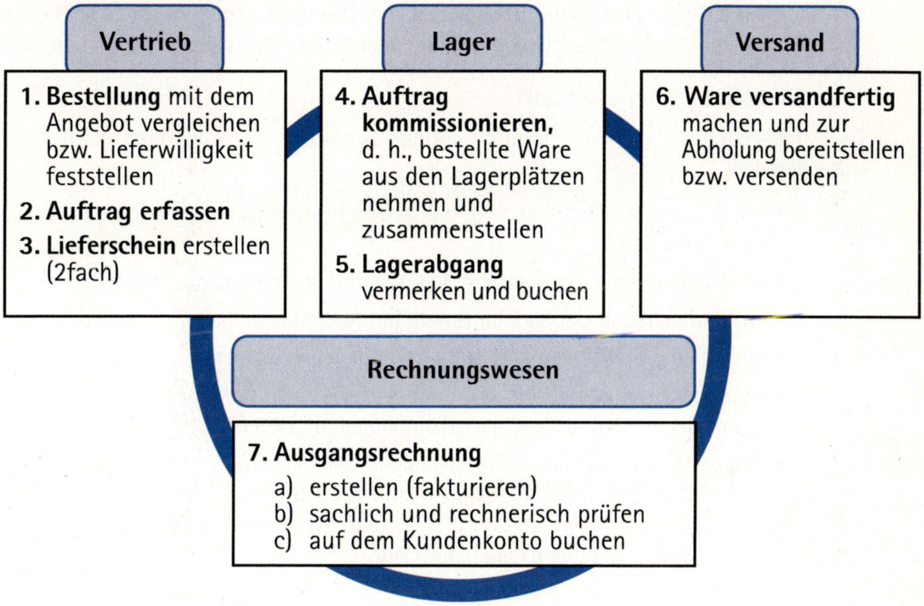

5 Störungen bei der Abwicklung von Kundenaufträgen

Jedes Unternehmen ist bestrebt Kundenaufträge möglichst reibungslos und störungsfrei abzuwickeln. Trotzdem sind Probleme nicht völlig auszuschließen. Dabei geht es insbesondere darum, dass Kunden die Ware nicht annehmen oder nicht zahlen.

5.1 Riskmanagement – zur Verringerung von Forderungsausfällen

5.1.1 Bonitätsprüfung[1]

Die Kreditwürdigkeit und die Zahlungsmoral von Kunden, die in laufenden Geschäftsbeziehungen stehen, kann aus der Kundenliste (Debitorenliste) in der Rechnungswesenabteilung ersehen

1 Bonität, die = (einwandfreier) Ruf einer Person oder Firma im Hinblick auf ihre Zahlungsfähigkeit und -willigkeit.

werden. Werden zusätzliche Informationen gewünscht, kann man auf die Kundenkartei oder evtl. auf Berichte der Außendienstmitarbeiter zurückgreifen. Geprüft werden die

Sicherheiten

- **persönliche Sicherheit:** Informationen über den Ruf der Eigentümer und/oder Geschäftsführer usw., deren Zuverlässigkeit, Lebensstil, bisherige Zahlungsweise usw.
- **dingliche Sicherheit:** Informationen über die Vermögenslage der Unternehmung oder der Eigentümer bzw. persönlich haftenden Gesellschafter, die Eigenkapitalquote, die Trennung des eigenen vom belasteten Vermögen und die Bewertung der als Sicherheit dienenden Werte.
- **künftigen Wettbewerbschancen** des Unternehmens: Prognosen über die Umsatz-, Kosten- und Ertragsentwicklung, der allgemeinen Wirtschaftslage und die der Branche.

Einholung einer Auskunft

Insbesondere bei neuen Kunden können Auskünfte bei folgenden Institutionen bezogen werden:

Auskünfte über Ruf und Zahlungsmoral

- Kreditinstitute (Voraussetzung: das Bankgeheimnis ist aufgehoben) und Versicherungsunternehmungen;
- Geschäftsfreunde, die auch mit diesem Kunden zusammenarbeiten;
- zuständige Kammern oder Konsulate (im Außenhandel);
- Lieferer, die vom Kunden als Referenz angegeben werden;
- öffentliche Register (Handels-, Genossenschaftsregister, Konkurs- u. Schuldnerverzeichnis beim zuständigen Amtsgericht, Grundbuch und Güterrechtsregister).
- Eine weitere – aber etwas kostspieligere – Möglichkeit ist die Befragung einer Auskunftei. Diese bieten über ihre Datenbanken online Auskünfte an. Hierin werden die Bonität, und die Zahlungsmoral bewertet. Schriftliche Anfragen und Auskünfte werden heute aber überwiegend über Datenbanken abgewickelt.

5.1.2 Eigentumsvorbehalte

Die Vertragsklausel „Die Ware bleibt bis zur vollständigen Bezahlung Eigentum des Lieferers" oder ähnliche Formulierungen zeigen den Eigentumsvorbehalt an. Er besagt, dass der Käufer **bis zur vollständigen Bezahlung** nur Besitzer ist, bis zu diesem Zeitpunkt bleibt der Verkäufer Eigentümer der Ware. Der Eigentumsvorbehalt ist bei Lieferantenkrediten (Raten- und Zielverkäufen) ratsam.

Verschiedene Alternativen des Eigentumsvorbehaltes

- Beim **einfachen Eigentumsvorbehalt** stehen dem Verkäufer folgende Rechte zu, wenn der Käufer in Zahlungsverzug gerät:
  - Wandelung, d. h. Rücktritt vom Kaufvertrag und Rücknahme der gelieferten Ware.
  - Aussonderung bei der Insolvenz des Käufers: Da die unter Eigentumsvorbehalt stehende Sache fremdes Eigentum ist, muss der Insolvenzverwalter sie auf Antrag aus der Insolvenzmasse aussondern.
  - Drittwiderspruchsklage gegen den pfändenden Gläubiger: Der Käufer ist verpflichtet, im Fall einer Pfändung von unter Eigentumsvorbehalt stehender Ware den Verkäufer zu benachrichtigen, damit dieser gegen den pfändenden Gläubiger Drittwiderspruchsklage erheben kann.

Der einfache Eigentumsvorbehalt erlischt, wenn die Sache

- an einen gutgläubigen Dritten veräußert wurde,
- mit einem Grundstück fest verbunden wurde (z. B. Steine für einen Hausbau),
- verarbeitet, verbraucht oder zerstört wurde.

Daher gibt es folgende Möglichkeiten, den Eigentumsvorbehalt zu erweitern:

- **Verlängerter Eigentumsvorbehalt**
  - Die aus dem Weiterverkauf entstandenen Forderungen werden an den Lieferer abgetreten.
  - Wurde die gelieferte Ware weiterverarbeitet, so wird der Verkäufer auch an der neuen Sache anteilsmäßiger Eigentümer.
- **Nachgeschalteter Eigentumsvorbehalt,** der vor allem im Zwischenhandel üblich ist. Der Käufer darf die unter Eigentumsvorbehalt bezogene Ware nur unter eigenem Eigentumsvorbehalt weiterveräußern. Damit stehen dem ursprünglichen Verkäufer auch die Rechte aus dem zweiten Eigentumsvorbehalt zu.

- **Kontokorrentvorbehalt**
  Er wird insbesondere angewendet, wenn Verkäufer und Käufer in ständiger Geschäftsbeziehung stehen. Der Eigentumsvorbehalt erlischt noch nicht, sobald der Käufer den vollständigen Kaufpreis für die Vorbehaltssache entrichtet hat, sondern erst, wenn alle Forderungen aus der Geschäftsverbindung beglichen sind, also ein Saldoausgleich vorliegt. Das vorbehaltene Eigentum sichert dann nicht nur die konkrete Kaufpreisforderung, sondern alle Forderungen des Verkäufers aus der jeweiligen Geschäftsverbindung.

- **Konzernvorbehalt**
  Er liegt vor, wenn sich der Kontokorrentvorbehalt nicht nur auf die Forderungen des Verkäufers, sondern auch auf die Forderungen anderer Lieferanten des Käufers erstreckt, die zu dem gleichen Konzern wie der Verkäufer gehören.

- **Weitergeleiteter Eigentumsvorbehalt**
  Der Käufer verpflichtet sich gegenüber dem Verkäufer, die Vorbehaltssache nur so weiterzuveräußern, dass der Verkäufer Vorbehaltseigentümer bleibt. Es liegt also kein selbstständig vereinbarter Eigentumsvorbehalt des Erstkäufers vor wie etwa beim nachgeschalteten Eigentumsvorbehalt.

5.1.3 Andere Absicherungen

Bei folgenden Zahlungsbedingungen entfallen die Risiken einer nicht rechtzeitigen Zahlung oder eines Zahlungsausfalls entweder ganz oder teilweise.

Barkauf

Bei diesem „Zug-um-Zug-Geschäft" wird die Ware nur gegen Barzahlung ausgehändigt. Eine Besonderheit ist der Versand gegen Nachnahme, der durch die Post oder private Versender möglich ist. Hauptsächlich wird dieser beim Versand (Direktvertrieb) an neue Privatkunden angewendet oder bei solchen, die nicht kreditwürdig sind oder schon einmal in Zahlungsverzug waren. Diese Zahlungsart wird auch beim Fabrikverkauf, bei Lieferungen an kleine Betriebe und bei direkter Lieferung durch den Außendienst angewendet.

Vorauszahlung oder Vorfaktura

Bei Kunden mit hohem Zahlungsrisiko kann eine Lieferung nur gegen Vorkasse erfolgen. Bei Sonderanfertigungen werden oftmals Teilbeträge als Vorauszahlung vereinbart. Sonderanfertigungen können nämlich nur schwer oder erheblich preiswerter anderweitig verkauft werden, wenn der Besteller bei Lieferung nicht zahlen würde. Eine Besonderheit ist die Vorfaktura, d. h. eine Rechnungserstellung <u>vor</u> Lieferung.

Banküblic he Kreditsicherungsmöglichkeiten

Der Industriebetrieb kann auch auf die bei Bankkrediten üblichen Kreditsicherungsmöglichkeiten durch Bürgschaft, Sicherungsübereignung, Abgabe eines Pfandes, Schuldschein oder Zession zurückgreifen.

Factoring

Factoring[1]

Der Industriebetrieb verkauft seine Forderungen an den Factor (i. d. R. eine Factoring-Bank). Dieser zahlt ihm die Rechnungssumme abzüglich Zinsen bis zum Fälligkeitstag und einer Provision sofort aus. Der Factor übernimmt dafür die evtl. Eintreibung der Forderung und das Forderungsrisiko. Der Industriebetrieb erspart sich diese Arbeiten und ist sofort liquide.

Wechsel

Wechselzahlung

Durch die Strenge des Wechselgesetzes (der Schuldner hat kaum eine Möglichkeit, seine Zahlungsverpflichtung infrage zu stellen, und das Klageverfahren kann sehr zügig verlaufen) wird der Käufer versuchen einen gezogenen Wechsel auch einzulösen. Somit wird die Sicherheit der normalen Buchforderung erheblich erhöht. Sollte der Wechsel bei Fälligkeit nicht eingelöst werden, kann eine Klage auf Zahlung bzw. Einlösung innerhalb einer Woche erfolgen, d. h., die Wartezeit auf den Prozess ist erheblich verkürzt.

Der Verkäufer kann auch vom Käufer einen Solawechsel (Eigenwechsel) verlangen. Der Käufer ist dadurch Aussteller und Bezogener. Er verpflichtet sich also an sich selbst die Wechselsumme am Verfalltag zu zahlen. Den Wechsel gibt er dann an den Verkäufer weiter, der ihn am Verfalltag zur Einlösung vorlegt.

Wenn Sie mehr über den Wechsel wissen wollen, schlagen Sie in diesem Kompendium, Lernfeld 11, Kapitel 3.2.2.2 nach.

5.2 Maßnahmen bei Zahlungsverzug

5.2.1 Voraussetzungen des Zahlungsverzugs

Ein Geldschuldner kommt in Verzug, wenn die Schuld fällig ist:

- Ist ein konkreter Zahlungstermin festgesetzt, so gilt dieser Tag.
- Ist kein konkreter Tag festgesetzt, so kommt der Schuldner auch ohne Mahnung spätestens 30 Tage nach Eintritt der Fälligkeit und Zugang einer Rechnung (oder gleichwertigen Zahlungsaufstellung) in Verzug.

Wenn Terminüberschreitungen von Forderungen festgestellt werden, sollte dem sofort nachgegangen werden. Die Gründe des Kunden hierfür können Vergesslichkeit, Nachlässigkeit,

1 Factoring, das = Methode der Absatzfinanzierung, bei der die Lieferfirma ihre Forderung aus Warenlieferungen einem Finanzierungsinstitut verkauft, das meist auch das volle Kreditrisiko übernimmt.

absichtliche Verzögerungen (z. B. um Zinsen einzusparen), kurzfristige Zahlungsschwierigkeiten oder Zahlungsunfähigkeit des Schuldners sein. Durch die Überwachung pünktlicher Zahlungseingänge seitens des Lieferers kann vermieden werden, dass der Lieferer

Finanzielle Einbußen

- selbst **Bankkredite** aufnehmen muss, um eigene Verbindlichkeiten zu begleichen;
- selbst **Skonti nicht ausnutzen** kann;
- durch eine möglicherweise verschlechterte Situation beim Schuldner Teile der Forderung im Falle der **Insolvenz** ganz einbüßt;
- seine Forderungen nicht mehr gerichtlich geltend machen kann, weil sie **verjährt** sind.

Rechte des Verkäufers

Ist der Käufer in Zahlungsverzug geraten, stehen dem Verkäufer folgende Rechte zu:

- **Bestehen auf verspäteter Erfüllung:** Der Verkäufer wird i. d. R. zuerst versuchen, den Käufer dazu zu bringen, dass er seiner Zahlungsverpflichtung nachkommt.
- **Wandelung:** Der Verkäufer kann vom Vertrag zurücktreten und die gelieferte Ware zurückverlangen. Dabei kommt dem Eigentumsvorbehalt (s. o.) eine besondere Bedeutung zu.
- **Schadenersatz:**
  Dem Geldgläubiger steht ohne Rücksicht auf einen konkreten Schaden ein Anspruch auf Verzugszinsen zu:

Verzugszinsen

  - im unternehmerischen Geschäftsverkehr 8 % über dem Basiszinssatz der Europäischen Zentralbank (EZB); dieser Basiszinssatz liegt in der Regel zwischen 3 % und 4 %, kann aber auch darüber hinausgehen oder darunter fallen.
  - im Geschäftsverkehr mit und unter Verbrauchern 5 % über dem Basiszinssatz der EZB.

  Der Schuldner kann nicht einwenden, dass dem Gläubiger kein oder nur ein geringerer Schaden entstanden sei. Über die Zinsen hinaus können weitere entstandene Kosten (Porto usw.) geltend gemacht werden.

5.2.2 Das Mahnverfahren

Mahnbescheid

Die erste Stufe des Mahnverfahrens läuft außergerichtlich ab. In einem höflich verfassten Erinnerungsschreiben wird der Schuldner darauf aufmerksam gemacht, dass er die Rechnung noch nicht beglichen hat. Spätestens nach der dritten außergerichtlichen Mahnung wird der Gang zum Gericht erfolgen (müssen), um die Forderungen mit juristischer Hilfe einzutreiben.

Ein Mahnbescheid wird beim zuständigen Amtsgericht beantragt und dem Schuldner zugestellt. Dieser kann

- **zahlen**, dann ist das Verfahren abgeschlossen.
- begründeten **Widerspruch** erheben. In diesem Fall wird aus dem Mahnverfahren ein Streitverfahren, in dem der Kläger (Gläubiger) seinen Anspruch in einer Klageschrift begründen muss.
- **nichts unternehmen.** Nach Ablauf der Widerspruchsfrist kann der Gläubiger binnen 6 Monaten einen Antrag auf Erlass eines Vollstreckungsbescheides stellen.

5.2.3 Das Klageverfahren (Zivilprozess)

Zuständiges Gericht

Wenn der Schuldner seiner Zahlungspflicht trotz des Mahnbescheids nicht nachkommt oder wenn ein Widerspruch zu erwarten ist, kann der Gläubiger versuchen seinen Anspruch in einem Klageverfahren durchzusetzen. Zuständiges Gericht ist

Zuständige Gericht

- das dem Erfüllungsort zugeordnete **Amtsgericht** bei einem Klagewert bis zu 5.000,00 € (keine Anwaltspflicht) oder
- bei einem höheren Klagewert das dem Erfüllungsort zugeordnete **Landgericht** (Anwaltspflicht).

Klageschrift

Die Klage wird durch eine Klageschrift oder mündlich – durch ein Protokoll bei Gericht – eingeleitet. Sie muss folgende Angaben enthalten:

- eine genaue Bezeichnung der Parteien (Kläger, Beklagter) und des Gerichts,
- den Klageantrag (z. B. Bezahlung des Rechnungsbetrags einschließlich Kosten und Zinsen),
- die eigenhändige Unterschrift des Klägers bzw. des zugelassenen Anwalts.

Einlassungsfrist

Das Gericht prüft den Antrag, verlangt vom Kläger einen Gerichtskostenvorschuss, stellt dem Beklagten die Klageschrift zu und legt einen Termin zur mündlichen Verhandlung fest, zu dem beide Parteien eingeladen werden. Der Zeitraum zwischen der Zustellung der Klage und der mündlichen Verhandlung beträgt mindestens zwei Wochen. Während dieser so genannten Einlassungsfrist kann der Beklagte Gegenbeweise sammeln und Stellung nehmen.

Die **mündliche Verhandlung** soll den Streit der beiden Parteien klären. Sie stellen ihre Anträge und versuchen mithilfe von Beweismitteln ihren Standpunkt darzulegen. Die Verhandlung endet mit einem Urteil, einem Vergleich oder der Zurücknahme der Klage.

Gegen das Urteil kann jede der beiden Parteien unter bestimmten Bedingungen Berufung bei dem übergeordneten Gericht einlegen.

5.2.4 Die Zwangsvollstreckung

Kommt ein Schuldner trotz des Gerichtsurteils seiner Zahlungspflicht nicht nach, kann der Gläubiger eine Zwangsvollstreckung betreiben. Er muss sich hierfür der Hilfe der staatlichen Vollstreckungsorgane bedienen, da er nicht befugt ist, sein Recht selbst zu erzwingen.

Vollstreckungstitel

Die Zwangsvollstreckung ist ein vom vorhergehenden Rechtsstreit unabhängiges Verfahren. Sie wird nur auf Antrag des Gläubigers eingeleitet. Da ein rascher Zugriff auf das Vermögen des Schuldners erfolgen soll, wird dieser vorher nicht angehört. Bevor eine Zwangsvollstreckung jedoch durchgeführt werden kann, muss dem Schuldner ein Vollstreckungstitel (Urteil oder Vollstreckungsbescheid) zugestellt werden.

Bezüglich der zu pfändenden Sachen unterscheidet man:

1 Zwangsvollstreckung in beweglichen Sachen

Pfandsiegel

Der Gerichtsvollzieher vollstreckt, indem er Gegenstände in Höhe der Schuld pfändet. Dabei nimmt er z. B. Bargeld, Wertpapiere oder Schmuck an sich. Auf größere Gegenstände klebt er ein Pfandsiegel. Danach darf der Gepfändete nicht mehr über diese Sachen verfügen. Bei Entfernung des Siegels macht er sich strafbar. Lebensnotwendige Sachen oder solche, die zur Berufsausübung des Gepfändeten notwendig sind, dürfen nicht gepfändet werden (z. B. Lebensmittel, Rundfunk-, Fernsehgerät, Tisch, Stühle, notwendige Kleidung). Über die Pfändung muss ein Protokoll geführt werden. Nach frühestens einer Woche, in der die Schuld noch beglichen werden kann, werden die gepfändeten Sachen öffentlich versteigert. Mit dem Erlös werden die Schuld und die Verfahrenskosten beglichen.

Zwangsversteigerung

Zwangsverwaltung

2 Zwangsvollstreckung in unbeweglichen Sachen

Auch Grundstücke und Gebäude können zur Begleichung der Schuld herangezogen werden. Je nach Höhe der einzutreibenden Summe können sie zwangsversteigert oder zwangsverwaltet werden. Im letzten Fall übernimmt das Gericht die Verwaltung des Grundstückes oder Gebäudes und verwendet die Pacht oder Miete, um die Schuld zu begleichen. Grundstücke können auch mit einer Hypothek belastet werden.

3 Zwangsvollstreckung in Forderungen und Rechten

Lohn- und Gehaltspfändung

Wenn dem Gläubiger bekannt ist, dass seinem Schuldner eine Forderung gegen einen Dritten zusteht, kann er auch diese pfänden lassen. Das Gericht erlässt auf Antrag des Gläubigers einen Pfändungs- und Überweisungsbeschluss gegen denjenigen, an den der Schuldner die Forderung hat. Dieser behält die gepfändete Forderung ein und überweist sie an den Gläubiger. Neben Forderungen können auch Bankguthaben, Löhne und Gehälter gepfändet werden. Bei Lohn- und Gehaltspfändung bekommt der Schuldner jedoch einen zum Leben notwendigen Betrag ausbezahlt. Der Rest wird gepfändet, bis die Schuld beglichen ist.

Eidesstattliche Versicherung

Je ungenauer die Kenntnis des Gläubigers über die Vermögenslage des Schuldners ist, desto wahrscheinlicher ist es, dass die Zwangsvollstreckung ganz oder teilweise erfolglos bleibt. Es ist auch möglich, dass der Schuldner pfändbare Vermögensteile dem Zugriff der Pfändung entzieht. Daher kann der Gläubiger im Fall einer fruchtlosen Pfändung die Vorlage eines Verzeichnisses aller Vermögensteile des Schuldners beantragen. Für dessen Richtigkeit muss der Schuldner eine eidesstattliche Versicherung abgeben, die in ein gerichtliches Verzeichnis eingetragen wird. Aus diesem Verzeichnis kann der Gläubiger ersehen, welche Gegenstände und Forderungen pfändbar sind.

Verweigert der Schuldner die Abgabe der eidesstattlichen Versicherung, kann der Gläubiger gegen ihn einen Haftbefehl beim zuständigen Amtsgericht beantragen. Diese Haft wird jedoch nur dann vollzogen, wenn der Gläubiger die dabei entstehenden Kosten monatlich im Voraus bezahlt. Der inhaftierte Schuldner kann die eidesstattliche Versicherung jederzeit abgeben und wird dann aus der Haft entlassen. Diese darf die Dauer von sechs Monaten nicht überschreiten.

5.2.5 Verjährungsfristen für Ansprüche

Als Verjährungsfrist bezeichnet man den Zeitraum, innerhalb dessen ein Anspruch geltend gemacht und im Zweifelsfall auch unter Zuhilfenahme juristischer Schritte durchzusetzen versucht werden kann.

Alle Ansprüche auf Geldzahlungen

3 Jahre

regelmäßige Verjährungsfrist aus allen „gewöhnlichen" Ansprüchen, die nicht anderweitig extra geregelt sind. Beginn: am Schluss des Kalenderjahres,

- in dem der Anspruch entstanden ist. Dies trifft immer dann zu, wenn es sich um Ansprüche handelt, die ebenso wie die Person des Anspruchsgegners bekannt sind.
- in dem der Gläubiger von den Umständen, die zur Begründung des Anspruches geführt haben, Kenntnis erlangt hat.
- in dem der Gläubiger von der Person des Schuldners Kenntnis erlangt.

Schadenersatz-ansprüche

30 Jahre Verjährungsfrist für Schadenersatzansprüche, die auf der Verletzung des Lebens, des Körpers, der Gesundheit oder der Freiheit beruhen. Beginn: am Tag der Entstehung des Anspruches.

10 Jahre Verjährungsfrist für alle anderen Schadenersatzansprüche und für alle anderen bisher nicht genannten Ansprüche außer den Schadenersatzansprüchen.

Verjährungen beziehen sich nicht nur auf direkte Geldforderungen, sondern auf alle Ansprüche gegenüber einem Schuldner, die mit Geldzahlungen in Verbindung stehen. So können z. B. finanzielle (Rück-)Forderungen aus Gewährleistungsansprüchen entstehen, die auch der Verjährungsfrist unterliegen.

Hemmung und Unterbrechung einer drohenden Verjährung

Wenn die Verjährung eine Anspruches droht, kann der Gläubiger versuchen dem entgegenzuwirken.

Unterbrechung bedeutet, dass die Verjährung erneut in voller Länge zu laufen beginnt.

Hemmung bedeutet, dass die Verjährungsfrist nicht neu zu laufen beginnt, sondern nur um einen bestimmten Zeitraum verlängert wird.

Von „einfachen" Mahnungen wird die Verjährungsfrist nicht beeinflusst. Sie läuft trotz solcher Maßnahmen „normal" weiter. Werden keine der folgenden Schritte eingeleitet, droht die Verjährung.

§ 212 BGB

§ 212 BGB

- **Anerkennung des Anspruchs** durch den Schuldner z. B. durch
  - Abschlagszahlung
  - Zinszahlung
  - Sicherheitsleistung
- Beantragung oder Vornahme einer gerichtlichen oder behördlichen Vollstreckungshandlung

§ 204 BGB

§ 204 BGB

- **Erhebung der Klage** auf Leistung, Feststellung des Anspruchs, Erteilung der Vollstreckungsklausel oder Erlass des Vollstreckungsurteils
- Zustellung des gerichtlichen **Mahnbescheids**
- Zustellung der Streitverkündung
- Beginn eines schiedsrichterlichen Verfahrens
- Anmeldung eines Anspruchs im **Insolvenzverfahren**

Die Hemmung endet in den vorgenannten Fällen sechs Monate nach der rechtskräftigen Entscheidung oder anderweitigen Beendigung des eingeleiteten Verfahrens,

§§ 205-7 BGB

- solange der Schuldner aufgrund einer Vereinbarung mit dem Gläubiger vorübergehend zur Verweigerung der Leistung berechtigt ist.
- solange der Gläubiger innerhalb der letzten 6 Monate der Verjährungsfrist durch höhere Gewalt an der Rechtsverfolgung gehindert ist.

Bei Ehegatten ist die Verjährung gehemmt, solange die Ehe besteht.

5.3 Annahmeverzug

Der Käufer gerät in Annahmeverzug, wenn er die ordnungsgemäß gelieferte Ware nicht annimmt. Dabei ist es egal, aus welchen Gründen er die Annahme verweigert hat.

Voraussetzungen des Annahmeverzuges

Voraussetzungen

1 Die Leistung muss fällig sein.

Wenn ein fester Liefertermin vereinbart wurde, gerät der Käufer dann in Annahmeverzug, wenn er die Ware an dem bestimmten Zeitpunkt nicht annimmt.

Wurde dagegen kein fester Liefertermin vereinbart, dann muss der Verkäufer die geplante Lieferung eine angemessene Zeit vorher ankündigen. Nimmt der Käufer die Ware dann nicht an, gerät er in Verzug. Liefert der Verkäufer aber überraschend, trifft den Käufer kein Verschulden wegen Nichtannahme der Ware (§ 299 BGB).

2 Die Leistung des Verkäufers muss ordnungsgemäß erfolgen.

Ordnungsgemäße Lieferung bedeutet: Der Verkäufer liefert die im Kaufvertrag beschriebene richtige Ware in richtiger Güte und Beschaffenheit zur richtigen Zeit an den richtigen Ort.

3 Der Käufer verweigert die Annahme dieser Leistung.

Der Käufer kommt auch in Verzug, wenn ihn kein Verschulden trifft, er z. B. die Lieferung wegen Krankheit o. Ä. nicht annehmen kann.

- Ist ein Zug-um-Zug-Geschäft vereinbart, d. h. zum Beispiel Lieferung gegen Nachnahme, dann kommt der Käufer auch dann in Verzug, wenn er zwar die Ware annehmen, diese aber nicht bezahlen will.
- Wurde vereinbart, dass der Käufer die Ware abholt, dann gerät er in Annahmeverzug, wenn der Verkäufer die Bereitstellung der Ware mitgeteilt hat und der Käufer diese nicht abholt.

Rechtsfolgen des Annahmeverzuges

- Haftungsminderung: Wenn mit der nicht angenommenen Ware etwas passiert, haftet der Lieferer nur noch bei grober Fahrlässigkeit und Vorsatz (§ 300 I BGB).
- Übergang der Gefahr auf den Käufer und dieser übernimmt die Kosten.
- Der Käufer schuldet dem Verkäufer Ersatz für alle Mehraufwendungen, die durch die Nichtannahme entstehen.

Rechte des Verkäufers bei Annahmeverzug

1 Rücktritt vom Vertrag und anderweitiger Verkauf der Ware bei

- guter Absatzlage (Er kann die Ware problemlos anderweitig oder sogar teurer verkaufen.),
- langjährigen Kunden (Bestehen gute Geschäftsbeziehungen, kann aus Kulanzgründen auf rechtliche Maßnahmen verzichtet werden.),
- geringen Rechnungsbeträgen (hier lohnen sich weitere Bemühungen oftmals nicht).

Rechte

2 Lagerung der Ware

im eigenen Lager oder im öffentlichen Lagerhaus (Kosten gehen zulasten des Käufers) und Klage vor Gericht auf Abnahme.

3 Selbsthilfeverkauf

Oftmals wird er der Klage vorgezogen. Erstens erhält der Verkäufer schneller und sicherer den Preis und zweitens werden dem Käufer Gerichts- und Anwaltskosten erspart. Zur Durchführung eines Selbsthilfeverkaufs muss der Verkäufer aber bestimmte Pflichten zum Schutze des Käufers erfüllen. Er muss:

- Dem Käufer die Hinterlegung der Ware mitteilen, eine Frist zur Abnahme setzen und den Selbsthilfeverkauf androhen (§ 384 BGB, § 373 HGB).
- Nimmt der Käufer die Ware dennoch nicht ab, wird die Versteigerung angesetzt. Dem Käufer müssen rechtzeitig Ort und Zeitpunkt des Selbsthilfeverkaufs angekündigt werden. Damit kann der Käufer an der Versteigerung teilnehmen und die Ware bei zu niedrigen Angeboten selbst ersteigern.

Fakten kurz gefasst

Störungen bei der Vertragserfüllung im Absatzbereich

Annahmeverzug → Leistung wurde ordnungsgemäß erbracht, aber vom Kunden nicht angenommen.

→ **Pflicht zur Annahme**
besteht, aber das Recht des Verkäufers ist im Zweifel nicht (sinnvoll) durchsetzbar.

→ **Abwägung:**
- Bestehen auf Vertragserfüllung (Achtung: Kann der Käufer dann auch zahlen ...)?
- Öffentliche Versteigerung?
- Schadenersatzforderung?
- Rücktritt vom Vertrag (wenn dadurch Schadenbegrenzung möglich ist und/oder die Ware problemlos anderweitig verkauft werden kann)?

Zahlungsverzug → Leistung wurde ordnungsgemäß erbracht, aber Kunde kommt seiner Zahlungspflicht nicht nach.

→ **Pflicht zur Zahlung**
besteht, aber das Recht des Verkäufers ist im Zweifel nicht (sinnvoll) durchsetzbar.

→ **Abwägung:**
- Bestehen auf Vertragserfüllung?
- Gerichtliches Verfahren einleiten?
- Schadenersatzforderung/Verzugszinsen?
- Rücktritt vom Vertrag (wenn dadurch Schadenbegrenzung möglich ist und keine Aussicht auf ein erfolgreiches Mahnverfahren besteht)?

1 Investitions- und Finanzierungsanlässe – Kapitalbedarfsplanung

Kapitalströme

Betriebliche Investitions- und Finanzierungsvorgänge sind Kapitalströme, die dem Betrieb von außen zufließen oder von diesem abfließen (wenn das Kapital zu Investitionszwecken verwendet wird). Über die Investitionen sollen Erlöse erzielt werden, die wiederum dem Betrieb zufließen. Hieraus können Gewinne entstehen, die das Eigenkapital vermehren und wiederum zu neuen Investitionen verwendet werden können.

Vernetzung der Funktionen

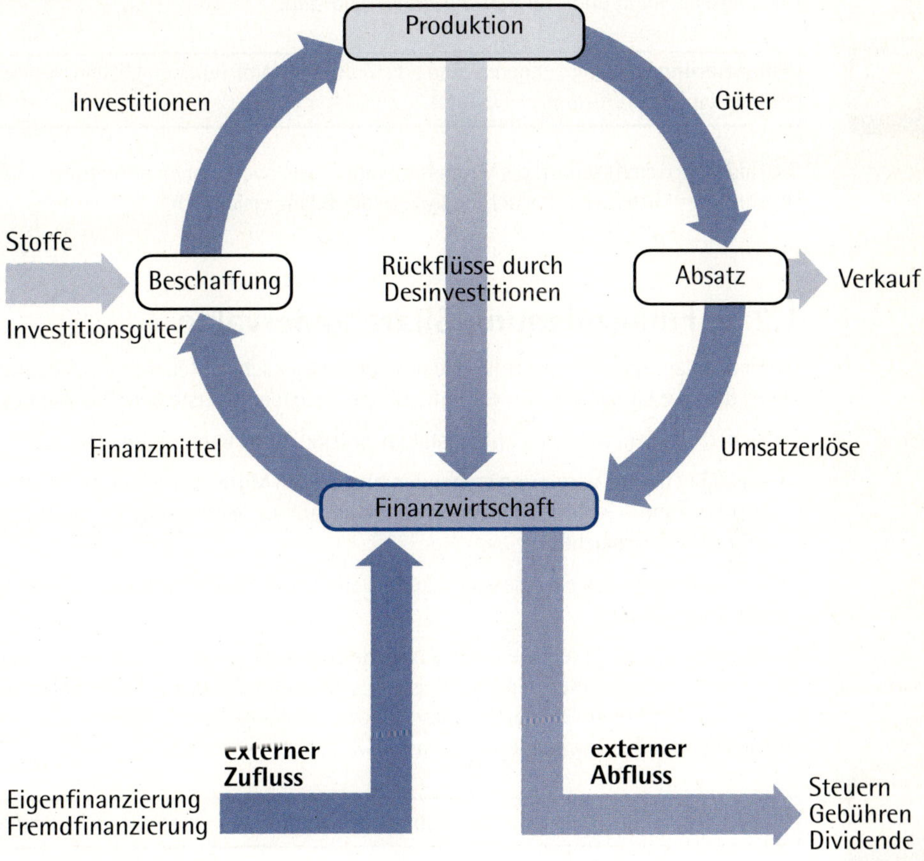

1.1 Investitions- und Finanzierungsbegriff

Investition

Mit „Investition" ist die Verwendung von Geldmitteln zum Erwerb von Vermögensgegenständen gemeint, die als Sach-, Finanz- oder immaterielles Vermögen auf der Aktivseite der Bilanz wieder zu finden sind.

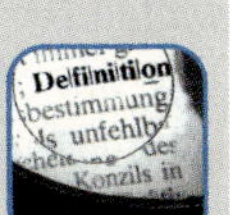

Als **Investition** bezeichnet man alle Verwendungsformen der einem Unternehmen zugeführten Finanzmittel.

In enger Vernetzung zu allen anderen betrieblichen Bereichen trifft die Investitions- und Finanzwirtschaft unternehmenspolitische Entscheidungen mit erheblichen Konsequenzen für den gesamten Betrieb.

Investitionen haben langfristige Auswirkungen auf die zukünftigen Marktchancen eines Unternehmens, denn durch sie können moderne Technologien im Betrieb verwendet werden, damit die Produktion gesteigert und somit die Wettbewerbsfähigkeit verbessert wird.

Finanzierung

Finanzierung beinhaltet alle Maßnahmen zur Beschaffung von Mitteln im Finanzbereich einer Unternehmung, die sowohl für die Gründung einer Unternehmung als auch für die betriebliche Leistungserstellung und -verwertung notwendig sind.

> **Finanzierung** erfasst im engeren Sinne die Zuführung von liquiden Mitteln in eine Unternehmung (Kapitalzuführung).

Herkunft der Finanzmittel

Die Finanzwirtschaft schafft die Voraussetzungen, um Investitionen durchführen zu können. Die Herkunft der Mittel wird aus der Passivseite der Bilanz ersichtlich.

1.2 Finanzplanung/Shareholdervalue

Die Finanzplanung ist ein zentrales Element der betrieblichen Steuerung und Führung. Sie stellt sicher, dass die Einnahmeströme langfristig die Ausgaben übersteigen. Das Ziel besteht darin,

Liquidität

- sicherzustellen, dass die Zahlungsfähigkeit (Liquidität) immer vorhanden ist;
- dass über die zur Verfügung stehenden finanziellen Mittel weitgehend eigenständig verfügt werden kann – je höher der Anteil an Fremdkapital, desto größer ist die Abhängigkeit von externen Kapitalgebern;
- die Verzinsung des eingesetzten Kapitals auf einem möglichst hohen Niveau sicherzustellen (Rentabilität).

Shareholdervalue

Je besser es gelingt, diese Ziele umzusetzen, desto größer ist der „Marktwert" des Eigenkapitals, das in dem Unternehmen eingesetzt ist. Das **Shareholdervalue-Konzept** verfolgt das Ziel einer möglichst hohen Dividendenausschüttung an die Aktionäre. Dies ist nur möglich, wenn entsprechend hohe Gewinne erwirtschaftet werden.

> Shareholdervalue bezeichnet das Streben nach einer hohen Rendite der Aktiendepots.

Die Finanzplanung zielt nicht nur darauf ab, dass genügend liquide Mittel zur Verfügung stehen, sondern sie hat darüber hinaus die Aufgabe

Aufgaben der Finanzplanung

- einer möglichst zuverlässigen Prognose des künftigen Kapitalbedarfs;
- sicherzustellen, dass die Zahlungsverpflichtungen des Unternehmens jederzeit eingehalten werden können;
- die nötigen Maßnahmen zur Auswahl der „richtigen" Finanzierungsquellen vorzubereiten.

Neben der Übersicht über die Zahlungsvorgänge hat der Finanzplan noch die Aufgabe, die Liquidität zu sichern. Deshalb muss den Einnahme- und Ausgabeterminen besondere Beachtung zuteil werden. Bei der Finanzplanung ist dafür Sorge zu tragen, dass für alle notwendigen Aus-

Ausgaben/ Einnahmen

gaben zum entsprechenden Zeitpunkt die nötigen Geldmittel bereitstehen. Das ist besonders wichtig, wenn es sich um unaufschiebbare Ausgaben handelt wie Lohnzahlungen, Steuern, Wechselschulden usw.

Ausgaben und Einnahmen einer Unternehmung stellen reine Zahlungsströme dar. Sie wirken sich nicht auf die Höhe des Eigenkapitals aus, sondern verändern je nach Zahlungsart (siehe dazu Kapitel 5) die Kasse- oder Bankbestände. Ausgaben und Einnahmen dürfen nicht verwechselt werden mit **Aufwendungen** und **Erträgen**, hinter denen ein Werteverzehr oder ein Wertezuwachs steht, der das Eigenkapital verändert.

Wenn Sie Näheres darüber wissen wollen, schlagen Sie im Kompendium Rechnungswesen, Lernfeld 3, Kapitel 5 oder Lernfeld 4, Kapitel 1 nach.

Ein **Finanzplan** enthält alle Geld- und Kapitalbewegungen, die die vorgesehenen Tätigkeiten im Absatz-, Produktions- und Beschaffungsplan samt ihren Teilplänen auslösen werden.

Planperiode

Um die Instrumente der vorausschauenden Finanzplanung ständig zu verfeinern, werden die Ergebnisse überprüft und die Abweichungen zwischen Soll (Planung) und Ist (dem tatsächlichen Wert) festgestellt. Diese Korrekturen fließen in die Folgeplanungen ein.

Entsprechend der Planperiode unterscheidet man kurz-, mittel- und langfristige Zeiträume. Dabei können die Finanzpläne in regelmäßigen Abständen laufend oder aus besonderen Anlässen nur einmalig erstellt werden. Im ersten Fall handelt es sich um ordentliche, bei der zweiten Möglichkeit um außerordentliche Planungen.

Kurzfristige Finanzpläne werden für einen Zeitraum von einem Monat bis zu einem halben Jahr aufgestellt. Ihre Aufgabe besteht in der Ermittlung des laufenden Kapitalbedarfs. **Mittelfristige** Betrachtungen werden in der Regel in Jahresfinanzplänen dargestellt. Aus den **langfristigen,** mehrjährigen Finanzplänen lässt sich deutlich die von der Unternehmung angestrebte Entwicklung ablesen. Allerdings bereiten exakte Schätzungen hier weitaus größere Schwierigkeiten als bei kurzfristigeren Plänen.

Über- und Unterdeckung

Liquiditätssicherung

Aus der Gegenüberstellung von Einnahmen und Ausgaben ergibt sich eine Überdeckung (Einnahmen > Ausgaben) oder Unterdeckung (Einnahmen < Ausgaben) in der Finanzstruktur. Durch die vorausschauende Finanzplanung erkennt man rechtzeitig finanzielle Engpässe und kann geeignete Gegenmaßnahmen vorbereiten. Allerdings geht das Interesse der Unternehmung über die Liquiditätssicherung hinaus, denn gleichzeitig soll auch die Rentabilität des eingesetzten Kapitals möglichst groß sein. Liquide Mittel sollen möglichst Gewinn bringend investiert werden. Mit jeder Investition verringert sich jedoch der finanzielle Spielraum einer Unternehmung, denn das Kapital wird durch die Beschaffung von Anlagegütern langfristig gebunden.

Dieser **Konflikt zwischen Liquidität und Rentabilität** stellt an die Finanzplanung zusätzliche Anforderungen. Ist die Liquidität sehr hoch, geht dies zulasten der Rentabilität, weil flüssige Mittel nicht bestmöglich ausgenutzt werden. Hingegen gerät die Unternehmung leicht an den Rand der Zahlungsunfähigkeit, wenn die Liquidität zu gering ist.

Je langfristiger Kapital in einem Unternehmen gebunden ist, desto rentabler kann es arbeiten. Eine hohe Liquidität geht in der Regel zulasten der Rentabilität.

Das wesentliche Ziel der Finanzplanung ist die Sicherheit eines ausgeglichenen Finanzhaushalts, in dem die Unternehmung jederzeit genau die Menge an flüssigen Mitteln zur Verfügung hat, die sie gerade benötigt.

1.3 Investitions- und Finanzierungsanlässe

Investitionen lassen sich nach der Art der Vermögensgegenstände nach verschiedenen Kriterien unterscheiden:

Gründungsinvestitionen
Ersatzinvestitionen
Neuinvestitionen
Rationalisierungsinvestitionen
Folgeinvestitionen
Desinvestitionen
Finanzinvestitionen/immaterielle Investitionen

Sachinvestitionen

reale Gegenstände des Anlage- und Umlaufvermögens

Investitionszeitpunkt

Gründungsinvestionen sind alle Investitionen, die bei der Gründung einer Unternehmung für Sachausgaben oder immaterielle Investitionen (z. B. Patente oder Lizenzen), selten auch für Finanzlagen (z. B. Beteiligungen) getätigt werden.

Folgeinvestitionen können Neu-, Erhaltungs, Erweiterungs- oder Rationalisierungsinvestitionen sein.

Investitionsvolumen

Ersatzinvestitionen finden dann statt, wenn alte Investitionsgüter durch vergleichbare neue ersetzt werden. Bei Erweiterungsinvestitionen werden „alte" Investitionsgüter durch neue und bessere Anlagen ersetzt oder der vorhandene Produktionsmittelbestand wird vergrößert.

Desinvestitionen sind die Verkäufe von Vermögens-

Investitionszweck

Neuinvestitionen sind die Anschaffungen von neuen, vorher nicht vorhandenen Investitionsgütern.

Rationalisierungsinvestitionen sind der Ersatz von alten Investitionsgütern durch neue, insgesamt weniger Kosten verursachende Güter.

Finanzinvestitionen

Anlage finanzieller Mittel in Wertpapieren oder Beteiligungen

Immaterielle Investitionen

Aufwendungen für Forschung und Entwicklung, Werbung Ausbildung usw.

Die begriffliche Abgrenzung dieser Investitionsarten ist nicht immer eindeutig. Sie gehen teilweise ineinander über. Jede Ersatzinvestition ist z. B. mit einem qualitativen oder quantitativen Erweiterungseffekt verbunden und ist fast immer auch eine Rationalisierungsinvestition.

Bruttoinvestition

Die Summe aller angeschafften Investitionsgüter einer Periode und die eventuell selbst erstellten Anlagen werden als Bruttoinvestition bezeichnet, reduziert um die Abschreibungen ergeben sich die Nettoinvestitionen.

1.4 Kapitalbedarfsplanung

Der Einsatz finanzieller Mittel beginnt in einer Unternehmung schon lange vor der eigentlichen Betriebsgründung oder der Aufnahme der Produktionstätigkeit. Finanzielle Überlegungen stellen einen wesentlichen Teilbereich der unternehmerischen Vorausplanung dar und bestimmen als Funktionsbereich Art und Ausmaß der Betriebstätigkeit mit.

Mit der Kapitalbedarfsrechnung wird eine wesentliche Voraussetzung zur Sicherung des finanziellen Gleichgewichts geschaffen. Dieses Gleichgewicht beinhaltet, dass z. B. weder zu viel noch zu wenig Kapital zur Verfügung steht.

Kapitalbedarf

Der gesamte Kapitalbedarf umfasst die finanziellen Mittel, die vom Beginn der Betriebstätigkeit (einschließlich der Planungsphase) bis zum Zeitpunkt des Kapitalrückflusses (Absatzerlöse) benötigt werden. Eine genaue Berechnung des notwendigen Kapitals lässt sich kaum durchführen. Aus den unternehmerischen Zielsetzungen kann der Kapitalbedarf zwar abgeleitet werden, allerdings hängen die Ergebnisse sehr stark von dem zukünftigen, **nicht exakt voraussagbaren Marktgeschehen** ab. So können zum Beispiel Angebots- und Nachfrageschwankungen, Marktsättigung, Preisveränderungen, außergewöhnliche Ereignisse wie Streiks, Katastrophen u. Ä. die Berechnungsgrundlagen kurz- oder langfristig entscheidend ändern. Unter dieser Einschränkung sind auch nachfolgende Überlegungen zu sehen.

- Vor Aufnahme der eigentlichen Betriebstätigkeit werden zahlreiche **vorbereitende** Maßnahmen getroffen. Dazu gehört neben dem organisatorischen Aufbau auch die Beschaffung des Anlagevermögens. Hiermit verbunden sind einmalig oder selten anfallende Ausgaben.

Vorbereitende/ laufende Ausgaben

- **Laufende** Ausgaben entstehen mit der Produktionsaufnahme. Roh-, Hilfs- und Betriebsstoffe unterliegen ebenso dem Umsatzprozess wie bezogene Fertigteile oder Handelswaren. Außerdem müssen Löhne und Gehälter gezahlt werden.

Grundfinanzierung

- Die Kapitalbeschaffung für die Durchführung der vorbereitenden Tätigkeiten und die Anschaffung des Anlagevermögens bezeichnet man als Grundfinanzierung. Während Rohstoffe normalerweise zum Umlaufvermögen zählen, wird der **eiserne Bestand** bei der Grundfinanzierung berücksichtigt, da er nicht dem Umsatzprozess unterliegt. Er muss ständig als Sicherheitsreserve zur Aufrechterhaltung der Betriebsbereitschaft vorhanden sein.

- Der Kapitalbedarf für die Finanzierung der laufenden Betriebstätigkeit hängt vom Umfang und der Dauer des Produktions- und Umsatzprozesses ab. Dabei müssen auch **Nebenfaktoren,** wie z. B. Lieferer- und Kundenziele, berücksichtigt werden. Prognosen über die zukünftige Entwicklung auf den Beschaffungs- und Absatzmärkten spielen im Gegensatz zur Grundfinanzierung hier eine ungleich größere Rolle.

Lieferer- und Kundenziele

Kapitalbindungsdauer

Eine Unternehmung wird bei der Berechnung des Kapitalbedarfs für Investitionsvorhaben nur die ihr am wichtigsten erscheinenden Einflussgrößen berücksichtigen können. Dazu gehört in jedem Fall die **Kapitalbindungsdauer im Umsatzprozess** einschließlich der in diesem Zeitraum anfallenden Lohnkosten. Man kann davon ausgehen, dass sich eine Unternehmung normalerweise mit dem Eingang der Verkaufserlöse für die produzierten und abgesetzten Güter selbst finanziert.

Kapitalbedarf

Der Kapitalbedarf zur Finanzierung der **laufenden Betriebstätigkeit** errechnet sich deshalb wie folgt:

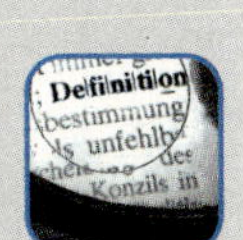

Kapitalbedarf für die laufende Betriebstätigkeit = Tagesbedarf · Kapitalbindungsdauer

Kapital für außerplanmäßige Ereignisse

Neben dem ordentlichen Kapitalbedarf für die Grundfinanzierung und die laufende Betriebstätigkeit sollte zusätzliches Kapital für außerordentliche Fälle (Betriebsstörungen, Absatzschwierigkeiten, Zahlungsverzug von Kunden, betriebsfremde Aufwendungen usw.) zur Verfügung stehen. Die Berechnung des Gesamtbedarfs erfolgt somit auf einer erweiterten Grundlage:

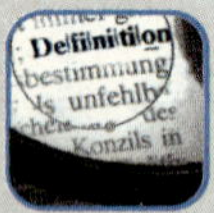

Kapitalbedarf für die Produktionsvorbereitung
einschließlich der Beschaffung des Anlagevermögens

\+ Bedarf für laufende Betriebstätigkeit

= **ordentlicher Kapitalbedarf**

\+ außerordentlicher Kapitalbedarf

= **insgesamt notwendiges Kapital**

Während der Kapitalbedarf für das Anlagevermögen relativ einfach zu erfassen ist, hängt der außerordentliche Kapitalbedarf weitgehend von Erfahrungswerten ab.

Beispiel:
Tagesproduktion
Bisher: 1 000 Einheiten
Planung: 1 200 Einheiten (+20 %)

Kapitalbedarfsrechnung

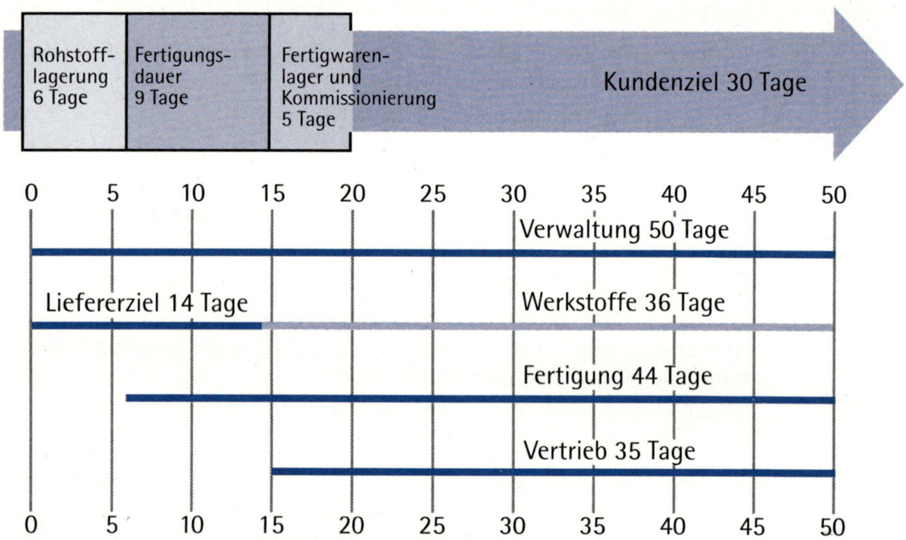

Planungsrechnung

		Ist-Situation Tagesproduktion 1 000 Stück			**Planung** Tagesproduktion 1 200 Stück		
	Stückkosten	Tagesbedarf	Kapitalbindung	Gesamtbedarf	Tagesbedarf	Kapitalbindung	Gesamtbedarf
Werkstoffe	10 €	10.000 €	36 Tage	360.000 €	12.000 €	36 Tage	432.000 €
Fertigungslöhne	15 €	15.000 €	44 Tage	660.000 €	18.000 €	44 Tage	792.000 €
Verwaltung	7 €	7.000 €	50 Tage	350.000 €	8.400 €	50 Tage	470.000 €
Vertrieb	8 €	8.000 €	35 Tage	280.000 €	9.600 €	35 Tage	336.000 €
	40 €	40.000 €		1.650.000 €	48.000 €		2.030.000 €

Kapitalbedarfsrechnung

Diese vereinfachte Kapitalbedarfsrechnung geht u. a. davon aus, dass

- Ein- und Verkaufspreise konstant bleiben,
- Lieferer- und Kundenziele genau eingehalten werden,
- die Stückkosten konstant sind,
- keine Beschäftigungsschwankungen auftreten,
- die Termine für Lagerung, Produktion und Vertrieb eingehalten werden,
- weder ein Umsatzrückgang noch eine Umsatzerhöhung eintritt.

Mit dem Ergebnis wird daher lediglich ein Überblick über die Höhe des Kapitals gegeben.

In der Praxis ist die Reihe der Einflussfaktoren wesentlich größer. Sie werden je nach Erfordernissen und gewünschter Genauigkeit der Kapitalbedarfsrechnung zusätzlich berücksichtigt:

Einflussfaktoren

Rohstoffe ①

Leistungsvolumen/Umsatz, spezifischer Wert des Materials, Lieferzeiten, Typenvielfalt, Dispositionsverfahren, Materialanteil am Produkt

Personalkosten ②

Leistungsvolumen/Umsatz, Löhne und Gehälter, Lohnkostenanteil am Produkt, Arbeitsmarkt

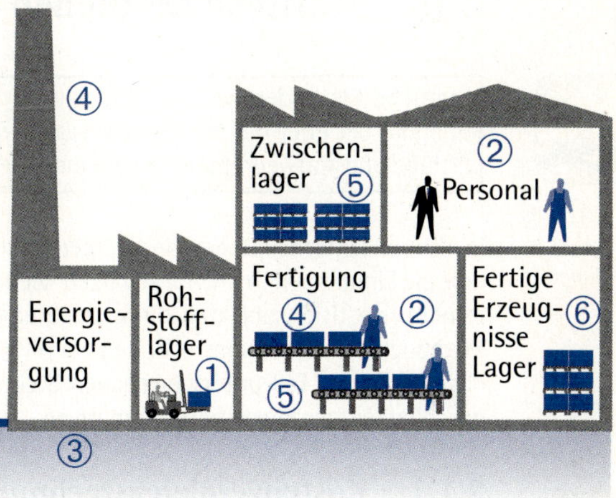

Grundstück (Boden) ③

Betriebsgröße/Leistungsvolumen, Zeitpunkt des Kaufs, Erwartung der Ausdehnung, Lage des Grundstücks

Unfertige Erzeugnisse ⑤

Durchlaufgeschwindigkeit, Dauer der Zwischenlagerung, Fertigungstiefe, Zahl der Arbeitsgänge

Gebäude, Maschinen usw. ④

Kapazität (Abhängigkeit vom Umsatz), Art des Produktes (groß, klein, schwer usw.), Sicherheitsbestimmungen, Herstellverfahren, Grad der Mechanisierung, Grad der Automation, Produktionsspektrum, Stand der Rationalisierung

Fertige Erzeugnisse/ Vertrieb ⑥

Dauer der Lagerung, Zahlungsziel

Absatz und Kapitalbedarf

Der erzielte oder angestrebte Absatz ist der wichtigste Bestimmungsfaktor für den Kapitalbedarf, da er eine ganze Reihe anderer Einflussgrößen umschließt. Das dem Beispiel zugrunde liegende proportionale Verhältnis zwischen Absatz und Kapitalbedarf stellt allerdings eine weitere Vereinfachung dar. In der Praxis haben Absatzänderungen auch Auswirkungen auf die Kostenstruktur (günstigere Einkaufsbedingungen durch Mengenrabatte, Überstundenzuschläge in der Produktion, Rationalisierungsmöglichkeiten usw.). Daher wird der Kapitalbedarf nur in seltenen Fällen im gleichen Verhältnis steigen oder fallen wie der Absatz.

2 Investitionsrechnungen

Ob eine Unternehmung Investitionen tätigt oder nicht, hängt von verschiedenen Faktoren ab. Ein wesentliches Entscheidungskriterium ist die Wirtschaftlichkeit der geplanten oder ausgeführten Investitionen.

Einnahmen und Ausgaben

Die Minimalforderung besteht darin, dass die aus einem Investitionsvorhaben zu erwartenden Einnahmen mindestens gleich den mit ihr verbundenen Ausgaben sind. Mit dieser Bedingung wird man sich in der Praxis allerdings nur in den wenigsten Fällen zufrieden geben. Wesentlich hilfreichere Orientierungspunkte bieten der Kapitalmarktzins und der Vergleich mit anderen alternativen Investitionsmöglichkeiten.

Es gibt sehr viele Methoden der Investitionsrechnung, von denen im Folgenden nur diejenigen kurz erläutert werden sollen, die in der Praxis am gebräuchlichsten sind.

2.1 Statische Methoden

Statische Methoden der Investitionsrechnung sind ein Hilfsmittel für Investitionsentscheidungen, bei dem die mit einer Investition verbundenen Einnahmen und Ausgaben bzw. Erträge und Aufwendungen miteinander verrechnet und verglichen werden.

Investitionsentscheidungen

Investitionsentscheidungen sind immer in die Zukunft gerichtet, insofern lassen sich insbesondere die Einnahmen i. d. R. nur schätzen. Vielfach ist es ohnehin nur bedingt möglich, Erlöse einzelnen Investitionsobjekten direkt zuzurechnen. Unabhängig davon stellen mathematische Methoden der Investitionsrechnung ein Hilfsmittel für die unternehmerische Entscheidung dar, das von Fall zu Fall unterschiedlichen Stellenwert genießt. Voraussetzung ist auch eine Vergleichbarkeit der Investitionsalternativen.

2.1.1 Kostenvergleichsrechnung

Kostenvergleich als einfachste Möglichkeit

Alleiniger Beurteilungsmaßstab sind die Kosten, die eine Investition hervorruft. Die Rechnung kann sich auf die gesamte Nutzungsdauer, aber auch auf einzelne Abschnitte beziehen.

Diese einfache Investitionsrechnung wird immer dann angewandt, wenn man für eine Investition zwar die Kosten kennt, ihnen aber keine konkreten Erträge gegenüberstellen kann. Dies ist z. B. bei einem Firmen-Pkw der Fall, mit dem keine unmittelbar zurechenbaren Erträge erwirtschaftet werden:

Laufleistung beider Pkw ca. 20 000 km/Jahr	**Pkw Typ 1** • hoher Anschaffungswert • schadstoffarm • niedriger Benzinverbrauch	**Pkw Typ 2** • günstiger Anschaffungswert • verbrauchsungünstig
Anschaffungskosten	30.000 €	25.000 €
Abschreibung pro Jahr	6.000 €	5.000 €
Versicherung, Steuern	800 €	600 €
Betriebskosten pro km	0,40 c/km 8.000 €	0,50 c/km 10.000 €
Kosten pro Jahr	14.800 €	15.600 €
Kosten pro km	**0,74 c**	**0,78 c**

2.1.2 Gewinnvergleichsrechnung

Gewinnvergleich bei zurechenbaren Einnahmen

In Ergänzung zum reinen Kostenvergleich werden hier auch die Erträge bzw. die erbrachten Leistungen berücksichtigt. Dies ist nur dann möglich, wenn einer Investition solche Kapitalzuflüsse konkret zurechenbar sind.

Maschinen mit unterschiedlichen Kapazitäten und unterschiedlichem Leistungsumfang, der verschiedene Verkaufspreise rechtfertigt	**Halbautomatische Drehmaschine** • Kapazität 10 000 Stück • Verkaufspreis 1,50 €/Stück	**Automatische Drehmaschine** • Kapazität 12 000 Stück • Verkaufspreis 1,60 €/Stück
Anschaffungskosten	50.000,00 €	70.000,00 €
Abschreibung pro Jahr	10.000,00 €	14.000,00 €
Betriebskosten pro Jahr	2.000,00 €	2.000,00 €
Sonstige Kosten	800,00 €	800,00 €
Gesamte Herstellkosten pro Jahr	12.800,00 €	16.800,00 €
Erlöse aus dem Verkauf der Fertigerzeugnisse	15.000,00 €	19.200,00 €
Gewinn	**2.200,00 €**	**2.400,00 €**
Gewinn/Stück	**22 c**	**20 c**

2.1.3 Amortisationsrechnung

Kapitalrückfluss

Die Amortisationsrechnung (Pay-off-Methode) stellt den Kapitalrückfluss in den Mittelpunkt, d. h., entscheidend ist die Dauer der Kapitalbindung.

$$\textbf{Kapitalrückflusszeit} = \frac{\text{Kapitaleinsatz}}{\text{Gewinn/Jahr + Abschreibungen}}$$

$$\text{Kapitalrückflusszeit} = \frac{50.000}{2.200 + 10.000} \quad \mathbf{= 4{,}10\ Jahre}$$

2.1.4 Rentabilitätsrechnung

Verzinsung des Kapitals

Die Rentabilität bezeichnet die Verzinsung des Kapitals. Der erzielte Gewinn wird ins Verhältnis zum durchschnittlich eingesetzten Kapital gesetzt.

$$\textbf{Rentabilität}\text{ des Eigenkapitals} = \frac{\text{Gewinn} \cdot 100}{\text{durchschn. Eigenkapitaleinsatz}}$$

$$\textbf{Rentabilität}\text{ des Eigenkapitals} = \frac{2.200 \cdot 100}{25.000} = 8{,}8\ \%$$

Besonders interessant wird die Frage der Rentabilität, wenn evtl. trotz vorhandenen Eigenkapitals bewusst mit Fremdkapital finanziert wird. Wenn der Fremdkapitalzins nämlich unter der Rentabilität des Eigenkapitals liegt, lohnt es sich, zu den günstigen Konditionen Fremdkapital aufzunehmen, weil sich damit die Rentabilität des Eigenkapitals weiter erhöht (siehe dazu Kapitel 4.4.2).

2.1.5 Cashflow

Überschussrechnung

Neben der reinen Investitionsrechnung wird in der Praxis häufig die Finanzierungs- und Ertragskraft berechnet. Die Kennzahl ist der Cashflow. Es ist der Überschuss, der sich in einer Abrechnungsperiode aus dem Umsatzprozess sowie aus anderen erfolgswirksamen Geschäftsvorfällen ergibt.

	Beispiel:		
Bilanzgewinn			500.000,00 €
+ Abschreibungen		+	40.000,00 €
+ Rückstellungen		+	60.000,00 €
+ Rücklagen		+	100.000,00 €
= **Cashflow**		=	700.000,00 €
		Umsatz:	14.000.000,00 €

$$\textbf{Cashflow Umsatzverdienstrate} = \frac{\text{Cashflow} \cdot 100}{\text{Umsatz}}$$

$$\text{Cashflow Umsatzverdienstrate} = \frac{700.000 \cdot 100}{14.000.000} = 5\ \%$$

2.2 Dynamische Methoden

Das Wesensmerkmal der dynamischen Verfahren ist, dass sie den Zeitpunkt der anfallenden Einnahmen und Ausgaben berücksichtigen.

2.2.1 Kapitalwertmethode

Grundlage der Kapitalwertmethode ist die Gesamtnutzungsdauer eines Investitionsobjektes. Für diesen Zeitraum werden die voraussichtlichen Einnahmen und Ausgaben der Investition verglichen:

> Je früher die einer Investition zuzurechnenden Erträge in die Unternehmung zurückfließen, desto wichtiger sind sie für ein Unternehmen.

Ähnlich wie bei der Diskontrechnung werden auch bei der Kapitalwertmethode die in den einzelnen Rechnungsperioden erwarteten Salden abgezinst. Der so ermittelte Barwert entspricht der Differenz aller abgezinsten Einnahmen und Ausgaben.

Abzinsung

Die Abzinsung erfolgt mit einem Zinssatz, der einer von der Unternehmung gewünschten Mindestverzinsung (Kalkulationszinsfuß) gerecht wird. Damit wird dargestellt, dass für den Betrieb eine Einnahme umso weniger wert ist, je weiter sie in der Zukunft liegt, und entsprechend eine Ausgabe umso belastender ist, je näher der Zahlungszeitpunkt liegt.

	Jahr 0	Jahr 1	Jahr 2	Saldo
Saldo	**–1.000,00**	+ 500,00 abgezinst mit 5 %	+ 661,50	+ 161,50
Wert im Jahr 2			105 % = 661,50 100 % = 630,00	
Wert im Jahr 1		105 % = 525,00 100 % = 500,00	105 % = 630,00 100 % = 600,00	
Wert im Jahr 0	**– 1.000,00**	**+ 500,00**	**+ 600,00**	**+ 100,00**

Eine Investition ist dann wirtschaftlich, wenn ihr Kapitalwert gleich Null oder positiv ist.

2.2.2 Annuitätenmethode

Hierbei werden die durchschnittlichen jährlichen Ausgaben der Investition mit den durchschnittlichen jährlichen Einnahmen verglichen. Aus den beiden Zahlenreihen wird jeweils ein Durchschnittswert gebildet (vorheriges Abzinsen bei schwankenden Beträgen erforderlich).

Eine Investitionsentscheidung wird positiv beeinflusst, wenn die jährlichen Einnahmen größer als die entsprechenden Ausgaben sind. Das gemeinsame Problem der dynamischen Investitionsrechnungen liegt darin, dass für den Investitionszeitraum die Einnahmen- und Ausgabenströme geschätzt werden müssen. Diese Prognosen sind mit Unsicherheiten und Risiken behaftet, die nur schwer zu erfassen sind.

3 Finanzierungsarten

Unter Finanzierung versteht man alle Maßnahmen zur Beschaffung des notwendigen Kapitals. Bei einer langfristigen Betrachtung geht es in erster Linie um die langfristig für die vorhandenen oder geplanten Investitionen nötigen Finanzmittel.

3.1 Innenfinanzierung

Die Innenfinanzierung umfasst alle Maßnahmen der Zuführung von finanziellen Mitteln aus dem Bereich der unternehmerischen Betätigung. Das heißt, es erfolgt keine Zuführung von außen.

3.1.1 Nicht entnommene Gewinne

Für die Innenfinanzierung gibt es grundsätzlich zwei Möglichkeiten: Entweder werden Gewinne im Betrieb behalten und für Investitionen verwendet oder es findet eine Kapitalfreisetzung z. B. über Abschreibungen statt.

Selbstfinanzierung

Da alle Mittel für die Innenfinanzierung aus der Unternehmung selbst kommen, bezeichnet man die Finanzierung aus nicht entnommenen Gewinnen auch als **Selbstfinanzierung.** Die Gewinne werden dem Eigenkapital zugeführt und erhöhen es. Die Kapitalausstattung der Unternehmung wird dadurch verbessert und es stehen Mittel für Finanzierungszwecke zur Verfügung.

Immer wenn die Gewinne aus der Gewinn- und Verlustrechnung ersichtlich sind, liegt eine **offene Selbstfinanzierung vor.** Bei Personengesellschaften ergeben sich die Selbstfinanzierungsbeiträge aus der Differenz zwischen Jahresgewinn und Privatentnahmen.

Eigenkapitalerhöhung = Gewinn – Privatentnahmen

Nichtausschüttung von Gewinnen

Bei **Kapitalgesellschaften,** die ein festgelegtes Grund- oder Stammkapital haben, wird der nicht ausgeschüttete Gewinn den Rücklagen (gesetzliche oder freiwillige) zugeführt oder er wird als Gewinnvortrag ausgewiesen. **Freiwillige Rücklagen** werden z. B. gebildet für

Freiwillige Rücklagen

- zweckgebundene Maßnahmen (Neubauten, Modernisierungen, Exportrisiken),
- zweckfreie Maßnahmen (Verlustausgleich, Gewinnerhöhung).

1 Offene Rücklagen

Nicht ausgeschüttete Gewinne werden in der Bilanz für jedermann erkennbar ausgewiesen. Die Gründe dafür sind gesetzlich verankert (Gläubigerschutz) oder beruhen auf Satzungen oder freiwilligen Entschlüssen, um die Kreditwürdigkeit zu verbessern. Gewinne bilden eine wesentliche Voraussetzung für unternehmerische Investitionstätigkeit und somit für das Wachstum einer Unternehmung.

Gesetzliche Rücklagen

Bei einer **Aktiengesellschaft** müssen **gesetzliche Rücklagen** in Höhe von 10 % des Grundkapitals gebildet werden. Jährlich werden zu diesem Zweck 5 % des Überschusses abgeführt. Zu diesen gesetzlichen Rücklagen gehört auch das Agio bei Aktienemissionen oder Wandelanleihen. Hierbei handelt es sich um eine Beteiligungsfinanzierung (keine Selbstfinanzierung).

Zu einem Ausgabeaufschlag bei der **Neuausgabe von Aktien (Emissionen)** kommt es unter anderem, um den Unterschied zwischen dem jeweils geltenden Börsenkurs und dem Ausgabekurs der neuen Aktien auszugleichen. Der Kaufpreis der neuen Aktien geht damit über den (sich in der Erhöhung des Grundkapitals widerspiegelnden) Eigenkapitalzufluss hinaus. Die Differenz ist das **Agio** (Aufgeld), das den Rücklagen zugeführt wird.

Agio bei Emmissionen

Bei **Wandelanleihen** handelt es sich zwar zunächst um Fremdkapital (Anleihe); mit ihnen ist aber das Recht auf den Umtausch in Aktien und damit die Um**wandlung** in Eigenkapital verbunden.

2 Stille Rücklagen

Überbewertung von Schulden

Unterbewertung von Forderungen

Die Selbstfinanzierung einer Unternehmung muss nicht in jedem Fall offen aus der Bilanz ersichtlich sein. Durch eine

- Überbewertung von Schulden oder eine
- Unterbewertung von Forderungen

kann das Unternehmensergebnis beeinflusst werden. In einem solchen Falle sind die tatsächlichen Gewinne höher als die ausgewiesenen. Man spricht von einer stillen Selbstfinanzierung.

Das Prinzip der kaufmännischen Vorsicht führt zur Bildung stiller Reserven.

Niederstwertprinzip bei Aktiva

Stille Rücklagen oder stille Reserven sind aus der Bilanz nicht ohne weiteres ersichtlich. Es sind finanzielle Mittel, die allerdings erst nach einer Auflösung der dahinter steckenden Vermögenswerte auch tatsächlich offen gelegt werden. Ihre Entstehung hat verschiedene Ursachen:

- Einhaltung des Niederstwertprinzips, bei dem evtl. Steigerungen des Marktpreises oder des Wiederbeschaffungswertes nicht berücksichtigt werden.
- Keine Aktivierungsmöglichkeit für immaterielle Anlagegüter (Patente, Forschungsaufwand, Firmenimage), sodass die ausgewiesenen Aktivposten zwangsläufig nicht die tatsächliche Vermögenslage darstellen, die sich bei einer Auflösung oder einem Verkauf ergeben würde.
- Vornahme außerplanmäßiger Abschreibungen oder Sonderabschreibungen.
- Einzelwertberichtigungen für Sachanlagen, Finanzanlagen, Forderungen, Besitzwechsel werden zu hoch angesetzt oder sie erfolgen aus Gründen kaufmännischer Vorsicht für Vorräte, langfristige Forderungen (Abzinsung auf Barwert), strittige Forderungen usw.

Wertberichtigungen

Höchstwertprinzip bei Passiva

Überbewertung der Passiva: Nach dem Höchstwertprinzip und dem Grundsatz kaufmännischer Vorsicht werden Verbindlichkeiten zu dem höchstmöglichen Wert angesetzt, der nicht dem tatsächlichen entsprechen muss. Bei Auflösung der Verbindlichkeiten zum eventuell niedrigeren Buchwert werden finanzielle Mittel frei, die aus der Differenz der tatsächlichen Ausgabe resultieren. Dasselbe gilt für Rückstellungen, die für drohende Verluste und ungewisse Schulden gebildet werden. Bei einem vorsichtigen (hohen) Ansatz für Rückstellungen und ihrer Auflösung zu einem eventuell niedrigeren Betrag ergibt sich der gleiche Effekt wie bei den Verbindlichkeiten.

Wenn Sie mehr über Höchst- und Niederstwertprinzip wissen wollen, schlagen Sie im Kompendium Rechnungswesen, Lernfeld 8, Kapitel 1 nach.

3.1.2 Finanzierung aus freigesetztem Kapital

Kapitalrückfluss

Die Aufwendungen für den Wertverlust des Anlagevermögens gehen als Bestandteil der Kosten- und Leistungsrechnung in die Kalkulation einer Unternehmung ein. Somit erfolgt i. d. R. ein ständiger Kapitalrückfluss bis zur Höhe der ursprünglichen Investitionssumme, ggf. auch darüber hinaus.
Dieses Kapital steht dann für investive Zwecke zur Verfügung (Innen-, Selbst-, Eigenfinanzierung). Es kann in Rücklagen für spätere Ersatzinvestitionen bereitgehalten werden, kann aber auch für laufende, vom eigentlichen Abschreibungsobjekt unabhängige Investitionen genutzt werden. Unter der Voraussetzung, dass die Kapazitäten teilbar sind, können rückfließende Abschreibungsbeträge schon früher, ggf. laufend, für Ersatz- und Erweiterungsinvestitionen eingesetzt werden.

3.2 Außenfinanzierung

Beteiligung oder Fremdkapital

Immer wenn das Kapital nicht aus der Unternehmung selbst kommt, sondern ihr von außen zugeführt wird, liegt eine Außenfinanzierung vor. Sie kann über die Aufnahme von Fremdkapital oder durch eine Beteiligungsfinanzierung erfolgen.

3.2.1 Beteiligungsfinanzierung

Haftungskapital

Hierbei handelt es sich um eine Form der langfristigen Eigenfinanzierung, bei der das Kapital von außen zufließt. Die Kapitalgeber haften mit ihrer Einlage.

1 Einzelunternehmungen

Das Eigenkapital wird nur von einem Inhaber aufgebracht. Selbstverständlich kann der Kapitalbestand erhöht oder verringert werden. Die Gründe für Kapitalveränderungen können unterschiedlich sein.

2 Personengesellschaften

Offene Handelsgesellschaft (OHG)

Eine OHG hat mindestens zwei Gesellschafter. Mit der Teilhaberschaft verbindet sich das Recht und die Pflicht zur Geschäftsführung und Vertretung der Gesellschaft. Die Teilhaber haften sowohl mit ihrer Kapitaleinlage als auch mit ihrem Privatvermögen. Sie unterscheiden sich in ihrer Rechtsstellung nur unwesentlich von Einzelunternehmern.

Kommanditgesellschaft (KG)

Voll- und Teilhafter

In einer KG wird zwischen Komplementären (Vollhaftern) und Kommanditisten (Teilhaftern) unterschieden. Während den Komplementären die gleichen Rechte zustehen wie den OHG-Gesellschaftern, liegt die Hauptfunktion der Kommanditisten in der Kapitalaufbringung. Sie sind nicht an der Geschäftsführung und Vertretung der KG beteiligt. Dennoch handelt es sich bei ihren Kapitaleinlagen um eine Eigen- bzw. Beteiligungsfinanzierung. Als Schuldner haften die Kommanditisten im Konkursfall nur bis zur Höhe ihrer Einlagen. Die Einlagen beider Gesellschafter sind gewinnberechtigt.

3 Kapitalgesellschaften

Aktiengesellschaft (AG)

Wertpapier-emission

Grundkapital

Die Eigenfinanzierung einer Aktiengesellschaft geschieht über die Ausgabe (Emission) von Aktien. Mit dem Erwerb einer Aktie erlangt der Aktionär Anspruch auf einen Gewinnanteil und Stimmrechte. Die Hauptversammlung (Zusammenkunft aller Aktionäre) beschließt über die Verwendung des Bilanzgewinns und damit über den Gewinnanteil pro Aktie (Dividende). Sein Stimmrecht kann der Aktionär außerdem bei der Wahl der Aufsichtsratsmitglieder geltend machen. Diese können die Geschäftspolitik durch die Bestellung des Vorstands entscheidend beeinflussen.

Eine Hauptversammlung hat auch das Recht, über Kapitalerhöhungen zu beschließen. Erfolgt eine Kapitalerhöhung, haben die Inhaber der Aktien ein gesetzliches Bezugsrecht: Sie können in einem bestimmten Verhältnis (z. B. auf je drei alte Aktien eine neue) Aktien zum Vorzugspreis (Bezugskurs) erwerben. Dem einzelnen Aktionär steht es frei, sein Bezugsrecht wahrzunehmen oder es an der Börse zu veräußern. Der Wert dieses Bezugsrechts hängt u. a. vom Kurs der alten Aktien, dem Preis der jungen Wertpapiere und dem Umfang der Kapitalerhöhung ab.

Gesellschaft mit beschränkter Haftung (GmbH)

Stammkapital

In einer Gesellschaft mit beschränkter Haftung erfolgt die Eigenfinanzierung durch festgelegte Stammeinlagen. Die einzelnen Gesellschafter können verschieden hohe Stammeinlagen haben, ihr in die Gesellschaft eingezahltes Kapital muss jedoch durch fünfzig teilbar sein. Die Summe aller Stammeinlagen ergibt das Stammkapital der Gesellschaft. Es muss mindestens 25.000,00 € betragen.

Die Gewinn- bzw. Verlustbeteiligung richtet sich für die Gesellschafter nach der Höhe ihrer Stammeinlagen. Darüber hinaus kann jedoch über zusätzliche Einzahlungen (Nachschüsse) beschlossen werden.

4 Genossenschaft

Geschäftsanteile

Entweder können neue Mitglieder Geschäftsanteile erwerben - oder bereits eingetragene Mitglieder erhöhen ihre Geschäftsanteile. Die nominale Verteilung von Gewinnen oder Verlusten richtet sich nach der Höhe der Geschäftsanteile. Wie bei einer GmbH können auch Mitglieder einer Genossenschaft zur Nachschusspflicht herangezogen werden.

Wenn Sie Näheres über die Unternehmensformen wissen wollen, schlagen Sie in diesem Kompendium, Lernfeld 1, Kapitel 7 nach.

3.2.2 Fremdkapital

3.2.2.1 Langfristige Finanzierung

Grundsätzlich hat eine Unternehmung zwei Möglichkeiten der Fremdfinanzierung:

- die Herausgabe von Gläubigerpapieren
  oder
- die Aufnahme von Krediten bei Geldinstituten.

Gläubigerpapiere

① Gläubigerpapiere

Gläubigerpapiere können sowohl von privaten als auch öffentlichen Unternehmungen herausgegeben werden. Es sind vermögensrechtliche Urkunden, in denen sich die Unternehmung als Schuldner verpflichtet

- den auf der Urkunde ausgewiesenen Geldbetrag innerhalb einer bestimmten Frist zu tilgen,
- Zinsen zu zahlen.

Bei allen Gläubigerpapieren wird ein fester Zinssatz vereinbart (festverzinsliche Wertpapiere). Sie können an der Wertpapierbörse gehandelt werden.

Industrieobligationen und Wandelschuldverschreibungen

Industrieobligationen sind verbriefte Anleihen einer Unternehmung. Die Laufzeit beträgt in der Regel sieben Jahre. Die Rückzahlung wird durch die Verpfändung von Grundstücken oder Gebäuden gedeckt. Die Urkunde wird als Mantel bezeichnet. Auf ihr sind neben dem Namen der Unternehmung sowohl der Nennwert der Anleihe als auch die Bedingungen für ihre Verzinsung angegeben. Dazu gehört ein Zinsscheinbogen (Talon) mit einzelnen Coupons, die jeweils am Fälligkeitstag abgetrennt und eingelöst werden.

Die Verzinsung der Gläubigerpapiere richtet sich nach dem Nennwert. Damit ist während der Laufzeit ein gleich bleibender Zinsertrag garantiert. Die Unternehmung kann in ihrer Kalkulation feste Zinsbelastungen berücksichtigen.

Wandelschuldverschreibungen sind mit Industrieobligationen eng verwandt. Mit ihnen ist aber noch das Recht verbunden, sie innerhalb einer bestimmten Frist unter festgelegten Bedingungen in Aktien der ausgebenden Gesellschaft umzutauschen (zu „wandeln"). Die Ausgabe solcher Papiere ist an einen Beschluss der Hauptversammlung gebunden, da beim Umtausch eine Erhöhung des Grundkapitals erfolgt.

② Kredite von Geldinstituten

Schuldscheindarlehen

Das Schuldscheindarlehen ist eine Urkunde, mit der sich der Kreditnehmer zur Rückzahlung einer Geldsumme verpflichtet. Schuldscheindarlehen spielen immer dann eine Rolle, wenn der Kreditbedarf über „Kapitalsammelstellen" (z. B. Versicherungen) gedeckt wird. Wenn die Bank eine Darlehenszusage hat, schließt sie mit dem Kreditnehmer einen Vertrag und überlässt ihm das Geld. In einem zweiten Schritt wird der Vertrag an den Kreditgeber übertragen, auf den dann auch die Darlehensforderungen übergehen.

Darlehen

Disagio

Das Darlehen ist ein langfristiger Kredit. Sein Zinssatz ist i. d. R. niedriger als bei den Kontokorrentkrediten (s. u.). Häufig liegt der Auszahlungsbetrag etwas unter der Darlehenssumme. Diese Differenz zwischen den beiden Größen nennt man „Disagio". Nach der Art der Rückzahlung unterscheidet man folgende Darlehensarten:

Darlehensarten

- **Fälligkeitsdarlehen** – Während seiner Laufzeit werden in regelmäßigen Abständen lediglich die Zinsen entrichtet. Die Darlehenssumme muss am Fälligkeitstag zurückgezahlt werden.
- **Kündigungsdarlehen** – Wie beim Fälligkeitsdarlehen werden auch hier während der Laufzeit lediglich die Zinsen entrichtet. Dagegen wird die Laufzeit beim Kündigungsdarlehen nicht vorher festgelegt. Sie endet mit Ablauf einer vorher festgesetzten Kündigungsfrist.
- **Annuitätendarlehen** – Der Schuldner zahlt von Beginn bis zum Ende der Laufzeit gleiche Raten. Diese bestehen aus Zinsen und dem Tilgungsbetrag. Da die Zinsen mit jedem Tilgungsbetrag geringer werden, wird bei den gleich bleibenden Raten der Tilgungsanteil immer größer.
- **Abzahlungsdarlehen** – Bei dieser Form wird vereinbart, dass das Darlehen mit immer gleich bleibenden Tilgungsbeträgen zurückgezahlt wird. Die Zinsen nehmen auch hier mit jeder Tilgung ab, sodass die zu zahlende Rate (Zins + Tilgung) immer geringer wird.

Basel II

Wann gibt es einen Bankkredit – was bedeutet Basel II?

Ab 2005 brechen neue Zeiten für die Banken an. Dann wird die neue Basler Eigenkapitalvereinbarung (Basel II) in Kraft treten. Die Banken müssen ihre Kreditnehmer genauer durchleuchten. Die Umsetzung der Vorschriften des Basler Ausschusses für Bankenaufsicht der Kreditwirtschaft ändert die Beziehung zwischen Kunden und Bank, denn die Banken werden verpflichtet, von Firmen mehr Transparenz zu fordern. Um überhaupt einen Bankkredit bekommen zu können, muss die Eigenkapitalquote bei mindestens acht Prozent liegen.

Rating

Um Risiken der Kreditvergabe einheitlich bewerten zu können, werden die Kreditnehmer einem **Rating** unterzogen. Gemessen werden die Schuldner an ihren wirtschaftlichen Verhältnissen, ihren Planerwartungen sowie den aktuellen Unternehmensergebnissen.
Ein schlechtes Rating wird zu einer Verteuerung bestehender Kredite und unter Umständen zu einer Absage weiterer Kreditnachfragen führen. Die Risiken bei der Kreditvergabe müssen von Unternehmen detaillierter dargestellt und messbar gemacht werden.

3.2.2.2 Kurzfristige Finanzierung

Der Kontokorrentkredit

Konto-überziehung

Die Kreditinstitute räumen auf den Kontokorrentkonten Höchstgrenzen (Kreditlimits) ein, die nicht überschritten werden sollten. Bis zu diesem Limit kann der Kunde mit über das bereitgestellte Geld verfügen. Dafür berechnet das Kreditinstitut folgende Posten:

- **Sollzinsen:**
  Der tatsächlich in Anspruch genommene Kredit wird verzinst. Die Zinsen steigen und fallen i. d. R. mit den Vorgaben des europäischen Zentralbankensystems.
- **Kreditprovision:**
  Die Kreditprovision ist eine Bereitstellungsgebühr für einen gewährten, aber nicht in Anspruch genommenen Kredit. Die Bank muss nämlich die zugesicherte Kreditsumme ständig bereithalten. Wenn bei Nichtinanspruchnahme des gesamten Kredits der Bank Sollzinsen entgehen, soll die Kreditprovision diese Kosten ausgleichen.
- **Überziehungsprovision:**
  Überziehungszinsen
  Wird das von der Bank eingeräumte Kreditlimit überschritten, so wird zusätzlich zu den Sollzinsen noch eine Überziehungsprovision berechnet.
- **Umsatzprovision:**
  Sie wird meist in Form einer Gebühr je Buchungsposten berechnet.
- **Nebenkosten:**
  Letztlich können auch Porti, Spesen, Bearbeitungsgebühren usw. berechnet werden.

Die Kreditkosten sind beim Kontokorrentkredit relativ hoch, weil die Kreditinstitute jederzeit Kapital für den insgesamt eingeräumten Höchstbetrag bereithalten oder kurzfristig beschaffen müssen.

Diskontkredit

Wechselkredit

Das Diskontkreditgeschäft ist eines der sichersten Kreditgeschäfte. In der Regel geht ihm ein Warenhandelsgeschäft voraus. Die Vorteile des Diskontkredits für den Kreditgeber liegen in der einfachen Handhabung, der weit reichenden Sicherung und der Möglichkeit, die Wechsel diskontieren zu können.

Lieferantenkredit

Liefererziel

Ein Lieferantenkredit entsteht immer dann, wenn der Lieferer seinem Kunden ein Zahlungsziel einräumt. Der Kunde kann dadurch einen kurzfristigen Engpass seiner Liquidität überbrücken, ohne einen Bankkredit in Anspruch nehmen zu müssen. Der Lieferantenkredit gehört zu den teuersten Krediten. Der bei Barzahlung abziehbare Skonto entfällt, wenn ein Zahlungsziel in Anspruch genommen wird.

Wechsel: Urkunde, mit der ein Schuldner aufgefordert wird an einem festgelegten Verfalltag eine bestimmte Summe an eine bestimmte Person zu zahlen. Der Wechsel kann als Zahlungsmittel weitergegeben werden.

Tratte: Ein „gezogener", d. h. ausgestellter und damit gültiger Wechsel, der aber vom Schuldner noch nicht unterschrieben wurde. Sie stellt rechtlich eine Zahlungsaufforderung dar.

Akzept: ein gezogener und vom Schuldner unterschriebener Wechsel (Zahlungsverpflichtung)

Holschuld: Da der Wechsel weitergegeben werden kann, muss sich der letzte Besitzer die Forderung beim Schuldner durch Vorlage des Wechsels am Verfalltag holen oder den Betrag durch seine Bank einziehen lassen.

Wechselprotest: letztmalige Aufforderung des Schuldners zur Zahlung, wenn der Wechsel am Verfalltag nicht eingelöst wurde.

Lombardkredit

Faustpfandkredit

Zur Sicherung dieses Kredits erhält der Kreditgeber leicht verwertbare, hochwertige und wertbeständige Gegenstände zum Pfand (z. B. Wertpapiere). Wenn die Schuld bei Fälligkeit nicht beglichen wird, kann der Gläubiger das Pfand nach vorheriger Androhung und Ablauf einer Wartefrist versteigern oder verkaufen lassen. Aus dem Erlös kann er seine Forderungen befriedigen. Der Lombardkredit wird meist kurzfristig zur Verfügung gestellt.

Akzeptkredit

Kreditleihe

Der Akzeptkredit ist ein Wechselkredit. Die Bank akzeptiert einen von dem Kunden auf sie gezogenen Wechsel und verlangt von ihm, dass der Gegenwert des Wechsels vor Fälligkeit zurückgezahlt wird (Bankakzept). Dieser Wechsel kann weitergegeben oder aber von der akzeptierenden oder einer anderen Bank diskontiert werden. Da die Bank hierbei nicht unmittelbar flüssige Mittel zur Verfügung stellt, liegt ein Kreditleih- und kein Geldleihgeschäft vor.

Avalkredit

Bürgschaft der Bank

Diese Kreditart zählt ebenso wie der Akzeptkredit zu den Kreditleihgeschäften. Beim Avalkredit treten Kreditinstitute als Bürge ihrer Kunden auf. Die Funktion des Avalkredits liegt also nicht in der Überlassung flüssiger Mittel, sondern in der besonderen Zahlungsfähigkeit der Bank. Mit einem Avalkredit verbürgt sich die Bank für die Zahlungsverpflichtungen (Verbindlichkeiten) ihres Kunden gegenüber Dritten. Banken geben u. a. Bürgschaften für

- die Erfüllung eines Vertrags (Vertragserfüllungsbürgschaft oder Ausführungsaval). Hierbei verpflichtet sich die Bank, für die Vertragserfüllung eines Kunden einem Dritten gegenüber zu sorgen und die Sicherheit für die Vertragserfüllung (einen Prozentsatz der Vertragssumme) aufzubringen.
- vorgesehene Vertragsstrafen ihrer Kunden, wenn diese einen Vertrag nicht erfüllen.
- eventuelle Gewährleistungsansprüche aus Arbeiten ihrer Kunden (Gewährleistungsbürgschaft).
- geleistete Anzahlungen. Die Bank bürgt für die Leistung, die sich mit der Anzahlung verbindet (Anzahlungsbürgschaften).
- die Stundung von Steuern, Zöllen und Frachten.
- Prozessverpflichtungen.
- Wechselschulden.

3.3 Kreditsicherheiten

Kreditwürdigkeit

Bankkredite gründen sich i. d. R. zunächst auf die Kreditwürdigkeit des Kunden selbst. Dies gilt auch für die meisten Lieferantenkredite. Zusätzliche Sicherheiten ergeben sich durch die Mithaftung weiterer Personen (Personenkredite) und/oder durch den Wert bestimmter Sachen oder Rechte, die der Schuldner dem Gläubiger übereignet oder verpfändet (Realkredite).

3.3.1 Die Bürgschaftserklärung

Voraussetzung für eine Bürgschaft ist das Bestehen einer fremden Schuld (Hauptschuld). Dieser Kredit wird durch das Bürgschaftsversprechen gesichert. Die Bürgschaft ist mit dem Kredit eng verbunden und kann nur in Verbindung mit ihm geltend gemacht werden. Die Bürgschaft endet mit Ablauf einer vereinbarten Frist. Sie erlischt mit der endgültigen Rückzahlung des Kredits.

Die Bürgschaft bedarf der Schriftform. Nur Vollkaufleute können auch mündlich bürgen.

Was bei Bürgschaften zu beachten ist

Bürgschaftsrisiko

Grundsätzlich müssen sich die Bürgen darüber im Klaren sein: Sie haften nicht nur für den Bürgschaftsbetrag, sondern auch für alle aus der Bürgschaftssumme aufgelaufenen Zinsen und Kosten. Das Risiko ist also groß.

Selbstschuldnerische Bürgschaft

- Bei der selbstschuldnerischen Bürgschaft haftet der Bürge immer unbeschränkt. Die Bank ist berechtigt den Bürgen in gleicher Weise für die Rückzahlung des Kredits in Anspruch zu nehmen wie den Hauptschuldner. Es entfällt hier insbesondere die Einrede des Bürgen auf die Vorausklage und die erfolglose Zwangsvollstreckung gegen den Kreditnehmer.

Höchstbetragsbürgschaft

- Die so genannte Höchstbetragsbürgschaft hat die gleichen Merkmale wie die selbstschuldnerische Bürgschaft. Allerdings ist hier der Höchstbetrag der Haftung bestimmt, für den gebürgt wird.

Schadlosbürgschaft

- Wird die Haftung des Bürgen auf den Ausfall beschränkt, den ein Kreditgeber erleidet, so spricht man von einer Ausfall- oder Schadlosbürgschaft. Hier kann der Bürge erst dann in Anspruch genommen werden, nachdem der Gläubiger versucht hat vom Hauptschuldner das Geld zu erhalten und dabei einen Ausfall erlitten hat.

Gesamtbürgschaft

- Verbürgen sich mehrere Personen für einen Kredit, handelt es sich um eine Gesamtbürgschaft. Hierbei ist es nicht so, dass im Falle einer Inanspruchnahme alle Bürgen gleichmäßig zur Kasse gebeten werden müssen. Wird die Bürgschaft wider Erwarten fällig, kann die Bank alle Bürgen für Teilbeträge, aber auch einen Bürgen für den Gesamtbetrag in Anspruch nehmen. Nimmt sie nur einen Bürgen in Anspruch, hat dieser gegenüber den anderen einen Ausgleichsanspruch. Verbürgen sich mehrere Personen für Teilbeträge, so ist dies eine Teilbürgschaft.

3.3.2 Die Forderungsabtretung (Zession)

Drittschuldner

Die Zession basiert auf der Überlassung (Abtretung) von Forderungen. Es ist für den Kreditnehmer möglich, Forderungen gegenüber einem Dritten auf den Kreditgeber zu übertragen. Eine Benachrichtigung des Drittschuldners über die Zession ist rechtlich nicht notwendig, sie kann aber erfolgen. Findet sie statt, so handelt es sich um eine **offene Zession.** Im anderen Fall ist es eine **stille Zession.**

Eine Zession ist nur dann sinnvoll, wenn die Forderung gegenüber dem Drittschuldner als sicher eingestuft wird.

Bei der **Globalzession** werden die Forderungen, die gegenüber einer ganzen Gruppe von Kunden bestehen, abgetreten (z. B. Forderungen an die Kunden mit den Anfangsbuchstaben M – P). Diese Abtretung schließt auch zukünftige Forderungen an diesen Kundenkreis ein.

Mantelzession

Der **Mantelzession** liegt ein Mantelvertrag zugrunde. In diesem verpflichtet sich der Kreditnehmer, eingegangene Forderungen durch neue zu ersetzen. Aus diesem Grund muss der Kreditnehmer dem Kreditgeber von Fall zu Fall Debitorenlisten oder Rechnungskopien vorlegen.

3.3.3 Sicherungsübereignung

Besitzkonstitut

Zur Absicherung eines Kredits kann zwischen dem Kreditgeber und dem Kreditnehmer vereinbart werden, dass bewegliche Sachen aus dem Vermögen des Kreditnehmers in das Eigentum des Kreditgebers übergehen. Wenn der bisherige Eigentümer im Besitz der Sachen bleiben möchte, kann ein besonderes Rechtsverhältnis, das Besitzkonstitut, vereinbart werden.

3.3.4 Hypothekarkredit

Voraussetzungen für das Entstehen einer Hypothek sind:

- bestehende oder mit Sicherheit entstehende persönliche Forderungen,
- die Einigung zwischen Schuldner und Gläubiger, dass eine Hypothek begründet werden soll,
- die Eintragung der Hypothek im Grundbuch.

Grundbuch

Das **Grundbuch** ist ein öffentliches Verzeichnis, das die Rechtsverhältnisse aller Grundstücke eines Gemeindebezirks anzeigt. Es besteht aus mehreren Grundbuchblättern, die wie folgt gegliedert sind:
In dem Bestandsverzeichnis ist jedes Grundstück nach Art, Nutzung und Größe beschrieben. Die drei Abteilungen des Grundbuchs enthalten unterschiedliche Sachverhalte. Die Abteilung I gibt Auskunft über Eigentumsverhältnisse und Eigentumsveränderungen. In den Abteilungen II und III sind die Rechte an einem Grundstück eingetragen.

Akzessorietät

Neben der Eintragung in das Grundbuch zeichnet sich die Hypothek durch die **Akzessorietät** (Abhängigkeit des Nebenrechts von dem zugehörigen Hauptrecht) aus. Dies bedeutet, dass sie nur in Verbindung mit einer Forderung bestehen kann. Die Forderung ist das Hauptrecht und die Hypothek ein Nebenrecht. Wird z. B. eine Quittung vorgelegt, durch die bewiesen werden kann, dass alle Forderungen erloschen sind, können keine Rechte mehr aus einer mit diesen Forderungen verbundenen Hypothek geltend gemacht werden. Dies ist auch dann der Fall, wenn sie noch im Grundbuch eingetragen ist.

Verkehrs-hypothek

Bei der **Verkehrshypothek** wird davon ausgegangen, dass dem Gläubiger das Darlehen und damit die Hypothek in der im Grundbuch eingetragenen Höhe zusteht. Wenn der Grundstückseigentümer behauptet, dass Darlehen und Hypothek nicht mehr in voller Höhe bestehen, dann muss er dies beweisen. Über die Verkehrshypothek kann ein Hypothekenbrief erstellt werden.

Sicherungs-hypothek

Bei der **Sicherungshypothek** muss der Gläubiger trotz der Eintragung der Hypothek in das Grundbuch das Bestehen seiner Forderung beweisen, wenn er die Hypothek geltend machen, sich also aus dem Grundstück befriedigen will. Über eine Sicherungshypothek darf kein Hypothekenbrief ausgestellt werden.

Höchstbetrags-hypothek

Die **Höchstbetragshypothek** ist eine Besonderheit der Sicherungshypothek. Durch sie können auch verschiedene (in ihrer genauen Höhe bei der Bestellung dieses Grundpfandrechts noch nicht bestimmte) Forderungen gesichert werden. Bei dieser Form der Sicherungshypothek wird in das Grundbuch lediglich ein Höchstbetrag eingetragen, bis zu dem die Hypothek für bestimmte im Einzelnen näher beschriebene Forderungen haften soll. Eine Höchstbetragshypothek ist im Gegensatz zur Verkehrshypothek auch dazu geeignet, der Höhe nach wechselnde Ansprüche aus einer laufenden Geschäftsverbindung abzusichern.

Indossament

Wenn Hypotheken übertragen werden sollen, sind zwei Möglichkeiten hinsichtlich ihrer Verfügbarkeit zu unterscheiden: Briefhypothek und Buchhypothek. Bei beiden Arten ist zu beachten, dass die Forderung nicht ohne Hypothek und die Hypothek nicht ohne Forderung zu übertragen ist. Die **Briefhypothek** ist eine öffentliche Urkunde in Form eines Hypothekenbriefs. Durch sie wird die Eintragung in das Grundbuch bestätigt. Bei einer Übertragung wird der Hypothekenbrief schriftlich abgetreten (Indossament). Die **Buchhypothek** ist die bloße Eintragung im Grundbuch ohne Ausgabe eine besonderen Papiers. Wenn eine Buchhypothek übertragen werden soll, müssen die Eintragungen im Grundbuch umgeschrieben werden.

3.3.5 Grundschuldkredit

Grundpfandrecht

Auch die Grundschuld stellt – wie die Hypothek – die Belastung eines Grundstücks und somit die Einräumung eines Grundpfandrechtes an den Gläubiger dar. Aus der Grundschuld entsteht dem Gläubiger der Anspruch auf eine bestimmte Geldsumme aus dem Grundstück. Im Gegensatz zur Hypothek ist mit der Grundschuld keine persönliche bestimmte Forderung verbunden. Die Grundschuld ist eine abstrakte, vom Kredit losgelöste Verpflichtung des Schuldners.
Zur Bestellung einer Grundschuld ist keine persönliche Forderung notwendig. Die Grundschuld bleibt selbst dann noch eine Fremdgrundschuld in der Hand des Gläubigers, wenn dieser keine persönlichen Ansprüche mehr gegen den Grundstückseigentümer hat. Ihm steht jedoch das Recht auf Rückübertragung oder Löschung der Grundschuld zu.
Im Allgemeinen ist es sinnvoll, in einer Sicherungsvereinbarung zwischen Grundstückseigentümer und Grundschuldgläubiger festzulegen, für welche Zwecke der Grundschuldgläubiger Rechte aus der Grundschuld ausüben darf.

Eigentümergrundschuld

Eine besondere Art der Grundschuld ist die **Eigentümergrundschuld.** Sie wird von vornherein auf den Namen des Grundstückseigentümers im Grundbuch eingetragen. Als Briefeigentümergrundschuld kann sie an einen Gläubiger abgetreten werden.

Eine Eigentümergrundschuld entsteht auch in Verbindung mit einer Hypothek. Solange das Darlehen noch nicht ausgezahlt ist, besteht keine Hypothek, sondern eine dem Grundstückseigentümer zustehende Grundschuld. Nach voller Auszahlung des Darlehens ist die Hypothek in voller Höhe entstanden und die Eigentümergrundschuld entfallen.
Genau derselbe Vorgang tritt umgekehrt ein, wenn der Schuldner auf das von ihm voll ausgezahlte Darlehen Abzahlungsraten leistet. Mit jeder Abzahlungsrate wandelt sich ein entsprechender Teil der Hypothek wieder in eine Eigentümergrundschuld um. Nach völliger Rückzahlung des Darlehens ist die Hypothek weggefallen und in Höhe des im Grundbuch eingetragenen Grundpfandrechts eine Eigentümergrundschuld entstanden.

3.4 Kreditprüfung vor einer Kreditgewährung

Bevor ein Kreditinstitut einen Kredit gewährt, wird es i. d. R. eine Kreditprüfung vornehmen. Der Kreditgeber interessiert sich bei der Kreditprüfung für folgende drei Bereiche:

- Kreditfähigkeit,
- Kreditsicherheiten,
- Kreditwürdigkeit.

Die Prüfung der Kreditfähigkeit befasst sich mit der Frage, ob der Antragsteller rechtlich gesehen überhaupt einen Kredit aufnehmen kann.

Kreditprüfung

Kreditfähig sind:

- natürliche Personen mit unbeschränkter Geschäftsfähigkeit; geschäftsunfähige Personen können keine Kredite aufnehmen. Beschränkt Geschäftsfähigen sind Kreditaufnahmen nur mit Zustimmung des gesetzlichen Vertreters und des Vormundschaftsgerichts erlaubt.
- Inhaber oder Gesellschafter von Unternehmungen
    - Einzelunternehmung:
      Der Inhaber ist kreditfähig, da er allein über die Aufnahme von Krediten entscheiden kann.
    - Personengesellschaften:
      Alle persönlich haftenden Gesellschafter sind kreditfähig, sofern sie nicht von der Geschäftsführung ausgeschlossen sind. Kommanditisten dürfen keine Kredite aufnehmen, da sie keine Vertretungsbefugnis haben.

- Kapitalgesellschaften:
  Alle Geschäftsführer und Vorstandsmitglieder mit Gesamtvertretungsvollmacht sind kreditfähig.
- Angestellte mit besonderen Rechten:
  Da sich eine Handlungsvollmacht auf gewöhnliche Geschäfte erstreckt, muss einem Handlungsbevollmächtigten zur Aufnahme von Krediten eine Spezial- oder Sondervollmacht erteilt werden. Der Prokurist darf dagegen Kreditverpflichtungen ohne besondere Vollmacht eingehen.

Kreditfähigkeit

Wenn Sie mehr über die Unternehmensformen wissen wollen, schlagen Sie in diesem Kompendium, Lernfeld 1, Kapitel 7 nach.

Kreditwürdigkeit

Nach der Prüfung der Kreditfähigkeit wird der Kreditnehmer auf seine **Kreditwürdigkeit** überprüft. Das Vertrauen in die Person des Kreditnehmers ist für ein Kreditinstitut eine wichtige Voraussetzung für die Gewährung eines Kredits, da es vom Willen und der Fähigkeit des Kreditnehmers abhängt, ob er seinen Verpflichtungen aus dem Rechtsgeschäft nachkommt. Ein Kreditnehmer muss sich des Kredits würdig erweisen.

Kreditwürdig ist derjenige, von dem erwartet werden kann, dass er seine Kreditverpflichtung vertragsmäßig erfüllen wird.

Personelle Kreditwürdigkeit:
Sie soll Hinweise über Charakter, Ruf sowie Zuverlässigkeit und berufliches Können des Kreditnehmers geben.

Wirtschaftliche Kreditwürdigkeit:
Ihre Überprüfung erfolgt insbesondere durch eine Offenlegung der Jahresabschlüsse von den Kredit suchenden Unternehmungen. Dabei genügt es i. d. R. nicht, nur den letzten Jahresabschluss vor der Kreditgewährung einzusehen. Um einen einfachen Vergleich der finanziellen Entwicklung vornehmen zu können, sind auch frühere Jahresabschlüsse in die Überprüfung einzubeziehen (siehe dazu auch „Basel II", Kapitel 3.3.2).

Auskunfteien

Grundlage für die Beurteilung der personellen und wirtschaftlichen Kreditwürdigkeit können folgende Arten von Auskünften sein:	
Bankauskünfte	Befragung von Kreditinstituten, mit denen der Kreditnehmer zusammenarbeitet (wenn das Bankgeheimnis aufgehoben ist).
Büroauskünfte	Hierunter versteht man Auskünfte, die von gewerbsmäßigen Auskunfteien gegen Gebühr erteilt werden.
Schufa-Auskünfte	Der „Schutzgemeinschaft für allgemeine Kreditsicherung GmbH" (Schufa) werden von den Kreditinstituten alle eingeräumten oder abgelehnten Kredite und Darlehen an Einzelpersonen gemeldet. Gleichzeitig hält die Schufa alle Tatbestände fest, die die Zahlungsmoral und die finanzielle Lage der Kreditnehmer betreffen. Die Schufa erteilt nur ihren Mitgliedern (Kreditinstituten und anderen Unternehmungen) die gewünschte Auskunft.

Auskünfte

Auskünfte von Geschäftspartnern	Der Kreditnehmer nennt Geschäftspartner, die dem Kreditgeber Referenzen für den Kreditnehmer geben können.
Auskünfte aus öffentlichen Registern	Aus dem Handelsregister gehen die Rechtsform einer Unternehmung sowie deren Inhaber- und Haftungsverhältnisse hervor. Grundbuchauszüge enthalten Angaben über das Grundvermögen und dessen Belastung.
Auskünfte aus Jahresabschlüssen	Für die Prüfung der wirtschaftlichen Kreditwürdigkeit sind die Abschlüsse der letzten zwei bis fünf Geschäftsjahre wichtig. Hier werden – besonders bei größeren Krediten – von Wirtschaftsprüfern oder Steuerberatern die Bilanzen und GuV-Rechnungen sowie die Umsatz- und Geschäftsentwicklungen überprüft.

3.5 Leasing und Factoring als Sonderformen der Finanzierung

3.5.1 Leasing – mehr als Finanzierung?

Gründe für Leasing

Es gibt eine Reihe von wirtschaftlichen und steuerlichen Gründen, die für das Leasingverfahren sprechen:

- Wie bei einer 100-prozentigen Fremdfinanzierung wird kein Eigenkapital verzehrt; im Unterschied zum Kauf, wo immer ein Teil mit Eigenkapital finanziert wird.
- Statt den gesamten Investitionsbetrag auf einmal aufzubringen, lassen sich die Leasingraten über die gesamte Mietzeit verteilen. Außerdem können sie aus den erwirtschafteten Erträgen geleistet werden.
- Dingliche Sicherheiten sind nicht erforderlich, da die Leasinggesellschaft grundsätzlich Eigentümerin des Objekts bleibt.
- Leasingraten werden als fester Betrag vereinbart. Da während der Grundmietzeit Erhöhungen ausgeschlossen sind, bilden die monatlichen Raten eine klare Kalkulationsgrundlage.

Unkündbare Grundmietzeit

Damit Leasingverträge steuerlich als Mietverträge behandelt werden, hat die Finanzverwaltung in drei grundlegenden Erlassen die Besonderheiten niedergelegt. So müssen bei so genannten **Vollamortisierungsverträgen** die Leasingzahlungen, die der Mieter während einer festen, unkündbaren Grundmietzeit zu leisten hat, die Anschaffungs- oder Herstellungskosten sowie alle sonstigen Nebenkosten decken. Zum Ablauf der Grundmietzeit wird dem Leasingnehmer eine Option auf Mietverlängerung und/oder Kauf des Leasinggutes eingeräumt. Die unkündbare Grundmietzeit darf nicht weniger als 40 % und nicht mehr als 90 % der „betriebsgewöhnlichen Nutzungsdauer" des vermieteten Gegenstandes betragen. Übt der Leasingnehmer seine Kaufoption aus, muss der Kaufpreis dem linear ermittelten Restbuchwert des Leasingobjektes entsprechen. Liegt der festzustellende Verkehrswert am Bewertungsstichtag niedriger, kann auch dieser Wert angesetzt werden. Entscheidet der Mieter über eine Mietverlängerung, sind dieselben Maßstäbe anzulegen.

Mit einem Leasingvertrag ist in der Regel auch eine Kaufoption nach Vertragsablauf verbunden. In diesem Falle lässt sich der Leasingbegriff mit dem Wort „Mietkauf" übersetzen.

Intensität der Nutzung

Bei **Teilamortisationsverträgen** müssen die während der Grundmietzeit zu leistenden Leasingraten die Anschaffungs- oder Herstellungskosten sowie die Nebenkosten nur zum Teil decken. Da die Leasing-Gesellschaft bei derartigen Vertragstypen keinen Einfluss auf die Intensität der Nutzung hat, wird i. d. R. das Restwertrisiko wirtschaftlich abgesichert. Dem entsprechen die drei folgenden Vertragstypen:

- **Teilamortisationsvertrag mit Andienungsrecht der Leasinggesellschaft**
  Der Leasinggeber muss in jedem Fall bereit sein über eine Verlängerung des Mietvertrages nach Ablauf der Mietzeit zu verhandeln. Kommt es zu keiner Vertragsverlängerung, dann ist der Leasingnehmer auf Ersuchen des Leasinggebers verpflichtet, das Objekt zu einem beim Vertragsbeginn festgelegten Preis zu kaufen. Letzterer entspricht häufig dem Restbuchwert.
- **Teilamortisationsvertrag mit Mehrerlösbeteiligung des Leasingnehmers**
  Bei diesem Vertragsmodell wird regelmäßig vereinbart, dass das Leasingobjekt am Ende der Grundmietzeit veräußert wird. Wird ein über den (noch nicht amortisierten) Restbuchwert hinausgehender Mehrerlös erzielt, wird der Leasingnehmer beteiligt. Die Höhe der Beteiligung ist auf 75 % begrenzt. Ist dagegen der Verkaufserlös entsprechend niedriger – die Leasinggesellschaft hat bei der Berechnung ihrer Gebühr einen zu geringen Wertverzehr zugrunde gelegt – dann muss der Leasingnehmer die Differenz an den Leasinggeber zahlen.
- **Kündbarer Leasingvertrag**
  Der Leasingnehmer erhält ein vertraglich vereinbartes Kündigungsrecht. Dieses Recht kann frühestens nach Ablauf einer Grundmietzeit von 40 % der betriebsgewöhnlichen Nutzungsdauer ausgeübt werden. Bei Kündigung muss der Leasingnehmer eine Abschlusszahlung leisten, die bei Vertragsabschluss festgelegt wird und sich in der Höhe nach den jeweiligen Kündigungsterminen richtet. Auf die Abschlusszahlung werden – aus steuerlichen Gründen – nur 90 % des erzielten Verkaufserlöses angerechnet.

3.5.2 Factoring

Forderungsverkauf

Factoring steht für den Verkauf von Forderungen an selbstständige Institute (Banken, Factoringgesellschaften o. Ä.). Factoring wird in zunehmendem Maße auch von der mittelständischen Industrie praktiziert. Die Vorteile liegen auf der Hand:

- bessere Liquidität,
- verringerte Debitorenbuchhaltung,
- geringere Forderungsausfälle.

Das Dienstleistungsangebot des Factoring ist allerdings nicht kostenlos. Die Factoring-Gesellschaften berechnen Gebühren für ihre Tätigkeit:

- Provisionen für die Übernahme des Forderungseinzuges,
- Vorschusszinsen für den Ankauf von Forderungen mit Zahlungszielen,
- eine Delkredereprovision für Forderungsausfälle.

Zahlungsfähigkeit

4 Liquiditätsplanung

Finanzwirtschaftliche Kennzahlen und Regeln als Instrument der Unternehmenssteuerung

Die Sicherung der ständigen Zahlungsfähigkeit gehört zu den Unternehmenszielen mit oberster Priorität, denn die Zahlungsfähigkeit ist zwar nicht alles, aber ohne sie ist alles nichts.

4.1 Finanzierungsregeln

Finanzierungsregeln können nur eine Entscheidungshilfe sein, soweit sie von der Unternehmensleitung als Maßstab an die eigene Finanzpolitik angelegt werden.

Die wichtigsten Finanzierungsregeln lassen sich bei grober Gliederung in zwei Gruppen aufteilen. Dabei geht es zum einen um die **Gliederung der Passiva** und zum anderen um die Frage der **Kapital- und Vermögensstruktur** einer Unternehmung, d. h. um eine Gegenüberstellung von Aktiv- und Passivseite der Bilanz.

Wie viel Eigenkapital sollte ein Unternehmen besitzen? – Arbeitshilfen für Bilanzkritik und Finanzanalyse

Eigenkapitalausstattung

- Eine vernünftige Kapitalausstattung des Unternehmens ist im Allgemeinen dann gegeben, wenn das Eigenkapital 30 % der gesamten Finanzmittel und 60 % des Sachanlagevermögens beträgt. Die Eigenkapitalquote in der deutschen Wirtschaft liegt dagegen nur noch bei ca. 17 %. Mit Ausnahme Italiens liegt Deutschland damit unter den großen Industrieländern an letzter Stelle.
- Das kurzfristige Fremdkapital sollte im Volumen des Umlaufvermögens mindestens zweimal aufgehen.
- Forderungen und flüssige Mittel sollten die auf kurze Sicht eingegangenen Verpflichtungen decken.
- Als Norm für die flüssigen Mittel gilt ein Fünftel der jederzeit kündbaren Verpflichtungen.

4.1.1 Vertikale Finanzierungsregel

Eigenkapital wird von dem Unternehmer oder den Teilhabern aus privaten Mitteln aufgebracht. Nicht entnommene Gewinne erhöhen ebenfalls das Eigenkapital, während Verluste oder Kapitalentnahmen zu einer Verringerung des Eigenkapitalbestandes beitragen.

Fremdkapital stellt einen Kredit dar, der von außen stehenden Dritten gewährt wird. Man unterscheidet zwischen lang- und kurzfristigen fremden Mitteln. Während langfristige Kredite zur Anschaffung des Anlagevermögens dienen, werden kurzfristige Kredite bei der Finanzierung des Umlaufvermögens benötigt.

Verhältnis Eigen-/Fremdkapital

Über das **Verhältnis von Eigen- und Fremdkapital** selbst können keine generellen Aussagen getroffen werden. Die Dauer der Kapitalbindung entscheidet lediglich über die **Dauer** der Finanzierung, aber nicht über ihre **Art.** Allgemein wird ein Verhältnis von 1 : 1 (Eigenkapital : Fremdkapital) angestrebt. Diese vertikale Finanzierungsregel wird in der Praxis aber nur selten eingehalten.

In der Praxis hat sich die Erkenntnis durchgesetzt, dass an die Stelle der festen und starren Relation zwischen Eigen- und Fremdkapital eine optimale Kapitalausstattung tritt, die sich aus Liquiditäts-, Sicherheits-, Unabhängigkeits- und Elastizitätserwägungen ableitet.

4.1.2 Horizontale Finanzierungsregeln

Die horizontalen Finanzierungsregeln beziehen sich auf das Verhältnis von Teilen der Aktiv- und Passivseite der Bilanz. Dabei geht es um die Frage, wie einzelne Vermögensteile finanziert worden sind. Vornehmlich unter dem Gesichtspunkt der dauernden Zahlungsfähigkeit (Liquidität) richten sich die goldene Finanzierungsregel und die goldene Bilanzregel auf den Zusammenhang zwischen Finanzierung und Investition.

Kapitalverwendungsfristen

Die **goldene Finanzierungsregel** zielt auf eine Parallelität der Beschaffungs- und Verwendungsfristen des Kapitals ab. Da Fremdkapital nur für eine bestimmte Frist aufgenommen werden kann, soll es nur in solchen Investitionen gebunden werden, die sich spätestens mit den jeweiligen Tilgungsterminen wieder verflüssigen.

Fristenkongruenz

Als spezielle Ausrichtung der goldenen Finanzierungsregel kann man die **goldene Bilanzregel** ansehen. Der Begriff „Fristenentsprechung" wird hier so ausgelegt, dass langfristig gebundene Vermögensteile (z. B. Teile des Anlagevermögens) auch langfristig (z. B. mit Eigenkapital oder langfristigem Fremdkapital) zu finanzieren sind, während kurzfristige Vermögensteile (z. B. Rohstoffvorräte) eine kurzfristige Finanzierungsquelle (z. B. Kontokorrentkredite, Liefererziele) erfordern. Damit soll vermieden werden, dass z. B. zur Abdeckung kurzfristiger Kredite Anlageverkäufe getätigt werden müssen, die den Betriebsablauf infrage stellen.

Kapital

finanzielle Mittel, die für betriebliche Zwecke benötigt werden

Kapitalhöhe

Die Bilanzsumme gibt die Höhe der in einem Unternehmen eingesetzten finanziellen Mittel an.

Der Kapitalbedarf hängt von folgenden Faktoren ab:

- Wirtschaftszweig
- Betriebsgröße
- Kapazitätsauslastung
- Fertigungsverfahren
- Lagerumschlaghäufigkeit
- Kapitalbindungsdauer
- Zahlungsbedingungen
- saisonale Schwankungen

Kapitalstruktur

Die Finanzierung kann mit Eigen- oder Fremdmitteln erfolgen, das kurz-, mittel- und langfristig zur Verfügung steht.

Die Kapitalstruktur hängt von folgenden Faktoren ab:

- Ertragskraft
- Unternehmensgröße
- Kapitalmarktlage
- Zinsniveau
- Rechtsform
- Kreditsicherheiten
- Kapitalbindungsdauer

Goldene Bilanzregel

Goldene Bilanz- bzw. Finanzierungsregel

Anlagevermögen und langfristig gebundener Teil des Umlaufvermögens werden langfristig finanziert.

4.2 Finanzierungskennzahlen

Finanzierungskennzahlen analysieren die Finanzstruktur. Sie geben eine Grundlage für unternehmensinterne Entscheidungen und stellen ein wesentliches Merkmal für die Kreditvergabe dar.

Bilanzanalyse

Beispiel:

Bilanz

Aktiva Tsd. €		Passiva Tsd. €	
Grundstücke (bebaut)	300,00	Eigenkapital	315,00
Fuhrpark	100,00	Gewinn	80,00
Maschinen	85,00	Hypotheken	250,00
Vorräte	120,00	Verbindlichkeiten	100,00
Forderungen	100,00		
Flüssige Mittel	40,00		
	745,00		**745,00**

Der Verschuldungsgrad gibt das Verhältnis von Fremdkapital zu Eigenkapital an. Übersteigt das Fremdkapital die eigenen Mittel, so kann das eine höhere Abhängigkeit von denjenigen bedeuten, die das Fremdkapital bereitstellen.

$$\textbf{Verschuldungsgrad} = \frac{\text{Fremdkapital} \cdot 100}{\text{Eigenkapital}}$$

$$\text{Verschuldungsgrad} = \frac{350 \cdot 100}{395} = 88{,}61\ \%$$

Mit dem **Anspannungsgrad** wird beschrieben, wie hoch der Anteil des Fremdkapitals am Gesamtkapital ist. Den „Gegenpol" bildet der **Eigenfinanzierungsgrad,** der aussagt, wie viel Prozent des Gesamtkapitals durch eigene Mittel abgedeckt sind.

$$\textbf{Anspannungsgrad} = \frac{\text{Fremdkapital} \cdot 100}{\text{Gesamtkapital}}$$

$$\text{Anspannungsgrad} = \frac{350 \cdot 100}{745} = 46{,}98\ \%$$

$$\textbf{Eigenfinanzierungsgrad} = \frac{\text{Eigenkapital} \cdot 100}{\text{Gesamtkapital}}$$

$$\text{Eigenfinanzierungsgrad} = \frac{395 \cdot 100}{745} = 53{,}02\ \%$$

Weitere wichtige Rückschlüsse lassen sich aus einem **horizontalen Vergleich** der Bilanzpositionen ziehen. Hier werden einzelne Posten der Aktiv- und Passivseite der Bilanz gegeneinander aufgewogen:

$$\textbf{Deckungsgrad I} = \frac{\text{Eigenkapital} \cdot 100}{\text{Anlagevermögen}}$$

$$\text{Deckungsgrad I} = \frac{395 \cdot 100}{485} = 81{,}44\ \%$$

$$\textbf{Deckungsgrad II} = \frac{(\text{Eigenkapital} + \text{langfristiges Fremdkapital}) \cdot 100}{\text{Anlagevermögen}}$$

$$\text{Deckungsgrad II} = \frac{(395 + 250) \cdot 100}{485} = 132{,}99\ \%$$

Eigenkapital ist für eine Unternehmung in doppeltem Sinne bedeutungsvoll, denn neben seiner Funktion als Finanzierungsmittel stellt es auch eine Sicherheit oder Garantie für die Kreditgeber dar.

Über den Anteil des Fremdkapitals am Gesamtkapital lassen sich Rückschlüsse auf den Verschuldungs- oder Unabhängigkeitsgrad einer Unternehmung ziehen: Je größer der Fremdkapitalanteil in einer Unternehmung ist, desto größer ist ihr Verschuldungsgrad.

Finanzierungsspielraum

Der Finanzierungsspielraum wird mit steigender Verschuldung eingeengt. Außerdem geht durch die Abhängigkeit von den Gläubigern ein Teil der unternehmerischen Selbstständigkeit verloren. Die goldene Bilanzregel besagt, dass neben dem Eigenkapital nur langfristiges Fremdkapital zur Finanzierung des Anlagevermögens verwendet werden sollte.

Der Deckungsgrad zeigt, in welcher prozentualen Höhe das der Fall ist. Er muss mindestens 100 % betragen, wobei es wünschenswert ist, dass dieser Prozentsatz überstiegen wird und noch Teile des Umlaufvermögens, mindestens aber der eiserne Bestand, gedeckt sind. Sofern eine Unternehmung mit langfristigem Fremdkapital arbeitet, ist der Deckungsgrad II immer höher als der Deckungsgrad I.

Um die Betriebsbereitschaft nicht zu gefährden, sollte bei der Anlagenfinanzierung kein Kapital verwendet werden, das nur kurzfristig zur Verfügung steht, unabhängig davon, ob es sich um eigene oder fremde Mittel handelt. Aus dieser Sicht kommt dem Deckungsgrad II eine größere Bedeutung zu.

4.3 Die Liquidität einer Unternehmung

Jede Firmenleitung versucht den Zahlungsverpflichtungen der Unternehmung fristgerecht nachzukommen.

> Die Erhaltung der ständigen Liquidität (Zahlungsfähigkeit) ist die wichtigste unternehmerische Zielsetzung.

Liquiditätsgrad

Eine Aussage über die Liquidität kann durch einen Vergleich der verfügbaren Mittel mit den fälligen Verbindlichkeiten erfolgen. Das Verhältnis zwischen diesen aktiven und passiven Posten bezeichnet man als **Liquiditätsgrad.**

Flüssige Mittel

Aufgrund mehr oder weniger unvorhersehbarer mittel- und langfristiger geschäftlicher und wirtschaftlicher Ereignisse bezieht sich die Beurteilung der Liquidität einer Unternehmung auf den überschaubaren, kurzfristigen Zeitraum von ca. 90 Tagen. Dabei finden alle in dieser Zeit fälligen Verbindlichkeiten Eingang in die Rechnung. Ihnen stehen die schon vorhandenen oder die zu erwartenden flüssigen Mittel der Unternehmung gegenüber:

- **flüssige Mittel 1. Ordnung**
  = vorhandenes Bargeld und Sichtguthaben bei Banken und Sparkassen.
- **flüssige Mittel 2. Ordnung**
  = Forderungen, die in der nächsten Zeit fällig werden. Hierzu gehören auch alle übrigen kurzfristig fälligen Besitzwechsel.
- **flüssige Mittel 3. Ordnung**
  = Rohstoffe, unfertige und fertige Erzeugnisse, die im Verlauf des Umsatzprozesses zunächst zu Forderungen und im nächsten Schritt zu Zahlungseingängen führen.

Stichtags-liquidität

Neben der **Stichtagsliquidität,** die eine zu einem bestimmten Zeitpunkt festgestellte Momentaufnahme der Zahlungsfähigkeit darstellt, besteht die Möglichkeit, die Liquiditätslage der Unternehmung im Verlauf eines festgelegten Zeitabschnitts zu beobachten.

Perioden-liquidität

In diesem Fall wird die **Periodenliquidität** zum Beurteilungskriterium. Sie hat gegenüber der Stichtagsliquidität den Vorteil, dass zufällige Ereignisse weitgehend ausgeschaltet bzw. neutralisiert werden. Bei der Berechnung der Periodenliquidität werden alle Zahlungsvorgänge innerhalb des untersuchten Zeitabschnitts erfasst. Damit stellt die Periodenliquidität letztlich den Durchschnittswert einer beliebig großen hintereinander geschalteten Reihe von Stichtagsliquiditäten dar.

Liquiditätsauf-forderungen

Mindestanforderungen an die Liquiditätskennzahlen:

Liquidität 1. Grades > 20 %

Lediglich ein Teil der kurzfristigen Verbindlichkeiten ist sofort fällig. Bis zur Fälligkeit der restlichen Verbindlichkeiten haben sich die Barbestände durch den Einzug von Forderungen erhöht.

Liquiditäts-grade

Liquidität 2. Grades ≥ 100 %

Kurzfristige Verbindlichkeiten erhöhen sich evtl. um Beträge, die aus der Bilanz nicht hervorgehen (Lohn- und Gehaltauszahlungen usw.).

Liquidität 3. Grades > 200 %

Zeitliche Verzögerungen und Risiken des Umsatzprozesses werden berücksichtigt.

Fakten kurz gefasst

Liquiditätsgrad

= Zahlungsfähigkeit einer Unternehmung

= Verhältnis von flüssigen Mitteln und kurzfristigen Verbindlichkeiten

Liquiditätskennzahlen

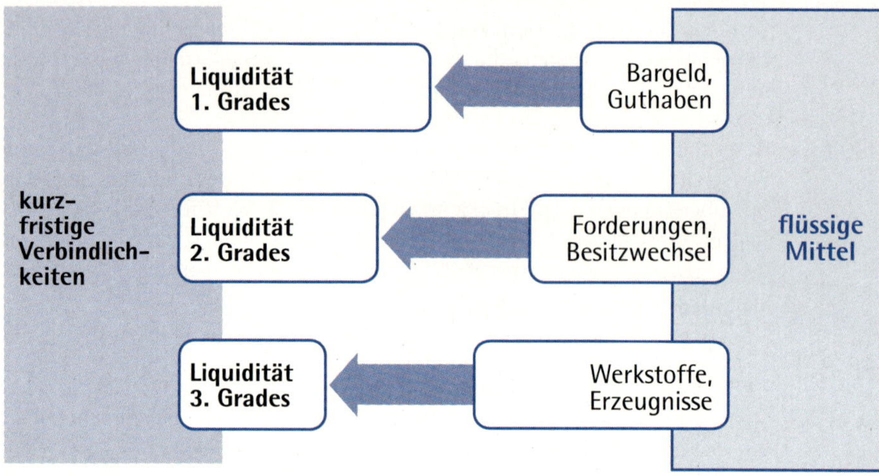

$$\textbf{Liquidität 1. Grades} = \frac{\text{flüssige Mittel 1. Ordnung} \cdot 100}{\text{kurzfristige Verbindlichkeiten}}$$

$$\textbf{Liquidität 2. Grades} = \frac{\text{flüssige Mittel 1.} + \text{2. Ordnung} \cdot 100}{\text{kurzfristige Verbindlichkeiten}}$$

$$\textbf{Liquidität 3. Grades} = \frac{\text{flüssige Mittel 1.} + \text{2.} + \text{3. Ordnung} \cdot 100}{\text{kurzfristige Verbindlichkeiten}}$$

4.4 Berechnung der Rentabilität

Kapitalverzinsung

Ebenso wie der private Sparer versucht den nicht zu Konsumzwecken benötigten Teil des Einkommens möglichst zinsgünstig anzulegen, erwartet auch der Unternehmer, dass sich sein investiertes Kapital möglichst hoch verzinst, d. h., er strebt nach einem möglichst hohen Gewinn.

Das Verhältnis von erwirtschaftetem Gewinn zu dem eingesetzten Kapital bezeichnet man als **Rentabilität.** Bei der Rentabilitätsberechnung wird das am Geschäftsjahresbeginn vorhandene Kapital mit dem während der Abrechnungsperiode erwirtschafteten Gewinn verglichen.

GuV

Soll		Haben	
Mietaufwand	200.000,00	Warenverkäufe	3.300.000,00
Löhne Gehälter	2.300.000,00		
Zinsaufwand	200.000,00		
Gewinn	600.000,00		
	3.300.000,00		3.300.000,00

Bilanz

Soll		Haben	
Anlagevermögen	1.500.000,00	Eigenkapital	3.000.000,00
Umlaufvermögen	3.500.000,00	Fremdkapital einschl. alter Verbindlichk.	2.000.000,00
	5.000.000,00		5.000.000,00

Rentabilität des Eigenkapitals (Unternehmerrentabilität)

$$\frac{\text{Gewinn} \cdot 100}{\text{Eigenkapital}} = \frac{600.000 \cdot 100}{3.000.000} = 20\ \%$$

Rentabilität des Gesamtkapitals (Unternehmungsrentabilität)

$$\frac{\text{Gewinn} + \text{Zinsaufwand} \cdot 100}{\text{Gesamtkapital}} = \frac{(600.000 + 200.000) \cdot 100}{5.000.000} = 16\ \%$$

4.4.1 Rentabilität des Eigen- und Gesamtkapitals

Rentabilitätsberechnungen in dieser vereinfachenden Art können nur Richtwerte für die Kapitalverzinsung angeben. Die Ergebnisse stimmen nur dann exakt, wenn das Kapital während der Abrechnungsperiode unverändert bleibt.

Tatsächlich aber verändert im Laufe des Geschäftsjahres jede Wertbewegung die Bilanz. Um die Rentabilitätsberechnung zu verfeinern, müssten mehrere Zwischenbilanzen zur Verfügung stehen. Aus ihnen könnte das durchschnittlich vorhandene Kapital errechnet werden. Je mehr dieser Zwischenwerte einfließen, desto genauer wird die Rentabilitätsberechnung.

Das beste Ergebnis bei der Rentabilität des Eigen- oder Gesamtkapitals ist erreicht, wenn:

- mit dem eingesetzten Kapital ein möglichst großer Gewinn erzielt wurde oder
- ein bestimmter angestrebter Gewinn mit möglichst geringem Kapitalaufwand erwirtschaftet wurde.

Ökonomisches Prinzip

Damit steht hinter der Rentabilitätsberechnung die praktische Anwendung des **ökonomischen Prinzips.** Das bedeutet, dass man bestrebt ist mit einem bestimmten Kapitaleinsatz eine möglichst hohe Rentabilität zu erzielen.

Je höher die Rentabilität ist, desto besser wurde der Produktionsfaktor Kapital genutzt.

Die Bedeutung der Rentabilitätswerte für die Unternehmung wird dann offensichtlich, wenn man die Ergebnisse mit denen gleichartiger Unternehmungen oder dem am Kapitalmarkt herrschenden Zinssatz vergleicht.

So zeigt die obige Berechnung, dass die Rentabilität des Gesamtkapitals mit 16 % über dem Zinsfuß für das Fremdkapital (10 %) liegt. Damit war die Heranziehung des Fremdkapitals wirtschaftlich. Die Rentabilität des eingesetzten Kapitals sollte mindestens genauso groß, nach Möglichkeit aber größer als der Markzinsfuß sein (siehe dazu auch die folgenden Ausführungen).

4.4.2 Leverageeffekt

Fremd- statt Eigenkapital

Genauso wie man als Privatperson z. B. überlegt, ob man sein Sparkonto unberührt lässt, weil es vorteilhaft ist, dass das Kapital sich z. B. mit 4 % weiter verzinst, wenn man einen Kredit für z. B. 1,5 % aufnehmen kann, so steht der Unternehmer vor derselben Frage.

Rentabilitätsvergleich

Beispiel 1:

Kapitaleinsatz	=	durchschnittlich	80.000,00 €
davon		Eigenkapital	80.000,00 €
		Fremdkapital	-----,--
Gewinn:		5.000,00 €	

$$\textbf{Rentabilität}\text{ des Eigenkapitals} = \frac{\text{Gewinn} \cdot 100}{\text{durchschnittlicher Eigenkapitaleinsatz}}$$

$$\text{Rentabilität des Eigenkapitals} = \frac{5.000 \cdot 100}{80.000} = 6{,}25\ \%$$

Beispiel 2:

Kapitaleinsatz	=	durchschnittlich	80.000,00 €
davon		Eigenkapital	20.000,00 €
		Fremdkapital	60.000,00 €

Fremdkapitalzins: 1,5 % = 900,00 €, d. h., der Gewinn beträgt statt 5.000,00 €
nur 4.100,00 €

$$\textbf{Rentabilität}\text{ des Eigenkapitals} = \frac{4.100 \cdot 100}{20.000} = 20{,}5\ \%$$

Bewertungsfragen

Ergebnis: Die Rentabilität des Eigenkapitals steigt. Diese „Hebelwirkung" wird als „Leverageeffekt" bezeichnet.

Aber Achtung:

- Der höheren prozentualen Verzinsung steht der absolut niedrigere Gewinn (4.100,00 € statt bisher 5.000,00 €) entgegen.
- Die Rechnung geht nur so lange auf, wie die Fremdkapitalzinsen, die zu zahlen sind, den vorausgehenden Gewinn nicht völlig aufzehren.
- Das „freigesetzte Eigenkapital" darf nicht zinslos bleiben, sondern es muss zu einem Zinssatz angelegt werden, der so hoch ist, dass er die entstandene „Gewinnlücke" mehr als abdeckt.

4.4.3 Rentabilität der Investition und des Umsatzes

Oft werden Rentabilitätsberechnungen auch nur für eine einzelne Investition durchgeführt:

$$\textbf{Rentabilität}\text{ der Investition} = \frac{\text{Jährlicher Gewinn aus der Investition} \cdot 100}{\text{Kapitaleinsatz für die Investition}}$$

Neben die Rentabilität des eingesetzten Kapitals tritt die Umsatzrentabilität. Sie ist das Verhältnis von Reinertrag zum Umsatz und gibt somit an, wie viel Prozent Gewinn auf jeden € der Verkaufserlöse entfällt:

$$\textbf{Rentabilität}\text{ des Umsatzes} = \frac{\text{Gewinn} \cdot 100}{\text{Umsatz}}$$

Die Umsatzrentabilität stellt nur einen Durchschnittswert dar. Ebenso wie die Rentabilität für einzelne Investitionen berechnet werden kann, ist auch eine aufgeteilte Berechnung der Umsatzrentabilität für einzelne Warengruppen möglich. Schwierigkeiten treten dabei allerdings in der Zurechenbarkeit der Gewinn- und Kostenbestandteile auf.

Fakten kurz gefasst

Rentabilität

Eigenkapitalrentabilität	**Gesamtkapitalrentabilität**	**Rentabilität der Investitionen**	**Umsatzrentabilität**
= Unternehmerrentabilität	= Unternehmungsrentabilität		
Verzinsung des Eigenkapitals	Verzinsung des Gesamtkapitals	Verzinsung einer Investition	Anteil des Reingewinns am Umsatz
$\frac{\text{Gewinn} \cdot 100}{\text{Eigenkapital}}$	$\frac{(\text{Gewinn} + \text{Zinsaufwand}) \cdot 100}{\text{Gesamtkapital}}$	$\frac{\text{Gewinn aus einer Investition} \cdot 100}{\text{Kapitaleinsatz}}$	$\frac{\text{Gewinn} \cdot 100}{\text{Umsatz}}$

Je höher die Rentabilität, desto besser wurden die Produktionsfaktoren genutzt.

5 Zahlungsverkehr/Zahlungsvorgänge

Die technische Abwicklung des Zahlungsverkehrs verläuft heute weitgehend automatisiert. Während im privaten Bereich nach wie vor die Zahlung mit Bargeld an erster Stelle steht, ist es im unternehmerischen Bereich die Überweisung. Während die Bedeutung des Schecks stark abgenommen hat und der Wechsel ebenfalls nur eine Sonderfunktion einnimmt, ist der Gebrauch der ec-Karte ebenso wie die Nutzung der Kreditkarte eindeutig auf dem Vormarsch.

Bankgeschäfte am PC

Onlinebankkonten in Deutschland (jeweils am Jahresende) in Millionen.

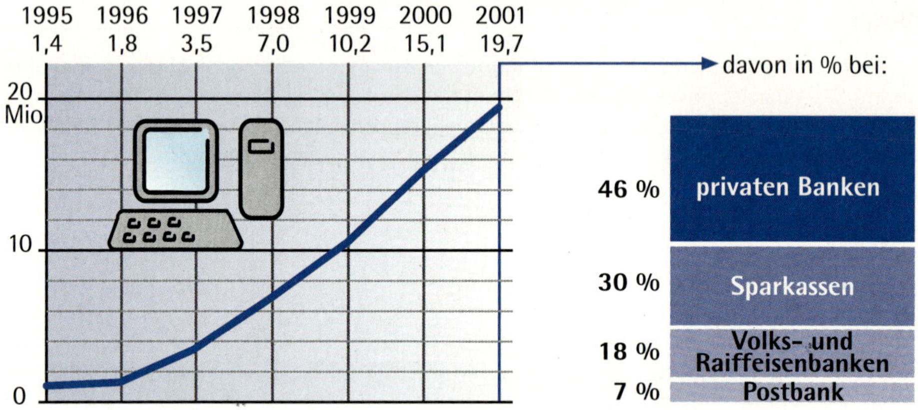

ec-Karten-Boom

Im Umlauf befindliche ec-Karten in Deutschland (jeweils zur Jahresmitte) in Millionen.

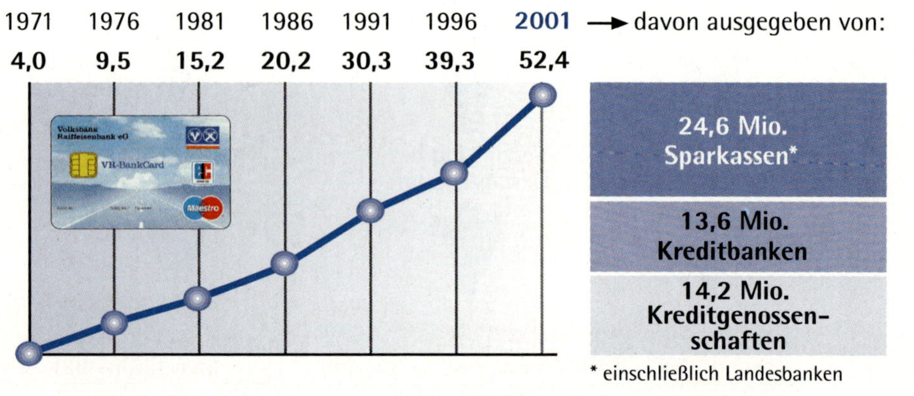

nach: Globus infografik 7889, 7457, 7821 (Folgeseite), Hamburg 2001

5.1 Barzahlung

Formen der Barzahlung

Von Barzahlung spricht man, wenn die Forderung eines Gläubigers beglichen wird durch

- direkte **Übergabe von Bargeld** (Als Beleg wird eine Quittung ausgestellt.);
- **Überbringung des Geldes** durch einen Boten oder durch die Deutsche Post AG (versicherter ExpressBrief mit Geldinhalt oder Postbank-Minutenservice – die aktuellen Möglichkeiten sollten Sie im Bedarfsfall bei der Post erkunden).

Die Barzahlung hat nach wie vor beim Verkauf an den Endverbraucher und hier insbesondere im Handel eine große Bedeutung. Im unternehmerischen Bereich spielt sie aber wegen der relativ hohen Kosten und wegen des Risikos bei den dort üblicherweise hohen Beträgen nur eine untergeordnete Rolle.

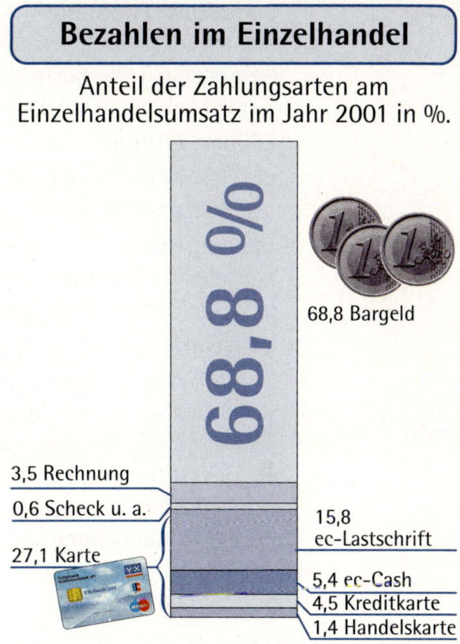

5.2 Halbbare Zahlung

Eine halbbare Zahlung liegt vor, wenn entweder von dem Konto des Schuldners Bargeld ausgezahlt oder Bargeld auf das Konto des Gläubigers eingezahlt wird. Dazu gehören:

Zahlschein

- der **Zahlschein,** mit dem der Schuldner Geld auf das Konto des Zahlungsempfängers einzahlt;

Scheck

- die Ausstellung eines **Barschecks:** Der Scheckempfänger reicht den Scheck bei der bezogenen Bank ein und erhält das Geld bar ausgezahlt; die Summe wird dem Konto des Scheckausstellers belastet.

Nachnahme

- die **Nachnahme** als Inkasso durch die Deutsche Post AG, bei der nach Aushändigung der Ware das Geld kassiert und auf das Konto des Lieferers bzw. des Gläubigers überwiesen wird.

Diese Zahlungsformen haben ebenfalls nur eine untergeordnete Bedeutung, wobei die Nachnahme nach wie vor insbesondere vom Versandhandel bei Empfängern angewandt wird, zu denen noch keine geschäftlichen Kontakte bestehen (Motto: „Ware gegen Geld").

5.3 Unbare/bargeldlose Zahlung

Wenn weder Schuldner noch Gläubiger Bargeld verwenden, liegt eine bargeldlose Zahlung vor. Voraussetzung ist, dass beide Seiten ein Konto besitzen und es bei der Abwicklung der Zahlung auch nutzen.

- **Überweisung**, bei der der Schuldner einen Geldbetrag von seinem Konto abbuchen und dem Konto des Zahlungsempfängers gutschreiben lässt;
  - **einstufige Überweisung:**
    Schuldner und Empfänger haben ein Konto bei dem gleichen Bankinstitut;
  - **mehrstufige Überweisung:**
    Der Betrag wird im so genannten Clearingverkehr der Zentralbank von dem Konto des Schuldners auf das bei einer anderen Bank geführte Konto des Empfängers überwiesen.

Überweisungsarten

- **Sammelüberweisung:**
  Mehrere Überweisungen werden „gebündelt"; vom Konto des Schuldners wird „nur" der Gesamtbetrag abgebucht und laut Einzelbelegen auf mehrere Empfänger verteilt. Dadurch werden Gebühren und damit Kosten gespart.
- **Eilüberweisung:**
  Die Geldübermittlung erfolgt schneller und der Empfänger kann kurze Zeit später über den Betrag verfügen.
- **Dauerauftrag:**
  Zum gleichen Zeitpunkt immer wiederkehrende Zahlungen an den gleichen Empfänger mit gleichem Betrag werden automatisch vorgenommen.
- **Lastschrift**
  Der Zahlungsempfänger zieht einen Betrag vom Konto des Schuldners ein, nachdem dieser eine entsprechende **Einzugsermächtigung** unterschrieben hat. Das bezogene Kreditinstitut prüft die Rechtmäßigkeit bzw. die Ordnungsmäßigkeit einer Zahlung nicht. Sollte ein Geldeinzug unrechtmäßig erfolgt sein (weil z. B. eine vorausgehende Warenlieferung mangelhaft war), kann die Abbuchung widerrufen und das Geld zurückgefordert werden.
  Bei einem **Abbuchungsauftrag** gibt der Schuldner seiner Bank den Auftrag, Lastschriften des Gläubigers auszuführen. Die Bank prüft jede Lastschrift danach, ob ein solcher Abbuchungsauftrag vorliegt. Nach deren Einlösung ist ein Widerspruch nicht mehr möglich.

Einzugsermächtigung

Abbuchungsauftrag

Scheck

- **Zahlung mit Scheck.** Der Scheck ist eine Urkunde, in der sich ein Schuldner verpflichtet von seinem Konto bei Vorlage des Schecks einen bestimmten Betrag abbuchen zu lassen. Der Scheck ist grundsätzlich „bei Sicht", also bei Vorlage, zahlbar. Er kann entweder bei der Bank, auf die der Scheck ausgestellt wurde, zur **Einlösung** vorgelegt oder bei einem beliebigen Kreditinstitut **eingereicht** werden. Dieses leitet den Scheck dann zur Einlösung an die bezogene Bank weiter.
  Der „normale" Scheck ist ein Inhaberpapier, bei dem nicht überprüft wird, ob derjenige, der den Scheck vorlegt, auch zur Entgegennahme des Geldes berechtigt ist. Ein **Inhaberscheck** kann beliebig oft als Zahlungsmittel weitergegeben werden. Ein **Namensscheck** dagegen kann nur von demjenigen vorgelegt bzw. eingereicht werden, der sich als Scheckberechtigter ausweisen kann. Er kann aber mit einem Indossament weitergegeben werden. Dagegen ist eine solche Weitergabe bei einem **vinkulierten Namensscheck** ausgeschlossen. Dieser ist an die Person gebunden, auf die der Scheck ausgestellt wurde.

Kreditkarte

- **Zahlung mit Scheck- oder Kreditkarte,** d. h., es wird kein Überweisungsformular ausgefüllt. Bezahlt wird mit einem bei einer Bank oder einem Kreditkarteninstitut vorhandenen Kontoguthaben. Die Scheck- oder Kreditkarten sind mit einem Chip ausgestattet, auf dem Identifizierungsdaten des Karteninhabers gespeichert sind. Mit der Eingabe einer Geheimzahl (**PIN** = Persönliche Identifikationsnummer) kann geprüft werden, ob der Karteninhaber auch der rechtmäßige Besitzer ist.

POS

  - **POS-Zahlung:**
    Zahlung am „**P**oint **o**f **S**ale", bei der über die Eingabe der Geheimnummer ein direkter Zugang zum Zentralrechner erfolgt; bei einem positiven Bescheid wird der Betrag unmittelbar vom Konto des Schuldners abgebucht.

POZ

  - **POZ-Zahlung**
    Zahlung am „**P**oint of Sale", aber **o**hne **Z**ahlungsgarantie. Es wird keine Verbindung zum Zentralrechner hergestellt, sondern der Schuldner „zahlt" mit seiner Unterschrift. Hier übernimmt die Bank eine begrenzte Auszahlungsgarantie.

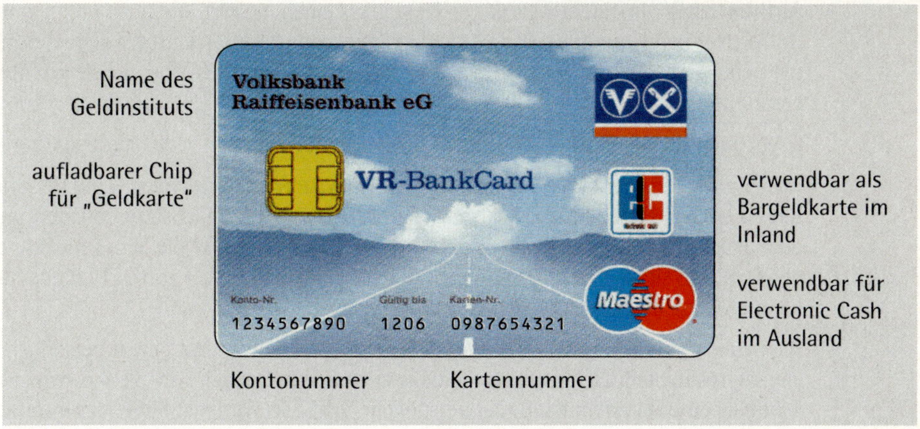

5.4 Onlinebanking

Mit dem Internet haben sich auch im Zahlungsverkehr neue Möglichkeiten eröffnet. Dazu gehört das Onlinebanking, bei dem Geldgeschäfte über den PC abgewickelt werden. Es entfallen nicht nur die herkömmlichen Belege und Papiere, sondern auch die Gebühren, die bei den „üblichen" Zahlungsformen anfallen.

PIN
TAN

Das Konto des Schuldners muss für solche Transaktionen freigeschaltet werden. Mit einer **PIN** = persönliche Identifikationsnummer) und einer **TAN** (Transaktionsnummer) wird die Voraussetzung dafür geschaffen. Die Transaktionsnummer ist bei jedem auszuführenden Vorgang eine andere. Der Benutzer erhält dafür eine Liste mit den ihm von der Bank zugeteilten TANs per Post zugeschickt.

Sicherheit im Netz

Schon beim herkömmlichen Postverkehr ist und war es mitunter gar nicht so leicht, das Postgeheimnis zu wahren. Ganz gleich, ob es die Angst war, dass ein Postzusteller eine nicht für ihn bestimmte Information lesen konnte oder der Brief zu Hause von einer „unbefugten" Person geöffnet wurde, das Problem des Datenschutzes ist und war immer vorhanden.

Mit dem Internet verbinden sich diesbezüglich noch größere Gefahren. Es bietet Informationen vielfältiger Art, aber es ist keine „Einbahnstraße". Die Leitung nach draußen eröffnet auch unerwünschte Eindringlingen den Weg nach drinnen in den eigenen Computer. Hacker, Viren oder Spionageprogramme können Schaden anrichten. Mit ein paar Grundregeln können Onlinenutzer ihre Risiken verringern.

Voraussetzung ist ein möglichst hoher Sicherheitsstandard. Dabei sollten folgende Anforderungen erfüllt werden:

- **Vertraulichkeit:** Bestimmte Informtionen dürfen nur den dazu autorisierten Personen zugänglich sein. So muss gewährleistet sein, dass kein Dritter die übermittelten Daten mitlesen, z. B. die Kreditkartennummer abfragen kann.
- **Zugriffskontrolle:** Nur Personen mit entsprechender Berechtigung dürfen auch geschützte Daten einsehen und verändern.
- **Integrität:** Es muss sichergestellt sein, dass die Daten auf ihrem Weg vom Absender zum Empfänger nicht von Fremden verändert werden können.

Authentizität: In einem weltweiten Netz, das keinem gehört und auch von niemandem kontrolliert werden kann, müssen sich die beiden Kommunikationspartner gegenseitig ausweisen, um sicher zu sein, dass sie auch tatsächlich die Vertragspartner sind, die sie im Internet vorgeben zu sein.

Kryptografie: Die Daten dürfen nicht offen, sondern müssen verschlüsselt versendet werden.

Früher wurden symmetrische Verschlüsselungsverfahren angewendet. Diese Verfahren benutzten einen Schlüssel, um die elektronischen Mitteilungen zunächst zu codieren und diese mit dem gleichen Schlüssel wieder zu decodieren. Hier gab es aber die Schwierigkeit, den passenden Schlüssel sicher an den Empfänger zu übermitteln. Wurde er von Dritten abgefangen, dann konnten diese auch die Mitteilung entschlüsseln.

Die neuen asymmetrischen Schlüssel sind erheblich sicherer. Mit einem persönlichen, lediglich einmal benutzbaren Schlüssel wird die Datei chiffriert. Danach wird sie mit einem öffentlichen Schlüssel erneut verschlüsselt. Der persönliche Schlüssel wird nicht über das Internet versendet.

Als Internetzahlungsmittel können verwendet werden:

- **Kreditkartenzahlungen:** Bei Onlinezahlungen mit Kreditkarten wird nur die Kreditkartennummer benötigt. Verschiedene Kontrolltechniken sollen einen ausreichenden Schutz gewährleisten.
- **Smartcards:** Mit einem speziellen Kartenleser am Computer werden die Kreditkarten mit Chip oder Magnetstreifen, die universell eingesetzt werden können, eingelesen.
- **Elektronische Münzen:** Bei dieser Internetwährung wird Geld vom eigenen Girokonto in Dateien (virtuelle Geldeinheiten) verwandelt. Diese stehen dann in der sog. „Wallet", einer virtuellen Geldbörse zur Verfügung. Bei dem Empfänger der virtuellen Geldbörse wird der Betrag in die Währung seiner Wahl umgerechnet. Er kann das virtuelle Geld aber auch speichern oder weiterreichen, d. h. selbst damit bezahlen.

Tipp

- Installieren Sie nur Programme, die Sie wirklich brauchen. Machen Sie sich mit den Sicherheitsoptionen Ihres Browsers vertraut.
- Nutzen Sie die neueste Zugangssoftware, denn darin sind „alte" Sicherheitslücken in der Regel geschlossen worden.
- Schützen Sie Ihr internes Netz mit entsprechenden Vorrichtungen (Firewall, Passwörter, Verschlüsselungen).
- Kontrollieren Sie, ob Ihr (Geschäfts-)Partner auch wirklich derjenige ist, der er zu sein vorgibt. Vergleichen Sie z. B. die Adresse („www.beispiel.de") mit dem Linknamen.
- Geben Sie Passwörter und Kreditkartennummern nicht an unbekannte Partner und speichern Sie diese nie auf der Festplatte!
- Testen Sie Ihren Computer regelmäßig auf Viren.
- Übermitteln Sie besonders wichtige oder schützenswerte Daten nur verschlüsselt.
- Seien Sie vorsichtig mit Programmen aus dem Internet. Diese können Viren übertragen. Auch E-Mails oder sostige Textdokumente können infiziert sein.
- Trennen Sie Ihren Internetrechner vom internen Netz, wenn dies möglich ist (wichtig für Arztpraxen, Anwaltskanzleien, betriebliche Buchhaltung usw.).
- Machen Sie regelmäßig Sicherheitskopien von Ihren Daten.

Tipps nach: Globus Information (Bild Nr. Gd-6277, April 2000)

5591496

1 Projektplanung

Was ist ein Arbeitsauftrag, was ist eine Anweisung, durch was wird die tägliche Arbeit geprägt und was ist ein Projekt? Nicht alles, was man als Projekt bezeichnet, ist in Wirklichkeit auch ein solches.

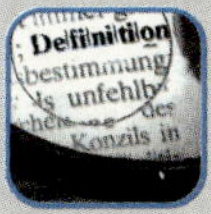

Ein **Projekt** ist ein Arbeitsvorgang
- mit einem klar definierten Anfang und einem ebenso klar definierten Ende sowie
- einem präzise umrissenen Auftrag.

Ein **Projekt** wird in der Regel
- von einem Team geleitet,
- an dessen Spitze ein verantwortlicher Projektleiter steht.

Ein **Projekt**
- ist durch viele Einzelprozesse gekennzeichnet, die aufeinander abgestimmt werden müssen;
- kann nur in Verbindung mit einem konkreten Zeitplan erfolgreich durchgeführt werden.

Auch für Projekte gilt das **ökonomische Prinzip.** Das heißt, dass eine bestimmte Aufgabe optimal zu erledigen ist:
- Minimierung des Ressourcen- und Zeitaufwands bei der Projektdurchführung;
- mit vorhandenen Mitteln das bestmögliche Projektergebnis erzielen.

Projektplanung
Projekt-gliederung
Projekt-steuerung

Eine umfassende und gut durchdachte Projektplanung bedeutet, dass man sich einen Überblick verschafft, was alles zu erledigen ist und in welche einzelnen Abschnitte ein Projekt gegliedert ist. Damit sind auch die Voraussetzungen für eine reibungslose Projektsteuerung gegeben. In konkreten Unternehmenssituationen werden Projektabläufe häufig in einem **„8-Phasen-Schema"**[1] dargestellt:

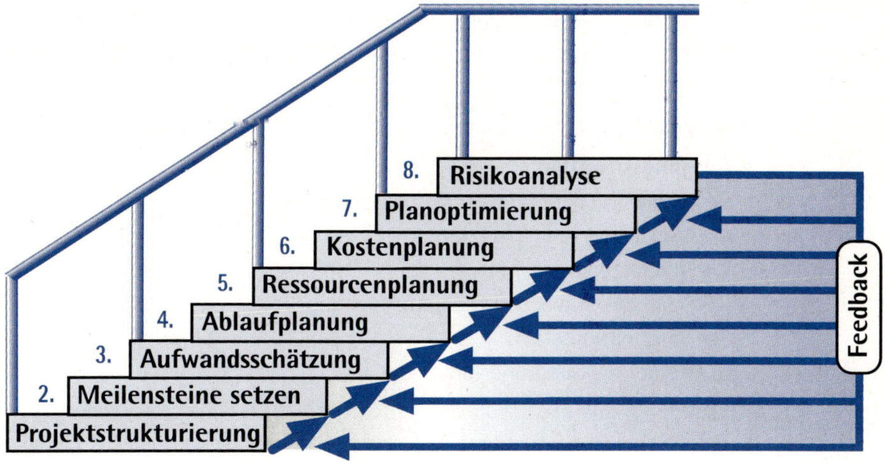

1 anach: Dieter Eschlbeck, Gerda Süß: Move your Mind-Projektmanagement, München, in: www.managementsoftware.de/msipmfibel/planung/default.htm, entnommen Januar 2003

1.1 Handbücher und Lastenhefte

Handbuch

Projekte werden in so genannten Projekthandbüchern dargestellt. In ihnen findet man alle für das Projekt nötigen Informationen und auch die Verfahren und die ablauforganisatorischen Regeln. Das Projekthandbuch wird ganz zu Beginn der Projektphase erstellt. Im Rahmen einer analytischen Betrachtung enthält es zunächst alle Einzeltätigkeiten, die nötig sind, um das Ziel des Projektes zu erreichen.

Fortschreibung des Projekthandbuches

Das Projekthandbuch ist nichts anderes als die Arbeitsgrundlage für alle, die an dem Projekt beteiligt sind. In der Regel wird das Handbuch vorgegeben bzw. von dem Teamleiter erarbeitet. Im Sinne der vorangehend dargestellten ständigen Überprüfung, Evaluation und Fortschreibung sollte das Projekthandbuch in einer Form geführt werden, die diese Arbeiten erleichtert. Das bedeutet, dass es nicht gebunden sein sollte, damit man z. B. den Arbeitsfortschritt dokumentieren oder auch Blätter austauschen bzw. Kopien oder Protokolle einheften kann. Ein Projekthandbuch kann auch als Datei geführt werden. In diesem Falle ist die Fortschreibung völlig unproblematisch.

Lastenheft

Das Projekthandbuch ist eine Art **Lastenheft** und enthält die Zusammenstellung aller Anforderungen, die mit dem Projekt erfüllt werden sollen. Diese Bedingungen können im Sinne einer ABC-Analyse (siehe dazu auch Lernfeld 6, Kapitel 2.3 und Kapitel 4) gewichtet werden. Sie sollten überprüfbar und quantifizierbar sein.
In einem Lastenheft geht es nicht um die Frage des „WIE", sondern um die Fragen, **„WAS"** und **„WOFÜR"** eine Aufgabe zu lösen ist. In einem Projekthandbuch werden die Arbeitsbereiche in verschiedenen Teilbereichen vorstrukturiert.

1.2 Projektdefinition

Die Projektplanung besteht aus einer ganzen **Reihe von Einzelplänen.** Ihre Anzahl und ihr Umfang hängen in erster Linie von der Art und der Größe des Projektes ab. Dies wiederum wird sehr stark davon beeinflusst, welche Bedeutung das Projekt für das Unternehmen hat. Je innovativer, d.h. je neuer der Projektinhalt ist und je stärker er über das bisherige Unternehmensgeschehen bzw. die **bisherigen Geschäftsfelder hinausgeht,** desto umfassender wird die Projektplanung sein (müssen).

Bedeutung für das Unternehmen

Ausgangspunkt jeder Projektplanung sind die festgelegten Ziele und die Rahmenbedingungen.

- **Ausgangssituation**
  - Istanalyse der Markt- und Kostensituation
  - Wettbewerbsuntersuchung
  - Produktanalyse
  - Stärken- und Schwächenuntersuchung
  - Informationsstand
  - Fehlererfassung und -analyse

Istanalyse

- **Vision**

  Auf der Ausgangssituation aufbauend werden von dieser zunächst globale Ziele abgeleitet. Dabei handelt es sich evtl. um sehr allgemeine Formulierungen, die oft in kreativ angelegten Verfahren „geboren" werden. Hierzu gehört z. B. das **Brainstorming,** bei dem zu einer bestimmten Aufgabenstellung zunächst wirklich alles gesagt werden kann, was jedem Teilnehmer gerade einfällt. Die Ideen kommen in einen „Brainpool" und werden erst in einem zweiten Schritt „gefiltert" und auf ihre Sinnhaftigkeit, Machbarkeit oder Umsetzungsmöglichkeit geprüft.

Zielsetzungen

Brainpool

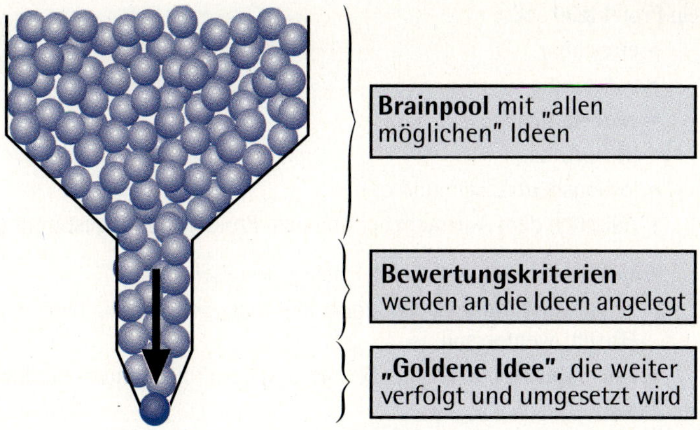

Zielsystem

- **Ziele**

  Ausgehend von der ausgewählten Idee oder dem Projektauftrag werden die konkreten Ziele abgeleitet. Dabei wird in einer Zielhierarchie festgelegt, in welchem Zusammenhang die einzelnen Ziele stehen.

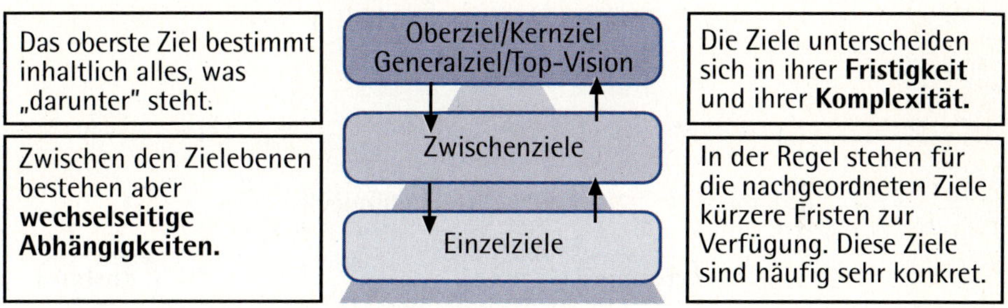

Ein **Projektziel** besteht in der Regel aus

- dem eigentlichen Kernziel, das festlegt, um was es überhaupt geht (Oberziel);
- detaillierten inhaltlichen Ergänzungen in Form des Lastenheftes oder einzelner Leistungsbeschreibungen.

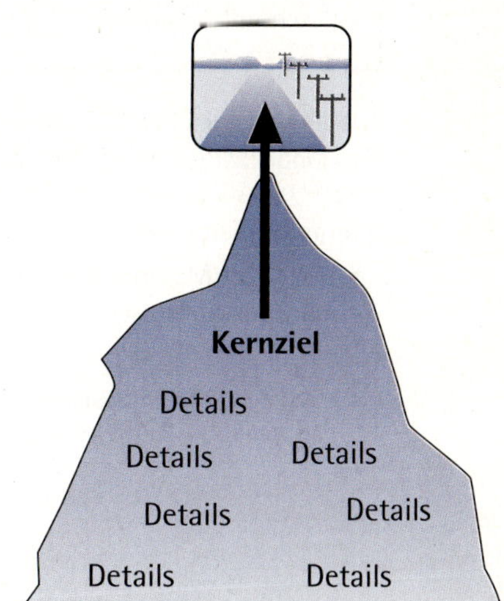

Bedingungen für Ziele

Ein **Projektziel** muss vorhanden sein, damit

- der Projektleiter eine sichere Planungsgrundlage hat („Wer nicht weiß, wohin er will, wird mit Sicherheit woanders ankommen.");
- der Auftraggeber des Projektes weiß, was er bekommt;
- das Projektende festgelegt ist und es zu keinen Missverständnissen bei der Frage des Projekterfolges kommt.

Zielhierarchie

Ein **Projektziel** sollte

- erreichbar,
- vollständig,
- widerspruchsfrei,
- überprüfbar,
- lösungsneutral sein und es muss
- zwischen dem Auftraggeber und dem Projektleiter abgestimmt sein.

Zielfestlegung

Ein **Projektziel** kann aus folgenden Teilen bestehen:

- einem **Leistungsziel,** d. h. einer möglichst genauen inhaltlichen Beschreibung dessen, was erreicht werden soll;
- einem **Zeitziel,** d. h. einer Festsetzung der Projektdauer und des Endtermins für das Projekt;
- einem **Kostenziel,** d. h. einer Begrenzung der für die Projektdurchführung zur Verfügung stehenden finanziellen Mittel in Rahmen einer Budgetplanung.

Zieldreieck

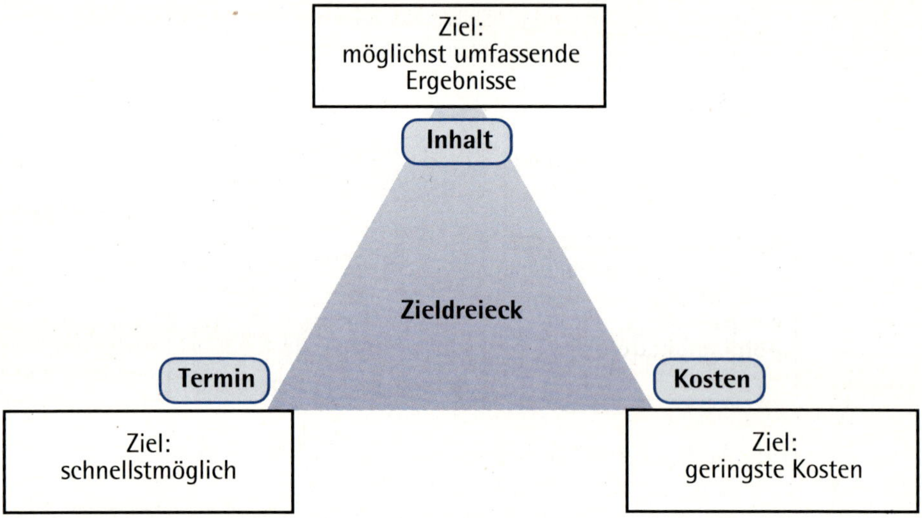

Aus dem **„magischen" Zieldreieck**[1] lässt sich ableiten, dass Schwerpunkte gesetzt werden müssen. Möglichst gute und umfassende Ergebnisse mit möglichst geringen Kosten in möglichst kurzer Zeit zu erreichen, ist nicht möglich, sodass sich für die Projektziele konkret folgende Alternativen ergeben:

Ökonomisches Prinzip

- nach dem **Maximalprinzip** mit einem festgelegten Aufwand in einer bestimmten Zeit ein möglichst umfassendes und aussagefähiges Ergebnis erreichen

oder

- nach dem **Minimalprinzip** ein vorgegebenes Projektziel in möglichst kurzer Zeit mit möglichst geringen Kosten erreichen.

1 in Anlehnung an: Move your Mind & V. Jungbluth, Projektmanagementfibel (Management und Business-Software), 1998, in: www.managementsoftware.de/msi-pm-fibel/planung/default.htm

Engpassbereich

Grundsätzlich bestimmt auch bei der Projektplanung der **Engpassbereich** das gesamte sonstige Geschehen: Termine und Kosten gehören immer dann zum Projektziel, wenn das inhaltliche Ziel bei der Überschreitung des eingeplanten Limits nicht mehr erreicht werden kann oder wertlos wird. Dies gilt z. B. bei der Planung eines Messestands oder der Vorbereitung einer Messepräsentation. Um das zeitlich nicht verschiebbare Kernziel zu erreichen, sind ggf. höhere als die geplanten Kosten gerechtfertigt.

Für den Erfolg gibt es keine Alternativen.

2 Projektdurchführung

2.1 Projektstart

Strategie

Zu den wichtigsten Voraussetzungen für das Gelingen eines Projekts gehört eine ganzheitliche Betrachtung der zu lösenden Aufgabenstellung und damit die Strategie, die das gesamte Projekt wie ein roter Faden durchzieht.

Projektumfeld

Stakeholder

Vor dem eigentlichen Projektbeginn wird festgelegt, wer an dem Projekt beteiligt ist. Dies können einzelne Mitarbeiter, aber auch komplette Abteilungen sein. Den so genannten **„Stakeholdern“**[1] werden konkrete Aufgaben zugeordnet.

Projekt-kick-off

Auftaktseminare

In einem Auftaktseminar wird den Projektteilnehmern erläutert, welche Aufgaben sie haben bzw. welche Rollen sie einnehmen. Dabei geht es auch darum, dass sich die einzelnen Teammitglieder gegenseitig kennen lernen und sich über das Projektziel informieren und verständigen. Solche Verfahrensweisen sind besonders wichtig, wenn externe Personen in die Projektarbeit integriert sind oder wenn es sich um große Unternehmen bzw. Konzerne handelt, in denen nicht vorausgesetzt werden kann, dass „jeder jeden kennt“.

1 Als „stakeholder“ bezeichnet man im Allgemeinen diejenigen Personen, die Wetteinsätze verwahren und sie später dem Gewinner auszahlen. Im übertragenen Sinn sind die verantwortlichen Teammitglieder mit solchen Stakeholdern gleichzusetzen, weil sie die mit einem Projekt verbundenen finanziellen Mittel der Unternehmensleitung so einsetzen sollen, dass mit dem Projekt ein wirtschaftlicher Erfolg erzielt werden kann und damit ein Gewinn.

Prozessablauf der Teamarbeit

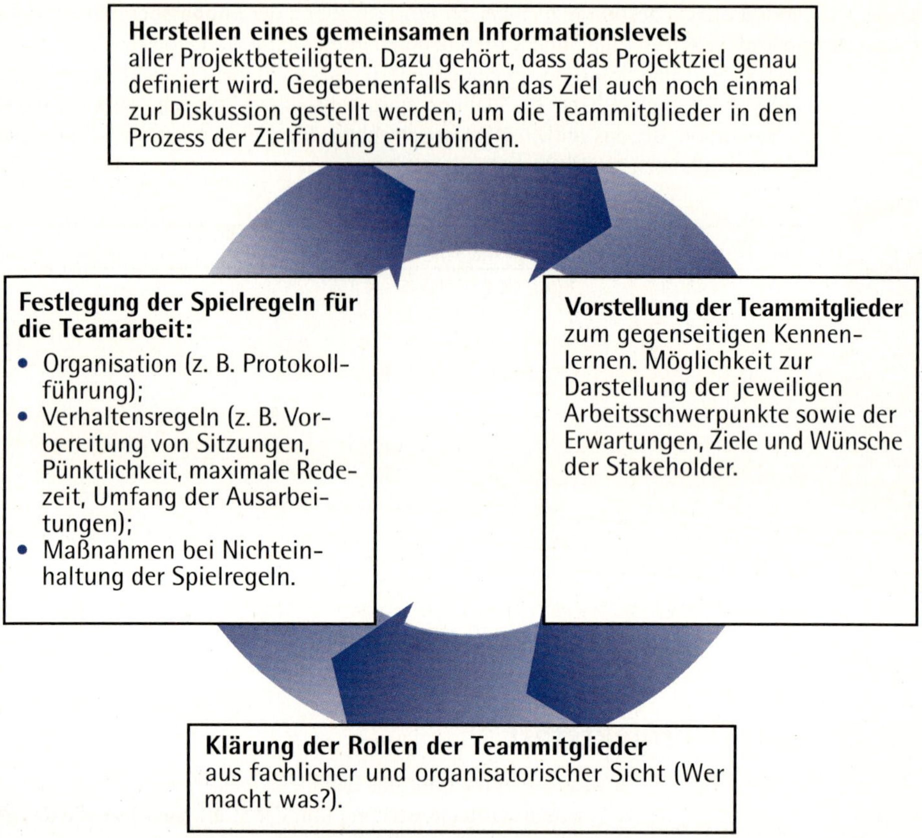

Für nähere Informationen siehe auch: Move your Mind & V. Jungbluth in: www.managementsoftware.de/msi-pm-fibel/planung/default.htm: Projektmanagementfibel (Management und Business-Software), 1998

Projektstrukturplan

In einem so genannten **Projektstrukturplan** werden in einer grafisch übersichtlichen Form die notwendigen Maßnahmen bzw. die Vorgänge dargestellt. Dabei wird häufig als Baumform ein **Struktogramm** verwendet. Ein solcher Strukturplan teilt das Gesamtprojekt in überschaubare Einheiten und zeigt gleichzeitig die jeweiligen sachlichen und personellen Zuständigkeiten.

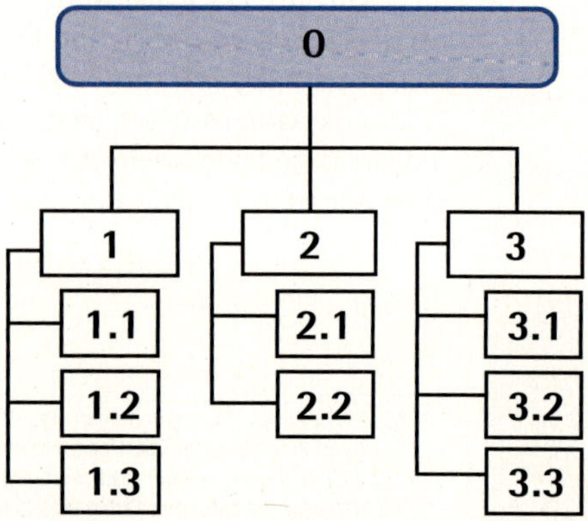

2.2 Ressourcenplanung

Netzplan

Die **Ablaufplanung** gliedert sich in einen eher technisch-organisatorischen und einen mehr inhaltlichen Teil. Maßgebend ist, dass die im Strukturplan dargestellten einzelnen Arbeitspakete und -schritte vielfach miteinander verzahnt sind. Die gegenseitigen sachlichen und logischen Abhängigkeiten können auf verschiedene Arten kenntlich gemacht werden. Ein geeignetes Instrument ist auch hier der **Netzplan.**

DV-Simulation

Aufgabe eines Netzplans ist darzustellen, welche Arbeitsschritte für die Projektdauer wichtig sind. Aus der **Aneinanderkettung** solcher wichtigen Vorgänge ergibt sich der „kritische Weg". Er kennzeichnet alle Vorgänge, bei denen zeitliche Verzögerungen zu einer Verzögerung des Projektabschlusses führen würden. Eine Möglichkeit der Darstellung dieser vernetzten Vorgänge ist die **DV-gesteuerte Simulation.** So wird z. B. durch die Eingabe einer einzigen Veränderung direkt sichtbar, wie sich diese auf den Gesamtprozess auswirken würde.

Die Beziehungen der einzelnen Arbeitspakete untereinander können sich aus verschiedenen Gründen ergeben. Dazu gehören z. B. technische Gegebenheiten oder organisatorische Voraussetzungen. Häufig bilden die vorhandenen Ressourcen einen **Engpass.** Dazu gehören insbesondere die Mitarbeiter, die in die Projektarbeit eingebunden sind, ohne dass dies deren einzige Aufgabe ist. Daher sollten alle im Zusammenhang mit der Projektarbeit wichtigen Sachverhalte berücksichtigt werden (z. B. Urlaubsplanungen, Geschäftsreisen, sonstige wichtige Termine).

Überlastungsfaktor

Die **Ressourcenverfügbarkeit** bildet die zur Verfügung stehende Kapazität ab:

Beispiel: Teammitglied XY

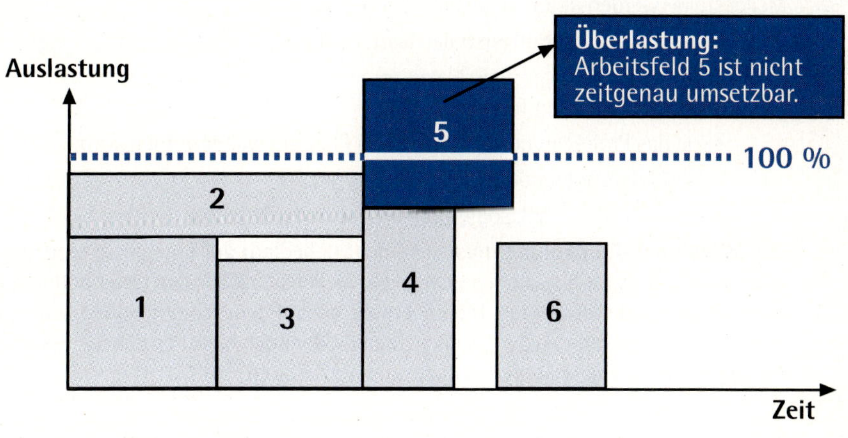

Die Arbeit mit Netzplänen ist dann besonders effektiv, wenn eine Software zur Verfügung steht, die die Daten laufend verarbeitet, sodass der **Planfortschritt** ständig überwacht werden kann. Die manuelle Erstellung eines Netzplans hat den Nachteil, dass sie relativ starr ist.

Wie ein Netzplan aufgebaut ist und wie er „funktioniert" können Sie in Lernfeld 5, Kapitel 3.2.3 nachlesen.

Balkendiagramm

Ein **Balkendiagramm** ist eine Möglichkeit, in einer sehr einfachen Form den zeitlichen Ablauf der Projektarbeit darzustellen:

Maßnahmenpaket	Dauer	März	April	Mai	Juni
Projektteam festlegen	1 Wo.				
Strukturplan erstellen	2 Wo.				
Ablaufplanung	3 Wo.				
Kick-off	3 Tage				
Phase 1	4 Wo.				
Zwischenberichte	3 Tage				
Phase 2	6 Wo.				

2.3 Meilensteine (Milestones)

Zwischenberichte

Es ist sinnvoll, ein Projekt in verschiedene Abschnitte einzuteilen. Diejenigen, die besonders wichtig sind, werden als „Meilensteine" bezeichnet. Sie stellen die Eckpunkte der Planung dar und bilden die Grundlage für Zwischenberichte während des Projektprozesses.

Meilensteine werden dadurch gekennzeichnet, dass

- sich an ihnen eindeutig feststellen lässt, ob die erwarteten Ergebnisse eingetreten sind oder nicht;
- sie eine Entscheidung fordern,
  - ob das Projekt in der vorgegebenen Planung weiterverfolgt wird,
  - ob Änderungen nötig sind oder
  - ob das Projekt evtl. sogar abgebrochen werden muss.

Controlling

Das **Milestones-Controlling** muss sich nicht unbedingt auf Ergebnisse beziehen; es kann sich auch auf den Prozess als solchen erstrecken. Meilensteine können unter anderem auch aus den Netzplänen abgeleitet werden. Die Ereignisse, die auf dem kritischen Weg liegen, gehören zwar nicht alle zwangsläufig zu den „Meilensteinen", dennoch bietet es sich an, verschiedene solcher Arbeitspakete zu einem Meilenstein zusammenzufassen.

Je früher ein Fehler erkannt wird, desto leichter lässt er sich beheben. Je später ein Fehler entdeckt wird, desto höher sind die Kosten für seine Beseitigung.

Frühwarnsystem

Die Meilensteine stellen eine Art **„Frühwarnsystem"** dar, das rechtzeitig aufzeigt, wann und in welchem Umfang Planabweichungen auftreten.

Zielkorridor

Dabei wird verglichen, in welchem Verhältnis die Ist-Daten zur Planung stehen und welche Auswirkung die derzeitige Situation auf den weiteren Projektverlauf hat. Sind die Abweichungen erheblich bzw. überschreiten sie die Toleranzgrenzen, sind Gegenmaßnahmen nötig, um das Projekt wieder in den Zielkorridor zu bringen.

Kreislaufschema der Ablaufprozesse

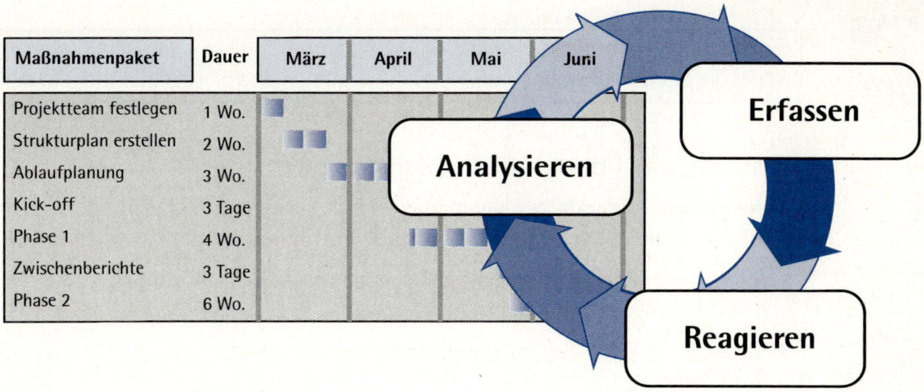

2.4 Projektrisiken

Definition der Problempunkte

Die Betrachtung der **Projektrisiken** steht in einem engen Zusammenhang mit den Darstellungen zur Strukturanalyse und zur Bedeutung der Meilensteine. Aufgabe der Risikoanalyse ist, vor der Durchführung eines Projektes möglichst klar zu definieren, wo evtl. Probleme bei der Umsetzung liegen könnten. Dabei unterscheidet man zwischen

- **Prozessrisiken**
  Das sind die Risiken, die sich daraus ergeben, dass sich im Ablauf des Prozesses unvorhersehbare Änderungen ergeben können oder dass schon in der Prozessplanung Fehler vorhanden sind, die zunächst unentdeckt bleiben.

Betriebliche Abwägung

- **Produktrisiken**
  Hierbei handelt es sich um Risiken, die in dem Projektziel selbst stecken. Das heißt, dass sich im Laufe des Projektprozesses herausstellen kann, dass ein angestrebtes Ziel nicht zu erreichen ist.

Die einzelnen Projektschritte müssen hinsichtlich der in ihnen enthaltenen Risiken untersucht werden. Im Sinne der **ABC-Analyse** (siehe dazu Lernfeld 6, Kapitel 4) ist eine **Schwerpunktsetzung** erforderlich.

Risikoabsicherung

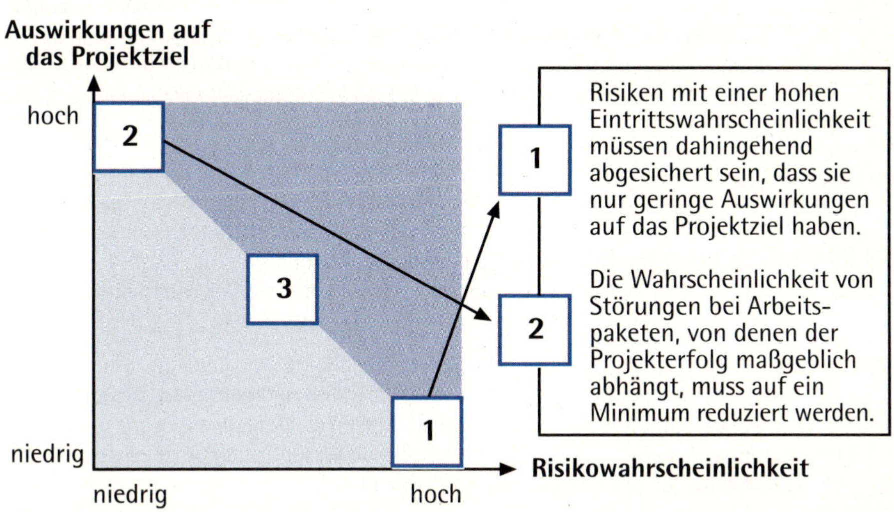

Projekte ohne Risiken gibt es nicht. Maßnahmen zur Beherrschung von Risiken können entweder die Risiken minimieren oder deren Auswirkungen bei ihrem Eintritt mindern.

Vielfach liegen die **Ursachen für Projektrisiken** auf der Hand:

Personalprobleme

- Während der Projektabwicklung ergeben sich personelle Veränderungen (Ausfall von Mitarbeitern durch Krankheit, Kündigung usw).
- Termine werden nicht eingehalten. Dabei kann es sich um Störungen im internen, aber auch im externen Bereich handeln.

Erwartungshaltungen

- Die Planung geht von zu optimistischen Erwartungen aus und hat nicht den nötigen Realitätsbezug.
- Die Rollen, die von den einzelnen Teammitgliedern einzunehmen sind, sind nicht klar genug definiert.

Kompetenzkonflikte

- Kompetenzkonflikte verursachen Reibungsverluste und kosten Zeit.
- Konflikte zwischen den Teammitgliedern werden nicht schnellstmöglich bereinigt.

3 Teamentwicklung

Zusammenarbeit

Projekte sind nur in ganz seltenen Fällen das Werk einzelner Personen. Eine Ausnahme sind ausgesprochene Forschungsobjekte, an denen einzelne Wissenschaftler oft über Jahre hinweg arbeiten, um zu neuen Erkenntnissen zu kommen.

Die betriebliche Wirklichkeit sieht anders aus. Schon bei einem Einstellungsgespräch muss man damit rechnen, dass die „andere Seite" herauszufinden versucht, ob und inwieweit man später mit anderen Arbeitskollegen zusammenarbeiten kann oder nicht – die „Teamfähigkeit" eines Bewerbers steht auf dem Prüfstand. In einem Unternehmen, in dem die Abteilungen und Arbeitsabläufe mehr und mehr ineinander verzahnt sind, ist ein isoliertes Denken ein Hindernis für wirtschaftliche Prozesse. Ob man mit den „typischen" Fragen (ob man in einem Orchester spielt oder ob man in einer Mannschaft Sport betreibt, ob man gerne boxt oder lieber tanzt) tatsächlich herausfinden kann, wie es mit der Teamfähigkeit bestellt ist, bleibt jedoch mehr als fraglich.

Teamfähigkeit

Bei der **Teamfähigkeit** kommt es eher darauf an, sich in ein Team integrieren zu können, ein gemeinsam gestecktes Ziel erreichen zu wollen. Erfolgreich in einem Team mitzuwirken, bedeutet einerseits selbstbewusst und überzeugend aufzutreten, andererseits aber auch zu versuchen die eigenen Erfolge als den Erfolg der ganzen Mannschaft, der ganzen Arbeitsgruppe oder der ganzen Abteilung zu akzeptieren. Das gilt nicht nur für die Mitarbeiter, sondern auch für die Vorgesetzten.

Einbringung in die Teamarbeit

Man sollte genauso gewillt sein sich helfen zu lassen, wie anderen zu helfen. Das heißt keinesfalls, dass in einem Team alle gleichgestellt wären und besondere Leistungen überhaupt nicht einzelnen Teammitgliedern zugerechnet werden dürften. Die eigene Position im Team darf nicht die Rolle des „fünften Rades" sein. Es geht im Wesentlichen um die Frage, **„wie"** man sich und seine Leistung in die gemeinsame Arbeit einbringt.

Da die oftmals sehr komplexe Struktur von Problemen einen zur Problemlösung unverzichtbaren Austausch von Informationen erforderlich macht, werden Entscheidungen in zunehmendem Maße im Team getroffen.

Gruppenarbeit

Gruppenarbeit gewinnt in Unternehmen an Bedeutung und wird aus verschiedenen Gründen mittlerweile als einer der wichtigsten Erfolgsfaktoren für die eigene Konkurrenzfähigkeit angesehen: Einsparungs- und Rationalisierungseffekte, deutliche Qualitätsverbesserungen, Motivation der Mitarbeiter und humanere Arbeitsplatzgestaltung sind nur einige der Vorteile des Arbeitens im Team. Beflügelt wird der Boom durch Managementkonzepte wie „Leanproduction", „Leanmanagement", „Kaizen" und „Qualitätsmanagement".

Wenn Sie mehr über diese Managementkonzepte wissen wollen, schlagen Sie in diesem Kompendium, Lernfeld 2, Kapitel 4.3 nach.

Wichtig für das Funktionieren von **Teamarbeit** ist insbesondere der **Transfer der Werthaltungen** der einzelnen Gruppenmitglieder: Eine gemeinsame Bewertung von Vorgängen ist lediglich möglich, wenn die **Werteskalen** der anderen Teammitglieder erkannt werden, wenn also ihre innersten Motivationen verstanden werden. Nicht selten hilft dieser Austausch auch bei der Aufdeckung von Denkfehlern, die Quantensprünge in Prozessabläufen lange Zeit verhindert haben. Eine Qualitätssteigerung beispielsweise ist nicht automatisch mit mehr Zeiteinsatz und höheren Kosten verbunden.

Gruppendruck

Ein Team – als Gruppe verstanden – entwickelt grundsätzlich einen gewissen Gruppendruck, der die Zugehörigkeit zur Gruppe unterstützt und die Identität sichert. Werden dabei jedoch bestimmte Grenzen überschritten, wirkt sich der Gruppendruck negativ auf das Funktionieren des Teams und das Wohlbefinden von dessen Mitgliedern aus. Gefühle der Unverwundbarkeit z. B. führen zum Eingehen unkalkulierbarer Risiken, die Illusion der Einigkeit lässt vielleicht keinen Raum für Zweifler oder Einzelmeinungen. Feedbacks werden nicht zugelassen und das Vermeiden des Abweichens vom Konsens der Gruppe lässt deren Mitglieder blind werden. Die Umwelt wird nicht mehr als relevant erlebt, die Eigendynamik der Gruppe führt zu Fehlverhalten und damit letztlich zum Scheitern.

„Wir-Gefühl"

Um wirklich **teamfähig** zu sein, bedarf es einiger gemeinsamer Grundvoraussetzungen wie zum Beispiel der Fähigkeit zur unmittelbaren Zusammenarbeit, gemeinsamer Ziele und Spielregeln, gemeinsamer Werte und angemessener **Wir-Gefühle.** Weiterhin wichtig sind die Art des Umgangs mit Mitarbeitern, Integrations- und Konfliktfähigkeit sowie andererseits auch Durchsetzungsvermögen.[1]

1 nach: Susanne Culo in: http.//www.jobpilot.de/content/journal/softskills/teamfähigkeit.html, 2002

4 Präsentationstechniken im Projektprozess

4.1 Präsentationsform

Ein Projekt besteht aus vielen Einzelteilen. Es wird im Rahmen des Teams von verschiedenen Personen begleitet. Spätestens bei den Meilensteinen oder allerspätestens am Projektschluss müssen die Ergebnisse präsentiert und dokumentiert werden.

Präsentieren bedeutet „vorlegen", „vorzeigen", „sich zur Schau zu stellen"!?

Überzeugungs-arbeit

Wir können es einfacher sagen:
„verkaufen – Informationen verkaufen, sich verkaufen".

Wir können etwas verkaufen, wenn die Kunden mit unserer Vorstellung der Produkte **überzeugt** werden.

Wir können etwas präsentieren, wenn die Neugierigen mit unserer Information der Themen **überzeugt** werden.

Eine Präsentation ist selbst auch eine Art Projekt. Daher gelten viele der oben stehenden Merkmale eines Projektes auch hierfür. Entscheidend ist das Ziel, das mit einer Präsentation verfolgt wird. Das Ziel entscheidet über den Einsatz der Mittel.

Präsentations-regeln

Eine klare **Zielvorstellung** in Verbindung mit der richtigen Form der visuellen Darstellung, aber auch mit der Einhaltung anderer „Spielregeln", führt nicht nur zu einer guten Projektpräsentation, sondern ist auch wichtig für andere unterrichtliche Herausforderungen (z. B. die Anfertigung von Referaten, die nichts anderes sind als „Projekte").

Moderne Hilfsmittel

Qualität statt Quantität

Overheadprojektor, Tafel, Plakat, Beamer, Flipchart, Metaplan usw. sind **Präsentationsinstrumente,** die als Hilfsmittel wertvolle Dienste leisten können. Dabei handelt es sich nur um eine Aufzählung dessen, was zur Verfügung steht. Es ist keinesfalls so, dass man alles heranziehen muss, um gut zu sein. Eine gute Präsentation lebt schwerpunktmäßig vom Inhalt. Trotzdem ist auch die „Verpackung" wichtig. Dennoch: **Nicht die Masse macht es, sondern die Klasse bringt Punkte!**

4.1.1 Die Bedeutung des Inhalts

Jeder weiß, dass ein Referat aus der Einleitung, dem Hauptteil und dem Schluss besteht. Während der freien Rede helfen dem Vortragenden Stichpunkte, den roten Faden nicht zu verlieren. Dieser „rote Faden" ist nicht nur für den Vortragenden, sondern auch für die Zuhörer wichtig. Verlieren sie den Überblick über das, worum es dem Redner geht, wirkt sich das nachteilig auf das Interesse und die Aufmerksamkeit aus. Die Zuhörer wenden sich vom Redner ab, ihre Gedanken schweifen und im schlimmsten Fall beginnen sie mit dem Nachbarn zu reden.

Vortragsinhalt

Visualisierung

Gerade im Berufsleben sind die Inhalte, die den Zuhörern nahe gebracht werden sollen, häufig „trockener Stoff", der nicht aus sich selbst heraus interessiert. Daher muss mit allen Mitteln versucht werden, die Zuhörer zu „fesseln". Der Inhalt und die Art, wie vorgetragen wird, muss begeisternd wirken. Außerdem ist für die Zuhörer die Visualisierung der Inhalte auf Tafel, Overheadprojektor, Beamer oder anderen Hilfsmitteln hilfreich. Die „Neugierigen" oder „Wissbegierigen" lassen sich auch in den Vortrag einbeziehen, wenn sie z. B. ein Arbeitsblatt erhalten.

4.1.2 Die eigene Persönlichkeit ins rechte Licht rücken

Eine Präsentation bezieht sich nicht nur auf das Präsentationsobjekt, sondern es präsentiert sich ebenso auch derjenige, der vorträgt. Das äußere Erscheinungsbild des Vortragenden kann für manchen Zuhörenden von entscheidender Bedeutung dafür sein, ob er dem Redner seine ungeteilte Aufmerksamkeit schenkt. Dieser sollte Vertrauen, Sympathie und Wertschätzung wecken, d. h., es wird neben der inhaltlichen Ebene auch eine persönliche Ebene aufgebaut.

Persönlichkeit

Neben der Sprache (s. u.) wirken auch die Körperhaltung und die Mimik und Gestik auf die Zuhörer. Je ruhiger und verbindlicher man auftritt und je größer die Ernsthaftigkeit ist, mit der man vorträgt, desto unwahrscheinlicher ist es, dass sich die Zuhörer „innerlich abwenden". Nervöse Reaktionen des Vortragenden übertragen sich schnell auf diejenigen, von denen man sich eigentlich wünscht, dass sie mit Ruhe und Aufmerksamkeit den Vortrag verfolgen.

Nicht zu unterschätzen sind Fragen der Kleidung. Das äußere Erscheinungsbild muss sowohl zu der Person als auch zum Anlass passen. Stellt sich im Schulalltag diesbezüglich kaum je diese Frage, wird es z. B. auch hier ein solches Entscheidungsproblem geben, wenn man vielleicht bei einem Abschlussfest eine Rede halten soll. Spätestens jedoch bei einem Vorstellungsgespräch erweisen sich Kenntnisse bezüglich eines angemessenen äußeren Erscheinungsbildes als vorteilhaft.

Situationsgerechte Anpassung

Seinen eigenen Charakter kann und soll man nicht verleugnen. Es geht nicht darum, sich „zu verbiegen", sondern zu zeigen, dass man sich situationsgerecht anpassen und verhalten kann.

4.1.3 Rhetorik und Körpersprache

Redekunst

Häufig ist die Sprache die Grundlage der ersten Fremdeinschätzung. Die Redekunst (Rhetorik) liefert das „Salz in der Suppe" einer Präsentation. Mit der richtigen Würze stimmt die Suppe motivierend auf den Hauptgang ein und erzeugt die notwendige Spannung und Aufmerksamkeit, die für ein Überzeugen der Zuhörer wichtig ist. Rhetorische Fähigkeiten können zwar inhaltliche Schwächen nicht ersetzen, dennoch ist unbestritten, dass die Art und Weise, wie etwas vorgetragen wird, mitentscheidend für den Erfolg der Präsentation eines Projektes ist. Rhetorik ist daher mit Mimik, Gestik und dem gesamten persönlichen Verhalten eng verbunden. Inhalte geschickt zu verpacken bedeutet, dass man sich auf die Zuhörer eingestellt hat und weiß, was sie erwarten.

Vorsicht mit Zitatensammlungen

Nichts spricht dagegen, einem Referat oder einer Rede die richtige Würde zu geben, indem man sie mit bekannten Zitaten „garniert". Wenn aber Redner meinen, sie müssten darstellen, dass sie sich in den umfangreichsten Zitatensammlungen der Welt bestens auskennen und sich daraus entnommene Weisheiten aneinander reihen wie die „Perlen an der Schnur", dann wird das Ziel verfehlt. Im Mittelpunkt muss ohne unnötige Schnörkel der Inhalt bleiben, um den es geht. Mimik, Gestik oder rhetorische Aspekte als „Salz in der Suppe" können die Suppe selbst nicht ersetzen ...

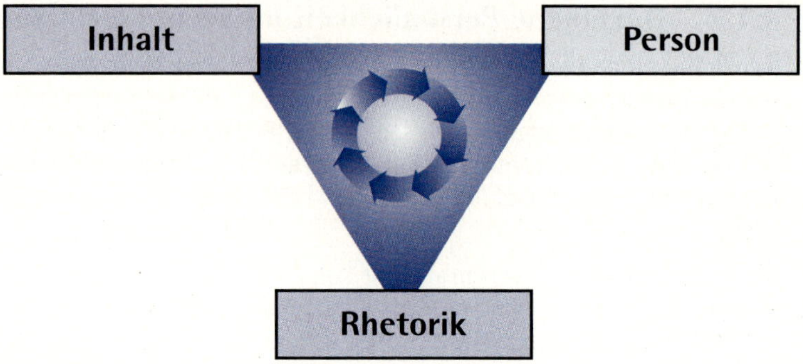

Rhetorik umfasst:[1]

Bestandteile der Rhetorik

Inhaltlicher Aufbau	Sprechtechnik	Körpersprache
• klare Gliederung • treffende Wortwahl • verständlicher Ausdruck • anschauliche Beispiele	• Artikulation • Atmung • Betonung • Stimmmodulation • Sprechtempo • Pausen	• Haltung • Blickkontakt • Mimik • Gestik • Position zum Publikum

Sprechtechnik

Den größten Teil der „Verkaufsstrategie" leistet man mit dem persönlichen Auftreten, das belegt eine nur ca. 10%ige Wirkung unserer **Inhalte** auf die Zuhörer. Erschreckend, wenn doch die Informationen ankommen und gefestigt werden sollen. Mit dem Werkzeug der **Stimme** lassen sich Spannungen aufbauen und Zuhörer mitreißen, doch auch dieser Bereich bestimmt nur ca. 40 % der Wirkung.

Körpersprache

Die restlichen 50 % bewirkt allein der **Körper.** Zeigt man das eigene Interesse und die eigene Begeisterung mit „Händen und Füßen", dann überträgt man seine Begeisterung und verkauft nicht nur sich selbst, sondern auch das Produkt. Hier sollte man sich unterstützend die Frage stellen, warum immer wieder Verkaufsveranstalter ihre völlig überflüssigen und überteuerten Waren an ein großes Publikum verkaufen können. Das zeigt, wie beeinflussbar die Zuhörer sind.

Zielgruppen ansprechen

Die Zielgruppe reagiert nicht auf die Ware selbst, sondern auf die körperliche und sprachliche Überzeugung. Diesen Veranstaltern sagt man hohe Redegewandtheit nach, noch keiner von ihnen hat seine Waren **im Sitzen** angeboten und auch nie dem Publikum **den Rücken zugewandt.**

Fragen, die in der Vorbereitungsphase und auch während des Vortrages wichtig sind:

- Sprechen Sie zielgerichtet und klar gegliedert?
- Sprechen Sie zum Mitdenken (Sprechpause, Erklärung, Vereinfachung)?
- Sprechen Sie zum Papier, zur Tafel, zur Projektionswand?
- Sprechen Sie mit oder gegen Ihren Körperausdruck?
- Sprechen Sie zu den Zuhörern oder über sie hinweg?

1 nach: Amman/Kegel/Rausch/Siegmund: Erfolgreich präsentieren, Kieser Verlag, Neusäß 2001, S. 105 f.

Außen-wahrnehmung

Interessant ist hierbei die Ermittlung der Außenwahrnehmung. Nur die Zuhörer können klar reflektieren, wann wir wie ankommen. Es gibt besondere Seminare, wo mit der Supervisionstechnik die eigene Außenwirkung getestet und geschult werden kann. Manchmal hilft aber auch schon die kritische Befragung hilfsbereiter Kollegen oder Freunde, die Schwachstellen der eigenen Außenwirkung zu erkennen und zu verbessern. Darüber hinaus wird jeder häufiger in der Zuhörerrolle sein und sollte auch aus dieser lernen, wie das Zusammenspiel von Mimik und Gestik inhaltlich und sprachlich miteinander funktioniert. Es sind keine neuen Beobachtungen zu erwarten, wir wollen dennoch jede Möglichkeit nutzen die „Spielregeln" für uns zu finden und nutzbar zu gestalten.

4.2 Thema und Ziel(e) der Präsentation

Thema

Das Thema überschreibt die Arbeit, deshalb erscheint es als Überschrift auch auf dem **Deckblatt eines Referats** oder einer Projektausarbeitung. Je nachdem, welche Medien verwendet werden, erscheint das Thema auch auf der Folie oder an der Tafel. Es wird auch in der **Einleitung** genannt.

Kernpunkte

Jedes Thema untergliedert sich in **Teilthemen** und **Kernpunkte,** auf die sich die Arbeit konzentriert. Diese Freiheit der Schwerpunktsetzung ermöglicht es auch, auf die Zielgruppe einzugehen. Dies ist wichtig, denn „alle" als Zielgruppe ansprechen zu wollen, ist ein hoffnungsloses Unterfangen.

Ziele im Mittelpunkt

- **Was** wollen wir erreichen?
- **Welche Zielgruppe** und welche Erwartungshaltungen haben wir?
- **Worüber** will ich informieren?
- **Wozu** wollen wir auffordern?
- **Welche Informationen** will die Zielgruppe bekommen?
- **Welches Verhalten** erwarten wir von der Zielgruppe?

Die Antworten auf diese oder ähnliche Fragen liefern eine Zielorientierung, d. h., aus dem Thema und den Bedingungen werden die Ziele abgeleitet. **Jedes Ziel ist ein Ergebnis, das bei der Zielgruppe erreicht werden soll und woran man sich orientiert** (ergebnis- oder zielorientiertes Arbeiten). Konkrete Ziele einer Information oder Präsentation können das Aufnehmen, das Behalten und das Erläutern der Inhalte sein. Erreicht man die Unterstützung, die Zustimmung und den Einsatz für die Inhalte, hat man die Zielgruppe überzeugen können.

Zielfestlegung

Die genaue **Festlegung der Ziele** ist die Voraussetzung für die Auswahl der wichtigsten (Selektion) der beschafften und gesammelten Informationen. „Es ist mutig, Lücken zu lassen, es ist jedoch übermütig, alles darstellen zu wollen" (Sprichwort). Ein Thema vollkommen auszufüllen ist nicht nur unmöglich, es hat auch nicht selten zur Folge, dass die Zuhörer den Eindruck einer abgeschlossene Sache haben, die es nicht lohnt, weiter zu erkunden. „Höflich hört er widerwillig zu, unhöflich lässt er uns allein." Das Ziel einer Präsentation ist jedoch meist, die Zuhörenden so zu interessieren, dass sie selbst aktiv werden.

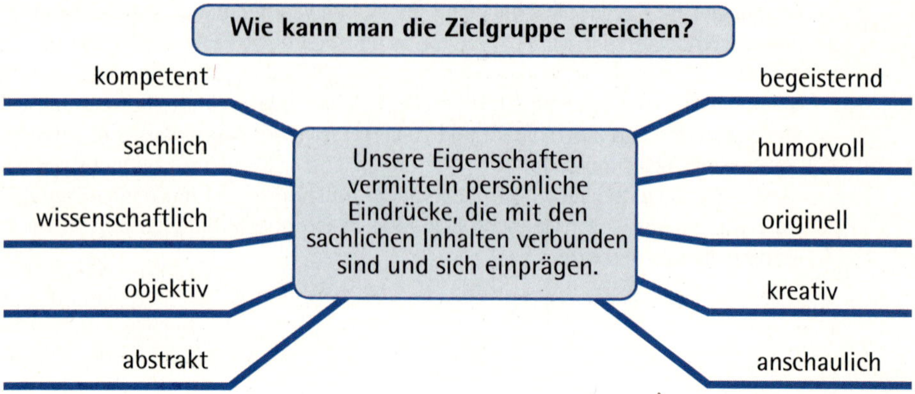

Zielgruppen-orientierung

Person des Vortragenden

Gezielt Eindrücke an Inhalte zu binden, bedeutet nicht in jedem Fall eine Verstärkung der Informationen. Unpassende **Signale,** die häufig auch unbewusst vermittelt werden, können den Informationsgehalt verfälschen und Unwesentliches über das eigentlich Wichtige stellen. Eine abweisende **Körperhaltung,** die entsteht, weil man sich vielleicht besonders originell darstellen will, wertet nicht nur die sachlichen Argumente ab. Das Vertrauen und die Sympathie der Zielgruppe bleiben aus und man macht sich unglaubwürdig, was schlimmstenfalls als Inkompetenz gedeutet werden kann.[1]

Situative Wendigkeit

Das ist nur ein Beispiel, wie der geniale „Auftritt" zu einem „Fehltritt" werden kann. Natürlich kann man mit **situativer Wendigkeit** bei den ersten Anzeichen der Irritation der Zuhörer versuchen die Wirkung zu retten, aber der erste (negative) Eindruck bleibt zurück. Unter Berücksichtigung dieser Kombinationen passieren immer noch Pannen, meist genau dann, wenn man als Vortragender den Bogen überspannen und die persönlichen Eigenschaften neu definieren will.

Beispiele:

- Wer sonst nie einen **Witz** erzählt und dennoch glaubt, bei einem Vortrag damit humorvoll wirken zu können, muss damit rechnen, nur Verwunderung zu ernten, die nicht der geleisteten Arbeit oder dem schwierigen Thema gilt; die Zuhörer werden sich fragen, was wohl mit dem Vortragenden passiert ist, und vom Thema abgelenkt sein.
- **Interessen, Fantasien und Wünsche** übersteigen die Fähigkeiten oder die Aufnahmebereitschaft der Zielgruppe. Man schießt über das Ziel hinaus und die erste Enttäuschung macht sich schon während der Vorbereitungsphase breit.
  Im entgegengesetzten Fall stellt sich Frustration über die zeitaufwändige Arbeit und die Vergeudung von Fähigkeiten ein, wenn die Messlatte der Ziele zu niedrig liegt.

4.2.1 Informationsbeschaffung und Auswahl wesentlicher Inhalte

Themenbezug

Die Arbeit an einem **Thema** wirft meist eine Reihe von Fragen auf, die man nur mithilfe zusätzlicher Informationen (Quellen) beantworten kann. Eine aufwändige Quellensuche, die sich nicht auf das Internet beschränken sollte, kann eine Vielzahl von wichtigen Details oder Aspek-

1 Zu äußerem Eindruck, Körpersprache usw. siehe auch Lernfeld 1, Kapitel 1.2 sowie die Kapitel 4.1.2 und 4.1.3 in diesem Lernfeld.

ten liefern. Die Auswertung und Aufarbeitung dieser Informationen fordert eine differenzierte Selektion und Prüfung der ermittelten Quellen und ein gezieltes Archivieren (Speichern, Ablegen), um die Materialien zweckmäßig für das Thema aufzubereiten.

„Sich Informationen in eigenständiger, zielstrebiger und wirksamer Weise beschaffen zu können, ist eine Grundvoraussetzung für erfolgreiches Lernen."[1]

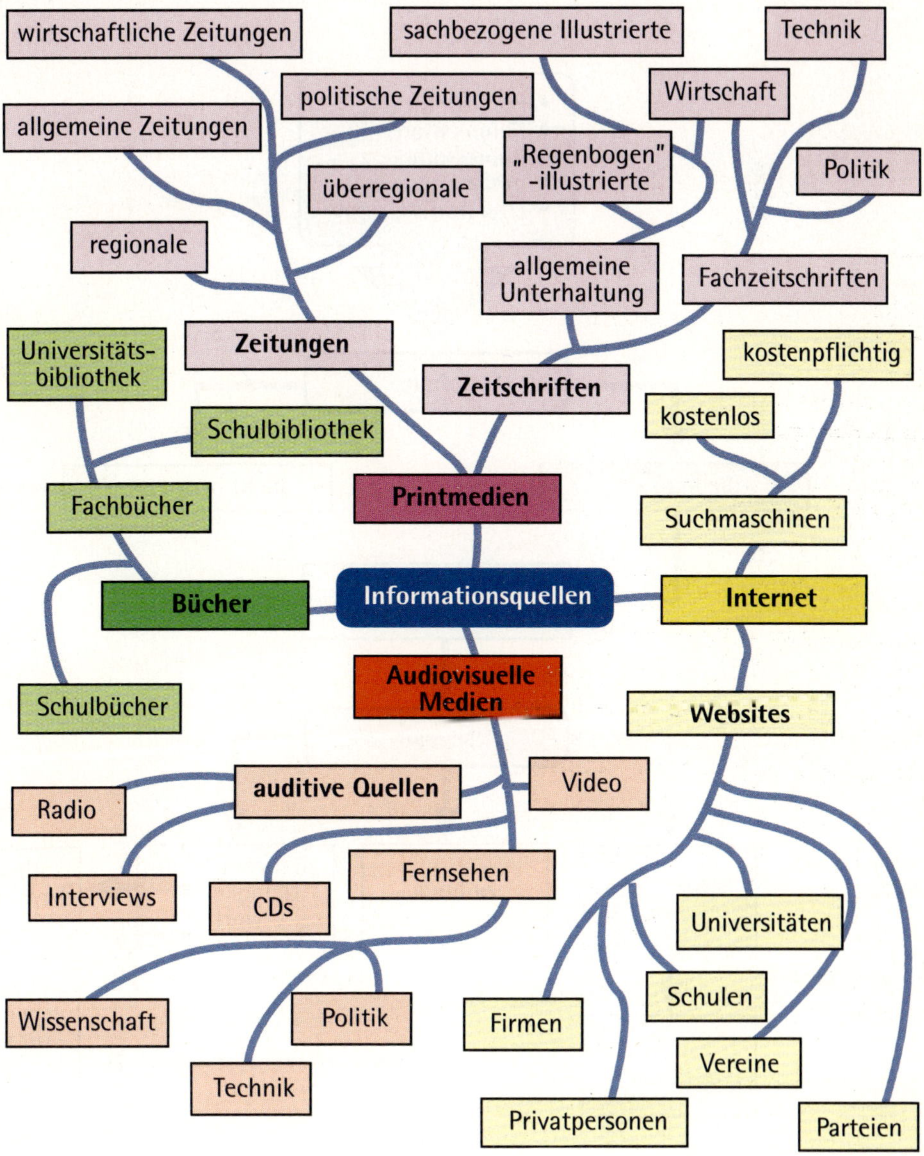

1 Heinz Klippert: Methodentraining. 12. Auflage, Weinheim 2002, S. 87

4.2.1.1 Quellen und Texte erschließen

Querlesen

Die Informationsflut steigt unaufhaltsam. Mit dem Internet ist das **Wissen,** das zur Verfügung gestellt wird, explosionsartig gewachsen. Nicht alles, was angeboten wird, ist es aber auch wert, intensiv gelesen oder gar zitiert zu werden.

Die Auswahl geeigneter Informationsquellen ist oft mehr als nur eine Qual der Wahl. Es geht darum, überhaupt erst einmal festzustellen, ob die Inhalte von Bedeutung sind oder nicht. Eine große Hilfe ist dabei das **„Quer- oder Diagonallesen",** bei dem man versucht die Inhalte relativ schnell zu erfassen:

Selektieren von Inhalten

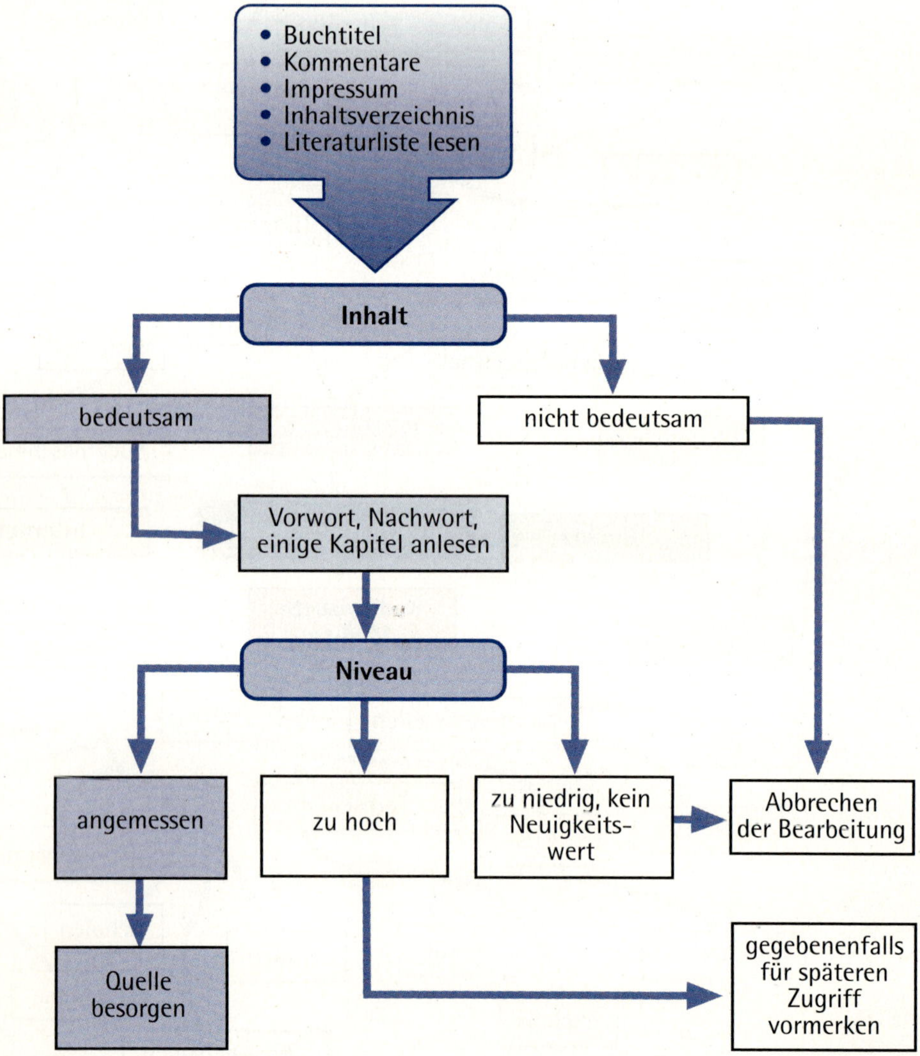

4.2.1.2 Texte lesen und erfassen

Lesen ist nicht gleich lesen. Von dem eigenen Interesse am Thema hängt es ab, wie man zuschaut, zuhört oder auch liest!

Kursorisches Lesen

„Überfliegt" man einen Text, dann will man sich kurz informieren, welche inhaltlichen Schwerpunkte der Text enthält. Dieses schnelle flüchtige Lesen nennt man **kursorisches Lesen.** Es vermittelt einen Überblick und bei derartigen Erstprüfungen von Quellen kann man schnell entscheiden, ob deren Informationen für das Thema brauchbar oder weniger brauchbar sind.

Selektives Lesen

Die „Suchmaschinen" im Internet bieten einen besonderen Service an, indem sie den Nutzern die Aufgabe des **selektiven Lesens** teilweise abnehmen. Eine gezielte Suche nach Stichworten filtert nur die Informationen heraus, die ausgewählte Begriffe enthalten. Diese „Treffer" bilden einen Fundus von Texten, die zu demselben Thema, aber auch zu unterschiedlichsten Themen gehören können.

Vergleichendes Lesen

Für die inhaltliche Differenzierung der Informationen ist ein gründliches Lesen unerlässlich, um einen tiefen Einblick in die Ausführungen des Autors zu gewinnen. Zieht man mehrere Texte zu demselben Thema heran und vergleicht die Aussagen verschiedener Autoren, so verstärkt man die eigene Meinungsbildung und findet seine Themenschwerpunkte. Man spricht auch vom **studierenden** und **vergleichenden Lesen.**

Lesetechniken				
Was will ich?	erste Informationen über das „Was?" und „Worüber?" eines Textes	gezieltes Aufsuchen bestimmter Inhalte	intensive Erarbeitung eines Textes	Herausfinden unterschiedlicher Standpunkte und ihre Gegenüberstellung
Methode	↓ **kursorisches Lesen**	↓ **selektives Lesen**	↓ **studierendes Lesen**	↓ **vergleichendes Lesen**
Ergebnis	↓ **Erstinformationen**	↓ **Inhaltsinformationen**	↓ **Tiefeninformationen**	↓ **Vergleichsinformationen**

4.2.1.3 Texte bearbeiten

Textbearbeitung

Grundregeln für die Textbearbeitung[1]

Eine zweckmäßige Form der Textbearbeitung, die dabei hilft, Wichtiges von Unwichtigem zu trennen, ist die einfache Unterstreichung. Damit werden als bedeutsam angesehene Passagen markiert oder farbig unterlegt. Auf diese Weise erhält der Text mehr Übersichtlichkeit. Grundregel hierbei: So viel wie nötig unterstreichen - allerdings so wenig wie möglich! Ob Sie einzelne Schlüsselbegriffe, Halbsätze, ganze Sätze oder gar Passagen unterstreichen, hängt von Ihrer Zielsetzung ab. Eine weitere Steigerung der Übersichtlichkeit des Textes erreichen Sie durch das Anbringen von Randzeichen. Erfahrungsgemäß sind gute Randnotizen einfach und verständlich gehalten. Dadurch sind sie einem längeren Behalten zugänglich. Zudem sind einfach formulierte Notizen zu einem späteren Zeitpunkt leichter wieder gedanklich aufzunehmen. So lassen sich Aufzählungen im Text mit Ziffern am Rand kennzeichnen, Zusammenhänge können mit Symbolen (z. B. Pfeilen) dargestellt werden. Ein Satz lässt sich in einem Stichwort am Rand zusammenfassen (wenn es sich anbietet). Zur Verwendung des Textes als eigenständig aufbereitetes Nachschlagewerk können Sie auch mit beschrifteten selbstklebenden Stichwortzetteln oder fortlaufenden Randnummern arbeiten. Müssen Sie noch unverständliche Begriffe klären, können Sie diese mit einem Fragezeichen versehen. Ein weiteres, weit verbreitetes Symbol ist der Blitz für einen Widerspruch, Spannung oder Ärger. Aber nicht nur außerhalb, sondern auch innerhalb des Textes ist die Verwendung von Zeichen sinnvoll. So kann die Argumentationsstruktur eines komplexen (z. B. wissenschaftlichen) Textes mithilfe eines Struktogramms (Schaubild, Struktur-, Baumdiagramm) übersichtlich dargestellt werden.

Fakten kurz gefasst

Methoden der Textbearbeitung

Regeln für Ihre Methodensammlung

- wenig unterstreichen
- Wichtiges unterstreichen
- Randzeichen machen
- Stichworte machen
- gliedern (Abschnitte)
- Ziffern für Aufzählungen
- Symbole für Bezüge
- ? für offene Fragen
- kompakte Stichworte
- Zettel einkleben
- Stichworte für Lexika
- Struktogramm erstellen

1 vgl. Volker Bumann/Peter Schwafferts, Deutsch in Aktion, Gehlen Verlag, Bad Homburg 1999, S. 18

4.2.2 Zitieren aus Textquellen

Text- und Bildquellenbelege

Wenn Sie Ihrem Referat oder Ihrer Ausarbeitung Textstellen als Belege beifügen, spricht man von Zitaten. Diese müssen – egal ob als wörtliches oder als sinngemäßes Zitat – aus Gründen der **Nachprüfbarkeit** und des **Urheberrechts** genau belegt werden.

4.2.2.1 Grundsätzliches

Zitieren bedeutet, dass man auf das „geistige Eigentum" anderer zurückgreift. Dies darf nur unter Einhaltung bestimmter Auflagen geschehen. Nur dem Verfasser selbst steht das Recht zu seine eigenen Texte zu kopieren oder anderweitig zu nutzen.

Urheberrechte

Jede andere Person hat die Urheberrechte zu beachten. Andererseits ist es fast unumgänglich und auch sinnvoll, dass man auf das zurückgreifen kann, was andere veröffentlicht haben. Dies gilt im wissenschaftlichen ebenso wie im literarischen Bereich oder bei Veröffentlichungen in Zeitungen und Zeitschriften. Solche schriftlichen oder mündlichen Aussagen anderer (prominenter) Personen werden in Referaten, Protokollen, Hausarbeiten, Dokumentationen usw. gern eingefügt.

§ 51 *Urheberschaftsgesetz*

Nach Paragraf 51 des deutschen Urheberschaftsgesetzes ist das **Zitieren** aus urheberrechtlich geschützten Werken auch **ohne die Einwilligung des Urhebers möglich,** wenn das zitierte Werk selbstständig ist, eine eigene geistige Leistung aufweist, wenn das Zitat nur als Hilfsmittel und Beleg für eine andere Aussage fungieren soll und wenn die Herkunft des Zitats durch eine eindeutige Quellenangabe überprüfbar ist.

Kennzeichnungsformen

Greift man nur auf kleinere Textbestandteile zurück, reicht in der Regel die ordnungsgemäße Angabe der Quelle. Handelt es sich um größere Textpassagen oder evtl. ganze Aufsätze, so ist dies nur möglich, wenn der ursprüngliche Verfasser sein Einverständnis in Form einer „Abdruckgenehmigung" gibt. Dafür ist gegebenenfalls Geld zu zahlen.

Funktionen von Zitaten

Zitate haben unterschiedliche Funktionen:

- Sie können als **These** eingesetzt werden, mit der man seine eigene Position darstellt;
- sie können **Beispiel, Beleg, Ergänzung** für die eigene Argumentation sein;
- sie können aber auch **andere Bedeutung** haben.

Nun konnen Zitate – wie vorangehend dargestellt – ganze Satzpassagen, einzelne Sätze, Satzteile oder auch nur einzelne Wörter sein. Je nachdem, wie diese in den Gesamttext eingefügt werden, sind sie entsprechend unterschiedlich zu kennzeichnen und ggf. in einer Fußnote zu vermerken.

Aus „fremden" Veröffentlichungen werden Textpassagen im Original übernommen. Wichtig ist, dass deutlich kenntlich gemacht wird, wo ein Zitat beginnt und wo es endet.

Formalien von Zitaten

- Zitate werden daher durch **„Anführungs- und Schlusszeichen"** eingegrenzt.
- Handelt es sich um **Textausschnitte,** so wird der fehlende Teil innerhalb des zitierten Textes durch eckige Klammern [...] deutlich gemacht, am Ende des Zitats nur durch drei Punkte.
- Um den Zusammenhang zwischen den Textausschnitten deutlicher zu machen, kann man eigene Erklärungen einbauen. Diese **Einschübe** werden ebenfalls in eckige Klammern, z. B. [Anmerkung der Verfasser], gesetzt.
- Alle **Veränderungen** am Originaltext müssen als solche kenntlich gemacht werden.

- Auch **Fehlerkorrekturen** müssen entsprechend gekennzeichnet werden. Besser jedoch ist in der Regel, die vermeintlichen oder tatsächlichen „Fehler" werden unkorrigiert übernommen und durch ein „sic!"[1] wird darauf hingewiesen, dass sich der Fehler in der Quelle befindet.

> **Beispiele**
>
> „Die Europäische Zentralbank schließt die Einführung von Ein-Euro-Scheinen nicht aus."
> aus: Werra-Rundschau, Montag, 30. Dezember 2002, S. 1
>
> „Die Europäische Zentralbank schließt die Einführung von Ein-Euro-Scheinen nicht aus [...]
> Wir sind da immer flexibel ..."
> aus: Werra-Rundschau, Montag, 30. Dezember 2002, S. 1
>
> „Die Europäische Zentralbank schließt die Einführung von Ein-Euro-Scheinen nicht aus." [...]
> Wir [der Zentralbankrat, d. Verf.] sind da immer flexibel ..."
> aus: Werra-Rundschau, Montag, 30. Dezember 2002, S. 1
>
> „Die Europäische Zentralbank schließt die Einführung von **Ein-Euro-Scheinen** nicht aus" [Hervorhebung durch die Verfasser].
> aus: Werra-Rundschau, Montag, 30. Dezember 2002, S. 1
>
> „Die Europäische Zentralbank schließt die Einfühgung [sic! ‚Einführung'] von Ein-Euro-Scheinen nicht aus."
> aus: Werra-Rundschau, Montag, 30. Dezember 2002, S. 1

Indirekte Zitate

Die Kennzeichnung **„vgl."** kündigt kein direktes Zitat an, wohl aber die Übernahme eines Gedankens, dessen Urheber man ebenfalls erwähnen muss.

Mit dieser Kennzeichnung „vgl." lassen sich auch längere Passagen von fremden Texten sinngemäß, das heißt mit eigenen Worten übernehmen. Sie bleiben dennoch Gedankengut des übernommenen Autors und sollten als solches gekennzeichnet werden.

> **Beispiel:**
>
> Wie bekannt wurde, schließt die Europäische Zentralbank die Einführung von Ein-Euro-Scheinen nicht aus. Dies hat EZB-Präsident Wim Duisenberg gegenüber der Bild am Sonntag geäußert und gleichzeitig darauf hingewiesen, dass man das Für und Wider des Vorschlages untersuche ...
>
> vgl.: Werra-Rundschau, Montag, 30. Dezember 2002, S. 1

Urheberrecht

Welche formalen Vorgaben sind beim Zitieren zu beachten? Zunächst kommt es darauf an, ob man aus einem Printmedium zitiert, z. B. aus einem Buch, einer Zeitung oder Zeitschrift, einem Sammelband, einem Brief, aus Akten, Dokumenten, Gesetzestexten usw. oder aus einem elektronischen Medium, z. B. aus einer Datenbank, einer Homepage, einem Forum oder einer Onlinepublikation. Entsprechend unterschiedlich sind auch die formalen Regeln, die dabei zu beachten sind.

1 sic (lat.) = „so steht es da" (mit Bezug auf etwas Vorangegangenes, in dieser – falschen – Form Gelesenes)

Zitate aus Druck-erzeugnissen

4.2.2.2 Zitieren aus Printmedien

- Bei **Büchern** werden genannt: Vor- und Nachname des Autors oder/und Herausgebers, falls nötig; Buchtitel; Erscheinungsort; Erscheinungsjahr; Seite der zitierten Textstelle.

Beispiel:	Weinrich, Karl: Die Zukunft Europas, Zeppelin-Verlag, Frankfurt am Main 1998, S. 105[1]

- Bei **mehreren Autoren** werden alle genannt:

Beispiel:	Kehrfritz,Ulrike/Manns, Helmut: Die Wirtschaft im 21. Jahrhundert, Welt-Verlag, Düsseldorf 2002, S. 220

- Sind **Autor und Herausgeber unterschiedliche Personen,** werden beide genannt:

Beispiel:	Weinrich, Karl: Die Zukunft Europas, Frankfurt/Oder 2002, in: Franz, Michael (Hrsg.), Zeppelin-Verlag, München 2003, S. 58 ff.

- Bei **mehrbändigen Werken** wird die Bandnummer mit römischen Ziffern hinzugefügt:

Beispiel:	Samson, Inge: Der Weg zur Deutschen Einheit, Band II: Von Walter Ulbricht zu Erich Honnecker, in: Geschichte und Gegenwart, Heft X, Herdmann-Verlag, Bonn 1997, S. 10–14

- In **Übersetzungen** wird der Name des Übersetzers und, wenn möglich, der Originaltitel genannt:

Beispiel:	Smith, George: Globalization, New York, 2001, Übersetzung: Weinrich, Karl: Globalisierung, Leipzig 2003

- Bei **Beiträgen in Sammelwerken** wird der Beitrag und der Sammelband so wie im folgenden Beispiel aufgeführt:

Beispiel:	Stahlmann, Heike. „Frauenpower im Management", in: Hrsg: Grünbaum, Ute: Perspektiven im Arbeitsleben, Freiburg 2003, S. 35

- Bei **Zeitschriftenartikeln oder Zeitungsartikeln** wird das Erscheinungsdatum oder die laufende Nummer der Zeitschrift mit angegeben. Der Erscheinungsort darf fehlen:

Beispiel:	Schuster, Eleonore: „Mein Platz an Deiner Seite", in: Meine Frau, Nr. 45, 23. November 2002, S. 25

- Zitiert man **Wörterbücher,** gibt man das Stichwort an:

Beispiel:	Salzberger, Heinz: Wirtschaftslexikon der Gegenwart, Stuttgart, 2002, Stichwort „direct mailing", S. 120

---

1 Es gibt nicht nur **eine** Form, richtig zu zitieren. Sie können z. B. auch schreiben:
Karl Weinrich: „Die Zukunft Europas". Zeppelin-Verlag, Frankfurt am Main 1998, S. 105
Wichtig ist jedoch, dass Sie die einmal gewählte Form innerhalb eines Schriftstücks konsequent verwenden.

4.2.2.3 Zitieren aus elektronischen Medien

Der Unterschied zwischen gedruckten Informationen und denen, die man elektronischen Medien wie z. B. dem Internet entnehmen kann, liegt in der Beständigkeit und zu einem gewissen Teil auch in der Zuverlässigkeit, d. h. in der „Informationskraft".

Gerade bei der Vielfalt der Informationen, die man dem Internet entnehmen kann, stellt man oft deren Vergänglichkeit fest. Was heute von irgendjemandem ins Internet eingestellt wurde, muss morgen schon nicht mehr gültig sein. Es ist nicht einmal auszuschließen, dass es der größte Unsinn ist. Niemand kontrolliert ernsthaft, was im World Wide Web publiziert wird.

Internet-Zitate

Umso wichtiger ist es, dass auch hier die Quellen korrekt angegeben werden. Die amerikanische **Modern Language Association** hat für das Zitieren von Printmedien einen Orientierungsstandard gesetzt. Danach sollten bei Internetzitaten möglichst viele Einzelheiten genannt werden. Dazu gehört in erster Linie das Referenzdatum des jeweiligen Internet-Recherchezugangs, weil sich bereits kurze Zeit später vieles schon wieder verändert haben kann.

- **Datenbankartikel** werden mit Stichwort, Titel der Datenbank, soweit möglich Versionsnummer, Datum, Referenzdatum und Adresse zitiert:

Beispiel:	Susanne Culo: http://www.jobpilot.de/content/journal/softskills/teamfähigkeit.html

- Bei **Online-Zeitungsartikeln** werden, wenn möglich, Autor, Titel, Titel der Homepage, Erscheinungsdatum, letztes Update, Referenzdatum und Adresse genannt.

Beispiel:	„Bundestagswahl 22. September", AZ on net, 23. Sept. 2002 http://www.allgemeinezeitung.de/politik/buwahl/welcome.html

- **Offizielle Homepages** von Instituten, Ämtern, Verbänden, Firmen, etc. sollten den Titel des zitierten Artikels, Erscheinungsdatum, Homepagetitel, Referenzdatum und Adresse enthalten.

Beispiel:	Bundesanstalt für Arbeit, Nürnberg, 3. Januar 2003, „Berufs- und Studienwahl" in http:/www.arbeitsamt.de/hst/index.html http:/www.arbeitsamt.de/hst/services/bsw/index.html

4.3 Aufbau einer Präsentation

Ein **Referat** ist ein mündlicher Vortrag, bei dem sich ein Referent mit einem bestimmten Sachverhalt auseinandersetzt. Bei einer **Präsentation** wird dies durch visuelle Medien unterstützt. Dabei kann es sich um Plakate, Wandzeitungen, Folien oder auch um eine z. B. powerpointgestützte Vorführung handeln.

Referate

Zu den häufigsten Formen gehört in der Schule das **Referat.** Das Äußere eines Referats vermittelt den ersten Eindruck, der den Leser bei der inhaltlichen Aufnahme motivierend oder demotivierend begleiten wird. Es wäre schade, wenn die fachlichen Ausführungen darunter leiden würden, allerdings gelingt die Hülle häufig gut und der Inhalt scheitert an seiner Aufbereitung.

Bausteine der Präsentation

Die bloße **Sammlung und Selektion der Informationen** ist noch kein Referat, sie stellt aber dessen Vorbereitung dar. Die zielorientiert ausgewählten Informationen sind die **Bausteine,** die die Struktur bilden. Nach „Sinn und Verstand" werden sie logisch gegliedert und aneinander gekettet.

Für die Präsentation haben wir uns Ziele auf sachlicher und persönlicher Ebene gesetzt. Im Referat stehen Fach- und Sachlichkeit im Vordergrund.

4.3.1 Freie Rede und Stichpunktzettel

Freie Rede

Blickkontakt

Zum „Verkaufen" eines Referates gehört der **Blickkontakt** und das erfordert eine **freie Rede.** Liest man ein Referat den Zuhörern einfach nur vor, dann hat man einen Teil der Ziele von Vornherein nicht erfüllt und gleichzeitig den Eindruck starker Unsicherheit vermittelt. Auch ein auswendig gelerntes Referat ist nicht die Lösung, dennoch hilft dieser Ansatz weiter.

Stichpunktzettel

Das Lernen für eine Klassenarbeit verbinden viele mit dem Auswendiglernen. Weil das bei größeren Stoffeinheiten oder höherem Schwierigkeitsgrad nicht immer einfach ist, wagt sich der eine oder andere auch an einen Spickzettel heran. Ein solcher Spickzettel als **Stichpunktzettel** kann bei einem Referat weiterhelfen. Wie das Wort schon sagt, enthält er Stichpunkte, denn ganze Sätze kann man während des Sprechens gar nicht so schnell lesen, wie sie im Vortrag verlangt werden.

Die Verwendung von **mehreren** Stichpunktzetteln erweist sich immer dann als positiv, wenn die einzelnen Zettel jeweils **Teilthemen** beinhalten und der Vortragende sich damit einen besseren Überblick verschafft. Der Schein trügt jedoch, wenn man sich im wahrsten Sinne des Wortes „verzettelt". Die aufwändige Suche nach dem richtigen Zettel sorgt anfänglich für eine kleine Auflockerung, doch eine Wiederholung zeugt von einer schlechten Vorbereitung.

Stichpunktzettel

- Format A5 oder kleiner
- kein „Schmierzettel"
- schnell erfassbare Schriftgröße und gut lesbare Schriftart
  - Grobstruktur
  - Schwerpunkte
  - Teilziele
  - schwierige Begriffe
  - Zahlenmaterial
  - Grobskizzen

Zeit
- ...
- ...

Medien
- ...
- ...

Wenn man die Stichpunktzettel nummeriert oder wenn man verschiedenfarbige Karteikarten verwendet, kann man diesem Stress vorbeugend entgegentreten.

4.3.2 Gestaltungsprinzipien für Visualisierungen

Durch bewusste Gestaltung wird eine Visualisierung (Tafel, Flipchart, Pinnwand, Folie, computergestützte Präsentation) verständlicher, interessanter und einprägsamer. Dabei sollte man die folgenden Prinzipien beachten:

Konzentration auf das Wesentliche

Reduktion des Textes: Mit der Visualisierung sollte das Wesentliche kurz und präzise „auf den Punkt" gebracht werden. Eine Form der Zusammenfassung und Bündelung muss den ausführlich erklärenden Wortvortrag für die Zuschauer und den Vortragenden unterstützen.

> Die Reduktion unterstützt die Konzentration der Zuschauer nur dann, wenn diese den veranschaulichten Text nicht vorgelesen bekommen.

Veranschaulichung der Struktur

Strukturierung: Die Visualisierung sollte vor allem die gedankliche Struktur des Vortrags widerspiegeln; dabei sind u. a. die folgenden Kategorien zu berücksichtigen:

- Zuordnung/Abgrenzung;
- Unter- oder Überordnung;
- Chronologie (zeitliche Abfolge) oder Kausalität (Ursache, Wirkung);
- Gegensätzlichkeit (Pro/Kontra, Vor-/Nachteile);
- Aufzählung: zufällig oder in bewusster Reihenfolge (z. B. Steigerung).

> Wortvortrag und Veranschaulichung sind ein Paket, das nur wirklich komplett gepackt die Zuschauer erreichen kann.

Angemessenheit

Angemessenheit der Visualisierung: Reduktion und Strukturierung sind die Grundlage einer angemessenen Darstellung. Diese bezieht sich aber nicht nur auf Inhalt und Form, sondern auch auf die Situation und besonders auf die Zielgruppe. Es sollte keine übertriebene Vorbereitungszeit investiert werden, denn zu hoher Aufwand erfordert einen überdurchschnittlichen „Gewinn".

> Gestalterische Übertreibungen und „viel Wind um nichts" werden von den Zuschauern belächelt und nicht bestaunt.

Schriftart, -größe, -farbe

Textelemente: Ähnliches und **Vergleichbares** müssen ähnlich und vergleichbar dargestellt werden. Für die Umsetzung bedeutet dies, dass Schriftart, -größe und -farbe die Einordnung in ähnliche oder vergleichbare Rubriken erkennen lassen.

Absätze, Spalten, Linien

Gleiches gilt für die **Zusammengehörigkeit** von Inhalten, die entsprechend der Strukturierung mithilfe von Absätzen, Einrückungen, Trennungslinien, Spalten und Ähnlichem gekennzeichnet und von anderen Inhalten abgegrenzt werden sollten.

Rahmen, Farben

Das besonders Wichtige sollte durch **Hervorhebungen** ausgezeichnet werden. Dabei können Textrahmen und Farben (Schriftfarbe oder auch Hintergrundfarbe) eine gezielte Verdeutlichung unterstützen. Die Farbauswahl sollte dem darzustellenden Inhalt nicht widersprechen.

> „Was zu viel ist, ist zu viel!" Gliederungen und Farbigkeit in Maßen konzentrieren die Zuschauer; durch zu viele unterschiedliche Textelemente und eine zu üppige Farbgebung dagegen verlieren sie schnell den Überblick.

Bilder, Diagramme

Symbole

Prägnante Formen

Grafische Elemente: Textaussagen lassen sich häufig durch Bilder, Skizzen oder Diagramme komprimieren und erhöhen die Verständlichkeit komplexer Inhalte. Auch Symbole (Pfeile, Gliederungspunkte, Verkehrszeichen usw.) oder prägnante Formen (Pyramide, [Entwicklungs-]Stufen, Haus, Säulen usw.) sind für die Gestaltung der vortragsbegleitenden Visualisierung hilfreich, weil sie sachliche und logische Zusammenhänge verstärken.

Grafische Elemente habe ein hohe psychologische Wirkung auf die Zuschauer.

4.3.3 Medieneinsatz vorbereiten

Überzeugungskraft

Die **visuelle Aufnahmefähigkeit** ist zehnmal größer als die auditive. Verwendet man begleitende bildhafte Darstellungen der zu transportierenden Inhalte, dann erhöht man den möglichen Lernzuwachs der Zuhörer. Wissenschaftler wollen nachgewiesen haben, dass unsere **Überzeugungskraft** beim Einsatz visueller Hilfsmittel fast um die Hälfte erhöht werden kann.

Medienkompetenz

Die angesprochene Überzeugungskraft steht auch wieder in engem Zusammenhang mit der persönlichen Ebene. Es ist logisch, dass auch der Einsatz von Medien auf die Zielgruppe wirkt und Eindrücke hinterlässt. Erscheint man dadurch glaubwürdiger, sicherer, besser vorbereitet und **medienkompetent**, dann nähert man sich der oben erwähnten Steigerungsrate in der Überzeugungskraft. Hat man sich aber in der Wahl der Medien vertan, dann erreicht man vielleicht nicht einmal ein Minimalziel.

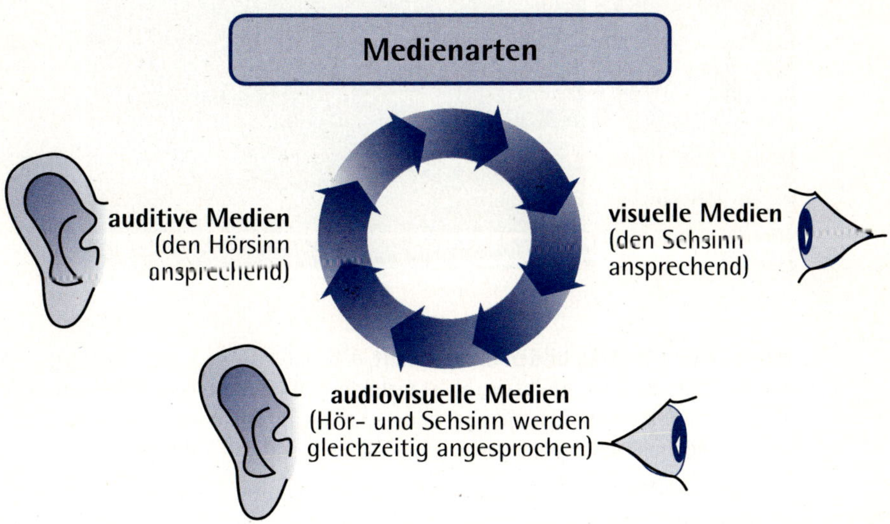

Neben Auge und Ohr können auch andere Sinnesorgane angesprochen werden. So kann man z. B. etwas ertasten lassen oder man zielt auf den Riechnerv ab. Man spricht in diesen Fällen von **haptischen[1] oder olfaktorischen[2] Medien.**

1 haptisch = den Tastsinn betreffend
2 olfaktorisch = den Riechnerv betreffend

Die meisten Themen des Schul- und Berufslebens werden jedoch am sinnvollsten durch visuelle Medien unterstützt. Im Folgenden sind daher die gebräuchlichsten zusammengestellt und ihre Einsatzmöglichkeiten erläutert:

Wandtafel

- Die **Wandtafel** ist eines der einfacheren Medien. Sie ist fest installiert und kann somit nur in den entsprechenden Räumen genutzt werden, wobei uns leidige Aufbauzeiten erspart bleiben. Sauber, mit der geeigneten Kreide und unserem perfekten Schriftbild, lässt sie wunderschöne Übersichten entstehen, die mit unserem Vortragsinhalt wachsen.

Situative Aufzeichnungen

  Es ist nichts vorgegeben, d. h., ein Konzept des Tafelbildes haben wir schon in der Vorbereitung erstellt und wir können situativ die Aufzeichnungen erweitern oder kürzen. Benötigen wir das Tafelbild zu einem späteren Zeitpunkt erneut, dann sind wir wiederum aufgefordert, dieses zu erstellen. Für weitere Darstellungen kann die Tafel zwischendurch gereinigt werden, doch füreinen Bezug zu vorangegangenen Darstellungen haben wir keine Gelegenheit mehr. Bei der Verwendung anderer Medien stellt die Tafel häufig eine sinnvolle Ergänzung dar.

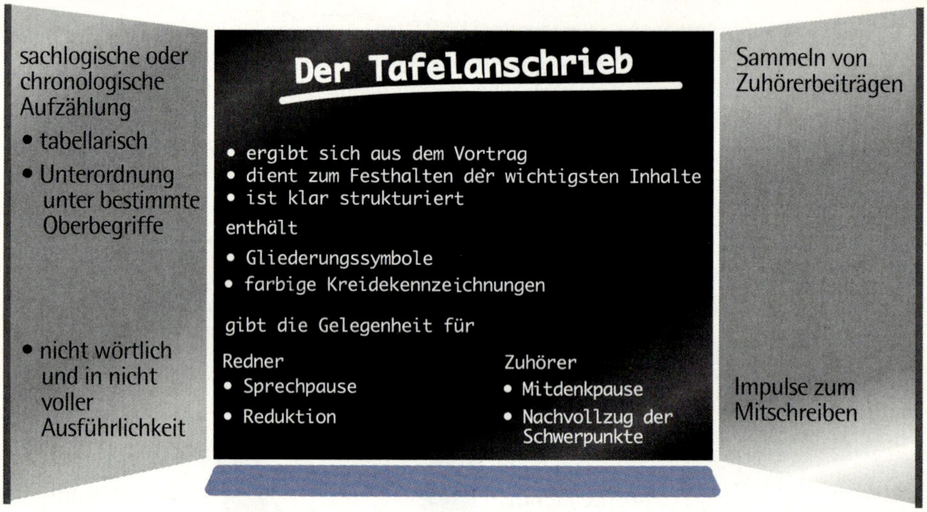

Einheit Vortrag und Tafel

Tafelbild und Vortrag bilden eine Einheit, d. h. „ein Vortrag – eine Tafel". Der mögliche Platzmangel sollte kein Nachteil sein, es ist vielmehr auf die Vorteile der Reduktion zu achten. Mit dieser Technik werden Aussagen gebündelt, Kernaussagen in aussagekräftigen Strukturen dargestellt, die man sich dabei bereits zum besseren Einprägen aufbereitet.

Schriftbild

Auf das **Schriftbild** des Vortragenden muss hohe Aufmerksamkeit verwendet werden. Denn alles Komprimieren und Zusammenfassen kann durch Unlesbarkeit der Schrift dem Zuhörer/Mitschreiber unzugänglich gemacht werden, wenn dieser dem Entziffern seine ganze Aufmerksamkeit schenken muss.

- Das **Flipchart**[1] ist eine transportable Haltevorrichtung für spezielles Flipchartpapier von ca. 100 x 70 cm. Es ist nutzbar wie die Wandtafel, darüber hinaus lassen sich Papiere bereits

1 vgl. Seifert, J. W.: Visualisieren Präsentieren Moderieren, 16. Auflage, Gabal Verlag, Offenbach 2001, S.16

Flipchart

vorbereiten, die nur noch gezeigt oder aber auch ergänzt werden können. Die Darstellungen sind immer wieder abrufbar und stehen auch weiteren Arbeiten zur Verfügung. Das Papier wird mit speziellen Filzstiften beschriftet, deren Füllmenge, äußerlich nicht sichtbar, schon manche Überraschung lieferte. Man kann sich mit Ersatzstiften davor schützen und muss so nicht die verschiedene Farben nach bloßem Materialbedarf einsetzen. Das Schreiben mit diesen Stiften will geübt sein und sollte nicht während des Vortrags seine Premiere haben.

Folien-projektion

- Alternativ bereitet man die Visualisierung per PC vor und durch den Ausdruck oder die Kopie auf der **Folie** lässt sich mit einer guten Lesbarkeit sicherstellen, dass dem Vortrag die Aufmerksamkeit der Zuhörer gilt. Gegenüber dem Flipchartpapier oder Plakaten lassen sich Folien einfach in die Unterlagen einordnen und damit besser abrufbereit halten.

  Bei der Anwendung mehrerer Folien sollte man diese nummerieren, denn was für den Stichpunktzettel im Kleinen gilt, das kann sich auch bei Folienverwirrungen im Großen auswirken.

  Der Anspruch an eine Folie entspricht mindestens dem an eine Tafel. Für die Gestaltung der Folie sollten wir jedoch deren eingeschränkte situative Entwicklungsfähigkeit berücksichtigen und einige Grundregeln[1] beachten:

  Folien können auch situativ entwickelt werden und „nicht permanente" Folienschreiber erlauben auch hier die **„Wischtechnik"**, um Korrekturen oder sich ergebende Änderungen vorzunehmen. Da die Folie kleiner ist, wird sie jedoch bei der situativen Bearbeitung während des Vortrags, weil situationsbedingt meist nicht ganz exakt „gewischt" wird, leicht unansehnlich.

  Bei farbig gestalteten Folien sollte besonders darauf geachtet werden, dass die Farben durch **Blässe** nicht dasselbe Problem der Nichterkennbarkeit verursachen wie oben beim Schriftbild beschrieben.

  Andererseits sollte die Farbauswahl den dargestellten Inhalt unterstützen, aber nicht von ihm ablenken. Grundsätzlich gilt: Folien dürfen farbig sein, aber – bitte! – **niemals bunt.**

Beispiel für den Aufbau einer Textfolie

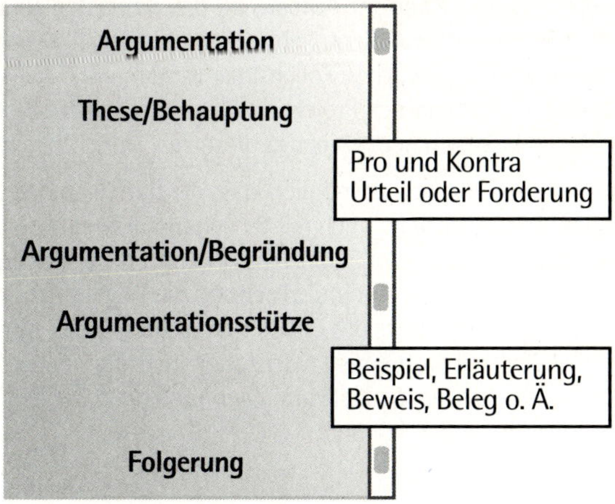

1 vgl. Gora, Stephan: Schule der Rhetorik, Klett Verlag, Stuttgart 2001, S. 70 f.

Schriftgröße

Folienaufteilung

Folien liegen zwar im DIN-A4-Format vor, die meisten Tageslichtprojektoren sind aber in der Regel für die Maße 20 cm x 25 cm (im Hochformat) bzw. 25 cm x 20 cm (im Querformat) ausgelegt. Die **Schriftgröße** sollte deshalb auf dem Computer mindestens 16 Punkt betragen, bei Überschriften mindestens 24 Punkt; bei einer Grundschrift von 24 Punkt wird die Überschrift auf bis zu 36 Punkt gesetzt; werden Folien mit Hand geschrieben, muss die Schrift etwas größer ausfallen, veranschlagen Sie also mindestens einen Zentimeter für jede Zeile im Text. Was den Zeilenumfang angeht, sind 20 Zeilen pro Folie die Obergrenze! Eine größere Schrift und ein geringerer Zeilenumfang sind immer besser.

Der **Abstand zwischen Text und Rahmen** bzw. Tonwertflächen sollte mindestens acht Punkt betragen.

Overheadprojektor

- Zur Darstellung der Projektionsfolien wird ein **Overheadprojektor**[1] eingesetzt. Aufwändig vorbereitete Grafiken und Übersichten, die per Hand, PC oder Kopierer auf Folien erstellt wurden, können sowohl vor kleinen als auch vor großen Gruppen vorgestellt werden. Man gestaltet eine Folie im Format DIN A4 und erreicht fast beliebig große Projektionen in Abhängigkeit vom Format der Projektionswand und dem Abstand zu ihr.

  Lichteinfall

  Nicht unterschätzt werden sollte das **Tageslicht.** Am Vortag (bei schlechtem Wetter und dichter Bewölkung) erfolgreich getestet und zur Präsentation den Raum voller Sonnenschein – was die Stimmung der Teilnehmer zwar verbessern kann, allerdings die Projektion verblassen lässt. Fehlende Verdunkelungsanlagen setzen dann dem Medieneinsatz ein unerwünschtes Ende.

  Es lohnt sich, auch die Projektion über den Tageslichtprojektor technisch zu optimieren: Abstand, Projektionswinkel, Schärfe, Abdunklung, Format sollten so eingerichtet werden, dass die Projektionsfläche in vollem Umfang und bei minimaler Verzerrung und **geringem Lichtverlust** genutzt wird. Im Gegensatz zu computergestützten Präsentationen sollte der Hintergrund der Folien daher möglichst transparent gehalten werden.

Beamer

- Wurde die Folie bereits per PC erstellt, kann auch ein Digitalprojektor, besser bekannt als **Beamer,** eingesetzt werden. Die Projektion einfacher Folien beansprucht häufig einen viel höheren Zeitaufwand im Aufbau, da die wenigsten Räume eine entsprechende Projektionsanlage installiert haben. Neben einfachen Folien werden auch Foliensysteme mit Deckfolien verwendet, derartige Foliensätze werden auch teilweise im Handel teuer angeboten und zeigen während des Projektionseinsatzes immer stärkere Unschärfen. Das Prinzip der Deckfolien lässt sich per PC ebenso umsetzen, jedoch mit immer gleicher Projektionsschärfe.

Animationen

- **Animationen** machen es möglich, dass die Darstellungen „laufen lernen". Man kann Bewegungen simulieren, aber auch mit Bewegung bestimmte Darstellungsschwerpunkte hervorheben. Das Einbinden von Videoclips erweitert die Darstellungsmöglichkeiten und belässt es bei ein und demselben Aufbau. **„Technik, die begeistert",** doch manchmal auch nicht mehr erreicht. Für den Einsatz des Beamer mit seinen schier unendlichen Möglichkeiten wird oft sehr viel Zeit und Kraft einer Präsentation investiert – aber letztlich soll er nur ein Hilfsmittel sein. Das Thema und die Ziele hingegen fundieren auf sachlichen Inhalten, die dabei schnell überschattet werden können.

1 vgl. Seifert, J. W.: a. a. O., S. 17

Fakten kurz gefasst

Tafel	Flipchart	Pinnwand	Projektor	Computer/ Beamer
Ergebnisse für die Zuhörer festhalten	die Zuhörer an der Visualisierung beteiligen; deren Ideen aufgreifen	Ideen sammeln und gemeinsam mit dem Publikum zuordnen	die Hauptideen parallel zum Vortrag mit geringem Aufwand visualisieren	Texte, Fotos, Klangdateien und Videos mit einem Medium präsentieren
	für Moderation besonders geeignet	ermöglicht starke Einbeziehung der Zuhörer	während des Vortrags einfach zu handhaben	als Medientrick besonders geeignet

4.4 Erfolgreich sprechen mit einfachen Regeln[1]

Viele Menschen fühlen sich beim Sprechen vor anderen unsicher oder sie wissen nicht, wie sie ihre Gedanken gliedern oder geschickt ausformulieren können; andere sind mit ihrer Rhetorik nicht zufrieden und suchen nach Anregungen und Anleitungen, um ihre Redefähigkeit zu verbessern. In all diesen Fällen gilt:

Beobachtung und Lektüre

Unsicherheiten kann man bewältigen, Kenntnisse kann man sich aneignen, aus Fehlern kann man lernen. Man muss auch nicht erst alle Fehler selbst machen, um daraus Erfahrungen und Regeln abzuleiten. Vieles lernt man durch Beobachtung und durch Lektüre:

- Welche Fehler werden gemacht und sollten besser vermieden werden?
- Welche Tipps lassen sich daraus ableiten?
- Welche Fehler möchten Sie selbst künftig vermeiden und welche Regeln und Empfehlungen wollen Sie bei Ihren Reden beachten?

1 nach: Gora, Stephan: a. a. O., S. 5 ff.

Aus Fehlern lernen – einige missglückte Redesituationen

Christine besucht die Klasse 12 der Fachoberschule und hat ein Referat zum Thema „Moderne Fertigungstechniken" zu halten. Christine denkt: „Kein Problem!" und geht ins Internet. Hier findet sie unter „Referate.de" und „Hausaufgaben.de" erste fertige Referate zu dem Thema. Christine lädt sie herunter und „garniert" das Ganze mit Auszügen aus anderen Internetseiten. Ihr Freund Axel, der im sechsten Semester BWL studiert, korrigiert das Referat und bringt einige „neueste wissenschaftliche Erkenntnisse" hinein.

Christine hat eigentlich nur die Hälfte ihres eigenen Referats verstanden. Trotzdem trägt sie das Referat vor, muss aber fast komplett ablesen. Selbst einfachste Fragen scheint sie nicht zu verstehen. Als der Lehrer ihre Leistung nur mit „knapp ausreichend" bewertet, fühlt sie sich „betrogen" und ungerecht behandelt ...

Markus möchte gern einen Ausbildungsplatz bei einer Bank haben. Um mit seiner Bewerbung Eindruck zu machen, schreibt er so, als gäbe es für ihn nichts Schöneres auf der Welt, als Bankkaufmann und das auch noch gerade bei dieser einen Bank zu werden. Natürlich hat er sich auch für andere Stellen beworben und dort Ähnliches über die anderen Berufe geschrieben.

Als er im Bewerbungsgespräch gefragt wird, warum er denn nur diese eine Bewerbung abgeschickt habe und „alles auf eine Karte setze", ist Markus irritiert. Er weiß nicht, was er sagen soll, und antwortet, dass dies doch niemanden etwas anginge und er darauf nicht antworten wolle ...

Aus fremden Fehlern lernen

Selin ist Computerfan und es ist für sie selbstverständlich, dass sie kein Referat ohne Beamer und Laptop hält. Ihre Ausarbeitungen sind technisch perfekt und geben auch inhaltlich viel her.

Bei einer Präsentation widmet sie den Zuhörern und Zuschauern keinen Blick, sondern starrt nur auf den Monitor und ist sichtlich begeistert über das, was sie dort sieht ...

Sven soll ein Kurzreferat von höchstens 15 Minuten zum Thema „Chancen und Risiken des Leanmanagement" halten. Er ist erstaunt, dass er dazu in den Suchmaschinen des Internets mehrere hundert Einträge findet, von denen „einer besser ist als der andere". Hinzu kommt, dass Svens Vater einen Firmeninhaber kennt, der ihm sehr viel aus der Praxis erzählt. Der Entwurf für Svens Referat umfasst über 20 Seiten. Der Vortrag wird mit einer „Powerpoint-Show" mindestens 120 Minuten dauern.

Bedenken wischt Sven mit der Überlegung weg, dass die Materialien so gut sind, dass es „eine Schande wäre, sie nicht zu verwenden". Der Lehrer müsse sich bei der Zeitvorgabe vertan haben. Sven möchte sich die Arbeit auch nicht umsonst gemacht haben ...

Die Wirtschaftsjunioren laden eine Klasse zu einem „Berufsinformationsgespräch" ein. Alle erwarten hilfreiche Tipps für die Frage, wie man den richtigen Beruf findet und wie man sich am besten auf die Bewerbungssituation vorbereiten kann.

In der Einladung steht als Thema allerdings „Die Auswirkungen der Steuerpolitik auf die Betriebe der Region". Die Wirtschaftsjunioren wundern sich, dass zu diesem Thema nur wenige Schüler kommen und auch keine richtige Diskussion in Gang kommt. Unmittelbar nach dem Vortrag gehen die meisten Zuhörer ...

Regeln für erfolgreiches Reden

4.5 Reflexion – Nachbereitung der Präsentation

Reflexionsvermögen

Der Fremdwahrnehmung ist ein Referent permanent ausgesetzt. Er sollte daher Kritik als Möglichkeit sehen, sein Vortragsverhalten ständig zu reflektieren und zu verbessern. Das „Feedback" sollte nicht als „drohendes Gewitter", sondern als eine Chance der Erweiterung der eigenen Selbsteinschätzung aufgefasst werden.

Feedback-Regeln

Das gute und hilfreiche **Feedback** sollte seinerseits bestimmten „Güte"-Kriterien[1] genügen:

- beschreibend – nicht bewertend oder interpretierend,
- konkret – nicht verallgemeinernd, nicht pauschal,
- realistisch – nicht utopisch,
- unmittelbar – nicht verspätet,
- erwünscht – nicht aufgedrängt.

Ein Geben und Nehmen muss dabei erkennbar sein. Aufgrund dessen ist es für Präsentierende und Zuhörer gleichermaßen wichtig, die entscheidenden Kommunikationsregeln einzuhalten.

1 Seiffert, J. W.: a. a. O., S. 76

Feedback-Regeln[1]

... für das Geben	... für das Annehmen
Feedback nur dann geben, wenn es gewünscht wird	zuhören und den Gesprächspartner nicht unterbrechen
positive Eindrücke voranstellen	offen für die Kritik sein und die vorgebrachten Argumente zu verstehen versuchen
ehrlich, realistisch, respektvoll und nicht verletzend sein	sich mit allgemeinen Aussagen nicht zufrieden geben, sondern nach konkreten Kritikpunkten fragen
konstruktive Äußerungen, Vorschläge möglicher Alternativen, „Richtig-falsch-Aussagen" vermeiden	Verständnisfragen stellen, aber *nicht so:* „Warum?", „Wieso?", *sondern:* „Wie kommst du zu diesem Eindruck?"
konkretes Beschreiben bestimmter Verhaltensweisen und Handlungen, aber *nicht so:* „Die Präsentation war schlecht!", *sondern so:* „Mir fiel auf, ... das hat mir gefallen." bzw. „Mir fiel auf, ... was mir nicht gefallen hat."	offen bleiben, nicht meinen sich verteidigen zu müssen oder sich in Ablehnung zurückziehen
Erlebtes und Beobachtetes als Ichbotschaft formulieren, aber *nicht so*: „Du musst ...", *sondern* so: „Meiner Meinung nach ...", „Ich sehe, dass ..."	

Bewertungsmodell

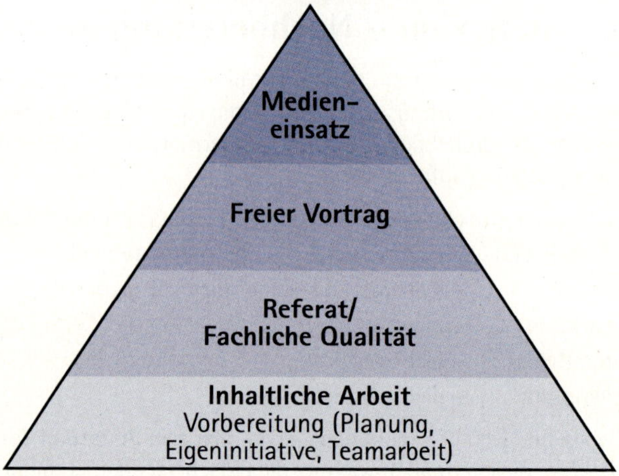

1 in Anlehnung an: Amann, Kegel, Rausch, Siegmund: a. a. O., S. 136

Sachwortverzeichnis

A

B

C

D

E

F

G

H

I

J

K

5591536

L

M

N

O

P

Q

R

S

T

U

V

W

X

Y

Z

5591544